閩臺歷代方志集成・德化縣志・第5册

福建省地方志編纂委員會
德化縣地方志編纂委員會辦公室
整理

〔民國〕德化縣志

〔民國〕德化縣志資料（大事記）

社會科學文獻出版社

圖書在版編目(CIP)數據

德化縣志. 第5册,［民國］《德化縣志》［民國］《德化縣志資料（大事記）》/ 福建省地方志編纂委員會，德化縣地方志編纂委員會辦公室整理；方清芳等修；王光張等纂；朱朝亨續修；蘇育南續纂；鍾國珍修，蘇育南編. -- 北京：社會科學文獻出版社，2018.10
（閩臺歷代方志集成）
ISBN 978-7-5201-3599-3

Ⅰ. ①德… Ⅱ. ①福… ②德… ③方… ④王… ⑤朱… ⑥蘇… ⑦鍾… Ⅲ. ①德化縣-地方志-民國 Ⅳ. ①K295.74

中國版本圖書館CIP數據核字(2018)第227529號

·閩臺歷代方志集成·
德化縣志（第5册）
［民國］《德化縣志》［民國］《德化縣志資料(大事記)》

整　　理 / 福建省地方志編纂委員會　德化縣地方志編纂委員會辦公室
纂　　修 / 方清芳等 修；王光張等 纂；朱朝亨 續修；蘇育南 續纂；鍾國珍 修，蘇育南 編

出 版 人 / 謝壽光
項目統籌 / 鄧泳紅　陳　穎
責任編輯 / 陳　穎

出　　版 / 社會科學文獻出版社·皮書出版分社（010）59367127
地址：北京市北三環中路甲29號院華龍大廈　郵編：100029
網址：www.ssap.com.cn
發　　行 / 市場營銷中心（010）59367081　59367018
印　　裝 / 福州力人彩印有限公司

規　　格 / 開　本：787mm×1092mm　1/16
印　張：61　幅　數：966
版　　次 / 2018年10月第1版　2018年10月第1次印刷
書　　號 / ISBN 978-7-5201-3599-3
定　　價 / 740.00圓

出版前言

修國史，纂方志，固我中華民族百代常新之優秀文化傳統。志亦史也，舉凡方域區裁，川原濬辟，自然人事之變遷，經濟文明之演進，文圖在手，紀述備陳。于以啓新鑒古，積厚流光，資用于無涯。

德化自五代後唐長興四年（九三三年）置縣以來已有一千多年的歷史，先後十次編修《德化縣志》。然因時空轉移、朝代更迭、治權演替等，明天順二年（一四五八年）、萬曆三十二年（一六〇四年）、天啓元年（一六二一年）所修三志俱佚，現存完整的志書六部，另有一部爲民國三十六年（一九四七年）編纂而未全面完成的《德化縣志·資料、大事記》。

現存七部《德化縣志》中，除中華人民共和國成立後首輪編修的《德化縣志》尚有存量外，明嘉靖十年（一五三一年）及清康熙二十六年（一六八七年）、乾隆十二年（一七四七年）、乾隆五十七年（一七九二年）、民國十六年（一九二七年）編修的五部志書僅在少數大型圖書館中見有收藏，這些均是德化縣重要的地方歷史文獻。

［嘉靖］《德化縣志》，十卷，明許仁修，

蔣孔煬編纂，現珍藏于中國國家圖書館；〔康熙〕《德化縣志》，十六卷，清范正輅修，林汪遠重訂，現珍藏于上海圖書館及天一閣；〔乾隆〕《德化縣志》，十八卷，清魯鼎梅修，王必昌纂，現分別珍藏于中國國家圖書館、中國科學院圖書館、美國加州大學伯克利分校東亞圖書館。〔乾隆〕《德化縣續志稿》，不分卷，清蔣履修，楊奇膺續修，江雲霆纂，現珍藏于中國國家圖書館及南京大學圖書館等。〔民國〕《德化縣志》，十九卷，方清芳修，王光張纂，朱朝亨續修，蘇育南續纂，現分別珍藏于厦門大學圖書館、福建師範大學圖書館和德化縣檔案館。〔民國〕《德化縣志・資料、大事記》，鍾國珍修，蘇育南纂，僅在德化縣檔案館藏有手寫孤本。

爲保護優秀文化遺産，發揮志書存史、資政、育人的功能，福建省地方志編纂委員會、德化縣地方志編纂委員會辦公室決定聯合整理重印這六部《德化縣志》。精擇相關圖書館館藏刻本電子影像版爲底本，按照『修舊如舊』的原則，委托省内各大圖書館、高等院校、博物院等專業人士，逐版逐字精心校讐，清除污漬、修補斷綫缺筆，補其缺漏之處，明其模糊所在，力求完整準確，并新編志書目録，慎撰各書内容提要，以醒眉目。本次整理，得到省方志委原主任馮志農、主任陳秋平，副主任俞傑、林浩，德化縣委原書記吴深生、書記梁玉華、常委劉惠煌，德化縣政府原縣長歐陽秋虹、縣長劉德旺、副縣長蔣文强的關心重視和大力支持，以及福建省方志委志書編輯處處長凌文斌、副調研員滕元明、曾永志博士，德化縣方志辦主任王世言、副主任科員許瓊蓉、志書編纂股股長林淑玲、年鑒編纂股原股長蘇祥寶等以及聘用編輯許永汀、曾廣淞、黄繩維、陳春升的協助，使該志得以在較短時間内重印出版，爲福建省、德化縣舊志整理再添新作。在此，謹對給予福建省、德化縣舊志整理工作支持和幫助的領導和同志們表示衷心的感謝！

修志問道，以啓未來。通過重印再版這六部《德化縣志》，人們可以從中感受到德化歷史變遷的脉動，傳承德化獨特的地域文化根脉，體味生于斯長于斯的德化人特有的精氣神，也可以挖掘歷史智慧，爲建設實力、文化、美麗、幸福、清純的現代化瓷都和世界陶瓷之都提供歷史借鑒。

福建省地方志編纂委員會

德化縣地方志編纂委員會辦公室

二〇一七年十二月

新編目録

[民國]《德化縣志》
[民國]《德化縣志》提要
卷首
德化縣志序 ○○○七
卷一 ○○一七
德化縣志目録 ○○一七
凡例 ○○二一
歷次修志姓氏録 ○○二七
舊序 ○○三三
卷二 沿革志 沿革表 ○○六五
卷三 疆域志 ○○七三
星野 附表 ○○七三
封圻 ○○七七
形勝 ○○七八
里社 ○○七九
市廛 ○○八一
附風俗 ○○八二
卷四 山川志 ○○八九
山 ○○八九
水 ○一○八
橋渡 ○一二七
陂 ○一四八
井 ○一五一
附物産 ○一五三
卷五 古蹟志 ○二○五
樓亭 ○二○五
勝蹟 ○二○九
塔 ○二二四
龍潭 ○二二五
卷六 建置志 ○二三一
城池 ○二三一
公署 ○二三三
試院 ○二四三
倉 ○二四四
坊 ○二四六

〔民國〕德化縣志

方清芳等修，王光張等纂
朱朝亨續修，蘇育南續纂

民國二十九年（一九四〇年）鉛印本

［民國］《德化縣志》提要

［民國］《德化縣志》於民國十六年（一九二七年）由前縣知事方清芳等修、王光張等纂；民國二十六年朱朝亨續修、蘇育南續纂，民國二十九年由德化縣美新印務館排印，縣長楊喻仁印行，共六册。福建省圖書館、福建師範大學圖書館、福建省檔案館、德化縣檔案館等均有收藏。

方清芳，字廷傑，民國十二年（一九二三年）代德化縣知事，二十三年復任縣長。王光張，字石峰，德化縣人，光緒二十九年（一九〇三年）恩科舉人。朱朝亨，字楨甫，江蘇武進人，民國二十八年任德化縣長。蘇育南，乳名玉慈，號石甫，德化縣人，民國時期德化名儒、廉吏、書法家、詩人，民國初年曾任粵軍中校營長兼晉北指揮官，國民革命軍新一軍司令部政治顧問，後離開軍旅，任德化縣教育局局長、民衆教育館館長，福建省政府專員，福建省參議會第一届參議員等。

此志共十九卷，分十六綱九十五目約三十三萬字。紀事下限至清末止，後附《教育、建設大事記》，『教育』記自民國元年至二十六年，『建設』記自民國十年至二十六年。

德化縣志

二十八年五月
陳儀題

蘇州集卷

德化縣志序

徐崇俊印

邑視古比諸侯邦志實昉於史古今陰陽遞嬗陵谷遷更剏如政治之沿革人文之盛衰莫不載筆而書考商頌存闕竹書紀年雖曰徵信後世亦所以旌往勵來耳德化爲龍潯古治地唐長興始建縣相沿爲溫陵七治之一後改隸永春萬山嵂崒丁水環迴輿圖稱壯麗焉允黃判質膏田多穄固一足衣食知禮義之名區遜清吏治窳敗綠林輩起積匪張雄南張克武周公輝之輩嘯聚數千横行於永德仙大四縣邊境人民顛沛流離如沸鼎鑊我政府屢撫以恩終復携貳濫流所至風尙日非見者憂之廿八年春余奉命率師抵縣從事清勦左縈右拂摧陷廓清凡半稔閩中心腹之患於焉告除茲於戡亂之餘撫輯流亡均賦繕兵斯爲當急之務爰環採地方掌故資爲善後方策計蒐得本縣志稿若干本冀獲一得之見瀏覽一遍知志已年久失修去歲將付梓而未果者若然頻年禍亂相仍其來誠有自矣今印志諸董事先生補八百餘年之墜典與余若有默契因慫恿速壽梨棗殺青之日復

屬余系以一言時値布穀聲喧四邑瘡痍漸起梓獵之暇勉草數行附諸簡末後之牧司土者殷鑑其在兹乎

中華民國二十九年五月　日福建保安第三旅旅長茂名梁爲焯

重修德化縣志新序

縣之有志猶國之有史也凡關于政治之利弊人文之興衰風俗之淳薄山川之異同物產之豐虧咸筆之於書以供後人之考據與警惕法至善矣維攷德化地居全閩中部山崇嶺峻物富人稠洵有土有人有財有用之區也迨後唐長興間始建爲縣自有宋以迄明清每得賢有司出宰斯地布絃誦以育賢才砥廉節以正風俗浸假而造成尙儉樸重節義知廉恥興禮讓之文獻名邦矣惜自晚近以來人心不古逆賊倡亂人民疾苦我政府爲澈底肅清匪患解除民困起見乃發兵剿之時余亦參與戎行隨保安處黃處長(珍吾)蒞德協助清剿工作曾未幾時巨魁授首小醜就範討逆軍事已告結束善後事宜于焉開始而余亦於此時奉檄調署縣篆下車採風得蘇育南先生檢其志稿袖余並屬撰文余以當此地方敉平之際適逢本志纂成之日慶河山之無恙喜文獻之有徵爰於付梓之時不揣謭陋濡毫以爲序

中華民國二十九年四月二十二日　德化縣縣長楊喻仁

重修德化縣志序

州邑之有志乘蓋畢一切沿革筆之簡編所以信今傳後得資參考借鏡存國故於無窮也余於廿五秋奉命蒞德宣化始至之日伏戎未剪荆棘載途廬井不修遑問文獻幸仗政府德威不匝月盪滌邪穢天日重昭地方秩序日就敉寧　上峯察其尚能稱職調攝縣篆居職伊始日惟修己有虧撫字遺憾是懼况萑苻四境待淨根株庶政如絲振其端緒兢兢昕夕亦既半年瘡痍漸復興革事宜大致完滿乃與邑紳王君石峰鄭君石甫輩徵詢邑乘知重修之稿已於數年前完成因尚須縝密校訂後而付梓亟取閱固裒然巨帙惜體裁間有與現代思潮相背復禮聘蘇君育南方君如玉陳君其英林君泉諸同志重加審訂糾謬刪繁去疵存粹又將民國來教育建設諸大事附記於末成爲善本正擬付諸剞劂適余患病假歸將稿移交後任流光如駛忽忽又一年於茲江山猶壯惆悵重來蓋稿仍塵封而石峯石甫二君已先後作古余不禁喟然長歎繼思此稿必待余手而梓成之不可謂非余

緣獨厚爰攬黃心田柯杰夫李書植曾天民唐又新吳天錫陳紹青諸君董事付刊因述始末而爲之序

中華民國二十八年三月

德化縣縣長朱朝亭撰

重修德化縣志序

余於民國八年秋承乏本邑適北京圖書館徵取邑志徧求一全書而不可得搜檢舊版亦復散失過半思所以修輯而刊印之又以時値軍興吏疲拮据民勞征輸無暇及此此所以有志而未逮也比者烽煙頓息民勞汔可小休余又謬承鄉里選舉再知邑事時有徐君傑三同城駐防懼載籍之就湮以續修相商搉余喜其志合道同且念國體改革世局已等滄桑科舉既停老成僅存碩果及今不脩必有文獻不足之慮爰詢邑中耆舊駐省諸公僉曰可於是先之以討論繼之以採輯然後延前輩之有學識與新進之傑出者從事編輯而余則力任籌款時加督促閱十月而稿竣取而閱之見其志地志事志人體例雖無甚變更而闕者悉補陋者悉文訛者悉正燦然明備視昔有光至若志物產而勸以振興實業志風俗而示以破除迷信志藝文則取其有關政教與立言之堪垂不朽者尤見其關心桑梓故能於徵文考獻之中隱寓潛移默化之意信乎是書之有裨於民生吏治足以垂法鑒而

示來茲非茍作焉已也後之官斯土者得是編以資考據其於治理已措之而裕如生斯土者誠戶置一册觸目會心亦可曉然於一邑之掌故且因是景仰前徽爭自樹立安知文章功業不可媲美曩哲爲志乘增光也哉余故而喜書之

中華民國十六年丁卯十二月　　代理德化縣知事方清芳譔

續修德化縣誌序

吾邑志乘自乾隆丁卯壬子一再續修迄今百五十餘年幾遭兵燹家鮮藏書即有父老能言大略亦無異白首宮人說天寶遺事耳客冬同學方生芝廷知本縣事徐生傑三同時駐防本邑關心文獻以重修志事屬余余時方與郭君希淵分纂永春縣志未之應也既而邑中縉紳先生以舍己芸人相責且云丁卯舊志爲余先人手訂成編距今代遠年湮其間封疆有變置戶口有增減賦役有盈縮人物有盛衰學校有隆替城池兵衛有因革橋樑陂池有興廢正宜及時纂修以繼祖志況夫忠孝節義文章功業有卓乎不可磨滅者尤不可聽其湮沒不傳余聞而滋懼知義之不容辭也乃歸自桃源與諸君子共任厥事時取先人手稿朝夕規摹蓋以先六世祖家貧力學熟於掌故故其修邑志也悉本其平日讀書所得與其見聞所及而又採淩范兩家之長依正史體裁而敘次之釐舊編新綱張目舉魯侯所稱許者以此余之所取法者亦在乎此若夫搜載籍於兵火灰燼之餘發幽潛於戎馬倥

傯之際實賴諸君子苦心孤詣余不過參互考訂相與有成即間有正其訛謬補其闕遺亦志所當志去所不當志而已知我罪我不暇計也竊嘗考之邑志成于丁卯者三今歲重修又逢丁卯雖曰事出偶然未可信爲定數然乾隆壬子僅刊稿本尚未成書道光庚寅志稿進呈奉駁中止至於光緒壬午幾費搜討僅續秩官一門厥後甲辰則作而旋輟民國丁巳祇議而未行茲當大兵之後百廢待興竟得詢謀僉同以是爲當務之急舉百年之殘缺以十閱月成之不可謂非天之留以有待而余以憂患餘生得以希附末光更不可謂非遭遇之幸也讖曰水流丁羅簪纓其卽應於此乎

中華民國十六年丁卯十二月詒白後人王光張撰

德化縣誌目錄

卷一

目錄

凡例

歷次修誌姓氏錄

舊序

卷二

沿革志 沿革表

卷三

疆域志 星野（附圖表） 封圻 形勝 里社 市廛 附風俗

卷四

山川志 山 川 橋渡 陂井 附物產

卷五

古蹟志 樓亭 塔 勝跡 龍潭

卷六

建置志 城池 公署 坊 試院 附院堂 倉 義塚

卷七

賦役志 戶役 起運 田賦 支應 屯糧 協濟 解司 羨耗 物料

卷八

學校志 學宮 學祠 泮額 崇祀 學租 位次 書院 釋奠 社學 廟樂 各等學校

卷九

祠宇志 壇廟 宅墓 附寺宇

卷十

禮儀志 典禮 鄉約 鄉飲酒 祭祀

卷十一

武衛志 兵制 教場 險要 盜警 汛塘

卷十二
職官志 文職 武職 名宦 官績
卷十三
選舉志 甲科 舉業 薦辟 掾吏 援例 武弁 封贈 蔭襲
卷十四
人物志上 忠烈 鄉賢 治行 文學 孝友 鄉行
卷十五
人物志下 隱逸 僑寓 方技 釋道 耆舊 列女
卷十六
藝文志上 詩 賦 序 跋
卷十七
藝文志下 記 碑文 疏 書 雜體文
卷十八

祥異志
卷十九
撫佚志
附建國後教育建設大事記

凡例一十七則

一續修志乘必蒐集歷來舊志以資參考德化縣志清以前無可考今所存者康熙范志殘缺不全乾隆江志僅刋底稿惟乾隆魯志較爲完備故取是書以爲根柢而以范志參互折衷爲綱仍一十有六目則九十有五雖與舊志稍有變更要期綱舉目張非故爲示異也

一曆來舊志只列總修分修姓氏餘則弗及茲自主修總修分修協修參校參閱參訂以及採訪諸人槪行列名以見修飾潤色與蒐羅考證者皆有力爲

一此次續修雖由在局諸人分門編輯迨全稿告成仍集採訪諸君互相考訂必使衆口一詞方敢錄刋是非旣出諸公闕略或可共諒

一乾隆丁卯志係邑侯魯公所修每志冠以小序殿以論斷均極淹貫古雅今仍其舊錄之祇將改革處略爲增減示不敢忘先正也

一山川脈絡最宜詳晰庶循其脈絡乃可知其原委范志敍山川倣禹貢成

文凡山巒之險夷幽奥川澤之曲折交匯筆而出之非身歷其境者不能有此條分縷析而魯志謂其拘於脉絡東西莫辨悉爲删去别山與川而二之另次其遠近分合不知舍脉絡而言遠近分合次第既不能無訛規以里社反錯出不倫今略師魯志成法山雖由近及遠而以標列里社爲範川則以滙溪爲大幹而衆流之匯合入于永福與不匯滙溪而分流於鄰邑者亦莫不分别詳敘並將范志山川附存於後庶展卷間瞭如指掌焉

一物產一門舊載頗詳惟值此振興實業時代各省大都改良制作以應潮流吾邑雖僻處一隅大宗土產多堪發展兹擇要著論俾有心實業者得資研究而企新圖况自海禁大開以後由外洋輸入穀蔬果品種類甚多取其內地所宜植者增入以備農業家採擇

一賦役自咸豐三年迄今迭遭兵火檔籍無存中間糧額戶口雖有增減無從考核現值大局未定二者更無可稽只得從鈌惟向納泉州府永春州

各屯米現已仍歸本縣徵完特爲詳記其改歸原因合併額數俾後來覽者知新政之便民而免一戶兩徵之苦

一舊志學宮附建各祠或不載地址或全闕祠名且忠義孝悌作興學校崇祀之人亦缺而不登今悉查明列入並將祠宇志序列失當者細加釐訂以存體制而昭祀典至禮儀一門現代多不適用亦酌留存聊以志一朝制度已耳

一祭聖奏樂典禮攸關舊志僅載樂章而樂器舞器樂譜舞譜以及作樂用法諸多闕略因參酌通志及各縣志補入以存古樂復將列朝頒立學宮扁額及崇祀之歷代要典從祀之姓氏位次一一備錄庶後之景仰 先聖者得所考證焉

一寺觀神廟所在皆是若必一一概登載殊嫌瑣屑今以魯志爲準已載者不刪未載者不入

一名宦宦蹟乃稱官于斯土而賢者改附于職官題名後較得以類相從之

例

一舊志科目甲乙榜詳其名次貢生分恩拔副歲視范志可謂詳矣茲文武甲乙榜均先書某科或某恩科某人榜然後依次列名貢生則於名下旁注某科某年更使閱者一目了然至欽賜始於乾隆季年捐例濫自光緒中葉因附載欽賜於甲乙榜之後及捐例之代理官缺者亦概爲列入

一本籍先哲有政績行誼允符輿論者既各爲立傳其或一節可取則注於科目封贈蔭襲捐例名下以示有善必錄之意職官亦如之

一詩賦雜文必取其有關政教裨世道及與本邑風土相關係者方敢登錄若名人遊覽題詠概附山川古蹟寺宇各門其無可附者略存一二亦以其人足重與其著述之足傳也

一魯志內多列自著詩文及當時生人題詠雖意在鼓舞文風究於志例未合此次重修除登志序外生存之人雖有佳作概不列入

一五行志舊只載金火水而不及土木是五行已闕其二名實似覺不符爰

易五行爲祥異凡反其常者書之庶觸目警心藉以推測休咎而時加修省防禦焉

一是志成于民國十有六年而志事志人則止于遜清末造非舍近圖遠也誠以國體既更綱紀法度日新月異而歲不同故終以清末結束一朝掌故亦止所當止耳繼往開來端俟後之君子

德化縣志卷之一

歷次修志姓氏錄萬歷甲辰以前僅傳邑紳凌輝纂修今無其書

萬曆甲辰年修志主修者兼總修知縣事周□佑

分修者　闕名

天啓丁卯年續修主修者兼纂修知縣事桂振宇

總修者　生員徐育元

康熙丁卯年修志主修者兼總修知縣事范正輅

分修者　教諭鄭□默

訓導方祚隆

邑進士林□模

舉人林汪遠

乾隆丁卯年修志主修者兼纂修知縣事魯鼎梅

校訂者　浦城舉人李青震

總修者 邑進士王必昌

分修者 舉人林　昱 舉人李志昱

歲貢連如璋 歲貢鄭惠琇

歲貢陳開材 貢生毛際泰

貢生陳時夏 貢生林煥彩

貢生鄭文煌 貢生方鵬奮

監生黃守仁 監生葉乘龍

生員謝祈出 生員張天溱

生員陳其遇 生員許應暄

廩生涂廷觀 生員劉世賡

生員蘇廷望 廩生張應宿

生員陳拱璧 生員陳元斌

生員賴汝騰 廩生周維新

生員陳　嵋　廩生郭觀光

乾隆壬子年續修主修者　知縣事蔣　履

承修者　知縣事楊奇膺

總修者　訓導江雲霆

參閱者　教諭吳維新

分修者　邑舉人徐天球

分修者　歲貢許登俊　廩生李　濬

分修者　廩生陳芳林　生員陳志蔬

校訂者　拔貢鄧金文

校訂者　生員賴余濟

道光庚寅年續稿主修者　知縣事王德授

中華民國十六年續稿主修者　知事方清芳

中華民國廿八年主刊者　縣長朱朝亨

總修者兼校訂 王光張

分修者 郭達材

分修者兼檢校 鄭玉岡

分修者 曾玉麟

分修者 賴尙論

協修者 甘爲節

協修者兼中區採訪 曾其仁

協修者 鄭蘭

參校者 郭俊元

參閱者 林慶瀾

校訂者 陳其英

校訂者 林泉

校訂者 蘇育南

校訂者 方如玉

採訪者中區 曾德元 張廷昌

蘇御中 林慶治

李捷登 陳葆熙

郭誠敬

採訪者東區 黃其瀾 黃其文

查掄元 王忠猷

許樹椿 徐言書

林韶成 危自雄

周炳星

採訪者南區 鄭啓勳 顏

張宗江 徐振文

採訪者西區 陳朝宗 劉其相

郭大經　林大任
陳國謨　連書銘
徐學朱　徐步雲
涂紹儀
採訪者北區
賴其藻　賴錦標
劉鵬程　陳順謙
陳慶南　陳昌言
陳福廉　陳維翰
蘇永範　林大年
郭章貴　蘇守正
蘇思孝

舊序

萬曆甲辰修志序

湖廣參政永定沈孟化

郡若邑各有紀乘徵論減省煩劇皆以風土之宜人物之考箏而存之徵信於當世以示來者此蓋權輿於禹貢周禮之職方班孟堅之志地理所自昉矣吾閩中獨溫陵稱形勝奥區人文淵藪龍潯其轄下最古治代各有書明興纂修者再然迣迣趑趑旁魄不足徵信示後邑侯周命初先生下車觀風考俗撫恤民隱振作士類一時斐然嚮風三年滿其秩以最考遷狪牂獨山刺史以去時余家伯兄備員邑博士亦以秩滿遷西平命翁慨然曰以余之不穀濫竽斯士者幸三稔於茲耳目之所覩記若人物之俶儻若風教之漸濡若山川之偉麗巖巒之幽奇較之往代更宏鉅而蒸鬪烏可令其文采不彰耶乃引新斥陳裒益而纂修之以一編授余而徵余言以爲序余惟志者志其事而摭其實也禹貢所紀田賦高下墳壚黎赤以至篠簜齒革龜魚之細周禮則及於山藪川浸男女畜擾之粗而班孟堅則又詳於政治風俗奢

儉之故德之於奠民生益治道而要其大則以經濟翊世行誼表著當年者爲川岳重余卒業斯編審觀其郊坰繡錯里巷參嵯之謠俗因以知厝注所宜控馭所急用以恢牧愛而暢仁風歷覽其峯巒之嶔崟淳泓而淵皦又足以廣其神識而助發其淵軼之思備考其縫掖冠舄之倫如宋蘇欽之潔己奉公林揚休之諷閩政績鄭輪鄭軫林洽林瀛並以兄弟登第所至有冰蘗聲爲當代仰止明則有凌侍御風裁敢言人所憚避鄭計部金玉君子時論推戴焉單合浦之氷操高尚林樂會之保障瓊海林南陵之却例金清宿蠹均之邁越時流足傳漢循良者誠未易縷指也此其俶儻傻偉之行眞足揚扢千古彪炳來禩曾何不擅其輿區之勝挈其淵藪之精耶周侯於此獨加注存誠有所見於其大矣後之覽者得是志而以發鷥翽揚鳳彩戴雲五華若增而高丁溪龍門若濬而深勵世風徵文獻倘亦有賴哉又何所論其減省其煩劇而不與上國齒也斯編也卽軼班氏而上與禹貢職方並垂不朽夫誰曰不然周侯諱祐江右南城人字君眷命初其別號云

天啓丁卯續修序

知縣長林桂振宇

夫載事之書取傳信不取傳贗而邑志更重圖繪山川描寫人物旌既往勵將來於是乎劵吏玆土者舉廢葺頹闡微揚幽討實錄而參覈舊編勿沿訛襲舛前後相蒙亦是當官應爲事余下車覽龍潯志反覆披閱人文遞衰遞盛山川風景亦因遞換自周命初甲辰之役歷二十餘禩多宜舉宜葺宜闡宜揚父老鄉紳所傳告者或鼎新或復故則微祿薄鏹無不可捐與士民規置兩歲繕營自謂可幸無闕然遺芳隱蹟尙未表影竊欲取舊志而參補未備迺簿書鞅掌未遑旁及忽而臥病倦骨漸生請乞歸田里嘗以一局未了爲歉至三四請而上弗許仍守篆視事而鞅掌如前日竟不獲寄心毫楮修文人之業第當人文浸昌浸熾計不敢以此局諉後人一日命諸生操觚從事諸生逡巡謝不敏必欲借筆名公余固謂忠孝節義亦其人自足重耳豈以名公重耶學者游精翰墨終歲搦管他日纂史翼經直行其志豈異人任而耳目前覩記不能揚扢必乞言文致厚自謙讓爲博士林先生乃晉學院

屢旌德行生員徐君育元篆筆受事纔匝月彙次成編其藁白余余因而參覈之鼇舛彰幽千百年古蹟芳名恍從煙草消沉中頓爲生色向者簪纓紀世茲復蟬聯未易計量行且與大國驅駕中原豈第政和以後諸君子哉若前人已經揚厲不必贅爲潤色即今採摭增補不敢謬爲鋪張只此三代直心傳信而行後有作者考獻徵文抱心相印則此志爲左劵

康熙丁卯修志序

泉州知府古燕郝斌

志何昉乎蓋左史倚相能讀三墳五典八索九邱之書九邱者九州也九州之有志自昔已然迨後州分爲郡郡分爲邑郡有紀邑有載總括其旨皆屬爲治之要在乎不沒其實事以傳信於後世耳我皇清宅中出治邁古軼今自世祖章皇帝洎我皇上御極以來剪除暴逆海宇乂安文德誕敷禮興樂作亦既潤色鴻業矣猶以未臻堯舜之治內外大小臣工皆愼選賢能責其治以加於民殆與上古選德治民之道不謀而合也間有不賢如余者亦濫膺茲選丙寅秋八月來守溫陵顧瞻形勝洵爲閩越奥區人文之盛可與江

左齊驅乃欣然而喜復又惴焉而懼蓋懼德寡才鮮勿能率屬致治以滋不職羞是歲冬浙甬范子載賡以魏科世胄除德化令計深慮遠視邑事如家事慨然以崇文教正士習厚民俗課農桑恤孤弱誅豪猾爲已任而樂盡司牧之道焉繼則相厥所宜揆厥所急縣署自宋熙寧迄今遞毁兵火雖幾費營繕究未復舊觀載瞻興廢葺壁乃捐秩祿創建堂宇及兩廊廡以肅民瞻賓陽北鎮二樓久淪榛莽亦俱構材整備以棲汛卒民益賴有衛焉若是者且勿論爰思德化自五代始名縣歷宋元明及我朝數十百年其間政治之得失人物之盛衰山川之異同風俗之奢儉悉載邑乘皆關切治道尤宜詳覈不徒拘牽故事徇名失實必期芟汰蕪雜標領典要上稟王綱有當一代之令甲而後已於是延致名儒參酌考訂極其周密草成復加諮討博稽編簡稍涉舛戾者咸爲釐正若山川則戴雲之池九仙之山皆各探其本源辨析無遺若縣長吏則宋元之有功利於民者率多闕略皆蒐輯補入至於學校選舉忠孝節義文章詞賦必核名實相副者擇焉而登妖祥變異出於不

經者疑寧從缺矢公矢慎卓然成書噫夫志之纂修豈易言哉恆有人曰斯舉也必超於人方可任否則必不稱又曰必狥於人始可行否則必得謗以故中輟序余者多載瞻有見於此是以信之篤而成之敏也遂竣刻以今編請余深喜載瞻服官甫數月輒著成績歷歷可觀者如是夫能謀始者必克慎厥終將見次第展其經濟以實事顯於時信於後豈僅此數端而已余雖不敏亦將相 率勉勵冀以其體 聖天子欲臻治堯舜之意庶幾仰佐千百之什一詎不快乎遂忘荒陋率以數言弁其首

康熙丁卯序 二

知縣四明范正輅

夫志者所以載一邑之政事民物山川田賦之大綱也輅處四明家遺天一閣藏書最富搜覽簡編閱德化舊志固知邑處萬山之巔乏土產鮮人物無豐功偉伐紀載舊乘然而風美俗厚民庶殷富彬彬一禮樂名區也丙寅冬恭膺簡命來蒞龍潯竊見土俗非故人民稀少不復曩時紀載心竊疑之以爲所見不逮所聞思得一邑志以考證之不意捧接憲檄知無成書適施張

之暇有鄭廣文方學博以一編授余取而讀之見其歌詩奏誦彝教井然採擇編纂更多詳備乃知二公之留意志事者久矣今幹承乏茲土雖政績繁多不遑釐舉無已不得不襄厥事無已不得不從公餘之頃切實而考訂之如星分則屬牛女封域則連七邑也邑分爲里者八里分爲社者三十有九也山則聳峙於鑛岐水則朝宗於省會也津梁關隘興廢靡常物產民風簡樸如昨也城垣公廨昔罹水圮不復舊觀學校壇壝近賴人功得瞻巍煥也典禮惟循乎舊章田賦悉遵乎新制序記詞賦甯切無華古蹟舊聞甯簡無濫此邑志之大概去古不甚相遠者也若夫遠稽人物則如陳僕射之勳名著于史册鄧德安張龍川之事業貽于社稷緒馬平之道學傳於弈禩黃義烏之教澤洽于人心官師之不容或略者類如斯也至里黨先達稱表表者淩侍御之功偉然賴太史之文炳若林程以尚義而劉丁溪鄭沛以謙謹而號君子其他或以文華著或以長厚稱或以孝友重鄉評或以端方式頹俗以至闈儀淑德逸躅高風指不勝屈是與曩時之所習聞者斐然大異焉得

不亟爲表彰律後進而揚先德哉爰定卷帙付之棗梨閱三月而書成輅因是更有思焉夫考訂編纂輅之責也蒐羅採輯縉紳先生事也使異日者採輶軒登史館俾作者慨然嘆慕曰是志也事核而該體嚴而備蔚然爲一代信史之所資則皆屬紳衿採輯之功而非輅之所敢居也是爲序

康熙丁卯序 三　　訓導方祚隆

自一畫闢出文字而天地山川之奇無不盡洩於人間故雲鳥紀官則筆之墳典傳心則筆之舉從古神聖之聚精會神邈赫然在人耳目禹貢之爲書也敷土隨山刊木奠高山大川至九州之貢道土色貢篚與田賦之上下錫土姓聲教訖于四海無不畢載以成天下之大觀周禮之爲書也辨方正位體國經野設官分職以爲民極而冢宰司徒宗伯司馬司寇司空之中纖悉不遺後人因其用字奇古考工記之字又聱牙而不可讀謂此書出於劉歆嘗從楊子雲作奇字故用以入經祚隆見周禮典雅奧深爲世立範實懸日月不可刊之書非呂氏春秋淮南鴻寶所敢追奔頡頏豈劉歆輩之所能辨

也乎是知時有今古事有創因聖君賢相之經營一道同風固與世推移而汲汲著書立言弗忍歷諸久而磨滅其心則一矣德化巖邑也隸於溫陵處萬山之中與尤溪大田永福永春相接壤然地脈忽而聳峙俯臨他邑故由來文人每多俊偉超奇地靈人傑是耶非耶獨邑乘歷創設以迄於今無刻本錄寫相沿弗能徧也恐弗能久洵此地一大缺憾事也喜邑侯載瞻范先生以鉅宗名儒攜宓琴鼓龍潯之三月殷然念之課農訓士之暇集縉紳耆老諸生網羅舊聞取抄本而手自較脫者補之誤者釐之剞劂勞深與晨繼晷圖書業就倬漢章天環邑無貴賤遍觀厥成相與慶之歌之今展卷犂然自禮樂兵農以及於祥異仙釋細大畢收創從來未有之舉德邑缺憾至今日而乃無憾美哉始基之矣後有同志薪火相傳踵事增華歷諸久自不至磨滅此書直與天壤相敝也祚隆閒山川清淑之氣不鍾於人則鍾於物然物雖渾金璞玉珍禽異獸奇花文木不得與人等故朝廷之所褒崇童叟之所傳誦竹帛鐘鼎之所銘勒率於人爲榮是以忠臣孝子仁人義士烈女貞

婦爲天地立心爲國家植紀爲宗族鄉黨流芳凡賓客往來其地莫不停車駐足存則指其門庭曰此廬是某之所居也歿則指其窀穸曰此塚是某之所藏也徘徊顧望而不忍去所謂有仙而不在山之高有龍而不在水之深隸之於字刻之於版達之於通都大邑是天地間一幅莫大文字祚隆深望德邑山川人物之所可紀者此也刻成載瞻先生命序濡毫盥手於是乎言

康熙丁卯序 四

舉人林汪遠

志何昉乎考列國之風山川人物政治興衰皆具其志乘權輿乎漢班孟堅作諸志典贍精詳稱一代良史非郡邑乘比然志名始此後有作者即志一郡一邑當以一代良史才作之始足信今而傳後德邑之設七百餘年志修於淩邦輝侍御後庠友王夏聲蒐輯補之尚多厥略今邑侯載瞻范父臺兩浙名家斯文哲匠彈琴莅德取邑志新之考訂修飾刮垢磨光弘綱細節燦然具備且周咨博諏汪遠亦以末材佐一得焉書成付剞劂以垂不朽蓋侯有良史才前司鐸秀水其邑志皆出手裁業已懸諸不刊今取合德志讀之

典贍精核不讓班史曾南豐所稱明足周萬事之理道足適天下之用文足發難顯之情殆其兼之雖然坐而言何如起而行古來有學有守之士出而司牧地無論劇易事無論大小皆必辦之以長才臨之以小心熟悉其風土人情措置設施以展經綸如國醫於人洞見腑臟孰無病而宜五穀孰有病而宜藥石皆實試之而輒效如志所載莆田陳公之經國勸農隆安林公之建塔濬溪奉化應公之勸獎士類岷山秦公之獨斷建學類皆以小心長才因乎地宜乎俗熟悉風土人情措置設施以展其經綸者也茲志之修必詳必慎小心長才於焉見端而不徒爾也侯為人溫和寬厚接士民藹然如家人父子初下車詳咨民隱風土人情熟悉於心而傳之於筆筆之書即以見諸行事嘗取上諭十六條為之解義家喻戶曉亹亹忘倦且勤於課士累月論文校藝不少休力以興起教化為已任上佐聖天子右文之治洵足與陳林應秦諸公後先輝映然則茲志固足信今而傳後而力行善政以期於必傳則後之視今亦猶今之視昔也汪遠樂與觀厥成而并及之

乾隆丁卯修志序 一

福建巡撫祁陽陳大受

德化閩西南小邑也肇置後唐長興間由晉迄明代有損益卒隸泉郡我朝雍正之十有二年世宗憲皇帝允前總制郝公請升永春爲直隸州而以邑屬焉邑與州近便統轄也其地山川匼匝民樸而勤物產足以自給陶埴且以致遠本富者十之七而末富者十三號爲易治然自明季屢遭兵燹邑既凋耗國家休養生息垂百餘年而後民氣大復蓋昔之政也棼今之政也一昔之疆也擾今之疆也甯昔之役也繁今之役也息昔之歛也棘今之歛也紓熙熙然享太平之福者吏與民久已共樂茲土矣魯令鼎梅任邑三載理甚無事間搜閱邑乘患其蕪漫而缺失也爰集邑之儒生館穀而修輯之裒然成帙上諸方伯以序請於予公餘披覽見其體裁整飭疑信不淆晰疆域則奠麗以昭考沿革則廢置以辨綜經制則保乂有紀詳土物則賦式無苛錄人物則孅行章述藝文則黎獻備幾幾乎稱善志焉抑予猶有進者民之所望于吏者在乎政而政之所及于民者在乎心詩曰愷悌君子誠得夫強

教悅安之術而善出之斯下之被其化者漸漬而不及覺鼓舞於不自知將見海疆僻邑仁讓聿興風俗聿厚於以仰副聖天子求寧觀成之至意詎不益光斯志哉令其勉之是爲序

乾隆丁卯序 二

福建布政曆城高山

周禮外史掌四方之志小史掌邦國之志如土地風俗物產貢賦之類靡不森然畢陳然猶一國而書之也秦設郡縣歷代沿之即彈丸小邑亦有書乘大者上之朝廷備禮官採擇次則俾治事者得以按籍而稽其山川土田之廣狹肥瘠賦役之多寡禮樂文章之盛衰民俗之貞淫方物之盈縮悉瞭如指掌而無毫髮遺漏志之繫也顧不重哉余膺簡命於閩省有旬宣屏翰之責自顧菲才當重任恆以耳目不及爲懼下車即訪各郡邑民間之利弊風俗之淳薄而尤望諸守令之靖共恪職以相與有成也乾隆丙寅德化魯令修輯邑志成予披閱之見其記載詳而規制備不漏不支足以信今而傳後尤喜德之民樸而好禮冠裳文物惇信明義視昔有加蓋聖朝重熙累洽久

道化成山陬海澨罔不訖厥聲教重以列憲之後先撫循訓導以臻茲盛也夫人不天不因天不人不成今德山明泉清地衍原沃其人亦既富且穀而其險膚儇薄者亦往往而有賈子云移風易俗使人回心而嚮道類非俗吏之所能爲也予所深望於魯令尹者廉以率物禮以止暴勤宣政教以底一度同風之隆則其有功於德者豈獨一志哉

乾隆丁卯序 三

福建學政錢塘吳嗣爵

郡邑之有志猶邦國之有外史也考星野沿革建置紀山川戶役風物官師鄉賢採咏謳藝文其載筆也貴詳其敘事也貴核顧通都大邑類有成編若邑介荒遐率多因陋就簡言湮事遠寖微寖泯上之人於何採擇下之人於何則效歟德化建縣自後唐長興間舊隸泉今轄永地處萬山之中舟車商賈所不到其民愿樸安耕鑿以自樂有宋迄明科名漸起我國家重熙累洽以養以教涵濡百年之深故生齒日繁近則甲第輝映文教益隆焉魯君燮堂以名進士來蒞茲土下車三年政平訟理百廢修復慨然念志乘之荒略

得請於上羅名宿廣徵輯蓋蒐六十餘載之潛德幽光遺文軼典而彙爲成書其間綱目貫注條理井然詳而有要核而能愼覽斯志者思盛朝之沐養懷先達之流風農安於畔士齒於學彬彬乎衣食足而禮讓興也夫徵文考獻垂令甲而貢輶軒者賢司牧之責也振賢育才砥廉節而正風俗者使者之心也故樂爲之序

乾隆丁卯序 四

興泉永道仁和高景蕃

余自客歲奉令觀察閩南若興若泉若永皆在所轄之境而德化一邑昔屬泉今隸永距余所駐鷺門且數百里余以巡察至其地見其峯巒聳秀高出諸邑迤邐起伏若龍蟠鳳翥而山川洄滾又皆有襟帶拱衛之勢心焉異之以爲此亦奧靈之區也次按其城邑之建置田野之墾闢津梁溝澮之修整皆井井有條而風俗樸茂與古爲近不禁喟然曰我國家聲教四訖濡文而涵化者壤無陋矣以良有司處此化民成俗無難也邑令魯君興廢舉墜治行彰美今年秋乃以所輯邑志請序於余余惟邑之有志與一統志暨各省

州郡之志如根幹枝葉之相承缺一則有弗聞其詳者夫山川岳瀆之精華與元化之鼓盪隨時遞發而筆墨之紀載亦因是以彌新故前之文獻藉以永其傳後之文獻賴以發其光歲久將湮志可勿重修也哉魯君以其公餘會集羣賢蒐討舊聞編纂類次莫不條分縷析寓意深長匪特流峙之蜿蜒扶輿而噴薄與夫人物育產之盛一一如列之畫圖令我若重遊其地即茲邑之所以開闢於唐宋漸著於元明而增興於我朝鼎盛於今日者纘武悠猷煦味而提撕之牧是土者與有力焉亦可次第而想其成勢也已且夫徽溯於曩賢業崇於繼起風力日上地靈斯協後之吏於斯籍於斯者覩茲邑乘其間事業文章炳炳烺烺與日月爭光者屈指幾何人餘或稍有可述或遂渺焉莫考矣然則撫前人之遺韻振千古之遐思其孰不慨乎有奮興也歟自今以往上之敦率益以懋下之征邁益以勵表循良烝髦士將使異日秉筆之儒大書特書以誌不朽者胡可易量余既嘉魯君治行而又喜是編考覈之精寓意之遠而足以爲教也於是乎書

乾隆丁卯序 五

永春知州甯河劉毓珍

天道無鬱而弗宣之理人事無漏而不傳之奇然宣之傳之因其時亦必待其人耳余乙丑歲奉簡命來永州德邑呈志四册閱之頗略弁其首係前邑令范君載瞻於康熙二十六年編次計其時蓋已花甲一週矣其間盛衰得失變易者不知凡幾風俗政治因革者不知凡幾忠孝節烈湮沒者亦不知凡幾又況舊屬於泉今隸於永版圖既已非故乘載亦應更新則斯志之不容已於修也余已心焉識之會春來奉例巡查抵德德令魯君燮堂慨然以邑乘爲己任余喜所見略同因舉其概而陳之夫志非修之難重修爲難重修亦非難徵前信後爲難非曰紀山川而必依傍形勢也取其無分民有分土之意也非曰譜世系而徒紀載姓氏也取其善足以勸惡足以懲也非曰錄菁華而僅標榜文藝也取其有關於民生有裨於國計也且學校爲人材之本風俗爲政事之徵與夫民賦物產之規廟壇享祀之典孰是可缺而弗講者此其蒐羅殆盡參訂無訛又豈異人之任燮堂唯唯閱數月而書成呈

稿於余余披覽而竟見其纂舊編新山若爲之增輝川若爲之增潤城池關隘屹然爲之鞏固文章制度煥然爲之一新而且蓬蒿荆棘幾人爲之伸眉僻巷幽閨幾人爲之吐氣不禁喟然嘆曰斯亦六十年來人與時俱運會一結而成之者也豈曰聯編綴牘小補云爾哉或曰是書一成太史登之即可以佐文明之盛余未知亦不暇計倘異日者永州諸務粗備有事於此且將以之爲楷模焉燮堂其有以許余否是爲序

永春知州青浦杜昌丁

乾隆丁卯序 六

周官外史掌四方之志公羊疏亦紀孔子使子夏等求百二十國寶書蓋即求此志也自班氏以志爲史家一體餘史承襲幾二千年闕者惟陳李二史耳究之若紀若傳若表亦無非志今省郡州縣各使立志猶古周官外史意也德化舊屬泉近隸永土瘠民貧禾莠間出荷聖朝厚澤涵濡風會駸駸日上邑故有志六十年來苦殘缺矣令長魯君燮堂慨然以蒐輯爲己任書成郵一編屬序於余余因是歎君之用心爲獨遠也今夫托之空言不如見諸

實事也夫人知之矣昔張子韶判鎮東嘗大書於壁曰此身苟一日之閒百姓受無涯之苦今君之殷殷爲此志也曾是思閒者而出此哉志沿革則必思興自古者何時宜於今者何術志疆域則必思扼要應備者何方畝田宅里者何策志山川志建置則因地制宜大小疏密何以勿略志民賦志學校則教養兼施樂業向化何以可久志祠宇則何以爲無忝馨香志禮儀則何以爲不愆典制志武衞則何以爲不拔干城志秩官志科目志人物則又思何者副衆望協輿評何者名不辱科第行足垂簡策諸若藝文古蹟五行摭佚一一朗列亦豈徒侈聽聞實以資考鏡也余知君殷殷此志其用心必有在矣往余蒞永值州界初分亦欲飭所屬商及志乘會以告養歸不果今重來此地君已先獲我心何愉快如之鄭夾漈有言志之大原起於爾雅蓋爲其自天文地理人事下逮金石草木蟲魚條分縷舉後世志體相似故以爲托始非不知周官原有四方之志也君今以注爾雅之才得名士互相考證敘次俱井井有法異日大廷考文徵獻將彙採四方之志君茲帙得不入外

史氏所掌哉余樂君能仿班氏之學以寄其心也因於書成述梗概而爲之序

乾隆丁卯序 七

知縣新城魯鼎梅

將使一代之文獻列眉指掌炳炳千百載間何恃乎恃有一代之史耳然非邑各有志則雖有良史才亦無從按之而成書蓋史綜四方之志志備他日之史其大小不同同歸於慎故志者史之原本也天下文章莫大乎是矣德化邑於萬山之巔其民樸其俗儉其山巃嵸其川矗激其澤多泉衍其種宜穀蔬禮樂文章彬然古之遺宜居是邦者多偉人也鼎梅奉簡命授令茲土心焉數之公餘閱載瞻范君所纂邑乘深幸前此之文獻勒有成書矣還念邑自天崇以後兵火屢遭遂失藏版范君惟憑抄本不無因陋傳訛况自重熙累洽而後興廢舉墜視昔有加焉而官斯土居斯土者熾蹟亦日益隆蓋距范令修志時已六十年矣即是以思舊多草創則猶有待於修化事日新則樂爲之修歷時已久則又不得不亟爲之修也夫幽光潛德譬若珠藏等

之玉韞造物之祕也國有其人沒弗與傳有司之過也將欲傳之必寄其任於生長是邦者之耳濡目染是廣而蒐焉愼而輯焉薦紳先生事也故忘其固陋延邑名儒王君後山輩館而修之釐舊編新目張綱舉得十有八卷付之剞劂蓋甚幸甲子一周之文獻粗有成書庶幾備他年良史之採擇也矣首沿革從其朔也次疆域暨山川辨守土標其鎭也志建置稽興廢也若學校禮儀諸册又皆禮樂文章之所係焉摭佚之志無所取諸取諸遺也人物之紀則凡有可表筆以示勸善善從長古之訓也是爲序

乾隆丁卯序 八　　教諭曾晉

地周百里民生之利病俗尙之澆淳經畫激勸之方係於長令受茲職者悉心而理撥錯置之源流審道民之先路鑒於前迹亦持以敷里有方之藉也德化之志自范公載瞻之修缺有間者六十年矣歲癸亥黎水燮堂魯公以名進士視篆於德蒞政四年百廢具舉披閱前志慨然久之間詢故老備悉遺事既乃集諸名宿授以意旨分析條例若綱在綱敘次倫斷歸于精核簡

當綜一邑之內人物風土數十年間之迹瞭然若指諸掌余觀夫德邑環山之中層巒叠嶂緣疆而望四面皆低非舟車往來走集之區故無浮囂淫靡之習民生其間惟土物愛風教固殊焉造物不域地以生才秀靈之氣勃於谿谷由來舊矣茲之志也豈徒爲此間景物紀勝哉將俾生斯土者顧名思義披覽之下憬然於以德化民之意地雖僻而多才善可風則必錄瘠土之民莫不向義所爲經畫激勸之方於是乎在余以謭陋謬秉茲鐸佐公爲理於是舉也覩公之治爰載筆而爲之序

乾隆丁卯序　九　　訓導蕭國琦

邑之有志由來舊矣古者太史氏乘輶軒採風問俗登之王朝非志則無以載史所未備而俟其採擇故其功用殆與史等德邑向與吾惠同屬泉之股肱縣其地多山五華鳳翥與圖稱秀麗焉風醇俗厚人之生斯土者尚勤儉礪廉節說禮敦詩彬彬爾雅與泉俗無異邇來泉永分隸而德爲永州首邑遂與泉郡隔屬然民風土俗猶仍其舊惟是邑志自兵燹後原版無存而舊

尹范君所纂不無因陋就簡僅存什一於千百又缺略六十年來潛德幽光未登史册新城夔堂魯老先生既治德化之四年興利除弊百廢具舉風土人物煥然一新公餘之暇慨然邑乘之宜修而因陋就簡之不足爲一邑文物光也於是集邑之紳士相與重訂而編輯之綱舉目張燦若列眉指掌建置沿革源委森然疆域山川條理井然禮儀學校倣諸郡城而制肅然物產田賦準以風土而法釐然至人物各傳顯微闡幽考善徵行視舊志所紀獨加詳悉琦尤讀其龍潯一賦意思深遠渾涵無際舉是邑之流者峙者洪者纖者矯然傑出而幽異者無不含蓄於胸中而流露於詠嘆淫泆之下有與志相爲發明者洵足爲一邑文物之光而備當代良史之採擇者矣今年春琦秉鐸茲邑適書告成慶是邑文獻之有徵而歎先生之爲功於邑人者大也於是乎言

乾隆丁卯序

進士王必昌

德自置縣迄今八百一十五年宋元之代志乘久湮明邑先輩凌邦輝嘗纂

修之年月無考其後再修則並其載筆之人亦失傳萬歷甲辰周侯命初重修嚴整有法泉郡志多取以爲楷越天啓丁卯桂侯蓋我命邑庠士徐育元復加補輯未及鋟版而兵燹洊更散佚莫問矣我朝鼎興文教一新縣承憲檄徵志吾宗庠士夏聲摭拾燼餘以應限期迫逼其多疏略固宜康熙丁卯范侯載贍迺取其稿本重訂之以付梓人按其自敘云家遺天一閣藏書有德化舊志又云捧接憲檄知無成書未稔其所藏者果萬歷志否耶而學博方公棟吉敘直云邑乘歷創設以迄於今無刻本因是邑人承誤謂志自范侯始昌每讀而疑之以爲宋政和而後明隆萬以來邑之人材輩出文事不宜荒陋間于名勝處得前人留題反覆之竊信所疑之非妄且人物有志而鄉賢鄒丁溪闕焉他可知矣生斯長斯百年桑梓顧使曩哲流風莫之省憶嗚呼文獻既微徵信奚自因循歲月傳聞異辭不禁掩卷而三歎矣幸逢燮堂魯父師慨然爲玆邑立不朽之盛業約八里紳士撤舊志而新之時乾隆丙寅二月也師以慈父而爲明師卽以大儒而爲良史於志德何有乃蚤夜

孜孜日出坐堂皇聽民事退輒就稿點點畫畫心裁而手定之創著義例援據公牘訪諸故老所傳採諸閭里所記發殘碑於榛莽討斷簡於蠹司上窮創建之始中悉措施之宜復益之以巡行之所聞見爲志一十有六各冠以小序加之論斷凡十有八卷其志藝文備錄時賢者爲吾邑鼓文風也志人物則在德言德寧恕毋刻葉臺山先生有言惟是非之不謬斯懲勸之有裨固不多揆瑕掩瑜過爲吹索而非輕於持論者所能窺測也越十月授梓甫半而萬歷志出於鄭明經淇瞻家師亟取而參校之鮮所異同夫以邑人百數十年不一見之書而完好無缺淇瞻之功也而證合無迕則師之心源妙契於古也今歲丁卯六月朔告成師集同官及諸紳士讌飲合樂以落之有執爵而言者曰邑志之成以丁卯者于今三矣倘古諺所謂水晝丁羅繒纓之應乎請賦柏梁體詩以鳴盛師笑而許之昌幸廁門墻躬逢盛會喜吾邑之文獻得師而盛復得師而傳後之鄉古者有考焉烏可忘所自耶若夫師之善政不勝書其大者已略具於今志他日太史氏當有大書特書不一書

而足者則永譽汗青益爲兹志重也已

乾隆丁卯序 十一

舉人林昱 李志昱

邑之有志將使信於今時傳於後世上以顯盛世涵濡之化下以徵草野興起也由也雖官斯土者分內事然匪其人未易任矣我邑侯燮堂魯老父母蒞治三年百廢具興政通人和熟悉乎山川風土之大概奢儉貞淫之大端簿書之暇繙閱舊志慨然以重修爲已任蓋念前此簡陋之貽譏而尤懼他日文獻之弗傳侯之心良苦矣爰館紳士王君後山若而人分輯之書既成復東致柘浦聞碧李君於署加較閱焉是舉也侯豈以私意雜其間哉夫天地精華之氣上爲日星下爲河嶽而中則爲人不以德邑異也今試仰焉俯焉于星分則屬牛女日月之照霜露之墜振古如斯也於禹貢則爲揚州戴雲之高龍門之深振古如斯也若夫宦蹟治行孝友文學義行節烈地無論大小人無論窮達迹無論顯晦有人倡之旋有人踵之後先芳躅亦振古如斯也而侯則以善善惡惡之心爲是是非非之舉未嘗厚責人亦未嘗不以

聖賢望人蓋不薄今人愛古人居然善善從長之意也其詞質其事允其義昭城池公廨煥然聿新禮樂文物燦然備具至若武衛撫佚之紀又皆補前之所未備則是舉也侯豈以私意雜其間哉我德於前屬泉於今歸永不一者隸籍之更至一者醇樸之氣聖人云十室之邑必有忠信則今日之徵文考獻又何時地之足區哉而侯以苦心持之大才出之將戴雲愈高龍門愈深日月霜露亦因之而新且潤矣昱等不文喜其成也而謹爲之序

歲貢連如璋

乾隆丁卯修志跋

粵稽誌乘祖述麟經載考體裁箕裘馬史編年著代必溯流以窮源彰善揚徽務信今而傳後曰紀傳曰實錄毋貽蕪穢之譏爲編次爲發凡須定不刊之則稽古來懿蹟特著篇章發潛德幽光用昭簡策豐功駿業既炳炳而烺烺末技片長亦魚魚而雅雅端委具舉鉅細兼綜方將振采寰區寧第生輝下邑哉德之誌册代有撰修宋元以來殘於兵燬於火幾同夏五之無徵有明而後訂所見考所聞依然商頌之缺佚當桂侯重纂未壽棗梨迨范公繼

成爰登剞劂然而亥豕多誤抑且綱目未分躐後居前淩亂不殊齊紀挂一漏十闕略有若唐書良由採輯弗周衆長莫展見聞未廣一卷空沿今則歷過一週文獻將愈散失年逾六甲修明難緩須臾矣恭逢燮堂魯老師臺魚頭華冑雉尾宏才善讀父書早與紅綾之宴克繩祖武旋銓赤縣之司抒繡虎英奇奏飛凫偉略花栽潘縣無非筆底之花錦製閩邦悉屬懷中之錦情殷造士化雨沐丁水之波念切作人春風被龍潯之野月有課甲乙親塡期有程丹黃手定賈華董茂疏派維嚴宋豔班香兼收勿礙斯文章政事併爲一科而吏治儒林不分二族者也於是廣集紳士各競鋪張獨攬裁成並歸陶鑄例緣義起文以類從載筆之下有精思表揚之間皆直道大端皎皎果然字裏流輝末藝超超亦爾行間生色至於一流一時大造鍾靈一殖一生化工發育爲民生之攸賴見物力之普存他如道書傳仙佛之踪叢談摭遺佚之事搜羅殆遍昭揭靡遺從茲域中罔不耀之珍境內無或埋之寶闡昔人所未發不啻東皙補亡述前誌所已傳豈等抄胥繕寫璋竊欣附驥幸獲

攀龍逢典而心傾讀鴻文而神爽祗媿才非歐柳奚堪持鼓雷門惟是筆慕江花謬云寓書宋闔

乾隆壬子續修引

訓導泰甯江雲蹇

古無文稿之名至太史公屈平列傳始曰屬草稿未定又漢書孔光傳注曰輒削壞其稿然則稿者皆未成之編也德邑舊有志矣茲何以有稿蓋自丙午歲前刺史鄭公修州志德爲州屬徵稿於邑蔣侯屬予偕邑人士考舊志以來四十餘年所未備者以報此稿之所由來也今州志既登梓而縣志未續成書適余將赴部銓念昔採摭蒐討自城池至藝文凡若干門類聚部居條理畢具設久而散佚不惟余心有未釋亦邑之文獻攸關也夫匠氏治宮必度几筵⿱氏鑄鐘必定匡廓後有作者何必外是爰先付梓以爲他日之篳路藍縷焉則亦余定稿之苦衷也已

乾隆壬子續修跋

賴余濟　李瀋

志有體裁義無闕略如星野疆域山川土田一切要務皆宜備於卷端而此

置之不編者以前人既有成書燦然可考也蓋自丁卯修志至今遭際太平之盛封疆井里安堵如常雖有作者無所用其損益惟是橋樑道路有廢即有興祀宇講堂有因亦有創暨夫官師臨蒞而宦蹟可風科目蟬聯而治行出色山林逸士秉懿好以善其身巾幗弱姿具貞操以完其節此其事有合乎時地之宜而其人有關於風教之大是不可不筆之於書以爲將來考鏡向者剌史鄭雪樵公有事於州志檄續德邑舊志書畏菴江老夫子偕同人輯此十數條以應區分門類不贅引言案而不斷示非既成之書也今州志告蕆矣此稿鐫附於舊縣志之後顏曰續稿俾不至事隨年往人逐代湮後有秉筆君子藉此權輿可無庸於四十餘年中苦費蒐羅也已

知縣王德授

道光庚寅續稿序

上半闕文大尹燮堂又增其帙至壬子江畏菴廣文有續稿一本原慮夫星霜遞易往迹就湮也而分類比事疏略爲多且距今已四十載前聞彌多未著矣予下車伊始即欲重事增訂適大憲纂修福建通志檄徵邑乘以資採

擇遂鋭意蒐輯編次成帙蓋館邑紳共襄厥事凡數閱月而成或以德化邑處山陬人多淳樸名流之足跡罕經大賢之表章鮮及卽所纂述若無與於瑰奇博麗之觀予謂志郡邑者其地其事其人之品行文章無越乎一郡一邑惟在提其要而覈其實若欲鋪張揚厲浮飾虛車則不足以信今爲足以傳後今斯志之續自乾隆壬子以後其纂言記事取法於爕堂前志而有所折衷酌更乎畏菴續稿而有所增益是非取舍無愛憎之偏陂無賢愚之顛倒無事蹟之濫登無遠近之棄忽諸如烏有亡是之謏語黃娟幼婦之庾詞俱無所用諸是雖簡質不文而志乎一邑惟詳一邑之事實庶藉是以備蒭蕘之獻而上應菲葑之采乎自是厥後或數十年或百餘年陰陽之代嬗往來而不已也人物之英靈生毓而不竭也邑所可志方未有艾固將有望於繼此而作者矣

光緒壬午續增秩官記引

知縣管辰熙

德邑志板散佚駸駸乎數十年矣光緒八年春陳君子岳受代來此屬解元

郭上品副貢陳漢章生員鄧秉廉加意搜討率缺五十餘帙擬補録如數並查歷任姓名增入秩官續記事未蔵而以解任去余於五月調署茲土下車採風慨然於邑乘之就湮而非所以激揚頽俗也亟商諸邑人士及時採訪俾得綜覈增修未幾拔貢鄭祥職員吳熙春教職蘇邦翰廪生郭宗江蘇春元生員查奪錦各檢舊本凡原板所缺者照繕完備並臚列歷任宰官姓名請先續入備覽爰亟付梓以待後之秉筆者採擇焉噫德邑舊志自乾隆間爲江畏菴先生續輯成編迄今事隨年往人逐代湮其有待於表彰者何可勝道兄忠孝節烈尤關風化諸君子有志闡揚果能採摭蒐羅勿任湮沒庶幾發幽光於珉石姓氏皆香叩軼事於耆黎典型宛睹若僅留心於秩官一記區區者烏足畢乃事哉余惓惓於斯志之不容已於修也敢敬告生斯長斯者尤願告後之牧斯土者

德化縣志卷之二

沿革志 有表

德化隸永春始自雍正間前此名仍今號地屬泉州五代以前更析未定而隸屬靡常亦時勢使然耳正域辨方必溯所自蓋按圖省疆者首宜稽及也志沿革

禹貢淮海維揚州

周爲七閩地 周禮職方氏辨邦國都鄙以及七閩九貉之人鄭康成注曰閩蠻之別也楚熊繹五世孫熊渠之後叔熊自濮如蠻後子孫分爲七種故謂之七閩 夏少康封庶子無餘于會稽二十傳爲勾踐又六世至無疆爲楚所滅子孫播遷海上或爲君長謂之百粵七世至無諸爲閩越王 無諸姓騶

秦始皇并天下取百粵置閩中郡閩越王廢

漢高帝五年復立閩越王都冶 元封元年遷閩越民江淮間虛其地其逃亡者自立爲冶縣建武間分冶縣爲會稽東南二部都尉

建安初置侯官縣 即今福興泉漳四府龍永二州 屬會稽南部復析侯官之北鄉置南平縣 即今延平府

三國吳永安三年析侯官縣置建安郡而以侯官屬焉

晉太康三年屬晉安郡 析建安置晉安即今福州 增置原豐等縣 原豐即今閩縣長樂懷安福清縣地侯官即今侯官古田閩清永福福安縣地

南北朝宋屬晉平郡泰始四年改晉安爲晉平尋復晉安

梁天監中析晉安郡地置南安郡即今興泉漳等府地侯官仍屬晉安

隋平陳省侯官併入原豐改爲閩縣屬泉州開皇九年改晉安爲泉州廢南安郡屬焉其地仍是今之福州大業初復爲閩州三年改建安郡

唐析閩縣復置侯官縣屬建州武德元年改建安爲建州六年爲泉州析南安置豐州貞觀元年省豐州併入泉州即今福州嗣聖十六年析泉州置武榮州景雲二年改泉州爲閩州復改武榮州爲泉州是爲今之泉州開元十三年改閩州爲福州

開元二十二年經略使唐脩忠招諭南平山洞酋長高伏來歸二十九年開拓置尤溪縣屬福州後屬延平府

天寶元年改福州爲長樂郡

永泰三年析侯官尤溪地各一鄉置永泰縣宋崇甯九年改永泰縣爲永福縣

貞元中析永泰之歸義鄉置歸德場

五代唐長興四年閩王延鈞升長樂郡爲長樂府升歸德場爲德化縣

晉開運二年閩以福州爲東都領福泉建汀漳鏞鐔七州未幾爲南唐所滅

漢乾祐元年南唐改鐔州爲劍州二年陞泉州爲清源軍析尤溪歸劍州割

尤溪之常平進城二鄉益德化歸清源軍

宋乾德二年改清源軍爲平海軍太平興國三年復爲泉州領縣七德化居第四（南安晉江同安德化永春清溪惠安）置龍潯驛上壅驛（後俱廢）

元至元十五年改泉州爲泉州路（屬縣仍舊）設東西團清泰里小尤楊梅團四巡檢司（明初因之洪武二十年廢）

大德二年改泉州路爲泉寧府至正十八年立泉州分省

明洪武元年改爲泉州府領縣如宋德化居第五（晉江南安惠安安溪德化同安永春）置高鎮巡檢司（萬曆間裁）

清朝因明之舊以縣去府遠而丁粮少列爲末屬（晉江南安惠安同安安溪永春德化）

雍正十二年總督郝玉麟奏陞永春爲直隸州割德化及延平府之大田縣隸焉（大田縣明嘉靖十四年割德化黃認團及尤溪永安漳平三縣地置）

年代	總部	郡（直隸州）	縣
唐（武德元年）	泉州都督府	建州	

六年		泉州今福州	
貞觀元年	嶺南道	泉州	
景雲二年	閩州都督府	閩州	
開元二十九年	福州都督府	福州	侯官尤溪
天寶元年	江南東道治在蘇州	長樂郡	侯官尤溪
上元元年	福州節度使	長樂郡	侯官尤溪
永泰三年		長樂郡	永泰析侯尤各一鄉置
大曆六年	福建觀察使	長樂郡	永泰今永福
貞元年		長樂郡	永泰歸德場
乾寧三年	威武軍節度使	長樂郡	永泰歸德場
五代梁開平	王氏據	長樂郡	永泰歸德場
唐長興四年	王氏據	長樂府	德化
晉開運二年	王氏據	東都今福州	德化

漢	乾佑元年	南唐據	清源軍今泉州	德化
周	顯德二年	南唐據	清源軍	德化
宋	乾德二年	威武軍節度使	平海軍泉州	德化置龍潯驛
	雍熙二年	福建路	泉州	德化
元	至元十五年	福建行中書省	泉州路	德化
	大德二年		泉寧府	德化
明	洪武元年	福建布政使司	泉州府	德化
清	順治三年	福建省布政使司	泉州府	德化
	雍正十二年		永春州	德化

論曰德化於唐爲歸德場壤錯五州犬牙相入自延鈞建縣而邑名以定雖山多田少舟楫難通然東抵省會南接興泉北通延建西達龍漳亦一要區也休養生息不易民而治端在良司牧哉

德化縣志卷之二終

泰縣
永
仙
遊
縣
永
石牛山
天平城
七台山
龍門寨

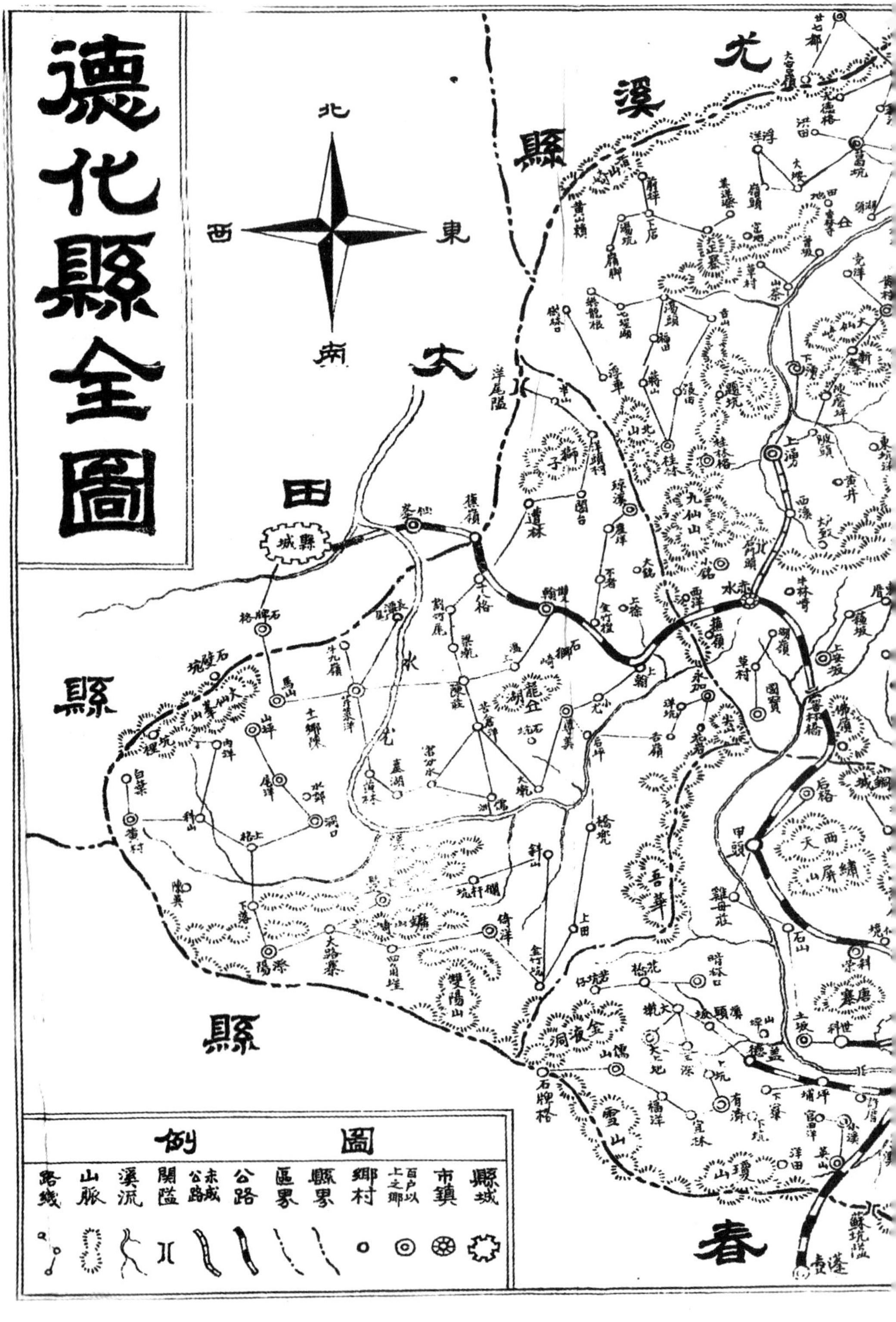

德化縣全圖
北
東
南
西
尤
溪
縣
大
田
縣
縣
春
縣城
赤水
上湧
九仙山
圖例
縣城
市鎮
百戶以上之鄉
鄉村
縣界
區界
公路
未成公路
關隘
溪流
山脈
路綫

德化縣志卷之三

疆域志　星野　封圻　形勝　里社　市廛　風俗

畫野分疆非但以域民也生斯聚斯宅畋斡止長民者有經理之責焉德化處萬山中寒暖之候視外邑稍殊而封域四暨可耕之土什不二三民居其間習尚亦別驗天時辨地利觀民風留心司牧者不藉有所考歟志疆域

星野附表

舊志以德化隸會稽牛一度疑有誤查會稽即今浙江省鄞縣與閩省境界大相懸殊絕非德化所當隸且德化與會稽經度差三度餘（會稽在東經五度餘德化在東經二度弱）緯度差五度弱胡得同屬一度（周天三百六十度每度當地面周之橫黍尺二五〇里清用縱黍尺二〇〇里惟離赤度愈遠每度之里數愈狹舊誌一度作一四〇六里有奇大錯）舊誌既謬誤欲加改正應以經緯度爲標準焉按照天文學測算德化縣治緯度當在赤道北二十五度三十六分五十八秒（入北溫帶距夏至線二度七分五十八秒）經度則偏京光東一度五十八分五十五秒（節氣朔望弦時比都城早七分五十六秒弱）在福建省城西一度一分三十

五秒時比省垣遲四分六秒餘居世界東經一百一十八度二十七分五十五秒西歷一千八百八十五年萬國天文學在美都會議公定地球子午線以英格林威契爲中線德化在其東時比英京早七時五十三分五十二秒約略德化午後二時許英京纔天明準此度數推測氣節氣溫無或爽者

逐月氣溫表

寒暑表名稱＼月平均溫度＼月別	一	二	三	四	五	六	七	八	九	十	十一	十二
華氏表	四一度	四五	五〇	五八	七五	九四	九〇度	七八	七〇	六八	六〇	五〇
攝氏表	五	七強	一〇	一四強	二四弱	三四強	三二強	二六弱	二一強	二〇	一六弱	一〇
列氏表	四	六弱	八	一二弱	一九強	二八弱	二六弱	二〇強	一七弱	一六	一二強	八
附記	氣温度數以日中爲標準夜間恆差五度以上十五度以下不等											

各節氣時間太陽高弧表

節氣	上午時 初辰 度	初辰 分	初辰 秒	正辰 度	正辰 分	正辰 秒	初已 度	初已 分	初已 秒
下午時	初酉			正申			初申		
夏至	22	37	3	35	46	28	49	8	46
小暑	22	20	34	35	32	57	48	57	42
大暑	21	10	43	34	51	3	48	21	4
立秋	20	9	21	33	37	45	47	10	27
處暑	18	18	30	31	51	18	45	20	31
白露	16	2	58	29	33	36	42	48	58
秋分	13	30	21	26	51	0	39	42	44
寒露	10	51	3	23	54	2	36	15	31
霜降	8	15	11	22	12	18	32	44	45
立冬	5	57	58	18	13	54	29	30	28
小雪	4	6	23	16	2	27	26	52	40
大雪	2	54	32	14	35	5	25	9	12
冬至	2	30	54	14	6	48	24	33	23

說明	上午時 高弧 節氣	午正			午初			巳正		
		度	分	秒	度	分	秒	度	分	秒
表內節氣與時縱橫相遇之度分卽太陽距地高弧用儀器測之有節氣可以知時有時亦可以知節氣	夏至	88	9	8	76	12	11	62	49	4
	芒種	87	18	24	76	1	18	62	29	31
	小滿	84	51	24	75	14	20	61	54	9
	立夏	81	2	5	73	22	14	60	37	36
	穀雨	76	9	41	70	10	39	58	26	56
	清明	70	35	19	65	51	3	55	20	39
	春分	64	40	8	60	48	43	51	30	16
	驚蟄	58	44	57	55	30	43	47	15	18
	雨水	53	10	35	50	22	47	42	58	42
	立春	48	18	11	45	48	59	39	4	41
	大寒	44	28	52	42	12	10	35	56	37
	小寒	42	1	52	39	52	11	38	53	44
	冬至	41	11	8	39	4	4	38	11	16
	下午時 節氣	午正			未初			未正		

諺語

氣候視永春每逢二十日村民罕用通書惟觀樹芽聽鳥聲以定播種之期（現漸開通）潦暵豐歉之兆都有口訣大略亦可紀焉俗自元日順數至八日止一鷄二犬三猪四羊五牛六馬七人八穀若其日天色晴明則所屬之物必蕃否則災立春後繁霜則多旱俗云春霜三朝透水田可種豆四月芒種望晴雨以占歲云芒種雨火燒土芒種晴水流坑是月二十六日最宜北風相傳云熱不熱但看四月二十六北風吹過南無錢亦去相南風吹過北有錢糴無穀夏秋晴雨則卜夏至云夏至不轉雷大水十八囘又云六月初三雨七十二雲頭言多驟雨也冬來晴雨視重陽云重陽無雨一冬晴若冱寒則占冬至云冬至在月頭嚴寒在年杪冬至在月末嚴寒正二月此所謂田家五行其餘方言俚語不可勝載

封圻

德化縣在福建省城西四百一十里永春州北三十五里原隸泉州府屬距

泉州府一百八十五里

城垣　之境東達賓陽門西達金成門相距一里許提封之境東極清泰里西極尤中里南極大劇嶺北極梅上里廣一百八十里袤一百二十里四至之境東八十里踰張地嶺入永泰界西一百里踰山坪頭入大田界南二十里踰虎豹關入永春界北一百里踰大官嶺入尤溪古蹟口界四隅之境東南至半林格八十里入仙遊界至塔嶺隘十五里入永春界至天馬格二十里亦入永春界西南至儒山石牌格二十五里至蘇坑隘一十里俱入永春界東北至清從山五古村一百二十里入永福界西北至蕉嶺隘一百里入大田界至石牌格一百里入尤溪念九都界周圍計八百里皆崇山峻嶺巖谷幽邃人日行不過三十里官路所經村落無櫛比之家小徑雜出於山谷間輿馬不能至

形勝

縣治枕山憑溪山曰龍潯盤若睡龍溪曰滻水環如腰帶縣前一水南來會

戍丁字水靜而不激山膩而不巉雙魚揖于前黃龍大龍翼于後鳳翥南朔繡屏北擁妙峯鎮其左大旗護其右西有雙陽芹山之秀東有七臺石牛之雄其形勝故甲諸邑

邑山發脉于尤中里鑽山崎從西方來聳起雙陽爲永春晉南莆仙諸邑山脉之主幹自西而北則戴雲九仙爲永福閩清諸邑山脉之主幹由戴雲南下三十里爲邑治蓋下游之源頭也水皆散流外邑凡南行諸水悉東注於永泰北行者亦轉而歸永泰西行者則入大田達於尤溪

里社

宋編五鄉轄十里十一圖

集賢鄉（縣西北轄里三）永豐里　新化里　雲峯里（明洪武間併入新化）

歸德鄉（縣東南轄里三）靈化里　歸化里　惠民里

永寧鄉（縣東南轄里三）嵩平里　淸泰里　善均里

常平鄉（縣西北轄里一圖七）貴湖里（明洪武間裁）東圖　西圖　上壅圖　下壅圖（乘今改湧）　楊梅中

團　上團　下團（明洪武間併入中團）

進城鄉（縣西北轄團四）小尤上團　中團　湯泉上團　下團

明洪武十四年編五鄉轄一隅八里十團一都（後存一隅二里五團）

歸德鄉（轄隅一里二後存隅一）坊隅　歸化里（永樂十年併入坊隅）靈化里（永樂十年併入坊隅）

集賢鄉（轄里三後存一）永豐里（天順六年併入坊隅）新化里　嵩平里（永樂十年併入新化善均）

永寧鄉（轄里三後存一）善均里（天順六年併入淸泰）淸泰里　惠民里（永樂十年併入永豐）

常平鄉（轄團五後存三）楊梅上團　下湧團（天順六年併入楊梅上團）楊梅中團　東團　西團（永樂十年併入東團爲東西團）

進城鄉（轄團五都一後存團二）湯泉上團　湯泉下團（永樂十年併入下湧）小尤上團（天順六年併入新化）小尤中團

黃認團（嘉靖十五年割屬大田縣）十八都（永樂十年併入小尤上）

淸朝因明之舊隅團俱改稱里編八里轄四十八社康熙十八年以後裁城內上市下市二社併城外上下市等社實存三十九社（咸豐間割大卿之城內上市瑤市之城內下市爲城內社）

在坊里（轄社九）城內社　高卿社（原城外上市大卿高洋三社併入）瑤市社（原城外下市瑤臺二社併入）英山社　艮泰社

蔡徑社　石傑社　茅歧社（乾隆五十六年改文興社）上林社

新化里轄社五 科榮社 后格社 李山社 上翰社 尊美社

清泰里轄社六 峯魁社原上峯魁下峯魁二社併入 蕭坑社後改奎光社 登龍社 南埕社 邱坂社

不老社

梅中里轄社五 葛坑社 梅峯社 橫溪社後改雲溪社 龍潯社 淳湖社

梅上里轄社六 下湧社 曾坂社 桂陽社 田地社 湯頭社 湯嶺社

東西里轄社一 東西社原東社西社併入

湯泉里轄社四 小銘社 大安社原大銘常安二社併入 桂林社 豐厚社

尤中里轄社四 寶豐社原寶豐羅坑二社併入 彭溪社 路口社亦名洞口社 山坪社

市廛

縣內上市 縣內下市

南關市即塔雁上下街 東關市 西關市

赤水格市距縣北三十五里尤溪大田二縣分路于此

鄉市

山坪頭市　溪南埕市　(碩傑)后房市　南埕市　(湖坂)水口市　(上涌)虎跳市

(春美)后坪市　大墘市　雲溪市　葛坑市　桂林市　雙翰市

風俗

邑俗儉嗇而有儀衣服麤樸墻壁蕭條鄉民聚族而處有客族衆咸具衣冠出拜揖致茶果品偶或失禮衆面訾之親隣有慶輒走賀讌集爲樂不精飲饌疾病死喪相恤喪未卒哭不敢解顏祭祀必豐潔歲節忌辰皆有薦惟冠禮久廢婚者不親迎云

迎春日老稚競看土牛羣集於雲龍龍津二橋元旦鷄初鳴男女盛服謁堂拜祖先及所祀之神爆竹焚楮質明馳賀親隣上元作燈市三五家共結華表于通衢十三日放燈十六日收燈謂之燈節(早年如是)節後沿村落議書社禮遣子弟從師三月上巳用楓葉染秫米爲青飯端午饟角黍飲菖蒲雄黃酒沿門插蒲艾以辟邪七月中旬家家祭祖男女思慕真若祖考之來格有外出者雖遠必歸八月俗傳墓門開各祭於墓(現多在十一月)冬至搗糯米粉

爲餛飩子薦于家堂十二月二十四日掃淨屋塵用蔬菜酒果祀神及灶謂之送神除夜祭祖謂之辭年令稚子爆竹燃炬守歲一年風俗大略如此

邑無燒香號佛邪教婦女不登山遊寺而俗最尚鬼鄉村各立小祠四季祈福歲節展祭新春張幟鳴鑼迎演神像上元誕日陳牲優觴四月八日相傳太子佛誕浮屠氏托名浴佛遍走閭巷（今此風已漸稀）七月鄉民廣結盂蘭盆會以薦亡謂之普度人家偶沾疾病輕則召巫行符重則迎神取藥往往因此自傷其生近則上中社會病唯延醫非復如前之迷信矣若夫親喪多用僧道名曰塡還功果則大義未明也至於鄉里難處之事每相率而誓于神以了其局則又神道設教之遺意未可概以爲譏也

邑俗負氣而好爭計較錙銖報復睚眦閭巷細民咸恃門第以推流品動輒舉奴隸爲訴諍辨曲直惟期取勝是在賢者倡以禮讓之風耳至於溺女惡習前雖有之自同治初年徧設育嬰堂此風遂息唯風水之說溺惑已

甚非一旦所能破除誠不可不深思而亟轉之也

邑向僅有儒道釋三教儒教全係學說不具迷信上級社會大都以儒學爲依歸而旁參佛學之哲理下級社會方有神道之信仰咸同以來始有基督教中之天主教英會美會耶穌教先後傳入信之入教者名教徒多排斥僧道不事鬼神然飲食臥起必祈禱遇禮拜日（天主教稱主日）男女到堂誦經禮拜若遇婚喪事則教士大爲禱告以求赦罪錫福是亦僅能不迷信於釋道而竟迷信於基督於科學原理仍覺未合甚有狡黠之教徒藉教爲護符動輒與人爭訟自署某教教民靦然洋籍自居當陳其燵知縣事時曾因此嚴辦一教士此風稍殺近則邑人受新學陶鎔智識日開釋道之教日以式微對於基督教咸識爲一種迷信之宗教不過外人欲藉此爲文化與經濟之侵略一般洗禮入教者多已覺悟而脫離之未入彼教者更少問津焉

農居山谷專事稼穡婦女辟績之外無他業園蔬池魚山果僅取自給弗鬻

於市屨蛤魚鹽皆從外邑轉販蔬果薦薪亦自永春而來近漸有種植者百工藝事多藉外人市無巨商大賈稍有力者營田積穀以圖溫飽不肯出貲營什一之利僑商南洋者雖擁厚貲亦鮮囊歸故里細民則肩傭負販自食其力故無巨富之戶亦少饑餓之人黃冠緇衣樂工厮役衆咸賤之游手偷兒則尤少云

士風在宋政和而後稱極盛明初稍替隆萬以來人咸知學科名日振入淸文教覃敷科第後先輝映州縣試士常數千人以五經應鄉闈者甲於諸邑士以筆硯爲恆產教授爲生涯窮鄉僻壤悉有塾學穉子不任力作概令讀書樵牧竪罕不識字自停科舉設學堂雖未能如通都大邑應有盡有而城鄉高初小學達數十所京師外洋且有負笈而遠游者亦可謂不落人後矣

邑有畬民以鍾藍雷爲姓三姓交婚女不笄飾裹髻以布男結髻不巾帽隨山種插去瘠就腴於深山中編茅架木爲居惟了山主賃稅耳萬歷志稱

其嫁女以刀斧資送人死刳木納屍少年羣集而歌擊木相擊爲節主者一人盤旋四舞乃焚木拾骨浮瘞之將徙取以去入清遵制編保甲從力役視平民無別惟歲時祭祀死喪尚仍其舊邇來與居民聯婚改其焚屍浮瘞之習亦足一道同風之化云

附記

舊志邑有畬民以鍾藍雷爲姓旁注按漢書盤瓠帝嚳之畜狗負少女入終南山止石穴中生六男六女自相匹配織績木皮染以木實以爲服飾楚粵爲盛閩中山溪高深之處間有之槃藍雷其種類也今德化畬民無槃姓其鍾姓者未詳所自始云云後人不察咸信其有是事然攷之福建通志福鼎童生鍾良弼呈控縣書串通生監誣指畬民不准與試時巡撫李殿圖飭司道嚴訊詳覆張示士林其略曰讀書所以明理而必明理然後可以讀書以女妻犬理所必無事或有之誰則實見其事且審其姓氏於洪荒之世而爲之記載乎今以妻槃瓠者爲高辛氏女是則放勳稷契才子八元之姊妹而英皇之姑母矣有是理乎始作俑者起於元中記承其譌者則閔學翟之粵述陸次雲之峒谿纖志其滇黔閩蜀之志苗夷者無不援引之以自誇博洽何槃瓠之後嗣蕃衍半天下乎至以蓬首赤足指爲異類山居野處不相往來更爲不通之論上古之世穴居野處飲血茹毛所謂衣冠文物原經數千百年以漸而開非遠古以來卽黃帝之衣冠周公之禮樂也至閩粵川滇等處苗猺畬民隨地易稱皆不識不知卽所謂無懷氏葛天氏上古之民惟古多而今少故覺其可異耳方今國家天山南北擴地二萬餘里其南路爲回疆北路爲準噶爾地卽與畬民無異今北路之巴里坤改爲鎮西府烏魯木齊爲迪化州業經興學設教誕敷文德是未入版圖者無不收入版圖爾等將版圖之內曾經輸糧納稅並有入學年分確據者以爲不入版圖阻其向往之路則又不知是何肺腑也娼優隸卒三世不習舊業例尚准其應試何獨於畬民有意排擊之甚至集四書文字擬易卦尚書者於汙衊古帝之外又增侮聖言之罪嗣後讀書須知補天縮地奔月摘星化石射潮移山逐日非夸詞卽空語須知秦市之桐輪晉朝之易馬唐宮之點籌皆在可信不可信之間須知長恨歌會眞記控鶴監祕記作是書者皆聖賢之罪人本部院爲世道人心風俗起見不憚與爾等覼縷言之云云觀此則知漢書所云皆荒誕不經之言誠不可信也

論曰德邑幅員遼闊地瘠民疲農勤稼穡士尚文學司政教者誠慮周

于下而計其蓋藏行修于身而示之禮讓則唐魏之遺風不屑屑道矣夫移風易俗誠非俗吏所能爲然有居民之責者政未可諉爲異人任也

德化縣志卷之三終

德化縣志卷之四上

山川志　山　水　橋渡　陂井　附物產

千巖競秀萬壑爭流堪輿勝概莫過斯矣環德皆山也羣峯崱屴勢若飛來俯瞰長流曲折奔注宜屐齒所經多抽吟也因載其原委并採古今題咏擇其言尤雅者附之以留山水淸音志山川

山

龍潯山在縣治內東隅縣之左臂也雉堞環山半駕雲亭在其巔（詳見古蹟）下爲文昌廟旱春亭（又名魁星閣）山右爲天后宮左麓則爲東岳廟先農廟屹立千尺氣象崢嶸巒阜盤轉勢若龍蟠憑高一覽遠近溪山村落林原如在襟帶間巓多石筍礧硊其陰生馬齒白石古有醒龍樓眞武樓三官殿龍潯書院龍山觀今俱廢（教諭曾晉登龍潯山詩　山城帶交流環嶂幾初拓中有鬱鬱觀佳氣冲孤崿相看每心翫暇日屐乃託凌虛一縱目洞豁盪心魄霞石觸層巘叢木下諸壑吁嗟氣候移光景無淹薄長嘯躡蘇門峴山淒揮落紛吾登覽意遠離重寥索日暮望關小憑襟殊錯愕歸徑映蘿月孤琴鳴慮閣邑舉人郭維翰龍潯山小春煙景詩　獨向青山問歲華小春有腳到天涯閒看煙渚蒼茫色睇望雲樹掩映斜碧綠寒輕仍放蕊李桃葉瘦又開花平原何事拼餘醉盞底流光迅似車麗生涂廷觀賦　惟龍山之巖巖鎮潯水之淼瀰既蜿蜒而犇矗亦磅礴而嶙峋勢猙獰以蹲踞羌擎柱於蒼旻堆青抹紫簇秀長春屹爾海邦之鎮巋然疆域之尊溯自星分牛女地控閩中五華攢翠雙髻嵌空雲馳如戴屏繡似幪巖石礧硊奇樹鬱葱曦含朝旭爽御晚風幅幪萬家煙火參差城郭西東若乃雲橋鎖浪丁字畫波雙魚遶疊

石柱嵯峨塔則獅霄兮碏磗亭則登高兮盤陀睡龍解五丁之鑿錢石斑玉筍之羅岳陽樓之大觀繽紛紫氣醉翁亭之勝概醞釀太和所以天馬衔嵐雪山積邃七臺東挺九仙西峙南提則輝覽鳳翥北嶺則嶠負虎賁湧泉天插瀑布飛碎玉之虹液洞雲連雙陽獻粧金之巘叠巇巘屹層巒嶔巇樹痕借地軸旖旎鳥語共山光嫵媚爾乃天晴日霽選勝探幽和陽滿綠異露垂秋名流躡屐而把臂仙客擢塵以來遊採香莖於南浦搴杜若兮芳洲亭榭干霄髣髴斗宮牛殿山川滿目依稀海市蜃樓爰有案御仙吏玉皇書記暫謫人間因物見志陟崢嶸以賦詩臨嶙峋而望氣綠畦蒲秀花催麥浪雙岐紫圃杏芳人識桑陰三異危磴搖曳兮鶴立鷺栖絕頂翱翔兮車馳馬戲至夫地脈墳起人物階升比戶絃歌近紫陽之追琢載途鼉舞推劉令之振興弈葉簪花林朝請文章卓卓淵源理學蘇待問風節稜稜蓋川嶽毓靈恆洩奇於瀛洲蓬島而英豪拔萃直精鍾乎儒藪雲蒸也歌曰龍山嶢屼兮樹繞雲煙雉堞迴環兮珪方璧圓高人韻士兮屐齒躡躋登高作賦兮累牘連篇千蹊桃李兮錦映霞鮮山有知己兮地以人傳地靈人傑兮於斯萬年

雙魚山縣治案山也兩峯並趨臨於丁水狀如雙魚進士王必昌詩 巨靈作字付雙魚爲啓文明壯邑居雷雨勒成鰲頂識却留南浦護天書

塔峯古有塔名獅霄詳見古蹟在南關外與駕雲亭正相對下有文昌祠三賢祠丁公祠今俱廢

薜蘿峯在縣治東南萬松蒼翠下爲程田寺

福全寨在薜蘿峯右寨下四週皆瑤臺鄉

妙峯山在縣東隅山頂有妙峯庵今廢知縣施汀詩 清明好箇養花天手挽藤蘿拂石眠竹葉無多偏弄影松梢雖小解瘢煙雀雖久立聽僧偈蜂隊重來結佛緣獨向山頭一長嘯恍疑雞犬盡升仙明庠生鄭昉詩愛竹地鋪金玉影看松風送管簫聲一心如水無塵染兩足生雲襯步行

黃龍山亦名新粟山在縣北與大龍山對峙東麓爲纓溪西墩鄉

彭洋山一名凉傘寨高聳一方爲縣東北屏障下爲龍翰鄉

以上俱在在坊里瑤市社

大洋山在縣治北巒阜逶迤兩翼舒展有鸞翔鳳舞之勢明知縣秦霑改建學宮于其陽

大旗山在縣西隅形如展旗擁衛縣治舊城堞環其巔

大龍山亦名唐寨山崇寧室在焉邑未築城時與黃龍山二寨俱附近邑民避兵之所下爲世科鄉

登高山在縣治西南舊有亭有塔今廢宋縣尉黃麟詩　直上登高眼界寬澄陀僧舍富琅玕天雄峻塔凌穹漢澤瀉鐵階護鐵欄虎腦已同仙枕夢鷄頭寧婉國香蘭登臨奚止黃花日

金城寨流通寨兩寨相近中隔一水屋俱廢川練常隨夜月寒

鳳翥山在縣正南爲縣治重案明靜尖秀高出諸峯如鳥之跂一名鵠山下爲丁墘鄉訓導方祚隆詩　丹穴飛來勢未停碧梧高頂一峯青屹看舉翩翔千仞翽翽乘風舞紫庭舉人林汪遠詩　鳳鳥何年至茲山獨得名垂天雲作翼畫地水成丁不與羣峯伍自然環翠幷春風聲竹柏蹁躚聽和鳴里人毛一夔詩　寬輝千仞飛來勢秀拔層巒出幾重彩翰欲翩新草木錦苞仍吐舊花封天標儀世無雙岫瑞應鳴陽第一峯不數羣山難比翼朝朝惟有片雲從

高洋嶺在縣南五里一名縣前嶺通泉永大路嶺畔有泉甘美里民陳燁捐留大松以憩行旅後人遂由塔峯後沿路兩旁植松與嶺接連皆作蔭樹不准砍伐生

員鄭泰林慶治先後請官示禁今漸成林

金城山山下爲高洋鄉

羅城山一名豪城形如覆釜四圍峭拔頂上平坦有水泉

大劇山南爲大劇嶺高峻而長可七里許屬永春嶺頂立虎豹關石牌爲永德交界

以上俱在在坊里高卿社

觀音崎一名白泥崎碧象巖在其巓仝山數里皆磁土邑名磁多產於此出自鳳髻尖者尤佳山下西爲瑤臺鄉北爲樂陶鄉東行則爲五鳳山

拏雲山頂如丫髻峻絕凌雲傍有筆架山三峯聯聳與拏雲二峯俱名五鳳山

鳳岡寨鳳髻寨俱在鳳洋鄉

龍山寨在奎斗鄉屹立千尺上有龍山巖

白牛石鼓山有石隆起而伏如牛又有石如鼓故云

以上俱在在坊里良泰社

天馬山雙峯高聳插天狀如馬鞍其南屬永春山半有天馬巖

占山高大而秀上環奇石有仙人跡深寸許

以上俱在在坊里蘇徑社

雙桂山舊名雙髻山狀如黛鬟上有雙桂洞

大戴崎在雙桂山東連城山在雙桂西進龍山在雙桂北

湖內寨古名歸德寨在石傑鄉中

以上俱在在坊里碩傑社

龍門山在十二岸鄉兩岸壁立數百仞南北夾峙如闕滙水經其下曲折十餘里霄光一隙陽曦罕射

將軍山特立如將軍帶甲或云邑之捍門華表

鳳髻石山石嶙重疊形如飛鳳與龍門將軍諸山並峙

草洋山嵯峨百仞登巔一望衆峯俱在肘下

水府山峯下開湖林壑幽窈别具勝概宋蘇十萬廟在焉

東濟山形勢崔嵬有澗泉瀉流而下

七臺山在縣正東六十里巉巖聳峙衆山莫偶上平廣有泉

以上俱在在坊里文興社

雙陽山在縣西和睦塲距縣治四十里有大陽小陽望之翠如疊指邑龍脉實分於此從大陽西北行者爲五華爲戴雲九仙從小陽南行者爲雪山爲天馬入于興泉二郡

八仙崎羣峯擁翠上有大石盤

五代寨山高險陡絕相傳五代時人避兵于此

斤山一名蓋德根山高五里廣十里峯巒尖秀如文筆

五華山五峯並峙狀如蓮花上有寺唐咸通間僧無晦鑿石築室與虎同居號虎蹲巖今其地有虎跡端午泉在巖側

鷄髻崎山峰頂嶙峋類鷄髻

卓筆山一峯獨聳卓立如筆山下環聚皆宴林口鄉
筍洋山在大上地鄉山從雙陽逶迤而來峯巒聚秀上有筍洋巖東山峯在
宴林口鄉上有東山室今廢
大上地寨在大上地鄉山坪寨在山坪鄉連山寨在下寮鄉俱高壯
金鐘山形如覆鐘金液洞在焉景致幽奇泉水清冽樹林陰翳洵是游覽勝
地南下諸山皆儒山鄉
三台山在縣西石碑隔三山競秀如筆架亦名筆架山
以上俱在在坊里上林社
舟山形如舟高峻險絕與雪山接
雪山在縣西南山勢博衍數十里上平凹開湖雪山巖在焉南爲永春北爲
德化高插雲漢冬月積雪其上曦陽數日不消產茶絕佳樹多唐時舊植
今已蕪矣秋時登眺可見泉城北山紫帽諸峯黃憲文詩形雲密布六花飄翹首層巒積態饒看到諸峯霽後宛然天半晒瓊瑤
囷山峯巒巃大而秀狀如高廩上有石堂石竈石鼎相傳秦漢隱君子居此

亦名瓊山見大明一統志明大學士李廷機遊山詩今日往瓊山山朋過我攀朝來猶厭浥水去自潺湲伐木丁丁響縣崖轉轉灣只緣山有約故愛野藤攀又亦既至瓊山凳移爲榻巧圜芋僧始蒸堂粥人皆飽此地縱然高諸山環更蛻胡爲細雨來祇使我心攪明舉人李雲階詩踏來秋草徑青靄翳層陰澗水浮蘿壁山花笑竹林雲間霞半樹天際寺千尋何代隱居者蒼苔石室深

歐山橫跨溪坡之側有歐氏世居其下因名今居其地者爲李姓更名英山

火烽山在歐山東卽郡邑龍脉東行之山古有寨南與永交界北爲火烽嶺下有龍潭亦名龍潭嶺邑拔貢李宸鑒清明遊山詩春氣當三月和風入袖盈穿畦忘徑曲攀磴覺身輕古塚何人泣新煙幾處生狂歌猶未歇林外正啼鶯乘興踏青去家山望幾層天圍城闕小地湧嶺峯增禽鳥機相狎兒童樂欲仍詠歸雖未得聊亦記吾曾

以上俱在在坊里英山社

繡屏山爲縣龍開屏之處峭削端麗若張巨屏其上有仙人跡下爲仙境鄉

科榮山層峰嵂崒巒壑紆迴林木蓊蔚藍翠掩映爲縣北奥區上有西天室下爲科榮鄉

石筍寨山在科榮鄉高聳如石筍登巓令人怵惕昔曾姓築以避亂南畔懸崖絕壁更爲險峻下有洞可容百人洞下潭多大魚

園林山在新化里東北花木森列四時鬱葱登覽如入園圃中

大帽山在縣北隅圓若覆帽

心慈嶺在科榮山左嶺南崎峻嶺北紆折上有觀音亭今廢毛一夔詩僕喚猶依廹余行已在天不知高欲了尙謂去茫然苔滑多危足鐘輕半落煙自成出世路雞犬白雲邊

騰巖角山在科榮山北峯巒峻秀狀如龍角

金鷄山在騰巖角東其上爲塔仔崎宋僧普明牧牛時累小石爲塔仔今猶存

虎賁山在金鷄山東山勢陡拔嵯峨澗泉清洌最宜竹茗山頂有砦甚險可避兵翠微一亭曰有這亭清進士李道泰詩有這亭宜絕壑邊萬竿修竹雨和煙避兵三百六三日舉似山僧已二年

貓鼻山在虎賁山西南山勢巍峨遙與對峙

蓋雲岐山在虎賁山東南山半開湖多修竹

祥雲山在虎賁山北戴雲山南雲氣常萃故名

戴雲山高逼霄漢雄跨三十里上常有雲氣覆之其東爲大戴雲西爲小戴雲小戴三峯聳峙頂有方池水深不可測分爲九派下注九溪南流三溪曰猛虎溪東埔溪李山溪東流

四溪曰祥雲溪雙芹溪黃石林溪後宅溪北流二溪曰中與溪盧地溪 僧知亮詩戴雲山頂白雲齊透頂方知世界低異草奇花人不識一池分作九條溪大戴之峯一石如釜倒覆其巔暑月頑雪不散又名迎雪山人跡罕至寺在峯腰高不及半古稱爲溫陵莆仙永福長樂諸郡縣山脈之發源名勝詳見古蹟藝文志喬維岳戴雲山記 德化距泉最遠叢山崒嵂爲清源軍諸山脈發處其最高者曰戴雲出縣北三十里而遙者重岡複嶺戴雲之高復三十里陟其巔遠望萬山紛錯清源軍諸山如子於母伏在膝前其廣袤則不可里計左通福州路右入泉州舊云天下無山高戴雲不虛哉上有雙塔俊入雲中涓泉百道沸成天池乃分九派而下注唐祖膊和尚偈云一池分作九條溪蓋謂此也有寺居山之中麓梁開關二年造距山頂趾各十五里前堂奉大佛後堂祀慈感祖膊二肉身寺下水田畦畝鱗次寺西山上有石室曰祖師室塚曰祖師墓寺後峙石屏左右巨石類鐘鼓形又有天柱石儒冠石一線泉皆奇觀也由山下翹望之寺在雲霄之上已登頂上塔俯瞰之前後石屏諸勝列趾踵下當夫雲合風霽高低盡失俄焉日出半開半合梵紺若隱若見其間雪朝雨夜月色風聲倏忽變幻不可名狀矣考州志但載戴雲山不及寺開元寺志但紀祖膊不及慈感祖膊名知亮居開元寺東律巷常祖一膊行乞於市後去之戴雲累月不火食馴虎來伏其側堆甕而坐人叩之雨暘輒驗每自言曰身在紫雲顯在戴雲後果化於開元之院居其徒泥肉身載歸戴雲祀之至傳祖膊爲慈感法門弟慈感駐錫此山亦化去泥其身與並祀今山上有祖師墓不知爲慈感之眞瘞否如涅槃也稱肉身何居豈慈感深於禪寂并其名與行而泯之抑後之人神祖膊而姑推及其衣鉢之師歟又傳祖膊爲正覺智廣法門弟豈所謂正覺者即慈感其人歟嘗聞朝市山林出處無二道住世出世無二法顧富貴功名之場黃門粉署開府專城若蘧廬若傳舍乃宇內之奇山水往往爲禪刹佛子之所據即其身已化去而其名與像猶能與此山終古也是則可感也夫因撮所見聞並記之 僧知亮詩人間謾說上天梯萬轉千迴總是迷曾似老人巖上坐清風明月與心齊 明里人郭維翠詩兢說無山高戴雲山光雲氣兩氤氳步雲直向山顛望天外雲山讓幾分 清歲貢方令泰詩戴雲高出萬山巔四面無山可與連呼吸崔嵬通帝座逍遙瀧嵸淨塵煙鑑鍾郡邑跨閩勝秀毓人文映蹕躔直陟峯頭舒望眼朗吟聲徹九重天

屏風山在戴雲之南形似屏風

雲峯山在縣西北峯多雲氣古有雲峯里以山名也

大尖山在上翰社吉嶺鄉孤峯聳拔山頂有泉久旱則溢久雨則微麓有龍

峯巖亦名雲頂山

雲蓋山在吉嶺鄉山右有十八峯作羅漢參禪狀有水左旋瀉下十八潨吼石奔雷駭人心目

雙髻山又名天馬山在永嘉鄉北山勢崢嶸如天馬馳雲

雲頭山在洋坑鄉山勢奔騰如長蛇與大尖雙髻接連

抱鼓寨在小尤中形如鼓三峯寨在洋坑鄉永嘉寨在永嘉鄉俱明末築

石獅山在尊美鄉周圍之山皆怪石狀如蹲獅人悉以獅名之

飛鳶山在尊美狀如鳶飛天際

太湖山四面崔嵬旁列十二峯其頂平凹如船形有池闊數丈一碧如鏡影涵太空名青草湖山亦名金碧峯龍湖寺在焉左爲新化里右爲尤中里與鐄山岐正相對宋特奏名黄奎詩一帶迴環底處山勢如飛楫下平川須知欲到菩提岸好是常懸般若船纜向龍湖弘利濟楫從苦海度人天當年普照如乘此無復鬆巾撇向前

以上俱在新化里

大仙峯雄鎮德大交界處爲郡邑諸山發脈之祖雙峯插漢如仙人角髻立

于雲表亦名雲蓋山可望見大田縣上有仙峯巖

鑛山崎居縣正西從大仙峰迢遞而來直奔雙陽產鐵鑛有鑛處皆官山採鑛鎔鐵例納邑進士山租俗呼進士山

牛眠山狀如牛眠

金鷄山其陰有金鷄岩

福隆寨在實豐里碩山鄉鄉人陳則達倡建淸初寇亂人多挈家避此賴以保全

酒壜寨山極高險無水泉昔人避寇其上賊圍而困之有女子取酒浣衣以示賊賊疑其有水解圍去

巖市南山山形峭拔上平如掌有泉一泓清瑩不竭

高龍寨在綺陽鄉午馬山淸初寇亂里人陳爲高率壯築之三日而成集合近鄉爲唇齒寇莫能犯內有虬松大數抱今猶蒼翠

九重山高峯列峙側望岡陵有九重

虎頭山有古寨周七里許中如畫圖外極險峻避兵者依之萬夫莫敵

屏山椿松夾翠莫辨四時山形如屏

棟山屏在縣西北界與玳瑁山對峙層巒聳翠

玳瑁山在山坪社峯巒秀麗與大仙峯對峙

岱山峯在濟陽鄉高聳雲霄諸山環繞上有古寨

金鷄岐在濟陽陳吳交界處峭拔明秀形若金鷄古寨尚存有泉可千人養

白巖山爲縣西南界又名雙鯉山上有大白巖

以上俱在尤中里

赤水格山名獅峯在戴雲山西南狀如獅蹲山腰爲赤水格市

九仙山爲尤溪之南閩江之西諸山所發脉也山勢高廣東爲東西里西爲湯泉里峯凡有九嵯峨奇怪如芙蓉如攢笏名勝差比武夷九仙石室在山半今名靈鷲巖相傳昔有隱士九人居此俱仙去詳見古蹟藝文巖寺諸志明知縣楊文正覽勝詩選勝歷層山探祕窺仙室石磴蒼巖巘峯隱翠微鬱突兀伴煙霞荒涼捐蓬蓽琪花晚故鮮玉液光抱日谷閑飛錫來山廻布金密詎獨會野僧梵唄分葉乙佛照岡林間玄風入君律因蹊招隱詩差快壯遊佚吸水蒸雲漣看山夙魘出以予牛馬走極目鳳皇屋洞邃南北開巖危今古

一五丁邀奚徂二酉難爲逃荐苦坐世賢監輿轉韋蹕自分菟裘隱亦參大阮喻流景驚韶光凡情等崖蜜欲問玄珠藏寧須婚嫁畢山遊白雲封傲吏銷魂唑牛斗不全孤躧息還自覺　宋主簿陳元通詩九仙會住九山顛仙去山空歲月幽爲愛遍尋方外侶乘閒便向洞前遊蒼苔斷處蹤猶在玉局幾來子未收換骨丹砂應幾轉吾生結得此緣不　明庠生林焻紀遊詩憶余丁未年夷則月初度拉社兩三三籌仙遨簦步信宿至山中鳥花如道故㝡鳳陟層巔峯澗歷相顧梵宮棟宇新紺流丹霞素珠樹珊瑚奏五尺未云慕似蓋假泉石陰陰長不露蓮花向午開疑從玉井遇洞響石罅音嚐呟綷餘趣風煙翳古木攴枝盤交互藏若箕胥夷鬱如龍蛇怒巧哉天然奇人工寧齒數四望萬象空平楚莫辨樹石隱畸人蹤崖鶯騷客賦銜魚草木珍兩霁晴陰霧種秫景堪評搔首驚武庫所之祗會心會心彌濟處經今十載餘烱烱眸中布蓬瀛已云遙島洲不可渡所以福地問宜發禪心悟

獅子山高踞獰猙狀如奇獸攫搏上有獅子巖里人徐士萬詩征鴻肅肅此山經古地頻來問佛龕壘石空中留宿霧密林深處點疎星步登絕巘疑瑤闕語吐層臺動帝廷無奈光陰容易過秋風春雨不堪聽

石獅崎在獅子巖東太湖山北山下週圍數十里皆雙翰鄉明庠生張文昭詩爾獅何處遠飛來化作崚嶒畫幛開半嶺閒雲懸古樹一天芳草砌高臺咄咄吹風探石髓蕭蕭解鬱破蒼苔與君十載相攜約還是京華共看梅

仙濟山亦名仙砦在小銘社峯巒峭峻頂上平坦相傳有仙人以牛將石犂去耙復一橫一直今有仙牛跡仙人足跡

孟頭岐北山岐俱在雙翰鄉兩峯連列聳秀東去之山與大田界連

以上俱在湯泉里

鷄髻寨峯狀如鷄髻勢極險阻湯泉東西里交界中立石門隘

簾幕貴山形如貴人立簾幕間

以上俱在東西里

黃石林山在戴雲山東北

大仙崎秀削如抽筍距戴雲山北二十里（清峯人林汪遠詩孤峯直上更無前丰骨稜稜欲削天絕頂洪濛胎日月仙風幾陣散朝煙）

桂陽山在大仙崎西蓮花峯左

蓮花峯五峯齊聳如蓮初綻因名

大洋山在桂陽社北蓮花峯東山頂成大洋有山田數百畝挹注泉水遇旱泉愈大

漸山層岡疊嶂廣袤逶迤

香林山在湖頭村距縣治八十里香林寺在焉形似臥牛蓮花峯左峙其前（明御史凌輝詩香山蒼翠峙湖西高閣崢嶸接虜齊門外潭深龍隱臥檻前檜老鶴來棲昔年曾備東華近今日重瞻北斗低勝業別來經十載幾回回首思淒淒）

鐘山在中坑祿城村之前其山四面石壁形似覆鐘山麓小澗旁有巖洞廣深皆二丈許名菜巖香林寺僧道徽趺逝于此

姑栖嶺在祿城村與鐘山對峙僧道徽寂于菜巖其姑鄭氏于嶺上哀號尋之因名

仁齊山巒阜巍峨舊有天齊仁聖廟在其麓

吉山　崎山下有三峯寺

龍門寨在下涌社內多奇石

岱山湖極高峻山脊石磴嶔嶔里許中開大坪可容千人元時劇賊居之旣去覘其竈凡十八今呼爲十八竈

湯嶺有溫泉下爲湯嶺鄉以泉名

以上俱在梅上里

蓮化崎衆峯尖秀狀若蓮花

㯶華山在淳湖社上有㯶華洞

石湖岐山　牛宅寨山　虎頭寨山

梅峯山在梅中里之北上有梅峯寺下有梅峯隘南爲唐帽山左爲三層階

山右爲清從山距縣治東北一百二十里從五古村入永福界

天花寨山在梅中里山四面皆石壁峭削巉巖高險陡絕上平廣有水泉昔人築寨避兵惟山西小徑可通出入有一夫當關萬夫莫敵之概下爲楊梅占九白楊山等鄉

青雲山在雲溪社高峻崔巍與天花寨山對峙上有青雲室下爲雲溪鄉邑明通進士曾重登三月九日登山詩青雲勝概饒名山興到相邀試一攀鳥道危峯懸似壁紆徐曲徑往疑遐尋芳同志襟俱爽脫俗孤僧禮盡刪乞得新茶消渴暑盡傾酒榼醉酡顏

大官嶺在縣西北尤溪界首

以上俱在梅中里

玳瑁山在峯魁文興兩社間岡巒秀麗衆峯環抱上有玳瑁巖

蕉溪山其麓有上下蕉溪鄉因名

雷峯山在峰魁社螺坑鄉

高發山有石鼓巖石壺張自觀道人修煉于此

均山在清泰里古爲善均里山因里得名

靈山奇峯削壁常興雲氣遇旱禱雨輒應故名

羅城山在奎光社長基鄉宋蘇十萬募義兵拒元于此

蘇墓山在湾泰里之南山形如壺其東有蘇十萬墓因名

銀瓶山在湾泰里北雙峯並峙其一稍低小若瓶

石鼓山有石如鼓在銀瓶右

雙芹山在戴雲山東北二十里

蘑獅山在雙芹山東北二十里山類獅蘑訛呼蘑獅

鷄髻岐在上寨鄉形如鷄髻高亞戴雲

霸皇寨在梓溪鄉山不高而勢險人多避兵于此

山仔寨在黃村里鄉孤峯聳秀俯視衆山皆低

天湖山在龍山鄉矗起千仞頂上一湖縱可百畝橫半之無水泉而沮洳塗

泥頓足則方圍震動

蟠龍山在登龍社與蘑獅石柱兩山相距各二十里

飛鳳山在坵坂社爲縣東北界高千仞石筍嶙峋如鋸齒極巔一石形如飛鳳因名相傳有仙女駕鳳來此（黃憲文詩嵯峨天半聳晴空世說靈娥宅此中鳳宿何年成怪石人從遺跡挹仙風松濤傳籟層臺冷海日扶輪古洞紅更看彩霞天際抹恍疑身在蕊珠宮）

大安寨在前峯鄉高出雲表咸豐間里人危成章築以避寇寨成寇靖故名

高漈山在奎光社巉巖險巇東七里許爲馬蹄嶺宋陳蔚統軍拒元旣被害所乘馬載之馳歸過邑東南關身首分墜遂自奔至此蹄脫復奔至白馬埕奮死

天平城山在南埕鄉宋蘇十萬屯兵拒元處巍峨阻深前臨大溪淸初寇聚于此鑿磴爲道以入

石柱山一峯聳秀如柱擎雲（濤廣生鄭由吾詩石柱嵯峨濾水邊巨靈伸指探雲煙氤氲佳氣巉巖透飄緲祥光碧翠聯五色紛披容正麗寸膚獨出色澄鮮凌霄壁立東流砥不數江郎欲接天）

飛仙山兩峯角立懸崖削壁中有瀑布泉數千仞飛流直下濺沫成霧最爲奇觀亦名岱仙漈飛仙亭俯臨之（賴壞詩旁午明嵐雜紫煙尋幽客醉唱雲眠千巖影納凌霄閣百道泉飛掣電鞭傑峙何年懸絕磴遠遊今日挾飛仙流連壁上情還劇回首斜陽又一天　毛一夔詩足快尋幽興奇觀豈但泉有山皆入幻無木不先天雲鳥千崖共巖空一字懸浮生能免事微醉亦飄然　黃逢權詩爲訪靈巖結伴行陰陰山徑鳥交鳴雙尖插漢龍雲白萬仞飛泉掛練靑閣倚懸崖臨一切石容坐客話三生夜來獨景聯長句皎月當空斗柄橫　黃守仁秋日登飛仙亭詩躡屐登仙島淸秋景致嘉懸流千丈直飛閣一層斜熛老苔粘石山深鳥語花敲詩還踏月老衲點龍芽）

石牛山在清泰里極東距縣治三日程城中望之巍峨插天蒼翠欲滴山頂望見興泉二郡其中幽奇險絕詳見古蹟志上有石洞狀如牛頭故名開湖處石壺寺在焉李道泰詩翠黛望三日遙遊一眺臨應閒看月嘯未快伐山心洞壑疑無隱梯階恐不深待攜康樂伴重與恣幽尋　黃憲文詩紆緉直上白雲端躡盡藤梯怪石盤山帶煙嵐晴似雨人沾秋氣暑猶寒彩雲捧日紅滄海玉露凝霜冷劍壇放眼分明河漢近千峯萬嶂子孫看

湖山在飛仙山之東上有大士閣下爲水口湖坂村

以上俱在清泰里

論曰德化山號有萬靈跡勝景所在皆是偶擧一邱一壑致之灃鎬鄠杜則柳子所云貴游之士日增千金而愈不可得者乃羣萃僻處於斯徒深選勝者一躊躇耳

水

滻溪發源於戴雲山陽名曰李山溪西南流至國寶匯猛虎溪爲國寶溪復西南流合蓋德花橋二溪爲塗坂溪曲而東流直奔縣治名爲滻溪環抱縣城俗名腰帶水中匯丁溪復東流至埔美董坂亦名董坂溪受纓溪水

復東流至溪口受大雲溪水東流至龍門亦名龍門溪東北流至大通匯石牛溪水復挾雙芹蕉溪二水北流經南埕湖坂亦名湖坂溪匯湧溪東北流而入永泰典史王佐漧溪即景詩一帶清流繞郭門公餘緩步聽潺湲煙拖陶柳芳洲靄風送潘花錦浪翻雷雨開來符古讖雲龍裹出見真源波間鷗鷺閒如許踏向沙灘共負暄

丁溪在縣前丁方漧水東流丁溪南注縱横若丁字發源雪山下爲九漈溪至羅溪受瓊山洋嶺藍田英山諸水再下受火烽山水經張墘鄉抵雙魚山舊依山斜流讖云水流丁字官榮自至又云水晝丁羅簪纓宋元符中邑士林程捐錢五十萬買田鑿流會於漧溪一夕雷雨決成既而程之子揚休由太學登高第吳達老賀以詩云水向丁流通地軸人從甲第破天荒厥後孫曾皆貴顯邑士亦相繼榮登宋邑令林應龍有詩云水從鼇頂分丁派入向蟾宮占甲科明天啓間沙淤知縣林大儁重濬林汪遠詩歲實三十里到此駒潺湲筆卓蔡峯峙波飛浮岸掀畫丁傳有讖折水鑿無痕文字光河洛凡流豈等倫

國寶溪爲漧溪上游自李山溪經蘇坂東厝鄉合東埔溪水至邱店村合猛虎溪及赤水格以東諸水至國寶因名國寶溪受新村溪水南下與花橋

蓋德二溪合而至塗坂又名塗坂溪

花橋溪在上林社發源和睦塲雙陽山至暗林口受五華山水東流經雞母莊滙于塗坂

蓋德溪在蓋德鄉發源斤山合雪山金液洞三漈溪水滙于塗坂地多修竹可消暑黃憲文詩山居三伏候草閣曉晴時縱驚既所厭嘈唔亦非宜浩然發遐想淸溪良可嬉乃倣柳州興聊爲阮子思徐徐尋滄浪步步逍遙瀠四面茂林多傍汀蒹竹猗入耳細流喧觸目淸陰垂繞樹衆蟬鳴兩岸羣鷗隨貪看不覺遠愛景忘其疲盤礴解衣履跳跌引觴卮臨流濯纓冠掬水鑒鬚眉爽氣入我懷淸風砭人肌已將塵慮拋更使煩心怡日影倐然西晨光遶已熹扶筇歸別墅月色在茆籬

塗坂溪在縣西五里爲漣溪上流國寶花橋蓋德三溪滙于此

纓溪發源金雞山下經龍翰西墩南流而入漣溪

董坂溪在縣東二里爲漣溪中游東下十里許爲虎跳港峭石簇立如列樹溪狹水激稍下爲溪口受大雲下倉溪水

大雲溪發源天馬山之陰經石傑鄉受羅城山陰之水至下倉溪范志作黃斜溪合高洋溪水南入于溪口二十里至于龍門

龍門溪在文興社距縣東三十里亦爲漣溪中游南北岸兩峯夾峙石壁數

百仞溪流一隙水色深藍渟泓湍激逼石而止踰石而怒驚濤噴沫十餘里上流舊有拱橋北岸遺址猶存去水百餘尺下二十里受蕉溪水庠生鄭起蛟詩巍然嶔崟激洪流知有神魚鼓浪遊千尺波瀾春正暖一朝燃尾過龍湫

蕉溪在縣東北十五里源出戴雲山之陽爲祥雲溪合上洋水繞虎貢山東行經蕉溪大通而入滻溪歲貢方今泰蕉溪春行詩尋春春暮更留情杖履沿溪不計程夾岸羣花如解語團沙洛鳥自呼名溫泉小憩宜霑冠北嶺重臨愧老成何處牧樵偏適趣輕謳喚出翠微聲

雙芹溪出戴雲山之陰受奎光社諸山之水匯于南埕而入滻溪

石牛溪發源仙遊九座山頂隨石牛山曲折而來至大通入于滻溪邑水皆散流外縣其受外縣之水者惟此一澗耳

岱仙漈在石牛山北從飛仙山懸崖直下千仞練白劈青至山半則沫濺瀑飛濴然不知其爲水或猛風飄蕩則水不知其所之令人目眩膽碎旁有油漈石壁如削水小溜直並入赤石口至于湖坂溪舉人鄭秉鈞賦龍漈之東石壺之北飛仙山立嶔岑秀卓奇峯陡而欲搖峭壁懸而成削广广深而邃明崒嵂巒而乍伏則有湍流激湍鬆壑奔騰初涓涓其始出繼洋洋其停泓經苻落過仙亭蕩林麓觸砯砰浸崙谷口飛瀉無停逡乃吼若春雷怒如秋風下臨無地百仞溜窆劈開石壁雲深斜倚天梯霧掌波濤湧於岸畔泡沫散於林叢疋練掛一隙之澗虹橋駕萬山之中是誠洞天之勝概福地之龐䖏者也當其春和景明晴光搖曳波紋兮斜飛珠簾兮點綴草樹雜而鮮妍風日清而佳麗浮光蕩兮千潯澄素輝兮無際至若陰雨連綿洶浪噴薄百里聞聲仰望眩目長鯨高噬兮吸百川虬龍鼓沫兮驚山谷巨靈沸地吐瞿塘屏翳傾盆瀉河洛勢更雄於尋常

峽尤從而磅礴爾其騷人遊子搜冥探奇步仙靈之跡訪眞人之遺策扶筇以流憩躡巉巖而委蛇捫絕壑尋曲磵酌清泉而豈爽臨漣漪以賦詩敘焉俯瞰陡然神飛恍似槎乘天半渾若梭過峨嵋石上投兮經時委地水奔流兮倏忽珠璣恨無御風之神有慚列子不必登華之惇羞殺過之嗟乎人生有幾足跡難遍洞井巖泉千態萬變名山鵠立美不勝羨則有如九曲之武夷一方一壑飛石之恆山兩崖急瀨他如泰岱之水能隨風穿線南衡之舒流一幅白練屈指此與許孰輕而孰賤而顧不具載於地輿徒爾埋沒於僻縣夫豈茲山靈猶欲隱而未彰抑亦在採風急表章而述撰　李道泰詩怪崖不可即倚石抱㭊枒瀑作千山雨人乘八月槎風幡播散落渴嫖飲參差倘得淩虛過應驚架百花　毛一夔詩嶺樹含清靄巖天貫白虹仙源應接漢凡水豈鳴空瀉壁飛晴雨奔崖瀉曉風廬山高瀑布論此未能同

湖坂溪滻溪之下遊北流與湧溪滙合水平而深可通舟楫監生黃守仁詩清流如帶匯長湖掩映雲山入畫圖一葉輕舟時泛月風光得似瀏溪無　平湖水碧又沙明錯落人家兩岸生夜靜樓頭閒徙倚溪聲隱和讀書聲　庠生黃好仁詩百里東流又轉南灣環如帶碧拖藍漁舟晚唱前汀去月滿湖山影滿潭　沿溪深處石嵯峨松竹陰森間野花錯落煙村多傍水西湖風景似非耶

左溪在梅中里發源戴雲山陰爲黃石林溪經東溪合後宅溪水爲龍潭宋眞西山先生讀書處即左溪上流至九寶入于湧溪

湧溪發源戴雲山陰曰盧地溪合九仙山東張巖溪水爲赤水西溪至上湧鄉合東坑洋溪始名爲湧溪入梅上里東北流受山茶溪水曲而東流經曾坂復東北流至李田合葛坑溪中坑溪東流入彭坑尾東南流再受左溪水過螺潭入湧口與滻溪滙達於永泰而入閩江

上圍小溪在文興社發源七臺山東之上圍嶺嶺分南北二水北行者入于滻溪南行者則自大地經永春之湖洋而至東關入桃源溪達于晉江

小尤溪在尤中里發源九仙山麓小銘鄉西行爲上翰溪自赤水格以西水皆西行又合綺陽鄉左澗之水經徐洲墓湖復受上豐水北流經長潭尾而入大田達於延平江綺陽右澗則入永春轉安溪而達晉江

嶺脚潭甲庚門口潭登龍潭桐林潭俱在塗坂溪古稱放生潭

古井潭在縣治鳴鳳橋下一石横砥溪水洄漩深不可測

樂陶潭在龍圖宫下旁有石洞深杳不知其極聚大魚漁人善没者見其幽暗多不敢入或云放生潭

大温潭在漈溪下流之奎光社侍衛鄉山下自北而南長里許水皆温冬月水族多聚于此

温泉

一在雲龍橋下漈水右泉湧溪中與漈水混非涉不知其處傍溪之田曰湯邊洋

一在清泰里蕉溪橋下南北七泓沸者可宰牲和者可盥浴廩生鄭大夏賦以誰向重淵醸春色爲韻　龍潯之域蕉溪之

淈有泉湧沸歟斯騰斯疇火而熇孰爐而炊氣蒸蒸其焱焱兮澀溫溫而探之妙陰陽之鼓煤兮洵不可臆而知爾其欲雲激此沸流滾烘烘隆隆焬和滿竭壺水而涼此何煬煬抑人有言羿射九日而墜坱坎得雖妃故㛹娙兮炎上若乃風晨月夕遊興正濃想滌骸垢羨馨肌容驕人紛伴而戾止過客駐車而適從泳游滌濯荷造物之爲儀舉烽允爲水而不成冰兮解凍凝之駭疑其或談今說古比擬湯泉七地散出蔣本坡仙廬陵六一題詠流連將軍布疑浣丞相井驚燃李唐曾取以名宮兮又胡爲乎明皇更之而不然悵茲泉之僻處兮曷不於通都大邑也而在叢山複嶺之偏遂表識以無聞兮待選勝於明賢光亭毒之神奇兮獨於是泉而醞釀也毋亦稟性之不栗洌兮㵩鴻溶之異相也若賫積之卑錫兮疑廣州之廉讓也一泓溫克兮消融寒霾也爰爲歌曰陽燧煦煜大地回春納潤投渠得氣之純沾濡浥注太和紛綸可濯可湘無勞煤薪搜奇覽勝聊且閩津乃賡載歌曰溪以熊名冶工不識有溫其泉萬川之特臨流潮游悅懌無極最爾微區孕靈增色 黃憲文詩人云源石始溫泉炎液流黃然不然盟沐無勞煙火力他年應繼七湯傳

一在淸泰里侍衛鄉泉出小澗熱比沸湯流入滻溪大溫潭

一在淸泰里南埕社湯布山下溫度適於沐浴

一在淸泰里蟠龍鄉有澗曰湯坑泉由下湧上蒸氣騰數丈熱埒於湯居民常以宰牲

一在梅上里湯嶺鄉鄉以泉得名先有泉多泓滙聚一池佔地畝餘冬熱夏溫康熙間散流數窪益以淤土壅塞荒草蔓延溫熱因之不等宋主簿柳懋職時化工何事起炎涼偏使山中泉作湯地氣爆爆燒石乳水香鬱鬱噴硫磺瞋波常湧無冬夏熱溜長澌歷雪霜闢道驪山有溫谷豈惟神女爲秦皇

論曰德化水不通舟斯爲瘠邑矣然高源落自雲間故層岡重阜灌溉有資畚鍤得而及之無遺利焉自雷雨晝丁而後人文化成則觀其流泉此

地固一輿靈之區也

附康熙丁卯山川志

鑛岫岐山爲興泉郡邑發脉之祖坐小尤中團居縣正西自大僊峯而來者始此郡縣舊志謂鑛山岐山爲二山者非是東行十里至倚洋鄉又東二十里至和睦塲而起爲雙陽之山倚洋鄉之右澗流永春轉安溪達晉江入海其左澗則自小尤中流於大田尤溪口合於延平江達烏龍江入海也

和睦塲雙陽山在縣西四十里邑治望之聳翠如疊指從大陽西北行者則爲五華山再北以分爲戴雲山九仙山從小陽而南行者則爲興泉二郡之首山也花橋溪之水出爲東流出暗林口至大屈尺而入于白泉溪五華山五峯狀如蓮華五華巖端午泉在焉其水則東流合于暗林口也其山則北行二十里爲吉嶺峯十里至赤水格之北分行直上爲戴雲山九仙山吉嶺赤水格之東水皆東行而南流爲縣前之滻溪其西則水皆西

行而流于小尤中以入大田尤溪也

戴雲之山自赤水格之北與九仙山分行而東橫五六十里其西爲大戴雲東爲小戴雲是爲縣之祖山小戴雲上三峯聳翠寺在山麓三分之一從寺步至峰巔九千步自南而望小戴雲之高與大戴雲齊至三峯之巔則又當翹首西望也每天陰未雨雲氣半垂大戴雲入雲者五之一而小戴雲纔拂髻小戴雲之岫有小徑通南北平坦紆迴有流泉潴澤名曰七里洋異鳥間關獼猴羣隊見人無畏避飛煙倏迷對面行人心甚惻慄巖穴幛壁幽奇山多五鬣松剔牙松霜雪所勒拱把皆百千年物若大戴雲則人無由至其巔也多熊常出踐禾稼其水則皆自石罅澗谷間縷合流注焉

戴雲之陽其西水則爲猛虎溪蘇坂溪東厝溪李山溪四水與吉嶺南來之水會于郭坂而下爲白泉溪之大屈尺受花橋溪之水而東流爲蘇溪至塗坂受金液洞雪山蓋竹根山諸溪之水而東流過縣前爲濉溪始受丁

溪之水稍下受纓溪之水至是可負三十石舟矣以下流峻險不得達耳
東流十餘里而爲虎跳溪稍下爲溪口受黄斜溪南來之水又二十里至
龍門又東北二十里至石獅渡受蕉溪之水又東北二十里至舉口受上
下潼溪之水又十里至南埕受雙芹溪之水經石柱至水口東流三十里
而湧溪之水合爲流于永福達于海也漟溪迴環曲折亦曰腰帶水
戴雲之陽一澗日南昌溪合祥雲鄉之水而轉于虎賁山之麓東行爲蕉溪
至石獅渡入于漟溪
戴雲之陰其水北流一澗爲盧地溪一澗爲張溪落上湧下湧爲湧溪下爲
香林溪東流至九竇鄉又一澗爲黄石林溪東流至湧口與漟溪之下流
合
戴雲之陰一澗日雙芹溪至南埕入于漟溪此則九溪之數矣水皆峻激香
洌瀨可數石淵寡匿鱗岸樹汀草冬夏蒨葱雖乏汪汪千頃之觀幽致頁
足怡悦矣

戴雲之山自右角而南行數里爲屏風山又數里至佛嶺逶迤南行突起爲騰巖角山連於科榮山上官路南北上下延於山頂者十數里扶輿磅礴環四十里是爲縣之北山纓溪之水出焉而南流經龍翰之通泗橋爲産坂溪再南而爲纓溪入於漈溪舊志云戴雲九溪其五曰中興坑達於産坂橋誤矣科榮山下爲繡屏山

繡屏山在科榮山下高不能半以舒展端麗得名南五里爲烏石格五里至縣北黃龍大龍二巒翼焉入于縣治之東北隅而陡起爲龍潯之山

龍潯山在縣治內東北隅雉堞環焉特立千餘尺山谿城市墟落林原憑高一覽此爲麗觀矣巔有石筍火燄石宋宣和中令劉正鑿其巔構亭曰妙峯又曰最高人云山不可鑿正曰此睡龍也鑿之則醒逾年邑之舉薦者三人紹興中令吳崇年削石筍火燄民死者過半蓋傷山脈太甚也麓有龍山觀明令緒東山再建亭更曰駕雲及醒龍樓令張大綱築書院又有眞武殿早春樓三官堂巖石礧硊奇樹鬱葱古松連數抱其陰生馬齒白

石每春風和媚秋氣澄鮮遊屐接踵鼎革以後兵燹焚毁俯仰之間舉目
非舊廢與自有時也大旗山在其西舊亦在城中
騰巖角山之左分而東行者爲塔仔岐山金雞山彭洋山又東散行三十里
而南爲龍門之山北底於石獅渡止于蕉口漈溪之合
龍門之山在縣東三十里漈水經其下與南岸山相對俱名龍門兩峯對峙
如闕一水東流如溝夾岸石壁數百尋水色深黑於藍或激或噴或渟或
泓湍悍澮蕩曲折變幻逼石而止踰石而怒旋飜跳沫十餘里霄光一隙
陽曦罕射林木蓊翳猿狖吽號漁者攀緣而生畏矣龍門橋在上流遺址
尚存北岸壁上址去水十餘丈想其高擎而起以達于南結搆危墜之勢
猶堪心戰
自小戴雲左角而南行者二十里爲虎賁山東行十里爲蕉溪山二山者蕉
溪鄉之上也東北行三十里爲高漈山山上石壁絕險土人巢其巔十里
至南埕洞臨于大小溪之合而止

自大戴雲而北行者二十里而爲大仙崎山十里而爲桂陽山支而爲蓮花峯東行者四十里止于黃石林溪湧溪之合

自小戴雲而北行者二十里爲雙芹山二十里爲薦獅山（狀如鷹豸薦字乃鷹字之訛而音因訛也）二十里爲蟠龍山二十里支而爲石柱山與石壺山正相對以臨于大溪爲邑之外門也其散而東行者至于湖坂底于湧口止于漈溪湧溪二水之合而戴雲山之山水行止分合盡于此矣

和睦塲雙陽之山其南行者與泉二郡城與省城大江以南各縣之山之所發原也由小陽南行數里而爲金液洞之山其分而東下者爲五代寨巖險陡絕傳云五代時所避兵也十數里而爲蓋竹根山高五里峯頭秀峭治西之佳觀也又十里止于塗坂合溪之水其南行者二十里爲雪山

雪山在縣治西南二十里其南之水流于永春其北者流于德化丁水之所發源也流二十里注于縣前是爲丁溪入于漈溪山慱衍環四五十里東下而爲芹山今曰瓊山從縣治望二山高正等然而大小不侔有如二戴

雲矣雩山上常有雩故名山有寺故人跡亦到也瓊山上亦有寺有石碑大書秦漢隱君子此則令人遐想矣又東下爲歐山東行稍起爲火烽山乃分爲拱北以面縣者曰鳳翥山

鳳翥山縣治正南十里明靚尖秀邑居之朝夕賓主也東行而爲高洋嶺山十里而爲拏雲山再東止于虎跳港是漈溪之下流也溪石夾立水懸流而迫狹虎之往來常道而躍奔騰迅激中流數石如立樹舟所不得逆者因此與龍門也溪流數里而黃斜溪之水自南來入之

自火烽山而東行者二十里爲虎豹關山即劇頭山也又十里而爲天馬山天馬山雙峯如馬鞍而峻拔聳峙羣巒如在膝下其陽則爲永春其陰爲德化也黃斜溪之水出焉北行二十里至黃斜村而合高洋溪之水以達于漈溪山東北行轉三十里而爲永春之大德寨乃分而南行者爲小天馬以至大鵬山爲永春縣治與東北行者數里至柳坑分而北行臨溪者爲龍門南山其東行者三十里至七臺山

七臺山在縣正東六十里巉巖特立衆山莫偶上平廣有水泉可屯聚亦綠林奥窟也繞樹木多猿猴列峯四布東行二十里至上圍嶺嶺北之水則北流入于滻溪歸于閩江其南流則自大地達永春東關入桃源溪往晉江也嶺東分爲二支其東者往九座山興郡之祖山也其南行者經仙德交界東爲仙遊之豐頭鄉西爲德化之水頭鄉東水入仙遊西水流永春山自此南行四十里爲白格嶺再南而爲樂山趨于清源矣往九座者至九座山巔復分而西轉爲石牛山亦名石壺山

石牛山自仙遊九座轉而西行重嶂叠岡左馳右驟奔走七八十里而峙于大溪之陰實惟縣之東北門戶上有石壺洞張眞人道場也禱者自下而上一日晚方到矣眞人與魑門法處頭髮尻脛之跡入石數十輾轉非一處履巖上下五指入石牛踵插劍石猶在劍搖斯動而不可拔也山遠而高望之蒼翠欲滴綿延百數里其中幽奇非人所經有獵者嘗窺其旁見大阿廣平數里餘巨木連抱立枯至朽獸類猴而大尾千百爲羣見人不

驚叉聞離昧之屬幻成境界與人無殊賴道力鎮之耳北有飛仙漈壁立百仞如削懸流甚怒到半則雲消霧散滃然不知其爲水或猛風飄蕩則水與雲霧皆不知其所之也此一奇觀矣上有飛仙樓下臨絕壁云匠人登極乘屋必待雲與之齊也邑山之巨惟戴雲九仙雪山與此四耳而三山皆爲發脈之地此則來自東南三面臨溪阻絕不知陰陽何工鑄此靈物也洞微之士於焉遐想矣石牛山左一澗發源於仙遊九座山頂隨石牛山曲折流注以歸于德凡德之水皆四散流于外邑其受外縣之水者惟此一澗耳至于南埕入于大溪

九仙山在縣西北六十里東爲東西團西爲湯泉里永福閩清兩縣之祖山尤溪縣南與水口大江以西諸山所發脈也自赤水格之北分行踴躍直上以至峯巔峯凡有九霍岌蔓衍邐廓而上秀削如芙蓉如攢筍嵯峨奇怪不可名狀絕頂有摩雲齊雲二洞累石生成如屋天梯石門左右可通而攀石俯窺其下萬尋眞令人目搖心怖也峯石有彌勒洞怪石相撐如

城中廣數丈石像巍然中坐傳云石故仙形月夜仙人奏樂於此鄒公禪定在其傍厭聒鑿石爲彌勒像仙樂遂絕此與九人成仙之說均未知其有然矣東有會照池水東下與路口溪合而爲湧溪之源西爲龍池則西流歸於大田也山北行三十里而爲湯頭鄉舊以溫泉故名而今已失所在十里而爲湯頭山爲吉山崎山轉東行三十里而爲香林山

香林山鐘山姑恓嶺近焉再東而蓮花崎山石湖崎山梅峯山至三層堦清從山遂爲永福之山也自九仙山散落而西北行者數澗之水皆西流隨山曲折而注于大田溪溪之所合山亦於是而止也西而稍南行者四十里而爲獅子巖之山山以形似故名遠望深黑巉巖怪絕狀如奇獸搏攫傳云石洞中時有山魈之屬頗如石壺也山至大田溪而止自九仙西南行者下二十里爲大銘鄉再十里爲石獅岐三十里爲太湖之山中有龍湖寺山高十里而上平凹如湖有池故亦名青草湖山又名金碧峰左爲新化里右爲尤中里正與鑛山崎山相對止隔小尤一溪耳小尤溪之水

發源于九仙山下之小銘鄉西行爲上翰溪爲小尤溪爲徐溪再西合尤中里諸鄉之水而至于大田鞏口大田溪也而九仙山之分脈亦於是止

鐘山在楊梅上山四面皆石壁峭峻形如覆鐘山麓有澗澗邊有巖洞廣丈餘深二尺許名蔡巖香林寺僧鄭道徽坐化於此

酒壜寨山在尤中極高險昔人避寇其上賊圍而困之女子取酒浣衣以示賊賊疑其有水解圍去因名今寨猶存

虎頭山在尤中上有古寨周圍七里餘其中山水如畫外極高險避兵者往依之萬夫不敵

雙魚山自鳳翥山南來在縣前丁溪之上溪右循山下斜流不由丁方而古語云水流丁字官榮自至又云水畫丁羅簪纓宋元符間邑士林程捐錢五十萬買田鑿流會於滻溪一夕雷雨決流一縱一橫若丁字然既而程之子揚休由太學登巍第及其後世登科甲邑士亦相繼榮登焉昔人詩云水向丁流通地軸人從甲第破天荒宋邑令林應龍詩云水從鰲頂分

丁派人向蟾宮占甲科

登高山從雩山西來在縣前潼溪之南丁溪之西上有亭起送科舉者會宴於此尙有大帽山白牛石鼓山卓筆山俱在坊隅園林山在新化均山蘇墓山羅城山在淸泰仁齊山漸山在楊梅仙寨山屏山巖市南山在尤中皆山之有名者

按舊志山水先後訛舛錯雜不倫今考德之戴雲一池分作九條溪此偈語托諷之詞耳乃志謂眞有是事且求其數以實之九仙山自別而北行者乃永福閩淸兩縣諸山之祖而縣志指爲縣之始山郡志亦不知主山之由德化而曰仙遊之九座亦有指戴雲爲始祖者皆謬之甚由作者未嘗身履其地土人又不能道其詳往往謂此非所急不必深論果爾則山水可無志矣今稽諸山總會之首又以支條分別之水附之不惟一邑奇拔聳秀淸深高潔之氣開卷瞭然而興泉數十郡縣亦可知原本之所由來矣

橋渡

雲龍橋在賓陽門外龍潯山麓滻溪下流邑治之鎖鑰也創自五季名通濟更名化龍宋熙甯中邑人蘇唐卿建于城之東隅慶元已未橋圮知縣事葉益命僧了性募移今所未就嘉定中知縣事季端誼命邑人林士元等成之長三十二丈廣二丈六尺覆以屋凡十九間三十三楹中有亭曰密符邑紳黃奎記歲久附橋居民陰毀橋面明洪武三十一年水壞石墩至弘治三年里人林宗源等重建少口口口陳遷記德化邑治之東有化龍橋五季時已載于清源舊志則橋之作久矣歷宋至元尚完固明初猶然後有坊民附橋而居惑于術家言忌其不利於居常陰毀之故洪流從而崩壞之所存者獨遺址耳役大費繁後人莫有倡興復之舉者民之病涉者多歲月矣景泰天順間邑之耆民德茂輩欲爲民舍涉而徙者有志興復之惜乎罔就緒而已至弘治庚戌歲德茂之子曰宗源欲成父志以白金數鎰爲首倡縣典幕劉君潤教諭陳君愷泉州衛旗屯懷遠將軍馬凱福全所武德將軍蔣元啓各捐俸以助之而邑之好義者福塘陳晃桂林賴琗致仕知縣留成照磨林敬東西園鄭禕下湧郭元旺坊隅鄭旺輩無慮百餘人皆克廣德心不吝所有以左右之毛聚纔積合而爲五十餘鎰迺選有材幹者林崇林賡鄭紹六林廣大林清鄭明德周將涂山諸人分理其事運材於山浮石於水及陶瓦磚鐵之務而宗源則始終總其要領也經始於庚戌秋畢工後二年壬子秋九月凡兩期歲而功成邑人重其事故承澤黃先生廷魁以吉豐司訓致仕家居與其弟義官廷守爲之立石以紀其功而以記文請於余余聞昔蔡忠惠守泉作萬安橋於洛陽江後世王曜軒遍題其祠壁曰欲知公之忠須讀三諫詩欲知公之惠須讀萬安碑王梅溪賦詩亦有異是濟川三昧手清源游戲作虹梁之語今宗源一布衣亦能如忠惠之用心成事如此焉知後人無有如曜軒梅溪之詠嘆者乎又聞此橋當德化要衝之處而邑之山川氣脈未嘗不關係焉方其完壯時而生齒庶繁四境雞犬相聞衣冠文物若林揚休蘇總龜黃龜朋諸傑接踵而出厥後頹廢則生齒文物亦因之寥落今橋將復成又有白袍曰林眞者破天荒而起繼眞者又未可量雖云物數之有定然橋之力亦不可誣也豈徒一時利涉之功而已哉是用爲記　明泉州知府張謙詩動天屆遠見文明可是遐方樂太平萬樹協韶雲表卷四山懷水抱中行蛟龍待雨飛騰漸烏鵲憐星幾度成誰是聯翩題柱筆不妨驄馬使人驚

嘉靖十一年壬辰冬橋燬癸巳知縣劉晃里民鄭旺等監生臨高縣丞黃天球仝建

莆田司諫鄭一鵬記 德化古志稱龍潯有橋發源於龍潯深處經縣前而之東有一渚自南來會如丁字故曰丁溪往時惟厲揭焉弘治庚戌歲坊隅耆民林宗源林康鄭旺等憂民之病涉募衆金築石橋六間搆亭於上賁之以彩名曰化龍邑人永豐司訓黃廷魁嘉其績徵文立石以記之嗚呼休哉不幸燬盡於嘉靖壬辰禦寇者縱炬仝功盡畀煨燼中矣邑士民無不深傷心龍川劉君晃令茲邑前首事鄭旺偕林春林鶯等以鼎建上之令曰俞復授以經營柄會廷魁子天球由國子生授廣東臨高縣丞途經之任悼父光之湮見其舉曰都因計費劉君暨掌教南海黃君與司訓東莞張君泮捐以己之俸黃君天球脫以行之需鄭君令等助各有數而慕效樂施者又百餘人費乃備遂命日授徒遷木陶瓦琢石以致用經始于癸巳年十一月延乙未年六月方畢務括費五十餘鎰未嘗取諸帑但見縫瓦塗墍枚枚其炎疊石積柴實實其址長二十六丈旁之欄檻從其所長內之丹艧逼于旅楹規模制度多于前功落成之日官民咸稱快焉越三載黃君天球致仕歸與公遊於橋覩而色喜作曰橋成矣公之功不燬於前火矣吾先君子廉以傳繼蹤跡而不落球請捐貲鐫石張大其事以續吾先君子余嘉而嘆曰嶠梁乃王政之一事宜爲宰者率先之殖財貴能賑施宜好義者之必終其事有子考無咎宜爲後者懷幹蠱而不忘劉君晃等隨滌諸之濟爲輿梁之修可謂仁矣鄭旺等貲不必藏己力惡不出于身可謂義矣黃君天球博施用勞前功不佚可謂孝矣一橋立而衆美集斯石也庸以範世也豈徒紀功云哉

萬歷十五年知縣施汀重修

教諭劉文芳記略曰化龍橋重建于嘉靖乙未迄今萬歷丁亥逾六十年於茲矣頹折朽壞日甚前令秦公需黃公承讚首議葺治之後覺以事輟今施君蒞任數月振修百廢郎計費募金又捐俸益之命工量日使巡檢邱天爵督其役而規模工費埒諸作者予聞術家云邑治本龍潯應落而龍潯轉爲左臂橫抱之勢少縮化龍橋當要衝接左龍而闌截東流則邑之山川氣脈所由係焉當昔完壯時生齒日繁衣冠日盛若林揚休蘇繼龜黃龜朋豪傑輩出誰云物數有定哉則今斯橋之修也將蒙固未艾而繼昔諸傑行彬彬然起矣是則同其大有造也豈特爲利涉之具已哉烏可忘烏可忘施君諱汀浙吳興人

萬歷二十五年大水橋壞二十八年庚子冬知縣周佑重建增高更名起龍

鄭維翰記 吾邑山既環抱水亦澄瑩其派注爲諸丁溪至城東匯爲巨浸有橋臥波偃蹇橫截蒔龍潯之足而聯雙魚之軸北通延建汐尤南走郡城莆陽諸孔道蓋邑治之要衝云橋所由來肇自五季不能遠逃自嘉靖乙未邑人黃天球等重建迄今萬歷七十年所煙嵐風雨幾見傾頹而濟人之功載之有永者峴山朱公義烏黃公川施公修葺之力也己亥秋天吳賈怒而橋與基一旦盡壞于是南北兩分褰裳臨涉雖星軺之便傳檄來往者猶必有所待而後渡覩昔締造之功不爲前修獨擅之美耶抑成虧有定待其人而後行耶庚子冬江右周侯甫蒞茲土

化悉日調報政浹旬薦紳文學及諸父老咸知侯之才足以有爲而願樹乎不朽之業僉以爲言侯曰是興舉之首務而平政之宏略也遂具牘詣當復狀聞於院道府諸名公咸得請始相基度務鳩力審時稍緣募及贖鍰之餘若干緡捐俸繼之而博士華君岳沈君孟作尉劉君忠位暨薦紳孝廉文學皆有助而侯日親程督之伐石甃址擬於舊而高且堅市木爲梁擬於舊而材爲棲栱爲棟楹爲瓦磚爲冶鐵爲匠直之需各有條理擬於舊而廉奇綸之役役以公自課與邪許其來如子民之効也侯之倡也經始于辛丑之冬告成于癸卯之秋來往而提攜者歡聲載道于是薦紳孝廉文學以次稱賀父老忭舞前爲壽曰幸哉公之以大利利我也橋存則公之德存烏可以無記乃走書幣徵言于余余鄉人也喜談鄉事而侯之惠在龍潭且波及焉何敢辭矣嘗歷覽名都巨邑其人文盛衰與其山川氣運相爲符合而鑒顧于賢司牧之手無論元凱之才富平李冰之子華陽郎如吾泉萬安者非蔡忠惠奚賴哉先正有言一命之士苟存心于愛物于人必有所濟以侯之仁心爲督宜其所濟者宏也侯又言橋興家謂化龍一翁受邑山川之氣文事當興况今落成之日適與賓興期會必有鼕龍奮起霖雨蒼生獨盛于斯時者更字橋曰起龍即是而知侯之功于造士乎有賴非但濟人利涉已也侯諱佑別號命初建昌南城人興利除奸愛民下士他日當吏載循良傳中不具記特記其建橋之始末若此云

萬曆四十一年癸丑大水橋復壞建年失考

清順治三年寇燬六年知縣王榜鳩建壯麗堅好更名雲龍十六年己亥復燬康熙十五年丙辰洪水石址悉壞六十一年壬寅知縣熊艮輔倡建雍正六年戊申知縣金鼎錫繼之俱未就十二年甲寅知縣黃南春建爲拱橋六墩五甕高三丈三尺長三十二丈寬一丈五尺翼以石欄屹然巨觀記邑之東有雲龍橋上木下石爲縣城鎖鑰往來通衢自五季而至大清由來久矣康熙丙辰水火交侵遂傾圮焉熊金二使君有志恢復因工大費繁行而終止迄今數十載深厲淺揭望洋而嘆者不知凡幾雍正十一年予奉天子命復宰斯邑不揣綿力勉從父老之請擇吉興修衢憲罰項勸民題捐都人士欣欣樂助六十年之頹壞於今復振是橋也長三十二丈寬一丈五尺高三丈三尺六墩五甕左右石欄興工於雍正甲寅落成於乾隆丙辰計其工料糜金錢一百七十萬有奇雖曰人事亦氣運使然繼自今長虹亙巖民無病涉之憂砥柱中流士慶雲龍之會矣是爲記

進士王必昌詩長橋橫各西東矩洩規連絕岸通心力不辭三載瘁神工直與萬安同波迴丁水涵明月雨霽尖山帶彩虹從此祥符鰲背識鳳池染翰頌侯功 涂廷觀蒼龍蜿蜒臥城東萬里程一旦通岸鰲金衡背出遊空半鐵鑄形同半規碇繞分新月萬頃波洄聚彩虹珥筆應教題柱客相將敲韻譜新功 庠生謝新出詩龍光寶鷁現潮東刪舊登行路通萬載乾坤樞軸壯一方帶礪局同香長潤徒仞月影入晴川訝曉虹從此往來賡利濟何人不頌使君功

乾隆二十七年依北二門址歸縣尉章錫董修越十七載舊址又折裂橋面塌半乾隆四十九年訓導江雲逵力請邑令王紹曾募捐修復江雲逵記聖天子御極之元年德化縣城東瓶拱橋仍舊名曰雲龍眾六址於滻溪橫跨五門曬水溪皆沙石乃疊松木以襯址越二十七年木動址歸且就圮亟徹而甃之費繁自有記又越十七載舊患復作依北二門兩址俱受其敝懲前毖後因循數載罔敢議修甲辰春余與同學諸子會講蘇湖教法諸子慨然欲見諸實事咸謂斯橋重有關於桑梓也因力請邑令王募捐合邑隨約同志溫子從陳子元懿鄭子金斗郭子士浚蘇子璉葉子玉李子濬林子玖顏子亮采鄧子子浩連子澤國陳子夢甲王子濤時張子大鵬許子聯登一十有五人相與圖度籌謀僉謂置址木上野水狂奔勢難久固乃召匠募工設法洄水試瀲橋頭日夜功余亦朝晡蒞焉蓋水與石爭人與水爭難刻懈也維時天不雨者浹數辰驟溪見底第一門得盤石與址埒大僅東北隅溜水處稍窪命匠加鑿三尺盤石版俾與各隅平復伐巨石長丈有三尺者六壓其邊沿測其溪身石址入水較舊深六尺第二門一址亦加鑿三尺得盤石爲基視前更鞏固矣計費國銀一千三百兩有奇始事於甲辰初冬訖功於國壽年三春望日集闔邑官紳耆庶爲之讌飲合樂以落之是役也用工甚夥爲費頗巨樂輸者無德色趨事者無怠容余以課功獲底于成亦一時盛遂也諸生請記其事遂命筆俾勒諸石

嘉慶間附近居民於橋欄外架店十餘間道光六年塔岸街火附橋店皆燬壞石欄十餘柱知縣黃梓春諭修示禁永遠不許再架

光緒十七年辛卯八月因官鹽激民變燬東岳廟鹽稅兩局未幾大水北二墩址動橋圮其半壬辰余中軍宏亮暨辦民變各軍官樂捐倡修邑人分社募金益之以鄭祥蘇春元蘇開泰陳文煆陳漢章蘇義標林慶雲蘇

宗仁郭宗江郭邦英鄭育吳耀樞郭崇品陳維善休慶瀾張大章郭鴻椿蔡煥章王光張葉炘吳瓊樞蘇德成許式文蘇慶升潭啓東鄭玉岡郭贊元陳懷新徐信樑陳繩武李啓明蔡克剛等三十二人董其事并架東岳廟前後座秋八月經始迄癸巳冬橋廟告成計費銀三千八百兩有奇

光緒三十年甲辰五月初七夜洪水自雙陽山發蛟上流橋梁屋宇大樹狂奔而下波塞橋毁基沒無存前董蘇春元等先後請於知縣趙雲崧佘鶴鳴諭社分捐重建初以拱橋費鉅擬易木梁是冬先成北一墩旋議復舊制塞南一門架店乙巳冬鑿舊址入地深各丈餘悉纍巨石增高四尺南墩改築街道及上下石壩基深與橋址埒落成于丁未年六月長二十八丈四尺寬仍其舊高三丈七尺屹然大觀視前高壯費銀壹萬五千餘元出自好善者三之一四十社及朋會捐助倍之記光緒甲辰五月初七夕天大雷雨蛟水爲災下龍橋圮亦重修紳董蘇春元集諸同志望洋浩歎者久之既而曰滄桑之變天實爲之使聽其覺廢而莫之舉其如行人病涉何僉曰工程鉅浩大君肩其任吾輩効其勞可乎蘇君曰能如是是亦足矣惟巨款難籌姑倣育嬰同仁之例各社攤捐不足則謀諸好義者以補不數月而費集於是相度地勢鑿橋南一墩爲四甃方舊制縮短三丈六尺增高四尺工堅料實屹然巨觀餘地築基建店屋七過由塔岸接扶欄歲租所入用備不虞蓋所以經營而善後者可謂變通以盡利矣是役也始甲辰臘月訖丁未六月計費銀壹萬五千元有奇董厥事者爲總理蘇春元協理王光張賴其盛郭青雲蘇慶元蘇慶堂贊成顏

蘊章蘇開泰陳波光曾德章王啓元郭贊元蘇德成陳聯高勸捐蘇際時林慶瀾陳維善郭鴻椿鄭蘭張大章收支郭金露郭友應溫光武李鴻才林梅山蘇清華鄭丁蘇綏標鄭焜陳寅溫其淵陳莊成經理郭宗輝林慶治溫啓東總經理鄭玉岡等三十有五人茲以捐題姓名勒之於石例得并書

附載建店及買地條目

一建架橋南樓店七座及前架東岳廟左畔店屋一座合八座當時議決將歷年租賃生息積貯置由以備斯橋久遠不虞之計倘將來公積擴充凡關全邑橋路路亭修建並可由此撥助分沾以符公益名義

鳴鳳橋在解阜門外地甚卑下傍城爲岸南北築石墩架木橋滙溪丁溪滙流屢有水患然與徒要衝時壞時葺歷任邑令俱有修建雍正間知縣黃南春修建者再乾隆八年知縣魯鼎梅重建記曰南門之外有鳴鳳橋背倚雉堞前迎鳳翥臥波拱翠是水丁溪合流其下實西南往來要津也地卑岸窄不利石梁自明以來長觀便道中經水圯迭修迭壞前令黃君嘗憂之未幾復漸次就頹議癸亥予初涖邑過斯橋時有傾壞之憂慮其緩之而愈難圖也爰令生員張天溎耆民陳汝度董而新之旁翼欄楯木取其堅工鳩其良經始於是年十二月落成於甲子二月糜金百四十有五兩而行者途有履坦之安夫旁草洲邊皆横野渡窮崖澤畔亦爲小梁使偶有傾壞則厲揭維艱修堤宜急矣然或地當通衢擁儀横江往來行人猶可舍陸乘流以濟一時之便至若地處山陬不通商舶則往來行旅專藉橋梁一有傾壞其不便於民較通邑大都有川梅之利者爲尤甚其修理尤不可緩也德邑地僻人稠山多田少若穀若貨咸取足於他郡者什之二三山溪阻隘水運無由商賈之經由其地者率皆負販而橋適當西南往來之衝通商利民實又係焉而不可廢頹者此令之所不敢不汲汲以圖也抑尤有慮焉此地當衝要匯流所經而木脆易朽其不能梁以石而使久而不敝者地勢使然也不能梁以石而梁以木而能使之歷久常新者人力相繼之所可爲也先民有言一命之士苟存心於愛物於人必有所濟是用記其實之易成之速以望來者

乾隆戊戌秋壞於洪水庚子知縣王紹曾命郭士俊陳望遠鄭金斗陳元慈等募建庚戌水壞橋面知縣楊奇膺命舊董重修嘉慶乙丑知縣趙睿榮命蘇璉等募建趙睿榮記溪水自西環邑城而東丁溪南匯當解阜門之衝舊有橋曰鳴鳳以其地卑岸窄不能以石而架以木故其功視雲龍津二橋而易舉其廢時亦視二橋而較淺舊志稱迭修迭廢近不逮數稔而遠僅及一紀地勢然也余奉簡命來官茲土過斯橋則欄板參錯步履震搖爰揖蘇廣文璉暨郭鄭諸君子謀所著之謂其費不過數十金易任也顧以水流衝匯柱木就腐將植根深固之是圖殆有數倍於此者惟是一官數載循循籌領以幸免咎戾方自愧德禮信義之一無可自信者而曷敢以興作之役重煩吾民既幸諸君子克奮厥任而樂觀斯橋之成其不以石而以木且得與雲龍龍津並臻完固則固猶之人所望於今日也遂記以爲樂事赴功者勸道光癸未知縣梁岳東命溫尙志蘇萬青重建壬辰署縣王德授復命溫尙志等重修己酉知縣區天民命郭鳴遠等重建咸豐間張汝器募建石墩未成冲毀仍用木又屢壞光緒初知縣沈受謙命董事吳熙春蔡以銘張友綿等重建八年知縣管辰燧指修林慶雲重修廿二年知縣蘇夢蘭命蘇春元林慶雲蘇開泰吳瓊樞重建林慶瀾重修三十年壞附城商民捐建後則概由重建雲龍橋公款及店租修建

附載樂善喜捨及公有買置田段爲斯橋永久修理之費計列

一陳夢甲喜捨社壇門口民租九百觔

一許應時喜捨社壇門口民租三百觔

一李允昇喜捨石獅門口屯租八十觔

一許宅耕社壇周圍官地民租三百觔

一賈鄭世經虎長坑池下民租一百二十觔

以上共田五段載租一千七百觔附勒文昌廟碑陰

龍津橋在金成門外舊名廣濟宋熙甯中建以蘇欽居其側更名旌賢紹興中圮知縣李嵩建疏水爲十三道改名李公橋永春陳知柔銘皆木橋也嘉定間易石址尋燬嘉熙二年知縣葉彥琰重建歲久復圮明弘治八年縣尉劉謣重建提學副使慈谿楊子器記德化治前有水曰虎溪循溪而西上僅三十步許舊有木橋名廣濟宋紹興中縣令李嵩重建嘉定間易以石址庚寅燬於火嘉熙戊戌令葉彥琰重建改今名中燬兵革屢燬屢復洪武三十一年洪水猛作民居漂蕩橋亦崩壞景象爲之索然以後生民稍復共構以木至正統中鄧賊流劫入境大肆鬱攸之虐而橋又廢不舉會四明劉君謣來尉是邑之明年獨員署事先舉宮坊碑次熏樓廨宇以漸修葺惟是橋工繁費夥而未之暇及邑之父老張昴鄭異蔭進告于庭曰夫橋爲一邑之壯觀利百姓之往來匯直風水所係抑或政令所關也圮壞已數十年未有能舉之者每於春夏霖潦之時溪水漲漫民不得已則假於舟以渡往往有遭其覆溺者蓋不可以一二數也願吾侯俯從民望以爲之尉遂卽舊址始捐己俸委所告者二人總其事以司出納之費復募得僧得安持數還謁于鄉於是諭財樂施之士肩摩而踵接趨事赴工之民蟻聚而雲集若致政留君成太學生陳君旭邑之人郭元旺輩又爲巨擘命匠陳汝六等刋石於山運木於陸肇工於弘治三年閏九月既望畢工於弘治八年二月吉日橋成計有四大竇覆以屋計二十二楹總其費銀千有餘兩適予朝覲之秋尉以公去不可留時邑□□□

淸康熙丙辰洪水石址蕩圮庚申教諭王欽祖捐俸募建木橋旁施欄楯歲久壞

乾隆丁丑邑人陳天從等倡建舉人徐天球記邑治出西門數武有龍津橋往來孔道也宋熙甯中初造木橋至嘉定易以石址厥後旋圮旋復迨明弘治始造石橋上覆以亭謀久遠也康熙丙辰波臣肆虐址盡蕩民病徒涉三冬水涸時搭板往來春夏漲漫假小舟以渡利濟行人時費周章矣乾隆丁丑歲鵬都鄉監生陳天從倡復舊制和之者武舉許應曜貢生連國器監生郭文元黃爲範生員陳帽權仲謀張天溱鄉賓張鵬珍里人林維秦吳章華林一圭一時附近諸姓俱踴躍捐貲助之橋長一十五丈四尺砌以五址址高二丈四尺底面既成越己丑陳天從復徧募城鄉捐貲蓋亭亭高一丈二尺長如橋上施黝堊旁列疏欄翼以密板橋南蓋一小祠北接市肆中置觀音大士龕簷牙高啄複道行空不惟便馳驅幷可避風雨往來憩息莫便於斯經始落成閱數年共費圓銀壹千六百兩有奇贏餘置橋北舖房一過橋南田一畝歲入足供大士慶誕壬辰年天從復倡舉二十人積金交貸爲後來修葺費橋自有宋以來廢興屢矣茲役獨以接弘治而繩熙甯邑人士於是乎有功爰舉其事勒諸石

光緒三十年五月初七夜蛟洪爲災址盡圮邑人王光張郭鴻椿郭亮和郭永淸郭贊元郭信沙郭友廉郭傳祿陳恭侯陳冠瀛陳公淸陳玉梅陳澤元陳熠侯許德星曾國標謝緒煌吳掄元等募捐重建亭未復

丁溪橋在縣前丁潅會流上數武爲西南要道石址施屋咸豐間燬於寇壞石墩一添架木柱頻圮於水時有修葺宣統己酉里人陳維善林慶治許德星許樹德張贊順張順金等補建石墩梁以大木費圓銀七百餘元

惠政橋在潅溪上流塗坂鄉宋時設石山邱店等舖官道經此康熙丙辰水

圯宋縣尉孫應鳳詩百仞崖邊有此橋地平路穩玉驄驕惠而知政今如此祐起橋名問國僑

登龍橋即惠政橋故址乾隆三十九年李姓族人建改今名長十六丈廣丈餘嘉慶元年再建廿四年又建李濤記 夏令曰十月成梁孟子又曰十一月徒杠成十二月輿梁成說者謂授時作事孟子亦以夏令言之蓋十月成梁者成功之始十一月徒杠成十二月輿梁成者成功之終夫運木於山澗水於溪需工之度需金之醵原非二三旬之可就者則計成功之始終而云十月十二月誠通人之論也是橋始建於乾隆乙未再建於嘉慶丙辰皆有記至今又重建之前事可師自然較易爲力獨喜成功之始成功之終適洽乎夏令而人力皆順時以趨事於是觀成者益快意焉方孟冬氣煖八柱之豎皆已屹然繼而架木梁施木板人皆可不沾衣而無手足凍裂之虞迨臘月十五日竣功效落成之禮以慶之爰告諸族人曰橋梁關王政當事者之務也第吾鄉僻處陬隅非若通都大邑又非若宋時有石山邱店之舖在我鄉則所謂無日暮河梁之嘆者不過近處所常往來此則居是鄉者之責正無煩夫司牧者之瑣瑣也是以自乙未創建經今三次皆我族衆醵金鳩工慫慂成以濟病涉况今茲之役又天時人事相洽以底於成予故喜而爲之記至同治甲子計又傾圯三次均李姓修復改築石墩光緒甲辰洪水橋址悉壞

龍東橋舊名東頭橋在瑤臺鄉水尾距雲龍橋二里當滻水下流溪闊潭深嘉慶元年邑令胡應魁倡建石梁因調臺不果鄉人僅施略彴以濟時壞時修橋北有沙洲植松千株大者丈圍賴以護蔭城東溪門示禁不許砍伐同治三年里人蘇振揚蘇捷登蘇捷三等鳩建石墩規模高壯更今名記龍東

橋之建也近爲璐臺水尾鎖口適當邑東下會鑑口相脈形勢宜有關鍵故造是橋不徒爲地靈人傑之應而且免行人病涉之艱實一舉而兩得焉爰集闔鄉商議倡建石墩木板以垂永久甲子冬鳩工興築至丙寅秋樂觀厥成計費銀一千七百餘貫橋頭擇建亭宇崇奉大士以祈保護則吾鄉璐臺得以寖熾而寖昌實于此兆焉

總董蘇振揚自造一墩並完成此橋外另捐充東頭坂田租二千斤以爲歷年修理之資

光緒三十年洪水冲壞僅存一墩今猶未復欲免日暮河梁之嘆端在璐臺鄉人之有心利濟者

樂陶橋在滻溪下流樂陶鄉康熙丙辰水圮溪南一澗乾隆三年庠生陳其遇募建拱橋滻溪之橋至今未復僅在石牌下編水橋名鹿耳

鹿車橋在艮泰社六車鄉距雲龍橋五里許爲東北諸社往來要道舊編小橋易於傾圮道光二年里人謝員鑿石竪柱架木聯板行人便之後水壞今仍設略彴溪流頗急常致顛溺東鄉善士盍起而圖之

東溁橋在縣東十里乾隆己巳年李廸科募建

纓溪橋一名滑坑橋在縣東二里乾隆九年知縣魯鼎梅建

通泗橋在龍翰鄉元泰定間里人詹子定建

凌霞橋在甲頭鄉溪坂洋為漟溪上流長十餘丈石址木梁連姓族人建訓導連天然記道光癸巳重建并架橋亭光緒間燬於火連姓再建亭未復

宴林口橋在上林社石址木梁上覆以亭乾隆四十七年林姓族人修建光緒甲辰洪水沖壞里人林仁禮等募捐重建亭閣

花橋在縣西二十里往小尤中經此耆民林漸謀募建

水尾橋在大上地鄉里人林標嚴倡建上覆以屋

小延壽橋在上林社儒山鄉元至正十五年徐眞孫眞觀落同建

紹芳橋及嶺兜鎮龍龍美中瀛等橋俱徐姓族人建

儀林橋在儀林鄉　福陽橋在北洋鄉

九漈橋名濟虹在有漈鄉石址施屋

通丁橋在英山社明邑紳李雲階重建記是橋不知閱幾百年遭湯蕩為齧橋址傾頹僉謂予曰昔之未壞易新之既壞難乃募緣而重造之向為堵者四今聯而為一石用舊者十六新者十四費金二十五兩有奇族衆及居民所捐與夫鄰鄉之樂施者萬歷壬寅年十一月興工次年二月竣事主者予而分董則繼宗繼明道容道光也以水會於丁溪乃命之曰通丁橋云

英山橋在英山鄉石址施屋今屋廢

大卿橋在縣南丁墘鄉宋紹興中知縣林及甃石墻架以木清乾隆丙寅邑紳陳應奎妻鄭孺人建爲拱橋記大卿橋去縣治三里由西南通安永舊爲略彴旋作旋壞陳應奎妻鄭氏鳩工疊石梁高一丈三尺長二丈四尺計費七十二金以乾隆丙寅二月興工五月告成其便於往來者蓋不特一時已也是爲記

金城橋在高洋鄉距縣南六里往永春大路乾隆己酉圮於水高卿上社人重修

石幢柄橋在縣東南六里往仙遊大路

洞口橋在蔡徑社徐坑鄉

雙桂橋舊名連波橋在石傑大雲溪上流宋時建石址施屋宋縣尉孫應鳳詩橋前巧匠翦春羅橋上亭亭景物和明夜元宵一圍玉連波還解似金波

大小雲二橋在石傑鄉石址石梁嘉慶壬戌年改建鄉貢鄭兼才記吾鄉大雲橋爲晉省通衢舊傳橋建自宋熙寧不知圮以何年基址無存也明初所建揣地勢當在今橋之下流遺蹟蓋尚在萬歷間封君揚公改市場於厚宏街乃移橋今處以就孔道攷前明及本朝志是橋皆缺焉今士人於近橋處得熙寧錢意當時埋以鎮橋者則宋時曾爲石橋無疑也後第設以木板興廢無常往來者病焉嘉慶庚申恩闈兼才供職閩清寓省垣族人就試者咸在維時上游各郡苦水患留驗橋梁語次聞有及斯橋者謀建之兼才曰是可爲也木橋費省但得百金立就於是與叔夢登擬共成之既而兼才計偕北上兄似鎔自省歸里與余師族叔步雲偶以其事諗衆咸協族弟存詩首捐百金叔夢登繼之且逾其數族衆悉隨量題

同居予鄉之厚宏顏姓復以五十金襄斯役計得番銀爲圓凡二千五百有奇費用充裕爰圖久遠遂以石易木越一年而告成比壬戌秋秉才還自都經是橋憑欄四望則不特今昔易觀其橫亘堅實乃適非秉才初議意想所及揣爲留連者久之因思宋熙寧間今逾千年吾鄉興替不一姓吾姓迭爲衰旺非一時而興建石橋工儀再見盛舉昔人所有志未成者一旦不難而成之此其所關豈細而鄉人之好義勤事之勤勞於是爲不可沒矣是役也始辛酉春成壬戌春厥左有小溪其上流別有橋卑狹且就傾衆謀用石續建於癸亥秋繼蕆事族人將刊諸石命秉才次第其事

梅嶺橋在石傑社爲邑東通永捷徑北爲窯廠同治間顏登庸顏德修倡建光緒乙未水圮顏愼修等改建石址

霞春橋（即下倉古名黃斜橋）在大雲溪下流石址施屋而高壯咸豐間燬於林匪同治八年鄭顏兩姓捐建復舊制

溪口橋在樂陶橋下十里自永春由天馬嶺達于邑北諸里要道溪闊橋險

萬古橋（古名牛牯橋）在溪口下十里（石址存）

龍門橋在十二埕鄉龍門山舊傳天下無橋高龍門蓋拱橋也興廢莫考今北崖石址懸峭壁間去水百餘尺想其高拱而起橫跨滻溪兩岸結構危墜員堪心戰山後有小拱橋

大通渡在龍門下二十里自仙遊西鄉達邑北諸里要道碧坑鄉人張德三充獻田租壹千六百斤爲榜人工資

以上俱在在坊里

美陽橋在科榮社仙境鄉水尾

心慈橋在縣北十里心慈嶺下

蟠龍橋在科榮社蕃祠鄉古架木橋同治甲子改建石墩里人羅尙達羅信權董其事光緒己卯壞甲午重建甲辰復壞今未復

東興橋尖嶺橋俱在李山鄉陳姓閤族建

福星橋在李山東里鄉乾隆十八年里人陳南金妻童氏出囊積命子庠生元斌監生元徽掓建石橋鄉人勒石以誌

霞井橋在東里鄉乾隆間里人陳元策兄弟建

信笅雙橋在郭坂社距心慈橋十里乾隆九年知縣魯鼎梅重修監生葉乘龍記去邑治西北二十里爲郭坂鄉[illegible][illegible]雙溪合流於此有兩橋焉相對如癸即古所謂雙龍橋也創於唐重新於明興廢幾更我朝康熙甲子洪水漂壞范邑侯捐俸創建經今六十餘載歲久復頹河梁日暮遊子苦之乾隆癸亥秋賢侯魯公來蒞斯土百廢俱興甲子春勸農經此見頹毀過半遂捐俸重修取材鳩工命龍董之龍深感侯之心於利濟也爰踴躍會同人鄭橙等計日量工不期年而橋成蓋視舊制完固有加矣繼自今往來河梁者如履康莊無復有日暮之嘆侯之利濟所暨豈獨龍之人已哉宜感德者之欲壽諸貞珉以誌不朽也是役也經始於甲子之冬告成於乙丑之夏龍不文亦庶幸董事之庶幾無咎焉因敬爲之記

謝公橋距信篸橋五里明崇禎間邑士謝啓衷重建因以名橋年久復圮鄉耆陳文瑩監生陳元徽陳元濟庠生周和玉等伐石依舊址重建（毛一夔詩客窗倚水夢難成錯聽溪聲作雨聲山路厭詢地主姓石橋還記謝公名螢吟孤枕何曾斷雞促秋天未肯明王事不忘宵一卷前賢多少此中情）

會龍橋在上翰社自赤水格西行入大田者經此

獎溪橋在新化里宋時建今廢（宋縣尉孫應鳳詩夕照斜陽柳外鴉杏園衰謝野人家欲尋春色無尋處盡在橋邊野草花）

濚兜橋在上翰社明弘治間里民黃舜建

洋中橋在小尤鄉

戴德橋在永嘉鄉巉石峭崖水勢澎漲同治間恩貢許維嘉募捐倡建

龍拱橋在尊美鄉水口石夾兩岸滙流湍急乾隆七年里人林峯鍾倡建

石壁刋懸車東馬四字

以上俱在新化里

錦溪橋在小銘鄉雍正七年里人陳世泮建

大銘橋在大銘鄉雍正八年里人林君賓建

湧嶺雙橋在桂林鄉自路口左出至此十五里

雙翰上橋石橋也距會龍橋二十里

雙翰下橋名廣濟通大田孔道木梁石址上覆以亭明嘉靖元年與上橋俱蘇姓族人建後屢修葺亦蘇姓經紀之

以上俱在湯泉里

義津橋在大歧鄉自永達田陽別一孔道也砌石夾兩山間下俯澄潭高十餘丈有亭覆其上

徐洲橋拱橋施屋在徐洲鄉高大無倫可謂邑諸拱橋冠

龍門橋在綺陽鄉北怪石崚嶒湍流急瀉里人陳楊侯倡建石橋

金石巖脚囘前格二石橋光緒庚寅劉吉義倡建甲辰壞於水劉尚德錦智等重建

美中橋光諸間劉重義倡架橋亭甲辰壞於水劉尚德錦智等重建

古卿石橋舊建不知何時橋右有一石柱光緒初里人章科美等新建橋亭

施屋與金石巖等橋俱在洞口社

和樂橋耆民陳洪璉建

上漈橋　從龍橋　羅星橋　彭水橋與和樂橋俱在彭溪社虹橋　山坪橋俱在小尤中

以上俱在尤中里

暗橋在赤水格北十里石門嶺下

路口雙橋距石門五里右往尤溪古蹟口左往尤溪廿九都

花橋在上湧鄉虎跳港往北諸社要津

梁橋在上湧洋從路口右出至此五里與花橋均乾隆九年知縣魯鼎梅建

陂頭橋在上湧東坑洋口

洪坑口橋距山茶橋五里

以上俱在東西里

下湧橋距梁橋五里乾隆十一年知縣魯鼎梅建

梓冬坑石橋在下湧洋頭爲北區大路

店坂橋宣統間里人郭樹建勳集閭鄉捐建

菩薩橋宣統三年里人郭中邦增高修建以上四橋俱在下湧鄉

山茶橋在曾坂社通上游要道乾隆十二年知縣魯鼎梅倡建勸捐序鄙邑爲九閩孔道行旅之由延建以及漳泉者往來必經焉故邑治北自大官嶺南抵虎豹關道路之政孔急余受事四載漸次平治中間溪河險阻成梁數四獨山茶一橋猶有待非姑緩也以其岸高而澗闊中流之柱無所施梁必以石工斯大矣且前有爲之者旋興而復廢任事者出於再舉故未能勇肩近採輿論行道之苦爾有舉斯橋以相望者余固不敢不汲汲也爰因奉例巡行親歷其地進左近之紳士陳時夏蘇殿安陳天麟凌青雲陳殿元凌奎曾居元曾桂山蘇廷賢曾聯科等而切計之之數子者皆樂於爲善者也然積少以成多積小以致大則又非數子之可獨爲用是立之以簿俾里居往來之善士皆得各出金錢以共襄善舉庶斯橋一成而王道之蕩平於吾德邑見之矣若夫修橋獲報之說人共知之無俟予言是爲序

後壞於水二十九年貢生陳時夏募建木橋上覆以亭時修時壞今未復

仁壽橋在山茶洋頭葛坑陳大猷建工程頗巨後燬於火

湖頭木橋建自乾隆溪險水激不時修建

李田木橋在李田鄉湧溪自李田以下無復施梁行人或渡或涉常有望洋之嘆

下林坑石橋在祿城中坑水尾爲桂陽往尤溪要道

美洋橋在田地社距洪坑口五里拱橋施屋自梁橋至此往尤溪古蹟口大

道

湯頭橋在湯頭鄉拱橋蓋亭距湧嶺十里

西城橋在湧嶺鄉中距湯頭十里架木施屋明天啓元年建清順治丁亥寇燬己亥冬尤溪僧募建康熙乙酉三月水圮乾隆十一年知縣魯鼎梅命里人蘇廷望王仕卿周天作黃國輔等募建拱橋長十丈廣一丈四尺高三丈自湧嶺至此往尤溪廿九都大路

以上俱在梅上里

支澗拱橋在上蕉溪鄉乾隆戊子鵬都陳天從募建

蕉溪橋距纓溪橋十五里往永福大路康熙間知縣范正輅建石址施屋久燬未復今石址僅存其一下流架有木橋

騰蛟橋在雷峯鄉嘉慶間歲貢方鵬南董建

化龍雙溪二橋在高漈鄉道光初羅姓族人仝建石橋

南埕小溪渡通永福原架木橋水輒壞乾隆三十二年里人林廷敬林國選

兄弟創建義渡充南埕洋義租壹千義百一十斤爲篙人工資粮自輸納

張濟渡在南埕社塔兜鄉向有渡船舟子多需索嘉慶三年里人張天球充田租二千五百斤爲修費及舟子工資後鄭似錦鄭兼才過此復勸張木元充租五百斤請邑令申允繼勒石以誌

石柱渡在大通下三十里

倉塲渡在石柱下三里往永福要津嘉慶初年里人許世安黃正棨吳有濟仝充義渡田租叁千斤勒碑以誌記村塲一渡上通德化永春下達福州都會往過來續幾無一息之停奈隔以一溪待濟者患之又從前渡船祗係私索舟子待招不免人涉卬否之嘆也茲奉縣主正堂胡詳請藩憲於八月十六日正堂郭奉憲批速即倡造義渡以便行旅安等遵[illegible]即捨義田租三千斤擇謹愼之人安付耕收以爲擎撥並厯次修造渡船之資經過行人有呼即至以利人之便爲或事關要切當宵濟者須舉[illegible]號以聞而擎棹者不得以爲弗聞也而置之倘乃逸乃諺令行人厥口詛咒其義田宜歸施主選擇別安庶不沒一片婆心云耳謹記嘉慶元年十二月立義渡人許世安率男奎燮黃正棨偕弟克綏生員吳有濟偕弟伯甸

湖坂渡在湖坂溪自大通以下溪闊水悍不可梁

溪頭渡在湖坂渡下三里光緒壬寅里人黃體文允德等募捐田租二千餘斤爲榜人常費過者免資

梅春橋在梓溪鄉爲東北要道同治癸酉里人林元書亨青倡建

左溪龍潭橋乾隆五年里民陳崇高建

以上俱在清泰里

論曰雨畢而除道水涸而成梁先王之制也邑斷絕舟航魚鹽悉資負販非有橋渡其何以濟且地多谿壑瀑縣生數步之隔望若蓬瀛空山日暮行者苦之則因地制宜隨時修葺端有望於存心利濟者矣

陂

丁溪陂在雙魚山下宋元符中邑士林程捐資濬溪以應讖復築陂開圳以灌田圳長二里許自縣前南市坂至縣東下董坂皆資其利今呼爲林厝圳

官陂深一丈闊二丈長八尺上董坂陂深七尺闊二丈長三丈五尺鄭陂深五尺闊一丈長二丈五尺

下董陂深八尺闊三丈長五丈

泗洲陂在石傑大雲溪下流元元統癸酉里人顏敏遜築廣十丈深丈餘左旁濬圳三里許入田雖旱不涸同治初稍決顏姓修

山崎圳在上林社庠生林先馨建灌田百餘畝

以上俱在在坊里

通濟陂(深一丈闊一丈二尺長二丈五尺) 角里洋陂(長五丈闊二丈五尺深九尺)

洋邊陂(長一十五丈闊五丈三尺深一丈五尺) 蜈蜞坂陂(長一十八丈五尺闊三丈五尺深一丈一尺)

龜陂(長一十六丈闊八丈深一丈一尺) 池亭陂(長一十九丈闊八丈深一丈二尺)

上大陂(長一十丈五尺闊五丈五尺深五尺) 下大陂(長一十二丈闊七丈深五尺)

里洋陂(長一十七丈闊七丈七尺深未詳) 坂下陂(長一十七丈闊五丈深一丈五尺)

以上俱在清泰里

相安陂在科榮社相安溪康熙間庠生曾士異建工程浩大長一十八丈闊三丈八尺導水經九畝至土坂灌田數百畝

黃荇陂在科榮格仔後受心慈嶺溪之水灌田數十畝

以上俱在新化里

小官陂(深一丈闊一丈五尺長二丈) 郭洋陂(深八尺闊一丈五尺長一丈五尺)

峽頭陂深八尺闊一丈五尺長二丈五尺　漈頭陂深六尺闊二丈長三丈五尺

以上俱在尤中里

洪坑口雙陂深八尺闊二丈長二丈五尺　泗洲前陂深七尺闊四丈長二丈五尺

陂頭陂深六尺闊二丈長二丈五尺　虎跳陂深一丈闊六丈長三丈

以上俱在東西里

園宅陂深一丈闊二丈五尺長三丈　山茶陂深一丈闊二丈五尺長三丈

留坂陂深二丈闊二丈長二丈　晉坂陂深一丈闊十餘丈長三丈

湧嶺格脚大陂在下湧洋頭濬大圳入於鄉全鄉之田多賴之

以上俱在梅上里

論曰邑田多在高阜陂蓄之所難及惟資山泉浹旬不雨民即苦病傍溪築陂春夏洪流暴激倏修倏壞屢有增設亦屢有變易諸陂多前時舊蹟所臚深廣之數瞭如指掌存之以見前人之留心於水利也邇來依仿建築下流蟬聯布列殆亦有所由興歟

井

古龍眼井在縣治東徑四尺八寸圍一丈四尺四寸俯瞰深洞泉大而甘幹規巨石爲之高三尺二寸

羅漢井萬歷志云在縣東羅漢寺前水極清冽寺廢久故老相傳分司內松一株枝幹蒼古勢若龍蟠乃五代時寺僧手植者井無可考今按圖南書院即分司舊址也松壞於康熙十一年夏乾隆十一年知縣魯鼎梅建書院仍鑿井並植大柏於門庭嘉慶間改書院爲考棚柏井俱不知所在

城內四井明知縣張大綱鑿一在分司前（今廢）一在城隍廟左（今存）一在城東市傍（今存）一在城西南馬路下（今廢改在城西市旁）先是城中無井汲飲溪水嘉靖辛酉永春呂尙四亂驅數萬人圍邑城者七日鑰門闔城苦飲泥漿綱曰予責也寇退急鑿四井

廨中井極清冽嘉靖乙丑知縣何謙所鑿也舊廨中日用水皆里甲傭夫挑運歲費十餘金謙一日公餘見肩水者趨而進指其水嘆曰民之膏脂也

遂捐俸鑿井今廢

銀井在賓陽門外龍濤山麓井屬天然水不深而甘洌春冬不見消長街市居人多飲之

造福雙井在西關外泮嶺下地窄民稠鑿井資用今廢其一

雲居井在塔峯左麓官道旁有泉湧出味最清甘

永嘉井在上翰社吉嶺鄉永嘉寨深三十餘丈

桂陽寨井在桂陽山巔深數十丈水頗清洌爲進士林模所鑿

水口井在南埕社湖山武當寨內徑五尺一寸圍一丈四尺五寸深一十四丈水清洌上有亭

論曰耕田而食必鑿井而飲井養不窮易之訓也邑城既瀕溪鄉多夾澗故井甃絕少然如張令之爲民防患何令之爲民惜力一事雖微而澤且與井俱長又烏可或略耶

德化縣志卷之四下

物產附

穀之屬蓄孳附

早稻有早仔師姑早俱六月熟米色白惟附邑爲多

寄種附種於早稻之旁至冬乃熟長芒米小圓硬色紅又有無芒者俗呼寄種稆米紅白二色

占稻無芒而粒小湘山野錄云宋真宗以福建田多高仰聞占城稻耐旱遣使求其種一十石使民蒔之三山志謂其有早晚二種邵武志謂其種有六十日可穫者有百日可穫者邑田歲僅一熟早稻寄種已少此種更稀

聖君早即赤早七月熟

白頭遜

秋分早以秋分後熟得名附邑少

曾洋尤溪早種來自曾尤溪邑

烏早殼黑

山鷄早

鷄母穩

富貴稻亦名赴季

臺灣稻種來自臺灣

竹梢稻以上俱八月熟內里多種之

徐國稻即大多邑惟此種最盛

鬍稻長芒俱九月熟米色紅

赤冬米色紅

重陽冬

三舫冬

鬍冬

粟殼冬俱竹芒米圓白甘美九十月熟以上稉稻

重陽秫

銀硃秫

虎皮秫

火燒秫紅芒

無芒秫俱九十月熟以上俱稻

畬穀

畬冬

畬秫以上山畬所種者味俱香美

大麥麰也俗呼殼邊麥有種甚而殼稍異者俗呼米麥

小麥來也俗呼麵麥可磨為麪又一種名蜈蚣麥

蕎麥莖紅花白實三稜而黑秋花冬實

黍有番黍鈎鈎黍又有黍仔種於山畬

豆菜豆形如箸有紅白斑點三色今有長尺餘色白肉厚者尤佳名東豆有秋熟者長僅半名八月豆熟于麥收時者曰麥豆魚鰍豆刀豆月豆又名奶子豆皆以形名以上皆稱皮莢食又有食實者荷蘭豆即麥豆之實觀音紅紗虎爪豆猫眉豆烏白飯豆

落花生株蔓莖上不結實花謝子房入地一二寸結實成莢即生於土中莖莢深紋而細長清嫩可愛焙食炒食皆佳並可壓油一名土豆今則此種久不見僅有外來之種生兩粒一小而圓多單仁一大而長多不實味俱不及

芋形圓而大狀如蹲鴟蜀川謂之芋魁小者如卵生於大魁之旁種類甚多有蕉芋形長而大檳榔芋稍圓形切片極似檳榔甘美異於常芋又有水芋種於濕地

薯有紅白二種皮肉如其色根似薑芋之類大者一枚重數斤曰大薯又小薯二種一名寸金薯類山藥而差大長可一二尺一名大葉薯較大而略知色白如玉味極甘美一種形如帶名捲帶薯以上俱冬熟又有夏熟者名六月薯肉脆味亦不及

蕃薯 一名甘藷萬曆間得自外國磽瘠山埔皆可種葉似牛根如山薯蹲鴟之類味極甘有紅白二種生食熟食曬乾磨粉皆宜亦可釀酒邇來栽種甚盛糧粮多資于此種類繁多有一種略短而圓肉色純黃者爲芋薯一名臺灣番來自臺灣初種每根可重四五斤今漸小皮肉白熟食甘微惟曬乾勝於他種磨粉尤佳一名胡欖種皮肉似黃梔色形圓而緊實可久藏一名冰糖種近始有之皮肉白香酥可口又極甘故名但適於出土熟食及磨粉不耐久藏一名六十天種又名新種皮紅肉白蒔六十天可收穫勸農年常兩種實救飢速成之糧食也又有名荷蘭薯者來自荷蘭叢生形圓而小宜於入饌拌魚肉熟食應人辦洋餐者多用之

山藥 蔓生莖紫葉有三尖角似牽牛而光澤開細白花結實如鈴生山谷間根細如指色白極緊實可入藥冬瀧山移種畦圃大可兩倍病人爲糧最宜永泉一帶尤樂購之

玉蜀黍 莖直立高五六尺葉狀如箭鏃而大其實有黃白紅各色密列成行俗有包粟玉米珍珠米等名

按德化五穀不備歲儉一收諺云半年辛苦半年閒蓋地瘠而民復習於惰也黍豆之屬既稀即二麥亦少種俗咸謂其不宜嵐霧不知邑地高寒麥性耐之考志乾隆癸亥魯令刊示勸諭各里社遍種其時羣慶豐登不聞其所謂不宜之說惜魯令去後勸督無人民復因循不種光宣以來已屬僅見今竟絕無豈果氣候之不宜乎實人力之不出於身耳安得貴有司與社會中之關心農務者一策之乎

帛之屬

棉布 紡棉織衣之俗今土布邑古有產者甚多歉則來自外邑

苧布又名夏布緝苧爲之紡而織者力作之人所衣不紡者以蠶糊捻過織之曰糊布又有雜棉紗織之者曰羅布

葛布緝皮爲之山間偶有作者然甚粗

黃蔴用以綑索

按曩時德化婦女多以紡織爲事自通商以後一變而爲洋紗紡先不用冉變而爲機器布織亦廢更變而爲縫衣機製工復可減省物質文明人但知便利樂用而不知漏巵損失不可以道里計邑人亟應提倡家庭新手工業以挽回利權於萬一

鑛之屬

磁器泥產山中穴而伐之運而出之碓舂細滑入水飛澄淘淨石渣頓於石井以泚其水乃塼埴爲器烈火煆煉厚則綻裂薄則苦窳璺瓶罈甌潔白可愛飲食之器多粗拙雖有細者較之饒州所產終不能及　錄舊志

鐵鑛出鐵山嶺採鑛鎔鐵原有七爐供餉然每時興時廢

石灰煉石爲之古伐石甚艱近用簡易法鑿小穴炸之石自分裂碗洋湖畔涵村龍廣皆有產惟碗洋爲多

磚瓦

按德化多地利民惟守舊不知改良且無合作性以致各業不能發達竟視

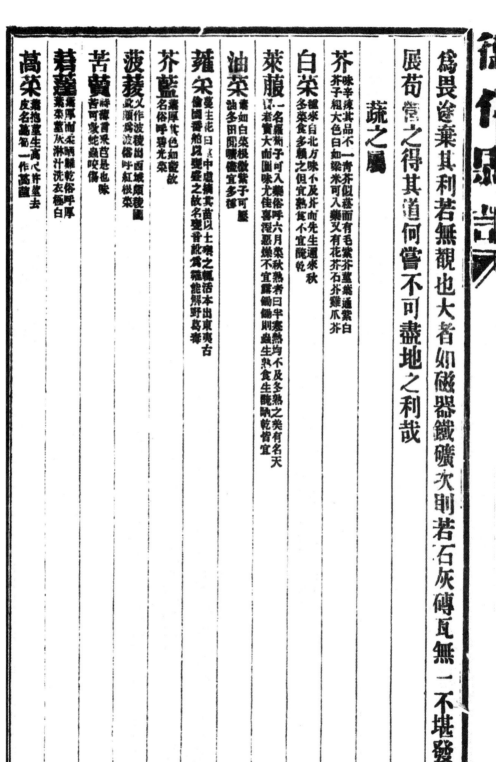

爲畏途棄其利若無覩也大者如磁器鐵礦次則若石灰磚瓦無一不堪發展苟營之得其道何嘗不可盡地之利哉

蔬之屬

芥 味辛辣其品不一靑芥似菘而有毛紫芥莖葉通紫白芥子粗大色白如粱米可入藥又有花芥石芥雞爪芥

白菜 種來自北方味不及芥而先生遍來秋多菜食多賴之但宜熟食不宜醃乾

萊菔 一名蘿蔔子可入藥俗呼六月菜秋熟者曰半寒熟均不及多熟之美有名天津者實大而圓味尤佳喜溼惡燥不宜鋤鋤則蟲生熟食生醃晒乾皆宜

油菜 葉如白菜根微紫子可壓油多田間曠隙宜多種

蕹菜 蔓生花白莖中虛摘其苗以土壅之輒活本出東夷古倫國番舶以甕盛之故名甕音訛爲蕹能解野葛毒

芥藍 葉厚青色如藍故名俗呼碧光菜

菠薐 又作波稜出西域頗稜國訛頗爲波俗呼紅根菜

苦蕒 詩疏言采苣是也味苦可敷蛇蟲咬傷

莙薘 葉厚而柔晒難乾俗呼厚葉菜莖灰淋汁洗衣極白

萵菜 葉抱莖生高尺許莖去皮名萵筍一作萵苣

茼蒿 葉似艾花如小菊性冷微香令人氣滿不可多食

莧 有紫白二種不宜與鼈同食

茄 有紫白二色形俱長

王瓜 先百瓜生故名微有刺俗呼刺瓜又一種秋熟者皮黃名黃瓜味尤清甘熟食亦美

絲瓜 性寒老則其中結絲名天羅布俗呼鼠瓜

苦瓜 皮生小痱狀味苦有青有白長可尺餘其瓣初生色白至熟轉紅核如木鱉子而小實小者晒乾久藏能清暑治痢

菜瓜 長尺許色綠而斑點生食清甘宜醬不宜炙

消瓜 長二尺許色白醬食勝菜瓜

冬瓜 一名地芝經霜而皮生白粉味清甘益氣耐老除心胸滿去煩熱肘後方云發背欲死取冬瓜截去頭合瘡上瓜爛去更合之不盡瘡已歛小然後用膏藥養之

西瓜 張騫使西域時得種歸故名瓤紅味冷生食甘脆多食傷脾且易引痢子黑名瓜子

匏 亦名瓠味甘有緣架生者有附地生者大腹小頭老則去穰爲器又有葫蘆匏瓢匏俱可爲器又一種名南瓜俗呼香匏有深青花斑二色形圓而扁有瓣亦有長似冬瓜者大俱可數十斤肉黃味甘能拔火毒砲傷砂子入肉切片敷之立出有長而小者名牙瓜色似象牙圓而小者名金匏色金黃俱有瓣採供案頭耐久玩

薑 說文薑作䕬安石字說薑能彊禦百邪故謂薑

葱 胡葱香葱也又長生葱七月種性寒凡杖瘡刀瘡砍截莫未斷者取葱連根搗爛鍋中攤熟敷之皆愈又有名鳳葱者葉大如蒜可在盆中久種凡葱均能助藥發表此種尤宜今有何蘭忩種來自荷蘭清末始有之根大如拳取實拌魚肉熟食

蒜 本草葫大蒜也久食傷人損目若心痛者用釅醋煮不用鹽取飽頓服之立愈

韭 一名草鍾乳能散氣

薤 狀似韭而中空多種次年夏熟鱗莖如小蒜可熟食或醃或煮生脆乾糟皆宜甘脆適口且能開胸滯舊志作似韭葉幽多白無實誤

辣椒 又名番椒花白實紅如血凡四種有向天者小而短下垂者大而長有大似茄似柿者味俱辣可充花椒用

胡荽 即園荽又名香荽最發痘疹初生似芹老莖似小茴

葵菜 葉圓似葵花俗呼奇菜

芹 荻芹莖之白者可菹赤芹莖葉俱可菹

蕁菜 葉似蘼味似芥極辣生於幽澗移種畦隴反不發

苦菜 生山中味甚苦有一種大葉者曬乾俱能消暑

筍 詳見竹之屬

蕨 蔓生野山中拳芽可茹性微冷取根搗碎用水澄之即為粉可療饑

葛 藤生山野中蔓延甚廣久年不發之根可重至數十斤取以磨粉可入藥能消暑治痢

土芮藤紫蔓圃根似芋康熙四年饑民往往載岦山掘取食之賴以全活

番葛一名地瓜又名葛瓜藤生擇於山畬黃土尤宜根如臺灣番薯生可解渴熟可助餐

蒟蒻莖葉々根酷似天南星但莖斑花紫爲異耳土人取根大者剉碎成漿加鹼少許攪勻煑之成凍其小者仍種於園中

果之屬

桃紅桃白桃鶯嘴桃苦桃又有矮桃樹高者僅三四尺秋熟

櫻桃花似李葉似梨實似珠李熟時味甚甜

杏花如紅梅而豐豔實如梅而甘

李珠李大似龍眼色青紅味淡而酸粉李盧仁李爲佳肉汁般紅如血極甘初熟時醃乾尤宜

柿重色柿大徑二寸牛心柿圓而長鑚柿無核山柿小而多核俱宜曬乾乃溫而補然惟重色乾而甘潤生雖甘俱不宜多食又有油柿可漬汁褙紙

栗樹高葉似梨外襲多刺如蝟又似楓實熟則罅拆

椎柯樹之實似栗而絕小凶年其實乃蕃

林檎一名來禽一名花紅實似梨而小六月熟

梨有雪梨青梨水梨六月消村人常用棕裹之至八月可重至二斤味清甘可治熱病產地以上下湧谷最又有棠梨狗梨鵝梨山梨味俱不及

卍字梨　樹大合抱高數丈花一簇數十蕊成實時自相粘結而成卍字故名霜後味甜如蜜貓狸最喜食之半熟時取搗成粉可解酲

枇杷　又名盧橘一簇數十色黃味甘而含葉如驢耳可入藥又有山生者曰山枇杷形圓而長味不及

石榴　紫榴皮斑赤肉薄核大味酸玉榴皮黃子瑩如水晶味甘如蜜實大如柚過熟皮自罅裂

番石榴　葉粗而有毛實若石榴皮肉皆可食邑地高寒不能如永春之應候而[illegible]故種之者少

香櫞　樹有刺葉大而微厚實大者長尺餘色黃皮厚而香瓤似酸而苦善治老蜜漬糖煮則成佳品

佛手柑　獨產閩中皮色及樹與香櫞無異而香則勝之大實者近尺小亦一二寸有伸指者合拳者極似人手芳馥異常或虛其中入藥久藏能治咳下氣並可蜜煮

柑　鳳柑皮皺味酸不堪食一種皮有黃瘤者曰貓柑色黃味香實大如柚而稍長俱可供清玩紅柑取外邑柑核種之而生者皮多苛而味酸惟經接則甘且大

柚　樹高一二丈葉重疊而大花五瓣而卷實圓大皮厚色黃味香有紅白二種又有俗名柴柚者實更大酸不可食

橘　又作桔猴桔花葉密而尖實小如錢金桔樹葉花實俱小又一種極小者曰金豆生不可食俱應蜜煮方成佳品

月橘　與金橘同惟花實相續不絕可種盆中供玩

楊梅　木似荔枝實有紅白二色味酸

棗　樹高大實橢圓又有一種名酸棗色青而巨核味澀而極酸搗其肉雜以蔗糖可爲餌

橄欖　一名諫果圓經樹聳拔枝皆數丈子有稜瓣皆反垂向下深秋方熟咀之香口勝含雞舌香色惟內里始有之

白菓 一名銀杏狀如鈴有殼無核宜熟食可入藥

梅子 實大如橘味極酸曬乾可入藥醃乾亦宜止渴下氣

葡萄 藤生實青白如水晶味甘而冷一種色深紫曰馬乳實大而多核附種葡萄法正月末取葡萄嫩枝長四五尺者捲爲小圈令緊先治地土鬆沃以肥種之止留二節在外異時春氣發動衆萌競吐土中之節不能條達則盡萃華於出土之二節不二年成大棚實大如棗且多液

甘蔗 莖葉高大如釣鉤黍又似茭味甘溫生食止渴邑少種

藥之屬

黃精 二月生苗高一二尺葉如竹葉而短兩兩相向莖梗柔脆本黃末赤四月開青白花子白如黍亦有無子者根如嫩生薑色黃八月採

天門冬 春生藤蔓大如釵股高至丈餘葉如茴香極尖細而疏滑有逆刺根大如指長二三寸一二十枚同撮

百合 莖高三尺許葉如柳四面攢枝而上四五月開白花長蕊下覆花心有檀色根小者如蒜大者如盌數十片相累如白蓮花故名百合言百片合成也可蒸食或以爲粉子生枝葉間不附花一名強瞿

天南星 苗似荷梗高尺許葉似蒟蒻長枝相抱花似蛇頭紫色結實成穗似石榴子根似芋而圓

何首烏 春生苗蔓葉相對如山芋而不光澤其莖蔓延竹木牆壁間根大者如拳各有五稜瓣似小甜瓜赤者雄白者雌本名交藤因何首烏服而得名

括樓 亦作瓜蔞爾雅天瓜本草地樓蔓生花淺黃色實在花下亦名黃瓜搗其根作粉名天花粉味極苦

茵陳 春根苗秋枯經冬不死春復因舊苗生新葉故名又一種大葉者曰山茵陳

茯苓 多年樵砍之松氣味未絕精氣盛者結爲茯苓又多年松脂流入土中變成自作塊不附著根上其抱根而輕虛者爲茯神 附種茯苓法茯苓生於大松之根尚矣近世村民乃擇其小者以大松根破而繫於其中緊束之使脂液滲入於內然後擇地之沃者坎而瘞之三年乃取則

七茯苓俗又呼爲山芋薺成大苓

金櫻子生郊野中莖有刺花白實如小石榴煎膏固精

山梔子佛書呼爲薝蔔花開六出其實七稜亦名越桃

决明子苗高四五尺葉似苜蓿而大花黃白色秋深結角其子生角中如羊脊主明目

蓖麻子叢高六七尺實蘂有刺子如牛蜱可壓油

懷香子亦名茴香葉如老圍荽疎細作叢開花如傘蓋黃白色實如粟而小

蒔蘿似茴香而實差小味尤香洌

香附子莎根也

蒼耳子本草作葈耳即詩所謂卷耳一名羊負來

車前子即芣苢也好生道旁邑無大葉長穗者

鹽麩子葉如橘子秋熟爲穗粒如小豆上有鹽似雪食之酸鹹止渴

薏苡春生苗莖葉如黍開紅白花作穗實青白色形如珠而長殼堅

枸杞葉細莖有刺實如小珠而長色紅

地骨皮即枸杞根

吳茱萸葉似椿而濶厚實似椒子嫩時微黃熟則深紫

穀精草春生穀田中葉細花白而小圓似星又名戴星草二三月採花用子名穀精子

香薷似白蘇而葉細生高山石上長一寸者尤佳

豨薟俗呼火炊草

益母草雅謂之蓷本草謂之充蔚葉似荏方莖白花花生節間今園圃田野所產白花者少淡紅者多宜於孕婦故名有一種莖六角者產城內後田池名鳳池益母最難得

石韋叢生石上葉如柳背有毛而斑點如豹皮一名石皮

雞項草葉如紅花葉上有刺青色亦名千針草葉似小蘿蔔枝條直上三四月苗上生紫花八月葉凋其根可治下血

石菖蒲生石澗葉有脊如劍一寸九節者佳其無脊者名溪蓀生下溼地大根者名昌陽

劉寄奴

猴薑根生大木或石上引根成條上有黃毛及短葉附之取根用本草謂之骨碎補生楓樹上者治牙痛甚效

石南藤其苗蔓延木上四時不凋葉可治腰痛

黃連出戴雲山葉如小雉尾草經霜不凋

青蒿常蒿綠色此蒿獨青色

木賊一名消穫節接骨草輕虛無心主續筋骨

馬鞭草其穗類馬鞭又一種名牛托鼻

夏枯草至夏而枯味辛寒

澤蘭生山野俗呼千里吉

艾有大葉小葉二種

紫蘇葉下紫色甚香夏採莖葉秋採實

薄荷葉尖夏秋採莖葉晒乾

忍冬花藤生繞覆草木上苗莖赤紫色葉上下微有毛花黃白相間凌冬不凋又名金釵股俗呼金銀花

白蘚皮

甘菊莖紫氣香而味甘者爲眞

白菊花

海金沙 蔓生葉底有金粉俗呼竹園荽

鶴虱 俗呼牛舌菜花

金石斛 出石牛山味甘平

茜草

蒲公英 味苦性平

威靈仙 用根去蘆

射干 俗呼仙人掌多貼石壁上生如人掌能治腸痔瀉血

黑丑

鴨脚節

扁蓄 味苦平利小便

百部

雙鈎藤

羊蹄 禿菜也葉狹長色深綠莖節間紫赤採根醋磨塗癬疾速效

土葛
木瓜似香櫞
觀音竹草也與竹屬之觀音竹不同
半夏鵓鴿常啄食之
麥門冬
穿山龍
貫衆夏月切片浸水缸中能解百毒
香藤
山豆根俗呼雨傘子根
磁石出鐵山
台烏藥一名無花果
赤小豆種於園圃
莪朮

馬兜鈴

薑黃 葉青綠長一二尺闊三四寸有斜紋如紅蕉葉而小花紅白色根盤屈類生薑而圓

獨活

苦參根

獨脚蓮 一莖一葉根如蒜可辟蛇

枳實

方正草 葉狹而長藍色平分四方攢莖而上其實六瓣可治金蠶蠱

金線蓮 略似虎耳草色綠紋黃如金線生深林中常被鳥啄鷓鴣尤喜食之故大者難得治小兒驚風移植盆中足供清玩

鳳尾草 葉附莖對生形如鳳尾

金狗脊

皂刺 木上之刺名皂尖最托毒

蘆薈

一枝花

金不換性熱治瘋

鱉甲見介之屬

肥皂

槐花

槐角

樟腦

皂莢

桑白皮即桑根

桑芽

桑葉

桑寄生以上詳木之屬

穿山甲即鯪鯉殼見鱗之屬

葛根

石菰治咯血

山藥又名淮山

白芥子

蘿蔔子

淡竹葉

園荽子

巴豆以上詳見蔬之屬

蕎麥詳穀之屬

夜明砂即蝙蝠糞

蟬退多生竹林中

乾蟾即蟾蜍以上詳蟲之屬

烏梅即梅子乾

銀杏仁即白果

橄欖

枇杷葉

柿蒂

桃仁以上詳果之屬

松香

乳香即楓香

降眞香

黃蠟以上詳貨之屬

金線蓮

茅花

蘆薈以上詳草之屬

蓮子

蓮葉鬚

蓮房

藕節

辛夷

旋覆花 又名滴滴金

雞冠花

青葙子 即雞冠花子以上詳見花之屬

淡竹

杜仲 能治淫毒

除蟲木 取根剝皮晒乾研粉散菜秧以除蟲害為種菜必需之藥

千里光

林之屬

松 有五鬣者有三鬣者花上黃粉名松黃節有油者為松明其脂為白膠皮上綠蘚衣名艾納香用和諸香燒之其煙不散

柏 樊宗師園詔謂柏為蒼官其子香而可蒸又有葉側向而生者名側柏

檜 柏葉松身

杉 木類松而勁直葉附枝生若刺針然土人作宮室以此木爲上有一種結油者曰油杉尤佳

樟 亦名豫樟極高大葉似柟而尖長木理調密氣味辛烈碎砍其木炊煞其精引浮水上成冰名樟腦爲化學家必需之品又有禽鳥含種所生者曰鳥樟木不生腦子可壓油

柟 字亦作楠其木直上柯葉不相妨取根舂粉曰楠香

椿 木之壽者折其枝葉置花瓶經月不枯一種名竹葉椿其葉類竹

椐 葉如側栢

欏 木極堅作器耐久用

桑 樹高葉少恆聽其自長不知栽種之法故亦不知養蠶

柘 與桑異種皆可飼蠶

黃木 細滑而堅其色黃

棑子 其色赤堅而澤

檺 亦可爲棟宇但易腐不如杉

檉杉 略似水綿而木理輕鬆心赤色

杜松葉似杉而小尖勁如刺木似松而文細其色赤

水綿類杉修幹而細葉濱水處多植之

桐凡有三種結子如胡椒可食者曰梧桐葉圓而末尖三月開淡紅花子可壓油者曰油桐又一種花葉不相見花不結子材可琴瑟禹貢嶧陽孤桐即此俗呼浮桐

梓似桐而葉小花紫陸機云梓之疏理白色而生子者俗呼浮梓用以爲木屐

相思木

金荆俱堅而有文

白花梨木理稍細膩皮微有刺者黃心木理稍鬆

柯木修直可作船槳子名椎詳果之屬

苦槵即株木也子名苦榛可食

楝東皋雜錄江南自春至夏有二十四風信梅花最先楝花最後

冬青其葉常青四時不改唐禁中呼爲萬年枝

槐葉細而青綠黃花可染黃角可入藥

檀葉似槐

木槵葉如橄欖實可浣垢俗呼圓罨子

皂莢南史云黃塵汚人衣皂莢相料理又一種曰肥皂亦可洗衣

烏桕葉似梨花黃成穗子可壓油並見貨之屬

漆邑山漆無拱抱者故不以取漆

椶櫚亦曰栟櫚子嫩未吐者曰椶魚可採充茹

楓似白楊葉圓而岐有三尖春發秋紅冬落其脂可爲香見貨之屬土人於上巳日採葉漬米爲青飯

檗木如石榴皮黃子赤如枸杞兩頭尖枝可剉以染黃生山石間

柳葉狹長而青碧枝柯長軟而下垂雖縱橫顛倒植之皆生

欅柳皮如槐檀葉如樗而狹長生水側

水楊葉圓闊而赤枝條短勁多生水涯

羅漢松葉長而狹色蒼秀可愛凌冬不凋

青兆藤紫色其根爲降眞香見貨藥兩門

黃楊常綠小灌木莖高二尺許春初開淡黃小花其材堅緻本草綱目黃楊性難長俗說歲長一寸遇閏則退蘇軾詩園中草木春無數惟有黃楊厄閏年

黃金樹 幹直叢過大樹杪分枝常致風折種來自美國近始試種

椒 木有刺子朵生顆粒似蜀椒而辛香不及俗呼花椒

油 茶油一名樣油有大小二種山中土人採摘儘足自供肆市所賣多來自永泰嵩口菜油取菜子壓之味清涼無毒古常有今則罕見桐油器作用以代漆產甚少柏油取柏子榨之冬季用以製燭

石竹 節疏而平其堅如石

紫竹 小而色純紫可作簫

箭竹 可作箭禹貢曰篠土人取爲弩箭不用雕削

綠竹 夏筍甚美

赤竹

苦竹 性堅色微紫一名雪竹四月出筍味苦

筋竹 肉厚而竅小可爲弓弩材

油竹 肉厚而葉長闊可編籠中虎即斃

調絲竹 節疏性柔絲之以作燈籠俗名燈竹

貓竹 性極堅勁可編筏冬筍不出土味最佳春筍乃能成幹初解籜時砍之漬以灰煮積作紙

方竹枝葉扶疎外方內圓可爲杖筍秋末生

筆竹生深山者高竿挺立性堅色蒼白移植則細小

茶產高山者佳又有一種曰苦茶樹高葉大可治病清暑土人每珍藏之若種茶則少有

棕鄉民間于簷下種之用以綯索

千歲竹花黃白實似橄欖今少見

黃竹性柔可以束物屈折成諸器爲用甚溥

烏竹色純黑

斑竹山間有之不及湘江所產

鳳尾竹梢葉森秀

人面竹亦曰佛肚竹其幹與常竹無異惟節間上下向背突起如人面可以爲杖

葫蘆竹節大節小

觀音竹高僅尺餘密條扶疎栽供盆玩

箬葉竹葉大可裹舟篷年多幽產

紙以竹麻爲之粗者名火紙稍細而厚者名古紙民多用以爲冥鏹又有海紙雲山等類

蓋竹本小末大俗傳宋僧普明所倒插牛棺也

按德化素號產木之區蓋窮巖邃谷水道隔越砍運維艱故得老其材也邇來人稠用雜日且斧斤兼以鐵灶磁窰廣需柴炭幾並萬林而赭之賈木者於是不入矣錄傳

森林論

邑人言出產者以磁紙鐵爲大宗不知三者之外有用力省而獲利厚者則森林是也請試言之德化處萬山中森林彌望皆是中以杉松爲最多二者除供本邑需求外運銷泉永省垣每年所得不亞於磁紙鐵前此所以不可勝用者以取之有時培之有素耳有清同光以來永民僑商南洋羣島捆載而歸歲以數百計輒營華屋以相誇耀大而宗祠細而桷欂櫨侏儒椳闑扂楔咸於德化之山是度近竟爭高競大一屋之木動費數千金小民利其重價轉相購售且日而伐之源源而運之供不應求此杉木日

乏之一大原因也杉木不足供棟梁之選即必取橡樫楮櫧而代之木板不繼又必取大松而代之加之兵燹以來焚燒殆盡磁窰日廣需松益多於是向之取大留小者今則由中材而漸及拱把矣向之揀近舍遠者今則窮山谷而搜及懸崖矣至於栢可斲棺數百年之良材一時頓盡樟可熬腦十數圍之大木靡有孑遺餘若樺杜杞梓可爲器皿楓楠桂檀可充香料以及柯樹可種香菰與夫雜木之可以供炊爨燒炭者無論故家喬木墓廬蔭樹無一不加以斧斤此又松木雜樹日乏之一大原因也凡若此者皆有其伐之無繼植之所以滿目童山而工師不至也夫森林者利之所自出也管子有言十年之計莫如樹木孟子論王道亦曰斧斤以時入山林材木不可勝用此固盡人而知之矣知而不植所謂力不出於身貨致棄於地此豈政府農林設部植樹名節之至意哉今欲爲我邑振興林政挽回利權莫如由政府督促倣山西省計人限種成法以本邑八里四十社計某社應種若干畝每人應種若干株逐年培植枯則補之實地

巡察荒則責之而又嚴定規條凡無故焚燒放畜蹧蹋與盜斫強伐者均加科罰如是則由近及遠積少成多十年之後將見濯濯之童山變爲鬱鬱之森林矣或謂民七以後小民流離轉徙田且不治遑言造林不知民之背井離鄉原非得已有牧民之責者誠能於此時招集流亡重歸故里拊循之使得安居保護之俾無意外吾知小民安土重遷既無虞風波之險惡且可免外人之虐待自必移其栽椰植橡之力從事於墾荒力田而以其農隙植樹成林不特杉松可爲出產大宗即如楂桐烏桕可以搾油貓竹穀藤可以造紙白果苦杏可入藥品茶葉椶梠可供飲料器用以至棗栗梅梨桃李桔柚橄欖枇杷諸果皆可辨其土宜隨地栽種由是言之爲耶用取宮中從前之漏卮可塞貨銷海外木植之左劵可操邑亦受其出息皆歸已有官府並不加租收利即在目前子孫且可世守民何樂而不利焉又况地有森林足以均水量而防旱災則尤有裨於天時有益於農業其利更不可勝言矣凡我德人其早圖之

花之屬

牡丹 閩中絕少邑地高寒故宜

芍藥 有深紅淺紅淡白三種

蓮 有紅白二種蓮之全部為用甚溥見藥之屬又有午時蓮產九仙石牛山池中花白大徑二寸浮於水面午開酉苞

菊 禮記作鞠有數十種愛菊者譜傳之又一種花深黃色如滴金四月開近又有子蒔洋菊多種開不以時

蘭 羣芳譜云一幹一花而香有餘者蘭一幹數花而香不足者蕙建蘭多是蕙而香則有餘按一幹一花邑名獨占蘭香與蕙等一幹數花者一名莆蘭有淡黃淡墨兩種皆五六月開花栽培得法可接續開至小陽香亦不減一名素心蘭花白如玉六七月開花香烈尤勝他蘭莖葉更蒼翠可愛同謂之蕙恐未盡然一名歲首蘭亦名拜歲蘭改歲即開葉比蘭差大花紫墨色香亦略同一名楓蘭生楓樹上移植盆中更茂葉與蘭無異花紫墨色蕊皆下垂微有不同一莖數十花惜絕無香

珍珠蘭 葉如馬藍開花成穗狀如雞爪亦名雞爪蘭初結綠珠黃則香有一種色白者花珠較大香尤烈邑少有

梅 有綠萼梅紅梅碧梅鵝梅品梅一花三實

蠟梅 葉長而粗花不結實本非梅類因其與梅同時而香又相近黃山谷謂香氣如梅類女士撚蠟所成故名花食之解暑皮浸水磨墨有光彩

桂 一名木樨有丹黃白三色惟丹者花繁而香尤烈有結子者子如蒔蓮子核甚大落地能發芽四時開者曰月桂

山茶 花深紅色冬盛開單瓣大徑二三寸者曰川茶千葉者曰寶珠茶又有蠟蒂茶花小如錢粉紅色

園茶 種類甚多全紅者曰草春全白者曰洋茶有紅白相間者蕊有鱗疊螺旋六角之不同名曰五寶又名十八學士一名秋色平分以紅白各半得名一名六角包春枝柔色紅蕊亦變換不同委態宛如含笑尤為可愛一名牡丹茶有紅白二種花徑大可三四寸如牡丹故名秋末花開

至春又有一種名虎斑茶枝嫩花似牡丹茶而小諸色畢具而有虎斑紋故名此外尚有多種未花時大略相同老於園事者能辨之

海棠 有紅白二種又有垂絲海棠色淡紅而多葉一種樹高俗名棠梨以海棠接之則成西府海棠

碧桃 花白

緋桃 花俱千葉

榴花 有大紅淺紅黃白數種俱千葉

紫荊 俗謂之不耐癢花爬其皮則枝幹俱動又名百日紅舊作紫薇誤

紫薇 木似林檎花深紫可愛舊作紫荊誤

木槿 朝開暮落有白者紫者粉紅者

杜鵑 一名山躑躅一名山石榴三月盛開有深紅淺紅及紫色俗傳杜鵑啼血滴地而生此花千葉者佳單葉者名滿山紅俗名清明花

繡毬 一花衆蕊團簇如毬初青後白其大如盌又一種卉生花青藍色

木芙蓉 初開甚白向晚則色轉紅夏末花開至秋

木筆 一枝一花似玉蘭而大裏白外紫多花名辛夷色紫

玉蘭 花似木筆而小色碧白味香馥樹高大不耐大霜雪

夜合 卉生葉大如辛夷厚而且硬花開香聞及遠蕊九瓣中結蕾鱗疊如粗糠香自蕾發數小時六瓣復苞香漸微易謝採供水養瓣更易落

含笑 條生葉似楨花似夜合而小香似芭蕉實含苞半開如含笑之狀故名

茉莉 一作末麗取根一寸磨酒服之昏迷一日二寸二日三寸三日夏開白花妙麗而芳郁

瑞香 一簇數十蕊外紫中白冬春盛開東坡詞云領巾飄下瑞香風驚起謫仙春夢有白花者香遜 附插瑞香法芒種日剪嫩條破開放大麥一粒用亂髮纏之插入土中日澆似水勿令見日無不活又法左手折下隨插入土勿換右手亦無不活澆以便溺可殺蚯蚓

玉樓春 又名欲留春即百葉桅子花俗呼水仙子味香

晚香玉 草本莖生葉如蒜根如葱每年掘根移栽易茂一莖數十蕊傍晚初開俗名月來香

夜來香 藤生花黃一簇數十蕊每蕊五瓣味似佛手柑經霜雖大棚亦萎

玫瑰 花類薔薇而色紫大徑三四寸可擬牡丹豔麗馥郁香色俱佳二月間分栽澆以溝泥凡花不宜常分獨此花嫩枝新發勿令久存移插別地則茂俗呼離娘草眉公祕笈云天台有白色者燕中有黃色者邑惟紫白二色採苞曬乾泡茶甚香

長春 枝幹有刺花有深紅淺紅四時常開

十姊妹 花似長春而差小一蓓十花故名有紅紫白淡紫四色正月移栽又有七朵一蓓者名七姊妹似薔薇而小孟載詩云紅羅門綺同心小七蒳參差弄春曉蓋是東風兒女魂蛾眉 一樣青螺掃三妹娉婷四妹嬌綠窗虛度可憐宵八姨秦虢休相妒腸斷春風大小喬有一種田畔生者花白一簇多蕊俗名播田花亦名野薔薇

薔薇 枝幹有刺花紅紫色三月盛開如錦

寶相 藤生花類酴醾而秀整過之

棣棠叢生三月開花如小菊色深黃邑署舊潤梅聖俞所謂韡鄂芬黃殿後花是也

郁李一名車下李一名御園李有單瓣千葉兩種

噴雪花細白如雪亂點亦有千葉者通志名撒雪

凌霄一名兔絲藤生附大木花黃有毒其露入眼令目則失明詩云凌霄倚樹生樹倒凌霄死寄人莫倚勢倚勢亦如此

金錢深紅色圓薄如錢

紫花藤極大蔓延高樹上開花成穗可作茹俗名鞋子花

粉蝴蝶花白色攢簇攢成有黑紫點邊如剪翦

金絲蝴蝶黃色心多長鬚

滴滴金一名旋覆花葉如柳花附莖而生如單葉菊色黃花露滴地即生最易蕃

漢宮春花色金黃略似擯金而美春末夏初開花

錦竹一名石竹叢生高尺許花如錦繡李太白有石竹繡羅衣之句

剪春羅花深紅色旁如刻翦一樣秋開者名翦秋羅

秋海棠綠葉赤紋花粉紅色含吐以次遞開

一丈紅莖高花密攢枝直上

葵莖高葉大心常向日

鼓子以端午開又名龍船花

萱一名鹿葱草之可以忘憂者本草謂花名宜男

玉簪質素而香詩云宴罷瑤池阿母家嫩瓊飛上紫雲車玉簪墜地無人拾化作東南第一花

紫菖葉如菖蒲一莖一花色紫

玉菖花白葉如燈心草一莖一花

雞冠秋開有紫白黃水紅五色數種又有矮脚者高數寸卽壽星雞冠也又有叢絲雞冠其花最大本草云白雞冠子涼止腸風瀉血赤白痢及婦人崩中帶下

金鳳花如飛鳳有紅白紫粉紅五色千葉數種

金雀葉細莖有刺花淡黃形如菉豆花而長可作茹

蕉芭蕉葉長而大老則心中抽幹作花如倒垂菡萏每開一瓣則子駢生附幹凡數十枚生青熟黃但硬無甘不堪食又有紅蕉高僅二三尺莖小開金紅花極豐艷又一種名美人蕉葉小而尖亦開金紅花又名月蕉以其葉生如月之數閏花也

雁來紅葉初生綠色雁來卽純紅

老來嬌一名秋紅

曇花 葉類昌陽而絕大花幹挺出葉間如臂其苞如掌開則散垂深紫色

山丹 條生葉相對莖紫花丹一簇數十蕊如繡毬狀一名四英

鐵樹 皮色似棕無枝紫葉老則成鐵色盤曲每逢甲子年開花星家謂六十花甲子者以此本堅瓠集

卷丹 花芭金黃有紫點形及葉同百合

牽牛 葉似地瓜花五瓣如漏斗

黃蜀葵 花黃幹直葉如瓜葉

大麗花 葉對生莖中空花有紅黃白三色形似菊花俗名洋牡丹

夾竹桃 一名生花竹以花似桃葉似竹故名春夏間開淡紅花一朵數十蕊至深秋猶有之又名半年紅

松竹梅 幹似松葉似竹花似梅高尺餘可供盆玩

百日花 夏初花開至立冬故名

日日新 一日一花日出卽開午後則謝有紫白兩色

草之屬

芝草 瑞草也亦名靈芝形如菌色深紫多應瑞而生無一定產地牆下屋角及久曠室內亦能生之有貫茅者重蓋者大者可如盆

仙草 搗爛絞汁和麵粉蒸之成凍最清暑

鼠麯 葉如馬齒莧上有白毛黃花俗於清明採之作粿

茭 種泥沛中葉似甘蔗初生筍可食名茭筍

藻 根生水底葉敷水上

萍 有大小紅綠數種俗謂之蘇一種長形者名蜈蚣蘇

茅 白花可入藥詩手如柔荑即此

芒 似茅可爲繩索屨履

菅 似茅而光澤無毛根下五寸許有粉者柔韌可爲索

苦草

瓦松

花瓶草 葉如蘭插於案頭瓶中不需而滋

虎耳草 八芳草之一也可栽於石上爲玩

藍澱 馬藍葉大叢生莖短有節折其莖以土壅之即生塊藍葉小者曩江南月餘云採以器盛水浸除滓使攪之以灰即成邇來染坊所用皆購自船來曰德國菁「洋人取菁精攪成澱入盒」每斤可多充水量謂之幾十倍力人以取用便樂購之本地藍因此絕種實爲漏卮之大

遍地錦 俗名花針頭

淡酸草

猪母莧 又一種猪母耳草多時土人掘其地下莖爲蔬

鎗刀草

蔚蕉 似菖蒲而大行血散氣

藜 莖大者可爲杖

龍鬚草 編爲蓆利暑久用

書帶草 叢生葉如韭而大長尺餘多細白紋鮮翠可愛

煙葉 亦名菸葉崇禎初年始種之每年苗來自永春雨水候鋤地作小坪蒔之清明乃移種沃壤必須燥溼適宜尤忌蟲害不時看護施肥夏至後收菸種稻或就菸旁蒔地瓜藤次年再種必易他田以休地力否則多難活

奶草 幹生葉似蕹菜折苗蒔之輒活婦人乳痛洗服效

蝱艾 莖高葉細生郊野中曬乾熏蚊甚効味香無毒近世發明一種蚊香圈多以此爲原料

雞矢藤

金絲五葉藤

蔦蘿藤生葉細如針能開小紅花蔓緣滿架幽陰宜夏

貼壁藤

仙巴掌狀如鞋底兩面有刺接疊而生無枝葉

方天戟方形

燈心草

蒲生波湖間嫩者可食

葭

草燭一名水燭葉如蒲生花如蠟燭

燈籠草結實如燈籠

莵仔草白稿者搗汁治吐瀉急症最効此藥近始發明

按近世交通便利各處設置公園國內外搜羅萬有凡異草奇花之可以

子蒔者郵筒所至物亦至焉春夏間競秀爭妍人幾不能以名但多一歲

枯榮不及備錄

畜之屬

牛 黃牛角縮而短悍水牛豐頭而重遲牛者農之本諺云家有一牛可抵七人之力放牧時先令飲水然後食草則腹不脹夏不觸熱冬要溫暖相法眼要去角近又要眼大白脈貫瞳子頸骨長大後腳股闊毛欲短密疎不耐寒角欲細身欲粗尾稍長大者佳若尾亂毛拳曲命短相母牛法毛白唇紅多子乳疎黑無子生時子臥相向爲吉相背子稀一夜下糞三次一年生一子下一次三年生一子遇瘴疫燒蒼朮置欄內令鼻吸香則止養牛者不可不知也

馬 邑養之者少　附相馬法　馬之壯者眼光照人見全身中年者見半身老者僅見一面

羊 羊種以臘月正月生者爲上歲兩生息母羊十隻羝羊只用二隻少則不孕多則亂羣性惡溼棚棧宜高燥每日放牧已放未收二日一飲水食熱物則腹脹不能轉草以水洗眼及鼻中濃汚令淨再用鹽擦其舌立愈

豬 母豬取短喙無柔毛者良喙長則牙多一廂三牙則不須畜以其難肥也牡者子豚不同圈同則喜相聚而不食牝者無害有病割去尾尖出血即愈瘴疫以蘿蔔葉飼之

犬 亦作狗鼻乾舌有黑點足拳合者能獵近有船來洋狗斑毛鬅尾面短腳矮兩耳低垂身如貓而稍大飼以供玩又有不鬅高大似獒者二者亂種多生常犬

猫 酉陽雜俎云猫名烏圓其目睛旦暮不同歌云子午卯酉一條線寅申巳亥圓如鏡辰戌丑未似棗形辟鼠之猫不待聲喊鼠自遠避相法純黃純白純黑者佳口中三坎捉鼠一季五坎二季七坎三季九坎四季耳薄不畏寒訣云露爪能翻瓦腰長會走家面長雞種絕尾大懶如蛇還猫常識蠹於此有病烏藥投水灌之踏傷蘇木煎湯療之

雞 雞種霜降時收形小毛淺腳細短者佳棲宜據地爲籠籠內著棧可免狸貓之害若焚柳柴小者死大者盲以油和麵捻成小粒飼之生雞初到家以淨溫水洗其足不走近有一種名絨雞者毛白如絨綠耳烏骨五爪滋補勝常雞

鴨 家畜曰鴨野曰鳧近有一種名番鴨者毛白頂紅略似鵝大可似鵝堪充補品亦有黑者

鵝 東坡云鵝能警盜亦能卻蛇以糞能殺蛇多生螟蚣園池養鵝蛇即遠去一名舒鴈附養鵝鴨法　相雌鵝鴨其頭欲小口內齶有小珠五者生卵多三者爲次大率鵝三雌一雄鴨一雄可配五雌生卵藏溫處以母雞代孵雛出用糙米磨粉切苦菜蔓菁拌勻喂之沃以清水濁則泥塞小鵝鼻孔輒死雛鴨勿令羅雄一母可生百卵每年五月五日不放栖乾喂勿與水則日日生卵

鸕鷀 漁人畜之繩約其頸使捕魚

鶉鴿 性馴善認主人之居邑俗謂之三捐鳥一捐穀二捐屋三捐鄉里和睦故畜之者鮮

月兎 月一產三四子其生易蕃近有一種名番兎俗呼番鼠見人輒鳴好食竹葉草菅毛白身短似鼠而無尾重只斤餘肥如菅豢烹之暑月能凍可充補品

毛之屬

虎 山中間有之有時出噬人畜捕者古用廚以羊誘之近有新法度常過之處引繩張毒弩射之中則立斃

豹 尾赤而文黑為赤豹文圜者曰金錢豹

鹿 性驚防分背而食食則相呼羣居則環其角外向

麞 爾雅謂之麕章麕其總名也性善驚飲水見其影輒奔走

麂 麞類也皮可為履舄勝於羔皮

熊 類犬豕而性輕捷好攀援上高木見人則顛倒自投地而下冬蟄不食餓則自舐其掌

山羊 爾雅謂之羱羊有肋力甚能陟峻生深山巖穴中

野豬 亦名山豬似家豬但腹小脚長毛色褐牙利如鐮刀

山犬 類家犬而足短赤蒼色好食果實

豺似狗而長尾白頰高前廣後其色黃每行八九成羣遇犬羊相與搏食一霎而盡爾雅豺狗足說文豺屬狗聲

獺似狐而小靑灰色膚如伏翼水居食魚

猍字亦作狸口銳身長似貓香狸所過處草木皆香玉面狸面白色九節狸尾有九節虎狸脊毛可爲筆心

猴獮猴也詩謂之猱性躁而多智

豪豬毛黑如錐𩯭有刺怒則奮以射人其刺可爲針尾刺則中空無銳行則搖動有聲如鈴

山兎禮曰明視

山獐狀如鼠臘而食之甚甘美

竹䶉俗呼貲豚亦名貲豪蒼色如鼠食竹叢根人或竹刺入肉不可出者嚼此物立消

鼠狼生山野中似鼠而大毛赤能食鼠捕雞

鼯鼢形似鼠狼蒼黑而小尾多毛善緣藤蘿而走一名飛鼠

鼺鼠似蝙蝠而小脊瘰耳聵

鼠亦名老鼠穴虫之黠者善竊晝伏夜動又稱耆耗鼠一說繁生易蕃一月生子二月見孫

羽之屬

喜鵲 一名乾鵲俗呼客鳥禽經云鵲以音交而孕又俯鳴則陰仰鳴則晴人聞其聲則喜故名喜鵲

烏鴉 純黑而反哺者曰慈烏說文孝烏也項白而不反哺者曰鴉亦名鸒本草註鬼烏又一種小而多羣腹下白飛作鵶聲者曰慈鵶

鳩 詩曰宛彼鳴鳩集傳曰鳴鳩斑鳩也陸氏曰似鵓鳩項有繡文本草云斑鵻又名斑鳩聲如小兒吹竽一種大於斑鳩而靑色者曰靑鳩

布穀 詩曰鳲鳩集傳云秸鞠也亦名戴勝

山鵲 俗呼山鵲爾雅鷽山鵲似鵲而有文彩長尾嘴脚赤一名長尾三娘

鶯 詩云倉庚疏云黃鶯又名黃鸝鶹黃公黃栗留昌黎詩云麥黃韻鸝鶹東坡云苦厭黃公聒晝眠歐公云黃栗留鳴桑葚熟

燕 詩謂之玄鳥齊人呼爲鳦莊子謂之意而陶隱居云胷紫身小者爲越燕斑黑而身大者爲胡燕

雀 一名嘉賓俗呼栗鳥言棲宿人家如賓客也八九月飛稻田間多至數百又有紫色項有斑紋者似雀而小名華雀其羣亦多性馴唧唧善吟畜籠中能自去來命卜者教以啄卦

白頭翁 似雀而大頭有白點

鶺鴒 飛則鳴行則搖長尾尖喙背上靑灰色腹下白頸下黑如連錢

信鳥 亦名進鳥似鵲而小能爲百禽聲忽鳴而過庭簷間其占爲有喜俗呼進錢鳥

鷦鷯 釋鳥云桃蟲鷦其[illegible]陸機曰鷦鷯也似黃雀而小化而爲鵰其喙尖利如錐能取茅或棕絲縷葉爲巢精密如刺[illegible]然一名襪雀一名巧婦一名工雀一名女匠俗呼望冬鳥

百舌 似鴝鵒而身差長無幘毛黑嘴尖朝野雜錄云春啼夏止張芸叟詩云舉盡百禽語終無自己聲俗呼烏鶯鳥

啄木 嘴尖舌長穿木食蟲啄時其聲隆隆

吉弔 略似百舌羣飛鳴聒如云吉弔因以名之

畫眉 白眉褐質善鳴好鬥

鵪鶉 形小而善鬥

鴝鵒 俗呼八哥似鵙而有幘翦其舌端能效人言又有白點者差小

鷓鴣 形似牝雞臆前有白圓點背間有紫赤文鳴聲重大若曰行不得也哥哥飛必先南翥

雉 俗名山雞雄者有冠長尾身有文彩善鬥其羽爲翟

白鷴 白質黑章紅頰首有冠綏尾長三四尺性閑雅可畜

錦雞 鷩鵰有美毛喙藏肉綬日午天晴則徐舒其綬謂之吐錦

鴛鴦 雌雄未嘗相離人得其一一思而死毛多文彩

鳧 水鴨也其飛甚速

鷺鷥 項有長翰如絲欲取魚則餌之

翡翠 埤雅翠鳥也或謂之翡翠雄赤曰翡雌青曰翠

釣魚翁 如翡翠而小常飛水面鼓翼覘魚所在疾下啄之

竹雞 俗呼泥滑滑蓋以其聲似之也白蟻聞其聲盡化爲水有句云家有竹雞啼白蟻化爲泥一名山菌仔亦名越鳥

孤雞 其鳴曰姑惡晝夜不絕俗傳婦爲姑虐死化爲此鳥其聲故云

杜鵑 一名怨鳥夜鳴達旦啼血紅漬草木凡始鳴皆北向啼苦則倒懸於樹說文所謂蜀王望帝化爲子規是也至今寄巢生子百鳥爲哺其雛向如君臣云亦名子規

鳶 鷙鳥也狀與鷹略同惟嘴較短尾較長全體褐色翼張度至四尺許飛時不甚動若靜懸空中善搏雞雛一名老鴟

鵙 伯勞也亦曰博勞左傳謂之伯趙以五月鳴應陰氣之動殘賊之鳥也一作鴂

山呼 大如鳩蒼色兩腮有圓點人籠畜之翱跳不定

鸇 似鷂青黃色燕頷勾喙嚮風搖翅乃因風飛急疾擊鳥雀食之詩曰晨風卽此

鴞 周禮哲蔟氏掌覆妖鳥之巢注云惡鳴之鳥若鴞鵩也賈誼云鵩似鴞本草云其實一物入室主人當去此鳥盛午不見物夜則飛鳴又有一種似鴞而小俗呼孤猿

鸛 似鶴而頂不丹頸嘴皆長全身色灰白翼尾黑色巢高樹

鷹 李善曰鷙擊之鳥通呼曰隼春秋傳名爽鳩又名海東青

鷂 似鷹而小體長尺餘羽灰色腹白有黃黑或赤白之斑點

鸂鶒 水鳥名似鴛鴦稍大羽五彩而多紫色故又名紫鴛鴦頭有纓尾有毛如船舵

釣魚仙形似雀尾常搖如鶺鴒雄者色黑而頷紅雌則作倉白色常宿水邊伺魚出而啄之

叫天子似雀每飛鳴於水面漸次高至半空突然而下距水數尺復漸高如前狀鳴聲不斷移時始易其所

鱗之屬

鯉體扁而肥背蒼黑腹淡黃有赤色者自首至尾無大小皆三十六鱗大者長三尺餘喜羣居

鯽形似鯉頭與口皆小色黑而體促腹大而脊隆無大小皆有子長者至尺餘

鰱本草作鱮口小鱗細身扁色白種來自江西人家養鯖者多豢畜此魚

鯖俗名草魚好食草疏身圓鱗大背黑色大者長可三四尺種亦來自江西人家池塘多畜之

赤眼俗呼赤目產溪中如鯉鯖之類眼赤

蠱鮐尾有星多穴於田塍或泥岸中一作蛄鮐

鱔亦作鱓似蛇無鱗淡青鸛雀喞三鱣卽此夏出冬蟄

鰻似鱔而腹大頭扁有膠質之黏液長者可至數尺味濃美含滋養料甚富有蒼黑茶褐等色

泥鰍埤雅鰌似鱔而短以涎自染難握「與魚爲牝牡」

田瑟俗呼塗瑟穴田塍間無鱗有刺彈人

貼石 背偃腹平其大如指常貼於溪石中土人抱石取之爲腊

鰋魚 巨口細鱗背上有黑斑文

鮎 本草曰鯷注云即鰕魚也大首方口背青黑無鱗多膠液溪溪下流始有之大者可重數十斤一作鯰

丁斑魚 產田澗中鱗粗尾鮮紅身有斑文長僅二三寸善鬥

金魚 有數種金紅者青黑者花斑者畜於盆中以供清玩

四足魚 產高山池澗中瘦若刀劍性馴

蝦 產溪澗中頭大身促前兩足大而長又一種泥蝦俗呼田蝦甚小出田中

鯪鯉 即穿山甲陸產獸名也產山中體長三尺餘全身被角質之鱗甲常吐舌出涎俟蟻滿集乃卷而食之晝伏夜出遇敵體恆捲縮如球穴土迅疾有強力

介之屬

龜 溪澗間偶有之腹背皆有甲僅露首尾四足伸縮之孔與鱉同背有紋片頭似蛇有鱗色綠性遲鈍耐飢渴長壽又一種頭大俗呼大頭龜背亦有紋產山澗或以爲滋陰品

鱉 口尖背甲圓邊緣柔軟成肉帶肉多滋養分甲可入藥

黿 似鱉而甚大背青黃色居於深淵

蟹 生田澗中橫行甚速前足其端兩歧鬭合如鉗用以自衞

螺 溪螺田螺池螺

蚌 字亦作蜯生池澤中

蟲之屬

蠶 人家偶有之

蛾 一種蠶化一種穀麥及雜物所生

蜂 蜜蜂見貨之屬野蜂其類不一虎頭蜂黃腰蜂土蜂俱巢土中瓠瓠蜂巢樹上及人家屋簷上土人取其卵爲珍味

蟬 蛻殼入藥爲蟬蛻尙有似蟬者數種

蝶 種類極多

螢 尾端有發光器

蟫 蠹魚也

蠅 有蒼蠅麻蠅大麻蠅皆室內害蟲尙有牛蠅狗蠅

蚊 有數種惟細小而花斑者名豹脚甚毒咬人肉墳起大抵諸蚊皆積水所生衞生者宜知之

蛇 青竹蛇與竹同色有赤尾者小而不可犯花蛇好入人家捕鼠簸箕甲蛇長數十節黑白相間蚺蛇蛇之絕大者可食身有斑文如錦纈鰻蛇如鰻泥蛇居泥中食魚不囓人此外種類尙繁難以名數大概毒者多

蜈蚣 多足能制蛇亦嚙人而獨畏滑蜞蜈蚣從下過滑蜞必自落於地蜈蚣爲局縮不得行滑蜞乃徐徐圍繞周匝蜈蚣縮愈甚然後登其首陷腦食之以故人遭嚙必取滑蜞涎或搗蜞塗之痛立止

蜥蜴 一名石龍似蛇而四脚尾青碧以五色備者爲雄不備者爲雌又一種身小而狀如龍生草間俗謂之草龍俱不嚙人

鼃 說文蝦蟆也今邑中大者名蛙名水雞背青者名青約少而善鳴者謂蝦蟆小而嘴尖者謂蛤仔背綠而棲於小樹將雨而鳴者謂雨蛤又有一種生深山澗中名石稜魚亦名坑蝀雄者頷下有痱磊粗甚雌則否味極珍美

蟾蜍 一名癩蝦蟆身促腹大背黑皮上多痱磊跳行舒遲乾可入藥

蝙蝠 類鼠而有翼晝伏夜飛一名飛鼠一名夜燕一名伏翼千百倒掛廟宇樑桷間其糞名夜明砂可入藥

蝸 即蝸牛也一名托胎蟲軟體動物行時分泌一種黏液俗名滑蜞能制蜈蚣

斑猫 豆葉上甲蟲也甲上有黃黑斑點如巴豆大可入藥

螽斯 蝗類青色長角長股能以股相切作聲性和集一生九十九子

螳螂 體長腹肥頭爲三角形能捕蟬

蜣螂 一名蛣蟲好藏糞中可煎食解毒消積

沒子 閩小紀云閩地有小蟲若微塵視之不見刺人較蚊蚋尤甚密帷亦不能閒之名沒子屋外常有林下尤多

毛蟲 說文曰俗呼毛蛓有毒螫人多種惟生瓦角者最爲人害

蟋蟀 雄者背有龍文能鬥人或籠畜爲戲玩

蜘蛛 爾雅作鼅鼄種類甚多

蜻蜓 蜓或作蛉

螟蛉 詩螟蛉有子蜾蠃負之

蠮螉 似蜂而不螫入舍土作房

蟯蜋 背有甲全身黑如漆似金龜子而大又有一種頭有一角者俗名千斤秤可入藥

蚰蜒 俗名蓑衣蟲多足而行疾

蚯蚓 白脰者可入藥

水蛭 一作草蛭俗名螞蜞池澤及積水處皆有之人飲水或洗菜不慎誤吞之則生子腹中噬食臟血飲黃土水數升蛭自大腸瀉出或用蜂蜜亦化水而死

螻蛄 體長寸餘穴居土中夜出飛翔

蟻 有黃黑白三色種甚多

金龜子 陸生金綠色水生黑如漆名水龜

風龜子 蠕畜之蕃生甚速可治小兒驚風

石背 臭蟲之一種狀如鼈子多生匏瓜藤中觸手有異臭一生十二子數應一歲閏則增其一背堅如石故名

伊威穹脊長鬚頭類竈雞四足兩股生空屋中

竈雞亦名竈馬脊高脚長而有長刺多集於竈間

伏壁子

捕蠅虎

其他之屬

蕈亦名菌本草木生曰蕈地生曰菌今通謂之菰「畬民」斬木深山雨雪滋凍而生用法烘焙有香者謂之香菰有生深林鮮紅光澤如胭脂者謂之紅菰可治痢有貓耳菰薄如貓耳生樹上者曰木耳生石上者曰石耳又一種名石菰一作石衣面黑底白薄如紙生深山巖石間甚難得治咯血最效一名山香菰初春生松林中熱食甘脆不香無毒雖菰夏間烟瘴所生多有毒識者雖能辨之然恆有中毒至死者或云用生脂麻擂酒服之可解總以不食爲宜近深林者慎之

蜜蜂所釀也蜂小而微黃人家畜以木廚結房作蜜有黑蜂食而不作蜜雄蜂也較出蜜取房煉之則成黃蠟邇來機巧百出東洋有人造蜂房買置廚內蜂亦釀之聞一家能養至數百廚或千廚不等然尚未有購養者

黑烟燒松木及竹葉爲之爲墨所需

香有松香可入藥楓香楠香樟香俱充香料邇來出產頗多吉兆藤香即士降眞香少有

薯榔莖蔓似薯根似何首烏皮黑肉紅染皂所用

餅藥桐子殼杉樹及什樹葉芒草燒灰淋汁熬成

梗炭

松炭（供爐作用）

論曰山川奥鬱之氣鍾而爲人產而爲物不以蕞爾而或異也夫草木蟲魚有資多識豈讀爾雅所能窮歟則漁樵農圃皆問察之藉矣因就所見聞爲之臚厥族屬辨其名色聊以備一邑物產之稽考非敢云訂補圖經也（錄舊）

德化縣志卷之五

古蹟志 樓亭 勝蹟 奇石 塔 龍潭 附各潭

窮巖絕壑每蘊幽奇古寺荒臺堪興憑弔苟勝蹟之尚留斯地靈其未沒矧夫謝屐袁筇觸景寄興即事成題倘多好句似僊乎蒐而輯之亦選勝探幽者所不廢志古蹟

樓亭

春波樓在縣門前宋宣和間知縣陳熊建俯滙水呑丁流邑舊有春溪連波朱紫堪看之讖因以名焉淳熙丁酉火紹熙間知縣趙彥逵重建淳祐丙午縣尉孫應鳳作兩門翼之明嘉靖九年知縣許仁捐俸易民地拓臨溪基重建規模宏敞後廢歲貢鄭惠琇賦溫陵之屬龍潯之治郊坰綉錯里巷參差峯岳崒嵂川澤淪漪分女牛之餘曜審形勢以正基爰是書棟起綉闥開部署洞闢閣道紆迴倚南離而標井幹挹丁波而踦春臺春煦曬於闔奧波蕩漾其瀠洄誠哉巖巒壯麗之美彈丸風景之推也當其運神工削鬼斧構罘罳於北綉臨閶闔於南浦飛簷牙之高啄縵廊腰而下俯手摘星辰耳駭風雨恍結綺之名花齊臨春之寶樹金牓日射兮搖屈戌珠簾霞捲兮映新蒲彤闌玲瓏其鱗次瑤堂爽朗夫高陽晴煙萋龕以翼標旭日炯晃乎綺疏直檻橫欄雄吞二川之秀雕甍文礎華燦八里之衢於是陟危梯于百尺翔門角之回塘空曠兮川岳睇眄兮穹窿恣心目兮廖廓任徙倚兮從容瀰瀰弱柳拂拂長松雙魚遊碧鴛鳳標丰駕雲倒景醉龍環峯望瓊山之集鷲臥化鯉之長虹翀霄巽峙鷲背丁溶其或晦暝變化霧隱煙濃萬壑奔赴百谷朝宗波濤怒兮洶湧瀑布飛兮青空雲天浮而鬱勃煙嵐漫而朦朧至其明河不夜彩霞凝暮銀宮啓畫碧潭澄素蟾光影瀉兮耀金平蕪春滿兮香霧銅漏徹兮夢迴漁火疎兮唱佳則有騷人仙客酒伯花俠詩歌寄意心目興謀指清波以長賦疏煩想于危樓蒼

生滿眼未雨綢繆見若桑麻潤宜膏矣見若瓊堵歲勿愔矣見若鴻雁鼓莫鞾矣見若荊棘野無騷矣雞犬不驚任鳴嘷矣斯乃樂登眺唱梅花播漁陽調琵琶美酒金樽量千斛龍簫鳳笛遏雲霞春波樓外波千頃搖蕩春光月色賒帝力兮何有樂士兮家家

翥雲亭在龍濤山巔宋宣和間知縣事劉正鑿山構亭人曰山不可鑿正曰此睡龍也鑿之則醒名其亭曰最高後廢明嘉靖二十六年知縣緒東山建更名翥雲參政提學晉江王愼中記見藝文知縣緒東山登翥雲亭詩三首巍爲憲徽啓行旌護向雲亭一振纓山色遲遲春色好溪聲爭似鳥聲清望中烟樹千村曉吟外松楸萬古情得到上頭須着意要知滿眼是蒼生昨夜城頭雨浥塵煙雲好似畫圖眞溪山自有天成險花木何須鳥報春趣不盡詩因境麗耕無道地爲民貧武城從古多豪俊管取絃歌次第新樹杪樓臺鳴角雲溪山城郭不須分橋拖虹影中流見煙帶鐘聲隔嶺聞萬疊峯巒成保障一村花柳自迴文春光到處人知惜野老扶犂到夕曛訓導方繼濬步韻三首喜向巖城建一旌雲亭勝日會簪纓山粧春色晴偏好風遞松聲曉更清屐履道遙靈運興江湖悵望仲淹情登臨每喜樵和牧亭外休傷梧櫝生樓臺高起淨無塵望裏雲山今覺眞虹影低垂跨二水花枝長發門三春醴泉滿酌能同樂元草盈箱未信貧此日四郊傳盛事文明氣象喜生新新作危亭巍翥雲天光野色欲平分春來鋪綉千山映夜靜鳴鐘萬壑聞遠眺嵐煙連海角仰扳霞彩動星文不妨公暇時登覽幾度遊人醉夕曛

嘉靖四十年知縣張大綱修長樂知縣吳遵詩危亭瞰碧虛縹緲青林薄坐久人不知衣上雲光落　絕搆臨層霄虛窗溢元氣晨興蒼莽間諸峯在平地　知縣施汀詩亭高百尺倚長空億兆蒼生滿眼中布憸行看興禮樂崇文會見靖兵戎千山綿亘仙靈集二水縱橫秀氣鍾喜得閒庭渾無事何妨登眺與人同

萬曆間知縣楊文正重修附殘碑　往堪輿家謂邑形勢爲睡龍云而龍濤山在邑東畔　翥雲復歸洪鑪令寺僧撬鑿以醒龍焉後衛坡張公于郡圖非獨人事蓋亦地脈使然歲久月更風雨剝蝕　貞翁楊侯以敏妙鉅材來視邑治省科條清弊蠹大事斧工估値凡費金錢若干皆出自侯私帑于是煩者以植衞　邑之父老子弟謳吟歌祝不啻桑楚之畏壘仲牟之桐鄉之興廢有時而侯作興之功直與玆山不朽也世之涖民政未易殫述其大者如搆雲龍橋以便利涉停納串以省邑明通榜進士郭維翰翥雲亭讌集詩亭子高高宿曉雲客泉空翠落紛紛　日振起矣有如邑之人民各安其俗樂其業無事于奢侈處溪光掩映人烟接虹影低橫浦樹分暫借伴閒看變局共拚一醉對斜曛搔頭莫問驚人句謝朓當年已不羣

清康熙五十四年知縣殷式訓重建教諭力子侗鴛雲亭曉望詩天外孤亭曙氣氲盪胸高處俯層軒霞明列嶂紅千疊霧帶長溪白一痕隔樹草燉飛夜火傍城林鳥散晨村牧樵滿眼雲間思欲訪漁郎問太玄

乾隆二十五年典史章錫重修四十年知縣齊永齡重建四十七年知縣王紹曾重修宣統三年里人蘇春元蘇慶元王光張陳維善蘇義標郭青雲陳波光郭鴻椿鄭焜林慶洽鄭玉岡蘇清芳謝一源等集貲重建亭本二層增而爲三規模高壯華麗可觀邑紳蘇春元記德化古龍潯驛也曷名龍潯以龍潯一山氣象崢嶸屹立城東爲邑之主山故從而名之也然睡龍未醒幾等潛龍之勿用故宋宣和三年劉邑侯公餘登山嘗曰此睡龍也鑿之則醒因鑿山巔搆亭其上名曰最高越三年蘇欽登第由是人才輩出登進士者十二人特奏名者十四人釋褐者二人童子舉者二人信乎是亭之作有振起斯文之明徵焉然此特就有宋一代言之耳明永樂間凌輝登第逮嘉靖二十六年知縣緒東山重建更名鴛雲四十年知縣張大綱重修越三載鄭絢登科嗣而登第者丁啓濬鄭沛莊尹辰賴墉先後輩出清初李道泰林樟登第蕭宏樑發解康熙五十四年知縣殷式訓重建越雍正二年黃士招鄭啓元登科繼而鄭啓元榜眼及第乾隆初王必昌曾西元登進士四十年知縣齊永齡復建次科劉鵬霄中式厥後鄭夢鯉郭鳴高同年登第其餘登乙榜者不可勝數如鄭兼才郭尚品發解皆係復建之後由是觀之是亭之作實關閤邑之斯文然自乾隆四十年迄今百三十餘年雖經屢次興修祗就原有之舊觀略加補葺今則風雨剝蝕瓦桷飄零幾有一木難支之勢爰集同人革故而鼎新之規模宏敞結構莊嚴閣設三層窗開八面登斯亭也憑高一覽遠近巒山村落林原如在襟帶間行見群峰挹秀萬象環靑眞有若范文正公登岳陽樓所謂心曠神怡其喜洋洋者矣若謂邑人登第自林揚休始適符水晝丁羅簪纓之讖此特林程濬丁鏞偶逢其會究不若龍潯高峯獨聳翠一邑之秀氣其所以蔚起人文者如雲之從龍鴛而上之也是役經始於辛亥仲冬迄癸丑仲春而功竣計費洋銀一千二百餘元同志讌飲以落之因濡筆而爲記

按亭高踞山巔不耐風雨考志屢有修葺自乾隆壬寅迄宣統辛亥已一百三十年歲久月更不知幾經修建紀載失傳祇付闕如還自辛亥至今幾十餘稔風霜剝蝕兵燹摧殘亦復破爛不堪保存古蹟端在賢者里人毛一夔懷古詩勝蹟靑山在憑高豁所思春秋惟草記興廢有雲知烟水全城盡松楓滿逕苔前賢何處問細讀夕陽碑邑庠生謝祈出晚眺詩鴛雲亭上漫留題回首殘陽掛樹西郭外牧童隨犢返林間鳥鵲帶烟棲晚炊縷縷全城動野色蒼蒼二水迷幾陣涼風衣袂冷一聲長嘯下雲梯

醒龍樓在鶯雲亭下明知縣緒東山建懸鐘其間命僧朝夕撞擊蓋取喚醒睡龍之意今廢明知縣黃承讚詩高閣鐘聲應地靈睡龍今日睡魔醒會看處處皆霖雨頭角崢嶸滿帝廷

早春亭在龍潯山上知縣緒東山建後廢吳遵詩百里桑麻雨露同溪山無地不春風東君若問春來處盡在門前桃李中

眞武樓三官殿俱在龍潯山上知縣緒東山建後廢

祝聖寺在縣治東舊學地明崇禎初知縣桂振宇建以寺後爲僧會司西廳爲道院院後立遺愛祠買置田租一千二百斤坐產東埔等處未幾寺廢租入程田寺明邑紳郭維翰記長林桂侯之蒞吾邑也仁風惠政沾瀝閭閻其更新耳目而希蹤卓魯者不勝紀也紀其大者教藝麥而給以穡教醫療而濟以樂建賓館以延士夫祠文昌成巽塔鑿泮池於櫺星門內以作興士類築春臺革民夫溉糾察春城隍以惠神人又甃龍津鳴鳳兩橋以利涉道路郵亭山川草木煥然爲一改觀而最要在于建祝聖寺夫祝聖何昉乎詩曰虎拜稽首天子萬年臣子戴天履地無一日不願効於君無一日不媚茲于君然崇高富貴君自有之惟有指南山而稱壽效忭舞而嵩呼爲足表臣子之懸衷此祝釐之所由起也侯于舊序故址更而拓之從中設世尊廟貌巍然丹堊絢然兩廡軒爽而翼然歲時節誕率僚屬俯伏遙祝于其間天威不違顏咫尺敢隕越以貽天子羞鄉望約士民於寓下宣解六條俾曉暢其意士民無不翹企而瞻注曰侯敎大體也誠忠君也惟忠君故爲君愛民興作之役不費民間一錢子來者日傔以廩故趨事易而成功敏又以作事謀始永終知敝易道也立僧綱道紀住持其間而贍以田經畫規制出自焦心其計長久類如斯于是邑諸人士與鄉父老謀立貞珉以垂不朽而屬言于予予不敏無能爲役然竊聞之民好佚矣非常之原且爲黎民懼矣何侯一規作而衆欣然景從若是誘之以在三勸之以固有安得不瞿然而向化哉吾因是而知侯之善於教也方今聖上富春秋綜覈吏治師濟在列旦夕應推轂卓異諒必有建大議策大勳不動聲色而恬然與民被煦濡者吾邑其端倪耳故隱括其大以登諸石

登高亭在登高山宋時建爲邑人九日登高處明時起送科舉宴於此亦名登科亭今廢

憩亭在解阜門外里許元東西團巡檢接官亭故址清知縣和鹽鼎建今廢

飛仙亭在清泰里俯瞰岱仙瀑懸瀑千仞下臨無際匠人乘屋必待雲與之齊舊傳有女仙馬氏姊妹三人白日飛舉鄭氏女見之遂自投崖下有白龍負之昇因名監生黃守仁岱仙瀑賦　龍溽之東瀘溪之偏一山特起名曰飛仙上聳雙峯屹焉插天有亭翼然絕磴之巔靈娥幽棲忘其歲年左有清流兮從石壑而潛發似九曲之淪漣紆徐兮瀠匯宛轉兮洄洑若滄浪兮澎湃復噴激兮逶迤乃逶亭之下劈峽而漸機潑潑兮流涓涓瀉淙淙兮聲淵淵落千丈兮素練垂萬仞兮若銀河之倒懸飛沫飛流兮時分時合煙雲橫鎖兮若斷若連亂晴空兮霽白雪陰幽谷兮帶蒼煙山非匡廬兮偏見白虹飛電亭非陵洞兮何來玉碎珠聯豈仙真日勞夫織絍兮朝浣紗而暮濯綿于焉高瞻遠矚四顧周旋念天下之水兮且百且千冷泉之澄潔兮紀勝于白靈泉之瑩淨兮見志于權香爐瀑布兮得樂天而名以宣漱玉三峽兮賴子瞻而景以妍東城之泉兮經賦於秦觀名水之潤兮曾詠於陳搏何茲泉之湮沒兮僻處窮鄉而不獲附於名山大川豈山靈之有幸不幸抑亦待其人而乃傳茲值採風一顧兮不屬巨眼所棄捐采杜若搴芳荃援崖躋蹬拂拭加憐爲仙山而開生面兮庶幾與天台惠濟相比肩使古今上下俯仰興懷者如覩醉翁之釀泉進士李道泰詩上看碧澗縣下爲雲霧逝始知銀河來從無接流勢仙女騎白龍山半每搖曳石上三元君丹成皆姑娣游戲蒼茫巖千丈如階砌虛亭外嵌空精爽接天際解佩何足言況復朝暮滯萬古壁間松色繞青螺髻　朝朝噀雨千山合只看掌中兩寸雲不是懸崖輕撒手却因游戲會元君　廩生黃逢槐詩爲訪靈巖結伴行陰陰山徑鳥交鳴雙尖插漢籠雲白萬仞飛泉掛練青閑倚懸崖臨一切石容坐客話三生夜來觸景聯長句皎月當空斗柄橫

飛鳳亭在清泰里飛鳳山極巔一巨石峻削凌雲形似飛鳳架石亭深廣各丈許相傳有女仙駕鳳來此鄉人常於此祈夢監生黃守仁詩危亭迫太虛搔首吸春甕擀去抱月眠仙靈贈清夢　監生黃向仁詩石壁巉巉古洞幾爲尋清夢叩靈妃懸虛直欲凌空去極頂真如跨鳳飛露重花心疑宿雨風來薜藥想香衣天台何處當前是却愧遺山向爾違

勝蹟

鳳林在程田寺寺前平疇如綉五代時邑人程國知所捨入寺香燈田在焉林今廢明僧休耳詩欲爲長者留名寺額因之姓程門外春疇雨足山山布穀催耕

寺後薜蘿峰萬松蓊欝每疾風振籟聲達城市僧休耳詩山門都學栽松境致無如此峯有日不堪螻風破雷一任威龍　清永春舉人周宗濂詩一峯松柏參天培植不知何年爽籟有時自發龗龗驚起龍眼　僧眞淨詩前身不是栽松何緣得到此峯試看虬髯獵獵橫枝眞欲成龍　貢生黃憲文詩亭亭翠盖護禪林冠劍龍蛇不可尋午夜閑雷何處雨天風吹動海濤音

寺東巨石磊魄相傳五代唐僧行端坐禪於此僧眞淨詩片石從無取舍水鷗野鹿橫眠頂上偶然趺趚錯傳老僧坐禪

山後路旁有井一泓爲行端化身處旱不涸潦不漲大樟數十圍覆其上葉不落井今樟已枯周宗濂詩佛原不滅不生懸崖撒手便行何知眞身未化看取井中一泓　僧眞淨詩正體原無去住眞身那用荼毗葉墜終不落井慧泉寧有竭時

行端賜號眞濟建塔藏蛻名眞濟塔僧休耳詩好箇無縫塔子總非瀟北湘南藏身了沒蹤跡說盡前三後三　周宗濂詩此是阿誰塔子巍然獨峙一方眞如原能眞濟頂禮合皈法王

寺東嶺上一石橫鎖俗傳行端在時不過此嶺僧休耳詩年年入市皆雨洗盡山腰嶺頭不是輿擡不過爭如末後風流　僧眞淨詩脚跟踏遍天下誰云不過嶺頭任是乾坤神力難回老漢風流

梅花塢僧休耳詩短牆舊有茅亭雪後園林不扃只此二三老樹較他十里西冷　周宗濂詩偶爾尋僧竹院飄來梅花數片滿逕盡是幽香奚事孤山堪湊　僧眞淨詩傍梅草即堪亭愛月門留不扃老我孤山十里雪花亦鬆清冷

方竹園周宗濂詩修竹萬竿歟綠蕭然自媚幽獨園通眞是不解豈隨刓毀鹿鹿　僧眞淨詩一壑一邱密爾秋風秋雨蕭然自古方多乖世有如性不可圜

纓溪在縣東北里許泉石幽佳邑進士李道泰築別業于此編爲八景子監

生纂綴以詩今景不復覩矣里人毛一夔詩先生補設林泉手縱出東山逸興餘過雨溪衲鯛水盡樓松樓似有巢居雲依半剎禪無語鳥踏空庭跡是書石丈不酬高客拜試詢幽意更何如

李巢樓溪八景詩巢松閣滿湖煙雨蟄龍舒綠浸樓空數架書暮齒半閑輕致落閒殺風濤陶隱居落月潭半插青山接石陰碧輪穿透綠平沉跳波練影平春暖好寫幽泉入綺琴磨石村堤橫掩映畫圖中村猶古楊莫

教通雞聲數點催犁早綠到平疇晚日紅荇帶院晚鐘佛火透林廬敲徹孤僧欲定初茶鐺燒盡鶴爐夢一道溪雲半入廬三峽澗明河傾倒小龍湫星落蝗峨帶閣浮幽咽泉流風過處聲聲喚出眾塘秋流春橋晴虹一帶

鎖溪門閒送飛花第幾村似憶灞陵添客思解鞍欲上綠楊屯楊柳洪昏黃催盡曉鶯飛翠浪絲絲欲染衣擬解小舟尋遠嶼斜煙春水帶孤暉桃花涯盡翻錦浪滿溪風前度劉郎應未逢三十年來微笑後從他歷亂水流紅

戴雲山在新化里一名迎雪山暑月頑雪不消雲氣常覆其上寺居雲窩西有石室石如鳳髻六朝時有僧蛻骨于此俗呼祖師碇大戴峯頂一石如覆釜萬歲虬松倒懸峭壁間石壁千仞上有石厂可望不可即恍惚仙居稍下有谷七里許古木參差上虧日月小戴之峯三山聳秀有祖師舊室上有方池其深莫測異魚往來游泳水分九派下注九溪寺後一泉懸流千仞若垂素線一石數十丈挺竪如柱澗畔一石三四丈許形如舟山之西隅有石圓如鼓東隅有石如覆鐘俱大數十丈

明永春庠生張勛戴雲山十六景詩戴雲秋巘華表層層隊絳霄雲間青盼一天遙來爲牛斗河邊客會見乾坤柱上標海外六鰲應咫尺瀛東五嶽共岧嶢可憐落落煙霞裏松柏千秋獨後彫迎雪春湖廣莫湖天渾是冰晶晶寶

氣見飛騰玲瓏皓色林間度瀲灔晴光水上升佛國琉璃開洞府秦階玉燭調冥燈阜闕萬里春長曉碧落黃昏總□□三山聳秀天外三山不可求個中別是一丹邱雲歸草際仙蹤杳春入荒陰霽氣柔文藻崢嶸花點綴芙蓉朵朵玉雕鏤紛披莽蒼丹霞幻堆

出奇峯十二頭一柱撐空雲霄萬里是虛舟一柱撐空四序流不逐風波傾覆去何妨煙霞往來浮擎天未列高閒位立地先超族類儔自信他山堪作砥榮封莫道曲如鈎七星盤谷平林數里鬱如盤逐澗千峯去復還獨溜偏宜

遶軸宿無心好伴野雲閒源中秦叟今何在洞口桃花半未刪猿鶴清秋長嘯語島門風不到人間六朝眞僧高隱梵僧氏不題六朝尚有舊丹梯曾登彼岸高千界也濟眞源下九溪此日元香饒道味常年半濟人菩提瓢瓢隻履歸何處松樹東枝影又西

石帽頂冠天開寶石如玄冠八面高峯一帽圓垂拱萬方猶共主朝宗千百類周官辭雲捧出巖巖象霽日剛承萬萬歡帶雪從他頭盡白九重峯色未曾闌鳳髻通玄鳳嘴含花到席前低頭聽法幾千年竅通混沌如竹鑿道入禪

峒可問玄空谷有神名罔象托嬰是處即寥天何人捕榻雲間臥長作蹣跌對石泉雲窩古寺雲窩木末見香臺白氣如山華蓋開有客頻尋雙澗入眞僧曾向六朝來巖巔不改他時月臘後重看舊日梅寂寂鐘聲天外度伏龍飛鳥幾徘徊澗畔

石舟卷石橫如水上艫何年閣在藏雲東蝘蜓努力癡相負颰颾廣威枉自雄儘世甘從俱沒逝罔誰肯立不波中而今埜渡招招子不是仙舟莫與同天池灑雪絕壑九門碧澗危懸崖千仞雪花飛水從天漢經黃道流出雲霄滴翠微珠玉紛紛

隨雨下踏鵬遠遠向池歸餘波洗得冰輪淨散作清光滿地輝石壁懸松蒼蒼壁上萬年松落落雲間第一峯倒揭芳根承雨露斜翻古幹作虬龍山開錦幛丹青雜樹列珊瑚寶貝重蹇傲霜中知杰骨翹然修楚待秦封雲中石厂

斷崖千尺島門開何物靈通日往回穴地崎嶇惟鳥道洞天縹緲只雲臺不扶九節仙人杖空望孤標太古梅列子從容垂足處應無復有御風來天外線泉懸崖一竅入雲霄石乳飛來下素條巧織天孫抽玉縷浣紗溪女濯冰綃乾坤缺處縫應合杼柚空時帛

自饒片片彩霞紛作綺玉人偏稱錦爲標山西天鼓靈鼓西懸石當皮三推何事削桐枝聲飛數里泉爲響林奏鈞天風每遲地籟巖屏空寬寬梵音晚課共支支幾人和得玄中韻直領眞聞耳不垂巖東石鐘有石如鐘古寺東當

年大冶鑄天工紐懸雲界千山外聲滿桃都五夜中暗度神龍時雙雙兼逆浪水日淙淙冥心會到忘言處隱隱清音聽不窮

九仙山距縣治西北六十里九峯矗立名勝難以殫述游踪不絕題咏如林

明刑部侍郎詹仰庇詩百里相尋豈憚遙名巖棲息意蕭蕭松陰積雨迷玄洞石磴當天掛斗杓半夜鐘傳風外梵空庭人醉月中瓢桃花谷口如通棹高隱同君不用招

永安巖在九仙山之麓唐僧無比藝圃處多種荇菜舊名荇菜巖雲濟史

禪僧涅槃于此其南有亭翼然可以眺遠雲山盡劍南之勝松風皆方外

之音左史顏廷榘扁曰覺路爲入門初地云稍左有玉液泉巖北直上百餘折爲松逕多五鬚松（歲貢林檟詩 幾樹松陰石逕幽參差弄影舞龍虬風清近午寒濤起彷彿天台頂上遊）松逕北蹲一巨石狀若蟾蜍半覆以古樹宛然月中扶疎桂子頷下可坐數人旁數石如落星甫爲小石天石形如一片瓦可避雨石上有二株樹（監生張士賓詩 林影排晴暉洞虛篆羅綺何年石上花猶作蕊珠比）轉入寶林欝葱數里鳥聲上下麋鹿猿虎間出其中可愛可愕春來綠戰紅酣令人應接不暇林中曲澗幽佳周道俊書泉石煙霞四字（左史顏廷榘詩 小澗飛流爲玉鳴窓林蓊色帶霞明幾回歸石林中坐無數風花撲面輕 監生李喬霖詩 齋爲巢深枝野猿拾定巢衣珠入寶林悟處是仙爲）

九仙山左爲靈鷲巖衣雲霞抱泉石修竹奇花絕非凡境庭前砌方石爲池立石橋䔲小白蓮其花午開而酉苞方中時爛然盈目池水深黑如亘星明於晦夜（歲貢林爍詩 山逈岧嶤隱仙家履躡千峯意自賒羽翰高飛黃鶴馭煙霞時度白香車秋深珠樹籠雲影亭午琪蓮映日華歷歷丹梯天可接何須海上覓浮槎 清進士李道泰詩 地接天河不住傾烟雲縹緲衆星明仙人頂上簪花將冷豔香浮削玉輕）巖前有泉僅斗出石竇味甚甘吏僕不可竭古志云九仙山有仙石井闊尺許雖旱不竭即此（林檟詩 冷然泉洴石山巔佳錫開山何代年祇事金莖和玉屑柳枝洒處湧青蓮）明萬曆壬子僧應陽鑿山阿爲池通胡盧池積水直抵放生池長數十丈廣半之深又半之負東揖

西因名迴照一石高數丈立池畔號將軍石清拔貢李宸鏗詩拔壁淩空半入雲靈巖保障獨需君松濤響動旌旄擺竹籟聲喧鼓角聞猛將彎弓曾飲羽丈人呼石總能軍論功何必封侯去昔掛征袍舊豹文九山多怪石過小石天石刻漸入佳景處衆石雜出如峯如殿如鼓如牖如屏如獅陡起石門標曰入聖侍郎詹仰庇更爲兜率天石逕橫空如複道盤樹交陰抵石洞巨石垛疊天成釜覆一小石支之如繫如墜內石彌勒一尊高十尺大倍之旁可具樽几散坐左通天然室僧無比修眞處相傳石故像果老日有羣仙奏廣樂無比厭之改雕彌勒仙樂遂絕名彌勒洞亦曰九仙洞明舉人郭維翰詩直人嵒磵洞摩雲通接天設青勾漏隱到處可探玄舉人李雲附詩洞口石崚嶒直插青天末恍從跨鶴來靈芝香可擷監生張紳詩洞明一罅天雲鎖千層石竽籟動疎林中有滄霞客歲貢黃龍御詩峭壁青冥上留雲一徑穿尋山人不識更有太華蓮歲貢周桐詩洞門封薜荔石逕繞松篙過關此頭去人天更不分庠生李日見詩樹迷洞口徑雲鎖石邊扉不識何年鑿苺苔作石衣庠生周櫻詩古洞煙雲流蒼山猿鶴嘯崚嶒尙可攀臨風同一眺監生林燦詩縈紆絕磴鎖蒼苔洞口千秋珠樹開大葯已隨眞鼎去月明贏得列仙來歲貢賴燫詩古洞陰森削壁環千秋老佛臥雲間捫蘿躡磴參玄關猛破塵寰醉夢間張士賓詩鬼斧鑿雲根空峒接天上神仙不可尋萬籟發瀟爽李喬森詩誰年斲山骨闢戶掩雲屯何處航空者猶來叩石門顏廷渠詩雲開忽見青芙蓉疑是蓬萊第一峯洞裏尋仙不可見但聞天上奏飛瀧天然室之北壘石巍峻爲飛昇臺以九仙故名也又直上奇削壁立明庠生周楓題曰蓬萊第一周楓詩何須航海外中土有蓬萊窮溟洞天裏神仙日往來絕頂爲尺五天里人周紹熹題曰大千世界周紹熹詩直上最高處乾坤一覽中大千何世界縹緲白雲空里人周瓚書壽山二字刻於靈鷲之巔後享壽百歲似預爲之兆周瓚詩高山凌漢表四睇白雲低敬祝萬年壽悠悠山與齊靈鷲巖

南有鷺嶺鑿石爲磴扳蘿而登嶺畔險墜處累石作小塔云係僧無比牧牛時所戲成迄今礧魄雖石尤羊角終不仆顏廷榘詩岩嶸鷺嶺鬱何年讖木陰陰泣杜鵑險磴忽思王子鶴春權不挂阮宣錢寒生短褐來天外翠沓藍輿過雨前薇酒喜逢吳季子懸淼長劍醒龍眼巖西有魁星洞峭石中虛旁有雲路前一竪石如筆巔一方石如斗巖東有說法臺石平如砥坐可數百人萬曆庚戌夏邑紳張士賓建亭顏曰半閒張士賓句千峯到客雲雙袖半榻讀書月一亭送攀躋風流學嶺松杉近日返丹青巖岫低半榻亭又詩層峯古洞穿峯出石面嶙峋帶自題碧落依人多氣色山花愛客頭閒寄傲上方莫莫喚天難藏貢朱光山詩亭結雲頭淨名浮可自禁生閒逢半日招隱入山流說法臺畔有點頭石張士賓詩初登三乘域說法坐高臺石聚頭皆點心安趣已灰拈花孤月冷薙草一亭閒議說千人石生公去不回過點頭石數步石上一巨蹤長老云仙人跡一在獅子巖前一在此相去五十里許林楨詩飛鳥會遊海上山留連遺跡在人間當時誤採長生藥一入壺中去不還靈鷲山上爲菩閣巋玄珠石巔有仙棋枰一局隱隱雲封棋子尚存三四淡紫色東有化身臺從山脊逶迤過石刻只有天關石洞二上曰齊雲下曰摩雲洞如奇龕可坐數人南爲振衣岡顏廷榘詩有客問峻嶒懸虛下復升踏梯雲一逕摩洞石千層珠樹渾如聚玉樓半是冰軼游歸路晚作伴喜逢僧林通一線拂袖翠微籠顏龍詩怪石摩雲出洞門接漢開霜枝封蘚古幽勝即蓬萊張士賓詩怪石劈層空摩雲絕壁東虬枝蒼蘚匝鳥磴夕陽蒙鬱洞盤方外滄霞坐鏡中萬庠生林釋詩更訪名山上翠微摩雲高磴履難移瑰枝壓徑千秋樹圭石當門百仞扉人在天中紅日近眼看杪木綠波飛冷然一嘯寒風爽迷却洞門何處歸摩雲洞前障一峭石題曰面壁旁有石梯下抵蓮花峰李喬霖詩蒼蒼石抱藤冉冉雲拋綫憶我逢祖師對却十年面九仙諸峯峭壁入漢涓泉百道沸成龍池冬夏清

流常注半幔以石壁半竅突莫測其底盡處累以亂石澄清不洩產異魚瘦若刀劍咸四脚性馴舊傳有大赤鯉見者爲祥宋泉州守王梅溪禱雨於此有應鑿祭崇隆進祝聖南池八大字紀之明萬歷間一村農利其魚私毒之日中雷雨交作如見異物亟遁去旁數樹皆唐宋時物稍東有龍吹亭里人周則森募建顏廷榘詩九仙峯畔作龍池池水清深龍欲飛昨日洞門風霹靂今朝池上雨沾衣　李雲階詩池水深千尺孤峯挂百尋忽驚神物起風雨振空林　林燧詩仙山錦繡屏古刹蓮花跡龍爲霖雨興摶雲天咫尺　李喬森詩一泓開照膽倒浸月華低莫將龍護法風雨邇雰迷　林檜詩朝來雷電暗蒼冥誰倒龍宮行雨瓶自一朝天龍去後至今源水尚精靈　李日見詩石池千尺白雲光神物朝天霖雨颺日午香生禪味足蓮花應借作慈航龍池左爲仙峯巖宇基寬廣興廢不知年代萬歷間重建清歲貢陳栻詩仙峯佳景卽蓬萊巖崪峯頭絕點埃古樹亞枝盤鳥道天花落水湧蓮臺微雲送雨前山度淡月邀僧入榻來飽我煙霞忘世味煮泉敲韻恣徘徊龍池右五峯簇峙如蓮花有蓮花巖舊址石大士石鏡石盆猶存復一峯爲普陀巖爲醉仙幕爲望軍石爲明鏡臺其右爲天宮戴雲列帳獅峯前茅奇勝可窮千里目林檜詩南薰風涼一水清何年化作五峯呈披衣玩月同僧話嘯虎猿啼三兩聲龍池南巨石高丈長倍之狀如墨魚題彼岸二字張士賓更曰石鯨林峻詩石舟侵水半珠樹覆石魚如何雲氣結水底有龍噓龍池下有石洞大小九處大者容數榻小者蹲數人水從洞底出曰九十九空洞明嘉靖庚辛鄉人多避兵于此九仙洞前怪石嶔嵌人跡不到處一洞如瀑布古志云九仙南

有泉聲淙淙若自雲間來久晴鳴則雨久雨鳴則晴亦名靈龜淼

張士賓九仙山十二景詩

靈鷲奇花 世傳當日一花拈散落瑤瓊泊岫巖朵朵香風天外臭芳姿更向月中纖 蘇履吉和韻 一朵奇花帶笑拈何年移種此山巖至今猶見空中色自是西來玉骨纖 朱光山詩 靈鷲有奇花冰姿泥不染方塘向午開碧若梅花點

永安翠竹 澗環萬竹翠交加般若臺高轉法華夜半巖頭風雨作化龍疑是葛洪家 蘇履吉和韻 翠竹陰濃分外加松風來是比清華前身本是凌雲客人托山門自一家 朱光山詩 尋山登覺路窈窕異塵寰人與白雲淨禪如翠竹閒

高臺說法 當年說法有高臺聚石纍纍刼已灰偶向亭頭聽半偈散花天女雨中來 蘇履吉和韻 底事登臨說法臺蘊已修千刼欲成灰點頭應有峯前石未許凡塵拂面來 朱光山詩 僧向蓮臺坐曇花傍雪飛聽玄心自了頑點石依依

層洞摩雲 作登洞壑接青霄伸手摩雲五色饒此去蓬萊應不遠虹霓漫借作長橋 蘇履吉和韻 層洞摩雲列九霄繽紛五色景偏饒低頭還覺雲垂足直向天臺駕石橋 朱光山詩 層洞累石閣片片摩雲白有時跨鶴來仙人應咫尺

魁星彩筆 石洞嵯峨雲路通斗杓高出萬峯中洞前彩筆瓶如許花放春三峽日紅 蘇履吉和韻 信得青雲有路通天然彩筆出山中奎星曾否遙相映已見留題數字紅 朱光山詩 危石壁奎懸晴霞繞洞口璀璨天北方屹然若魁斗

彌勒禪門 玲瓏古洞秘青霞指點蒼山木石賒綉佛何年留面目白雲繚繞作袈裟 蘇履吉和韻 洞中古佛久餐霞得共深山歲月賒見說何年煩改鑒禪門依舊是袈裟 朱光山詩 洞門杳可探煙霞晴一眺繡佛耳中聲風前猿鶴嘯

龍池霖雨 雲樹高懸百仞臺中含滄漭石池開蟠龍時或朝天去却念蒼生帶雨回 蘇履吉和韻 蒼茫雲樹匝高臺中有龍池沸地開可是我來方作雨多情留住不教回 朱光山詩 天光含碧瀘石竇深何底風雨有時來神龍驚且起

石井甘泉 老僧杖錫夜歸遲曉起蟠蟠一勺瀰莫是山深來虎爬清漣千古照鬚眉 蘇履吉和韻 甘逾玉醴出泉遲石井徹迴漾碧漪爭比冰壺清徹底一痕斜照遠山眉 朱光山詩 津從石隙生一酌甘如許應是玉壺冰滌消六月暑

寶林織翠 給孤買地布黃金到處盡將寶作林翠織晴雲迷去住山花片片着羅衾 蘇履吉和韻 誰能指石使成金何事名標作寶林萬紫千紅長給織山僧祇有擁寒衾 朱光山詩 眺望歷晴山瑤枝羅萬丈徘徊林日中蒼翠着衣上

夕照迴光 新築迴塘弄晚瀟晴雲如線鏡中披浮光返映維摩室始信獼猴舊有池 蘇履吉和韻 天開一鑑蕩漪漪霞綺雲羅共細披最是夕陽迴照好紅光萬丈上深池 朱光山詩 澗水涓涓出鑿塘一鑑空萬山迴照入倒映碧巖中

蓮峯月色 崔巍五出染晴霞人道峯如菡萏花可是太華分十丈月明猿鶴淚天涯 蘇履吉和韻 削就芙蓉簇晚霞五峯長作四時花每逢明月相輝映蓮蕚猶疑出水涯 朱光山詩 地曠諸天合巒巘矗五峯夜深山月出朵朵列芙蓉

松逕風濤 白日松風滿野濤虬枝歷徑出平皋振衣欲覓知音者弘景當年興自高 蘇履吉和韻 蒼松歷徑韻成濤有客尋涼步九皋真是好風吹到此聽來渾不記登高 朱光山詩 奇松日鬱蒼盤逕清陰亂吹萬起濤聲瑍嶽來耳畔

龍湖在新化里太湖山四面崔巍旁羅列十二峯山頂凹處似船宋紹定庚寅僧自超夢異人導至此山因建寺居焉寺前一湖瑩碧如鏡亦名青草湖嘗產青蓮花明里人張峴詩五百神仙擁此峯黃金削出寶芙蓉祇園昔日明霞布福地今朝紫霧封古樹棲殘聽法鳥春池夢覺說禪龍毫光遠向雲間度曉色先聞半夜鐘　微笑當年法眼開龍湖祖意自西來花前香色依然在座上玄機不用猜水演眞源分復合田多妙果熟還培雲關遠挂天邊月笏地今知鏡有臺湖外稍下處有卓泉水從石間流注點滴如珠春不盈冬不竭一名碧水池俗傳僧自超開鑿水源伐石作筧緣嶺而上欲令倒流入寺今石蹟猶存顏廷榘詩高崖有碧泉林密覺境閟住僧相導引扶掖乃能至苔滑怯石滑藤變冠屢繫俯見水澄瑩不盈亦不匱一酌心自清久坐神亦悸過此不敢留還步猶恐躓支木忽超越回首瀰玄邈傳言有神通此事亦云異總在天地間眞源偶相値探幽復躋高至理斯可契　李雲騎詩尋幽到卓泉共坐水之滸泉從石罅來滴滴細如縷四序任推移不盈亦不竂自是有神功蟲雲潤厥土潤草帶迎香叢林陰嘯虎杳靄亞枝垂蒼苔封石古興至好呼盧不用作佩僂醉臥羽衣旁翩翩孤鶴舞歸路入禪林扣關問六祖　張峴詩萬仞峯頭妙簇通眞源點點出空中天河水向雲間落石乳香從色外融谷口霏微常帶雨湖邊清冷自生風傳言一勺多靈變隱隱龍歸應有宮　湖西普陀山上有化臺僧自超坐化處庠生賴寧遠詩攀躋直上最高峯俯瞰平湖烟水濃七九丹成雲滿塔化臺是處悟玄蹤

石壺在清泰里石牛山上晨起登山畢景始到由陟雲亭入林而西透迤千仞為天台嶺上有分水洋水東西流東往泉州西往興化黃憲文詩巍巍一嶺與天齊極頂分流瀉兩溪竹裏八緘千尺磴道旁石可萬言趨林深鳥踏同猿嘯谷暗蟬音似豹嘷附葛攀蘿三五里回頭已覺夕陽西　毛一夔詩後上依前上晃林莫辨天人心智出世山窟藏成仙府碧廠靜梅問斷街陽巔清光懸木杪恍在赤城邊入壼平地數畝一院居中毛一夔詩遶座靈巖結構陰上方猶隔白雲深春秋遞就花情問朝暮門開山影倭五夜龍光存劍氣千年佛子悟雷音欲參松石無窮理須抱層巒不世心院前有池產四足魚午時

蓮院後直上怪石獰猙作鐘鼓龍鳳鳥蛇之狀當路巨石谽谺埰疊如闕如實者三各深二十餘丈委宛蒼凉鐏處曦陽斜照間有字跡剝蝕難辨爲一天門毛一夔詩片石嶙巖起通幽一竇先巢雲何窒戶撥徑始開天我謂奇無比僧云實未然登山初展眼見此即稱玄二天門毛一夔詩又轉一幽奇比前峻勝之龍蛇多附走日月罕明窺稍出天仍大霏香路更疑白雲尋不見踪有別心期三天門毛一夔詩探奇已至再此益費躋踏石盡歸玄象門真透太虛以幽能致曲有滿不同初三復留題後登天咫尺餘上即石壺洞頂址全石如牛頭中可容數十人康熙間洞門震壓未鑿毛一夔詩壺頭古洞滿生秋蘼草寒花不自由旋鳥思僧仍下石孤雲戀客復經邱遙鐘領送空山晚墜樹徙移幽遐幽想得異人心亦老黃蛇勝氣性中收洞底有穴深杳傍穴積沙中常見男女大小趾踵跡遊人以手滅之頃刻復見蓋山魈所出入也洞頂望見興泉二郡雞鳴時可觀海日毛一夔詩天雞遙報扶桑曉五色烟霞壺東繞兩儀漸判陰陽開混沌諒同此時杳須臾現出金輪王一顆晶明滄海表鎖精瑞魄不易高欲起未起耐睥睨洞口豁然真可吞如何不教天地小羲和叱馭挺三竿撥頭如挂石壺杪萬木共棲赤身爲千林喚醒黃粱鳥巖巔鐘聲響長經嘯孫登下山了黃守仁詩滴輿登絕頂壺光快壯遊三門陰霧鎖片石晚雲留風動天香霧雞鳴海日浮徒堂鐘數點敲徹萬峯秋洞北別開一洞上下兩石深廣二丈許中虛一竅窺見蒼光而雨點不能入上石如蓮花形旁有指動石以手撼之不動以指點之則搖稍過爲龍藏有風出小口傴僂可入約十餘丈盡處一池深黑石壁斜倚有大士影宛如刻畫由洞而上爲演法臺道人張自觀門魈處也石壁峭削千仞頭髮尻脛鞭劍之迹各入石寸許輾轉數十處足趾

入石牛其踵遊人跣足緣石以登壁間作石級數十爲梯巔有石穴深不見底當超而過之非神全者莫敢往矣（毛一夔詩何許衆山讓特立琢璵削起插天入龍蛇走跡滑如泥來去烟沒不一集雙眼抉開萬里青層梯踏作九霄級身世盡危梯可持飛鳶驚墜翼自戢有時長風發嘯聲成云巖下山鬼泣與人敵鶴久未歸古洞空遺金粟粒振衣秋氣不勝多落木黃昏催更急）達頂有天成石塚有洗劍泉一泓水常赤（毛一夔詩稜稜千古濆山月薄帶霜威凍人髮紫氣縱歸牛斗間劍花瀉出寒流滑扳躋共說難山染秋光如點黛人棲雲杪欲生翰朱曦浴海扶輪上青女流膏洗劍寒此處離天疑尺五望中風景托和盤　黃遂權詩神蹤留異在雲端攜手）對峙一峯巉巖峻絕遊蹤難到極巔有劍插石上可搖不可拔（毛一夔詩虎氣半消龍精沒苔痕帶露裂山骨氣人三尺掛碧天萬丈光芒猶恍惚　黃憲文詩紆迴山徑即天台古洞幽深片石開樹老千年時帶雪風嘯萬壑欲成雷瘞橋有路通牛首寶劍當空插法臺極目海隅縹緲處五雲丞捧太陽來）

端午泉在五華山唐僧無晦穴井深數十丈得泉指語人曰斯井千年逢端午日則水溢吾化後以斯爲證至今五月朔泉漸生五日盈坎寺僧挹注以辦千人齋翌日復故

羊棡苻在湯嶺社石壁峻削數百仞上一石盤端平舊傳宋時有僧黃姓者坐化於此

白牛苻在南埕社水口懸崖之下相傳尤溪道人章姓者嘗乘白牛到此驅疫因跌逝於此

星山洞在虎賁山俯臨絕壑千仞洞內有餘炭蓋昔人鍊汞處

紗帽峰一名寮田在石傑社之南中聳一巔跨兩峯形如戴帽距巔十數武有唐顏仁郁墓宋知縣事顏敏德謁祭題紗帽懸空詩云靈鍾名彥壯名峯紗帽高懸巔功空不假山神勞組織燦然錦繡麗天工

青螺峯在石傑社泗濱鄉峯不甚高疊石翠秀如螺上有亭下爲雨化軒明顏廷榘微時立教於此題螺峯疊翠詩云一亭插漢隱蒼松積雨青螺疊翠濃遠眺雲天光似錦臨軒無數子孫峯

三角巖在圻村前洋頂有石三角形旁有小澗巖前懸崖千餘尺澗水飛瀉成瀑布晴時俯臨之水沫成霧與日光相映如彩虹

白水漈在金雞山北水從夾谷而下懸崕數百尺如銀河直瀉兩旁石壁林木陰翳非正午不能見日

屏風漈在李山社漈下有潭漈上列石如屏秋水澄澈屏影倒映俯瞰有若樓臺

奇石

將軍石在上林社儒山鄉溪壑間挺立數十丈大可二十圍形體獰猙如介冑李宸鑾詩石勢崚嶒號冠軍千年壁立獨超羣剛腸不避風雷撼鐵幹從教苔蘚紛銀甲秋霜添素鎧戰袍春雨洗塵氛遊盧屹鎮江山老自有聲名不紀勳　庠生謝祈出詩爲有東流柱一擎儒山千古壯干城雲根磅礴留威猛鐵幹崚嶒想甲兵古石歷迴維地脈將軍名號自天生巍巍介冑揚波立檢點蒼松作柳營

大士石在桂林鄉片石突兀高廣十丈許半壁一穴如龕有石佛像三居中者類大士里人搆亭其下歲貢賴銓詩普陀名勝世稱奇此石嵬然恍似之豈藉六鰲山忽至猶疑一夕雨飛移何年古佛超塵外不數行人逸興遲別有洞天無限趣詩成回首月明時　庠生賴育茹詩一室天然出鬼工現身疑在水晶宮慈悲漫遣心如石世界同歸指點中

金魚石在桂林鄉西南溪中長四丈許高三之一廣二之一其色赤每波濤洶湧勢如浮動賴銓詩天然片石砥中流宛象蒼溟錦鯉遊日浴鱗涵金疊麗風吹浪鼓玉鳴休千年隱現占潛躍一水瀠洄鎖去留多少行人頻眺望應疑養就赤鱗浮　庠生林超鳳詩誰家綵石鎮溪流却鑄巨鱗擁上遊夾岸暴聲同在藻潭身金質自凝休日親燒尾徵消息春至聞雷決去留自此乘風騰萬里不教魚服逐波浮　庠生涂廷觀詩小潤鱗鱗一石魚衝流激刺却隨渠桂林可是天池否水擊三千任所如

仙人犂在山坪社大仙峯右山巔分一隔中有石大如盤上有犂波數行及仙蹤牛跡

石鯉在石傑泗水鄉溪中有石類鯉春波冲浪勢若騰飛邑令黃梓春詩簇石潭如鯉冲流捲夕陽春來雷雨作破勢化龍飛

石印在尊美鄉溪中有石高大如印能節水量洪水不沒又名節水石

石門在綺陽鄉北峭立千仞對峙若門

石蝦蟆在綺陽鄉水口有石類蝦蟆如人工琢成

石筍在上林苻下鄉溪中有石如筍高大俱數丈下與上田溪會流處復有石如人形

紗帽石一在李山李溪鄉之東一在南埕洪林山之陽片石高出三丈餘屹立方正形神逼肖

佛石在南埕社溪頭渡高三丈許屹立溪左刻大方廣佛華嚴經七字人以是名之

金龜石形似龜在南埕承澤鄉高十二丈長九丈六尺光緒壬寅四月忽自林中墜落水尾平横坑口

棋盤石在南埕龜洋鄉上有張道人足跡水尾有石龜橋亭又有聖岐石

鯉魚石在下湧鄉水尾石二狀如鯉並行上水大水時尤肖

插劍石在科榮鄉牛皮墘山大數圍高丈餘相傳昔有異人負劍到此以劍

插石石裂劍痕宛然旁有仙人足跡

塔

獅胥塔即今塔峯在南關外邑治之東南明天啟間署知縣泉州通判閩人宗望倡建知縣林大鑴經始桂振宇落成並建春臺於其下邑人爲立三賢祠順治四年燬於寇（明大學士晉江蔣德璟記見藝文）乾隆己卯縣尉章錫相度舊址建一傑閣旋爲風雨所壞閣之下另闢一區建文昌魁星殿（後移建龍潯山）乾隆丙午訓導江雲霆以修雲龍橋餘貲謀重成巽峯以淩空起架勢不耐久乃累土爲山峯巒矗起秀拔空中此人力補地之闕比之塔更爲鞏固今即名其地曰塔峯

南塔在桯田寺高數丈凡五級藏佛骨佛牙舍利於塔頂後傾頹乃改建於佛殿之東增爲七級高七尋仍以牙骨藏之今廢

西塔在登高山頂塔下有亭今廢（宋縣尉孫應鳳詩憶昨慈思登絕頂今朝眼界更分明飛簷高瀉銀河水隔岸遙傳寶鐸聲鸞鳳呈輝看欲下蟠龍露角望尤動淩風好向蓬萊去一片香雲繞足生）

上湧雙塔在東西里上湧鄉舊屬尤溪縣僞閩割屬德化環鄉皆山中有平

田十里許初有謠云行到尤溪上湧鄉東西立塔足財糧三百年中稱德化西北定架狀元坊里人徐子陵因倡建二塔扁曰魁星應謠語也二塔今俱廢東塔址在福平洋徐德尾西塔址在陂頭明宮諭李桂高詩一水中流分兩塔朋山直上第三層台星到處魁星現富貴相期梁與曾

步瀛塔在石傑東南塔嶺上塔甚高地當永德交界層層直上望之若插雲霄後廢舉人鄭秉鈞詩蜿蜒寶塔委荒坵時現瑞光射斗牛古蹟原來超世界煙霞再遊插峯頭乾隆丁未碩溪顏姓重建更今名

駟高石塔在縣治西門外滻溪左世科鄉嘉慶間建高約五丈圍三丈許與鵬都石塔斜相對

鵬都石塔在滻溪右枝塲邊嘉慶間建高大與駟高塔二塔俱高壯尖秀

龍潭

東關龍潭在東關外滻水纓溪會流之下水至紆迴勢若漩渦旱時闔邑禱雨於此

龍翰龍潭在龍翰鄉泰山麓邑監生李鼎舉人甘重熙同遊詩云卜就龍泉下形忘一漱眠白雲紛作雪綠影半浮天寒堅石爭瘦澄波鏡似圓應知靈氣出水族禮三千

火烽嶺龍潭在縣南十里澗流極深相傳有龍旱時每于此祈雨

石山龍潭在縣西十里溪水流入山下二里許潭面甚隘道晦不可行惟近潭淺地遇日斜照則見其極深窈嘗因旱水涸漁人至山下見巨魚千百爲羣黑龍殿後遂驚遁相傳無敢入

黯坑龍潭在縣北金雞山甕谷中石澗懸瀉有大龍湫小龍湫數潭相承皆深不可測峭壁夾之杳冥晝晦人蹤罕到大旱祈雨於此

小尤龍潭在尊美社石壁峭立水聲如鼓深莫能測旱禱雨輒應

石坑龍潭在尊美社源發太湖山經石坑入潭旁有天然石龜

雙坑龍潭在南埕社潭中石壁甕竇天然深不可測傳爲龍窩明中葉潭常作霧迷濛里許徹日不消鄉富人居近厭之投以毒龍去霧散鄉遂因之寥落

柯坑龍潭在南埕社古山村

東溪龍潭在清太不老社深不見底上有小拱橋遇旱禱雨甚效

東坑龍潭在上湧東坑溪戴雲尖峰下深不可測旱時祈雨輒應

釜形龍潭在大安雙翰鄉水從峻壁數十丈而來潭水最清禱雨多應

赤脚龍潭在香林寺前宋僧了他寂于潭上石盤水深莫測龍神甚靈鄉人禱雨則應邑紳林汪遠林模嘗放生于此舊傳有漁人沒水見雙赤鯉尾大如扉（林汪遠詩神鯉今何在于今料化龍但看鱗與爪盡作黴頭松）

湯嶺龍潭在湯嶺鄉西北潭深廣各數十丈每見春夏間片雲上升雨立至土人旱禱於此

左溪龍潭在梅中里雙澗滙流巖壑間有上中下三函如簀三泓如甕函水名入泓上函獨長夾以石壁高數十仞甕竇水聲如洪鐘遇陰晦龍或出焉上有龍王廟宋泉州守眞公德秀嘗禱雨於此

各潭（附）

米潭在湧溪長潭下面積占地約百畝爲湧溪冠潭左有沙年有變更鄉人以沙洲之廣狹卜米價之低昂故名

米桶潭在綺陽鄉面積約丈餘相傳米價昂則潭深見底低則沙積盈潭鄉人以此卜之無不驗

鼎潭在李山社戴雲東南十里自祥雲溪奔注一圓潭狀如鼎直徑四丈餘深可二丈許周緣石壁平滑如人造水勢沸騰似有鼓以洪爐者數步外有小潭亦然

鼎沸潭在尊美鄉圍圓數十丈深不可測水入潭如鼎沸

鏡潭在石傑泗洲陂下有石圓如鏡水底明淨不留沙石

晴雨潭在小尤鄉一名漈兜潭上流瀉下如瀑布久雨將晴則水聲如鑼聞徹一鄉久晴將雨亦如之

炊楻潭在下湧鄉洋頭形如楻四面石壁水至潭旋轉從底出

獅潭在李山社李溪鄉東南上有石如獅天將雨則霧騰潭上鄉人望而知之

鯉魚潭在上林蓋德鄉潭有二石似鯉號雙鯉上灘

論曰德化巖壑幽異雲蒸霞蔚中奇蹟嶙峋而起境則別有天地詩亦思入風雲披閱之下引人入勝矣至若王龜齡之刻石龍池眞西山之禱雨左溪其尤足發懷古之幽情也歟

德化縣志卷之六

建置志（城池 公署 試院 倉 舖 坊 附院堂義塚）

古人建邦啓土疆域既定營建斯興邑雖蕞爾以固封守則有城池以布政令則有廨署以籲英俊則有試院斯其建置之宏者歟至若備儲有倉傳命有舖旌善有坊與夫收窮澤枯之所又皆不可或缺者也星羅碁布而邑之規制昭矣志建置

城池

邑舊無城明嘉靖三十六年知縣鄧景武申請建築南臨滻溪東自龍潯山麓環仙宮而上北繞大洋山西抵大旗山巔下達於溪周八百三十七丈高一丈三尺下石上磚開二門東爲賓陽西爲有年三十九年倭奴自仙遊縣大掠永春知縣張大綱以城闊難守改縮西偏城垣截大洋大旗二山於城外存城垣六百六十八丈視舊制增高西北浚濠深丈餘建北鎮樓以資遠瞭東築月城東西二門俱建敵樓四十年蓬壺賊呂尚四攻城十

餘日不能入遁去（歲貢生陳石記見藝文）四十三年五月大水壞東西城垣署知縣泉州府檢校謝啓光葺之後屢有水患時壞時葺四十四年知縣何謙以城北居民荒寂乃即其地開北門名曰拱辰建樓設窩鋪分兵以備巡緝萬歷十九年知縣丁永祚開南門名曰來鳳（侍郎莊國貞記見藝文）

崇禎十四年知縣李元龍增高城垣三尺分雉堞爲一千垛重建北鎮樓

十六年山寇倡亂不敢窺城

清順治四年寇燬四門敵樓尋以城北荒寂田地洿淫閉拱辰門

康熙十五年丙辰四月十六日大雨巳時溪水暴漲逆行衝西南門白浪淹城沿溪一帶城垣廬舍盡湮爲壑僞知縣葉麗生督民修築未就僞知縣辜錕繼成之仍舊址改來鳳門爲解阜門有年門爲金成門並建敵樓東南開水門一西南開水門二

二十五年知縣范正輅繕葺城垣重建賓陽北鎮二樓（今北鎮樓廢址猶存）

五十年知縣殷式訓奉文修理城垣（開新門于城之西北隅移教場于學宮後山人文由是不振紳士乃赴憲呈請復舊）

六十年知縣熊艮輔奉文修理城垣
乾隆十年知縣魯鼎梅奉文修理城垣
五十五年七月十七日大雨溪流漫漲衝塌城垣約百丈署知縣楊鶴皋
議修未果五十六年知縣楊奇膺捐俸修築並重修東西南三門敵樓邑城記
狹而長南臨一面逼溪自西徂東溪水循牆而下益以丁溪匯中流並無尺地之餘可以捍禦故春夏水漲城輒隳塌地勢使之然也自乾隆十年知縣魯鼎梅繕葺後閱四十餘載奉文飭修者竊有成規其易爲力處當事隨時捐修亦不一而止至乾隆五十五年七月十七壹夜大雨溪流漫漲城中水深三尺城垣衝塌者丈以百計依山雉堞皆壞大費工程署縣楊鶴皋議修未果五十六年知縣楊奇膺捐俸興役修築并東西南三面敵樓年久傾頹重新整飭城以完固於是民之蕩析離居者仍歸故地人烟稠密還復昔日舊觀矣
嘉慶元年知縣胡應魁重建敵樓
十六年八月十六夜大雨水暴溢壞城垣十餘丈知縣中允繼重修
咸豐三年林俳倡亂城樓被燬六年知縣許善器諭捐重建
光緒三十年五月初七夜洪水傍溪城垣自西至東冲壞七十餘丈三十
二年知縣趙雲崧率紳董蘇春元賴其浚王光張林慶雲郭青雲蘇清華
等重修

公署

縣署在龍潯山西南滻溪之北即唐貞觀中歸德塲治所五代唐長興四年升塲爲縣因置廨東西相距前橫闊二十二丈後橫闊四十四丈直深四十八丈四尺宋熙寧間知縣事陳居方營繕旁爲倉庫吏舍中爲大堂後爲宅堂紹興十三年知縣事吳崇年鑿山廣其基爲室十有二間知縣蔣雝繼建緼仁堂於廨東辛次膺爲之記乾道七年知縣事陸浚建淸眞堂於廨西又有梅臺及秋香馴雉壺曏綠野綠錦諸亭(建年失詳)淳熙四年外門及大堂燬知縣事林叔度(康熙志作淑度)重建大堂五年知縣事劉隆重建外門十一年知縣事鄭旦之改綠野亭爲學道堂綠錦亭爲雙淸亭紹熙元年知縣事季元才建中門紹定三年復燬于火知縣事林倚建中堂黃之望繼營廳事葉彥琰(康熙舊志作彥郯)建重門及鼓樓胡應梅於門內立兩廡東爲吏舍西爲倉庫犴獄廳事後西爲書院旁爲百花亭淳祐四年知縣事黃忠叟建大門己酉冬吳一鳴於大門外立宣詔班春二亭新四圍牆垣

元至元丙子至治壬戌縣署兩燬尹翟彬簿李德仁達魯花赤千奴尹沈

思藴康熙舊志作思緼 尉王艮質康熙舊志作良積 相繼建修

明洪武間知縣王貞丞余表簿古彥輝大加修葺規制完整正統十三年燬於沙寇鄧茂七陞知縣典史王志安重搆正廳景泰七年廳復燬天順六年知縣李青重建幷建儀門正德十四年知縣張紱重建譙樓記見藝文

嘉靖元年知縣胡呈章重建申明旌善二亭始建未詳年代

九年知縣許仁重修縣廨前爲正堂左幕廳右架閣庫兩廊爲六房承發科幕廳東爲典史廨架閣庫旁爲吏舍際留倉儀門內西爲獄外東爲土地祠外左爲申明亭右爲旌善亭南爲譙樓二十七年知縣緒東山重修縣署四十四年知縣何謙重建後堂及土地祠

天啓五年知縣桂振宇建寅賓館于儀門之東匾曰虛受以儀門西爲糾察祠

清順治四年山寇蜂起城破縣署被燬無遺六年知縣王榜始搆內外堂及後廨其餘倉卒未備儀門譙樓歷任或建或修終不能如舊八年知縣

何之旭搆獄屋五間

康熙二十六年知縣范正輅捐俸建兩廊六房吏舍修內外堂寅賓館土地祠舉人謝青鍾記德九邑耳規制他無足述舊惟縣署及學宮巍煥之觀殆與上國齒載諸邑乘詳巳鼎革初山寇一炬盡成焦土迨戊子歲王邑侯枋實始經營然聽事之堂僅立四壁後宅前樓潦草粗具而巳歷任因仍遂成舊貫及甲午再變而寇據甲寅再變而海踞丙辰之夏天吳肆虐又從而漂蕩之幷所謂四壁粗具者傾頽腐圮駸駸乎不可復問矣今父母范公世胄名科學術經濟雅有淵源膺簡命來蒞茲邑慨然以百度維新爲己任勸農桑剔蠧弊讀法課藝興學明倫凡所以整躬率物者無非本經術爲治理朞年之内百里盡登衽席乃捐俸鳩工庀材初葺正堂次建兩廡脩譙樓次設常備兩倉又次建土地祠寅賓館贊政堂以及庫司架閣舖屋獄室凡昔所有莫不畢備既塈以丹涴美而文荒陋於焉改觀深山父老咸懽忭咸嘆共謂前代二百餘載隆盛之規廢幾五十年所矣不意今朝復見昌明景象而不勞民不傷財是侯之仁且能也夫修廢舉墜不失舊觀古人一燕息嬉遊之所猶且載筆金石以傳不朽況茲奉法蒞民地歟是不可以無記爰敘梗概壽諸棗梨云

乾隆五年知縣黃南春於廨右再建土地祠

十年知縣魯鼎梅重修大堂及兩廊儀門譙樓申明亭旌善亭五十年六月獄屋燬知縣王紹曾捐建十二月署知縣吉壽重建申明旌善二亭五十一年知縣蔣履重建大堂接水亭五十二年知縣楊奇膺重修大堂並後署

咸豐三年四月永春林俊倡亂破縣城公署被燬無遺七年知縣許善器率紳董吳熙春方向春等重建後任劉艮荃繼成之同治二年署知縣徐

士傚李紳董吳熙春蘇邦翰郭尚品等修葺

十三年知縣白希李於大堂前添建留蔭亭就庭前手植二柏因以名亭

光緒七年知縣沈受謙就縣署西偏倉地建一廳四房額曰西廳

十一年知縣張廷榦重修大堂兩廊吏舍及署後大仙樓

典史廨在縣署東偏明嘉靖九年知縣許仁脩建三十二年典史關一德捐

俸重脩

清順治四年與縣署同燬於寇典史李濳鱗移建於來鳳門之東

康熙十五年圮於水十六年冬典史顔志美仍就縣署東舊址

重建前爲門中爲廳事後爲內廨

乾隆五十四年典史馬騰遠捐建前堂

道光十一年典史王霖重脩

同治九年典史倪濤脩建廨署

儒學教諭署在縣治西後宅與縣廨毗連闊十二丈深三十餘丈順治四年

寇燬學宮寄居民舍

康熙十二年訓導林甲繼請於知縣和鹽鼎捐俸建一廳四房（先是訓導與教諭同署康熙四年奉文裁）（教諭十七年復設）四十九年教諭陳文海捐俸脩葺堂西建旁舍一所廊房四間周以垣牆五十年教諭力子侗捐俸重脩於堂東建書房二間堂前建露亭改造大門

乾隆十二年夏教諭曾晉捐俸修建（知縣魯鼎梅勸捐序見藝文）

二十八年教諭劉松捐修邑監生陳天從捐建後宅

五十年訓導江雲蹇以學舍在城內與　文廟遠不相涉擬移建教諭署於　文廟側議而未行

嘉慶二十二年舉人鄭兼才時為建寧教諭以學署遠於　文廟不合體制稟諸巡撫王　請移教諭署於城外學宮之左而以其地為書院檄未報

道光元年知縣艾榮模議修學宮邑紳又以移建呈請申詳奉文允准七

年乃就明倫堂後舍塾補卑溼作一廳二房旁有廂房有庖湢又於堂下之東建齋舍中二楹旁八楹二門左右爲房四後又於崇聖祠之前齋舍之後建一廳四房東西廂房各一繞以短垣址與學署毗連建年失考

儒學訓導署在縣治西上市康熙二十年訓導李蚤春以諭訓同署窄狹難居捐俸買置一廳一房建門左右爲房二間二十七年訓導方祚隆捐俸築牆於其右建上下二間

乾隆十二年訓導鄒式程捐俸塡地基前建大堂後爲私宅四十二年訓導王廷珪捐俸重脩

五十年訓導江雲霆以學署在城內與　文廟遠不相涉擬移建於　文廟側議而未行嘉慶二十二年舉人鄭秉才亦以學署遠於　文廟不合體制白諸大憲請移建於城外學宮之右而以其地爲賓賓館未報

道光元年邑紳又以移建呈請知縣艾榮樸申詳列憲九月奉文允准乃於七年就學宮之西新建中後二廳房各四左右兩廊達大門前築照牆

規模視教諭署吏爲宏敞

邑舉人王檢記

國家監唐制詔天下郡州縣立 文廟而建儒學二署於其側豈第朔望便於拜謁宮牆藉以守護云爾哉周禮太宰以九兩繫萬民牧長而外曰師以賢得民儒以道得民夫以位望言之師儒之不同於牧長也明甚而其與民相繫屬者則一豈非其賢其道皆以聖人爲法歟夫聖人往矣而孟氏嘗曰猶樂其居之近蓋紹百有餘歲聞知之道統鄒魯視若同堂故學附於廟使夫官斯署者瞻仰高山肅然起敬求其所以聯屬維繫乎民者躬行而表率之宮牆之內與諸生效道誼而講經術不至汎乎如棲苴浮梗之相植於水中也然則文教之興士風之振合在於此矣吾邑學宮自前明邑侯秦公霑徙建於城外西北大洋山之麓爲今之學宮而於東名宦祠前爲教諭署西鄉賢祠前爲訓導署鼎革之初盡遭寇燬順治八年邑侯孫公白孫始營 文廟正殿其後刱建續修俱見邑志康熙十二年司訓林君甲職於縣治西始建一廳四房爲教諭署其訓導署亦在縣治西則司訓李君丞春所買建也二署雖同時移置要皆在城內門揭通衢與學宮相隔重闉數百武歷任學官或朔望一至焉或春秋仲丁一至焉故事奉行而外漠不相關闒茸之徒輕舉作踐入道光來崇聖祠及 大成殿棟宇庭垣日就剝落圍橋石欄損折大半矣守護且不及何以敬教勸學吾鄉賢鄭君秉才目視斯象心焉蹙然會邑制圖南書院地作考棚成鄭君謂縣設考棚事屬可已學遠於廟則不合體制白諸大憲請移教諭署於城外學宮之左而以其地爲書院移訓導署於學宮之右而以其地爲賓賓館檄未報道光元年邑侯艾公榮模捐俸集紳士議修學宮諸紳士以此舉呈艾公申請猶未報可九月間諸紳士以勸捐修廟所先繳者自崇聖祠及 大成殿兩廡泮橋黝者堊之隳者修之至明倫堂忠義祠亦皆整新可觀而移建學署之檄始報曰可乃就明倫堂後舍墊補卑溼作一廳二房旁有廂房有庖湢又於堂下之東建齋舍中二楹旁八楹二門左右爲房四學宮之西則新建中後二廳房各四左右兩廊達大門綽乎有容也於是而儒學兩署工告成時七年六月朔日也夫學校爲育才之區 文廟乃脩師之地二者相須而不可相離使師儒之司與市闤雜處則其言哤賢如韓愈猶云冗不見治遑論乎其他今學與廟近師道之立其則不遠安知十室之邑得遵聖人之法者沐浴而膏澤之彬彬乎文益其質不如川之邛浦而大才成滄珠以仰副乎聖天子立學作人之至意則鄭君移建之請與上憲之允其請所裨益於敎學者豈其微哉

附鄭兼才請移學署稟詞

德邑 文廟在縣治西北距城一里許查通志載教諭廨在名宦祠前訓導廨在鄉賢祠前其實教諭訓導二署俱居城內名宦鄉賢二祠在城外 文廟側與學舍遠不相涉除朔望行香外無官守護考古學制之興先有學而後有廟唐以後詔州縣立孔子廟自是有廟因有學而學必附於廟非第崇其教以治人也而啓閉必嚴往來必肅崇聖之典亦於是昭焉教官職守所係莫重於此以卑職所見延平府之南平泉州府之南安臺灣府之鳳山其 文廟俱在城外而教諭訓導署因爲獨德化學與廟不相涉而教諭署與訓導署不相聯以統一之區分而爲三歷久相沿至今未改卑職前爲諸生時訓導江名雲霆每議改建擬以教諭原署爲圖南書院訓導署爲賓賓館時 文廟甫修圖南書院舊制仍存故雖有議而未行自數年前創書院地添建考棚書院已視前縮小而 文廟遠隔城隅反不如民祠門戶猶有專司亦不足以昭愼重因事隔江訓導二十餘年故無人更申前議竊以縣治考棚之設事屬可費已在不貲城鄉居民以慷慨爲之若教官兩學署無煩浩費且爲 文廟移建以敬聖之心爲樂事勸功之舉當有倍加踴躍者至教

諭原署在縣署之西改爲圖南書院視原地高聳而深長足廣齋區訓導原署作賓館廣狹適稱可省改造卑職備員黌序自安溪臺灣及今任內于學宮一事俱不敢視爲緩圖况在本籍敢有異視而安溪一役屢蒙批示獎勵卑職感激至今故敢以本籍學制稟聞如蒙俯准請檄飭本籍縣主會學議詳酌移教諭訓導二署於城外　文廟側審定地勢倡建興工如樂捐人衆並可修葺廟宇增闢新改書院齋舍不特典禮有光亦於儒風可期丕振云云

駐防廳在上市新街先是順治五年大兵克復縣城副將蔡調羹以西門內民舍爲副將府十一年城再破被燬十四年汎防千總徐登創於上市北街之南康熙十五年水圮十六年千總馬虎移今所咸豐三年林俊燬同治十二年把總許亦欣倡建

附舊署

分司行署在縣治東宋教場地明洪武九年知縣王貞建景太五年知縣李青修正德十一年知縣張紱重建後廢（康熙間改建爲圖南書院）

丞廳在縣治東南沙坂宋建炎三年建明永樂間以縣不滿萬戶丞罷廳廢

簿廳在縣治西偏宋淳熙二年主簿趙師悉重建廳東爲三友堂紹興十一年主簿黃廷瑞脩明永樂間廢

尉廳在縣治東三百餘步坐南向北宋太平興國間建西偏爲講武亭慶元

三年縣尉趙汝㽔重修嘉熙間以射圭山爲嫌移基於北淳祐七年尉孫應鳳仍舊址重建東爲甲仗庫東偏爲雙瑞亭有池可二畝憑水爲閣尉洪格爲記明永樂間廢

巡檢司一在縣西北東西團一在縣東淸泰里一在縣西北小尤中一在縣北楊梅上俱元至元間設後俱廢明洪武二十年江夏侯周德興徙東西團巡檢司於同安縣之官潯其故址爲預備西倉徙淸泰巡檢司於惠安縣之黃崎村其故址爲屯倉

高嶺巡檢司在縣北湯泉里明洪武間設後圮嘉靖九年知縣許仁斥東西團劉坑鄉慈濟宮改建前堂一間東西廊二間門樓二間繞以垣牆後移於湖嶺萬曆間裁巡檢司署廢址猶存

陰陽學醫學俱在縣治西洪武十八年設後俱廢

僧會司在瑤市社程田寺洪武十六年設後廢

道會司在縣治西南高鄉社崇道宮洪武十六年設今廢

龍潯驛在縣治西宋嘉定六年知縣季端誼重建元因之後廢即前儒學教諭署址

上壅驛在縣西北東西團距縣六十里宋時設元因之後廢

試院

試院在南門內嘉慶十五年知縣申允繼就圖南書院增建命董事蘇元來鄭夢登陳程暉陳向榮溫曠連森連式金顏青雲溫高修陳元金葉玉徐泗溫讓郭士林李飄芳林觀生鄭銘鴻連斯盛陳呈雲李玉登吳大鼎郭人龍連國香等募捐拓地建東西二廊編坐號一千二百有奇申允繼記德邑圖南書院范建魯修歷年多亦半剝蝕矣丁卯余蒞斯邑童試皆在縣署士多堂陛坐無位次可若何時適議修書院偕紳士往觀則廣有餘地余慨然曰童試之所得矣夫講肄爲修業考校爲掄才即修業處以掄才院設考棚事雖創而實因誰曰不宜乃諭紳士分捐應募如嚮於是鳩工庀材院正中講堂美其輪奐左右翼以樓房東拓兩廊編坐號八百餘西廊號半之號几用石板搘架至廟寢廡庖分列堂後外圍高牆實壯觀瞻從此講肄考校俱在其中豈不懿哉是役也始庚午春成辛未冬費銀圜四千有奇餘金賸產爲後修葺計其間理財監工蘇君元來總其事鄭陳連溫顏李葉徐林郭吳諸君共襄之余深嘉其告成也書登樓縱望後龍溥而前鳳翥丁水匯流如環玉帶非一方名勝輿尚望多士不囿方隅摶風擊浪徙而圖於南可也爰將顛末勒珉附范魯二公之後焉

道光二年移圖南書院於治西教諭舊署因專額曰試院

光緒三十二年知縣佘鶴鳴改建官立兩等小學堂詳學校志

附載公置產業歷年首貢偕歲科兩案新生公舉一二人遞掌收貯生息以爲修葺之資

一龍王廟左園坪一所園內小屋一座柏樹五株前安租錢二千八百四十文現園坪改作學堂操場連試院地共配苗米一斗正

一民田一段坐虎長坑土名橫洋坂大小五坵載租五百斤配苗米一斗正

一民田一叚坐虎長坑土名囷狗壠及新厝墓下載租一百二十斤配苗米二升正

一民田一叚坐上荇洋丁溪墘坂土名沙仔坂及砎兜砎內三大坵砎外坵數不等載租八百斤配苗米二斗　升正

一民田一叚坐上荇門口土名大砎內上下共田四坵載租四百五十斤配苗米一斗正道光十年因上荇鄉張林氏架屋向求土名丁溪墘邊大砎內劉家民田半叚載租四百五十斤又承張家民田四百五十斤合共租九百斤將張林氏自管上荇洋鳴旦墓邊土名大洋中民田一叚三大坵載大租九百斤換付考棚公永遠管掌爲業

一雲龍橋北上畔碑亭前店租錢一千六百文

又下畔圾邊店租錢一千文光緒甲辰洪水店壞

一雲龍橋南上畔欄杆外店租錢一千文因架公店自用

又下畔欄杆外店租錢八百文今存現由店東蔡金榕承納

倉

明洪武二十四年建預備倉四東倉二間在縣西西倉五間在東西園巡檢

司故址南倉四間在新化里北倉五間在楊梅中園嘉靖三十七年移西南北倉於縣廨之西萬曆九年移東倉於舊學地後俱廢舊志云按預備二字之義所以備不虞賑凶荒也前朝有憲令將歷年積穀銀兩候多成買穀貯倉又奉文每年青黃未接散給各役工食或糶下戶貧民其銀扣收在庫新開徵時從里班之便自認上稻照時估值即以扣收之銀起解則在倉無朽壞之穀在民無飢餓之苦在官無久耗之費典守者不至賠累而倉可常盈民可不擾即著爲令甲可也

淸康熙二十六年知縣范正輅建常平倉四間編湛恩汪濊在縣治儀門左右

五十二年知縣殷式訓建倉八間編生衆用舒崇墉比櫛在縣廨西

雍正十年署知縣林興泗建有備倉二間在儀門東偏

乾隆三年知縣黃甯春建倉八間編風調雨順國泰民安六年建倉四間編時和年豐七年建倉四間編賢親樂利俱在縣廨西

九年知縣魯鼎梅建倉五間編仁義禮智信十年建倉五間編福壽富康寧又建倉六間編孝友睦婣任恤俱在縣廨西

以上各倉俱咸豐三年寇燬

舖

宋制以軍士充役謂之舖兵元因之舖置舖兵五人

石山舖在縣西北　二十里邱店舖　二十里赤水舖在十八都　二十里半林舖在湯泉上
二十里湯頭舖在下湧園　二十里湯尾舖　二十里中腰舖俱在湯泉下　達尤溪縣界
明設舖二在城曰縣前舖南達永春界者曰高洋舖離城十里嘉靖四十四年知縣
何謙重建舖舍
清因明制雍正十三年以大田縣改隸永春州路經本縣西界添設倚洋舖
在實豐社　大墘舖在尊美社　苦菁洋舖在實豐社每舖額設舖司一人兵二人
以上各舖俱廢址猶存

坊

宋

恢義坊在縣治西
仁壽坊在龍潯橋
旌孝坊在縣治西爲孝子張興渭立
褐魁坊爲上舍優等第一人釋褐蘇總龜立

使星坊宣和中爲蘇欽登第立

應宿坊紹興中爲陳師文登第立

朱紫坊在儒學前

製錦坊在縣門前

繡使坊爲提刑陳師文運判蘇欽立　合使星應宿二坊爲一

熙春坊

好德坊以市廛富樂民俗淳厚故立

師模坊郡守呂用中爲辟邑人張過典教立

以上坊俱廢

明

步瀛坊在楊梅上永樂三年訓導吳仲賢爲舉人凌輝立

攀桂坊在楊梅上知縣孫應辰爲舉人凌輝立

鍾秀坊在東西圖永樂十二年知縣劉諡爲舉人蔣應立

登雲坊在楊梅上永樂十八年邑監察御史凌輝爲舉人曾灝立

擢桂坊在楊梅上永樂十八年教諭趙琬爲舉人曾灝立

常德坊在城隍廟前宣德四年教諭朱希亮爲舉人余英立

青雲坊在儒學左知縣何復爲舉人余英立

鳳鳴坊在分司西弘治七年府縣爲舉人林巽立

星郎世美坊爲萬曆間貢士林棟林樞兄弟立

以上坊俱廢

恩榮二坊在石傑后房街御史陸清源爲封承德郎鄭揚及子戶部主事沛立

望隆玉署坊在來鳳門內御史陸清源爲翰林院左春坊穎墢立今廢

清

昇平人瑞坊在縣大門左康熙五十三年　旌百有四歲老人張岳榮

節孝坊在上林社橋頭坊雍正六年　旌連時質妻陳氏

節孝坊在上林社甲頭鄉雍正六年　旌連宏籍妻陳氏

節孝坊在高卿社張墘鄉雍正七年　旌陳天柱妻潘氏

節孝坊在梅上里卓地鄉乾隆三年　旌陳存若妻蘇氏

壽婦坊在十八格乾隆三年　旌百有四歲壽婦林李氏

壽婦坊在李山社東里鄉乾隆　年　旌陳孟最妻甘氏一百八歲額曰慈幃長暉

壽婦坊在高卿社高洋舖乾隆　年旌一百一歲壽婦李廷玉妻朱氏

節孝坊在蓋德鄉乾隆二十二年　旌李克成妻徐氏

節孝坊在南關乾隆二十二年　旌黃天景妻涂氏

節孝坊在南關下田格乾隆二十八年　旌庠生張模妻陳氏今廢

節孝坊在東門街乾隆三十一年　旌謝帝典妻鄭氏今廢

節孝坊在城內下市乾隆三十一年　旌謝祁如妻鄭氏

節孝坊在螺坑乾隆三十三年　旌方鵬程妻徐氏

節孝坊在橫溪後洋尾乾隆三十七年　旌林開榆妻賴氏

節孝坊在張墘鄉大路尾乾隆四十八年　旌陳應璜妻鄭氏

節孝坊在張墘鄉隘門格乾隆五十一年 旌陳育宁妻黃氏

節孝坊在鵬都鄉樓角乾隆五十年 旌陳宏詎妻柯氏

節孝坊在半林格乾隆五十 年 旌鄭元勸妻盧氏

節孝坊在西門內嘉慶十四年 旌蔡文源妻張氏

節孝坊在徐寨坂嘉慶十六年 旌郭大饒妻王氏

節孝坊在程田寺左嘉慶十七年 旌蘇士壆妻林氏蘇士堅妻林氏蘇士塡妻李氏

節孝坊在程田寺左嘉慶十七年 旌蘇榮植妻陳氏

節孝坊在程田寺口嘉慶十八年 旌蘇榮大妻顏氏

望重烏臺坊在縣署右道光 年 為御史郭鳴高立

節孝坊在葛坑鄉咸豐十一年 旌黃子玉妻賴氏

昇平人瑞坊在東門外先農廟右光緒十八年 旌鳳陽鄉一百四歲耆賓曾圖登

昇平人瑞坊在甲頭鄉溪坂洋橋頭光緒十九年 旌甲頭鄉百歲欽賜副榜連步雲

院堂義塚附

養濟院在西關市頭明洪武初知縣王貞創於龍潯山麓久廢嘉靖九年知縣許仁斥縣東眞君淫祠改建（仁和刑部員外郎邵經邦記見藝文）四十年寇燬移建今所大小八間

淸初燬康熙二十三年知縣傅以履仍舊址始建三間後屢增建今一連八間小廳一間外有門牆

育嬰堂在下市東南水門內一廳二房雍正二年奉　旨建今廢址猶存

漏澤園共九所

一土名東嶽旁空地（嘉靖九年知縣許仁置後廢）

一土名坡頭格（在薛嶺峯之麓今瑤臺書院牆外貢生蘇重光監生林士品林升麗捐築灰堆）

一土名塔兜瀨（在縣東南瑤市社）　一土名金鎖形（在縣南）

一土名員山仔（在縣南）　一土名塔後山（在縣南）

一土名北門頭（在縣北古城外）　一土名軍仔山（在縣西南鵬都鄉）

一土名梅槾坑（在科榮社邊坂溪頭曾李二姓積年控爭乾隆八年奉按察司批斷歸官）

論曰邑當五代以前固未遑議經營之事也宋元之間規制迭興而草創未備有明鄧張諸人出於是城郭宮室宗廟祭祀之禮需次就緒焉自承平以來政通人和百廢具興按志而稽可知建置視昔完備矣

德化縣志卷之七

民賦志 戶役　田賦　屯糧　解司轉解物料　起運　支應　耗羨

賦出於田粟米之征也徭由戶口力役之征也國家監古定制歲惟正供資經費前代無名誅求悉從蠲革重墾種豁虛賠均丁徭於田賦膏澤時行窮黎咸蒙樂利踴躍輸將者殆亦有所由勸與志民賦

戶役

唐立租庸調法其賦閩中以錢

五代中僞閩計口算身丁錢後折變輸米五斗至宋時取官斗較量得七斗五升令民折價送納嘉祐三年十一月詔以與泉計丁出米最重或貧不能輸主戶與減貳斗五升客戶減四斗五升爲定例

宋役法以衙前主官物里正戶長鄉書手課督賦稅耆長弓手壯丁逐捕盜賊承符人力手力散從官給使令至和中知泉州蔡襄極論其弊請照產錢定役已乃更著役法罷甲頭保正而差役僱役之議迭更元豐八年分

主客戶以丁力多寡科差兼論資產自衙前役重供應者輒至破產而渡後詔州縣殿最以生齒多寡爲差有司率冒增戶口

元定人戶爲十等立科差法有絲料包銀夫役三項皆視丁力輸辦

明初定閩中卽令民以戶口自實洪武十四年始頒黃册式戶目凡七（民軍竈匠弓兵鋪兵醫）令各以本等占籍十年則覈其老幼生死而更造之凡科數物料及差役十年一事男子年十六以上爲成丁丁當米一石事其身貴者老者疲癃殘疾者皆復之不事其役法里甲老人謂之正役均徭驛傳民壯謂之雜役里甲之役籍在坊者爲坊長在鄉者爲里長歲輪現役專掌錢粮勾攝公事及出辦上供物料後乃以支應官府雜供私饋無名百出正德十四年御史沈灼議行八分法每丁歲徵銀八分以充歲辦等料差役仍十年一事十五年議將通縣費用分正雜二綱以丁四糧六法科派繁靡如故嘉靖十六年御史李元陽再議徵銀儲庫用有定則但額外支應仍令里長貼辦又雜泛名色猥瑣甚或借辦舖戶全不償價均徭之役最重者

庫子似宋之衙前而流弊亦似之心紅紙劄酒席下程傳桌不貲嘉靖末除正雜之名止稱綱銀以丁四糧六爲則其實差丁米分十叚派編法頗詳明既而加派金華兵餉丁四糧八萬曆初都御史龐尙鵬始議一條鞭之法通十歲中糧稅起存額若干綱徭兵站額若干統爲一條曰綱銀凡院司府縣供應祭祀費用生員試賞舉貢進士盤纏牌坊皆統焉曰均徭銀凡諸司祗候隸兵庫子門子倉庫夫壇夫齋夫膳夫斗級禁卒皆統焉民供其入官司其出著爲令甲

清賦役悉照萬曆條編餘盡蠲免邑處山僻嘗無大役征海軍興供應實繁里長日期不勝其苦於是移之各社應役者名曰地方社設地方一人甲設小甲一人其初用以覺察非常及是專管起夫各鋪各村排門冗喚海氛告平民始蘇息康熙五年刊行賦役簡明全書戶口人丁開原額收除實在實徵十七年又於衛所屯丁新編加增屯戶丁粮滙丁役歸於畫一

舊志洪武二十四年戶二千七百二十七戶丁口一萬七千九百丁口嘉靖

元年戶一千一百九十五戶丁口無考嘉靖四十一年戶一千一百五十四戶丁口五千五百八十丁口隆慶六年戶一千七十三戶丁口六千三百九十五丁口萬曆十八年戶一千八十七戶丁口五千五百八十五丁口萬曆三十六年戶一千一百一十戶丁口五千六百二十四丁口天啓七年戶一千一百二十一戶丁口五千七百二十四丁口

清初戶一千一百一十七戶丁口四千四百四十七丁口內 有優免二百八十二丁每丁徵料鹽銀八分七釐五毫五忽五微四沙 無優免一千七百六十二丁每丁徵料鹽三差銀三錢一分一釐五毫五絲九忽九微三纖三沙 婦女口并不成丁二千四百二十六每丁口徵食鹽課銀一分八釐一毫五忽九微七纖五沙

康熙元年審增男子成丁二百一十五丁食鹽課五百九口以後每五年一次清編 二十五年署縣撤啓明條陳里甲偏枯之弊詳請匀編丁米略云伏查德邑共八里一里轄管十班賦役額載成丁二千二百五十九丁民米五千九十三石遵照憲行清出新丁開除老故每里應編成丁二百八十餘丁倘有清出溢額另行分派每里應撥民米六百三十餘石每班應編成丁二十八丁應撥民米六十三石零丁產相爲權衡賦役遞爲

表裏調劑均平方免偏枯距現徵册載有成丁僅百餘丁苗米僅四百餘石爲一里者有成丁四五百丁苗米八九百石爲一里者有七八丁配米八九石爲一班者有五六十丁配米三四百石爲一班者有富戶米數十石只載册數丁者亦有無米貧戶光丁存册者多寡懸殊偏枯偏累茲確査成丁不得隱漏老故必要豁除除僞買可仍稱戶無事更張幷米數無幾册載一丁情願守戶以及貧戶光丁或間有不願開除者俱聽從民便照舊造册外其餘照依額數按里按班均勻但苗米裒多益寡之中尙有已値役未値役之分査前屆編撥方今五載十班之中五班輪過里役五班未經輪役茲飭長補知合無將已輪役五班之米多者卽撥補已輪役五班之米少者將未輪役五班之米少者卽於未輪役五班之米多者撥補自此富豪不得詭避差徭貧弱或免重複苦累但事出至公不無恩怨况米多應撥丁少應增多係富豪巨室米少應補丁多應減皆屬單寒下戶保無毁謗出於愛憎臧否生於好惡詳請憲奪應否照此均勻編審頒賚批示里甲得免枯菀等情詳奉分守興泉道丹批申丁米里班各安均平毋使有偏枯之弊院檄節次嚴飭靡不如是該縣旣秉公力行剔弊清編査其已役未役裒多益寡八里十班丁米一例原無私曲毋庸計其恩怨也仰卽刻日審竣造册速報檄蒙布政使司批如詳從公均編勿受賄閃縱有豪猾執法裁抑俾無偏枯之弊如有阻撓指名申究繳又爲里甲偏枯等事再査得德邑里甲相沿積弊牢不可破如在坊里四甲連懷憲苗米三百石有奇並梅上里六甲蘇鳳與九甲林光顯各二百石零爲一甲者如清泰里二甲黃勝輿苗米一十石零並尤中里二甲邱郭達米六石與四甲留仕朝米一石四斗爲一甲者多寡懸殊雖現在升平里甲並無雜派倘遇輪値有公務排年苗多富厚之家得以從容趨事苗寡單寒之戶方且傾家不足卑職目覩小民枯菀不均深爲憫惻茲蒙有丁米調劑里甲公平之令卑職實力奉行但慮富家巨室多懷怨尤好惡愛憎阻撓良法業將情形具文詳報隨蒙鈞批如詳從公均編勿受賄閃縱有豪猾執法裁抑俾無偏枯之弊如有阻撓指名申究繳蒙此仰遵憲批隨將通縣苗米五千九十石零除寺租外照八里八十班通盤勻算每班約編米六十三石左右間有一二班全戶不便折散及無零戶可添者多寡上下亦不過一二石而已更酌量已輪役未輪役甲分米石杜絕躲避偏累等弊躬親編撥並不假手吏胥現在里甲公平編定册籍申報窃恐卑職署事無幾苗多之家百足鑽營復萌伏乞爲窮民作主申飭力行將均平米册發下照徵勒石永著爲例庶豪强狡計莫施貧民永保生全等情詳奉布政使司批據詳均編米石務令里甲並勻俾無偏累如有勢力阻撓者指名申究如詳勒石永遵繳

康熙五十年編審八里實在人戶丁口五千一百九十四丁口內 料鹽丁二百八十二丁 料鹽差丁一千九百七十七丁食鹽課二千九百三十五口 共徵銀六百九十三兩七錢七分一釐五毫七絲八忽三微三纖 康熙五十二年欽奉 恩詔嗣後編審有增益人丁止將實數造入

盛世滋生册奏聞永不加賦

雍正二年巡撫黃國材　題准丁粮匀入田粮之內每田糧銀一兩匀丁

糧銀七分八釐五毫三絲二忽八微

乾隆二年巡撫盧焯　題豁邑內無着田糧奉　旨並免匀丁銀五錢九

釐九毫

實在人戶丁口共五千一百九十四丁口內　男子成丁二千二百五十九

丁　食鹽課二千九百三十五口

共徵銀六百九十三兩二錢六分一釐六毫七絲八忽三微三纖

附載

盛世滋生戶口新編實增益男子成丁九百八十一丁食鹽課九百一十四

口共增益一千八百九十五丁口欽遵　恩詔永不加賦

外屯丁

原額泉州衛在縣屯戶九百八十六戶康熙十七年奉文新編加增屯丁九

百八十一丁每丁徵銀三錢二釐八毫八絲二忽九微八纖二沙
乾隆九年奉文豁免缺額二丁
實在男子成丁九百七十九丁　共徵銀二百九十六兩五錢二分二釐四
毫三絲九忽三微七纖八沙　婦女口八百一十七口

附載

盛世滋生屯丁新編實增益男子成丁三百二十八丁欽遵　恩詔永不加
賦

乾隆五十一年實在民烟戶八千四百九十八戶土著流寓共八萬零六
百六十二丁口
實在屯烟戶一千七百九十八戶男婦大小共一萬四千一百三十四丁
口
道光九年實在民烟戶二萬四千五百一十三戶土著流寓共十萬三千
九百三十三丁口

實在屯烟戶七千一百九十戶男婦大小共二萬二千八百二十五丁口

論曰一邑戶口之盈縮一方之氣脈係焉熟視往代算身丁加雜派煩促疾苦牽繁增而不足今則役減徭寬丁不加賦林林總總滋生齒而多餘裕備述之亦可曉然于虛實之故矣

田賦

五代僞閩王延鈞弓量田土第爲三等上等給僧道中下給土著流寓科法大率倣唐兩稅加重

宋太平興國中遣使均福建田稅以土田高下第爲五等山田又分三等定出產錢夏秋二稅以產錢爲宗夏稅有折變布稅小麥稈草三項秋米有糙白二米有折變黑豆一項凡折變者並與除本稅

元初賦法徵秋租折其三分之二爲鈔元貞二年乃定夏稅諸路不同

明洪武初令天下田園山蕩悉書名數于籍田分官民二等官田起科每畝五升三合五勺民田每畝三升三合五勺賦分夏秋二稅夏稅徵鈔秋稅

徵米官米本折中半折色米徵銀解京本色米存留各倉民米以十分爲率七分徵本色派倉三分徵折色解京正德十四年御史沈灼奏官米俱折色解京民米俱存留各倉官米分四等徵納三斗以下每石折銀三錢六分三斗以上每石折銀三錢三分五斗者每石折銀三錢七斗者每石折銀二錢五分邑官米絕少取民米之折價者補額解京其民米並秋租鈔米半納本色半納折價每石折銀五錢新增起科米並浮糧米俱全徵折價每石二錢五分凡官民米皆有加耗每官米一斗加耗三合五勺民米一斗加耗七合准備倉廒虧損已復紐入正額其後坐派各倉每正耗米一石又增耗米五升亦作正額支銷官米折價無徭役民田役重豪民操鬻田者之急券不書畝減米避役鬻田者懸產不推迄于死徙無從究詰是爲浮糧又有奸蠹入錢飛詭旁射者亦有山崩水漂田去產存者皆名浮糧後漸鑿闢界至相隣彼此互爭訟端繁焉萬曆十年下方田之令均攤浮糧嚴令峻急鄉民不諳丈法丈手公正之役按步不論坵數舉田

段四隅量爲一算中間墩岸溝藪通作實田又初發令失定則二字履步時無分上中下則後於局中造册乃就紙上形勢以意塡註里中浮糧雖賴以除而不均之害滋甚舊志云方田之法非不善行法者不善也則之以日月守之以歲使籌不及徐議智不暇致詳用之不得其人主者不能獨立册籍方成案已至部事體既定難於改更後至者雖知其失亦無如何矣

舊志嘉靖元年官民田地山竹林池塘溪蕩埧一千五十五頃一十七畝四十一年九百八十四頃七十一畝六分四釐四毫九絲六忽隆慶六年九百八十五頃一十七畝五分五釐九毫八絲五忽萬歷四十年九百八十七頃一十四畝七分四釐九毫五絲八忽天啓崇禎間一千三頃九十一畝四分二釐六毫五絲一忽六微

清康熙三年知縣何之旭奉文丈量着各里役僉報公正副丈長弓書算手依司頒弓步自班自丈照上中下則折實核算實在　上則官民田二百頃一十二畝五分四釐三毫　中則官民田園池地折實一則三百二頃七十一畝九分七釐七毫五絲二忽　下則官民地池山蕩折實一則五

百一頃六畝九分五毫九絲九忽六微

康熙五年刋行賦役簡明全書每畝科受民米五升七勺三秒四撮七圭

租稅米一合六勺五秒三撮五粟

官米四合一勺九秒八撮六圭三粟　計積一十九畝七分一釐三絲七忽六微爲民米一石帶官米八升二合七勺五秒六撮五圭八粟租米三升二合五勺八秒二撮二圭四粟

共官米四百二十一石五斗六合四勺五秒五撮租稅米一百六十五石九斗五升二合四秒八撮民米五千九十三石三斗二升八合九勺七撮

內　有優免正耗米三百二十一石一斗一升九合八勺六秒每石徵粮料銀六錢五分一釐四絲九忽二微一纖徵官折銀二分八釐七毫七絲八忽六微三纖徵租稅米銀二分一釐二毫一絲二忽六微五纖　無優免正耗米四千七百七十二石二斗九合四秒七撮每石徵糧料銀六錢五分一釐四絲九忽二微一纖徵官折銀二分八釐七毫七絲八忽六微

三纖徵租稅米銀二分一釐二毫一絲二忽六微五纖徵四差銀六錢九分九毫八絲五忽六微一纖六渺八塵七漠　另照萬歷間派徵九釐每畝徵銀九釐　順治十三年通省田米勻派新增顏料折色銀每石米派銀七釐六絲九忽六微六纖六渺八塵　蠟茶銀每石米派銀三釐七絲一忽四纖三渺六塵二埃四沙　課鐵銀每石米派銀三釐二毫三絲七忽三微三纖三渺六塵八埃七沙　蔴鐵翎鰾銀每石米派銀一毫四絲九忽三微八纖九渺九塵二埃　螺殼銀每石米派銀二毫二絲五忽九微二纖九渺五塵六埃　弓改牛角併弦箭銀每石米派銀九分七釐八毫七絲七忽三微六渺五塵四埃三沙　軍器盔刀甲銀每石米派銀三分七釐七絲五忽四微六纖一渺九塵一埃五沙　胖襖褲鞋銀每石米派銀三釐四毫八絲九忽六微二纖二渺四塵八埃三沙

原額官民田地園池塘山蕩一千三頃九十一畝四分二釐六毫五絲一忽六微內　徵料折增田地六十三頃二十九畝三分九釐三毫一絲八忽

二微每畝徵銀五分三釐一毫九絲六忽四微七纖八沙八埃六渺九漠
徵料折增差田地園池山蕩九百四十頃六十二畝三釐三毫三絲三忽
四微每畝徵銀八分八釐二毫五絲三忽四微二纖五沙五塵三埃四渺
八漠
雍正十三年册報勸墾料折增田地一頃一十二畝五分五毫六絲干乾
隆五年起科
乾隆二年奉文豁免無徵逃亡故絕料折增差田共七十三畝五分八釐
四毫二絲五忽八微九纖一沙
實在官民田園池地山蕩一千四頃三十畝三分四釐七毫八絲五忽七微
九沙
共徵銀八千六百三十七兩四錢八分九釐一絲八忽九微八纖六沙八
塵六渺四漠
附徵

酒稅銀三兩六錢（過閏加銀三微） 寺租銀三十三兩六錢六分五釐 爐稅銀八十七兩 續增新墾陞科溢額丁米銀五十九兩三錢六分八釐九毫五絲 雍正七年開報陞科田畝溢額銀一百一十六兩一錢一分九釐四毫二絲一忽七纖六沙二塵八埃六渺四漠

紳衿吏承地丁削免銀一百五兩七錢七分四釐七毫勻貼顏料不敷銀三十一兩二分一釐五毫三絲五微六纖七塵一埃三渺六漠

外徵

火紙魚艖稅銀一十七兩二錢 牛牙稅銀一兩二錢七分九釐 學租銀一十一兩九錢八分五釐

論曰邑山高水冷田在層阜谿谷間嶁迴笠蓋如梯如級塍岸居十之三稻惟一收附邑間有兩熟候水而耕西成所獲率以人力勝也寓撫字於催科其可念已

屯糧

明代屯田制倣自宋衛所軍士以三分守城七分屯種又有二八四六一九中半等例德化屯軍屬泉州衛以四六爲率洪武二十年令屯軍種田五百畝者納糧五十石三十五年定每軍田一分正糧十二石貯屯倉聽本軍支用餘糧十二石給本衛官軍俸糧永樂三年令各屯所收子粒除下年種子外照每軍歲用十二石正糧爲法比較將剩餘並不敷子粒通行計算定賞罰二十年以軍士辦納子粒不敷除自用十二石外餘糧只納六石每屯計田三十三頃六十畝餘糧六百七十二石正統十年准照民間秋粮事例每石折銀二錢五分解京濟邊十四年撥餘丁補種故軍士田每軍各頂三名邑屯田多在叢山中軍士從他郡調至水土不習輒以逃亡迨沙尤寇發調回備寇田畝日荒所撥補種餘丁多係冒頂又報占不審有田一頃重報兩三軍兩三軍共爭一田者有牽紐肥磽衔求具數者有一戶之田分報軍民民隱其田而爭於軍者雖云各頂三名僅足一名之數

成化初遣官清理除虛稽實分配賠補務足糧額有正種貼種朋種品搭種等名目率三四五軍併一軍額減於舊每屯之軍多不過四十名少止二十名正種者受田故軍貼種等乃餘丁撥補者弘治末給事中倪　奉命清查欲得原額多侵民田幾

至激變慮妨復命乃將成化中稽實配補之田分抽一半別作新增兩徵其租至御史饒　始令停徵後御史屠　奏請開豁嘉靖中管屯僉事鄭令屯田聽人請佃屯法遂壞萬歷十年復行清丈遺失畝分得復而勢豪轉相承兌移瘠換腴增租濫派不可禁崇禎間泉州千戶孟應聘等收租肆虐佃民流離邑令姚遲詳議立石禁革益橫姚令關詳辭任

略云德化山高水冷不比鄰邑之一歲兩收地瘠民貧恆嘆小民之三空四盡城市背山面水止通東西一街鄉村越嶺蹤巔到處人烟星散錢糧正額尚苦有虧公務些須亦必加派一遇旱潦每致流離正幸深山愚民絕無矯詐若以真誠撫之實可臥理有何難處之局其所受害者屯田盡歸巨室收租多係家人凡賢縉紳肅家政者主佃相安未嘗橫索間有新進喜事之僕乘此路隔二日僻處山窩瞞主不知遂以德邑收租爲樂境三五成羣乘輿而至大斗浮量額外需索收租已畢不肯回家日則賭錢飲酒夜則乘醉闖姦佃戶不堪願退不種則又具呈糧館票提監禁所以一聞呈告便挈妻子而逃積怨含冤日甚一日卑職初任見父老士民痛哭流涕具呈求申定一規例卑職即問前官緣何不申皆言前官下車每有一番控訴但知鼠器之忌不肯爲民請命卑職細思一榜遊卑業叨民社若不爲地方興利除害不惟負君負民并負所學一念勃發毅然申請蓋自文書出門之日早知觸犯衆怒但與其不申而留毋甯申之而去也時蒙道府批示酌議四款大約用舊斗而去浮量用官戥而許加一革去各項雜費績蒙准詳卑職遵依嚴督各社地方諭令佃戶及時輸租矣先時郡城官幹見有此申即揑名屯丁陳繼賢爲首具呈巡道便有徵餉在邇大亂可虞之語設計埋伏卑職初料官幹側目必於事外尋題未必事中翻局孰知多口沸騰粘貼無名謗帖德民聞知急往興化控告按院卑職嫌其多事呼而戒之曰道府詳行既准民困何必上控百姓始言郡中見有謗帖言縣官初任不知事體朦朧妄申又言德民鳴蠑結社抗拒謀叛斂金數百衙門使用又言相約共聚于孟千戶家專候按院下馬告狀守候縣官到府要與討糧卑職初不信也及到府親揭謗帖一紙經送巡道驗看卑職歸縣急召各社地方查問原因皆云官幹收租有不遵示仍欲多索者佃戶不服願同到官官幹自知理非立批收去實未厭心回至府城相訂以不收爲題即收者亦混言未收形容德民不肯還租其未曾來者遙聽此語信以爲然雖稱德民叛亂卑職曾寫手諭粘之郡城倘有未還卑職代爲追給卑職細查各社屯田若干今來收去租米若干未收若干其還過者各執收批赴驗未收者各開田主佃戶挨日挨號逐一躬查而知收者十八九矣間有一二未收實係田主不來非關佃戶刁措更有奸巧官幹設局持呈求批卑職實心待人卽批速還等語伊輩執有批呈不與佃戶一看持歸誑主只云縣官雖批佃戶不理總是描寫德民負租不還不止之狀其如已收者彰彰在也今將收批造冊申送道府驗外所有未收開列明白但求田主到縣

即可清遣不過數日便結此局亦無容蠻語造謗爲奐卑職株守之性不啻逢世且稟受既薄向有脾病患在溼熱昔年就教河南地氣乾燥舊病小愈今居烟瘴之地日在雲霧中溼熱復發衆以僃戶收批達者不能頓集卑職急於通查徑坐小兜往取衙風冒露忍飢捱寒遂成噎膈翻胃之症不進飲食自揣學究腐儒以身爲的含沙之時早己見端將來百弩千弓應弦而至者人謂驅車壠坂撥棹灘磧此其時也即不病亦當遠引況病復苦之自嘆六上公車三遭貴鎩功名限量早已達觀及今不去後日必有不得去者爲此泣訴憲臺懇開檻穽而縱麋鹿實慈悲放生之大德也至於德民不叛自有公論卑職不敢以憐民之念曲爲民護但以情理計之德民向被官幹殘虐或投水或懸頸具悉德民圖畫中此時含怒吞聲今蒙道府詳行實實便宜許多則彼懷恩感德之下誰忍生叛亂之想此情之可據者也德邑南抵永春西枕大田北貼尤溪東連仙遊東北永福五方接壤試問有一人言德民叛否五方不言而獨郡城收租者言之又理之可驗者也此係地方事卑職求去之人何必瑣瑣但以屯始必以屯終故并以暴白伏乞老大人俯憐卑職病在心胃實切性命之憂懇賜休致庶免曠官須闕

九年六月二十一日邑民周龍珪寇十六繪圖叩閽勅下撫按審奏民困獲甦奏狀一切催租制一軍一屯就地耕種統以衛官農隙講武甚有獨力難耕即於本地窮民召佃幫作計畝收租辦糧上納官準斛秤法馬概無二式加派起科徵納自有定額軍民相安共享含哺鼓腹之樂邇來軍無實伍屯沒世豪臣等僻居山邑田土軍民參半力作聊生詎意勢豪張威恃屯酷剝有泉州衛逆弁某等不念世荷國恩通海寇受逶金各冒屯三十餘戶遇清查則匿名奉稅契則隱漏年享數十萬子粒並不納糧迫至比追誣開佃戶呈官拘賠官軍殃民田主之橫已極而虎幹之虐更慘亂布馬官斛之祖制擅造加倍等斗勒佃運租盤山越嶺過縣抵溪及上船即航海接濟海寇并集赤棍千餘入山收租籌馬連雲酷索下程土產夫錢斗頭飯米尖量折水至於本色原無起科概藉部文加派橫索十倍正供稍忤虎威喝兇撻楚碎體裂膚仍勢嚇糧館衛經提害收租則爲官幹告佃則爲府差疊途鎖拷酷毆水牢禁死丟屍餓楚難堪勒退田屋家業仍復送官賂延不審食盡奔回催刑保家田家作苦所餘幾何蕩家財鬻妻子露體殍丐尚未了局崇禎六年十二月內迫死鄒某等數十命黑慘無伸迫竄蕭某等數百家哭聲載道吞忍多年莫敢受理幸遇本縣知縣姚邇新任士民哀訴蒙申院司道府軫念民瘼詳議四款俱蒙立石禁革某等怒臣衆推首名造謗設阱計陷死地忿恨縣官申請勢迫關詳僻任士民涕泣奔赴懇留撫奈屈從和處合同任做任寫徑不遵行藐憲禁如弁髦視府縣爲木偶運來斗秤等斛陷索更慘套某等疊就佐貳架誣提害家不停差頸不停鎖阻截赴訴莫發盆寃以致田土拋荒則無糧編民死竄則無丁上誤軍國下殘民命闔邑士民本欲相率呼天急救奈途遙萬里關津嚴多人之禁勢官懷截殺之謀惟臣二人潛身密縫冒死陳寃冀拯萬命非逢聖明普照遠察民艱垂念王土王民伏乞勅下本省撫按嚴加舉行復設屯之祖制立平準之法程禁越籍遠提之暴除額外需索之橫庶剛屯不至侵蠹而小民得遂更生臣不勝惶悚激切待命之至

清初設衛守備千總掌屯政歲下縣徵收頂屯之豪倚以剝佃軍逃匿者概

令代納設旗甲甲輪一戶催收通甲屯糧上下年例值重後裁衛歸縣民困稍舒旗甲猶沿其舊雍正　年改爲單首比旗甲稍輕雍正十年邑民林昌孕等呈准納戶自徵雍正十二年知縣黃南春詳照民糧例開造的名粮額按社催徵

舊制每軍授田八十畝有奇歲納糧六石折銀三兩一錢八分後奉丈量合邑缺額乃請將屯田五十畝者納本色徵米四十畝者納折色徵銀

泉州衛在縣屯田地計三十一所

蔡徑屯　石傑屯　溪口屯　后山屯　張墘屯　高洋屯

路尾屯　董坂屯　壅溪屯　石巖屯　南昌屯　蓋竹屯

三潆屯　九潆屯　蘇洋屯　十二輸屯　後坪屯　前埔屯

山寨屯　東潆屯　朱紫屯　鄭地屯　樵溪屯　慶樂屯

溪頭屯　硯坑屯　法林屯　黃坂前屯　湯頭屯　葛坂屯

黃村屯

原額屯田地六百六十三頃三十三畝四分一釐五毫一絲四忽內　折價
改折田地四百四頃四十四畝四釐九毫九忽每畝科米一斗一升七合
八勺六秒一撮九粒五黍每石折價改折米徵銀三錢四分四釐二絲七
微五纖一沙七埃　本色田地二百五十八頃八十九畝三分七釐六毫
五忽每畝科徵本色上倉米一斗二升
康熙元年荒蕪田二十七頃二十七畝一分五釐三毫七絲內　折價改折
田地一十六頃六十五畝四分九毫五絲三忽　本色田地一十頃六十
一畝七分四釐四毫一絲七忽
康熙二年墾復荒蕪田四頃七十一畝二分四釐一毫內　折價改折田
一頃二十一畝二分六釐一毫　本色田三頃四十九畝九分八釐
康熙十年墾復荒蕪田二十一頃五十八畝二釐七絲內　折價改折田
一十四頃四十六畝二分五釐六毫五絲三忽　本色田七頃一十一畝
七分六釐四毫一絲七忽

康熙四年清丈溢出新增改折田八畝四分三釐

乾隆九年奉文豁免無徵折色缺額流荒共田四十六畝四分八釐一毫七絲　豁免無徵本色缺額流荒共田八畝八分二釐

實在屯田地六百六十一頃八十八畝六分六釐一毫四絲四忽內　折價改折田地四百三頃八畝一分五毫三絲九忽

實徵銀一千六百一十七兩八錢六分一釐六絲六忽二微一纖九沙六塵四埃一渺

本色田地二百五十八頃八十畝五分五釐六毫五忽

實徵本色上倉米三千一百五石六斗六升六合七勺乾隆十二年奉文改折一米兩穀完納（州志向係泉州府倉完納）二十五年永春知州杜昌丁詳歸在州完納奉部文府州縣分徵泉州府徵米九十四石四斗二升三勺永春州徵米二千二百九十一石二斗四升六合德化縣徵米七百二十石四勺理府州兩米俱改歸本縣完納（先是屯米徵解永春州每石加完二百二十四文已失公平加以胥　額外需索民不堪命一百五十餘年來因是破產者不知凡幾迨宣統三年立憲百度維新議員蘇春元賴其洗

等提議由諮議局議決諮請撫憲周仍舊歸縣完納以蘇民困未幾奉文准與泉州府米改歸德化一律徵完

實在本色屯米三千一百五石六斗六升六合七勺

論曰寓兵於農三代之良法也屯田以田業軍庶幾近古泉衛之屯坐德邑者甲於諸縣民多賴屯以耕矣官旗之弊既清農有恆業兵有餘糧正不必高談復古也

解司轉解物料

辦解香顏各料價值及水脚銀九十五兩四錢三分四毫一絲九忽二纖一沙八塵八埃三渺一漠內　辦解沉香三觔折價銀三兩　本色顏料項下添解紅銅二十九觔八兩共部價銀四兩二錢七分七釐五毫　水脚銀一錢四分二釐五毫五絲六忽三微二沙五塵二埃六漠　折色顏料項下原辦本色黃熟銅一觔一十三兩六錢二分五釐新增黃熟銅一觔五兩六錢五分錫二百四十五觔一十四兩五錢六分銅一十六觔一十二兩六分雍正十二年奉文將銅錫價值改辦黑鉛六百九十五斤一兩

六分四釐一毫八絲五忽七微一纖四沙三塵續奉文停辦應解正價銀二十四兩三錢二分七釐三毫二絲八忽一微二纖五沙　銅錫二料原額水脚銀一兩二錢八分四釐七毫八絲七忽一微六纖六沙三塵六埃二渺　凑解不敷水脚銀二兩七分四釐六絲四忽一微一纖四沙七塵一埃一渺　原辦黑鉛九百八十一觔五兩六錢乾隆四年奉文停辦折價銀三十四兩三錢四分七釐二毫四絲九忽九微五纖三沙九塵五埃三渺八漠　水脚銀四兩七錢四分二釐二毫九絲二忽四微五纖六沙九塵四渺六漠

顏料折色銀一十九兩九錢三分九釐七毫四絲五忽八微六纖二沙四塵三埃一渺一漠　本色鋪墊銀一兩二錢七釐五毫七絲四纖　停解烏梅改折價銀八分七釐三毫二絲五忽

起運

戶工部地丁銀三千一百一十八兩六錢一分六釐五毫八絲三忽九微二

纖八沙五塵八埃三渺四漠

屯丁銀二百九十六兩五錢二分二釐四毫三絲九忽三微七纖八沙

地丁兵餉銀四千五百七十五兩八錢四分六釐八毫九絲八微四纖五沙

酒稅銀三兩六錢（遇閏加銀三錢） 寺租銀三十三兩六錢六分五釐 爐稅銀八十七兩 續增新墾陞科溢額丁米充餉銀五十九兩三錢六分八釐九毫五絲 陞科田畝溢額充餉銀一百一十六兩一錢一分九厘四毫二絲一忽七纖六沙二塵八埃六渺四漠（雍正七年開報）

裁扣銀二千二十四兩五錢四分二釐三毫八絲三忽八微六纖三沙三塵七埃二渺八漠

新裁站銀三十六兩七錢四釐（原編留縣支給夫廪康熙十七年裁充餉）

地丁削免銀一百五兩七錢七分四釐七毫

清丈溢出屯糧銀三錢三分八釐二毫八絲八忽六微六纖五沙二塵六埃八渺二漠（康熙四年清丈）

勸墾起科銀五兩九錢八分四釐九毫一忽六微八纖五沙五埃三渺五漠（乾隆五年起科）

右起運額銀共一萬四百六十四兩八分三釐五毫五絲九忽四微四纖一沙五塵六埃四渺三漠外　火紙魚鮭稅銀一十七兩二錢　牛牙稅銀一兩二錢七分九釐

支應

布政使司進表長夫銀一兩五錢（原編銀六兩順治十四年裁銀三兩康熙十七年裁銀一兩五錢）

進貢宴賞銀九錢五分（康熙十七年裁二十二年復）

泉州府拜進表箋合用紙張綾袱銀三錢八分二釐二毫（原編銀一兩五錢三分二厘八毫順治十四年裁銀七錢六分六釐四毫康熙十七年裁銀三錢八分三釐二毫）

本縣知縣俸薪銀四十五兩（原編銀六十三兩四錢九分順治十四年裁銀一十八兩四錢九分康熙十七年全裁二十一年復給）

儒學教諭俸薪銀四十兩訓導俸薪銀四十兩（原編每員銀三十一兩五錢二分康熙四年裁教諭十七年復設二十一年奉文兩員合俸分支乾隆元年加給）

典史俸薪銀三十一兩五錢二分（康熙十七年裁二十一年復給）

本縣門子二名共工食銀一十二兩四錢　庫子四名共工食銀二十四兩八錢　斗級四名共工食銀二十四兩八錢　皂隸一十四名共工食銀八十六兩八錢　皂隸學習作作二名共工食銀一十二兩四錢　禁卒八名共工食銀四十九兩六錢　養傘扇夫七名共工食銀四十三兩四錢（以上每名原編銀七兩二錢順治九年每名裁銀一兩二錢實給銀六兩帶勻閏銀二錢康熙十七年全裁二十二年復給）　馬快八名共工食銀四十九兩六錢（原編每名工食馬草料銀一十八兩順治九年奉文除草料銀十兩八錢不扣外每名裁銀一兩二錢康熙十七年全裁二十二年復給雍正七年草料銀裁每名給銀六兩帶勻閏銀二錢）　民壯二十名共工食銀一百二十四兩（原額五十名每名銀七兩二錢順治九年每名裁銀一兩二錢實給銀六兩帶勻閏銀二錢康熙十七年全裁二十二年復給復奉裁雍正二年復設七年派撥廈門海防二十名安海糧捕六名俱乾隆二年裁派撥本縣典史四名雍正十三年加）　縣前高洋二舖司兵各三名共工食銀二十兩六錢六分六釐六毫六絲六忽六微四纖（康熙十七年半給二十二年全復）　孤貧口糧銀三十六兩（康熙十七年裁半十九年復給乾隆三年十一月奉旨每名每日加給銀一分半加給銀十兩八錢遇閏按日加給）　冬夏衣布銀四兩九錢五分（康熙十七年裁半十九年全復）　四犯月糧銀六兩（康熙十七年裁十九年復給）

儒學齋夫三名共工食銀一十八兩外勻閏銀六錢遇閏加給（原編六名每名銀一十二兩順治九年裁半給康熙四年裁三名十七年全裁二十二年復給三名）　門子二名共工食銀一十二兩四錢（原編五名每名銀七兩二錢順治九年每名裁銀一兩二錢實給銀六兩帶勻

閏二錢康熙四年裁三名十七年全裁二十二年復給二名

廩生二十名共廩糧銀五十六兩外勻閏銀一兩八錢六分六釐六毫六絲六忽遇閏加給原編銀一百六十八兩順治十四年裁三分之二康熙十七年全裁二十四年復三分之一 膳夫二名共工食勻閏銀一十三兩三錢三分三釐三毫三絲原編銀四十兩順治十四年裁三分之二康熙十七年全裁二十二年復三分之一

典史門子一名工食銀六兩二錢 皂隸四名共工食銀二十四兩八錢

馬夫一名工食銀六兩二錢以上每名原編銀七兩二錢順治九年每名裁銀一兩二錢實給銀六兩帶勻閏銀二錢康熙十七年裁二十二年復給

春秋二祭孟夏及上中下元霜降等祭銀一百二十五兩二錢原編銀一百六兩四錢五分康熙十七年裁銀五十三兩二錢二分五釐十九年復乾隆十一年勻增銀一十八兩七錢五分內崇聖祠祭銀六兩文廟祭銀五十四兩社稷壇祭銀四兩二錢風雲雷雨山川壇祭銀十兩孟夏常等祭銀三兩城隍廟祭銀三兩土地祠祭銀二兩天后廟祭銀四兩二錢名宦鄉賢祠祭銀六兩忠孝節義祠祭銀六兩邑厲壇上中下元祭銀一十八兩霜降旗纛祭銀二兩

關帝廟祭銀一十八兩乾隆三年新設

文廟香燈銀二兩五錢二分康熙十七年裁半給十九年復 社稷山川邑厲壇夫工食銀一兩二錢康熙十七年裁二十二年復 祈晴禱雨香燭銀六錢康熙十七年裁二十四年復

鄉飲賓二次銀二兩五錢原編銀五兩順治十四年裁半給康熙十七年全裁二十二年復給

新科舉人花幣旗扁銀二兩六錢六分六釐六毫七絲　舊科舉人盤纏酒席銀三十兩五錢　武舉盤纏銀一十四兩三錢五分七釐五毫　歲貢旗扁銀一兩二錢五分（俱康熙十七年裁二十二年復給）

協濟

興泉永道皂隸一名工食銀六兩二錢（原編銀七兩二錢順治十四年裁銀一兩二錢實給銀六兩帶勻閏銀二錢康熙六年全裁十六年復設本道衙門奉文復給十七年裁二十一年復給）

泉州府廣平倉斗級一名工食銀六兩二錢　安海糧捕皂隸十一名共工食銀六十八兩二錢　泉州府司獄皂隸二名共工食銀一十二兩四錢

泉州府經歷門子一名工食銀六兩二錢（俱康熙二十二年撥協同安縣湊給後奉留縣支應）

泉州府推官燈夫二名工食銀一十二兩四錢（康熙六年裁雍正五年奉文移解同安彙入地丁解司）　泉州府照磨門子一名工食銀六兩二錢（雍正五年奉裁移解同安彙入地丁解司）

以上奉復留給實存支應並協濟銀一千一百二十一兩五錢六分四釐三絲二忽六微四纖外　給社師學租銀一十一兩九錢八分五釐（乾隆四年奉文留給）

雍正十三年添設倚洋大墘苦菁洋三鋪司兵共九名工食連匀閏共銀三十七兩一錢九分九釐九毫九絲九忽于大田縣裁缺銀內移解本縣發給

附載全裁款項

各衙門僱募聽撥門皂答應上司過往使客工食銀六兩　陞遷應朝祭江併回任祭門銀三兩四分　公宴銀一錢六分六釐七毫　修置祭祀鄉飲救護合用家伙銀八兩　犒餉道公費銀二兩五錢　總兵府油燭柴炭掾吏廩給等銀三兩七錢九分三毫三絲五忽　按察司修理家伙幃褥銀一十兩七錢　進表隨船家伙各道各首領官合用紙劄工食銀五兩　上司巡歷及往來經過合用心紅紙張下程等項銀四兩　布按分司府廳等衙門修理併幃褥等項銀五兩　往來使客下程銀六兩五錢三分四釐九毫　士夫歸宴行餞禮幣弔祭銀一十兩五錢　查盤官合用心紅紙張下程門皂飯米銀三兩一錢七分　站項下銀四百七十

五兩四錢七分五釐八毫四絲五忽（俱順治八年全裁）

撫院紮衣家伙銀四兩五錢八分　巡海道棹幃銀四兩四錢七分五釐

興泉道更換棹幃銀五兩（俱順治十二年全裁）

左布政使蔬菜燭炭銀三兩六錢四分　興泉道蔬菜燭炭銀一十八兩五錢一分　本縣知縣油燭銀十兩桃符門神花燈銀八錢　士夫歸宴行餞禮幣弔祭銀八兩一錢五分七釐（俱順治十四年全裁）　迎送上司傘扇銀一十兩（順治十二年裁銀八兩十四年全裁）

本縣知縣俸薪勻閏銀一兩五錢　典史俸薪勻閏銀一兩五分六毫六絲六忽四微　儒學（教諭訓導）每員俸薪勻閏銀一兩五分六毫六絲六忽四微（俱順治十六年全裁）

本縣修宅銀二十兩（順治十八年全裁）

本縣書辦一十二名共工食銀一百二十九兩六錢（順治九年裁銀五十七兩六錢康熙元年全裁）　庫書倉書各一名共工食銀二十四兩（順治九年裁半給康熙元年全裁）　典史書手儒學學書各一名

每名工食銀七兩二錢順治九年每名裁銀一兩二錢康熙元年全裁

按院按臨考校生員試卷茶餅銀七兩三錢六分順治十四年裁半給康熙五年全裁

泉州衛歸併支給銀六百五十三兩五錢二分康熙六年裁

料剩抵修城銀二百三十四兩三釐五毫二絲六忽三微三纖二沙心紅紙張銀二十兩　修理監倉銀二十兩新官到任祭品銀四錢四分五釐一毫　鞭春春牛芒神綵杖春宴香燭銀二兩五錢　季考試卷茶餅賞紙銀四兩七錢　考試生儒進學花紅綵旗銀二兩三錢一分二釐　管解軍黃二册槓縢銀三兩五錢俱康熙十七年全裁　本縣造報朝覲須知憲綱錢糧民情各册籍銀五兩順治十四年裁三分之二康熙十七年全裁　提學道歲考生員試卷茶餅賞花紅銀一十九兩三錢順治十四年裁半給康熙十七年全裁

大比年應試生員併謄錄生盤纏銀一十四兩三錢三分三釐三毫三絲順治十五年裁半給康熙十七年全裁　教官二員喂馬草料共銀二十四兩八錢康熙四年裁一員銀一十二兩四錢十七年全裁

正陪貢生員往省盤纏銀六兩　兩院助給貢生路費銀三兩　歲貢生員

往京盤纏銀二十九兩七錢五分係康熙十七年裁二十一年復二十六年裁

本縣燈夫四名共工食銀二十八兩八錢順治九年裁銀四兩八錢康熙十七年全裁二十二年復給雍正六年仍裁

耗羨

通縣額徵民屯地丁正雜錢糧額銀一萬一千六百八十一兩六錢八分三釐零外　雜稅銀一十八兩四錢七分九釐　學租銀一十一兩九錢八分五釐

應徵耗銀一千一百六十八兩一錢六分八釐三毫零

又每兩并封平餘二分銀二百三十三兩六錢三分三釐六毫零

以上耗羨平餘共銀一千四百一兩八錢二釐零

一解司公費養廉銀五百三十六兩一錢九分五釐零每年額外孤貧口糧衣布于此項下扣除抵解

一解送永春州州同養廉銀一百二十兩

一存起運水脚一分銀一百五兩六錢七釐零

一存本縣知縣養廉並加增銀六百兩

一撥給本縣典史一員養廉銀二十兩又乾隆九年奉文加給養廉銀二十兩

論曰先儒陸贄謂聖王立程量入爲出治化既替量出爲入民賦固政治之大端也邑自分疆以來戶口貢賦內府及諸司供億燦若列眉至今而日縈上理稽出納者可以覘遠猷矣

德化縣志卷之八

學校志 學宮 學祠 崇祀位次 祠祀 釋奠 廟樂 書籍 泮額 學租 書院 社學 各等學校

昔魯侯作泮宮詩人載歌思樂學校之設綦重矣德化學宮自宋迄明遷徙者三迨秦令改建制度宏整而昏椓肆虐蕩爲灰燼藉非迭起而修復之能無歎茂草乎今則翼翼巍巍凡隸於學者皆就理焉蓋文治之隆匪一日也謹稽往制而臚陳之志學校

學宮

宋時在縣治之東後遷于縣東南隅沙坂背巽向乾議者謂弗稱南面之義建炎中復建於縣治東淳熙中火知縣事顏敏德鄭旦之梁京季元才相繼修建紹定二年燬於寇五年知縣事林倚建禮殿黃之望繼成之端平間知縣事葉彥琰建講堂胡應梅復建欞星門戟門上爲御書閣淳祐中吳一鳴繼成之德祐二年復燬於兵元至元三十二年尹翟彬重建禮殿元貞中達魯花赤千奴尹沈思蘊建戟門兩廡講堂齋舍繪塑聖賢從祀

像至元四年教諭林天資建學廳至正二十六年總管泉州路推官蔡嗣宗重建禮殿戟門殿後建尊德堂殿東建學堂及兩齋規模略備明洪武初知縣王巽王貞相繼修葺三十三年知縣應履平重修殿廡建櫺星門明倫堂兩齋儀門內鑿泮池架以石橋外建學門臨于通衢復建饌堂號房于明倫堂東建神廚宰牲所祭器房于戟門左宣德二年知縣何復建戟門及東西廡六年知縣陳昱建大成殿七年重建明倫堂及東西兩齋天順二年塑聖賢像建訓導宅五年鑿泮池成化十六年署縣狄鍾建儀門及學門仍捐資易臨溪民屋以廣之舊右廟左學弘治十七年知縣胡澹乃易基重建左廟右學（教諭季聰記　治之所先在學校而學校之作新惟其人能作而新之可紀也魯侯作泮宮詩人必侈諸歌頌千古一日德化學自宋元至我朝兵火非一次賢令佐繼修非一人歲久浸壞而文運稍塞弘治癸亥尹胡侯視篆之初謁學謁廟顧宮牆弗稱無以快具瞻憫人才不利慨然以作新爲己任僉謀蓮幕鍾君遜司訓陸君惠皆欲爲所欲爲共贊成之乃計公帑之餘以狀聞於當道允所請遂擇生徒林文等耆民林宗源等董其事鳩材治工易文廟于左塑繪聖賢神像兩廡戟門櫺星門從而改舊焉易明倫堂于右兩亭齋號膳堂櫺門視舊制有加飾以丹堊翼然煥然露臺甬道甃以石繞以垣至于廚庫射圃祭器之類靡不更新經始于弘治甲子春落成于乙丑秋夫爲政之趨向貴於所當先而急者使不知所務則所行皆末也今侯斯舉在一轉移之間不惟聖賢神靈安所棲而師生又得從容於講受之地士因侯之所作新業其中日劘月磨各相淬礪窮之所讀者何書達之所施者何術古龍潯之神秀揭丁溪之漣漪科第蟬聯以古人自期待景行先哲蘇伯承之實林揚休之績不得專美於前矣此侯之所望於諸生者抑豈非諸生之所願學者乎侯名澹字孔昭績溪人）嘉靖七年建敬一箴亭八年知縣許仁創啓聖名宦鄉賢三祠

復濬溪地之侵於民者東及學池（學池在射圃東邊嘉靖四十二年因防寇築城官賣）西抵縣治前臨通衢達於溪北抵學後山築射圃于學宫之東爲諸生習禮之所（記見藝文）十八年訓導張汴捐俸率諸生仍建右廟左學建訓導衙教諭秦璿知縣熊堯贊成之（莆田知縣吳從龍記　明天子御極百度惟貞而庠序尤踴慮之所先殫焉蓋參贊化理惟天下賢材爲之故自國學以降處要精之地莫不祇承德意欽若教條其或僻處一隅學校頹紀綱弗振間亦有之非傑然特出者爲之師儒其能整頓作新挽回風化以求無負於朝廷耶德化隸庠舊矣文廟明倫堂與縣治並立于時人材輩出代不乏人厥後司學政者眩于浮議謂明倫堂密邇民居公私匪便遂移之文廟右而人材始弗若若嘉靖乙未秋東莞張君汴來訓是邑閱四載洒奮然諗諸生陳石等暨耆民郭天德等曰人材盛衰係氣化之升降氣化有未淳者學校之失其地也盍仍故址圖回氣化余願捐俸爲君邑倡僉議厥舉欣然告助者彌旅遂命工改作堂齋號舍惟舊制是循而於前門視昔尤高廣焉其爲邑之文士謀者宏且遠矣嗣是桂林秦君璿來教是邑亦樂捐俸以助之庚子春豐城熊君堯來令是邑凡張君所未備者亦竭力以贊之噫是舉也張君倡之秦君熊君相與成之學校由是復其舊矣學校之復其舊則氣化之淳人材大盛之機於斯肇矣張君等之於氣化默有轉移之功邑之士他日而科而第甯不知所自耶改仍於己亥春落成於庚子秋余與張君爲忝師弟誼適記其始末云）十九年建啓聖祠二十九年知縣緒東山建教諭衙四十一年知縣張大綱移泮池于櫺星門外隆慶元年知縣何謙重修大成殿明倫堂及諸衙署

隆慶六年知縣秦雲移建於城西北大洋山之陽（即今之學宫）中建大成殿次儀門次櫺星門外爲泮池東爲明倫堂又東爲啓聖祠次名宦祠前教諭衙西爲尊經閣閣前朱文公祠前爲射圃又西爲敬一箴亭次鄉賢祠前訓導廨（記見藝文）萬曆中知縣吳一麟周佑相繼修葺天啓八年知縣桂振宇改丹墀

鑿泮池于櫺星門內架橋其上廟前立騰蛟起鳳二華表禁廟後山脊行人崇禎七年知縣李元龍教諭郭嶷重修正殿

清順治四年寇燬學宮明倫堂啓聖祠俱爲灰燼八年署知縣孫白孫始營正殿未竣十五年知縣何之旭重撤而建之殿宇巍然康熙十年知縣和鼎建儀門及啓聖祠以儀門東爲名宦祠西爲鄉賢祠（東西兩祠今仿之）訓導林甲繼佐之建兩廡及櫺星門繚以垣牆十八年教諭王欽祖捐俸重修三十六年教諭薛允浩重修四十九年知縣王調元建明倫堂（陳應奎記見藝文志）五十五年教諭力子侗捐俸倡修正殿兩廡儀門及啓聖祠五十七年知縣熊艮輔捐俸重建櫺星門造照牆（陳應奎記　龍潭學宮當有明之末罹于兵燹殿宇煨燼厯任賢牧及秉鐸于斯者次第重建未能悉復舊觀歲久未修風雨剝落兼以垣門卑隘泮橋隔絕欲入廟瞻　聖者趨蹌不前歲在戊戌邑侯熊父母以天柱名儒鰲峯世學下蒞斯土潔操冰清高標玉立仁心惠政載道興歌甫下車入廟謁　聖見櫺星門窄狹登瀛之橋四旁垣牆殘缺喟然嘆興亟議修治遂捐廉俸擇吉鳩工越五月而成泮水雲蒸學宮霞蔚爽豁輝煌高門有伉瞻　聖而望道者仰門牆之數仞儒林齊慶士類懽騰謹勒石揚徽以紀其盛）雍正八年知縣稽岳延重建明倫堂九年知縣齊宗望黃南春相繼成之十一年黃南春建儀門修大門乾隆三年重修學宮（邑民有盜葬學山者教諭石澄詳院飭縣押遷勒石永禁）六年重修崇聖祠（雍正二年改啓聖爲崇聖）九年知縣魯鼎梅重修大門二十七年教

諭朱仕玠倡修三十二年教諭賴余湖重修四十三年洪水衝塌兩廡及明倫堂垣牆紳士捐修五十年教諭吳維新訓導江雲霆詳請本紳士人修至五十七年告成知縣楊奇齊記山城方百里立之長以蒞之立之師以教之使其民秀者淳於文愿者力於穡循循然與豐闔齒道將何在其在學校乎德化故歸德場也五代唐時始升爲縣考之邑乘學宮之建蓋在縣治之東凡再遷始定今地修葺非一自乾隆戊午迄今五十餘載寖尋蕪矣歲丙午前署令吉公據邑人士籲請始刻狀白於大憲議修既允謀於司鐸吳江二先生設法勸捐鳩工庀材以吳先生年耄老遂屬江先生肩其任命紳士之公正勤事者董之作始未幾以經費弗充詘而止焉丁未余承乏蒞茲邑至則釋菜於廟顧瞻題楣肅然蹙然退而謀於江先生曰國之大祀有士庶人所不得與者凡以別等威也惟我 夫子之道溥海內外咸童以上莫不咸脩弟子之儀誠以教民睦也今薦祼之區鞞鼓既建作而復輟其於民之視傚何江先生曰然禮有其舉之莫敢廢之邑雖蕪陋惟侯誠有意其敢中道憚勞於是懽告紳民城鄉合飲金無溢費匠無留勤自堂徂墀達於外屏易蠹以堅飾黝以赭傷俎及豆敬新栗主美哉輪奐百廢俱興經始於乾隆五十一年至五十七年夏將落成再鼎建泮橋一座通計費圓銀三千有奇其間董率之勞監視之勤心搞目營辰出酉入江先生於茲爲勸而邑紳士之壹志并力趨事赴功均可嘉焉先是役鉅費繁需望遲久江先生又已奉部咨將調遷去艱睍睽寖以未克潰成爲慮而先生志成茲事毅然再振更俾余得拭目而觀厥成可謂賢矣禮曰君子將營宮室宗廟爲先廐庫爲次居室爲後學宮即邑之宗廟也魯閟宮之頌曰新廟奕奕奚斯所作余與江先生即不敢居詩人之謂而泮林可集好音是懷邑多士其亦勉之而已訓導江雲霆紀略德邑學宮位西北城外大洋山之陽始建於明萬曆元年重建於國朝順治八年迄今百五十載墜者蝕而丹者黝曝者斜而築者圮雖歷有葺修亦祇補罅漏韓草萊未嘗動大工也乾隆癸卯余職鐸斯邑謁 先師廟觀宮牆見此風霜剝落之狀慨然欲修而未敢走議至五十年秋前刺史鄭公重修州學正殿徵調通庠捐金襄事余奉檄集諸生於庭曰州學修未久又將接而新之彼能不遺餘力我輩毋乃汗顏諸生曰然當務爲急則本地風光要也盍先自爲修學計余曰能如是竟符吾志矣乃延董事者廿餘人呈請署令吉公申詳大憲允行謀經費即自董事始一日宴集彙題圓銀數百枚而樓與既備矣然後另爲擴充計自是揭於宮牆曰督辦工程兼司會計者爲生員陳世雋溫雲從陳元慈監生陳元會郭士俊鄭金斗購材於山斂製於陶者爲廩生蘇毓生員葉玉鄭子浩分路勸捐者爲舉人徐天球蘇文華貢生李聯達廩生李濟生員連森徐肇熙李惠連鄭金章鄭茹陳夢甲顏朝宗許元生李步珪徐桂中各以其職供事大興作於丙午之春其時先導宮牆外水路砌石爲濠次拆卸東西廡鼎新甓之次伐石版爲宮牆欄楯暨聖域賢關再自櫺星門而戟門而兩廡上而大成殿及露臺各檐階皆以寬長石版平鋪湊密如是者二年乃撤正殿屋瓦另建新瓴明倫堂各處並覆蓋之如是者又半年規模粗就比從前壘修已十百其功矣然而捐資不能應手董事亦疲於拮据如是者竟休役二年會邑侯楊公調署南平回任每展謁而慨遡其成余心領之而未遑辛亥秋余奉部催應選盧某既去而工益弛皇皇然迫不及待求於楊侯捐俸先新栗主營造神龕一舉手而董事復厥然興樂於續捐者陳元會爲之倡郭士俊鄭金斗蘇毓鄭子浩李惠連葉玉陳世雋鄭之益以新董事

監生陳元標郭士林生員王倫杜元登踴躍赴功以貲爲助又得民人孫起椙者一捐而再捐人益聞風慕義慷慨樂輸一時攻木攻金塼埴丹雘之類鳩工而集自八月起至壬子夏將告成功矣爲有泮池無橋尚屬闕略旋召匠鼎建之學宮之整飭輝煌遂媲美通郡大邑之制嗚夫事之興廢可卜氣運之盛衰德邑百年來力役之煩需費之大無有逾於此者而鋭於作始亦勉於成終此可見人皆向道不惜物力以爲聖賢光氣象適不偉矣大振人文不於斯爲之兆歟余未能多捐清俸備效監督微勞愧矣不敢不備述顛末並臚列董事諸君子俾不湮沒數年之苦辛另以闔邑人士捐貲姓名刻於石亦爲能急公者勸是爲記

道光元年署縣艾榮模命紳士鄭吹笙溫尚志等募捐重修並移建學署

知縣黄梓春記　自古人才之興必由學校於樂辟雍思樂泮水詩詠之矣顧立學不必兼立廟春秋釋奠皆即學而行禮唐以後詔州縣立　孔子廟自是有廟兼有學學附於廟凡使人以敬聖之心爲敬學之道也德邑文廟初在縣治東明萬曆元年邑令秦公鍌徙建於城外大洋山之麓而教諭署在名宦祠前訓導署在鄉賢祠前學與廟未始遠隔國朝鼎革之初遭寇燬殿廡齋廨俱成灰燼順治八年邑令孫公白孫仍遺址建文廟正殿其後增建重修具詳邑乘十二年司訓林君甲織於縣治西建一廳四房爲學署康熙二十年司訓李君早春以諭訓同署窄狹詳請復於城隍廟西營立一署由是學署遂分爲二而二署皆在城內離文廟數百武學遠於廟學者之心毋乃遠於敬乎矧廟無官守護閭民闌踐其間致傷薪木亦所不免嘉慶二十二年鄉賢鄭君兼才稟請大憲飭移學署於廟側檄未報而事猶有待道光初年邑令艾公榮模集紳士議修文廟首捐俸以倡一時八里人民咸樂輸恐後遂於辛巳之秋鳩工庀材而傾者繕之朽者易之舊者新之茲役既興紳士復謀徙建學署呈請申詳而憲檄適報曰可爰於明倫堂左畔建教諭署於文廟西偏建訓導署樂事勸功於是齋廬庖湢以次告成丁亥春余奉命宰斯邑下車展謁　先師式瞻廟貌暈飛鳥革丹碧輝煌想見文明氣象繼至學舍又見講肄之區美輪美奐焜燿宮牆竊喜邑人之興斯役也附學於廟體制允符而凡士之入于學者仰廟官之美富翕然自新蓄英騰茂蔚爲邦國之光是則余之所厚望也故於竣工之後延紳事溫君尚志鄭君吹笙等詢悉顛末而揭其概勒諸石

同治六年邑紳李鴻章郭尚品鄭祥鄭吹笙陳煦蘇邦翰顔佩玉蘇震東郭尚瑩郭爲綱郭棗梨郭克明鄧泰運總理吳熙春等重修

光緒二十九年邑紳蘇春元王光張頼其浚林慶雲陳維善郭鴻椿郭友廉蘇其薰蘇得程陳寅陳波光鄭玉岡鄭蘭陳光第蘇逢時鄭焜溢啓東林慶治葉炘連紹周曾德章鄧清輝大郭經蘇清華曾國標鄭奇進

許德星等重修將次告成三十年五月蛟洪爲災平地水深五六尺東西廡及明倫堂忠義孝悌節孝各祠教諭訓導署牆垣俱被冲壞大加修葺至三十三年工始竣

學祠

朱文公祠在學宮西節孝祠之右舊尊經閣前明知縣秦霑建清初燬乾隆三十八年就舊址重建舉人徐天球記　紫陽夫子祠舊在學宮西尊經閣前國初寇燬乾隆七年知縣黄南寧建新祠於南門內關南書院西偏限於地門從東入旋轉而北規模狹隘歲祀不能展禮乃僉議就舊址重建相度形勢曠如也且地接學宮東南闕里聯絡而居美何如之諸士子咸踴躍爭先董事陳志蘇鄧金文蘇秉瑋李夢翠羅天香許必得等增買田地填高鳩工庀材經營十閱月堂階既就功尚半越二年溫子雲從陳子元慈等謀續成之增兩廡周垣牆彰施黝堊煥然可觀乃設文公主位於堂官師致奠諸士子隨班行禮廓乎有容登堂望之鳳翥前迎龍潯拱抱庚山丁水凡所以靈萃於聖域者亦光映於賢關論者以爲人文炳蔚於以兆云是役也捐題頗多即其羸餘置腴田歲入租息以九月之望羣奉觴爲大賢壽又以見士子之懽忻服教者計至周且備也爰舉其概勒諸石

附文公本傳

文公名熹字元晦一字仲晦世居徽之婺源紫陽山下父韋齋公松甫冠擢進士第爲延平尤溪縣尉以宋高宗建炎四年庚戌九月十五日甲申午時生文公於尤溪鄭氏寓舍即今南溪書院年十四韋齋公歿從遺言葬於崇安五夫里樂室里第之旁奉母夫人遷而居焉受業於劉勉之勉之因韋齋公屬以後事誨之如子以女妻之紹興十七年丁卯文公年十八舉建州鄉貢十八年戊辰登王佐榜進士第五甲第九十八人二十年春如婺源展墓二十三年授泉州同安主簿累遷煥章閣待制侍讀領鴻慶宮祠初居崇安繼移建陽之考亭復結草堂於廬峯之雲谷匾以晦庵亦號雲谷老人既又創竹林精舍更號滄洲病叟最後因筮遇遯之同人更名遯翁寧宗慶元六年庚申三月初九日甲子卒年七十有一謚曰文特贈寶謨閣直學士理宗寶慶二年贈太師追封信國公紹定三年改封徽國公淳祐元年從祀孔廟又勅立建安書院祀之元順宗至正二十二年改封齊國公明景泰間建祠於紫霞洲錄其嫡裔世襲五經博士以奉祀事嘉靖九年定從祀牌位稱先儒朱子崇禎十五年改稱先賢位七十子之次清康熙五十一年諭曰朱子發明聖道軌於至正特加優崇升配大成殿十哲之次御書大儒世澤匾及對聯懸於考亭書院

名宦祠在學宮櫺星門東

鄉賢祠在學宮櫺星門西

土地祠在名宦祠之左

作興學校祠在鄉賢祠之右

忠義孝悌祠在學宮西

節孝祠在忠義孝悌祠之右二祠俱清雍正二年奉勅建

明倫堂在學宮東建修本末詳學宮志

射圃遺址在朱文公祠前

尊經閣遺址在朱文公祠後

敬一箴亭遺址在尊經閣西

學署

教諭署在明倫堂東崇聖祠前

訓導署在學宮西忠義孝悌祠前二署建修始末俱詳建置志

崇祀

自麟書吐玉水德凝精累朝迭興皆知崇報周之東也憖遺勿用君子聞誄辭而有譏焉然立廟舊宅置卒以守肇祀之端實於是始秦不師古絲竹之聲久闕孔壁漢高過魯祀以太牢謂我夫子師百王宜以天子禮致敬此爲漢以來祀夫子之始也武帝表章六經除挾書律詔天下收遺書俾後世知尊聖學則武帝功也元帝詔太師成君霸以所食邑八百戶祀孔子賜霸爵關內侯孔子後之有封自元帝始也平帝謚夫子爲褒成宣尼公夫子之有謚自平帝始也至光武亦命以太牢祀而七十子皆與孔子弟子之從祀自光武始也明帝東巡詣宅致祀章帝元和二年過魯親祀孔子及七十二弟子於闕里作六代之樂大會孔氏男子三十六人賜以錢帛嘉孔僖之對拜爲郎中從還京師安帝過魯率循舊軌和帝稱夫子爲褒尊侯至於靈帝重孔廟享禮置鴻都門學畫先聖及諸賢像此後世畫像以祀之始也魏文黃初詔起舊廟仍設卒守魏芳正始七年令太常

釋奠以太牢祀孔子於辟雍配以顏子此顏子配享之始亦爲釋奠之始晉武詔魯國四時以三牲祀釋奠中堂其以顏子配如舊既而命皇太子釋奠太學釋奠之以皇子蓋始於此元成明穆皆釋奠南宋永初詔修墳廟元嘉二十二年謂太子釋奠當舞八佾設軒懸釋奠用軒懸之樂自是始則用裴松之議也北魏　武至鄒山祀以太牢孝文太和間親修謁拜禮拜孔氏官四人顏氏二人復給邑百戶改謚文聖宣父修其墓仍選講孔氏宗子一人封崇聖侯文成間詔有司薦享宣尼廟自是始稱廟焉而有司之行祭享亦自是始也北齊天保間詔釋奠用春秋二仲禮用三獻每月朔祭酒領國子太學諸生皆下拜此又三獻及月朔行禮所由始也梁元帝承聖初於荆州創宣聖廟自圖聖像益之以贊又親書之及隋文開皇中晽孔子爲先師尼父以周公爲先聖南面孔子東面其釋奠也國子學以四仲上丁州縣學以春秋二仲由此有司並稱釋奠而春秋有其期夫南北五代之際壞亂極矣然於孔子猶崇祀不衰至唐高祖武德二

年詔國學立周公孔子各一廟貞觀初別祀周公尊孔子爲先聖南面顏子爲先師配焉則從房玄齡之請也復詔州縣皆立廟四時致祭以左邱明等二十二人配先儒自是有從祀者矣既又親行釋奠禮又定太子釋奠行初獻祭酒亞之司業終之厥後定制國子初獻以祭酒亞以司業終以博士尊孔子爲先聖尼父後世國學遣官釋奠始此而州縣之祭亦始以守令主焉高宗永徽中復聖周公而師孔子用長孫無忌言乃詔以周公配武王以孔子爲先聖如故乾封元年贈孔子爲太師總章元年贈顏子爲少師曾子爲少保始進曾子配享之列亦後世追贈孔門弟子之始玄宗封禪還幸孔子宅親奠遣使以太牢祀墓置守衛錮子孫役又追尊曰文宣王服袞冕如王者諸弟子贈爵公侯伯樂用宮懸舞用八佾定祭期以春秋二仲上丁孔子之追王也與夫二丁之定祭也皆自玄宗始德宗釋奠詔宰臣以下畢集每歲祝版上自署名畢集北面肅揖至給戶役洒掃林廟禁樵採則後世沿之五季不綱四方血戰後周高祖猶知下拜

及宋定天下章儒術藝祖建隆詔立十六戟文宣王廟門親爲贊先是歷代以聖人之後不預庸調周顯德中遣使均田遂抑編戶太平興國中特免孔氏子孫庸調以孔宜襲封文宣公端拱初幸學祇謁詔博士李覺講周易之泰卦眞宗謁廟行展拜禮幸孔林以古木擁道降輿乘馬加謚元聖文宣王追封父叔梁紇爲齊國公母顏氏爲魯國太夫人伯魚母亓官氏爲鄆國夫人孔子父母之有封自宋太宗始也而諸弟子侯伯者加公侯元聖改至聖後又加宣聖冕服九旒九章桓圭用玉賜子孫田及銀幣仁宗三幸太學必再拜改封孔宗愿衍聖公衍聖之稱始此又賜飛帛書殿牓金字篆碑後世賜匾之典始此景祐元年詔釋奠用登歌神宗元豐詔封孟子爲鄒國公與顏子並配及新法行廟戶亦減削過半則安石之罪大矣哲宗初釋奠於學一獻再拜後凡賜田者三勅守廟戶五十人而廟像冠服制度之別於諸賢則徽宗實考正之旒用十二服惟九章圭以鎭廟戟以二十四頒儀式於天下又封孔鯉泗水侯伋沂水侯躋子思從

祀乃政和之禮一變以配祀之典下畀石雩宋之所以遂南平爰至播遷孔氏以族如衢高宗賜孔玠田以祀幸太學駕止大成門外勞降步趨執爵灌獻製文宣王及七十子贊刻之石至寧宗慶元間始定孔廟爲中祀詔諸州縣長吏諸當獻官非有疾不得輙他委理宗元年黜安石而進濂洛尤重儒學焉度宗咸淳謁孔子行釋菜禮以顏曾思孟配升顓孫於十哲遼神策間尊孔子爲萬世師建廟釋奠金天眷三年詔求孔子後以孔褒襲封衍聖公大定中加聖像冠服其章旒並十二籩盂以九陳奏樂歌如開元禮若夫丁祭諸儒執事之變常服則自元世祖始元初大都未有孔子廟至成宗之世初建廟成釋奠牲用太牢歌用登歌又勅天下凡蒞任官先詣聖殿以次詣諸神武宗大德十年加號夫子爲大成至聖文宣王遣使闕里祀以太牢文宗至順初加封孔子父爲啓聖王母爲啓聖王夫人顏曾思孟皆加公爵稱復聖宗聖述聖亞聖焉又前此延祐每遣祭必手香加額授所遣官如其躬親明太祖以武定天下身所經歷之地皆

先謁孔廟洪武初年即制丁祭禮定三獻之官丞相初獻翰林學士亞之祭酒終之又遣使祭闕里蠲賦給役用儒臣議祭器禮物各置高案籩豆簠簋登鉶悉用磁牲用熟樂用六奏擇監生與文職大臣子弟之在學校者習舞雖暫罷孟子祀既而復之文廟成以太牢祀立神主不設像親視學釋奠頌儀式作爲大成之樂命春秋當祭咸奏成祖初即位即釋奠太學服皮弁禮行四拜天子之釋奠四拜則成祖始之嗣是列聖改元必遣祭闕里擇諸臣之勝任者往焉正統三年禁祀孔子於釋老宮令祭物非所產者以所產代景泰間從太常請增祭品成化元年始加牲用樂用鄒幹言駁正帝號之議與神聖廣運之稱得禮之正而猶增八佾十二籩豆弘治元年以尚書王恕奏準耤田禮釋奠加幣三獻又詔尊先師當以禮改分獻爲分奠上親釋奠太學召衍聖公及三氏子孫聽講賜襲衣冠帶有差特賜衍聖公麟袍玉帶秩二品大朝會班一品上示不臣也加公弟翰林五經博士以承子思世舉孔氏一人爲曲阜令（乾隆二十年改歸部選充）闕里災則遣

學士祭告命撫臣建廟廟成親製碑文正德初亦視學遣使取三氏子孫至京觀禮然而事踵於舊文盛於前累世能因莫之能正損益失宜禮亦滋呰至夫嘉靖改元輔臣張璁始議正祀典本宋濂吳沈邱濬諸說而益廣之其易塑像所以别邪教也別祀顏路曾晳諸人子不先父食也則宋濂之議也其改大成至聖文宣王爲至聖先師復聖四配各正其號先賢先儒各殊其稱籩豆用十舞佾用六郡邑籩豆殺二舞止六殿稱廟戟門稱廟門則用沈濬春秋削僭王之論也其特立啓聖祠則又引宋熊禾之議也其他多所釐定自漢以來於聖毋瀆於禮最宜厥後四君各遵舊典

清入主者定寰區表章先聖聖祖親臨闕里謁祀廟庭親書萬世師表扁立天下學宮又自製聖贊律詩及四子贊太學釋奠外不時遣官致祀郡縣二丁之祭悉用樂設樂舞生百餘人世宗初年命天下大新文廟扁曰生民未有又追封五代並祀崇聖祠雖本天啓御史董羾之說然推及防叔以上則有非董羾所能言者矣闕里廟災發帑遣官修建制準宮殿工

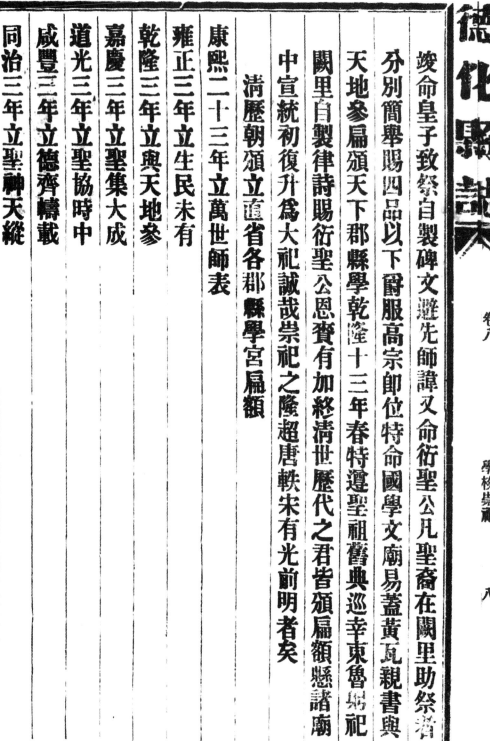

竣命皇子致祭自製碑文避先師諱又命衍聖公凡聖裔在闕里助祭者分別簡舉賜四品以下爵服高宗即位特命國學文廟易蓋黃瓦親書與天地參扁頒天下郡縣學乾隆十三年春特遵聖祖舊典巡幸東魯躬祀闕里自製律詩賜衍聖公恩賚有加終清世歷代之君皆頒扁額懸諸廟中宣統初復升爲大祀誠哉崇祀之隆超唐軼宋有光前明者矣

清歷朝頒立直省各郡縣學宮扁額

康熙二十三年立萬世師表

雍正三年立生民未有

乾隆三年立與天地參

嘉慶三年立聖集大成

道光三年立聖協時中

咸豐三年立德齊幬載

同治三年立聖神天縱

光緒三年立斯文在茲

宣統二年立中和位育

先賢先儒歷代從祀

稽七十子之徒之有祀自東漢光武始魏芳正始七年特以顏子配唐進曾子宋進孟子復進子思而四配之位以定明循開元之舊諸從祀者爵以公侯伯四配皆稱公東西哲向於七十二人中進其從陳蔡者十人曰十哲當首顏淵以其特配因進顓孫師以足之亦稱公列坐堂上位稍後四配其兩廡從祀凡百有五人爵侯伯有差惟周程司馬朱子稱公嘉靖間釐定祀典罷諸封爵四配稱復聖顏子宗聖曾子述聖子思子亞聖孟子及門者稱先賢某子從祀者稱先儒某氏而相沿之典爲之一正至於繪像之異進祀之時可得而詳考焉初皆按史記繪像於壁至宋高宗時斥史記所載公良孺公夏首公肩定顏祖鄡單句井疆罕父黑申黨原亢顏何公西輿如公西蒧十二人而採文翁學堂圖中之申棖陳亢林放琴牢

申棠續以足七十二人之數明時列於東西廡　從史記之文而特斥顏何秦冉二人以家語所載琴牢陳亢二人補之先儒之祀如左邱明公羊高穀梁赤荀況楊雄伏勝戴聖劉向孔安國杜子春高堂生萇毛鄭衆賈逵馬融鄭玄何休盧植王肅杜預王弼范甯凡二十二人則以太宗貞觀四年詔配至於宋儒之以當代從祀者則有周敦頤程顥程頤張載朱熹張栻呂祖謙七人之祀於理宗朝邵雍司馬光之祀於度宗朝也且神宗又嘗進韓愈矣元文宗進董仲舒矣明洪武進許衡正統進胡安國蔡沈眞德秀吳沈矣弘治從徐溥之請則進楊時嘉靖從張璁之請則進后蒼王通胡瑗歐陽修從薛侃之請則進陸九淵萬歷從沈㴶之請則進李侗從熊尙文之議則進羅從彥皆所謂異世同揆歷久愈章者也至於明儒之以當代祀者亦不無其人隆慶進薛瑄萬歷進王守仁陳獻章胡居仁皆所謂名山俎豆者也若夫採儒先之言定一王之中遷改罷斥不嫌於妄者洪武中從行人楊砥言罷揚雄以其爲莽大夫也嘉靖議禮釐正尤

多其斥公伯寮以其愬子路以沮聖人非孔子徒也申黨卽申棖又訛爲申績申續申棠其實一棖也秦冉顏何家語所不載史記非實也而皆罷矣林放雖嘗問禮家語史記邢昺註疏俱不列之弟子也蘧伯玉孔子所嚴事者非及門人也鄭衆盧植鄭玄服虔范甯雖若無過然行已著書未合聖人之精微也而皆祀諸鄉矣荀况惡性而僞禮以子思孟子亂天下子張子夏爲賤儒也戴聖守九江多不法也劉向善神仙方伎也賈逵附會圖讖以致貴顯也馬融之依鄧隲媚梁冀前以貪濁免徙後以草奏殺李固也何休之黜周王魯著風角等書班之孝經論語也王肅之爲司馬昭畫策篡魏也王弼之宗老莊畔道也杜預之建短喪絕天性因所癭之議盡殺江陵人也吳澄之仕元忘故君也而皆斥矣崇禎十五年以左邱明親受經於聖人改稱先賢並改宋儒周程張朱邵六子亦稱先賢位七十子下然僅國學更置之闕里廟庭及天下學宮未遑頒行也况乎增祀倘有闕略改斥倘宜折衷清朝聿興典禮允洽蓋有質鬼神而無疑俟百

世而不惑宗工先正駿奔蹌濟而爲之擊節興嘆者猗歟盛哉康熙五十三年陞朱熹於十哲謂孔子集羣聖之大成朱子集諸儒之大成孔子之道藉以著明也以學臣余正健言詔范仲淹從諸儒列謂其表章中庸導大儒張載也則皆於明王世貞之說有取焉雍正三年復蘧瑗林放秦冉顏何謂道同德一從祀原不拘及門史遷去古未遠未可遽疑也又增縣亶者據家語也增牧皮者據孟子也仍增孟子門人樂正克萬章公都子公孫丑四人於先賢進左邱明周敦頤張載程顥程頤邵雍並稱先賢復鄭玄范甯謂解經多有發明也於漢則增祀諸葛亮謂澹泊明志寧靜致遠深得理諦也於宋元則增祀尹焞黃榦陳淳魏了翁何基王柏趙復金履祥許謙陳澔於明則增祀羅欽順蔡清當代則進陸隴其謂其行已著書無媿聖門也乾隆元年陞有若堂上次十哲位東朱熹位西從尙書徐元夢請則又爲明羅核所未及見者也二年復吳澄祀謂其在宋非顯官而所學者粹非揚雄比也此皆足以補前朝之闕而爲議禮之宗者也

嗣後尚再增祀二十五人未敘明入祀之旨暫列於從祀位次之後俟將來考證依次補敘焉

崇聖祠

宋大中祥符間始追封叔梁紇爲齊國公及元至順初進爵王稱啓聖至明嘉靖九年乃詔立啓聖祠祀叔梁紇以顏路曾晳孔鯉孟激配而又以程珦朱松蔡元定從祀自是州郡縣皆立祠而啓聖王始有祀祀之時以春秋二丁祭先師先祭啓聖焉此蓋宋濂程敏政所未及行於洪武弘治而張璁行之於嘉靖者也萬曆二十三年從湖廣巡撫郭惟賢言祀周子父輔成躋珦松元定之上然宋程之議第謂顏曾思孟坐堂上父不應坐堂下據子雖齊聖不先父食之禮求所以安處點鯉無繇祀叔梁紇則可配諸賢而通典禮之窮原不爲崇奉孔子起見張璁稱引是說亦無推廣加恩孔子僅及其父是使孔子之崇報與諸賢無異也且聖明推恩臣下有榮施三世者何可以至聖先師不如保傅善乎天啓元年御史董羽追敘一疏言之詳且切也當時報聞未及施行至清世宗推恩先聖併及五代

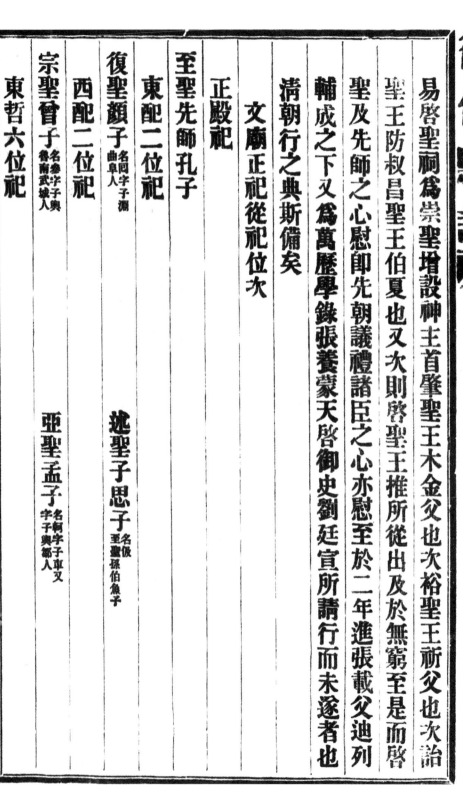

易啓聖祠爲崇聖增設神主首肇聖王木金父也次裕聖王祈父也次詒聖王防叔昌聖王伯夏也又次則啓聖王推所從出及於無窮至是而啓聖及先師之心慰即先朝議禮諸臣之心亦慰至於二年進張載父迪列輔成之下又爲萬曆學錄張養蒙天啓御史劉廷宣所請行而未遂者也

清朝行之典斯備矣

文廟正祀從祀位次

正殿祀

至聖先師孔子

東配二位祀

復聖顔子名回字子淵曲阜人　述聖子思子名伋至聖孫伯魚子

西配二位祀

宗聖曾子名參字子輿魯南武城人　亞聖孟子名軻字子車又字子輿鄒人

東哲六位祀

先賢閔子子騫名損曲阜人　先賢冉子仲弓名雍鄆城人

先賢端木子子貢名賜衛人　先賢仲子子路名由卞人

先賢卜子子夏名商衛人　先賢有子子有名若曲阜人

西哲六位祀

先賢冉子伯牛名耕鄆城人　先賢宰子子我名予曲阜人

先賢冉子子有名求鄆城人　先賢言子子游名偃吳人

先賢顓孫子子張名師陳人　先賢朱子元晦名熹宋婺源人

東廡先賢三十九位儒二十三位

先賢蘧子伯玉名瑗衛人　先賢澹臺子子羽名滅明武城人

原子子思名憲商邱人　南宮子子容名縚又名适兗州人

商子子木名瞿曲阜人　漆雕子子若名開蔡人

司馬子子牛名耕商邱人　梁子叔魚名鱣齊人

冉子子魯名孺魯人　伯子子析名虔家語作處字子皙魯人

冉子子產 名季魯人　漆雕子子期 名徒父家語名從字子文

漆雕子子斂 名哆　公西子子華 名赤曲阜人

任子子選 名不齊楚人　公良子子正 名孺陳人

公肩子子中 名定兗州人　鄡子子家 名單聊城人

罕父子子索 名黑兗州人　榮子子祺 名旂兗州人

左人子子行 名郢兗州人　鄭子子徒 名國兗州人

原子子籍 名亢兗州人　廉子子庸 名潔衛人

叔仲子子期 名會兗州人　公西子子上 名輿如兗州人

邽子子斂 名巽兗州人　陳子子禽 名亢陳州人

琴子子開 名牢衛人一字子張　步叔子子車 名乘青州人

秦子子之 名非兗州人　顏子子聲 名噲曲阜人

顏子子冉 名何魯人　縣子子象 名亶

樂正子 名克　萬子 名章

周子茂叔名敦頤宋道州人

程子伯淳名顥宋洛陽人

邵子堯夫名雍宋涿州人

先儒穀梁子赤字元始周末人

先儒伏子勝字不齊秦濟南人

后子蒼字近君漢郯城人

董子仲舒漢景州人

杜子子春東漢偃師人

范子甯字武子晉鄢陵人

韓子愈字退之唐修武人

范子仲淹字希文宋吳縣人

胡子瑗字翼之宋泰州人

楊子時字中立宋將樂人

羅子從彥字仲素宋南劍人

李子侗字愿中宋劍浦人

張子栻字敬夫宋綿竹人

黃子榦字直卿宋閩縣人

眞子德秀字希元宋浦城人

何子基字子恭宋金華人

趙子復字仁甫宋德安人

吳子澄字幼清元崇仁人

許子謙字益之元金華人

王子守仁字伯安明餘姚人

薛子瑄字德溫明河津人

羅子欽順字允升明泰和人

陸子隴其字稼書清平湖人

西廡先賢三十八位 儒二十三位

先賢林子子邱名放魯人
先賢宓子子賤名不齊曲阜人

公冶子子長名長魯人
公晳子季次名哀濟南人

高子子羔名柴衛人
樊子子遲名須兗人

商子子季名澤一字子秀兗人
巫馬子子期名施陳人

顏子子柳名辛曲阜人
曹子子循名卹蔡人

公孫子子石名龍楚人
秦子子不名商魯人

顏子子驕名高一名剋曲阜人
壤駟子子徒名赤秦人

石作子子明名蜀成紀人
公夏子子乘名首魯人

后子子里名處齊州人
奚子子晳名容蒧兗州人

顏子子商名祖曲阜人
句子子彊名井疆衛人

秦子子南名祖秦人
縣子子祺名成魯人

公祖子子之名句茲兗州人
燕子子思名伋兗州人

樂子子聲 名欬 兗州人

狄子子晳 名黑 衛人

子蔑子 名忠 至聖兄子

公西子子尙 名蒧 兗州人

顏子子叔 名之僕 曲阜人

施子子恆 名之常 兗州人

申子子周 名根 魯人

左子 名邱明 中都人

秦子子開 名冉 蔡人

牧子 名皮 魯人

公都子

公孫子 名丑

張子子厚 名載 宋大梁人

程子正叔 名頤 宋洛陽人

先儒

公羊子高 周末臨淄人

先儒

子國子安國 至聖十一世孫

毛子萇 漢河間人

高堂子生 字子伯 漢兗州人

鄭子玄 字康成 漢高密人

諸葛子亮 字孔明 漢瑯琊人

王子通 字仲淹 隋龍門人

司馬子光 字君實 宋涑水人

歐陽子修 字永叔 宋廬陵人

胡子安國 字康侯 宋崇安人

尹子焞 字彥明 宋洛人

呂子祖謙 字伯恭 宋婺州人

蔡子沈字仲默宋建陽人　陸子九淵字子靜宋金谿人
陳子淳字安卿宋龍溪人　魏子了翁字華甫宋浦江人
王子柏字會之宋金華人　許子衡字仲平元河內人
金子履祥字吉甫元蘭谿人　陳子澔字可大元都昌人
陳子獻章字公甫明新會人　胡子居仁字叔心明餘干人
蔡子清字介夫明晉江人

上列 先賢先儒位次錄自永春仙遊臺灣各志茲以其姓氏與兩廡 栗
主核對尙有未列者二十五位敬錄於此以俟後之考證依次補列焉

先賢公孫子子產名僑周鄭人　先賢公明子名儀南武城人
先儒毛子亨漢河間人　先儒許子愼字重叔漢邵陵人
陸子贄字敬輿唐　韓子琦字稚圭宋相州人
游子酢字定夫宋建陽人　袁子燮字和叔宋鄞縣人
李子綱字伯紀宋邵武人　謝子良佐字顯道宋上蔡人

陸子秀夫 宋鹽城人　文子天祥 字履善一字文山宋廬陵人

曹子端 字正夫明澠池人　方子孝孺 字希直明寧海人

呂子柟 字仲木明高陵人　孫子奇逢 字鍾元明容城人

張子伯行 字孝先一字敬庵清儀封人　湯子斌 字孔伯又字荊峴清睢州人

呂子坤　呂子大臨

輔子廣　劉子德

陸子世儀　劉子宗周

黃子道周 字石齋明漳浦人

崇聖祠位次祀

肇聖王木金父公 正中　裕聖王祈父公 東

詒聖王防叔公 西　昌聖王伯夏公 東

啓聖王叔梁公 西

東配二位祀

先賢顏氏名無繇字路　先賢孔氏名鯉字伯魚

西配二位祀

先賢曾氏名點字子皙　先賢孟氏名激字公宜

東廡三位祀

先儒周氏輔成　先儒程氏珦字伯溫

蔡氏元定字季通

西廡二位祀

先儒張氏迪　先儒朱氏松字喬年

祠祀

朱文公祠專祀

文公朱夫子

名宦祠祀

宋集賢院學士前德化縣知縣陳靖載宋史循吏傳爲宋代循吏第一人

明文林郎德化縣知縣王巽

文林郎德化縣知縣馮翼

按察使前德化縣知縣應履平

迪功郎德化縣縣丞余表

監察御史前德化縣主簿古彥輝以上俱萬曆三十二年知縣周佑纂修邑志並請入祀

學憲副使熊洽號魚山誠僕率人道腴範士雅有實學別無異尚嘉靖三十三年五月閩侯懷三縣學呈中學憲朱行縣製主一體入祀

文林郎德化縣知縣胡惟立嘉靖三十四年入祀

清太子少保兵部尚書閩浙總督范承謨

太子少保兵部尚書閩浙總督姚啓聖

福建承宣布政使司布政使金培生

禮部左侍郎福建提督學政吳鍾駿

按古人有願爲守令者以其近民澤易下究故所居民富所去民思生有榮號歿則享祀也昔召公循行南國人愛其甘棠而不忍傷羊叔子守襄

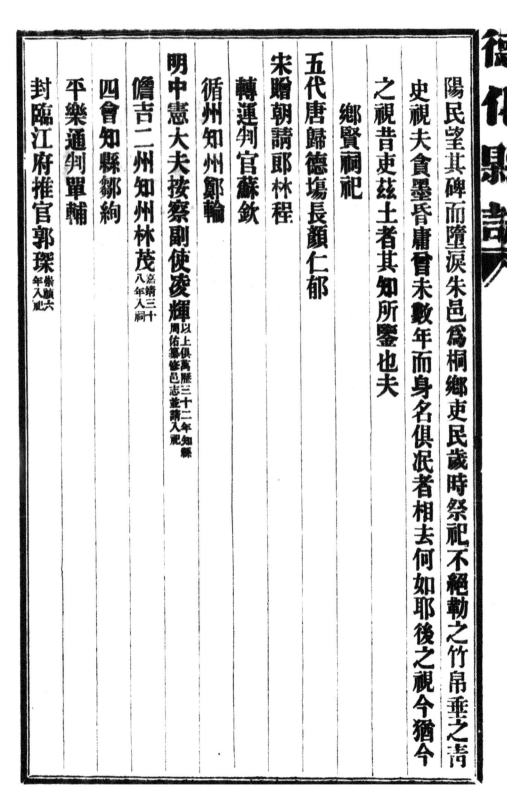

陽民望其碑而墮淚朱邑爲桐鄉吏民歲時祭祀不絕勒之竹帛垂之青史視夫貪墨昏庸曾未數年而身名俱泯者相去何如耶後之視今猶今之視昔吏茲土者其知所鑒也夫

鄉賢祠祀

五代唐歸德場長顏仁郁

宋贈朝請郎林程

轉運判官蘇欽

循州知州鄭輪

明中憲大夫按察副使凌輝（以上俱萬歷三十二年知縣周佑纂修邑志並請入祀）

儋吉二州知州林茂（嘉靖三十八年入祠）

四會知縣鄒絢

平樂通判單輔

封臨江府推官郭琛（崇禎六年入祀）

戶部主事鄭沛

全椒訓導賴孔教

贈翰林院簡討四會知縣賴爔

清臺灣縣教諭鄭兼才（道光五年入祀）

按古人祭有道有德者於瞽宗又謂鄉先生歿而祭於社鄉賢之祀尙矣蓋化民成俗者非必盡條教之詳法令之密也固有陰感默誘之道焉昔廬陵立四忠一節之祠文丞相少嘗遊之嘆曰死不俎豆其間非夫也厥後文公果以精忠大節著於天下德化山川秀淑風氣淳樸奮發而繼起者何分於古今瞻其祠論其世而動私淑之慕其在斯乎（清舊制康熙間請祀鄉賢皆由學臣批准雍正時則咨請禮部覈可否乾隆初加意詳慎例用奏請覆允乃得入祀）

作興學校祠祀

清修職郎德化縣教諭薛允浩

奉直大夫德化縣教諭力子侗

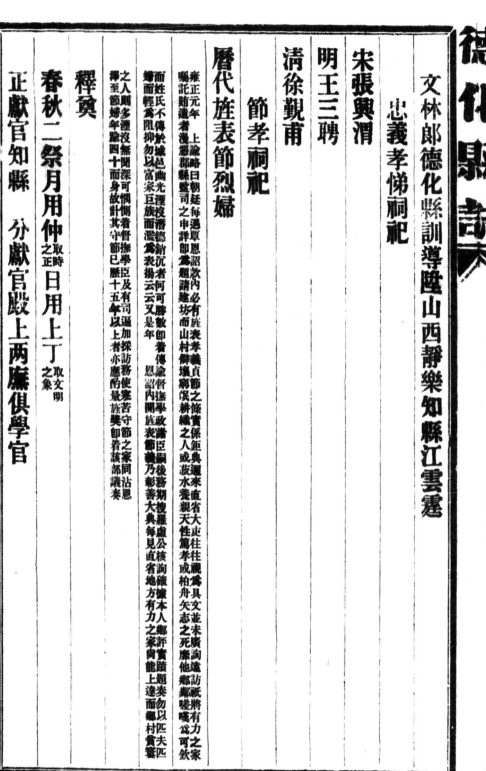

文林郎德化縣訓導陞山西靜樂知縣江雲蹇

忠義孝悌祠祀

宋張興渭

明王三聘

清徐覲甫

節孝祠祀

歷代旌表節烈婦

雍正元年　上諭略曰朝廷每遇覃恩詔款內必有旌表孝義貞節之條實係鉅典邇來直省大吏往往視為具文並未廣詢遠訪祇將有力之家囑託賄遺者濫舉郡縣監司之申詳即為題請建坊而山村僻壤窮氓耕織之人或菽水養親天性篤孝或柏舟矢志之死靡他鄉鄰嗟嘆公可欽而姓氏不傳於城邑幽光湮沒潛德銷沉者何可勝數即着傳諭督撫學政諸臣嗣後務期搜羅虛公核詢確據本人鄉評實蹟題奏勿以匹夫匹婦而輕為阻抑勿以富家巨族而濫為表揚云云又是年　恩詔內開旌表節義乃彰善大典每見直省地方有力之家尙能上達而鄉村貧寠之人則多湮沒無聞深可憫惻着督撫學臣及有司遍加採訪務使寒苦守節之家同沾恩澤至節婦年踰四十而身故計其守節已歷十五年以上者亦應酌量旌獎即着該部議奏

釋奠

春秋二祭月用仲（取時之正）日用上丁（取文明之象）

正獻官知縣　分獻官殿上兩廡俱學官

執事人數 監宰凡牛羊豕爲正牲鹿兎爲脯醢宰殺之時務使潔淨其毛血先存少許以告於神其餘及腸胃皆以淨桶盛之置諸庫房以俟埋瘞 監洗凡鍋釜鼎爵籩豆之屬與夫一應器皿俱監臨洗滌潔淨 監造饍羞爲餅餌及製造脯醢之屬 收發祭器凡祭器一發一收皆檢視明白不可遺漏 提調纂次 通贊 引贊 司罇洗 香燭 司爵司帛 讀祝 飲福受胙執事捧酒一捧胙一胙肉先令宰夫割取 祭前三日獻官陪祭官及執事者皆沐浴更衣散齋二日各宿別室致齋一日同宿齋所散齋仍理庶務惟不飲酒不茹葷謂葱韮薤蒜 不弔喪不問疾不聽樂不行刑不與穢惡事致齋惟理祭事

祭前一日執事者設香案於牲房外獻官常服贊者唱詣省牲所唱省牲牛羊豕鹿兎省之謂看牲數有無齊足肌體有無肥瘠毛色有無純正 省畢唱省牲畢乃退 凡宰牲必取血以告殺取毛以告純以盆盛毛血少許入置神位下

祭器 牲匣以木爲之所以盛牲者底蓋朱髹各高六寸長三尺三寸廣二尺二寸兩旁釘銅環四兩端二 登範金爲之所以薦太羹者 鉶範金爲之所以薦和羹者 籩以竹爲之所以薦棗栗菱芡榛脯鹽魚餅餻者 豆以木爲之所以薦菹醢脾析豚胉者 簠範金爲之所以盛黍者 簋範金爲之所以盛稷者 篚編竹爲之朱髹所以盛帛者 爵範金及磁爲之所以受酒者 尊勺冪巾尊所以盛酒者勺所以酌酒者冪巾所以冪酒者 盥洗尊盆勺帨尊用磁盆銅錫盥用 案祝案一高一尺二寸廣二尺三寸長三尺朱髹置正殿中以閣祝版尊案一高二尺七寸廣一尺五寸長五尺案面鑿孔三下盛以木版朱髹置丹墀以閣酒尊爵帛案一尺四寸與酒尊同置丹墀以閣爵帛

香案 香爐 香合 牲盤 祝版以梓楸木或栢木爲之高八寸廣一尺二寸別作一架閣之用白紙書文貼版上祭畢揭焚之藏版與架再用 燭龍部滿堂紅俱用

銅鐵線結𦁚網不用糊紙及紗綃其底裏以鐵葉皆防焚灼之虞

康熙二十五年泉州府知府郝斌捐製祭器範金爲之計

登一以盛太羹 鉶四以盛和羹 簠簋四以盛黍稷稻粱 雲雷尊一以盛初獻酒 象尊一以盛亞獻酒 犧尊一以盛三獻酒 爵二十

一以盛酒

祭物 太羹周禮註肉汁不和 和羹周禮註肉汁加以五味 黍結穗如稻散垂而不毛高而似蘆者非 稷詩謂明粢乃粢之不糯者 稻今水田所種粳米 粱似粟而大有青黃白三種以上四品俱揀

擇圓好滾湯泡滂成飯 形鹽周禮鹽人掌形鹽散鹽註謂形鹽刻爲虎形之類 薧魚周禮䱷人爲𩵖薧註謂薧生魚薧乾魚今製用鮮魚薄醃乾之臨用溫水洗酒浸片時 棗栗榛俱陸果 菱芡俱水果菱即今菱角

芡即今雞頭以上水陸諸果皆揀潔淨圓好者 韭菹周禮七菹謂醃菜爲之菹今製截去本末取中三寸淡用 醓醢醓肉醬也醢醬之多汁者今製皆細切猪脊肉拌油鹽葱椒蒔蘿茴香爲之 菁菹菁蔓菁菜頭似蘿蔔色紋青今製用湯淪過作

長段淡用 鹿脯周禮腊人掌乾肉脯即肉之乾者今製切鹿肉作塊酒醃炙乾用之 鹿醢切鹿肉作小塊用油鹽葱椒蒔蘿茴香拌勻爲醢 兎醢製法同上 芹菹芹水菜也如治菁菹法 筍乾筍今製用煮熟揀淨切作長

段用 魚醢如造鹿醢法 白餅用小麥麵造 黑餅用蕎麥麵造以上俱用砂糖爲餡脾作圓餅子 糗餌用粳米搗粉梔子水浸之蒸熟脾作餅子 粉餈用糯米搗粉蒸熟杵成餈爲大方塊待冷切作小塊用

䬸食用糯米飯以和羊膏及蜜同熬 糝食用白粳米飯細切牛羊豕肉同熬 帛官制每段各長一丈八尺旁織禮神制帛四字禮書量帛制量度其長短爲之制也

陳設正殿制帛一端白色 白磁爵三 牛一 羊一 豕一 登一 鉶二 簠二 簋二 籩

十 豆十 酒尊一 香燭

四配每位制帛一端白色 白磁爵三 羊一 豕一 鉶一 簠二 簋二 籩八 豆八 酒

尊一香燭

東哲（五案又升配有子一案）制帛一端（白色）白磁爵各一豕一鉶各一簠各一簋各一籩各四豆各四豕首一香燭

西哲與東哲同（五案又升配朱子一案）

東廡制帛一端（白色）銅爵各一豕三每案簠一簋一籩四豆四香燭

西廡與東廡同

崇聖王祠（五案）制帛五端（白色）白磁爵各三羊各一豕各一鉶各一簠各二簋各二籩各八豆各八酒尊各一香燭

四配（每位一案）制帛二端（白色）豕首一銅爵各三簠一簋一籩四豆四豕肉一方香燭

兩廡制帛二端（白色）銅爵各三簠一簋一籩四豆四豕肉一方香燭

設酒尊所盥洗所於丹墀之東南（尊實酒施冪盥置水施帨各有司之者）

設埋瘞所於廟之西北丹墀東西及露臺上各設炬兩廡長廊各設燈

正殿陳設之圖

文廟正殿

帛

爵　和羹
爵　太羹
爵　和羹

白餅　黑餅
菱　芡
榛　栗
棗　鹿脯
形鹽　藁魚
黍　稷
稻　粱
韭菹　醓醢
菁菹　鹿醢
芹菹　兔醢
筍菹　魚醢
脾析　豚拍

羊　牛　豕

四配陳設之圖

四配　每位

帛

爵　爵

羹

菱　芡
榛　栗
棗　鹿脯
鹽　藁魚
黍　稷
稻　粱

羊

爵

韭菹 醓醢
菁菹 鹿醢
芹菹 兔醢
筍菹 魚醢

豕

東西哲陳設之圖

東哲 五案又升配有子一案每案 帛 爵 羹

棗 栗
鹽 鹿脯
黍
稷 豕首
菁菹 鹿醢
芹菹 兔醢

豕

西哲同 又升配朱子一案

兩廡陳設之圖

東廡 三案 每案 帛 爵 羹

棗 栗
鹽 鹿脯
黍
稷

豕

菁菹　鹿醢
芹菹　兔醢

西廡同

祭崇聖祠儀注

凡祭

文廟必先

崇聖祠夜四鼓與祭畢集祠中鼓一通陳設備具各官具蟒袍補服鼓再通庭燎畢舉鼓三通引贊各引獻官至通贊唱執事者各司其事唱分獻官就位唱正獻官就位唱瘞毛血執事捧毛血出正祀由中門配祀由邊門通贊唱迎神引贊贊跪叩首獻官行二跪六叩禮興平身通贊贊捧帛捧帛者正祀由中門入配祀由邊門入詣各神位之左唱奠帛行初獻禮引贊贊詣盥洗所獻官盥手畢詣酒尊所司尊者舉冪酌酒執事者注酒於爵捧爵者在獻官前行正祀由中門入配祀由邊門入詣各神位前引贊導獻官進殿左門贊詣

肇聖王神位前贊跪獻官行一跪一叩禮興平身唱奠帛獻官接帛拱舉立獻畢執事跪接帛進於神前案上司爵者進爵於獻官引贊贊獻爵獻官接爵拱舉立獻畢執事跪接爵進於神前案上引贊贊跪獻官行一跪一叩禮興平身引贊贊詣

裕聖王神位前贊跪如前儀贊詣
詒聖王神位前贊跪如前儀贊詣
昌聖王神位前贊跪如前儀贊詣
啓聖王神位前贊跪如前儀贊詣讀祝位獻官至香案前唱跪通贊唱衆官皆跪唱讀祝文讀祝者取祝版跪讀
祝曰維　某年歲次某干支二八月某干支朔越某日某干支某官某名敢
昭告於
肇聖王　裕聖王　詒聖王　昌聖王　啓聖王孔氏之神曰惟　王弈葉鍾祥光開　聖緒盛德之後積久彌昌凡聲教所覃敷率循源而溯本宜肅明禋之典用申守土之忱茲屆仲春秋聿修祀事以　先賢顏氏　先賢曾氏　先賢孔氏　先賢孟孫氏配尚　饗讀畢捧祝版跪安案上帛盒內通贊唱叩首獻官行三叩禮興平身引贊贊詣東配
先賢顏氏神位前贊跪贊奠帛贊獻爵叩興平身如儀贊詣西配
先賢曾氏神位前贊跪如儀贊詣東配

先賢孔氏神位前贊跪如儀　贊詣西配
先賢孟孫氏神位前贊跪如儀　贊復位引獻官從西角門出至原位朝上立　通贊唱行分獻禮引贊引分獻官至盥洗所盥洗畢　贊
詣
先儒周氏神位前贊跪贊奠帛獻爵叩興平身如儀　贊詣
先儒周氏神位前贊跪如儀　贊詣
先儒程氏神位前贊跪如儀　贊詣
先儒朱氏神位前贊跪如儀　贊詣
先儒蔡氏神位前贊跪如儀　贊復位引分獻官從西角門出至原位朝上立　通贊唱行亞獻禮引贊引獻官從東角門入不用詣盥洗所　贊詣
酒尊所司尊者舉羃酌酒先詣　肇聖王次　裕聖王次　詒聖王次
昌聖王次　啓聖王次　配位儀同初獻但不奠帛不讀祝　復位通贊唱行終獻禮儀同亞獻　通贊唱飲
福受胙引贊贊詣飲福受胙位位在讀祝所進福酒者捧酌進胙者捧盤立於讀祝案之東又二執事立於案之西　引贊贊跪飲福酒東執事捧福酒跪進
於獻官西執事跪接爵置於案上　引贊贊受胙東執事取羊肩置盤上跪進於獻官獻官受胙訖西執事跪接由中門捧出　引贊贊叩首興平身復位通贊唱
跪叩首獻官行二跪六叩禮衆官皆同　興平身通贊唱徹饌執事各於神案前品物略移動　通贊唱送神引

贊贊跪叩首獻官行二跪六叩禮興平身通贊唱讀祝者捧祝司帛者捧帛

詣瘞所執事捧帛捧祝正祀由中門出配祀由邊門出唱詣望瘞位引贊引獻官各詣望瘞位贊望瘞贊焚祝

帛引贊贊復位禮畢

祭大成殿儀注

文廟中鼓初嚴殿上兩廡諸執事者各燃燭焚香丹墀及露臺上皆明炬各

官具朝服鼓再嚴樂生舞生各序立丹墀兩邊鼓三嚴各執事者薦羹及

啓牲匣蓋以湯澆牲體使氣上升各引贊引各獻官至戟門下北面立通贊唱樂舞生各就

位樂生隨司麾者入殿內各就所執樂位舞生各隨司節者上露臺分東西班立司節者就西位通贊唱執事者各司其事司爵洗者各執爵洗司瘞毛血者各俟瘞毛血凡有司者各司其事通贊

唱陪祭官各就位分照官銜品級就拜位康熙四十九年詔天下武員把總以上皆得入廟陪祭分獻官各就位正獻官就位獻官隨引贊就拜位

唱瘞毛血執事者捧毛血正祀由中門四配東西哲由左右門出兩廡隨之瘞於坎通贊唱迎神麾生舉麾唱樂奏咸平之章樂作舞生執籥未舞通贊唱

跪叩首正獻分獻陪祭俱行三跪九叩首禮興平身麾生偃麾櫟敔止樂通贊唱捧帛司帛者各捧帛

盥正祀由中門進配哲由左右門進兩廡分東西進詣各神位之左鞠躬旁立通贊唱正獻官行初獻禮引贊導正獻官行接唱正獻官行初獻禮隨行隨唱贊詣盥洗所贊

盥手獻官盥手畢贊詣酒尊所司尊者舉冪酌酒司尊者注酒於爵捧爵者在獻官前行正祀由中門入餘由左右門入詣各神位前鞠躬旁立引贊贊詣

大成至聖先師孔子神位前獻官隨引贊由左偏門入至神位前朝上立至宣統初升大祀後正分獻官詣殿獻爵皆由右偏門出入捧毛血捧帛瘞亦如之麾生舉麾唱樂

奏寧平之章擊柷作樂舞生按節而舞引贊贊跪隨作樂隨行禮贊奠帛捧帛者西跪進帛獻官拱舉執事者接置神案上贊初獻爵司爵者西跪進爵獻官拱舉執事者接置神案上贊叩首興平身贊詣讀祝位獻官至殿門內祝案前朝上立引贊贊跪通贊唱衆官皆跪唱讀祝

文讀祝者至祝案前一跪三叩頭取祝版跪讀麾生偃麾樂暫止祝曰維某年歲次某干支二八月某干支朔越某日某干

支正獻官某分獻官某陪祭官某敢昭告于

至聖先師孔子之前曰惟　師德隆千聖道冠百王揭日月以常行自生民

所未有屬文教昌明之會正禮和樂節之時辟雍鐘鼓咸恪薦乎馨香泮

水膠庠益致嚴於籩豆今茲春秋仲祗率彝章肅展微忱聿將祀典以

復聖顏子

宗聖曾子

述聖子思子

亞聖孟子配尙

饗讀畢讀祝者將祝版歸置神案上帛匣內三叩頭退麾生舉麾樂續作接奏未終之樂舞生同時起舞通贊唱叩首各官俱行三叩禮興平

身引贊贊詣
復聖顏子神位前贊跪贊奠帛替初獻爵贊叩首興平身俱如正祀儀贊詣
宗聖曾子神位前贊跪如前儀通贊唱分獻官行初獻禮東西哲廡引贊各引分獻官詣各神位前行禮如正祀儀引贊贊詣
述聖子思子神位前贊跪如前儀贊詣
亞聖孟子神位前贊跪如前儀贊復位麾生偃麾樂止引贊引正獻官及分獻官由西角門出復於原位朝上立通贊唱正獻官行亞獻
禮俱如前儀惟不盥洗不奠帛不讀祝文麾生舉麾唱樂奏安平之章擊柷作樂舞生按節而舞獻畢贊復位麾生偃麾通贊唱正獻官行
終獻禮如亞獻儀麾生舉麾唱樂奏景平之章擊柷作樂舞生按節而舞獻畢贊復位麾生偃麾通贊唱飲福受胙正
祀引贊贊詣飲福受胙位位在讀祝所儀如崇聖祠贊跪贊飲福酒東執事跪進爵獻官飲訖西執事接置祝案上贊受胙東執事跪進胙獻官受訖西執
事接由中門出贊叩首興平身贊復位通贊唱行飲福受胙禮跪叩首正獻分獻陪祭
各官俱行三跪九叩禮興平身通贊唱徹饌將神案上品物移動麾生舉麾唱樂奏咸平之章樂作舞止
徹訖樂終通贊唱送神麾生舉麾唱樂奏咸平之章有樂無舞樂作通贊唱跪叩首各官俱
行三跪九叩禮興平身麾生偃麾樂止通贊唱讀祝者捧祝司帛者捧帛各詣瘞所正祀由中
門左右配哲由左右門兩廡各隨班恭詣瘞所引贊贊詣望瘞位各獻官詣瘞位麾生舉麾唱樂奏咸平之章有樂無舞章同送神望瘞贊焚祝帛

贊復位（麾生偃 麾樂止）通贊引贊同唱禮畢

文廟祭畢乃祭

朱文公祠用帛一羊一豕一簠一簋一籩四豆四祝曰（年月具官如式）惟　公道宗鄒魯學繼濂洛註述六經啓發萬世今茲仲（春秋）謹以牲帛醴齊粢盛庶品用伸虔登尚饗次祭

名宦祠祝曰惟　靈忠心捧日宣盛績於螭坳仁政揚風著休聲於閩嶠官方早名當日祭典勿替來茲時際（春秋）令之中崇祠共肅用伸歲祀之禮明德惟馨尚　饗次祭

鄉賢祠祝曰惟　靈賢良共仰允爲邦家之光德性無虧堪作鄉閭之式圭璧弗斲評論綸綍是以褒嘉禋祀長綿彰當年之正行粢盛芳潔伸此日之微忱尚　饗次祭

忠義孝悌祠祝曰（年月具官如式）惟　靈稟賦貞純躬行篤實忠誠奮發貫金石而不渝義問宣昭表鄉閭而共式祇事懋彝倫之大性摯莪蒿克恭念天顯

之親情殷棣萼模楷咸推夫懿德
綸恩特闡其幽光祠宇維隆歲時式祀用陳尊簋來格几筵尚　饗次祭
節孝祠祝曰（年月具官如式）惟　靈純心皎潔令德柔嘉矢志完貞全閨中之亮節
竭誠致敬彰閫內之芳型茹冰櫱而彌堅清操自勵奉盤匜而匪懈篤孝
傳徽　絲綸特沛乎殊恩　祠宇昭垂於令典祗循歲祀式薦尊醪尚
饗各祠監瘞奠獻俱如儀但只穿補服迎神送神只一跪三叩

附釋菜禮

每月朔日行釋菜禮用兎爲醢（醢前一日爲之）菁爲菹（禮樂圖說用菁菹八兩）　果用棗栗（禮樂圖說各重四斤）　香燭隨用

先師一案爵三（左右二爵先注酒中爵行禮時獻上）　品物四中二品左兎醢右菁菹東西二品左栗右棗四配東西各一案陳設與
先師同十二哲東西各一案爵三（儀注同上）品物三中菁菹左栗右棗兩廡東西各一案陳設與十二哲同

通贊唱 排班獻官以下皆序立丹墀內 班齊唱 闢戶禮生開殿門 通贊唱 跪叩首叩首叩首獻官以下皆跪叩首二跪三跪同 興平

身皆興平身 引贊詣獻官前 贊詣盥洗所獻官隨引贊至盥洗所盥手帨巾如儀 贊詣酒尊所獻官隨引贊至酒尊所司尊者舉冪酌酒以俟 贊詣

至聖孔先師神位前捧帛者三各先行奉先師者由中門入奉四配者由左偏門入獻官隨引贊亦由左偏門入至神位前向上立 贊跪 贊獻爵捧爵者由左跪授獻官一爵獻官受少舉之轉授捧爵者奠神

案前 贊俯伏興平身獻官俯伏興平身 贊詣

復聖顏子神位前 贊跪 贊獻爵儀同前 贊詣

宗聖曾子神位前儀同前 贊詣

述聖子思子神位前儀同前 贊詣

亞聖孟子神位前儀同前 通贊唱 行分獻禮獻官行禮將至亞聖孟子前通贊乃唱行分獻禮 引贊各詣東西哲及

兩廡分獻官前 贊詣盥洗所酒尊所東哲西哲東廡西廡神位前獻爵如

上儀 贊復位獻官以下各隨引贊退原位 通贊唱 禮畢

附大成樂凡春秋丁祭前三日司樂者集明倫堂查點樂舞生演樂三日臨祭時樂舞生首領執麾幡列于兩階聽唱樂舞生就位各依次立于殿庭奏樂之所

樂器

麾所以作止夫樂者以絳繒為之而揭於竿長七尺闊一尺一寸上不綴板粉質上板繪雲下板繪山前面繪升龍後面繪降龍旁有雲繞朱竿長八尺五寸上安銅龍首啣其麾舉之則升龍見而樂作偃之則降龍見而樂止以木為架

金部

大鐘 即鏞鐘範銅爲之其大四倍歌鐘特縣於架與鼖鼓相配

鎛鐘 即頌鐘在宮縣東西三倍歌鐘特縣於架與特磬同

編鐘 十六枚按十二律呂又有四清聲在宮縣四面二倍歌鐘兩層列於架與編磬配

歌鐘 制見考工記凡簨簴樅業鐘磬皆同其流蘇之制鼓翣亦然唯鐘簨刻龍磬簨刻鳳鐘趺上刻狻猊磬趺上刻鸞

石部

特磬 即離磬三倍歌磬在宮縣南北其架與鎛鐘同

編磬 次中磬倍歌磬上下十六枚與編鐘同在宮縣四面

歌磬 小磬俱採靈璧石爲之制見考工記凡鐘磬槌俱用堅梓木爲之

絲部

琴 斲桐爲面梓爲底虛實相配陰陽之義也長三尺三寸六分法期之數

瑟 以梓爲之雅瑟長八尺一寸廣一尺八寸三十六絃頌瑟長七尺二寸廣同二十五絃

竹部

鳳簫 比竹爲之如鳳展翅亦名排簫古有三十三管今制十六管按十二律之數又有四清聲

洞簫 紫竹爲之長一尺九寸五分圍三寸前五孔後一孔下有孔繫以紅絲

龍笛 文竹爲之長一尺八寸圍二寸二分橫吹之用木雕龍首飾之安於上端尾孔繫以紅絲如龍尾焉

雙管 二竹相比爲之各長周尺九寸圍一寸二分每管六孔翦二荻箭爲頭吹焉二管以漆膠固爲一

篪 以竹爲之長一尺四寸圍五寸三分上一大孔横而左吹以紅絲繫之

匏部 笙 以匏爲底竹爲管金葉爲簧於管端吹笙則鼓動其簧而出聲也

土部 塤 狀如秤錘以黄泥和白綿花爲之繪以雲龍之象通高四寸中虛高三寸六分空圍八寸一分徑二寸七分塤虎首六孔以孔取聲其聲相應

革部 鼗鼓 面繪雲彩身繪花上有二環繫以紅絲以朱漆架架之

懸鼓 周制其大小視楹鼓腹加銅環懸之飾在宮懸四隅

楹鼓 殷制木身高三尺五寸而闊二尺二寸兩旁四銅環施於木柱蓋以黄羅銷金雲花紺

足鼓 夏制較楹鼓稍長獨木爲架横鼓於上

鞉鼓 面廣六寸高厚相等有柄兩耳

搏拊 似鼓而小作樂時司樂者繫於項或搏或拊以節登歌之樂以糠爲胎長尺有咫兩頭冒以韋徑六寸腹微大采繪飾以金環二並直列之以繫襻焉閒則臥置於架

田鼓 亦爲應鼓長一尺二寸面五寸鼓之最小者臥於架擊之

相鼓 小而扁有柄執而擊之凡制鼓以桑木冒以牛馬革於啓蟄之日造之應雷聲也

木部 柷 以桑木爲之狀如漆桶上方二尺四寸下闊一尺九寸深一尺八寸中虛有底

敔 以梓木爲之狀如伏虎身長三尺首高一尺二寸五分尾長一尺一寸背刻二十七齟齬柷以作樂敔以止樂

木鐸 鑄銅鐵爲鐸上安木柄鐸內施鈎垂木舌節舞者執柄而搖

乾隆五十一年重修學宮新置　鼎爐一　鼗鼓一　大鐘一 桂林鄉捐製

舞器

旌節 旗紅纓爲之竿長八尺五寸朱漆上安塗金銅龍首口啣寶蓋下垂紅纓以導舞也

籥 古用葦籥今制以竹爲之長二尺二寸三竅朱漆

翟 以木爲之柄長一尺四寸其巨細度籥孔足容朱漆之柄端刻龍首長五寸飾以金彩每翟用雉尾三根插龍口中

干 以木爲之繪以雲龍及雜羽之文

戚 斧之小者爲戚

樂章 附譜及分調

大成樂共六章入奏內疊奏二章其譜只有合四上尺工六六字其用二律三呂五正聲一子聲有宮商徵羽而無角有喉齒舌唇而無牙自前明肄於太常頒行天下至清復察原聲審音律招徠樂舞先期演習故聲容經兆咸肅雍和平矣舊制樂譜春秋二祭同奏乾隆

八年奉文新定樂章并分春秋二調

春季夾鐘爲宮倍應鐘起調
秋季南呂爲宮仲呂起調

迎神奏咸平之章 有樂無舞

春調
秋調
大哉孔子先覺先知與天地參萬世之師祥徵麟紱韻答金絲日月既揭乾坤清夷

初獻奏寧平之章 有樂有舞

春調
秋調
予懷明德玉振金聲生民未有展也大成俎豆千古春秋上丁清酒既載其香始升

亞獻奏安平之章 有樂有舞

春調
秋調
式禮莫愆升堂再獻響協鼓鏞誠孚罍甒肅肅雍雍譽髦斯彥禮陶樂淑相觀而善

終獻奏景平之章 有樂有舞

春調
秋調
自古在昔先民有作皮弁祭菜於論思樂惟天牖民惟聖時若彝倫攸敘至今木鐸

徹饌奏咸平之章 樂作舞止

春調
秋調
先師有言祭則受福四海黌宮疇敢不肅禮成

告(伬伏)徹(伍伬)毋(仉化)疏(伏仩)毋(仉化)瀆(伬伏)樂(伍伬)所(仩仉)自(仉化)生(仉伏)中(伍伬)原(伏仩)有(仉化)菽(伬伏)

送神奏咸平之章(樂作舞止)

(春調秋調)皃(伬伏)繹(仉化)莪(伏仩)莪(仩伬)洙(仩伬)泗(伬伏)洋(仉化)洋(伏仩)景(仩仉)行(伍伬)行(伍伬)止(仩仉)流(仉化)澤(伏仩)無(伍伬)疆(伏仩)聿(伍伬)昭(仩仉)

祀(仉化)事(伬伏)祀(伬伏)事(仩仉)孔(仉化)明(伏仩)化(伬伏)我(伍伬)烝(伬伏)民(仩仉)育(仉化)我(伏仩)膠(仉化)庠(伬伏)

望瘞樂章同送神(有樂無舞)

舞譜

執籥秉翟(東西)班舞生籥用(左右)手橫執之翟用(左右)手縱執之翟縱籥橫齊肩執之爲執起之齊目爲舉平心執之爲衡盡手向下執之爲落向前正舉爲拱向耳偏舉爲呈籥翟縱橫兩分爲開籥翟縱橫相加爲合籥翟縱合如一爲相各分順手向下爲垂兩手相接爲交凡執秉(東西)班舞生俱(左右)手在外(左右)手在內其手指俱大指在內四指在外縱則如繩橫則如衡

初獻寧平之舞

(予)(東西)班開籥向上起(左右)手於肩垂(右左)手於下蹺(右左)足向前(懷)(東西)班開籥向上起(右左)

手於肩垂右左手於下蹺右左足向前(明)西東班合籥向上拱面顧東西(德)西東班轉身
向東西右左足虛其根足尖著地合籥高拱(玉)西東班合籥拱於東西面側西東蹺左右足(振)
西東班合籥拱於西東面側東西蹺右左足(金)西東班合籥躬身向上揖(聲)西東班交籥轉身
向東西出左右足(生)西東班開籥向上起左右手於肩垂右左手於下側面向西東(民)西東班開
籥向上起右左手於肩垂左右手於下側面向西東(未)西東班合籥交點左右足(有)西東班合
籥交點右左足(展)西東班合籥拱於西東過右左足於左右交立側面向東西(也)西東班合籥拱
於東西過左右足於右左交立側面向西東(大)西東班合籥向上拱(成)西東班合籥向上揖
(俎)西東班合籥由右左拱於左右蹺右左足(豆)西東班合籥由左右拱於右左蹺左右足(千)西東班合籥
轉身側面向東西由上拱於下蹺右左足(古)西東班合籥轉身側面向西東由下拱於
上蹺左右足(春)西東班合舉籥齊眉點左右足(秋)西東班合舉籥齊眉點右左足(上)西東班
開籥起右左手於肩垂左右手於下側面向東西(丁)西東班開籥起左右手於肩垂右左手於
下側面向西東(清)西東班深曲左右手出於右左舉左右手垂右左手側面向東西(酒)西東班深曲右左
手出於左右舉右左手垂左右手側面向西東(旣)西東班合籥平衡低首(載)西東班合籥左右

手拱復平衡(其)東西班交籥拱於左右蹺右左足(香)東西班交籥拱於右左蹺左右足(始)東西班

開籥出左右足(升)東西班合籥向上深揖

亞獻安平之舞

(式)東西班開籥翟蹲身低首(禮)東西班開籥翟齊舉至眉左右足交右左足(莫)東西班開籥

翟齊舉至眉右左足交左右足(愆)東西班合左右手於右左向上拱深揖(升)東西班開籥出左右

手向上曲右左手蹺左右足(堂)東西班開籥出右左手向上曲左右手蹺右左足(再)東西班合舉

籥齊眉蹲身面向西東(獻)東西班合舉籥齊眉蹲身面向東西(饗)東西班合籥轉身面

向西東拱於前出左右足(協)東西班舉籥翟齊眉舉翟籥平衡蹺左右足(鼓)東西班舉籥翟齊眉舉籥翟

平衡蹺右左足(鏞)東西班合籥拱於上躬身點左右足(誠)東西班轉身向西東直出左右手左右

足(孚)東西班仍轉身向西東直出右左手右左足(罍)東西班仍轉身向西東蹲身平拱於西東(甗)

東西班轉面於東西蹲身平拱於東西(肅)東西班開籥起左右手於肩垂右左手於下蹺右左足

(肅)東西班開籥起右左手於肩垂左右手於下蹺左右足(雍)東西班合籥向上側面顧西東

(雍)東西班轉身面西東合籥向上蹺左右足(譽)東西班合籥拱於西東面側東西蹺右左足(髦)東西

班合籥拱於東西面側西東蹺左右足(斯)東西班合籥向上揖(彥)東西班交籥轉身面西東出右左足(禮)東西班開籥起右左手於肩垂左右手於下面向西東(陶)東西班開籥起左右手於肩垂右左手於下面向東西(樂)東西班交籥點右左足(淑)東西班合籥點左右足(相)東西班合籥拱於東西以左右足交右左足面向西東(觀)東西班合籥拱於西東以右左足交左右足面向東西(而)東西班合籥向上拱(善)東西班合籥向西東揖

終獻景平之舞

(自)東西班合籥由左右拱於右左蹺左右足(古)東西班合籥由右左拱於左右蹺右左足(在)東西班合籥轉身面向西東由上拱於下蹺右左足(昔)東西班合籥轉身面向東西由下拱於上蹺左右足(先)東西班合舉籥齊眉點右左足(民)東西班合舉籥齊眉點左右足(有)東西班開籥起左右手於肩垂右左手於下面向西東(作)東西班開籥起右左手於肩垂左右手於下面向東西(皮)東西班深曲右左手出左右舉右左手於肩垂左右手於下面向西東(弁)東西班深曲左右手出右左舉左右手於肩垂右左手於下面向東西(祭)東西班合籥平衡低首(菜)東西班合籥左右拱復平衡(於)東西班交籥拱於左右蹺右左足(論)東西班交籥拱於右左蹺左右足(思)

東西班開籥出右左足（樂）東西班合籥向上深揖（惟）東西一三五班轉身向下蹲身

相對拱（天）東西二四六班轉身向下蹲身相背拱（肅）東西班轉面向西東先垂手

次對拱出左右足（民）東西班轉面向東西先垂手次對拱出右左足（惟）東西班合籥向上

深曲左右足拱於右左（聖）東西班合籥向上深曲右左足拱於左右（時）東西班左右手平衡右左手

舉翟籥齊眉左右足交於右左足（若）東西班右左手平衡左右手舉籥翟齊眉右左足交於左右足（彝）東西班

轉身向西東兩手齊開各進一步（倫）東西班開籥朝上舉右左手於肩垂左右手於下

面側西東（攸）東西班開籥朝上舉左右手於肩垂右左手於下面側東西（敘）東西班合籥先拱

於左右次拱於右左復拱於上（至）東西班合籥先拱於右左次拱於左右復拱於上（今）東西班

開籥高舉右左手曲左右手於背面向西東出右左足（木）東西班開籥高舉左右手曲右左手於背

面向東西出左右足（鐸）東西班朝南深揖手按於頂三鼓起身

泮額

明制歲科兩試取進入學童生名額以縣上中下爲差德化爲中學崇禎間奉文裁汰闔邑鄉紳刑部侍郎丁啓濬翰林院簡討賴垓刑部主事莊尹辰原任直隸揚州府同知郭維翰丹陵知縣李喬梓建陽儒學訓導張九垓舉人鄭亨槐等十七周鼎等公揭略云則壤惟三成賦肇於禹貢闕門以四額俊昭於虞廷惟明主廣爲蒐羅斯多士愈加奮勵德化厥賦惟下稱縣居中祗緣田少山多

實則士淳民愿罔敢虛夸以惑衆亦恥飾偽而欺公邇來科目弘開斯文丕起家絃戶誦謹守鄒魯之遺風掞藻摛辭恪循韓歐之正轍欽天子威憲咸願觀上國之光沐累朝殊恩羣思効中州之力伏讀明旨原爲去僞黜浮爰考士風率皆斂華就實汰無可汰裁無可裁今懇台臺加意栽培據情詳覆幸仍列於中等俾共叨夫鴻恩須至揭者

清初因之康熙間改爲小學歲試取進文武童各八名科試取進文童八名雍正元年特恩加文童額一次三名二年奉文准照中學歲科兩試各取進文童十二名武童仍舊

乾隆元年特恩加文童額一次五名二年恩加文童額一次五名五年總督宗室德題請廣額略云德化縣向隸泉郡前取進泮額一十二名外尚有撥入府學二三名不等今屬州轄則無撥入府學之額人多額少不無遺珠且田邑之武童現進十二名德邑只有八名尤當較量請增庶不致偏枯況現在人文日盛應試文武生童較前加增一倍而德邑尤爲附州之首縣應請將文童加增三名共取進一十五名武童加增四名共取進一十二名以廣栽培奉文歲試武童准加四名爲十二名文童仍舊歲科兩試各取進十二名八年知縣魯鼎梅詳請廣額略云進查德化一邑舊爲山陬邇來文運昌明家弦戶誦雍正二年定爲中學取進泮額一十二名但從前係泉郡屬邑歲科又有撥入府學二三名雍正十二年改隸永春州首縣遂無府學可撥額反減縮乾隆五年經前督院德題請加增泮額三名共取進十五名以廣栽培部議以府學取進童生統於各屬試卷內較量撥取或多或少原無一定之例遽請增額恐開冒濫等因但查德化從前撥進府學歲科兩試俱各有二名三名不等有案可稽並非無一定者今以改歸州轄竟致除去在泉屬各邑隱受加增而德化士子明被減少每試童生將近二千人若取進一十五名實無冒濫云云

嘉慶元年奉　旨恩加文童額一次五名二年恩加文童額一次五名五年恩加文童額一次五名

道光二年奉　旨恩加文童額一次五名三年恩加文童額一次五名

咸豐元年科試三年歲試均奉　旨恩加文童額五名各一次咸豐初年因軍興餉糈孔急諭各縣有捐輸一萬兩者准加文武泮額各一名德化捐額多至十萬兩以上奉　旨自咸豐元年起永加文武泮額十名　咸豐七年加二名九年加十名十年加三十四名同治元年加三十九名除登極恩加五名外實三十四名合共八十名皆補足未奉文以前加額自此以後永爲定例

光緒元年恩加文童額一次五名二十一年恩加文童額一次五名

學租

學田一十二畝坐在北城外北至學後山南至城牆東西至垣牆及民田　明萬曆元年知縣秦霑捐置學山土名大洋山南至學宮北至古城牆西至大旗山頂東至北城頭嘉靖九年知縣許仁申請毀折淫祠中林院等處地基共七十四畝伍釐估租價聽民認納每年徵銀一十一兩九錢八分五釐康熙二十二年奉文撥給廩生貧生乾隆四年奉文留給社師坐在坊里雙髻山新化里東埔庵山兜池尾湯泉里獅子巖尤井庵竹林庵東西里法林寺成井庵塔口洋中等處　知縣許仁牒學爲處官房租銀以作興學校廣育人材事照得新改天妃宮建紫陽書院其講堂兩旁俱有號房以居有志會講生員其門牆外舊有舖店六間當上市之會毀之則縣小地窄難以容日繁交易之人存之民利官便堪以資日聚志學之資爲此本縣仍候召賃照常起租每間年納租銀六錢准居民張璣等承賃年共計銀三兩六錢除嘉靖十年下半年者已收公用外自後年分縣事叢集無暇及此合牒儒學掌印官及時徵取以爲有志苦學生員充紙筆油燭之用永爲定規庶幾市利以興人材以崇一舉而兩

得也卷查巡視學校事蒙提學道副使高准本縣申拆毀淫祠若干座及中林院等處祠屋雖毀各祠基地大小皆未差人丈量估算租價任民認納共計若干銀合候行查明白續牒併繳以充諭費及照歷代皆建書院以明正學俱置學田以養英俊此教化之攸寓政體之宜崇者豈徒文具美觀而已乎要在着實舉行不爲虛費牒到以後該學置簿用印逐一登記收支數目以備查考師儒會講務期學明道立風淳俗美人材思齊乎鄒魯蒸進於皇朝以樹鴻勳茂績豈不偉哉

萬歷二十七年知縣吳景梅撥鄭生生鄭惟德陳种呈送絕戶田四十七畝一分八釐八毫又撥李德李雪子李福呈送絕戶田四十畝共田八十七畝一分八釐八毫坐東西里上湧鄉

學山坐東西里上湧鄉土名大傴崎道士洋古董格等處（內給佃種山墾田各量納租）共六十九畝零

學田一段坐在坊里珠地鄉載租穀一千八百觔康熙二十二年奉文撥給廩生貧生（康熙二十八年產米收入姚與儒戶輸納）一段坐五華寺載租銀五錢一段坐尤中里陳吳鄉載租銀五錢一段坐獅子巖載租銀一錢

學山坐朱地鄉

康熙二十二年總督姚啓聖捐銀四十兩置學田三段共九畝七毫八絲九忽配產米四斗五升七合四勺八秒（一坐縣城後土名翁仔坂載租穀三百五十觔一坐漈上鄉土名潘厝格載租穀六百觔二段共田五畝六分一釐七毫二絲一坐石傑鄉土名烏洋實田三

畝三分九釐六絲五忽載租穀四百十觔知縣王之紀捐銀一十五兩教諭鄭默捐銀六兩置學田四畝一分三釐九毫一絲八忽配產米二斗一升坐縣兜土名池後巷載租穀七百觔立姚興儒戶輸課歲收租穀分給貧生永令顧名思義地租共銀二兩二錢五分每歲收存幫貼文武兩闈諭訓送試盤費一地基貳遛在學署前載租銀二錢一地基一十八遛今起蓋十七遛半在南關外石龜頭載租銀一兩七錢五分一地基在東岳廟下載租銀三錢一郭坂館地基租年納一百六十文

乾隆五十一年知縣蔣履斷將王士燈之父王端與所買王開西民田土名竹林墓租弍百觔又民田土名山后門口租壹百觔充修　文廟公用其租每年撥壹百觔給禮生爲朔望勞費貳百觔交董事辦公竣工後存爲　先師聖誕香燭牲帛之具現佃王開西之子王文傑苗米六升每年交租給津貼粮錢一百六十八文

書院

圖南書院在解阜門內清康熙二十八年知縣范正輅建正廳一座四房左畔附屋兩間大門一座門房二間

雍正八年訓導王方英建後宅三間右畔附屋四間

乾隆九年知縣魯鼎梅建中堂一座堂房八間左右舍十間儀門一座 魯鼎梅記

書院者何治之義學也昉此乎前此矣前此則曷爲乎記蓋其舊增其新廣而廓之故從而記之也古之敎士者學校而外黨有庠家有塾義學之設視此矣卜子曰百工居肆以成其事君子學以致其道故所居必有常所習必有業誠以少而習焉其心安焉不見異物而遷焉藉有其地也書院之建重矣哉雖然廢而弗建懼其荒也建而弗廣病其隘也荒則落吾業而隘亦無以廣培夫英材焉治有義學枕龍潯揖鳳翥地靈所鍾宜人文蔚蒸而起余承乏以來公餘校士其中深幸邑之向學者衆也爲延名宿掌教焉月再親課第其高下優者獎之不及者導之肄業者日益衆舊舍不足以容歲甲子捐俸鳩工因舍前之地建一堂八室左右旁舍十重門邃宇視舊制有加冀沐浴詠歌其中者少而習焉其心安焉不見異物而遷焉既不病於隘而愈以相勗於無荒蒙莊不云乎風之積也不厚則其負大翼也無力他日摶風而上于此基之矣司其事者舊耆民陳汝度曾道修在工數月勞勩備至工告竣因記之

乾隆三十四年知縣何發祥勸捐通報膏火銀一千零七十兩三錢 契買田段租聲糧額列後

何發祥記

德邑古龍潯地舊有書院建於龍潯山之麓初以龍潯名書院也固宜而名圖南者何別乎舊也曷爲別乎舊爾前明嘉靖四年仍龍潯書院之名矣其後漸凝廢僅存基址嗣是康熙二十八年縣尹范君乃就其址而鼎建焉至乾隆九年邑侯魯公復恢而廓之而圖南之名始立鼎新也亦誌盛也魯公記之書舍枕龍潯揖鳳翥爲地靈所鍾固宜人文蔚然而起豈其然乎戊子春余代庖茲土既殷勝遂就書舍而暫寓以其生徒少而齋次多故得借此以爲公車駐宿地也余既感慨係之閱旬餘公務稍暇細訪舊制乃知從前師徒所資概未有出嗟乎盤生苜蓿料減鶴猿師弟蕭然如此宏構何愛與廣文賴公席公謀諸紳士共議勸捐首倡臚次廩蘊於時闔邑諸人士願踴躍解囊樂捐者踵相接余甚嘉焉閱期年得番銀一千四百有奇共買得州中傳姓王姓膏田若干畝而邑中童際隆蕭子受等亦願薄獻坵畝以襄盛事余即爲詳明大憲立定章程俾斯田之不沒於豪強不礙於隔域而凡諸好善樂施之士亦共垂不朽焉經制粗定余亦及瓜願念所置田租甚不足以鼓舞多士然由此漸充漸盈恢而彌鴻將負笈而來者無數米鑿璧之艱行見翮健風高必有去以六月息者庶乎圖南之名之克副而范魯諸前輩捐俸作育之深心亦俱與相得益彰云是所望於後之君子

膏火田額 先後買獻及科舉田額附

一契買永春傳鎬土名路尾壠等處田六畝二分四釐二毫收租二十五石

價銀二百七十五兩

一契買永春傅鎬田二十一畝二分四釐八毫收租八十五石價銀四百九十五兩

一契買永春王協豐田一十三畝五分四釐六毫收租四十二石九斗價銀三百兩零三錢

以上共田二十六所載租一百五十二石九斗每石租秤五十斤共載粮銀三兩四錢五分八釐

一邑民童際隆充獻民田坐落本邑李山社土名東半嶺蘇坵二所載租三百七十斤載糧銀一錢四分五釐

一邑民蕭子受充獻田租若干畝

一貢生訓導蘇英瑞璉監生蘇成龍等充獻屯田四段故軍陳文銳坐貫惠民里蘇洋村等處

一土名張墩計一十七坵一畝零三毫東西北至山南至坑載租米六斗

一土名虎尾墘計二百九十六坵二十三畝二分九釐八毫東至坑西至山南至水溝北至路載租一百二十斤又租銀三兩五錢七分五釐五毫租米二石三斗六升

一土名院內坂計一百零六坵二十畝零六釐東南至坑西至路北至山載租米八石八斗一升

一土名院內洋計六十八坵六畝九分七釐四毫南至坑西至路北至長慶院分下載租米三石一斗九分

以上四段共載租米一十四石九斗六升租銀三兩五錢七分零租穀一百二十斤配本色屯米四石二斗九升九合三勺丁銀三錢八分五毫二忽

科舉田額歷年歲科兩試一等前三名遞掌收租除完租外至賓興日與科舉者均分

一邑庠生鄭周禮父仲璞充田一段坐落南關外

一土名山尾崙溝尾墘載租粟四百斤一土名宵池雲居墘載租粟二百斤二共租六百斤

一增貢生李飄芳嘉慶元年充田一段坐落蘇洋村土名院內坂載租一千五百六十斤

完德興文股內屯米一石二斗四升丁銀八分六釐值收租人完納

嘉慶十五年知縣中允繼就書院增建試院詳建置志書院仍附設於此

道光一一年移圖南書院於縣治西教諭舊署

雲龍書院在東岳廟後觀音閣西畔清順治六年知縣王榜建乾隆元年知

縣黃南春重修閣東爲眞武殿西爲雲龍書院光緒十七年八月民變燬

東岳廟燬及十八年邑人重建（中爲書院東爲眞武殿西爲觀音閣）三十三年邑人重建雲龍橋移

款重修

瑤臺書院在瑤市社蔣蘿峰麓乾隆十一年知縣魯鼎梅教諭曾晉訓導蕭國琦捐俸倡建舉人顏瑛貢生蘇重光監生林升麗林士品生員林文華募建（魯鼎梅記　余蒞德之四年建圖南書院落成每公餘過訪邑人士就學者皆造焉顧英才濟濟方擢宇舍之不足以容騰甃也既而邑孝廉顏君等以治之南鼎建瑤臺書院請余與廣文曾君蕭君往相其陰陽因地勢規方度向中立講堂旁爲肄業之室又旁爲茶烟之所擘畫既舉各捐清貲佐之觀者咸踴躍相慶出泉貝以經營閱月鳩工飭材上棟下宇規模備具垣墉甃夾漸次就理行見譽髦咸烝烝淵淵乎弦誦之聲起於圖南者即於瑤臺觀其盛斯文昌明之兆後先焜燿則所望於此都人士者也因濡筆而爲之記）

嘉慶九年貢生蘇英瑞等捐資重修添建西偏小廳爲訓蒙塾

紫陽書院在縣治西上市明嘉靖七年知縣許仁改天妃宮建今廢

丁溪書院在縣治南丁溪之西山川壇之左明嘉靖二十六年知縣緒東山建今廢（郎中鄭普記見藝文志）

龍潯書院在龍潯山麓明嘉靖四十年知縣張大綱建（今廢址猶存）

獅峯書院在小銘社赤水格獅山之麓乾隆五十五年冬邑舉人劉鵬霄蘇

文華等募建訓導江雲靈記見藝文志

宣統元年舉人賴其浚生員蘇清華等改爲公立獅峯小學堂

錦溪書院在赤水格光緒初歲貢許大銘舉人蘇允恭生員黃在田耆賓周捷登等募捐重建

宣統元年改辦書範講習所

社學按社學之設倣古黨庠術序之制也明洪武初詔天下里社設立正統間復勅提學官及州縣牧嚴加課督嘉靖九年許令仁請於提學副使貢亨高公斥各里淫祠爲之并處置其資用然貧儒衣食於書每輒轉求爲教讀而奸巧之徒且以社學與遊士爲市漸致廢弛不數年復轉而爲梵宮道宇矣姑按舊志列之以見一代之制云

大卿社學在張墘鄉一座五間東西兩廊前三架廊後空地一畝外門樓一座

良太社學在宏祠鄉前臨大溪

濟山社學在英山社一座五間門樓一間

南洋社學在新化里中二間東西各三間門樓一座旁屋二間

朱紫社學在清泰里一座三間前門東西廂房各一間

梅峯社學在梅中里中一間東西各二間前堂一間
三峯社學在梅上里下湧鄉一座三間前門一間東西廂房各一間
桂林社學在東西圖一座三間東西廂房各一間前門一間
萬峯社學在湯泉里桂林坊一座一間東西廂房各一間門樓一間
伏虎社學在湯泉里一座三間
瑞科社學在小尤中一座一間東有小廳西有講堂廳後房二間前有拱橋
以上俱嘉靖九年設後俱廢
論曰學校之設原以養育人材使濯磨其中者底於有用也胡安定教授蘇湖弟子數千皆通經義明時務范文正爲諸生時便以天下爲己任苟第曰能文章取科第於建學明倫何關焉國家崇正學重師儒凡所以廣勵學者詳且切矣士子幸際昌期宜何如鼓舞以仰副培成也哉
各學校
官立兩等小學堂在縣城考棚舊址更事重脩規模宏敞布置井然禮堂教

室及其他各室計二十八間儀器圖書至爲完備操塲憩室尤最適宜爲全
縣首出成立於光緒三十二年由知縣佘鶴鳴拔貢蘇春元舉人王光張等
協力倡辦宣統二年更改校名爲官立第一高等小學堂
公立獅峯高等小學堂在邑治北區赤水格宣統元年舉人賴其浚生員蘇
清華歲貢葉炘等倡辦二年奉令編爲縣立第二高等小學堂
官立師範講習所在邑治北區赤水錦溪書院宣統元年辦私立振文初等
小學堂在邑治北區桂林鄉創辦於光緒戊申年時科舉初停風氣未開鄉
愚無知類多輟學乃由舉人賴其浚增生賴維周等創辦宣統二年改爲桂
林私立振文兩等小學校
雙峯初等小學堂在邑治北區雙翰鄉宣統二年歲貢蘇得程監生蘇興景
蘇進玉等就會文社舊址改建計闢教室六間
明新初等小學堂在邑治南區奎斗鄉之明新齋教室四間宣統三年高小
畢業生徐慶元徐廷材等創辦

敦儒初等小學堂在邑治西區儒山鄉教室四間宣統元年師範簡易科畢
業生徐學朱徐步雲等倡辦
萃英初等小學堂在邑治中區英山鄉教室四間宣統　年師範簡易科畢
業生李精光創辦
培英初等小學堂在邑治中區樂陶鄉教室四間宣統　年師範簡易科畢
業生孫鴻飛創辦
魁斗初等小學堂在邑治北區溪口鄉教室三間宣統三年福建高等學堂
文科畢業生陳其超創辦
藍田初等小學堂在邑治中區洋田鄉教室三間宣統二年里人李義國李
肇廣等創辦

祠宇志一覽表

壇廟

社稷壇（在西關外）　山川壇（風雲雷雨）　先農壇　鄉社壇

邑厲壇

城隍廟　東嶽廟　關帝廟　龍王廟

文昌廟　魁星祠　（城內）朱文公祠　（縣署）土地祠

天后廟　（南昌）朱文公祠　（赤水）朱文公祠　忠應廟（在碩傑社）

水府廟（在文興社）　統軍廟（一在南關外雙港頭　一在東關外嶽美街）　英顯廟（在桂林社）

小尤廟（在尤中里）　福安廟（有二處）　仙砦廟（在尤中里）　三賢祠

丁公祠　姚公祠（上三祠今俱廢）　傅公祠（今改報功）　昭忠祠（今廢）

崇義祠

寺宇

程田寺　戴雲寺　香林寺　梅峯寺

龍湖寺	五華寺	雲峯寺在尤中里	法林寺
天王寺在梅中里	九仙靈鷲巖	永安巖	通仙巖一名竹林庵
獅子巖	大仙峯巖	龍峯巖在吉徽鄉	筍洋巖在上林社
岱德巖在吉徽鄉	石鼓巖在雷峯鄉	金雞巖	虎賁巖
湧光巖	碧象巖在觀香岐	蔡巖	河溪巖在科山鄉
董佛巖在七叠山	玳瑁巖在峯魁社	伏虎巖在南埕社	太白巖在尤中里
雪山巖	天馬巖	石壺洞	金液洞
紫雲洞	泰華洞在淳湖社	西華室	崇寧室在世科鄉
西天室	懸燈室在李山社	山和室在湯頭鄉	天湖室在葛坑社
青雲室在雲溪社	大仙室在東西里	濟山庵	溪頭庵在桂陽鄉
東埔庵在洋坑鄉	香林院在奎光社	湖山大士閣	安士廟
纓溪宮	大卿宮	崇道宮	道士宮在上湧鄉
通興宮在葛坑鄉			

德化縣志卷之九

祠宇志 壇 廟 附寺宇 宅墓

狄梁公巡撫江南所在淫祠悉奏毀之而夏禹泰伯季子伍員之廟獨巋然千古非以其功德在人宜廟食百世哉德邑祠宇其載在祀典者巍巍翼翼矣他若白楊青草尚隱幽宮故里荒亭猶存古廟溯所由來皆有禦捍之功不可誣也故詳其地攷其興廢創葺者於篇而釋梵諸宇則附見焉披閱覽者亦可以知所重輕矣志祠宇

壇

社稷壇在縣西大旗山下滙溪之北舊即地而祭宋紹興間知縣林及始甃二壇邑人立庵其側嘉泰甲子知縣事趙彥濂建齋廳甃墻壝植以松柏更新庵宇額曰祐善淳祐己酉知縣事吳一鳴重修立石爲主明洪武三十一年圮於水三十三年主簿古彥輝重甃並建神廚神庫宰牲亭齋戒所後俱廢正德十六年因防寇以其地西偏作教場嘉靖九年知縣許仁

請復教場於縣東舊地(後竟未復)即其地立華表于壇南壇式四方各二丈五尺取大社五丈而殺其半也高三尺陛各三級壇下北深九丈五尺東西南各五丈周繚以垣立四門路由北入壇上樹石爲主高二尺五寸方一尺埋於壇南土中去陛一尺五寸露出圓尖清因之

風雲雷雨山川壇在縣南丁溪之西明洪武六年建三十三年主簿古彥輝重修後圮嘉靖九年知縣許仁重建立華表於壇南壇式四方各二丈五尺高三尺壇東寬四丈八尺壇西寬五丈(今墾田三丈八尺田長十六丈三尺充武廟燈油)壇南寬一十丈七尺(今墾田七尺田廣六丈七尺充武廟燈油)壇北寬五丈周以垣墻清因之光緒八年知縣管辰眼樹石爲主

先農壇廟在賓陽門外(東門)龍潯山麓([illegible])雍正五年知縣事宋錦奉旨建壇(高二尺一寸寬二丈五尺)壇後建正房三間配房各一間正房中奉先農神牌(高二尺四寸寬六寸座高五寸寬九寸五分紅牌金字)東收貯祭品西收貯耤田米穀配房東置辦祭品西令看守農民居住周圍築墻買置耤田租八百斤一(坐產西墩鄉土名埈坑壩口莊正戶市田)一(坐產[illegible]鄉土名東山洋方泗戶屯田)

乾隆五十七年知縣楊奇膺重建道光六年知縣黃梓春重修按漢鄭玄謂王社在耤田之中唐祝欽明云先農即社宋陳祥道謂社自社先農自先農耤田所祭乃先農非社也至享先農與躬耕同日禮無明文惟周語曰農正陳耤禮而韋昭註云祭其神爲農祈也至漢以耤田之日祀先農其禮始著由晉迄明相沿不廢清雍正四年覆准令各省府州縣擇地照九卿所耕耤田四畝九分之數設先農壇率屬員耆老農夫恭祭舉行九推之禮五年題准耤田壇位規制頒行

鄉社壇明洪武六年令各里圖每一百戶內立壇一所祀五土五穀之神壇式周圍四丈高二尺壇下廣各三丈深四丈六尺繚以牆各鄉少有立者

邑厲壇在縣西明洪武六年建於縣東妙峯山麓南向十三年知縣王貞拓而廣之壇前建亭壇東立石刻欽祭文文曰普天之下后土之上無不有人無不有鬼神人鬼之道幽明雖殊其理則一故天下之廣兆民之衆必立之君以主之君總其大又設官分職於府州縣以各長之各府州縣又於每一百戶內設一里長以領之上下之職綱紀不紊此治人之法如此天子祭天地神祇及天下山川王國各府州縣祭境內山川及祀典神祇庶民祭其祖先及里社土穀之神上下之禮各有等第此事神之道如此尚念冥冥之中無祀鬼神昔爲生民未知何故而歿其間有遭兵刃而橫傷者有歿於水火盜賊者有被人取財而逼死者有被人強奪妻妾而死者有遭刑禍而負屈死者有天災流行而疫死者有爲猛獸毒蟲所害者有爲飢餓凍死者有因戰鬬而殞身者有因危急而自縊者有因牆屋傾頹而壓死者有死後無子孫者此等鬼魂或終於前代或歿於近世或兵戈擾攘流移於他鄉或人烟斷絕久缺其祭祀姓名泯沒於一時祀典無聞而不載此等孤魂死無所依精魄未散結爲陰靈或依草附木或作爲妖怪悲號於星月之下呻吟於風雨之時凡遇人間節令心思陽世魂杳杳以無歸身墮沉淪意懸懸而望祭興言及此憐其慘悽故敕天下有司依時享祭在京都有泰厲之祭在王國有國厲之祭在各縣有邑厲之祭在一里各有鄉厲之祭斯神依人而血食人敬神而知禮仍命本處城隍以主此祭東偏立宰牲廚一間房一間後以東方爲生育之地非厲鬼所安嘉靖十年知縣許仁遷今所立華表於壇南清因之

城隍廟在縣治內宋紹定三年庚寅寇燬壬辰冬知縣黃之望改建於縣治儀門之東明宣德元年知縣何復遷返舊址嘉靖元年知縣胡呈章重建正寢二殿及兩廡中亭大門規制宏整庭植柏樹清初知縣王寵受修康熙間知縣和鹽鼎再修未竣二十三年知縣傅以履汛防把總何演榮同修雍正十二年知縣黃南春重修乾隆九年知縣魯鼎梅捐俸重修先是廟無門屏堂廊空曠自北鎮樓廢汛兵藉住兩畔房廡人馬喧雜及是增設完密復卽馬王廟舊址捐建營房以棲汛兵廟貌乃肅

魯鼎梅記　城隍之神土地民人之所倚毗者也自京師以迨郡縣皆有廟祀官其地者下車必謁朔望必謁春秋展祭載在祀典非以神能默相吏治而綏佑一方也哉邑有城隍廟自宋以來代以修葺予來令此始至之日入廟齋宿見堂廡傾頹規制未備愀然懼其不足以妥英靈也爰捐俸庀材斵之鵰之丹之漆之殿堂階戺靡者修缺者建興工于癸亥八月讫成于甲子十月踰年而工始竣蓋不敢以事神之事迫于勞民而崇報之意有必備焉耳夫邑之中令與神皆有事於茲土而民情幽隱令之刑賞所未及者惟神禍福之天聽崇高令所勞心焦思而為民祈禱者惟神默相之神之功偉矣而可以湫隘囂塵褻之哉記曰以勞定國則祀之能禦大災捍大患則祀之祀之則致敬致敬故盡物則斯舉也還以為吾民祈報於神之鑑且使邑之人知善善惡惡此中又自有赫赫難欺者在而益加謹毖也廟既成因緣以所見而記之

按城隍古無祀典惟吳越有之漢唐而後天下始為通祀蓋高城深池捍外衛內其英靈之氣當炳為神也明洪武二年封鑑察司民顯佑伯六年正諸神封號改稱某州某縣城隍之神廟制如公廨設公座几案筆硯如守令俾之監察庶民每歲春秋與風雲雷雨山川並壇而祀邑厲祭則掌印官牒告於廟奉神主之合鄉厲祭里民亦告於廟請主其祭

嘉慶元年知縣胡應魁重修二十三年典史汪永祿再修光緒元年知縣陳誥於儀門內添建戲臺未幾後殿不戒於火邑紳吳熙

春募捐重建規模粗就八年知縣管辰照命紳士郭尚品吳熙春等修竣光緒二十五年知縣陳其煃命紳士蘇春元吳耀樞蘇開泰等攤捐八里大修塑新神像並重建報功祠

東嶽廟在賓陽門外雲龍橋北宋嘉熙己亥建後傾頹明宣德二年知縣何復重修嘉靖八年知縣許仁申請改爲陰陽醫學惠民藥局未幾因各郡縣皆有嶽廟遂復崇禎間火清順治六年知縣王榜重建廟後爲觀音閣乾隆丙辰知縣黃南春重修以觀音閣東爲眞武殿西爲雲龍書院嘉慶二十一年知縣鄭希僑命監生陳元金等募修先蓋後座未蔵二十四年邑紳蘇璉募修正殿道光元年竣工典史汪永祿記邑之賓陽門外有東嶽廟自宋迄明幾而更更而復復而又火至我朝順治及乾隆間重修重修功非一舉嘉慶乙亥邑侯鄭公蒞此入廟瞻堂廡傾頹神像之威黯昧就滅心焉感然爰延耆舉若干人各捐八里而捐修焉惟時紳城諸簿經收其時漸次清繳拱資經始董事監生陳子元金及諸同人相度輿事而躬爲總理先蓋後堂中祀觀音左祀眞武神各有房房之東偏又新建樓屋一所作始未幾鄭侯以告養歸陳君瀛齋捐館遷延以至己卯及門幾垣如故也暨其堂樓崩頹朽如故也後堂事新苟今而未苟完也邑紳蘇子繩燦然曰是烏可不濟千歲遂自倡捨合族人醵捐又於同心中竭力勸輸共得洋銀六百餘員一時木工土工石工與夫髹色之工次第而舉於是由內達外廟貌煥然一新而諸神像亦物物然有東方發生之氣矣前後計費洋銀一千有奇興修於嘉慶乙亥至道光元年始竣先工鉅費少各領邀社捐簿之人有繳簿而銀只繳十之六七者或繳十之四五者有並錄簿悉歸烏有者以此工役中止賢哉蘇君能自籌措以成未舉之功而諸紳耆士庶之合力佽助及同人中之公正勸舉者均可嘉焉廟既成因綴其顛末而記之光緒十七年八月民變被燬時廟左設釐局廟右設鹽卡病民激變因而毀及十八年邑人

重修雲龍橋並建廟塑像以後座中爲雲龍書院祀文昌東爲眞武殿西爲觀音閣廟東架公店一座

關帝廟在城内下市試院左舊在賓暘門外後遷今所清康熙十一年夏廟後大松圍丈許忽折壓全廟皆碎惟神座上瓦桷具存帝像儼然知縣和鼎重建十五年洪水蕩圮先是順治十八年知縣何之旭禱於神祈收捕奸民許于敬功成建新廟於縣治北山嶺自舊廟水圮春秋朔望謁祭皆在新廟乾隆六年知縣黃南春改就下市舊址鼎新□□邑□祀漢之壽侯生關聖夫子盛□□英忠貞正氣磅天地其靈爽千古昃昭凡都邑里閭罔不像祀而歷代帝王壘封累錫典禮重矣迨我朝尤崇隆禮於二祭之外節省隆儀追封其三代制殿宇於後立專門與帝闕垺崗千古未有之祭典也德邑舊廟在北山之巔歲辛亥邑侯黃公蒞茲土朔望拜謁見庭宇卑隘下濕上漏泉然不安每於宣講聖諭時即與士庶商地議舊仍山嶺擬廟需理者多候乃壬子登鳴鳳橋中寅建明倫堂乙卯成雲龍橋丙辰戊午修東嶽文昌二廟己未又葺鳴鳳橋十數之間不遑甯處辛酉夏相視帝廟舊址令庠士裴良陳其遷構工鼎建殿陛門廡悉遵今制計費金三百餘不三月而塑像廟宇成觀厥成此固帅之歌相與非我侯勤政之功曷克臻此□自今□峰瀛瀛保茲嚴儼祐我黎民□之□爽侯之□澤□與龍水鳳山並永矣五十七年知縣楊奇膺重修嘉慶二十一年典史汪永祿募修道光十六年知縣方功鉞重修光緒十五年知縣張廷桁重修附崇祀紀略元英宗稱爲義勇武安王明洪武都金陵建廟於雞籠山之陽稱漢前將軍壽亭侯嘉靖十年訂正祀典改稱漢前將軍漢壽亭侯以四孟朔日歲暮除日應天府官主祭五月十三日南京太常寺官祭萬曆甲寅十月命太監李恩齎九旒冠玉帶龍袍金牌勅封爲帝廟行天下而太常祭祀則仍舊稱史官焦竑曰稱漢前將軍者侯志也天啓元年太常少卿李宗延請三界伏魔大帝神威遠鎮天尊關聖帝君按之職掌初無遵□詳考核訂正四年太常題請祭始稱帝清順治元年定每歲五月十三日致祭九年勅封忠義神武關聖大帝雍

正三年勅封公爵曾祖光昭公祖裕昌公父成忠公製神牌供奉後殿除五月致祭外春秋二次舉祭五年題准前殿祭品用牛羊豕各一果品五後殿不用牛餘照前殿例

龍王廟在關帝廟左清乾隆戊寅年知縣朱治鼎建（地基係陳應奎後裔捐充）五十七年知縣楊奇鵬重修光緒三十年洪水冲壞正廳三十三年知縣佘鶴鳴重建（今廢）

文昌廟（舊在南關外塔峯下旱池嶺頭）乾隆二十四年典史章錫董建五十一年大修文廟（訓導江雲霆以文昌宜附學宮主議移建於明倫堂頭門位值巽方主文明因經費不支未果）嘉慶六年奉旨更定文昌廟祀典與武廟同八年邑令趙睿榮諭另建廟舉紳士蘇璉等募捐董其事移建於龍潯山駕雲亭下醒龍樓舊址十年落成（知縣趙睿榮記皇上御極之六年以京師地安門外自明成化間建有文昌帝君祠歲久就圮命臣工敕謹修葺既落成展謁如禮爰以帝君主持文運福國佑民崇正學闢邪說靈蹟最著海內崇奉與武廟埒宜列祀典以光文學命禮臣核議春秋致祭之禮下其事於直省各郡縣典至鉅也司馬遷天官書斗魁戴匡六星爲文昌六府其第六星曰司祿班志第五晉志第四主賞功晉爵故掇科之士爭事之其神之以梓潼著者則以蜀中士直參宿有忠良孝謹之象焉或又以神爲張宿之精詩所謂張仲孝友是也自漢以降化蹟代傳學宮事之特盛而祀典缺如厥制叢未詳矣德邑僻在山陬向有祠在南關之旱池嶺自乾隆乙卯草草搆建規模既隘傾圮因之何以肅觀瞻而崇典禮於是與陳方二廣文商諸邑人士卜地龍潯山之左故宋醒龍樓舊址也下瞰丁流春波朱紫於斯萃觀焉經始於癸亥之秋竣事於乙丑之春蓋余方慮夫經費既繁責任匪易而邑人士咸忻忻解囊以至凡綜理營度慎終如始則安溪司訓蘇君璉爲多而孝廉方陳二君文學溫李蘇陳諸人尤其克任勞勩者余且得與諸君子樂觀厥成也正學興而邪教熄士知敦行民樂從風薰蒸孝友以臻一方泰寧之象以副聖天子郅治之麻宜乎吾德人文之蒸蒸隆也因書以爲記）光緒九年知縣管辰昆命邑紳重修（記文昌帝君祠舊在南關旱池嶺嘉慶癸亥移建於此此固宋醒龍樓遺址也歲久失修棟宇庭垣日就頹落光緒八年余權篆斯邑展謁之餘愀然顧風雨非所以肅觀瞻也爰進邑紳郭尚品鄭祥奐熙春蘇登波議加繕葺就明年夏鳩工庀材傾者植之朽者易之黝者堊之不數日工竣廟貌爲之一新卽於此卜文運重光相與揚華摛藻奮發

南昌明吾德之幸也而豈僅吾德之幸與

魁星祠在龍潯山文昌廟右皆醒龍樓舊址與廟同時鼎建

朱文公祠一在南門內試院西偏乾隆七年知縣黃南春鼎建一在北門外文廟西建築年月詳學校志

縣署土地祠在儀門東偏康熙三十年知縣范正輅建

天后廟在龍潯山腰建年失考清光緒十年知縣張廷榦重修三十二年邑紳重建雲龍橋移款重修

南昌朱文公祠在新化里屏風山麓明弘治間建清乾隆八年里人陳鵬南募修

赤水朱文公祠詳書院志

忠應廟在石傑鄉祀唐歸德塲長顏仁郁宋乾道二年賜額忠應侯廟淳祐二年加孚祐忠應侯誥云德邑泉屬也爾神嘗爲長於斯生受其民沒而福之宜也然天時水旱蟲蝗疾癘吏請於神而得其效若吏之苛儒貪墨以害吾民而有司不能舉者神豈得不疾去之以稱吾意乎並祀之神二一爲莊賦永春人明侍郎莊夏之祖郁爲長時賦左右之宋紹定

間以驅寇功封協祐侯一爲鄭昭祖邑石傑人初昭祖繼郁爲長官終郡司馬里人祔祀之昭祖復能惠愛其鄉又嘗勸閩王歸順衆復爲立祠於忠應之側請于朝封翊順侯知縣事陳居方爲記略曰于時僭據瓜割豆分惟神忠義凜凜知天命在宋力勸閩王歸順民免干戈之擾生聚晏然其氣節尤爲昭著不特於盤有靈而已也故表而出之

水府廟在文興社水府山地勢阻深宇基寬廣宋蘇十萬拒元戰歿於此里人立廟祀之

統軍廟一在南關外雙港頭建年失考原天后廟地今並祀天后清宣統元年里人鄭玉魁集資重修一在東關外嶽尾街祀扶宋拒元統軍陳蔚明嘉靖四十年呂尙四倡亂遣其黨林文煥夜刼德化至龍潭嶺望見東南關一帶火光灼天因遁去人以爲神之功

英顯廟在桂林鄉神一名謨一名烈姓失傳宋紹定三年以捍汀寇功賜今額淸雍正間里人賴必捷募修

小尤廟在尤中里神一姓章一姓林名俱失傳唐末人避黃巢亂居此歿而有靈鄉人祀之宋紹定庚寅汀寇自尤嶺來忽皆遁去人謂神驅之去

福安廟　在尤中許卿鄉一在赤水格嶺尾宋大中祥符間有麻姓兄弟號五公八公者嘗追賊至尤溪縣姜溪賊散後歿而為神治平元年鄉人建廟祀之

仙峇廟在尤中里仙濟山祀宋義勇朱姓忘其名里人涂榮四建元末寇亂鄉民零星投峇流寇望見峇內煙火甚盛不敢犯蓋神力也

三賢祠在舊獅霄塔下祀明署知縣泉州通判聞人宗望知縣林大儁桂振宇萬曆間建今廢

丁公生祠在三賢祠右奉明太僕卿丁啓濬祿位萬曆間建何喬遠記見藝文志今廢

姚公祠祀明剔除市弊知縣姚遲崇禎間建郭維翰記見藝文志今廢祿位移奉報功祠

傅公祠在城隍廟中亭東祀清知縣傅以履汎防把總何演榮康熙間建乾隆十年知縣魯鼎梅重修光緒二十五年知縣陳其煃邑紳蘇春元等就舊址重建改名報功祠崇祀有功諸名宦

昭忠祠在城內下市邱姓廢沒官地坐南向北清咸豐　年奉文飭建祀陣

亡軍官長福營都司范作霖殉難知縣何炳南蕭懋杰光緒三十年洪水冲壞三十一年知縣趙雲崧重修

崇義祠在縣治西道光二十年邑紳爲郭鳴高捐鏹置田建奉祿位於中堂前中後及大門計四進紳董鄭夢登等記韓子原道篇曰博愛之謂仁行而宜之之謂義義者仁之節也徙義崇德之事也故古人盛德所在義問昭焉吾邑地多山讀書人半皆寒素所應鄉會試之費出自拮据罔所取藉赴會試者自福建抵京師六千餘里應鄉試自邑而省亦須六七八日藹士先生慨然念之歲己亥以官思南府榮歸就宦餘清俸捐白鏹四千兩有奇購田若干畝計歲之入分鄉會試文武盤費以子午卯酉各三年之中鄉試二年會試一年遇恩鄉會試則對半平分簿各載明條款其自序捐鏹置田以范文正諸公爲言然則先生之志誠不愧范文正諸公之所爲歟昔鄭使君上于司空書分千樹一葉之影即是濃陰減四海數滴之泉便爲膏澤今先生廣置義田濃陰也膏澤也以振文風以培士類先生之義大矣邑之人士思所以報先生因擇地於縣治之西鼎建生祠名曰崇義蓋取徙義崇德之意也經始於庚子仲春竣工於壬寅孟夏祠成告功堂宇巍煥卜秀鍾焉以是見先生之義又以是爲此邦人共崇先生之義也刻石以記

寺宇附

程田寺在瑤市社五代唐僧行端脩眞於此邑人程國知施田建寺宋天禧中賜今額寺多松竹夏月納凉暑氣頓消西爲棲蓮室爽塏幽寂清康熙間僧三檀建明歲貢黃自勉詩尋幽結伴訪僧伽到處逍遥步晚霞風動綠陰松子落恍疑空際散天花淸訓導陳長周詩松竹青葱恍畫圖偶從蕭遥踏雙鳧但因沉寶思龐蘊不待鋪金問給孤貝葉重翻新淨室曇花時繞舊緇廬一生好結東林友不佩芳蘭佩芷芻又九日遊寺詩薜蘿菴裏富郫筒不用攢眉憶遠公佳節正當酬酩酊勝遊未可薄衰癃客中詞賦三秋運物外風煙六代宮乘興不知天欲暮策筇還過小橋東邑歲貢李喬鍾初伏過寺詩無端瑣瑣憂蒸溽爲愛淸陰過法林問道去來皆不礙參禪夢覺總無心鶯遷告我棲枝早龍變羞人伏櫪吟喜得幽凉閒半日暮蟬別調振疎襟邑歲貢鄭暹宿寺詩出郭過叢林悠然晚趣深雲歸方竹逕月上萬松陰佛獸非嫌酒詩遲自苦吟疎鐘頻點露消盡世塵心

戴雲寺在新化里戴雲山唐祖膊和尚名智亮者居此後化于泉州開元寺之院居其徒泥肉身于殿旁先是智亮嘗自言曰身在紫雲顯在戴雲迺載歸而祀之慈感智亮之師也駐錫此山亦化去泥其身與並祀寺居山之中麓頂址上下各十五里梁開關二年造宋端拱二年僧懷整重建明詩卓錫眞僧去靈通俗尙傳毎從呼吸地忽轉慘舒天雲自巖頭合雨於山上懸神功都寂若慰滿盡桑田邑進士淩輝詩淩霄直上矗層巒放眼乾坤一掌看壑起春雷晴亦雨洞留頑雪暑猶寒亂枝倒掛蒼龍偃仙室高懸元鶴摶我欲乘風登絕頂雲關何事阻飛翰大田會元田一儁詩天下無山高戴雲低吟猶恐九天聞煙霄此去不盈尺塵世看來總絕塵七邑扶輿鍾地脈千年苞孕關人文丹梯認得登天路月窟平林桂子芬知縣秦需詩天下無山高戴雲閩南保障帝鄉聞川陵滿地開圖輿星斗依人作類羣光岳千年培正氣膠庠百代啓斯文天家物色南來異一帶青青萬里芬知縣李青詩縹緲戴雲第一峯璵璠削出白芙蓉極天砥柱煙霄外滿地山河礪帶重海內乾坤非縮小眼中世界更從容清虛一氣還開闢漫向神州說岱宗知縣楊文正詩雲間巀嶭畫難圖朝夕暉陰氣象殊洞壑留寒長積雪松蘿抱石欲使途佛國何年造隻履龍潯今日蹋雙鳧眼前風物流傳舊好向如來證法符邑歲貢朱光山登大小戴詩芙蓉削出兩峯來縹緲雲山霧半開散步劇登天可尺凝眸低望水並迴蒼郊冥漠煙浮樹古刹清虛月映臺靜對上方塵世隔閒將猿鶴共徘徊王夏聲詩住山不見山眞面鎮日留雲頂上遮最是春來花事好滿頭珠翠髻烏紗邑舉人林汪遠遊山詩古佛何人成鐵漢千層峭壁立晴霄山因奇骨多雲氣草不知名半藥苗珠滴松花龍正睡嵐歸瀑布嶺初潮敲詩倚遍欄前竹細聽溪聲度小橋邑庠生連雲階春遊山詩春老筇猶健招攜出翠微峯高雲作蓋寺隱嶺如幃清籟和泉響晴嵐擁樹霏靜來參太古猿狖亦忘機

香林寺在梅上里平地臨溪先是爲桂陽林姓墳塋五代末僧守珍建寺於湖山之北宋天聖元年僧了他別擇吉地爲林祠墓移寺今所舊名西林二年賜額香林明宣德元年里人林貞等募衆重修清進士林模詩寺隱叢林裏層樓一望懸晨鐘驚客夢夜雨滴花鮮淡淡千峯影雲

生萬樹煙高僧隱外侶握手別經年舉人温彥三詩禪林清淨別爲天坐庭間香意灑然外抱高峯橫翠黛中藏古寺散潑烟澄潭徹底龍深睡老樹蟠根鶴穩眠朱額長存留勝賞來遊不用買山錢

梅峯寺在梅中里之梅峯山上

龍湖寺在新化里泰湖山亦名金碧峯宋紹定間僧自超建明嘉靖間燬里人林正旺施田捨山募衆重建寺極宏敞多奇花異木明大宗伯田一儁詩湖內問天星宿低花成紫蓋雪成泥今朝咫尺通龍座下土犂山伏馬蹄佛國如甌金作界神仙有鳥鶴同棲樓頭日聲眞堪捧直到上峯第一梯安溪侍郎詹仰庇詩萬壑天風足下生緣崖扳磴一僧迎金峯歷歷皆秋色碧水淙淙是處聲雲外香臺留佛骨湖邊青草得龍名山靈不負十年約五岳今方願尚平邑歲貢林楓詩冉冉雲光繞足生祇園深處數峯迎山因秋霽連天碧泉爲風高作雨聲百尺龍湖惟有月千年佛骨亦虛名共遊拚得香山老依永猶然紀太平邑歲貢林爍詩晨起問靈異緣崖披薜蘿傳言留佛骨空此聽樵歌興盡山中日歸忘手上柯一塵今未了回首白雲多永春左長史顏廷榘詩金碧峯頭青草湖龍眠水底月明孤眞山爲塔千花衆曼叟耽山一杖扶白日凌空天共遠清宵對榻夢應無妙香不斷青蓮淨倒浸星辰在玉壺邑舉人李雲階詩萬仞峯頭有洞天丹崖蛻骨幾千年望來迴合芙蓉落踏遍巉巖薜荔牽鳴磬猶懸山外日披衣曾挂竹梢煙招遊半是神仙侶一任清宵共醉眠知縣李元龍詩登山云是舊龍湖僧去千秋雲水孤三代紛然空過鳥一官淡若從飛鳧經花色色歡同寂禪意深深有若無即向九仙峯頂去只懸片念淡冰湖邑進士李道泰詩結夢皆湖嶠前身應是僧思深春色綠渴憶石流冰雲寺舟藏谷香廚酒若飛笑余貪筆墨未解作經勝

五華寺在上林社五華山修竹茂林四山環拱唐咸通間僧無晦結庵與虎同居號虎蹲巖後坐逝邑人糊寺祀之寺側有端午泉陳元通五日遊寺詩來此逢端午山間徹巖肥盈虧看井脈消息驗玄機饑辦胡麻飯寒供薜荔衣俗緣今覺盡纔到已忘歸

雲峯寺在尤中里棟山屏之麓

法林寺在東西里上涌鄉教諭曾晉詩朝日戒車徒雪飛山徑路向夕棲禪林明月照高樹巖壑何幽險仙鐘鳴已住法侶期難來朔風吹履度伊余遠行邁討探靈棲趣濟盧觀我身山水有餘慕獨立眺九峯空花夜深雨

天王寺在梅中里祀宋香林寺僧道徹了他

九仙二巖在九仙山左爲靈鷲右爲仙峯唐開元丙辰僧普惠無比拟靈鷲

巖柱礎梁棟皆以石爲之後無比化于山頂普惠寂于巖中因並祀焉宋

元香火不治明萬曆間重新巖前立石坊知縣楊文正題曰一方淨土又詩爲愛山靈振客衣春光稱適翠霧飛懸崖幻怪天呈巧隱洞尼珠地發機古木脊雲齊幛合石潭吞日玉臺肥九仙去去何時返惟見山僧卓錫歸永春知縣夏忠題曰勝跡維新又詩洞有關門峯有臺鴻濛寧是五丁開人傳靈異皆芻狗我愛寥天託始孩入暮羣山望氣度憑虛絕險弔奇才一官碌碌身知許還勝於茲百慮灰

仙峯巖興廢莫考萬曆間重建詳見古蹟

志唐僧無晦詩拄杖尋芝朮西來眺九山頗知閒歲月雲水共開顏知縣俞思沖詩九山俊碧落一水引遊衢坐看清宵月行傾濁酒巵巖嶄巉薛峻詩傍斗星移猿鶴空相憶滄霞未有期知縣毛翀詩因公初出郭便向此中遊雲散千峯午涼生五月秋坐來心地淨踏破石門幽勝境何遜隔應嫌與俗儔邑進士鄭沛詩尋幽良未暇雲壑偶相過山靜宵須月池平不作波巖屏依樹隱石磴背苔多肯負山靈好他年捫薜蘿邑歲貢朱光山詩萬疊峯巒聳招邀結勝遊輕煙籠古樹涼月映深秋怪石天成巧崇山客探幽飄然身世外兀坐與僧儔又古寺風塵隔煙霞繞翠徼靜暮諸凡了轉覺百年非洞帽嵐侵席苔深露點衣登臨同有興搔首未言歸邑歲貢賴燁詩鶯鶯來何日香煙帶夕曛上方惟有月下界盡如雲鐘和泉聲遠遙傳風味芬巖頭舒一嘯應動九天聞邑庠生周櫻詩地高不受暑峭壁半凌空林午雲猶合山深日未紅泉流石骨冷谷暗雨花濛相對如無語伴僧出岫東邑庠生林朝藩詩山椒有閣若勝日偶同尋鳥語低幽澗松風遠林雲穿　客偶鐘押比邱音法水淙淙滴還堪滌凡心里人周紹烝詩靈境名傳舊叢巖半接天水光時映壁嵐氣自含煙古樹珠爲蕊奇花玉作蓮吾生慚假塞欲學醉中仙邑庠生張志蕤詩何年驂碧岑茲山號靈鷲瀟瀟澗竹風叫叫巢巖狖仙去跡猶存客來門可扣白蓮憶遠公疑是匡廬寶訓導江雲龍詩仙人騎鶴去千載九峯名幾嶺連天碧雜雲觸石生藤封巖磴古香結梵宮清翠落空山外登臨萬里情主簿柳德驥九仙瀑布詩白雲深處是仙鄉石澗飛流瀑布長天插一泉聲漱玉地高六月夜凝霜烟雲極目浮孤嶼蘿薜牽衣出上方明發陰晴誰借問虛名終愧夢黃粱安溪侍郎唐仰屺詩漫道神仙不可求自來寶地一探幽洞從混沌何年闢人共逍遙出世遊翠壁摩空遲日月蒼松盤石老春秋羣公逸興相招引雲自無心任去留知縣黃承瓚詩符縣半竹間栖息一眺高山石徑仄琪樹名花曳我衣入天雙眼芙蓉遍指點千村繚砂間桑麻畎畝負山職何時卸朮與食涊白日山中生羽翼邑舉人林際春游迢遙百里問仙蹤步入幽巖勝九重僧向空中飛錫鶴人從天外躡芙蓉丹崖不記何年鑿石井猶餘勺水涼到此同期生羽翰可容迎

尺白雲封永春顏廷榘詩九峯矗立九仙名何代開山作化城浮出玉蓮人不識飛來金粟道初成白雲巖際留僧影淸夜空中聽梵聲明發相將綠磴路龍池風雨不須驚明舉人李雲階詩訪子尋眞興未闌相將步屧入雲端迴巒蹲虎如僧伏古木盤虬可耐寒卓錫已驚泉脈湧雨花又點客身單扶鋤鷲嶺人千古玄度重來自羽翰邑歲貢林楓重九遊巖詩塵世虛名不可求丹崖盡處一巖幽欲超情識繁華境好作湖山汗漫遊僧老坐忘重九日松蒼猶自閱千秋同來俱是逍遙侶野鶴何曾問去留邑貢生賴光晚詩石磴盤空路轉邪招登眺遠夕陽斜[illegible]嶺樹色含煙古洞口花香待月華幾片雲光流眼底數聲鐘韻出天涯仍餘杯酒多遊興無那啼猿作暮笳歲貢王雍詩瀑凌絕壁倚層空灑帷珠花傲雪紅半壑龍池神物伏千尋彼岸鐵橋通鳥文印石封苔古鴻篆干霄望氣東却喜頭陀茶供禮瀟瀟兩腋自生風又遊靈鷲巖詩探藥逍遙六秋十風塵撇蓋此瀛洲遠峯湧出諸天合靈鷲飛來萬壑收極目神光搖竹杖問津桃水泱漁舟阿彌應笑相逢晚為我披襟暗點頭邑歲貢黃龍御詩陟上幽巖款白雲返看峭壁半僧分鶯蘿垂綠牽風轉松柏生秋絕壑開禪鳥不知鳴欲散祇林何事畏同羣淸遊細與山靈約學士銀魚早已焚邑歲貢林爃詩峻嶒絕巘倚天開百轉藤蘿石徑栽風撼洞門山鬼嘯日蒸雲氣海蜃來人誇八座星辰近客賦三都杖屨迴極目芳林凝暮靄却憐猿鹿臥蒼苔邑貢周鼎詩千巖競秀似浮杯選勝人從天外來琪樹含煙呈翠碧玉蓮噴水映池臺歸僧月下雙眉白遊客尊前兩屐頹惆悵仙人不可御浩歌一曲出雲隈邑歲貢林樸詩縹緲丹邱何處尋翠微洞古亂雲深天門高峙金莖曉石壁斜飛紺殿陰水底渟泓龍氣躍林叢青靄曙光沉持杯一笑閱今古浪說尙平五岳心邑監生張紳詩蓀碗巖高敞北山琪花瑤草異人間野猨夜嘯凡塵隔靈鷲西來佛日開石仲棋殘雲半護洞穿樹古雨留斑久歆閬苑遲遲步欲拾烟霞滿袖還邑貢監張士賓詩一鷲飛來翠壁間煙霞色故留拔千年雲鑠初平石五月寒生支遁山客意但隨芳徑轉禪心淨與碧蓮開歸遊已覺今朝是醉我空門衣露斑邑庠生林謖詩石室曾聞仙子來天風習習冷高臺何年丹鼎餘珠樹幾處玄蹤破綠苔山抱煙泉通一徑峯窺星斗掛三台花香鳥語非凡境題壁衆多白雪才監生林峩詩劈石崔嵬般若峯千峯匝地沒塵埃曉天珠樹聯雲起午日香蓮出水開峭壁洞中摩寶像萬林道上謁如來最憐丹鼎浮花座石似江郎幾片裁邑庠生林梯詩峯頭盤結古丹邱攬勝風前作壯遊寶相重開今佛日山靈曾訂舊名流池中碧水涵淸影天外明霞落素秋聽偈夜分知妙訣何來金粟事他求邑進士賴墩重遊詩芙蓉削就貌原尊嵩岱恆華總弟昆出岫雲霞蹤獨幻通天呼吸氣難捫龍池青色翔風雨石洞蒼斑嘯鶴猿徙倚危巔胸政盪可堪書劍動衡門邑貢生李喬梓詩岧嶢絕頂屬仙家卓錫飛教步晚霞淡蕩平鋪林是寶參差如截石抽芽徑從壁斷雲光轉洞設梯危鳥道斜遠近疎林千葉墜老僧遙指巳歸鴉里人陳應鎣詩選勝靈山到上方飯依自愛禮空王雲封石室經年冷池浸天花入午香竹樹千峯來爽氣風煙滿地動秋光披襟嘗澳迭僧話閒我浮生白日長邑舉人陳應奎詩躡屐穿雲興正豪問天把首幾回搔山僧扶杖開荒徑野客扳藤繫短袍珠樹古盤蒼頡字石峯巧削魯班刀探奇直上巍峨地俯瞰山腰務似濤邑庠生賴元吉詩飛錫立剎幾何年霧鷲巖開別有天洞口冰桃含露熟池邊雪藕帶香妍松蒼每引海中鶴僧老閒如地上仙夜靜盧堂鐘幾點塵心敲破欲留禪

永安巖在九仙山南亦名荇菜巖宋僧雲濟涅槃時囑其徒曰我大刼未盡

化後懸我骸於大椿杪六十年後則永安于此至期椿杪毫光灼天遂像其骨而祀之易今名旁有小澗題曰法水流香又有會仙室勺泉瀉出石壁間淸曠爽塏縱目無際安溪侍郎詹仰庇詩拄杖山將夕祇林晚暫扳門關靑竹裏犬吠綠蘿間入榻泉聲冷凭欄客意閒空庭月自照僧向小銘邀大田會元田一儁詩巖據蓬萊勝地兼竹樹幽雲衣靑靄合山色晚烟浮僧老無機械樓閒可酢酬遊蹤原不定一宿故人留封主事鄭揚詩共道仙人好秋高天更淸躋扳山是主縹緲客爲晨樹古披雲靜泉幽出澗鳴幾將高隱事暢此傲遊情惠安黃孔昭留宿二絕巖前相對誰竹冷裳衣溼人自載雲來又向雲頭立山山翠露垂樹樹黃鳥語問僧何處歸夜宿山下雨明左史顏廷榘詩永安有禪室亦傍九仙山竹與僧俱淨雲將客共閒空中一鳥下谷口萬花斑不盡香泉水涓涓流出關舉人李雲階詩室於深谷隱人自九仙來禪寂聞花雨僧孤湼鏡臺何時香荇綠應共碧蓮開未得長生訣寧論濟世才邑歲貢周桐詩九仙南麓半古刹隱松篙法水滌靑[illegible]玄關扃白雲庭陰崖樹合野色澗泉分自古堪巖下偏宜養豹文監生張士賓詩禮佛空中室宜人方外山高天浮流灘曲澗漱潺湲尊對茶蘼綠盤行荇菜斑因多微雨意谷鳥語閒關邑監生林蔟詩尋香臨法水獨坐聽潺湲暗谷非因暮慈雲不在山風櫺隨石出竹意與僧閒何事禰扉掩蒼龍自閉關庠生涂重光詩紺殿倚巑峣山花壓見招袍疏曾供酒澗竹若鳴簫萬象低雲近千峯帶雨遙巖前有怪石醉月幾淸宵邑監生周任詩巖扉常不厭載酒共臨風荇菜僧廚淨蓮華世界空山移雲片白樹挂日輪紅掃興沿脩竹吾廬尺咫中知縣張大綱詩聞說仙人不可招空餘佛室結層霄半山微雨侵衣冷絕壑行雲挂樹饒秋色到門花冉冉濤聲繞澗竹蕭蕭脚根猶喜能扳躋呼取村醪醉一宵知縣楊文正詩九仙山外客晨來喜傍巖亭紫氣開日滿蒼林移鳳影泉澄碧澗映蓮臺行題立石雲生硯坐對孤峯露溼杯境寂僧閒思止止元風應與夢先回晉江進士王際逵詩隱約山光接馬蹄九峯矗立萬峯低雲橫翠徑人誰掃日靜空庭鳥自啼境寂恍疑身上世塵虛眞覺佛同棲探奇未盡登臨興莫是仙源去路迷永春太常卿李開藻詩危峯百折訪僧伽流水淙淙石徑斜荇菜參差香自遠松杉罨靄影還遮空樓一榻閒齋磬五夜何人演法車不是同聲能載酒勝遊應隔十年賒邑貢監張士賓留宿詩初地猶聞水荇香可堪供客醉壺觴相過翠竹雲光繞應接靑山雨色涼秋攬松梢天籟動泉敲石齒野絃長耽遊未畢向平事覺路還期裏宿糧永春庠生張助詩史公蛻骨謝香雲鉢水涓流尙可聞鑪笛投來靑是竹荇綠香苗翠如芹巖頭豹霧仙峯隱天際鶯花客路分笑倚樓欄敲短句夜窗燈火映星文里人李崙詩暮入禪關徑渺茫潺湲碧澗荇流香幽巖已午靑雲半覺路猶懸北斗旁萬壑秋濤喧宿客一燈寒衲禮空王西來祖意從前會航海三周慧命長

通仙巖在九仙山麓一名竹林庵與永安巖皆僧無比藝圃處淸康熙間里人賴寧達立鄉厲壇祠于其左

獅子巖在湯泉里以山形似故名巖依大石厂爲室巍峨幽窈宋淳熙已酉僧妙慈趺逝于此巖頂一洞深黑相傳有山魈出入巖前石上仙人跡與九仙山相對明宮坊賴㙐詩丹崖聳峙藹雲中四海人天望不窮眼闕練光來疋馬山高嵐色貫長虹佛留寶蓋千年日客擁闌臺萬里風磐石開襟霄漢近扳躋端不羨崆峒 邑進士李道泰詩石室何年啓歸雲此洞休俯欄看鳥下續竹引泉流十里盤飛徑千峯覩一邱微寒霜氣薄踏月似深秋

大仙峯巖在尤中里山坪鄉高淩霄漢雲烟縹緲巖鑿淸幽有小武夷之目元末僧眞宗日宗蕭宗同寂于此明大學士張瑞圖詩魍首蒼冥咫尺賒大千世界落飛霞九霄甘露承仙掌萬壑晴雲蓋碧紗剪芳前開峯佛國嵯峨巖上散天葩分明靈氣通無際漫說蓬瀛去路賒

龍峯巖在新化里吉嶺鄉大尖山昔有崔道人居此化後里人建巖祀之巖前有池多年時蓮峯頂有泉冬夏不竭生四脚魚

筍洋巖在上林社大上地鄉之筍洋山

岱德巖在吉嶺鄉雲蓋山巖前山形如笈右十八峯左十八漈宋僧靈惠化于此邑歲貢連如璟在巖讀書詩爲思舉業到名山岱德巖開松竹間羣赴參禪峯錯錯環歸入定水灣灣鐘敲夢境同圓枕煙鎖塵緣勝閉關一自青燈陪佛火曇花時散筆花間

石鼓巖在峯魁社之高發山宋道人張自觀修煉處

金鷄巖在新化里宋僧普明擇居于此化去

虎賁巖在新化里虎賁山明崇禎間僧惶衷建清進士李道泰詩誰削奇峯作虎蹲鷹山雲寨未須論猶疑委宛探幽穴却認異花藏去春坐不施蒲頫聚葉徑因耽石每穿筠數聲磬發空林杪茶龍僧床月照人又一絕石棧攀深古洞邊桃花谷口漾春煙鶴飛甚處消遊眼一鎖寒雲不記年又道中逢友招遊詩秋興在山不事招相逢共策馬蹄遙多因石巧行思緩半爲林深淡舌饒篁影疎將孤寺出野容淡把數峯描擬同翦燭歡宵永不放空山尙寂寥

湧光巖在虎賁山麓李道泰詩鈎潭石罅更幽迢屐齒不須叩仄橋文鳥法音呈一部紫櫻步障展千條多因塞地鋪雲絮似欲烘天動野燒未許僕童尋此景猶言燈火是前宵

碧象巖在觀音崎之巔明邑庠生陳至言里民邱逢源蘇馥吾顏鍾臺孫鳳棲林則宇吳麗孚仝捨田山建祀大士吳濟川像山產砥土鄉民挖取妝損勒界禁之其麓有仙跡石庠生陳鳳鳴詩何年碧象靈巖棲踏碎瓊瑤盡作泥燁燁寶光開佛土晶晶白氣歷丹梯天花散滿山花爛竹影參差雲影齊欲覓仙蹤歸覺路空餘片石漫留題

蔡巖在梅上里鐘山澗旁石洞廣丈深倍之距香林寺三里許宋天聖間僧道徽自雕木像置其中後趺逝于此下有清泉自石竇瀉出境甚幽異

河溪巖在小尤中科山劉姓墓域也巉巖幽邃臨溪懸崖上有巨石若倚若墜清水和尚來此建爲巖

董佛巖在七臺山頂高絕險峻迥隔人煙昔有董公蛻化于此

玳瑁巖在峰魁社峯巒迴環別饒勝概

伏虎巖亦名金鷄巖在清泰里梨坑鄉宋時有道人黃姓者騎虎至此鄉人神之建巖以祀眞身尚存縣尉孫應鳳詩月出山越高雲行月益忙樹影過空白碑星避月光總非往者見不從意内量聰明此一進境界因文忘深坐庭霜淹山僧促迴廊鼓鐃奏天樂經行實山堂寡哉勤朝梵初日升屋梁佛心光見日林僻洞八方細雨霏日中飛爐青遷黃出門遶山徑兩道夾修篁著根千百个却於山隈藏徑深見奇蹤云與載雲盌因人曳竹杖集伴凌高岡他年記此際風花帶天香

大白巖在縣西南界白巖山宋嘉定間僧圓通證聖頓悟同坐化于此有虎爲衛因號虎𨁏安溪翰林李光墺詩蓬壺淼倒故人杯爲訪名巖冒雨來山鳥畏人飛復聚樹鷄當路落還開陰陰犬吠知離隔隱隱煙光覺寺鐵半世浮名猶未了羞將白髮照花臺

雪山巖在英山社之雪山絕頂開湖巖爲唐時建曲圃深池名茶古樹誠爲別一桃源邑庠生王夏聲冒雪遊山詩雪山積雪景尤佳攬興尋僧豈厭遐收拾凍松添旅草扶持行李度梅花寒崖覺沒霜前句香積偏饒雨後茶三宿重緣眞不負上方碧月問天涯邑歲貢鄭惠琇登山詩絕頂年來足鮮經芒鞋初試訪山靈躋通石徑疑無直到雲端更有亭上刹煙霞連碧落下方風雨走雷霆謾言面壁僧家事入眼諸峯早送青

天馬巖在天馬山之陰

石壺洞在石牛山上一石似牛頭上唇爲棟下唇爲址深廣可二丈宋紹興間張蕭章三道人降魔于此清初劫火洞頂傾半下有巖宇明崇禎庚辰建清康熙甲子修以後屢有修葺光緒庚子里人黃桂芬自備工料修理殿宇宣統己酉

復募資大修邑進士賴拔詩削成絕壁闢鴻濛界畫河山指顧雄林壑嵐光浮岫白海門雲氣上衣紅位尊肺柱天倪闕洞走龍蛇佛子宮簫鼓忽從危石度恍疑鈞樂奏崆峒孤亭壺嶠勢巑岏壁立東南一柱看地俯羣峯惟隱霧天高九月頓生寒萬年洞壑藏靈怪八部風雲護石壇登眺幸同名勝侶欲從千翼競飛翰李道泰詩遠結三山侶來開絕壑天魔軍容易退木客更知禪泉散千溪水松同萬石年野僧無稻晦相與種芝田散髮懸崖際精靈長守壇朝暉吞海日秋爽數林巔雲柱龍三尺僧寮石一盤懸空入縹緲直上已生翰又秋遊詩壺裏尋秋色天風拂嶁亭藤條綠斷壁石級上宵冥海浪浮初日煙光起遠坰洞門委宛處劍氣森寒生風篁清冷絕身更出層雲門導龍穿跡洞摩雷篆文扳枝飛鼠技過壁飲猿羣却笑蓬峯上昌黎待醉醺仙遊舉人彭帝時詩縱向天台問渡初聞聞見見果異畝花迎遊屐如相識雲補崩崖不覺虛幽澗逕深魑魅跡蒼巖苔點蘚嘉書八閩風雨千山外翹首蒼穹尺五餘里人毛一夔詩我已登無上君還步青齊諸山皆景仰何樹敢僻低雲竇三三曲洞天六六迷石牙驚虎豹劍氣落虹霓海日先巖曙秋禽散野啼松陰隨客轉花榻傍僧棲選勝同搜句摩崖不記題高風斷蕉急歸興夕陽西邑貢生黃憲文詩欲遂探幽志來尋絕境遊秋林光似練細水碧於油海日朝霞燦江雲入眼收出山全未忍去去仍淹留邑塵生毛恩盛時尋幽遠叩白雲關石徑紆迴霧葉斑滄海秋清常浴日碧淵天闊不歸山風濤有韻茶先引野鶴無心鷺與閒五尺癡童雖惰事投詩攜得一囊還邑舉人林昱詩芙蓉削出自尖屹仰面飛騰別樣看薜石雲封難識徑清秋月冷覺生寒誰驅山祟開名地儼象方偶築紫壇精氣不磨遊者衆願留一塵列新翰邑舉人溫廷選詩遠上危巔古洞開呼僧引屐入雲關三門迴曲丹梯老一澗泉澌玉乳開此日入談林壑美當年鬼泣雨風蠻夜來刻燭同拈韻是處松濤韻滿山邑舉人林鼎梅詩石壺秋水漾清池林外疎鐘曳响遲自古三門傳法幻至今一劍倚天奇更催海日生殘夜露溼星河落曙時此際登臨殊絕頂飄然物外耐寒支

金液洞在上林社景幽泉列元至正間道人吳濟川徐友山同化于此明王眞詩金液洞天山萬重洞門無鎖白雲封龍光長現秋池劍鶴夢偏驚曉殿鐘五夜丹霞明絕壁四時蒼雪落長松颷輪風馬羣仙至會送幽人出翠峯庠生李元定詩仙人化處白雲長石磴縈紆碧蘚封海鶴近啣金洞籙山猿慣聽飯廚鐘霞邊燊燊三花樹澗畔英英五岳松疑有吹笙王子晉天風駕上紫雲峯清庠生徐光闕詩登臨霄漢迴道侶恍廬山蒼樹人煙外白雲古洞間鐘聲敲佛國夜水渡禪關丹鼎金猶在浮生嘆等閒邑歲貢陳謝詩靈風逼九州勝地匹丹邱雲氣空庭出鐘聲碧漢浮清泉聊可酌金液此長流欲問昇仙訣驂鸞出世遊邑庠生鄭大夏詩紫府清高天際看漫山秋氣逼人寒石泉通處丹流液古洞開來斗作壇楓落好峯雲外簇波明遠嶠望中攢神遊恍惚仙靈集謝盡塵緣未覺難

紫雲洞在高洋鄉羅城山麓吳濟川長子曰景陽者修眞于此一日謂其徒曰吾道成矣遂示寂洞頂常有紫雲蒸蔚因名邑舉人李雲階詩清宵月色滿空山遙見梅花點點斑孤刹一鐘天際落兩生半榻夢中閒疑從桃水通

漁入應有緣山跨鶴還會得此時眞覺路飛昇秘訣總琅删庠生謝新出詩紫雲梵刹入雲端俯仰崆峒眼界寬嶺峭斜穿門是石峯迴遙拱谷如盤寺鐘曉和書聲响佛火宵陪客話闌洞古仙靈騰紫氣乾坤一望等彈丸

泰華洞在梅中里淳湖鄉泰華山巔舊傳石壺章道人將往金沙經此見石下藏怪乃以指書石鎮之深入寸許有佛法僧三字可辨餘皆蝌蚪文庠生鄭張綸詩仙家昭然在石臺縱橫蝌蚪印蒼苔道人訪道今何處洞口閒雲自去來

西華室在縣治西大旗山頂陳長周詩隱隱禪栖郭外山松蘿扳盡俗緣删紫煙滿地香浮篆翠色生衣竹映關厭逐風塵爲客久且將杖履覓僧閒招邀更躡峯頭屐吐納乾坤一粟間里人毛一夔詩草徑橫雲沒山溪過雨禪僧孤夜閉戶客至自呼門品水清留酌傍松靜對言豆瓜皆手種素食足邱園積有西華興茲行亦快遊空山黃葉寺野逕白雲秋鐘過松皆赤人閒鳥更幽園僧忙接客花下放鋤頭

崇寧室在縣治西北大龍山巔陳長周詩綠繞青園萬壑低上方鐘磬古招提晴峯客過衣猶溼秋院僧閒佛共栖飛帛半空盤石鼠承塵十笏振涉雞狂來戲擲盧敖杖手倚天門挽綵霓一逕蒼茫到絕巘白雲深處問金仙參差城郭朝煙外蕩漾林巒夕照前色界幾人稱白足香臺爲我吐青蓮蒲團坐擁皈依久但學天龍一指禪

西天室在科榮山

懸燈室在李山社祀眞空和尚門逕清雅左有巨石矗立如柱刻擎天字右有石榻可坐十數人庠生陳元斌詩嵱嵷石洞柱擎天覓徑攀蘿步翠煙俯瞰千家春樹裏一燈長向碧峯懸

山和室在湯頭鄉有煙雲竹樹之勝

天湖室在葛坑社山深林密風景幽佳學者多讀書於此

青雲室在梅中里雲溪鄉高峯上謝貫林鳳翀詩縱目雲溪錦繡鋪青雲有路未全誣開山移石根偏細伴月翻經影自孤渺渺晨鐘頻喚夢迢迢歸鴈亂呼奴此生未了詩書債白髮巾中誤腐儒

大仙室在東西里大仙崎山頂

濟山庵在瓊山麓澗水縈其左繚曲幽清有雨花亭明萬曆間建明舉人郭維翰詩古剎幽偏稱新亭逼寺門松篁連野色花雨落天根黃鳥催人至青苔印屐痕何時參小品超脫已忘言

溪頭庵在梅上里桂陽鄉

東埔庵在新化里洋坑巖下東埔尖

香林院在奎光社黃柏村高山盤谷樹林陰翳多生芝蘭到處聞香故名宋時有神僧來此虎跪迎之會元田一儁詩性僻耽幽寂閒行興獨乘青崖一以眺紫氣若爲層樹晴晴陰散煙含夕照凝浮生無住着一笑別山僧

湖山大士閣在清泰里前臨湖水右繞斗溪雙流交滙水石清幽賴垓詩遯盧四望藹煙收攜手天風快壯游高閣晴開千嶂曉寒潭清逼一亭秋佛光初放林霏滿客舫頻移樹影流鄭重主人能選勝置身同似在滄洲邑進士林模詩一榻遙將翠黛收別開望眼足清遊怒濤詩繞松風夢密樹翻驚野遝秋寶閣危因貪石勢鏡湖闊欲並雲流山中縹緲吹靈氣十島應還更有洲清庠生黃宗仁詩崚嶒寶刹聳雲邊一鑑澄清瞰兩川洲白溪聞時宿鷺松蒼天半每藏煙源頭曾泛桃花飯渡口猶行太乙船不信湖山風景好玉堂佳句尚依然

安土廟在縣南瑤市社明永樂三年建萬曆三十六年冬燬三十八年重建清康熙甲午重修

纓溪宮在縣東瑤市社溪上有老松二十八盤鬱蒼古泉石幽佳宋永安嚴僧雲濟嘗結庵于此監生李彬詩楓枝柏葉換山容露蓋寒崖晚後鐘最是閒人顏色處都歸二十八株松石門不捲夜明簾水閣松陰晝覆檐却訝日來非此地稚川一幅景初拈

大卿宮在縣南高卿社明知縣俞思冲記大卿宮不知創自何年去縣治二里而遙溪山會合亘以石梁紹興中縣令林公及所甃也古栢當庭婆娑可玩雷火剝蝕腹已半枯然參天黛色溜雨霜皮彷彿蜀相祠前物較岱嶽五大夫固當是丈人行桂樹團團前後擁簷角大類陸城羽葆野老爲言白鶴吐華芬芳達於城市此宮一邱一壑依然濠濮地偏境遠謝屐少臨朔風躊躇爲之一嘆

崇道宮在縣西高卿社

道士宮在東西里上湧鄉一名通濟宮

通興宮在梅中里葛坑鄉

按泉南古稱佛國華刹淫祠山僧野覡無處無之宋誌載德化五鄉寺占五十五所淨居天宮妙峯三際儀林五華中興隆安八院在永豐里神平相安二院在新化里清平靈福葳雲三院在雲峯里羅漢程田千福普光四院在靈化里大興大雲飯明翠峯觀音堵頭六院在歸化里洪聖東林長慶三院在惠民里長興爲山二院在安仁里慶樂龍興香巖長興寶積五院在嵩平里曾勝院在濟泰里乾福院在善均里雲峯飯聖二院在小尤團小三峯院在中團興龍資化小中峯禪林雲峯五院在黃龍團法林臥龍二院在東團地藏建興二院在西團大三峯院在下湧香林院在楊梅上天王院在中團大中峯院在下團湯坑法林臥龍寶藏四院在湯泉下廟占九所威惠廟靈濟廟在縣西三十里忠應廟在歸化里英顯廟在半林鋪顯應廟在嵩平里囷山廟小尤廟在縣西小尤團孔太尉廟在嵩平里喬將廟在新化里入明以來長民君子間漸毀之嘉靖九年竹厓許公請於提學副使貢亨高公盡斥各里園寺廟改爲社學毀折宇基聽民墾種充作學租士民咸喜邪正盛衰

于焉見矣故萬曆志僅載十寺程田戴雲儀林相安龍湖獅子五華中興香林雲峯四廟東嶽忠應英顯小尤按東嶽廟嘉靖九年亦改爲陰陽醫學惠民藥局今茲所臚視昔幾倍而各鄉神宮佛壇無慮數百固未暇縷敘也特摭其著名於遠近者以竢後之反經而正焉夫趺化飛昇非所以爲訓顧時俗所傳皆在唐宋之世毋亦以其荒遠莫稽而姑妄稱之歟不然胡以近數百年來概乎未之有聞也若愚民倡爲神佛生日之說陳樂侑觴每歲新春粧扮神像稱侯稱公沿途迎演旗鼓喧嘩飲食侈靡多者費百金少者不下數十今則多至千金少亦數百此又誣神惑民之甚所當極加禁絕者也

宅墓附

五代唐

歸德塲長顏仁郁宅在石傑鄉墓在鄉中紗帽峯土名寮田

馬家墓在新化里邱店村載地理全書俗呼馬王塚不知何許人嶺上有石廣丈餘墓之主山龍自嶺而去後人鑿龍嶺二字於石

宋

轉運判官蘇欽宅在縣西龍津橋南今廢
丞相墓在新化里塗坂溪頭山上丞相曾光亮祖葬此常來祭掃宿路旁山
庵因名相安寺寺今廢
蘇十萬墓在清泰里之南蘇墓山之東山以墓名
陳蔚墓在龍潯山麓統軍廟後坐西面東清光緒間里人重修
明
訓導曹縉墓在瑤市社薜蘿峯縉山西蒲縣人由貢士來任三月卒與其子
二柩不能歸庠士爲瘞於此歲有泮池租以供祭掃
清
千總王世爵墓在南關外接官亭上員山順治十四年世爵死寇難瘞此乾
隆十一年知縣魯鼎梅脩
論曰祠宇之載在祀典者固與日月爭光矣乃顏長官蘇十萬諸人亦得
廟食一方與祠祀同垂不朽艮以其人能自立于天壤也若螺坑一戰青

草城南遂得長有其墓又志士仁人之明效大驗矣夫入廟生敬過墓生哀人心之所敬所哀豈無謂也哉

德化縣誌卷之十

禮儀志（慶賀 祈禱 接詔 鄉飲酒 迎春 鄉約 耕耤 祭祀 救護日月）

安上全下莫善於禮以洽幽明以昭軌物儀斯著焉邑處山陬前乎此者就簡因陋典制闕如當明備之世品節精詳禮之緣義起者莫不秩秩乎若綱若網有條不紊矣志禮儀

迎春

預期塑造春牛並芒神于東郊外立春前一日知縣率僚屬俱穿蟒袍補服至春牛所通贊導至拜位唱就位（各官俱就拜位）上香鞠躬拜興拜興初獻爵再獻爵三獻爵讀祝文讀畢通贊又贊兩拜禮畢簪花（各官俱簪花）上席酒三巡屬官先行長官次之春牛隨後迎至本縣頭門外土牛南向芒神西向

本日清晨備牲醴果品各官具朝服通贊導至拜位唱就位鞠躬拜興拜興初獻爵再獻爵三獻爵讀祝文讀畢通贊又贊兩拜興導至土牛前各官俱執綵杖排立兩旁通贊（贊）長官擊鼓（凡三擊）遂擂鼓（鼓手自擂）贊鞭春各官擊牛

者三揖平身通贊導至芒神前揖平身禮畢

土牛胎骨用桑柘木身高四尺（按四時）長三尺六寸（按三百六十日）頭至尾長八尺（按八節）尾長一尺二寸（按十二月）鞭用柳枝長二尺四寸（按二十四氣）土牛色以本年爲法頭角耳用年天干身用年地支蹄尾肚用納音（天干甲乙屬木色青丙丁屬火色紅戊巳屬土色黃庚辛屬金色白壬癸屬水色黑地支亥子屬水色黑寅卯屬木色青巳午屬火色紅申酉屬金色白辰戌丑未屬土色黃納音如甲子年立春納音屬金用白色餘做此）籠頭搆索以立春日干爲籠頭色（說見上）搆用桑柘木索孟日用麻（謂寅申巳亥日）仲日用苧（謂子午卯酉日）季日用絲（謂辰戌丑未日）造牛以冬至節後辰日於歲德方取水土（甲年東方甲位乙年西方庚位丙年南方丙位丁年北方壬位戊年東南方戊位己年東方甲位庚年西方庚位辛年南方丙位壬年北方壬位癸年東南方戊位）

芒神服色用立春日支辰受尅爲衣色尅衣辰爲繫腰色（如立春子日屬水衣取土尅水用黃色繫腰取木尅土用青色餘皆做此）頭髻用立春日納音爲法（金日平梳兩髻在耳前木日平梳兩髻在耳後水日平梳兩髻右髻在耳後左髻在耳前火日平梳兩髻右髻在耳前左髻在耳後土日平梳兩髻在頂直上）罨耳用立春時爲法（從卯至戌八時罨耳用手提陽時左手提陰時右手提從亥至寅四時罨耳或揭或掩寅時揭從左邊亥時揭從右邊子丑二時全戴蓋寅亥時爲通氣故揭一邊子丑時爲嚴凝故全戴）鞋袴行纏以立春納音爲法（逢金木繫行纏鞋袴金行纏左闕懸在腰左木行纏右闕繫在腰右水日俱全火日俱無土日著袴無行纏鞋子）老少以立春年爲法（寅申巳亥老子午卯酉壯辰戌丑未幼身高三尺六寸按一年三百六十日）

耕耤（照雍正五年頒行）

每年禮部頒歷預擇日期本縣合屬前期致齋二日

祭品 帛一青色 羊一 豕一 鉶一 簠二 簋二 籩四 豆四

農具赤色牛黑色耔種箱青色所盛耔種照本縣土宜祭日知縣率僚屬

俱穿朝服赴

先農壇通贊生導詣盥洗所盥手淨巾畢通贊唱執事者各司其事主祭官

就位就拜位陪祭官各就位瘞毛血迎神通贊生導主祭官陞 壇就位就神位前唱

上香又三上香畢通贊唱跪陪祭官皆跪行三叩禮興復位復拜位安神行三

跪九叩禮興進帛進爵行初獻禮通贊唱詣酒尊所主祭官詣酒尊所通

贊唱司尊者舉冪酌酒詣

先農神位前就位跪通贊唱陪祭官皆跪獻帛獻爵叩首興詣讀祝位跪讀

祝文讀祝者取祝版跪讀祝曰維 某年歲次某干支某月某干支朔越某日某干支某

官某名敢昭告於

先農之神曰惟 神肇興稼穡粒我蒸民頌思文之德克配彼天念率育之

功陳常時夏茲當東作咸服先疇洪惟　九五之尊歲舉三推之典恭膺
守土敢忘勞民謹奉彝章聿修祀事惟望五風十雨嘉祥恆沐于　神庥
庶幾九穗雙岐上瑞頻書夫大有尚　饗（讀畢）三叩首興復位行亞獻禮通
贊（唱）詣酒尊所主祭官詣酒尊所通贊（唱）司尊者舉冪酌酒詣
先農神位前就位跪通贊（唱）陪祭官皆跪獻爵叩首興復位行終獻禮（儀同亞獻）徹
饌送神行三跪九叩禮興讀祝者捧祝司帛者捧帛通贊生導詣燎所焚
祝焚帛復位禮畢

午時行耕耤禮知縣秉耒佐貳執青箱播種耆老一人牽牛農夫二人扶
犂九推九返農夫終畝耕畢知縣率僚屬暨耆老農夫行禮

祈禱晴雨（邑多山田澇不為害祈晴少舉）

凡遇旱即停徵息訟禁屠沽設
龍王神壇于　城隍廟　牒告　城隍官民朝夕拜禱

鄉飲酒禮（順治初令京府及直省府州縣每歲舉行鄉飲酒禮設賓僎介主酒席於存留錢糧內支辦凡以申明朝廷之法敘長幼之節遂為定制云）

每歲正月十五日十月初一日于儒學行鄉飲酒禮前一日執事者于儒學講堂依圖陳設坐次司正率執事習禮至日黎明執事者宰牲具饌主席及僚屬司正先詣學遣人速賓僎以下比至執事者先報曰賓至主席率僚屬出迎於庠門之外以入主居東賓居西三讓三揖而後升堂東西相向立贊兩拜賓坐執事又報曰僎至主席又率僚屬出迎揖讓升堂拜坐如前儀賓僎介至既就位執事者引賓僎介東向行三跪九叩禮謝

恩畢執事者唱司正揚觶執事者引司正由西階升詣堂中北向立執事者唱賓僎以下皆立唱揖司正揖賓僎以下皆揖執事者以觶酌酒授司正

司正舉酒恭惟

朝廷率由舊章敦崇禮教舉行鄉飲非為飲食凡我長幼各相勸勉為臣盡忠為子盡孝長幼有序兄友弟恭內睦宗族外和鄉里無或廢墜以忝所生讀畢執事者唱司正飲酒飲畢以觶授執事執事者唱揖司正揖賓僎以下皆揖司正復位賓僎以下皆坐唱讀律令執事者舉律令案於堂之中

引禮引讀律令者詣案前北向立唱賓僎以下皆立行揖禮如前讀畢復位執事者唱供饌案執事者舉饌案至賓前次僎次介次主三賓以下各以次舉訖執事者唱獻賓主起席北面立執事斟酒以授主主受爵詣賓前置於席稍退贊兩拜賓答拜訖執事者又斟酒以授主主受爵詣僎前置於席交拜如前儀畢主退復位執事者唱賓酬酒賓起僎從之執事者斟酒授賓賓受爵詣主前置於席稍退贊兩拜賓僎主交拜訖各就位坐執事者分左右立介三賓衆賓以下以次斟酒於席訖執事者唱飲酒或三行或五行供湯又唱斟酒飲酒供湯三品畢執事者唱徹饌候徹飲案訖唱賓僎以下皆行禮僎主僚屬居東賓介三賓衆賓居西贊兩拜訖唱送賓以次下堂分東西行仍三揖出庠門而退

主席知縣位於東南大賓以致仕官爲之位於西北僎賓擇鄉里年高有德之人位於東北介以次長位于西南三賓以賓之次者爲之除賓僎外衆賓序齒列坐其僚屬則序爵司正以教職爲之主揚觶以罰諠譁失禮

者贊禮以老成生員爲之

鄉飲酒方位圖

三僎　僚屬　東階

一僎

一僎　司正

僎　主

大賓　律案

一賓　介

一賓　西階

三賓　衆賓

鄉約講讀

聖諭

每月朔望知縣傳集紳衿耆庶于公所奉

聖諭牌行三跪九叩禮畢分班序立現任官居東鄉紳居西諸生耆老列于兩旁兵民立于庭下設講案于庭中木鐸老人振鐸高聲宣

聖諭十六條

一敦孝弟以重人倫　一篤宗族以昭雍睦

一和鄉黨以息爭訟　一重農桑以足衣食

一尙節儉以惜財用　一隆學校以端士習

一黜異端以崇正學　一講法律以儆愚頑

一明禮讓以厚風俗　一務本業以定民志

一訓子弟以禁非爲　一息誣告以全良善

一誡窩逃以免株連　一完錢糧以省催科

一聯保甲以弭盜賊　一解讐忿以重身命

宣畢鳴講鼓約講立講案前高聲逐條講解兵民肅然拱聽講畢分班團

揖而退（其各里社縣官不能遍到則社中紳衿董之）

祭祀

社稷壇

春秋二祭俱用仲月上戊日祭前三日齋戒將祭之前一日省牲治祭物潔籩豆掃除壇上下及設幕次中門外（是夕獻官以下就幕次宿）本日獻官以下俱夙興執事者陳設其壇坐南向北設社位於稷之東設稷位於社之西每位羊一（用匣盛貯未啓蓋居左在籩之北）豕一（用匣盛貯未啓蓋居右在豆之北）籩四盛棗栗形鹽藁魚（居左在羊之南）豆四盛韭菹菁菹醓醢鹿醢（居右在豕之南）簠二盛黍稷（居籩之左）簋二盛稻粱（居豆之右）鉶一盛和羹（居中在籩豆之南）帛一（黑色長一丈八尺用篚裝貯未上）別設一小案（閣祝版香爐居壇正中）各官具朝服執事者捧祝版至幕次僉名（僉畢捧置案上）執事者取毛血盤置神位前牲案下實酒於尊加羃（在壇下東北）置水於盆加帨（在壇下西北）焚香燃燭明炬通贊（唱）執事者各就位陪祭官各就位獻官就位（引贊引獻官就拜位）通贊（唱）瘞毛血執事者以毛血瘞於坎（在西北隅）啓牲匣蓋通贊（唱）迎神跪叩首叩首叩首興平身（各官俱一跪三叩興平身）通贊（唱）奠帛行初獻禮（司帛者捧帛司爵者捧爵各位以俟）引贊（贊）詣盥洗所（獻官詣盥洗所）執事酌

水進巾（獻官盥手帨巾）贊詣酒尊所（獻官詣酒尊所）司尊者舉羃酌酒（注酒於爵）贊詣社神位前（獻官陞自左階至神位前）贊
奠帛（捧帛者自右進於獻官獻官受而舉之仍自左授於執事者奠於神位前）贊獻爵（儀同奠帛）贊俯伏興平身（獻官俯伏興平身）贊詣稷神位前（儀同前）
贊詣讀祝位（獻官詣讀祝位）贊跪（獻官跪）贊衆官皆跪　贊讀祝（讀祝者取祝跪讀於獻官之左）祝曰維某年歲次某
干支（八二）月某干支朔越某日某干支某官某名敢昭告於
本縣（社稷）之神曰惟　神奠安九土粒食萬邦分五色以表封圻育三農而蕃
稼穡恭承守土肅展明禋時届仲（春秋）敬修祀典庶丸丸松柏鞏磐石于無
疆翼翼黍苗佐神倉于不匱尚　饗（讀畢）通贊唱俯伏興平身（獻官以下俱平身）唱復位（引贊引獻
官降自右階復原位）通贊唱行亞獻禮（儀同初獻但不奠帛不讀祝）唱行終獻禮（儀同亞獻）通贊唱飲福受胙執事者設
飲福位（在壇中稍北）執事者先於社位前割取羊左脚置於盤及於酒尊所酌酒
於爵同立于飲福位之右以俟引贊引獻官詣飲福位　贊跪（獻官跪）贊飲福酒
（一人自右跪進爵於獻官獻官飲畢一人自左受虛爵以退）贊受胙（一人自右跪進胙於獻官獻官受訖一人自左跪接捧由中門以退）贊俯伏興平身（獻官俯伏興平身）通贊唱復位
（獻官降自右階復位）唱跪叩首叩首叩首興平身（獻官以下俱一跪三叩興平身）通贊唱徹饌（執事者各詣神位前稍移動籩豆）通贊唱送
神唱跪叩首叩首叩首興平身（獻官以下俱一跪三叩興平身）通贊唱讀祝者捧祝進帛者捧帛各

詣瘞所獻官陪祭官離位分東西班立（俟捧祝帛者由中道而過）通贊（唱）望瘞引贊（贊）詣望瘞位（引獻官至望瘞位）執事者以帛焚於坎中焚畢以土實坎通贊（唱）禮畢

南

西　　　　　　　　　　東

社神
香爐
帛
爵爵爵
羹
棗　鹽　黍　稻　韭菹　菁菹
栗　藁魚　稷　粱　醓醢　鹿醢
羊　豕

稷神
香爐
帛
爵爵爵
羹
棗　鹽　黍　稻　韭菹　菁菹
栗　藁魚　稷　粱　醓醢　鹿醢
羊　豕

祝

獻官位

陪祭官位　　陪祭官位

北

山川壇（風雲雷雨城隍附）

春秋二祭俱於仲月上旬擇日行禮（郡縣多用上巳日）祭前三日齋戒前一日省牲治

祭物俱如社稷儀其壇坐北向南執事者掃除壇上下設各官幕次於壇中門外（是夕各官宿幕次）設風雲雷雨位於壇正中設山川位居左城隍位居右祭之日獻官以下夙興執事者設風雲雷雨位帛四山川位帛二城隍位帛一（帛七段俱白色丈尺與社稷同用篚裝盛未上）每位各羊一豕一鉶一籩四豆四簠二簋二陳設俱與社稷同（俱品物在某品之南者當改作在某品之北）各官具朝服僉祝版執事者實酒於尊加冪置水於盥施帨（在壇下東南）焚香燃燭明炬通贊（唱）執事者各就位陪祭官各就位獻官就位（就位如儀）執事者先以毛血瘗於坎通贊（唱）迎神跪叩首叩首叩首興平身（獻官以下俱一跪三叩興平身如儀）引贊（引）獻官詣盥洗所（盥手帨巾如儀）次詣尊酒所（執爵捧帛如儀）次詣風雲雷雨神位前（先奠帛次奠爵）次詣山川神位前次詣城隍神位前（俱奠獻如儀）次詣讀祝位在風雲雷雨神位前祝曰（年月具官如式）惟 神贊襄天澤福庇蒼黎佐靈化以流形生成永賴乘

神機而鼓盪溫肅攸宜磅礴高深長保安貞之吉憑依鞏固實資捍禦之功幸民俗之殷盈仰

神明之庇護恭修歲祀正值良辰敬潔豆籩祗陳牲幣尚

饗（讀畢）復位亞獻終獻同前（但不唱奠帛讀祝）次飲福受胙（如社稷儀其胙取風雲雷雨神位前羊一脚）次徹饌

次送神次望燎俱如社稷儀但改望瘞爲望燎

北

本縣山川之神　帛二
爵爵爵
羹
棗　鹽　黍　稻　韭菹　菁菹
栗　槁魚　稷　粱　醓醢　鹿醢
羊　豕

風雲雷雨之神　帛四
爵爵爵
羹
棗　鹽　黍　稻　韭菹　菁菹
栗　槁魚　稷　粱　醓醢　鹿醢
羊　豕

本縣隍城之神　帛一
爵爵爵
羹
棗　鹽　黍　稻　韭菹　菁菹
栗　槁魚　稷　粱　醓醢　鹿醢
羊　豕

東　　西

祝

陪祭　官位　獻官位　官位　陪祭

南

常雩（乾隆十一年新頒）

孟夏擇日行常雩禮知縣率僚屬具朝服赴

先農壇致祭　社稷　先農　山川　風雲雷雨之神用羊一豕一各帛一（白色）鉶一簠二簋二籩四豆四行三跪九叩禮三獻俱如祭社稷山川儀

祝曰（年月具官如式）恭膺

詔命撫育羣黎仰體　彤廷保赤之誠勤勞勸稼俯惟蔀屋資生之本力穡服田　令甲爰頒肅舉祈年之典惟寅將事用申守土之忱黍稷惟馨尚冀明昭之受賜來牟率育庶俾豐裕于蓋藏尚　饗

關帝廟

歲凡三祭五月十三日前殿照常用帛一牛一羊一豕一果品五盤後殿不用牛餘照前殿其春秋二祭前殿帛一牛一羊一豕一籩十豆十後殿帛各一羊各一豕各一籩各八豆各八

（前殿）祭日引贊引承祭官朝服進左旁門（贊）詣盥洗所（盥手帨巾畢）通贊（唱）執事者各

司其事引贊（贊）就位（引承祭官就位）通贊（唱）迎神司香者捧香盒立香爐左引贊引承祭官詣香爐前司香者跪引贊（贊）上香承祭官將炷香接舉插爐內又上塊香三次畢引贊（贊）復位承祭官復位引贊（贊）跪承祭官行三跪九叩禮興平身通贊（唱）奠帛行初獻禮捧帛執爵者將帛爵捧舉各就神位前引贊（贊）奠帛奠帛者跪獻畢行一跪三叩禮退（贊）獻爵獻爵者立獻畢退（贊）詣讀祝位讀祝者至祝案前行一跪三叩禮將祝文捧起立承祭官之左引贊（贊）跪承祭官及讀祝者俱跪（贊）讀祝祝曰（年月具官如式）敢昭告於

忠義神武關聖大帝之神曰惟　帝浩氣淩霄丹心貫日扶正統而彰信義威震九州完大節以篤忠貞名高三國神明如在徧祠宇於寰區靈應丕昭篤馨香於歷代屢徵異蹟顯佑羣生恭值嘉辰遵行祀典筵陳籩豆几奠牲醪尚　饗讀畢捧至神位前安盛帛盒內行一跪三叩禮退引贊（贊）叩承祭官行一跪三叩禮興平身通贊（唱）行亞獻禮（儀同初獻但不奠帛不讀祝）通贊（唱）行終獻禮（儀同亞獻）通贊（唱）徹饌（執事者詣神位前將籩豆等各少舉）（唱）送神引贊（贊）跪承祭官行三跪九叩禮

興平身通贊唱讀祝者捧祝進帛者捧帛司饌者捧饌恭詣燎位引贊引
承祭官退至西邊立俟捧祝帛過畢復位引贊贊詣望燎位引承祭官至
燎爐前贊焚祝帛贊禮畢引承祭官退
後殿祭日引贊引承祭官蟒袍補服進中門贊詣盥洗所盥畢通贊唱執事者各司其事引
贊贊就位引承祭官就位通贊唱迎神司香者捧香盒立各香爐左引贊引承祭官
詣光昭公香爐前司香者跪引贊贊上香承祭官將炷香接舉插爐內
又上塊香三次畢引贊引承祭官詣裕昌公香爐前同前上香畢引贊
引承祭官詣成忠公香爐前同前上香畢引贊贊復位承祭官復位引
贊贊跪承祭官行二跪六叩禮興平身通贊唱奠帛行初獻禮捧帛執爵
者將帛爵捧舉各就神位前引贊贊奠帛贊獻爵儀俱同前殿先光昭次裕昌次成
忠各獻畢贊讀祝詣讀祝位在光昭公前儀同前殿祝文年月具官如式致祭於
關帝之曾祖光昭公祖裕昌公父成忠公之神曰惟公世澤貽庥
靈源積慶德能昌後篤生神武之英善則歸親宜享尊崇之報列上公之

封爵錫命優隆合三世以肇禋典章明備恭逢諏吉祇事薦馨向　饗讀

畢通贊唱行亞獻禮儀同初獻但不奠帛不讀祝通贊唱行終獻禮儀同亞獻唱徹饌儀同前殿唱送神引贊

贊跪承祭官行二跪六叩禮興平身餘悉同前殿

天后廟

春秋二仲月擇吉致祭用帛一羊一豕一籩八豆八　三月二十三日

誕辰有司蟒袍補服到　廟拈香　祭日清晨引贊引承祭官蟒袍補服

進中門贊詣盥洗所盥畢通贊唱執事者各司其事引贊贊就位引承祭官就位通贊唱

迎神司香者捧香盒立香爐左引贊引承祭官詣香爐前司香者跪引贊

贊上香承祭官將炷香接舉插爐內又上塊香三次畢引贊贊復位承祭

官復位引贊贊跪承祭官行二跪六叩禮興平身通贊唱奠帛行初獻禮

捧帛執爵者將帛爵捧舉就神位前引贊贊奠帛贊獻爵贊讀祝讀祝畢

贊行亞獻禮贊行終獻禮贊徹饌俱儀同關帝通贊唱送神引贊贊跪承祭官行二

跪六叩禮興平身引贊贊詣望燎位引承祭官至燎爐前贊焚帛焚畢贊

復位禮畢

邑厲壇

歲凡三祭春清明日秋七月十五日冬十月初一日每祭用羊三豕三飯米酒紙香燭隨用先期三日主祭官齋沐更衣（用補服）備香燭酒果楪告本處城隍通贊行一跪三叩禮興平身詣神位前跪進爵獻爵奠爵俯伏興平身復位又一跪三叩興平身焚告文禮畢

本日設城隍位於壇上祭物羊一豕一設無祀鬼神壇於壇下左右（書曰本縣境內無祀鬼神）祭物羊二豕二盛置於器同羹飯等鋪設各鬼神位前陳設畢通贊（唱）執事者各就位陪祭官各就位主祭官就位（贊）行一跪三叩禮興平身主祭官詣神位前跪三獻酒俯伏興平身復位讀祭文讀畢又一跪三叩焚祭文並紙錢禮畢

旗纛

每歲霜降前一日本縣汎防官率兵士盛裝鎧仗迎請旗纛到教場張幕

箚營至霜降日五鼓以帛一（白色）羊一豕一行三獻禮禮畢放砲揚威撤幕
東裝整伍同汎歸纛於武廟

禜祭

祝文（年月具官如式）致祭於　城門之神曰　詔命臨民職司守土惟兆人之攸賴
並藉　神功冀四序之常調羣蒙　福蔭必使雨暘應候爰占物阜而民
安庶其寒燠咸宜共慶時和而歲稔仰靈樞之默運聿集嘉祥襄元化以
流形俾無菑害尚　饗

論曰昔先王之制禮也上自朝廷邦國下逮閭巷之間有治教即有禮儀
况大同之世車書一統倫物彰明乎而舊志所載闕略不詳義例亦異豈
風教有殊亦考訂之誤也故備稽而詳著之俾行禮者率循孔易焉（條舊）

德化縣志卷之十一

武衛志 兵制 險要 汛塘 教場 附盜警

克詰戎兵慎固封守所以綏靖我人民也設險據要爲未雨綢繆之計誠保障者所有事矣德化山谿阻阨而間道達於五州汀延漳廣間狡焉思逞者輒走集焉附載前車用以示鑒志武衛

兵制

宋初收天下精壯於京師爲禁軍留本州鎮守者爲廂軍禁軍就糧各州者仍稱禁軍德化屬泉州有澄海威果全捷廣節指揮名號時迭更易營地分駐各縣額軍之外有土兵亦曰砦兵巡檢領之大中祥符間置巡檢寨于雲峯里（今新化里）邱店村元豐三年遷額管土兵一百二十五人守之又籍民爲邏警弓手隨產戶僱募嘉定間泉州守眞德秀請置平盧隘于東西團以左翼軍兵一百人更番屯戍

元初調揚州湖州軍戍泉州後乃設萬戶府與土軍相參德化置巡檢司四

有巡軍有弓手並隸巡檢司至元丙子高平章立伏虎監于湯泉里撥軍守禦

明制泉州永寧二衞有歸附軍有投充軍有讁發軍有改調軍或爲正管軍或爲帶管軍設指揮千百戶統之入則守城謂之見操軍以時訓練出則守寨謂之出海軍按季踐更俱爲征操軍又有屯旗軍奉紅牌及樣田事例之屯軍也有屯種軍糧出於所種田而以餘糧輸官爲不支糧屯軍德化屯種軍凡三十二所（詳見民賦志）

洪武九年以邑民爲垜籍留守衞二十年江夏侯周德興經略海上剌德化民抽丁充永寧衞防倭戍守民逃亡者過半

洪武二十年江夏侯周德興置高鎮巡檢司括民丁統於巡檢爲弓兵本司額設七十名往役者復其家弘治間以田賦定差役而民間僱值倍之嘉靖季閩中被倭軍門議各司弓兵多逃亡始減兵數僱值徵贏充餉高鎮巡司弓兵只存十二名

洪武初立民兵編成隊伍以時操演有事用以征戰事平復還爲民有功者一體陞賞正統十四年命本地官司率領操演名曰快手十年一代景泰間議設機兵天順元年命鞍馬器械悉從官給復其本戶丁糧弘治二年選取民壯須年二十以上五十以下精壯之人（州縣七八百里者里二名五百里者里三名三百里者里四名一百里者里五名）德化舊額一千八百有奇率以下戶僉充春夏秋月操二次至冬操三歇五六年令官司私役民壯者以私役軍餘例罪之正德七年始更其法以一縣丁糧通融編差丁六丁米三十九石編一名嘉靖三年又除官吏優免外丁三丁米三十九石編一名後又以米專編驛人丁專編機兵皆慣徒攬之三十六年改將丁米對編每名倍追工食銀一十四兩四錢內以一半團練每名給工食銀十兩八錢一半防守每名給工食銀七兩二錢剩銀充餉三十八年改以丁四糧六編每名給銀七兩二錢照舊倍追四十三年又以丁米對編每名工食銀十兩八錢內對與自取銀七兩二錢餘銀充餉四十四年題派丁四糧八專備餉銀民兵通免倍追又添編抽取民

兵徵銀仍解充餉嘉靖間德化額編機兵一百二十名內一百五名每名給銀十兩八錢一十五名每名給銀七兩二錢餘銀充餉頻年被倭軍門於其中選爲標兵隸麾下奏增機兵之直而減其數收贏充餉隆慶以後復遞減扣工食充餉萬曆間實存機兵八十名

嘉靖三十七年都御史王詢行令各縣添設鄉兵專備城守萬曆間裁按機兵額設工食選驍勇精壯慣習捕盜者爲之掌印官提督操演儘丁得其用命鄉兵不給工食養之無道教之無素強令操戈實滋擾害耳

按嘉靖之季倭奴入寇調到廣西向武州等處客兵未嘗與賊一交鋒供給賞予徒糜帑財億萬及福寧福清永寧崇武所在城池相繼失陷則餽賄免禍之費又有不可勝計者府縣庫藏因之窮竭迨興化城陷始銳意經略以巡撫譚綸至而鄰省總督胡宗憲遣參將戚繼光率所練義烏兵八千人自浙來援倭寇蕩滅民賊殲除地方獲甯於是當事者遂以土著之兵爲不足練衞所軍餘又多餒弱故閩中善後預備防禦之兵率歲調于金華而兵餉之徵由此無已自嘉靖三十六年倍追機兵工食又有加派均徭之議至四十四年都御史汪道昆題將通省丁糧以丁四糧八派

追軍餉而倍追機兵加編均徭悉議停罷倘以其不給也乃留料鈔鹽鈔魚課屯所諸銀又以其不給也乃添編抽取民兵仍徵其銀充餉又以其不給也仍減巡司弓兵只存十　名餘皆徵銀充餉又以其不給也乃榷坊市酒稅乃抽見存寺稅乃扣各倉折價又以其不給也至減預備倉軍儲倉夫斗級而追其工食以湊餉用今考嘉靖四十五年以後所徵軍餉之數著其大都而一時郡縣之利害可概覩矣

附萬曆志載德化縣解充兵餉項下丁四米八銀五百二十四兩六分四釐　料鈔銀一百三十八兩四錢四分七釐　聯鈔銀八十三兩三錢二分二釐　扣解機兵銀三百七十八兩　扣減弓兵銀四百二十九兩二錢　酒稅銀三兩九錢　寺租銀二十兩七錢九分三釐　永寧倉本色餉銀一千八百一十兩三錢五分八釐　永寧倉折價充餉銀七百六十六兩三錢七分七釐　倉夫銀一十兩

清革明代戍卒之弊專置綠旗以重鎮守各縣城鄉分立汛塘星羅棊布陸路提標後營以千把總一員輪防德化縣汛兼轄嶽尾高洋溪邊南埕水口郭坂赤水格美洋等塘領馬步戰守兵一百名內馬戰兵二名步戰兵二十名守兵七十八名分駐各汛塘一年一換

康熙五十一年提督楊琳題設山坪頭汛以千把總一員輪防本汛兼轄王

春淙頭洋倚洋十八格等塘領馬步戰守兵一百名內馬戰兵二十名步戰兵二十名守兵六十名分駐各汛塘一年一換

乾隆元年總督郝 以山多瘴氣咨准部覆將弁兵移駐內洋改山坪頭汛爲山坪頭塘

清初原編民壯五十名每名給工食銀七兩二錢地方官率領操演康熙十七年裁二十二年復設續奉裁雍正二年復設七年派撥廈門海防二十名安海糧捕六名俱乾隆二年裁派撥典史六名雍正十三年裁今存二十名每名給工食銀六兩帶匀閏銀二錢由知縣調遣訓練又額設馬快八名專司緝捕盜賊

險要

虎豹關在縣南二十里大劇嶺上極高險永德分界明爲劇頭隘知縣李元龍易今名清順治六年撥兵駐鎮十年罷先五里置高洋塘

蘇坑隘在縣南二十里通永春明時設

天馬格在縣東南二十里通永春

塔嶺隘在縣東南十五里通永春往仙遊明爲蓋福洋隘清置溪邊塘於其下

牛林格在縣東南清泰里距縣治八十里通仙遊小路先二十里置南埕塘

張地嶺在縣東清泰里距縣治八十里通永福先十里置水口塘

蛇嶺隘在縣東北梅中里距縣治一百二十里通永福

大官嶺在縣北梅中里距縣治百里通尤溪宋立官井關明設油竹隘於嶺下先十五里清置美洋塘

湯嶺隘在縣北梅上里距縣治百里通尤溪念九都宋爲湯尾關明重設

尤床隘在縣西北湯泉里距縣治百里通大田明時設

蕉嶺隘在縣西尤中里距縣治百里通大田明時設先三十里清置十八格塘又先二十里爲雙翰鄉山谿險峻民居稠密

雙峰隘在尤中里山社坪距縣治百里道出兩峯之間大田縣分界通五州

要路宋爲嚴市關紹定淳祐間泉州守眞德秀顏頤仲嘗欲置寨不果淸
置山坪頭汛以千把總一員帶兵輪防乾隆元年移駐内洋離山坪頭十
里仍置山坪頭塘分兵守之
長安隘在黃認團明時設後割屬大田縣
伏虎距在湯泉里距縣治一百二十里元至元丙子高平章以地接汀延二
郡置隘撥軍守之後廢明重設
赤嶺隘在尤中里距縣治一百一十里通大田梓溪明時設先二十里淸置
王春塘又先三十里置漈頭塘
上窯格在縣西實豐社距縣治六十里通永春先五里置倚洋塘
石牌格在縣西上林社距縣治三十里通永春再去五里爲上漈隘明時設
今屬永春
三縣寨在縣北新化里邱店村距縣治二十五里宋大中祥符間本路提刑
奏請置巡檢寨始議擬於永春後以德化湖嶺下五州輻輳乃建於此主

捍德化永春安溪三縣要路明時廢先五里清置郭坂塘

石門隘在縣北東西里距縣治四十里宋爲平盧隘嘉定間泉州守眞德秀申請置寨略云爵得本州永春德化二縣與汀漳南劍三州接境紹定三年汀寇既破龍巖長泰遂由漳徑犯永春德化兩縣遭其荼毒至今瘡痍未瘳某自到任即措寄居士人陳述利害謂合於永春縣衙要之處創置一寨以左翼軍兵百餘人屯戍庶可弭患未然某旋加訪問衆口一詞俱稱利便見委官同本縣知縣陳概相視形勢及牒左翼軍統制齊敏預加擇選舉備番戍外但擬造寨屋發遣官兵不無費用本州目今困於宗子俸給委是無可挪融契勘交承錢內有修城官會四萬六千貫文擬欲權行兌用兼官兵出戍浦城縣等處其生券錢米係通判廳於官錢內支給具申朝廷劄下從某所申於永春縣置寨一所差左翼官兵一百人更番出戍仍於權將撥管收減官會兌用別具細數申乞除豁及劄下本通判廳官錢內支給生券錢米伏乞指揮施行明重設亦名平盧

關先五里清置赤水格塘

汛塘

德化縣汛輪防官千把總一員外委火器把總一員汎兵分駐北鎮樓東城門南城門西城門自北鎮樓廢借住城隍廟西畔房廳乾隆七年知縣魯鼎梅就上市新街巷馬王廟故址捐建上下二廳四房左右二間其各城門俱有營房敵樓分駐如舊嶽尾塘在東關外高洋塘在縣南十五里安兵 名溪邊塘在縣東南十五里安兵 名南埕塘在縣東六十里安兵 名水口塘距南埕十里安兵 名郭坂塘在縣北二十里安兵 名赤水格塘距郭坂十五里安兵 名美洋塘距赤水格五十里輪防外委把總一員安兵 名

內洋汛輪防官千把總一員外委火器把總一員乾隆元年咨准自山坪頭移駐於此山坪頭塘在縣西百里大田分界安兵 名王春塘在縣西九十里安兵 名漈頭塘在縣西六十里安兵 名倚洋塘在縣西五十里安兵 名十八格塘在縣西北七十里輪防外委把總一員安兵 名內洋汛所轄五塘惟十八格最爲重要地處山僻爲德大交通必經之路往來行旅附近居民均賴塘兵鎮防得以無虞匪警安兵設官非無意也

教場

宋教場在縣治東後廢明洪武九年建爲分司行署（今考棚地）正德末因防西寇暫借社稷壇致齋所爲之（在縣西）嘉靖九年知縣許仁請於巡按御史施山管屯僉事姜儀允復縣東舊教場地竟未復仍在社稷壇之西

清乾隆十九年進士王必昌請知縣奇寵格移建溪南下尾坂墾地十三畝零奇寵格記（德邑演武場宋時已有之明正德末徙於社稷壇西漆水經其南清康熙丙辰間洪濤頻嚙溪流遂徙而北場之存者無幾嗣是而訓士練卒率於沿溪沙磧中循故事而已歲丁酉予蒞茲土値歲試校士仍馳驟於磽确湫隘之區心甚殷之越明年民有首墾溪南官地者往按之故溪道也積沙高濕爲田荒廢若干坵南抵古岸北暨新堤東西長九十六丈中廣二十丈形似覆月左右兩山如展旗頓鼓相厥形勢儼然天造地設一演武場也適邑進士王必昌以移建演武場條議於予予曰甚善場坍於溪溪淤成田滄桑雖改氣象維新以公田而建場其誰曰不宜乃偕僚佐章君錫爲之測景營基規廳事築將臺開馬路立照牆於場東復造石壩以捍水患諸紳耆更踴躍捐輸之經始於乾隆甲戌仲冬洎乙亥仲春告竣夫而後備閱得其所而古人經武之意無墜也已若夫飭材鳩工王君總理之董其事則郭生文元許生應瑱黄生景憲張生天溱陳生嵋權生仲謀耆民林弈來等爰諏日布侯酌醴以落之因勒諸石）

二十一年知縣周植建演武廳

光緒二十七年停武科三十年演武廳被水冲壞自是教場鞠爲茂草廳丁陳金侯就廳地及箭道開墾成田經邑紳蘇春元王光張等勘估由金侯認耕年納租穀一千五百斤歸考棚首事經收

盜警附

宋紹定三年汀邵盜晏彪等分黨破龍巖長泰遂由漳境徑犯德化及永春招捕使陳韡遣偏師擒其酋歸所擄掠人有更生之喜建祠泉州行春門外與眞西山並祀

明正統十四年沙寇鄧茂七遣賊將陳敬德攻陷縣治燬公廨結寨山谷出寇永春復分寇諸縣遠近聞風降附將至郡城知府熊尙初請調衛軍未下自提民兵與晉江典史孟常陰陽正術楊仕洪拒戰於城南古陵坡被執皆死之

弘治五年漳平盜溫文進攻陷安溪縣分掠德化泉郡騷動副使司馬垔督官民兵討平之

正德元年廣東盜入閩寇漳州盜不滿九十自南靖流掠長泰所過俘質男女索金帛官兵不能禦遂至安溪水春德化剽掠而去

九年汀漳盜流入永春德化肆掠而去

嘉靖元年秋廣東汀漳盜流掠安溪南安永春遂入德化二年元日癸卯復由德化掠永春官兵邀之花石嶺六日覆鼎鄉兵設伏以待賊突圍去他賊聞覆鼎有備奔安溪官兵亦以是日敗之于加胡隔九日泉兵與賊戰於高坪泉州衛經歷葛彥被擄二月十三漳泉合兵復戰於霞村漳州通判施福復被擄俱以金贖回賊僅九十三人狡而很六月賊復至七月入興化涵頭殺掠甚慘興泉合兵數千攻之鋒一交輒敗相持數日我兵不能獲其一矢飽欲而去三年冬十月寇永春初四日知縣柴鑣敗之于高坪十一日戰于小姑御史簡霄檄按察司僉事聶琪督諸縣兵擊之二十二日知縣南安顏容端德化梅春安溪龔顯同安周惟會永春柴鑣之兵追至雞母岫龍溪知縣黎艮亦以所部兵來會是日賊自鷄母岫奔入邑之小尤中團二十四日官兵追及賊窮奔入里民黃舜大家遂圍之邑義士涂洪三度其當夜遁約衆持短兵伺于要路截殺無遺舊志載是時楊梅中張永成皆義勇剿殺有功附記之

四十年五月汀漳盜自永春崎安流入德化小尤中而去是年程鄉河埧汀漳諸賊首蘇阿普廖銑賴宗藩等連屬出沒無有寧日一月抄掠四五次廬舍焚燬一空民死不可勝計田地荒蕪米銀錢四升鹽銀錢三觔永春叛民呂尙四糾林文煥張時睦等黨與三萬餘人將攻永春警聞永春紳士各捐金募兵四百餘人日操夜守賊避之五月二日從間道寇南安於是永春各都民兵一千五百餘人皆來應典史侯爵調度密約德化尅日搗巢適知縣林萬春到任性怯力主招撫立散民兵賊聞悉乘虛攻之以十七日黎明陷永春城擄林萬春燔典史廨大殺市民而去是年夏賊楮鐸攻南安城弗克千戶王道成招撫之不聽執道成去尙四與鐸合所過地方殺掠備慘遂由仙遊入德化碩傑以五月二十二日攻縣城至二十七日賊黨大至分布城外焚燬民廬連營數十處知縣張大綱出戰斬賊數百次日賊造牛皮車竹筏竹梯緣城蟻附復以火銃毒矢破之戒壁嚴壘乘機出戰屢有斬獲六月三日乘勝直搗賊巢尙四棄妻子率親黨

二十餘人投倭爲人所殺褚鐸亦爲永春人所擒南安進士黃養蒙記見藝文
四十二年十月倭寇千餘人由閩清入德化至下湧攻寨半月餘弗克乃
扶傷出郭坂時方築寨基高四五尺鄉民集其上負竹筏屋門以禦矢石
爲死守計倭至喊聲若雷拋石飛矢民竟日不避倭亦重傷歸營民乃下
拾戰具次早倭逡巡視之知無可如何棄去過邑西門竟往仙遊攻城五
十餘日不克總兵戚繼光援至殲滅倭殆盡
崇禎十五年郡城官幹收租虐民南安民聚衆革斗秏賊因以起魁林艮
順率黨五千餘由永春入德化英山後格等處焚擄時承平久聞賊皆驚
竄無敢禦者相率築寨以避之知縣李元龍遣署捕督兵戰于後格失二
人賊益張入屯草吉壚招黨有黄舉和尚老張六合等賊應之遊擊黄日
昇提兵追捕殺黄舉和尚老張六合于小尤上格良順復出陷山湖寨攻
火烽橥不克而仙遊賊林隆復起掠永春湖洋流入大地等鄉時南埕鄉
民有勾通者勢官索之急遂拒捕官逼知縣自督兵勦之鄉民出不意竟

剿一寨民皆洶懼總兵鄭　爲撫諭之乃安

清順治四年二月尤溪賊王繼忠夜襲縣城事出不虞各官俱逃匿民家一日夜援兵始至繼忠搜掠奔回至九月南安寇莊廷書張益又率衆萬餘圍縣城燬　文廟焚獅霄塔雲龍橋割禾爲糧沿鄉派餉城中食蕃茹草時七邑皆有嘯聚援兵難行守將棄城遁知縣黃琮遂遇害羣寇擁入城擄掠廨署民廬焚燬靡遺邑逾年無官賊亦自相屠殺各鄉皆練鄉勇以自保五年冬提督馬得功統兵恢復張益莊廷書等相繼授首獨林忠據雙坑寨攻之不下六年遣副將王　滿　韓　築圍困之乃夜突圍走復據南埕洞屢出刼掠猖獗數年十一年大派餉於各里社十二月令其黨陷縣城十二年秋議投誠置人于通衢强抽貨稅尋復叛千總王世爵與戰于螺坑死之十四年始歸順出魁黨百餘人或授官或歸農邑乃靖十五年叛民許于敬本富家兒見有以招撫得官者欲效之時有賊魁李高嘯聚於大田尤溪永春各縣山谷間于敬陰與交通遂刼東厝寨結巢

吉嶺大尖山知縣何之旭請提鎮遣副總王　督兵捕之敬奔從李高於永春之四五都明年正月何之旭自率鄉兵攻之復奔入德化追之益急遂迎戰殺傷相當逼之反爲所乘失十數人賊遂遁於十八灶鄉兵日夜尾之投誠總兵林忠遣人招安誘令由永春赴泉州投降縣白提鎮殺之自是邑乃無賊

康熙十三年三月十五日靖南王耿精忠反傳檄至泉十九夜提督王進功叛應之焚崇陽樓搜掠郡城二日二十三日德化防守千總李雲龍聞風刼掣知縣何際美挾取庫銀數百兩將大掠會檄至安民乃止六月海僞招討將軍鄭經兵據漳泉分遣僞總兵康熊僞知縣林惟榮入據德化八月邑民招集北至邱巖西至塗坂東至蕉溪等處合兵號爲義武分五營屯駐心慈嶺要地拒賊時有僞官三十餘人帶劄入湯泉里募兵雙翰鄉民殺之十二月初八日僞總兵黃雲率賊攻義武營民兵與戰敗績賊乘勝從塔仔崎追至佛嶺格民兵奔潰死傷甚衆賊沿途抄燬邱巖石山

等處民屋無存初九日黃雲率賊三千攻塗坂寨盡燬寨外民屋發棺棄屍寨內不滿五十家練總李寅球等百計固守砲無虛發賊死傷二百餘人攻二十日不下各鄉十一寨合兵來援賊迫之潰散寅球等懼孤乃納款二十日僞知縣林惟榮病囘以葉麗生爲僞知縣十四年海賊派各邑富戶助餉刑拷無完膚議遣僞餉官入德人心惶懼武舉李公培乘民心搖惑暗通各鄉義兵圖恢復聞者雲集培分設部伍密約城中居民爲內應十月初四夜率五千餘人行至半途舊病暴發死次早餘兵至城下城中有備潰去於是公培九族株累不堪言矣十五年五月僞知縣葉麗生病囘以辜錕爲僞知縣十六年二月清兵克復泉州十一日僞知縣辜錕逃歸海上十七年六月僞都督劉國軒陷海澄賊勢復張圍攻泉州預設僞官分據七邑有白頭賊數千遙應之攻安溪月餘不克分黨掠德邑邑遭兵水兩災之後城內空虛知縣王之紀與千總馬虎思難固守奔仙遊將乞師於省七月十四日劉國軒遣僞將葉明僞知縣唐用緯兵二千餘

至德化白頭賊別酋復由十八格分掠大田九月巡撫吳　將軍喇　分道大援泉州吳巡撫至永春白鴿嶺分遣仙遊知縣領鄉兵同王之紀恢復德化葉明等聞國軒退走泉州解圍不敢由故道歸海夜棄城奔湧泰里刼高漈寨不克遂沿途抄掠由小徑達漳州而白頭賊寇大田者亦被鄉兵擒殺殆盡郡邑告平

四十九年歲洊饑十一月漳平盜陳五顯聚衆二千餘入德化刼赤水格街攻陳吳寨擄人勒贖官兵追剿數十日至尤中里漈頭洋與賊遇總統戴　馳據高阜發砲賊亦發砲我兵有大松數十爲蔽知縣王調元率鄉兵合戰賊多死傷涂家寨正臨其右連發百子銃數門擊之遂奔潰遁入安溪之天湖巖勢窮就撫械送京師伏法

六十年五月臺匪朱一貴倡亂有奸民陳洛鄭堅等聞警竊發嘯聚於永春石鼓巖遂流掠德化近山諸村落知縣熊艮輔請官兵捕之復親率鄉兵窮追賊勢遂蹙俄而臺灣告平賊黨旋散執獲賊首解赴泉州府梟示

自是德邑永寧

咸豐三年永春紅錢賊首林俊（即武生林萬青）因壬子鄉試不中棄而學商來德塔岸街私開鴉片土舖暗受髮逆委任與永春奸民陳胡勾結陰集黨徒謀爲不軌原訂八月十五日與各處匪徒襲攻省城爲根據地時烟禁方嚴知縣申逢吉奉諭查緝俊煙土被搜舖被封役又嚴行緝捕憤不及待遂於四月廿四日率黨數百攻城城中陳志邱曠爲內應開門納之直入公署搶倉庫刼監獄奪印信勒派城廂餉款知縣申逢吉被執傷股旋釋之據城三日聞各鄉集合鄉勇將復縣城懼烏合不足恃將文武公廨倉廒各城樓焚燬一空於廿七早奔逃入峰魁社方向春率各鄉勇尾追至蕉坑嶺擒獲解縣申縣令欲先訊追印信不即正法廿八日辰刻賊黨擁至奪去從者益衆乘勢復佔縣城邑紳擁申令入永福界往省自大吏自請處分歲貢陳煦隻身赴郡請兵當道檄泉州陸路提督迅派大隊到剿並委蕭懋杰帶印赴任會辦俊聞大軍將至遂走上游與黃友合夥攻尤溪

爲官軍所敗奔回永春求助於烏錢賊首陳胡胡率安溪賊蘇度盧烏洋一班賊目助之與官軍戰於永春之桂洋知縣蕭懋杰督兵往援永春鄉勇有異心致敗懋杰死焉俊與陳胡乘勝入德七月二十七日復陷縣城有衆萬餘勢益熾學中人亦有與暗通者賊四出淫殺焚掠自是德民遭慘不堪言狀各官軍帶兵進勦經數十戰互有死傷八月長福營都司范作霖戰敗於烏洋被執至縣不屈死卸任知縣何炳南以押糧到德在玳瑁巖被執亦不屈死九月九日坵坂社各鄉會議誓同拒守十三日紅錢賊呂登雲率黨攻洪田鄉義民李斌沈及子釗率鄉兵與戰敗之十五日復來又敗之十月初三日賊目林只童森林祥林七黃昭林廣旺方汰周池等大集匪黨六千餘圍攻洪田久住兩鄉義民林芳藹與洪田李姓各率鄉兵分路拒之連戰三日殺賊甚衆由是闔邑團練志切同仇賊乃不敢輕出既而俊約陳胡往攻仙遊胡不肯俊令其黨暗刺之而自率數千人入仙戕其縣令未幾敗回住十餘日聞永春仙遊兩路官軍不日夾攻

鄉民將爲鄉導懼甚十一月杪奔永春覆鼎鄉據帽頂寨其黨仍分布於永德時出擄掠四年正月二十七八日俊率數千人再攻城以有備不能入焚丁溪橋亭由西路退去盡燬官路下黃姓及張姓民屋二月杪官軍鄉勇攻帽頂寨焚之賊潰俊竄南安爐內鄉匿三載復集殘匪竄上游其在德者數百復擾在坊東南各鄉顏揚鄭碩等率團勇力戰於碩傑艮泰間霞村橋被燬後復擁至碩傑社派餉揚等約衆圍之於楓坑寨殲焉八年林俊在上府仁壽橋爲鄉民擊斃地方始平

同治三年寓永之南安賊謝險與劉洸居盤踞鶴山寨險本黠賊善飛簷走壁洸居即鄉人也拳力甚猛恃險爲爪牙遂結黨爲匪擄人勒贖附近諸鄉及德化之濟陽多遭蹂躪邑南區毗連永界受害尤深知縣葉廷治署中亦嘗被刼險晝伏夜出輒入人家伺察言動人有議險者禍立至故鄉民相戒無敢言及險姓名者官軍屢捕不獲游擊王開俊來邑駐防俊勇敢勤於緝盜每自下鄉巡察賊蹤聞警立至民得稍安由是險專出沒

永界朱道明亮督兵圍之無功且擾民州牧以計誘降洸居及陳踏臯首餘黨盡滅惟險逸去後數年在福州萬壽橋下船底破獲礮石交下險身爛而無完膚焉

光緒十七年八月初二日民變攻赤水鹽館稅局初四日攻東嶽鹽稅兩局焚之初六日入城初九日知縣邵書升密諭附城各鄉率衆助官軍驅逐哨官徐榮貴擒殺九十餘人邵書升遂以復城功通報大張陳拱陳衆兄弟聚衆陷城之罪申請剿辦提督孫開華率隊進剿次年衆拱先後就擒伏法激變禍首翁有光下獄死釀禍各官及辦理不善各武弁分別處分邑乃靖初晉江翁有光襆辦德化鹽局特乾父州幕朱林午權勢壘加鹽價民已怨言至是勒迫附城各鄉按月額領民更不堪其虐鄉武舉張品陞鵬都鄉武童陳拱等以附城各鄉食鹽向由舖戶零星購買並無定額不從所派光遂以兩人把持瞞弊鹽大使孫墨華請州飭縣拏辦時州牧劉朝綍麻木不仁政權操諸刑幕朱林午之手因得以擅作威福知縣周廷獻老耄庸懦惟上官之命是聽故張品陞具詞不爲伸理竟交典史看管未幾脫逃拱則控之道控之省俱不得直州差縣役十數人到家坐索叫囂騷突拱乃擠儕弟衆逃之邑東北區東北各鄉素受鹽稅迫勒積恨已深見拱來咸慫恿其焚燒局所爲民除害拱處於一唱百和之間聚集益衆遂在上湧法林寺大開會議訂期舉事擁拱爲首嶔拱至是亦不得推却矣當未起事之先各官署照牆及街坊粉壁大書訂內寅焚鹽館殺其珠九字其珠者翁有光乳名也果於八月初二丙寅日集衆數百攻赤水鹽稅局初四日乘勢攻東嶽廟鹽稅局所翁有光已先遠颺遂焚東嶽廟洩憤移時退駐東埔寨居民不驚城門亦照常啓閉初六早拱與鄉民數百入城逕進縣署意在要求縣主嚴辦翁有光以平衆怒時卸任知縣周廷獻已先一日微服出永界署空無人新任邵書升接篆纔七日館于試院適由永調來之哨官徐榮貴亦率官兵三十餘名護衛拱不敢驚動逼央邑紳請其據實轉詳並定鹽價冀可便民不圖邵書升佯爲允許故緩詳文而暗令附城各鄉民定日助官驅逐且以坐視不救嚇其必行各鄉懼禍乃密約各子弟遵令攜械稍草

爲號列械擊鼓於初九日午飯之頃數百人由東西南三門擁進衆鼓齊鳴官軍知衆已集咸持槍實彈衝出鄉民紛紛如鳥獸散罔敢與鬥遂被官軍槍殺擒獲計九十餘人餘皆隨拱逸去邵令遂以克復縣城報聞復張大其詞謂拱自稱大元帥張貼僞示謀爲不軌等罪上憲不察信以爲然於是向之所謂民變者今則以拱爲匪首以從者爲匪徒矣向之飭令地方官妥爲解散勿再過激者今則以剿辦聞矣提督孫開華奉令進剿初意亦主招撫奈拱懲於前車不敢遽出孫乃與興泉永道吳世榮知州張元鼎一意主剿始而拘之祖祠己屋與保拱者之廬舍焚燬無餘繼而拱之先人墳墓均遭發掘各處營官亦相繼到德孫令分布東北各鄉限令鄉長送拱贖罪拱愈不敢出鄉民之匿拱者亦愈堅孫之部下常山協余宏亮性嗜殺日肆焚戮拱終不可得乃設爲四面兜剿之計已檄調上游各軍訂日會師矣時福州林啓方爲御史聞其事以官激民變具疏直奏得旨孫開華以調度無方革職留緝余宏亮以多殺不辜降職劉朝紳周廷獻均革職孫星華拿問朱林午以死罪脫逃有遇頭即殺之論翁有光繫晉江獄瘦死明年正月衆在上格被獲就地正法又明年拱在草村就獲解省斬決拱妻曾發遣爲奴軒然大波至此頓息總而論之陳拱此舉實係鹵莽釀成巨禍或者不察乃疑其有不軌之謀不知拱果敢於作亂何以旣燒鹽稅各局不卽攻城遥行遁去卽其入城要求官長申詳亦不過爲民請命未聞有戕官擾民之舉搶庫刼獄之事惜乎得禱之後不卽出城與無知小民麕集公署坐待公文致使邵壽升得以加入其罪使之有口難分此眞所謂棋差一着滿盤皆錯也噫拱之愚誠可笑而其情可憫矣向使變之未起有賢能縣令如姚邏者因官幹謗誣德民謀叛力爲申辯則民衆雖聚事猶未行未始不可婉勸曉諭消患無形卽使變之旣起更有仁慈縣令如斌敏者於后宅蕭姓抗毆鹽哨巨案業已派兵進剿力爲鄉民剖白卒得改重爲輕彼衆怒難犯而當其焚局之後曉以利害亦未嘗不可立時解散所可恨者孫朱劉周同惡相濟激變於先邵令壽升冒報邀功羅織於後遂使陳拱無可逃之罪鄉民遭殺戮之慘使非林侍御秉直入奏得達上聞則火炎崐崗玉石俱焚其禍已不知所止矣君子於是推原禍首未嘗不痛恨於翁有光而狠狽爲奸者亦不得辭其咎也

光緒二十六年湯嶺社奸民王寮冒以永春僑民陳旺爲陳拱煽惑愚民從者頗衆邑令陳其燵請憲派兵嚴辦哨官胡誘而執之解州梟示

陳拱解省正法之後當時卽有傳其不死者鄉民無知以訛傳訛幾若曾因囹無死法長公今尚游戲人間時湯嶺社嶺脚鄉有王寮者善拳術而性最狡黠聞人言相與附和適有陳旺從習拳法寮以其面龐酷肖陳拱因密與謀冒稱拱藉此聚衆斂錢旺計之遂揚言於衆曰陳某果不死今在是矣衆素不識拱咸來問候旺具言所以不死故衆信之且爭餽遺如是者數月愚民被惑實繁有徒居則有守衛出則有隨從練拳置械大有重整旗鼓之勢事爲邑令陳其燵所聞立請大憲派兵拏辦哨官胡　奉令到德下鄉藉端勒索株累頗多湯嶺鄉民訟之縣已擬調回矣幸未幾胡能以計誘之旺與寮俱被獲解州正法患始息

論曰德化封疆四暨蹊徑旁達各處逃民間作不靖每潛踪于祟山邃谷中故防衛視他邑爲尤重宋時五路戍守明設四關一十三隘亦云備矣入清以來威武奮揚汛塘聯絡嚴譏察而遏亂萌雖偶有跳梁之警尚無滋蔓之患久安長治之道其庶幾可致乎

職官志名宦宦績一覽表

名宦

宋

陳靖縣尉

明

王巽　馮翼　古彥輝主簿　應履平　余表縣丞

胡惟立

宦績

宋

黃鏞縣尉　林應龍

明

王貞　何復　陳宗全　李森　李青

任順　胡潛　許仁設社學學租　緒東山　鄧景武築城

張大綱　秦霑遷學宮　黃承讚　丁永祚闢南門　周佑萬曆甲辰修志

林大儁　桂振宇天啓丁卯修志　姚運剔除屯弊　李元龍　金麗澤

清

王龍受　崔越　王澤洪　和鹽鼎　王之紀

姜立廣　撒啓明均攤丁苗　范正輅康熙丁卯修志　王一導　王調元

熊良輔　金鼎錫　黃南春始建雲龍拱橋　魯鼎梅乾隆丁卯修志　宋應麟

奇寵格　都鏞　王右鵷　劉席豫　胡應魁

趙睿榮　申允繼建試院　艾榮模　區天民　申逢吉

許善器　斌敏　白希李設育嬰堂　陳步梯　陳其煃

李凝　章錫典史

明教官

饒自成　張泮訓　張潮　王國楨訓　林茂春

黃煒楨

清教官

林潤芝	李正標訓	王欽祖	薛允浩	程雲鵬
力子侗	林夢龍訓	曾晉	朱仕玠	賴余楫
鄒式程訓	薛銘訓	吳維新	江雲霆乾隆壬子修志	陳熲訓
柯廷瓚	巫繩咸	姚大椿		

德化縣志卷之十二

職官志 文職 武職 名宦 宦績

自古在昔設官分職要以親民有史可爲國家宣化敷猷也爲憶庭柏棠陰來也嘆暮去也繄思風徽尚矣德邑紀宦自宋始兵燹屢經紀載多闕然其名氏可考者炳炳烺烺未可略而弗登也若夫功德在民足資紀載者又各表而出之庶使邦人景仰循良奉以俎豆云志職官

文職

唐

昔隋唐制地縣之下有塲唐貞元中析永泰之歸義鄉置歸德塲舊志職官姓名俱闕今就其可考者補之以備一代之官師云

歸德塲

塲長

顏仁郁字文傑本縣人傳見鄉賢

鄭昭祖 本邑碩傑人傳見忠烈州志作仁賓

宋

德化自五代唐長興四年由塲升縣得名其時縣職俱無可考茲惟斷自宋始按唐分天下縣爲赤畿望緊上中下七等宋則除赤畿外有望緊上中下德化爲下縣設知縣事一員丞主簿尉各一員巡檢一員宋史職官志云縣令掌總治民政檢水旱災祲以分數蠲免獎孝弟行義以勵風俗丞簿尉皆佐巡檢閱習武藝以防盜賊

知縣事

劉文敏 建隆元年任
吳仁辨 開寶五年任
王　愈 天聖元年任
趙　稱 天聖元年任
陳從愿 天聖八年任
李　檢 明道二年任
黃　皤 景祐三年任
李思剛 景祐四年任
鮑安上 寶元二年任
李昭用 慶歷間任
溫宗質 皇祐元年任
劉　誠 皇祐五年任
吳知章 至和三年任
常宗仁 嘉祐三年任
鮑朝儒 嘉祐五年任

吳仲謨 嘉祐七年任 范志作仲謨
張 翶 治平元年任 范志作張翔
陳居方 熙寧元年任 范志作居仁誤

徐伯琥 熙寧四年任
楊處愿 熙寧七年任
吳居倚 熙寧十年任

蕭 諤 熙寧間任
邱 司 元豐三年任 范志作同
李處道 元豐四年任

李 顗 元豐七年任
祖謹脩 元祐三年任
周 純 元祐間任

陸如岡 紹聖三年任
方安道 元符三年任
林天若 元符三年任

王 恂 崇寧元年任
呂 深 崇寧三年任
曹三錫 崇寧間任

吳 銓 崇寧五年任
陳與京 大觀三年任 范志作與涼
王 交 政和元年任

劉 正 宣和三年任
陳 熊 宣和七年任
胡 禹 建炎三年任

柯若禔 建炎四年任 范志作君提
高 預 紹興四年任
馬 陞 紹興七年任

叚彥賓 紹興十年任
吳崇年 紹興十二年任 范志十三年
葉 琰 紹興十八年任

林 及 紹興二十年任
李 則 紹興二十一年任
楊 烝 紹興二十五年任

蔣 雝 紹興間任
李 嵩 紹興三十一年任
趙不琢 乾道元年任

陳彭夫 乾道二年任
陸 洝 乾道六年任
謝之佐 乾道九年任 范志作之仁

陳　阜 淳熙元年任　林叔度 淳熙二年任　劉　隆 淳熙五年任

顏敏德 淳熙七年任　鄭日之 淳熙十一年任　梁　京 淳熙十四年任

季元才 紹熙元年任　吳汝舟 紹熙四年任　趙彥逵 紹熙五年任

林　寅 慶元三年任　葉　益 慶元六年任　趙彥濂 嘉泰四年任范志作彥謙

江　應　季大器　季端誼 嘉定六年任

林季孫　陳　概　卓　然

林應龍 端平乙未進士據永春州志傳見官績今補入　楊震孫　謝　適

趙汝琯　林　倚 紹定間任　黃之望 紹定間任

胡應梅 端平間任　葉彥琰 嘉熙間任　趙崇儷

黃忠叟 淳祐四年任　康　淵 淳祐六年任　吳一鳴 淳祐九年任

縣丞 失考

主簿

宋　譚 天聖七年任兼尉　蘇　環 天聖七年任兼尉　陳迪簡 建中靖國元年任

蔡覺（政和四年任）　胡義問（紹興二十一年任）　馬文仲（隆興元年任）

李獻紹（乾道七年任）　趙師雱（淳熙二年任）　鄭輝（淳熙三年任）

陳元通（淳熙五年任）　黃扆　柯謙宗

蕭駱　陳玉　林尉

舒德彰　葉莫　盧琳

沈焯　薛復之（嘉定五年任）　林伯順

林子貴　林彥章（俱嘉定間任）　林洙（寶慶元年任）

麥國用　楊沖　趙汝彰

黃伯龢　王夢有　趙粹卿

柳德驥（嘉熙四年任）　黃廷瑞

縣尉

陳靖（開寶中任縣尉參議軍事有平賊功後再知泉州祀名宦有傳）　杜公（景祐四年任）

高絺之（元祐間任）　徐膺（建中靖國元年任）　劉陞（政和四年任）

曾賁紹興間任 上官敦實紹興二十一年任 郭桂隆興元年任
陳登淳熙三年任 方壽曾淳熙五年任 黃鏞仙遊人仙遊縣志東越文苑俱作鍾傳見宦績
留儀 黃麟 黃儼
張致中 陳光祖 蔡朝端
趙公錢 趙汝鬯 趙師徵
邱聞 鄭勳 鄭瀛
李脩嘉定六年任 曾夢傳嘉定七年任 吳利見
阮享謙 周武孫 黃萬
潘逵俱嘉定間任 趙崇傷寶慶元年任 王震紹定三年任
趙彥詠 趙押夫 朱珪
陳子昂 孫應鳳俱淳祐間任 洪格
傅夢澄仙遊人咸淳間任據仙遊縣志補入

宋時重邑宰間以京朝官知縣事丞簿尉多進士及特奏名爲之三百餘

年間通志府志所載邑宰凡八十四人籍貫不具年代互訛而丞簿尉皆闕其以宦蹟著名祠祀者惟陳尉靖一人耳紀載失傳可勝惜哉范志補入簿凡三十二人尉凡三十八人現據仙遊縣志補入傅夢澄一名

元制江淮以南三萬戶以上者爲上縣一萬戶以上者爲中縣一萬戶以下者爲下縣德化爲中縣設達魯花赤一員縣尹縣丞主簿縣尉典史各一員儒學教諭一員東西團清泰里小尤楊梅團四巡檢司巡檢各一員元史百官志云縣設達魯花赤並監縣事勸農尹爲司判正官亦掌縣事

達魯花赤

合　只　　千　奴　　八　扎

萬家奴　　回　回（俱至元間任）　　烏馬兒（大德間任）

火底任（至大間任范志無火字）　　僧家奴　　亦不剌金（俱延祐間任）

伯　顏　　撒都魯丁　　阿　撒（俱泰定間任范志作阿散）

搭　出　　迭里迷失（俱天曆間任）　　阿里思蘭

咱法兒沙俱後至元間任范志咱作哨　忙古歹　剌馬丹俱至正間任

縣尹

張世英至元三年任　翟　彬至元三十三年任　劉喜嘉范志作嘉嘉

卜　弼　王　靦　沈思蘊范志作思溫

王　茂　徐耕孫　鄭世英至治間任

朱　沂天歷初任　雷　杭　李宗仁俱至正間任

陳　壽至正末任

主簿

黃　鑑　朱　彰俱至元間任　李德仁至元二十三年任范志作李德

鄭　宜將仕郎　潘麟趾　朱　箕大德四年任

沙　的大德間任　胡汝楫至大間任　楊　椿延祐間任

方卜脫至治間任　王　佐　林　楚

林孔碩　王　珪　宋　鑑

何楫　　趙煥文　　方忭桓

縣尉

夏昭　　王祐　　李知本

王艮質　　余伯顔　　王佐

張安仁　　李子艮

教諭

林天資至元四年任

元時職官姓名莫譯績效無聞故府志概置弗錄今考通志參舊志得達魯花赤十八人尹十二人簿十八人尉八人現補教諭林天資一人

明制定縣三等糧十萬石以下爲上縣六萬石以下爲中縣三萬石以下爲下縣德化爲下縣設知縣一員縣丞主簿各一員典史一員儒學教諭訓導各一員高鎮巡檢司巡檢一員陰陽醫學僧道司各一員百官志云知縣以下職掌大略同古

知縣

王　巽 洪武六年任 祀名宦有傳
王　貞 永嘉人洪武九年任 傳見宦績
劉德善 洪武十九年任
石德讓 洪武二十二年任
馮　翼 山東德平人洪武二十六年任 祀名宦有傳
應履平 浙江奉化人洪武三十一年任 祀名宦有傳
孫應辰 永樂三年任
李　勉 永樂七年任
劉　謐 永樂十一年任 范志作劉謚
孔宗嗣 永樂十七年任
毛道信 永樂間任
何　復 河南柘城人宣德元年任 傳見宦績
陳宗全 廣東人宣德十年任 傳見宦績
陳　昱 宣德間任
王志安 正統間由典史陞任 重搆縣署正廳
李　森 安溪人天順間署舊志未載今補入傳見宦績
李　青 廣東石城人天順六年任傳見宦績
王　彤 成化元年任
曾　昌 成化四年任
邱　恭 成化十五年任
狄　鍾 成化十六年署建學宮之儀門及學門
蕭　鏞 成化十六年任
戴元脩 成化二十三年任
許　彧 弘治元年任 范志作或
鄭　浩 弘治三年任
王　冀 遂溪人弘治四年任
黎　獻 廣東人弘治五年任
楊　澄 弘治九年任
任　順 常熟人弘治十四年任 傳見宦績
胡　濳 安徽績溪人弘治十七年任 傳見宦績
王　裕 直隸人正德二年任
倫　彝 南海人正德四年任
周　寘 湖州人正德八年任 范志作九年
張　紘 璵山人正德九年任 范志作十年
時　行 彭澤人正德十四年任
胡呈章 新會人正德十六年任

梅春 仁和人嘉靖二年任

何士鳳 嘉靖五年任

許仁 仁和人嘉靖七年任傳見宦績

劉裳 吉安人嘉靖十年任

劉晃 龍州人嘉靖十二年任

何珙 博羅舉人嘉靖十三年任范志作腆

熊堯 豐城舉人嘉靖十七年任范志十八年

譚文采 永興選貢嘉靖二十三年任

緒東山 廣西馬平舉人嘉靖二十六年任傳見宦績

胡惟立 江西高安舉人嘉靖三十二年任祀名宦有傳

黃釜 餘姚舉人嘉靖三十五年任范志作卅三年

鄧景武 江西德安選貢嘉靖三十六年任傳見宦績

張大綱 廣東龍川舉人嘉靖三十八年任傳見宦績

何謙 東莞舉人嘉靖四十三年任范志陞通判

謝啓光 人四十三年由泉州府檢校署有修城功

黃經 隆慶二年任

秦霑 崐山舉人隆慶五年任傳見宦績

曹汝衷 貴池舉人萬歷三年任范志作四年

黃承讚 義烏人丁丑進士萬歷八年任傳見宦績范志作承纘

鄭同寅 香山舉人萬歷十年任

周洵 臨海舉人萬歷十二年任

施汀 烏程舉人萬歷十四年任

丁永祚 南昌舉人萬歷十八年任傳見宦績

錢光宇 東莞舉人萬歷二十年任

鍾夢寅 泰和貢士萬歷二十二年任

范乾 鄞縣選貢萬歷二十四年任

吳一鱗 賓州舉人萬歷二十五年任

周佑 南城選貢萬歷二十八年任傳見宦績

俞思冲 仁和人壬辰進士萬歷三十三年任極清宿弊

徐時用 奉新貢士萬歷三十五年任

毛獅 賀縣舉人萬歷三十九年任

賴艮佐 進士

楊文正 南昌舉人

聞人宗望 萬歷間由泉州通判調署倡建冲霄塔邑人立祠其下與林大儁桂振宇並祀名曰三賢祠丁啓濬爲作德政碑舊志秩官題名失載今爲補入

林大儁 廣西隆安舉人萬歷間任傳見宦績

桂振宇 安徽石埭貢士天啓五年任傳見宦績

史管 鳳陽貢士崇禎間任

王立準 貢士范志作立隼

程思稷貢士
徐日乾衢州貢士俱崇禎間任
姚　遲秀水舉人崇禎六年任傳見官績

楊虞官秀水舉人
李元龍號濟山玉山舉人崇禎間任傳見宦績
金麗澤武進拔貢崇禎十七年任傳見宦績

陳元清蘇州貢士范志作元青

縣丞永樂間裁

王用名范志在劉宗後
劉　宗范志在袁伏涇後
袁伏涇俱洪武間任范志作伏輕

余　表廣東化州人洪武三十一年任祀名宦有傳
周　轍永樂間任

主簿永樂間裁

尹子文
劉　宗
戴景宗俱洪武間任

古彥輝廣東長樂人洪武三十年任祀名宦有傳
袁　禮永樂間任

典史

藍淵禮洪武三十年任范志作禮淵
陳靈威
梁區堡俱永樂間任

李　昌
張　巖俱宣德間任
王志安正統間任陞署知縣

方　祖
李　貴天順元年任
李　信

湯淳成化間任	呂信	李勝
陳寧俱成化間任	費瑋	張巖
劉諤	趙信	林文
趙泰	鄧通	鍾道俱弘治間任
張卓	涂璽范志作姓塗	蔡璠俱正德間任
鍾錦	萬元達	詹權
葉範	郭文英	周森
蔣世遇	周熹	芮濟
關一德	王綵	胡文章
梁用賢俱嘉靖間任	鄧輔明隆慶二年任	楊訪萬曆元年任
方一義萬曆五年任	蘇廷榜萬曆十二年任	徐大經
潘可大	李夢龍	麥聯登
程世良	劉忠位萬曆三十年任	林得暉萬曆三十三年任

宋名臣萬歷三十六年任　張文奎萬歷三十九年任　羅弘宗
張秉賢　盛顯爵　喬弘道
陶際恩　劉永胤　孫承憲
楊如雲　趙文銘　周夢龍
余思遇　陳鳳鳴　郎一元

教諭

吳仲賢甲戌進士初薦新城令坐事謫岳州拔教諭洪武三十二年任　潘同開化人洪武三十三年任　謝源
龍澄化州人　潘吉宜興人俱洪武間任　范宗道會稽人
趙琬武進人俱永樂間任　劉偉　姚玉
朱希亮餘姚人俱宣德間任　董許溫州人正統二年任　陳愷臨川人
王福俱弘治間任　郭琥弘治十五年任　季聰臨江人弘治十八年任
饒自成廣昌人正德二年任傳見宦績　陳驥順德人正德九年任　梁京龍泉人嘉靖間任
唐卿嘉靖三年任　葉相　黃輿南海人嘉靖九年任范志作黃興

秦　璿桂林舉人范志作秦潽
許　信陽江貢士
王渠通安福貢士俱嘉靖間任
梁　木新會貢士嘉靖二十七年任
胡　光安福人嘉靖三十年任
張士文歸善貢士嘉靖三十一年任
李　富瀧水人嘉靖三十九年任
曹傑然全州舉人嘉靖四十四年任范志在張介後
張　介分宜貢士
林雲興莆田貢士俱隆慶間任
林艮策福清人萬曆三年任
吳一貫南靖貢士萬曆六年任范志在陳瑚後
陳　湖莆田貢士萬曆八年任范志作陳瑚在黃孚後
黃　孚廣州貢士萬曆十年任
劉文芳漳浦人甲子舉人萬曆十一年任
龍希簡望江貢士萬曆十六年任
魏雲璜莆田舉人萬曆二十年任
張　潮羅源歲貢萬曆二十三年任傳見宦績
揭　炫歸化貢士萬曆二十九年任
華　嶽諸暨貢士萬曆三十一年任
吳光祖羅源貢士萬曆三十二年任
袁　絡宜春人萬曆三十四年任
溫德基清流貢士萬曆三十七年任
郭淡水龍溪貢士萬曆三十九年任
陳學海連江貢士
歐陽誼順德舉人
袁文紹建陽舉人
王大覺字愚公閩縣舉人范志作事縣誤
林茂春莆田舉人傳見宦績
范文學莆田貢士
王元順貢士
宋堯天福州貢士
黃燦祁字若木興化舉人傳見宦績
郭　嶷福州貢士
張應期福州貢士范志作應麒

訓導

董　許 范志作董仲　鄭士貞 南安人俱洪武間任　童　添 西安人
程　穎 俱永樂間任　余宗衍 奉化人宣德七年任　涂　亨
包　溥　潘　嵩 俱成化間任　李　弦 弘治間任范志作李紘
包　鱗 弘治十四年任　陸　惠 弘治十七年任　漆希賢 湖廣人正德五年任
潘　祥 南海人正德十年任　羅　俊 嘉靖三年任　李　輔 嘉靖三年任
張　泮 東莞人嘉靖十三年任傳見宦績范志在方後　康　集 順德人　方繼睿 平陽人
華　鑰 海寧人　范承恩 秀水人　楊守沂 江華人范志作楊沂
林　昊 番禺人范志在曠效忠後俱嘉靖間任　皇甫震 衢州人　曠效忠 南安人俱隆慶間任
朱　纘 延平人萬曆二年任　車　彩 博羅人萬曆五年任范志作姓卓　李　濬 長汀人萬曆十一年任
李　堉 永康人萬曆十三年任　梁　藻 順德人萬曆十四年任　陳瑞麟 莆田貢士萬曆二十一年任
沈孟作 永定貢士萬曆二十七年任　許願學 南靖貢士萬曆三十二年任　鄧繼尹 宣化貢士萬曆三十七年任
歐世康 順德貢士范志作姓區　季永傳 興寧貢士　王國楨 閩縣貢士傳見宦績
曹　縉 山西蒲縣貢士　林紹宗 福州貢士　尹憣然 漳州貢士

甘天毓廣東貢士　戴秉諧漳州貢士

明縣令通志載七十四人考舊志補入何士鳳許仁黃經三人現補入李森狄鍾二人凡七十九人丞五人簿五人通志府志俱載典史通志載二十九人據府志補入十八人據舊志補入十六人凡六十三人教諭五十五人據舊志補入王元順一人凡五十六人訓導四十一人通志府志俱載

清設知縣一員典史一員儒學教諭訓導各一員生員廩膳二十名增廣二十名附學無定額　陰陽學　醫學

知縣署縣附

黃　琮江甯拔貢順治三年任傳見忠烈　王　榜寶應人丁亥進士順治五年任　孫白孫河南淇縣貢生順治八年以通判署

王寵受北直人己丑進士順治八年任傳見宦績　傅嘉謨浙江貢士順治　年署　崔　懋平度州貢士順治十二年任傳見宦績

朱世昌　人順治十　年以布政司理問署　何之旭蘄水拔貢順治十五年任康熙五年督參解任　王澤洪曲周貢生康熙五年署傳見宦績

趙希仲　人康熙　年由泉州府經歷署　和鹽鼎城固舉人康熙六年任傳見宦績　張嘉善北直人進士康熙十二年由布政司都事署

何際美 河南進士康熙十二年任

鄭天倫 遼陽人康熙十六年三月署

王之紀 瀋陽監生康熙十六年任後陞行人傳見宦績

姜立廣 大興監生康熙二十二年署傳見宦績

劉永蒼 人康熙二十二年由晉江縣丞署

傅以履 聊城貢生康熙二十二年任

撒啓明 山陽人康熙二十 年由莆田縣丞署見宦績

范正輅 鄞縣舉人康熙二十五年任傳見宦績

修世清 正藍旗例監生康熙三十三年以興化通判署

嚴居敬 上元人供事康熙三十四年任

修世男 遼東監生康熙三十九年由惠安知縣調署

王延慶 章邱監生康熙四十年由興化同知署

王一導 黃岡人丁丑進士康熙四十年任傳見宦績

王延慶 康熙四十二年再署

朱瑞圖 仁和人康熙四十三年任

康兆元 廂藍旗監生康熙四十三年由泉州通判署

趙文彬 興縣貢生康熙四十四年任

辜文麟 海陽進士康熙四十八年由安溪知縣調署

王調元 正白旗監生康熙四十八年任傳見宦績

韋一杉 人康熙五十年由晉江縣丞署

殷式訓 成都舉人康熙五十一年任

張宏祚 正黃旗監生康熙五十七年由興化通判署

熊良輔 蒼溪己卯舉人康熙五十七年任傳見宦績

邱　鎭 山陽舉人雍正元年由安溪知縣調署

王　龐 大興人癸卯進士雍正二年任

于翰翊 正黃旗歲貢雍正四年由永春知縣調署

宋　鍠 黃岡人歲貢雍正四年任

蘇石麟 朝邑進士雍正五年十二月署

金鼎錫 仁和人癸巳進士雍正六年正月任傳見宦績

繆　燦 宛平人丁未進士雍正六年六月署

劉　靖 新鄭人副榜雍正六年十二月署後陞永春州

齊宗望 江夏舉人雍正七年二月任

李調元 益都貢生雍正七年七月以南安縣丞署

嵇岳延 德清生員雍正七年八月署

齊宗望 雍正九年正月回任

黃南春 鎮平監生雍正九年十月署

林興泗 孝感監生雍正十年署

黃南春 雍正十一年回任

許齊卓 合肥拔貢乾隆三年署

黃南春 乾隆四年同任傳見宦績

景璠 雲夢舉人乾隆七年署

梁明德 五臺人癸丑進士乾隆七年十月任未匝月卒

岑堯臣 大興監生乾隆七年十二月署

魯鼎梅 江西新城人壬戌進士乾隆八年任傳見宦績

曾光儀 江西舉人乾隆十四年任

楊魁 滿州人乾隆十五年署

唐國秀 廣西舉人乾隆十六年任

宋應麟 人舉人乾隆十八年署傳見宦績

奇寵格 正白旗舉人乾隆十八年任傳見宦績

賀世駿 人舉人乾隆二十年署

周植 崐士進士乾隆二十年任

陳鼎 人乾隆二十三年任

朱浛 山西進士乾隆二十三年任

李本楠 人拔貢乾隆二十四年署

都鏞 浙江寧海進士乾隆二十五年任傳見宦績

李經芳 直隸舉人乾隆三十年由永春州同署

王右弼 山東附貢乾隆三十一年任傳見宦績

何發祥 雲南舉人乾隆三十三年署

朱國垣 雲南舉人乾隆三十四年任

齊永齡 順天舉人乾隆四十年署

劉席豫 山東掖縣舉人乾隆四十一年任傳見宦績

張燮鼎 河南拔貢乾隆四十四年署

王紹曾 四川新都舉人乾隆四十五年任

吉壽 漢軍廂白旗舉人乾隆五十年署

蔣履 浙江寧海舉人乾隆五十一年任

楊奇膺 湖南善化舉人乾隆五十二年任

楊鶴舉 人舉人乾隆五十四年署

楊奇膺 乾隆五十五年回任承修縣志

趙鼎新 四川漢州舉人乾隆五十九年由永春州同署

方廷選 江南舉人乾隆六十年署

胡應魁 丹陽人甲戌進士乾隆六十年任傳見宦績

郭恭 廣西舉人嘉慶元年署

李宗澍 江西臨川人甲戌進士嘉慶二年任

邵自錦 順天己未進士嘉慶五年任

趙睿榮 浙江東陽人庚戌進士嘉慶五年任傳見宦績

王青芹 山東拔貢嘉慶十一年署

申允繼 貴州舉人嘉慶十一年任傳見宦績

胡焯 雲南監生嘉慶十七年署

鄭希僑 廣西舉人嘉慶十八年任

胡廣麟 甘肅舉人嘉慶二十一年署

張　翊 四川舉人嘉慶二十二年任

艾榮模 四川拔貢道光元年署傳見宦績

陳一書 四川舉人道光元年任

梁岳東 廣西崇善舉人道光二年由永春州同署

王　源 雲南舉人道光三年任

瑞　光 滿州廂白旗人癸未進士道光五年署

黃梓春 貴筑人甲戌進士道光六年任後陞永春知州

王德授 湖北拔貢道光九年署修縣志

方功鉞 巴陵人庚辰進士道光十六年任

王德授 道光十七年再署

劉廷臯 貴州遵義辛巳舉人道光十七年十一月任

魏立德 江西廣昌人供事道光十八年三月代理

曹汝涵 山西汾陽人壬午舉人道光十八年四月任

周其修 江西萬載人戊子舉人道光十八年十月任二十年七月調簾十月回任

李光濤 山陰監生道光二十年七月代理十月卸事

高斗南 四川漢州人戊子舉人道光二十二年十二月任二十三年閏七月調簾十月回任二十五年卸事

李　瑄 人道光二十三年閏七月代理十月卸事

李治中 人道光二十五年七月任

區天民 號覺生廣東新會人壬辰舉人道光二十八年八月任後陞署督糧道傳見宦績

高　煥 江蘇陽湖人供事咸豐二年七月代理

何炳南 成都乙酉舉人道光二十九年任咸豐二年七月卸事三年奉令押糧到德爲林俊所執不屈死祀昭忠祠

申逢吉 河南林縣人乙巳進士咸豐二年十一月任傳見宦績

蕭懋杰 人咸豐三年五月任死難傳見忠烈祀昭忠祠

陸友仁 順天人咸豐二年七月署

吳翊昌 桐城癸未進士咸豐三年十一月代理後陞永春知州

余懋勳 號劍堂貴定人辛巳舉人咸豐三年十二月由永春州同署

陳春熙 廣西馬平人己亥舉人咸豐四年十二月署

許善器 浙江人咸豐五年七月任傳見宦績

劉艮荃 號覺菴江西南豐增貢生咸豐九年四月任

何文瀾 廣東信宜人辛卯舉人咸豐十年十月任

黃思永 貴州大定府人同治元年以永春州同代理

徐士俊 號謙廷江西人同治二年二月署

王　煦 號海州浙江會稽人同治三年四月署

劉秉清 號夙寅山東章邱人庚申進士同治三年九月任
葉廷治 號蘭卿浙江人同治四年八月署
斌　敏 滿州正白旗乙丑進士同治五年八月任傳見宦績

韓樹穀 號春伯四川長壽監生同治九年三月任
黃伯穎 雲南永北廳人丁酉拔貢同治十年二月代理
李翊清 號少愚浙江會稽人山陰籍附貢同治九年十月署

劉恩第 號敬亭順天大興壬戌舉人同治十年三月任
白希李 號蓮塘直隸舉人同治十二年二月任見宦績
陳　誥 號鑑堂浙江諸暨監生光緒元年七月署

沈受謙 號牧卿蕭山人戊辰進士光緒二年七月任五年七月調簾十一月回任八年二月卸事
葉樹年　入光緒五年七月由永春州吏目護理

沈學海 號紹僊山陰人光緒五年七月代理十一月卸事
陳步梯 號子岳大埔人光緒八年二月代理傳見宦績
管辰熙 號鏡人常熟進士翰林院庶吉士光緒八年由順昌縣調署

呂元恩 廣東新會人庚辰進士光緒九年　月署
張廷栟 號濟生江西建昌廩貢生光緒十年　月任
周廷獻 號虞臣鬱林州乙丑進士光緒十五年七月任

邵書升 仁和監生光緒十七年七月任以貪酷被控撤任
蘇夢蘭 號國香順天寧河人壬辰進士光緒二十一年署有引經折獄之風辦教案不事瞻徇
沈先大 湖南湘鄉監生光緒二十八年正月署貪酷始辦舖買捐

陳其煃 浙江歸安監生光緒二十二年任傳見宦績
丁寶英 廣東豐順附貢光緒二十七年十一月代理祖教勸民
范紹超　入光緒三十年八月由永春鹽大史代理

孫鵬儀 號蘭賓安徽黟縣人甲戌進士光緒二十九年二月署
譚宗晉 江西南豐監生光緒三十年七月到任纔數日卒
曹桂籍 浙江天台附生光緒三十三年署

趙雲崧 號廣琴浙江太平附貢光緒三十年署勸種桑棉
佘鶴鳴 湖州監生光緒三十一年　月任始設高小學堂
李　凝 江西新建人甲辰進士宣統二年　月任傳見宦績

葉新鈴 安徽黟縣廩貢光緒三十四年署
郁鍾棠 上海監生宣統元年二月署

王立中 山東登都人丁酉拔貢宣統三年　月署

典史

郎一元　李濳鱗順治三年移建典史廨於來鳳門之東　梁允巍

王　選　馬　霖俱順治間任　顏志美康熙間任仍建典史廨於縣署東

蒙光獻康熙十八年任　周之英直隸人康熙二十六年任　孫日昇莒州人康熙二十九年任

張允達山陰人康熙四十年任　李　簡通州人康熙四十八年任　周鳳朝房山人康熙五十二年任

田有檖長清人康熙五十五年任　王懷仁會稽人雍正二年任　姚光熊宛平人雍正七年任

魯如岳宛平人雍正十三年任　陸光龍秀水人乾隆六年任　王　佐宛平人乾隆九年任

章　錫直隸涿州人乾隆十四年任傳見宦績　金巨川乾隆四十一年署　丁　翳紹興人乾隆四十一年任

婁　樹杭州人乾隆五十年署　馬騰遠成都人乾隆五十年任　王星錦乾隆五十八年署

汪永祿武進人乾隆五十八年任嘉慶七年卸事　黃　瑚嘉慶七年署　余　增嘉慶七年署

黃鍾華天津人嘉慶八年署　尤　鑑金匱人嘉慶九年署　王　檀嘉慶九年署

嚴元棣仁和人嘉慶十年署　王永祿嘉慶十一年回任道光八年卸事　黃振義道光八年署

王　霖順天人道光九年任　祝大年　曹　樹

王嘉賓　戴　松　麻祖欣

查　聲道光二十九年任　張煥恒咸豐三年任　平　章
王鑑澄　楊錫恩　余　璋
胡啓燾　向成烈　倪　濤歸安監生同治八年任建衙署
彭視年　周觀瀾　劉益謙
章　堡號愼安紹興人光緒六年任　朱炳琅浙江人　喻慶瀾人光緒十七年
董鍾駿光緒十八年　俞恒照　趙汝琛
張履恭　趙汝琛　楊德源光緒三十年
林錫爾大興監生　趙汝琛　鄭福星
倪國華

教諭康熙四年裁十七年復宣統年裁

方日章浙江人　盧敏政長泰人順治戊子舉人　林潤芝延平舉人傳見宦績
李日昇汀州貢生俱順治間任　李光駿安溪人康熙十七年總督委任　王欽祖閩縣貢生康熙十八年任傳見宦績
鄭　默建安貢生康熙二十年任　陳　表閩縣舉人康熙二十八年任　薛允浩閩縣歲貢康熙三十五年傳見宦績

程雲鵬莆田拔貢康熙四十五年任傳見宦績
陳文海永安貢生康熙四十九年任
力子侗侯官歲貢康熙五十四年任傳見宦績

祖士嶸甌寧拔貢雍正三年任
林允猷閩縣副榜雍正五年任
卓如松莆田副榜雍正十三年任

石　澄龍溪拔貢雍正十三年任
林中梅晉江人嘉義籍恩貢乾隆七年任
林厚載侯官副榜乾隆十年任訓士育才入稱長者

曾　晉邵武舉人壬戌會試明通榜乾隆十一年任傳見宦績
李乘坤南安歲貢據通志補入
出夢鯉惠安舉人乾隆十九年任

朱仕玠建寧縣拔貢乾隆二十五年任傳見宦績
劉　松邵武舉人乾隆二十八年任
賴余楫永安恩貢乾隆三十年任傳見宦績

陳天杏沙縣拔貢乾隆三十五年任
柯者仁晉江壬申舉人乾隆四十一年任
林世則晉江廩貢乾隆四十五年署

黃　雲龍溪拔貢乾隆四十六年任
吳維新龍溪恩貢乾隆四十八年任五十四年己酉應鄉試恩賜舉人時年九十有四傳見宦績

余春林建寧縣舉人乾隆五十六年署
饒汝梅光澤廩貢乾隆五十七年署
翁夢登福清拔貢乾隆五十七年任

陳鯉青連江舉人嘉慶三年任
張　舫侯官人甲午解元嘉慶八年署
梁上春閩縣舉人嘉慶八年署

柯廷瓚晉江舉人嘉慶十年任傳見宦績
吳國標長汀廩貢嘉慶十八年署
吳拱極龍巖拔貢嘉慶二十年任

黃　鐘永福舉人嘉慶二十五年任
翁步青福清拔貢道光元年任
鍾彤光武平舉人道光三年任

孫德樒閩縣舉人道光四年任
闕元標上杭舉人道光五年署
姚大椿漳浦人嘉慶戊辰解元道光五年任傳見宦績

林培芳侯官舉人
高鴻湘侯官人嘉慶己卯舉人道光間任
楊慶修晉江舉人道光二十四年任

張可攀沙縣人　張執中福州舉人咸豐間任　林朝光侯官舉人

應蔚華南平拔貢　林星炳閩縣舉人　劉致中閩清人俱同治間任

廖嘉猷甯洋人同治六年任　杜中士晉江人同治　年任　戴炳榮南安人同治　年任

吳世昌龍巖供極孫壬戌舉人同治十一年任陞教授　蔡振堅順昌拔貢光緒十三年任陞永州府教授　陳新滋侯官己卯舉人光緒二十年由永春學正兼理

高翔墀長樂附貢光緒二十八年　池占星尤溪附貢光緒二十八年代理　戴嘉璜仙遊歲貢光緒二十九年署

黃正紳屏南副貢光緒三十年署到任未數月卒　黃湛恩仙遊廩貢光緒三十年署

訓導

胡其臣歲貢　鄭梓閩縣歲貢　陳儒鼎仙遊歲貢舊志缺今據仙遊縣志補入

李正標順昌歲貢傳見宦績俱順治間任　李如蘭壽寧歲貢康熙間任　林甲繼福州人康熙九年任

吳元昇大田人康熙十八年任　李蚤春建陽人康熙二十年任　方祚隆古田歲貢康熙二十四年任

陳長周永福歲貢康熙三十九年任　鄭紹紳福清人康熙五十四年任　余明玠龍溪人康熙五十七年任

張侃政和歲貢雍正四年任　張龍御壽寧歲貢雍正五年任通志作龍卿　王方英長汀人雍正七年任

謝坦南平歲貢雍正十一年任　林夢龍古田歲貢雍正十三年任據通志補入見宦績　鄭士豪壽寧歲貢乾隆四年任

蕭國琦惠安人雍正甲辰舉人乾隆十一年任

鄒式程古田歲貢乾隆十二年任傳見宦績

張　廣霞浦歲貢乾隆二十一年署

李日炳古田歲貢乾隆二十三年任

鄭達三龍溪歲貢乾隆二十八年任

朱　芾龍溪歲貢乾隆二十九年任

席　液南平舉人乾隆三十三年任

薛　銘福清舉人乾隆三十九年署傳見宦績

陳　普閩縣舉人乾隆四十年署

王廷珪漳浦舉人乾隆四十一年任

謝金烜安溪廩貢乾隆四十五年署

雷元運建安舉人乾隆四十七年署

江雲霆泰寧舉人乾隆四十八年任傳見宦績

陳　烜閩縣舉人乾隆五十八年任傳見宦績

鄭振圖侯官舉人嘉慶元年任

方士哲閩縣舉人嘉慶二年任

巫繩咸永定進士嘉慶十六年署傳見宦績

吳南鵬永定廩貢嘉慶十七年署

江元清侯官舉人嘉慶十八年任

黃宗膺龍溪廩貢道光四年署

何毓鰲建寧舉人道光四年任

黃懋祺閩縣舉人道光八年署初名庭經後第進士官四川南溪縣

林　鏕閩縣舉人道光九年任

張爲儀連江舉人道光十二年任

陰樹槐寧化乙酉舉人道光二十七年任

邱潤玉仙遊舉人道光　年任

鄧宗江永安人咸豐　年任

林步德仙遊人咸豐　年任

張肯堂安溪附貢同治　年任

歐陽通光澤拔貢同治九年任後登副榜

陳春霖長樂舉人同治十一年任

吳長慶福清舉人光緒元年任　年會試旋囘任

林春霖福清舉人光緒二年署

黃嵩齡羅源舉人光緒　年署

林鴻翔閩縣舉人光緒七年署

林春霖光緒八年九月任

王允顯福州廩貢光緒二十四年署

鄭宗濂光緒二十五年署

吳長慶光緒　年由永春訓導兼署

吳　綾光緒二十九年署

李　珍松溪附貢光緒三十年署

黃有庚

武職

宋初置土兵巡檢領之又籍民爲邏警弓手

元至元間設巡軍弓手並隸巡檢司

明洪武初立民兵正統十四年命本地官司率領操練

洪武二十年江夏侯置高鎭巡檢司括民丁統於巡檢景泰間設機兵弘治二年又選民壯充之嘉靖三十七年都御史王詢行令添設鄉兵（萬曆間革）俱掌印官提督操演

清專設綠旗陸路提標以後營千把總各一員輪防德化縣城兼轄高陽赤水郭坂溪邊南埕水口美洋等塘汛康熙十五年以前册籍無存志自十五年始

康熙五十一年提督楊題請山坪頭添設千把總一員防守乾隆元年總督郝玉麟咨准部覆將弁兵移駐內洋兼轄山坪頭倚洋漈頭王春十八格等塘汛

德化縣汛千總 俱康熙十五年以後一年一換

馬　虎 甘肅寧夏人將材
劉養性 陝西長安人行伍
吳　斌 同安人行伍

李　煜 籍貫失考
陳　金 漳浦人行伍
王起鳳 晉江人行伍

黃得勝 浙江人行伍
林嘉謨 廣東人行伍
紀廷璟 福州人行伍

張文燦 江西人行伍
陳　信 廣西人行伍
朱之傑 荆州人功加

李　昆 泉州人行伍
孫　榮 閩縣人行伍
胡元海 晉江人行伍

蕭永吉 詔安人行伍乾隆十年任
張國柱 晉江人行伍乾隆十二年由把總任

德化縣汛把總 俱康熙十五年以後一年一換

王家才 宛平人行伍
任可玖 廣州人行伍
李枝華 山西利民堡人行伍

閻玉龍 河南汝寧人行伍
何演榮 廣東順德人行伍
王起鳳 籍貫見前

王得鳳 泉州人行伍
丁文韜 晉江人將材
江　虎 宣府人行伍

王燿麒 陝西人行伍
陳國佐 山東人行伍
楊世銘 籍貫失考

林　炳 南安人行伍
王得陞 泉州人行伍
趙成材 陝西人行伍

陳　艮閩縣人行伍　沈光龍杭州人行伍　張　發浙江人行伍

林　義漳州人行伍　劉元龍江寧人行伍　陳　奇泉州人行伍

郭　華泉州人行伍　陳孔榮福清人行伍　陳　勝漳浦人行伍

薛萬均泉州人行伍　林　聯龍溪人功加　龔　喜晉江人行伍

林士太晉江人行伍　柴維棟北直赤城人行伍　洪　信晉江人行伍乾隆十一年任

以上見乾隆丁卯舊志以下德化縣汛千把總合載見乾隆五十七年

續志

夏承熙浙江人武舉　蔡士艮晉江人行伍　蔡　斗福州人行伍

蘇　果晉江人行伍　萬其光晉江人行伍　李　興晉江人行伍

林　巧晉江人行伍　陳光壽晉江人行伍　黃正蕃汀州人行伍

高　洪福州人武舉　彭　鋒滿州人行伍　徐得昇漳州人行伍

伍連登晉江人行伍　陳玉駿晉江人行伍　陳登煌福州人行伍

劉高耀延平人行伍　林　輝晉江人行伍　朱清遵晉江人武生

林成邦晉江人行伍　鄧飛龍漳州人行伍　黃有信晉江人行伍

李日陞晉江人行伍　黃　尊晉江人行伍　吳　輝晉江人行伍

黃振龍漳州人行伍　蘇安武晉江人行伍　吳　得晉江人行伍

呂連標晉江人行伍　林克捷晉江人行伍　林　高晉江人行伍

山坪頭汛千總俱康熙五十一年以後一年一換

陳　信廣西人行伍　李　秀晉江人行伍

山坪頭汛把總俱康熙五十一年以後一年一換

張　發浙江人行伍　陳　艮閩縣人行伍　劉元龍江寧人行伍

林　義漳州人行伍　陳　奇泉州人行伍　郭　華泉州人行伍

張進生泉州人行伍　黃　秀晉江人行伍本姓李　陳三英福清人行伍

陳　勝漳浦人行伍　張　淵泉州人行伍　薛萬均泉州人行伍

林　達晉江人行伍　林　聯龍溪人功加

內洋汛千總俱乾隆元年以後一年一換

鄔廷瑞 浙江鎮海人辛卯科武舉　戴勝 晉江人行伍　林士太 晉江人行伍

內洋汛把總 俱乾隆元年以後一年一換

戴勝 晉江人行伍　薛萬均 泉州人行伍　林聯 龍溪人功加

洪信 晉江人行伍　王功 晉江人行伍

以上見乾隆丁卯舊志以下內洋汛千把總合載見乾隆五十七年續志稿

萬其光 晉江人行伍　陳光壽 晉江人行伍　李興 晉江人行伍

蘇果 晉江人行伍　林巧 晉江人行伍　黃正蕃 汀州人行伍

林輝 晉江人行伍　賴陞 汀州人行伍　陳文瑞 晉江人行伍

林成邦 晉江人行伍　伍連登 晉江人行伍　林得功 福州人行伍

劉高耀 延平人行伍道光庚寅志稿作高輝　黃尊 晉江人行伍　蘇高陞 晉江人行伍

陳得 晉江人行伍　黃振龍 漳州人行伍　林飛龍 晉江人行伍

朱振飛 延平人行伍　王雲龍 晉江人行伍　吳得 晉江人行伍

陳玉駿 晉江人行伍
朱清遵 晉江人武生
林克捷 晉江人行伍

許超 晉江人行伍
蔡志成 晉江人行伍

德化縣汛兼內洋汛

謝文生 泉州人行伍乾隆五十八年任
林青高 泉州人行伍乾隆五十九年任
曾明龍 泉州人行伍乾隆六十年任

余朝選 泉州人行伍嘉慶元年任
馮玉衡 泉州人行伍嘉慶二年任
孫得昇 泉州人行伍嘉慶三年任

陳士勝 泉州人行伍嘉慶四年任
馮玉衡 籍貫見前嘉慶五年任
黃邦魁 泉州人行伍嘉慶六年任

葉顯名 臺灣人武舉嘉慶七年任
莊連生 泉州人行伍嘉慶八年任
郭大清 泉州人行伍嘉慶九年任

蔡國陞 泉州人行伍嘉慶十年任
蘇登魁 泉州人嘉慶十九年任
羅飛龍 泉州人行伍嘉慶二十二年任

陳志高 泉州人行伍嘉慶二十三年任
黃廷高 泉州人行伍嘉慶二十四年任
陳鵬飛 泉州人行伍嘉慶二十五年任

易登鰲 泉州人行伍道光元年任
楊連得 泉州人行伍道光二年任江志稿作連行
林連高 泉州人行伍道光三年任

劉光麟 汀州人行伍道光四年五年任
蔡凌標 泉州人行伍道光六年任
伍凌霄 汀州人武舉道光七年任

陳大魁 福州人行伍道光九年任
魏凌高 晉江人行伍
蘇世美 晉江人行伍

郭日輝 晉江人行伍
王捷元 晉江人行伍
張玉麟 晉江人行伍

莊廷捷晉江人行伍　廖長春南安人行伍　胡得時晉江人行伍

歐陽玉晉江人行伍　張玉高晉江人行伍　吳廷捷晉江人行伍

張祖元晉江人行伍　陳拔升晉江人行伍　劉志福晉江人行伍

陳金連晉江人行伍　曾國艮晉江人行伍　吳國章晉江人行伍

翁得龍福清人行伍　楊步陞福州人行伍　蘇連元晉江人行伍

許亦欣晉江人行伍同治十一年十一月任十二年倡建營署　許亦欣光緒二年二月再任　蘇連元光緒七年任

許亦欣光緒八年二月再任　蘇連元　劉對揚光緒十七年

許亦欣光緒二十六年　戴福才光緒二十八年任　林捷懋永春武生光緒二十九年任

洪和源晉江人行伍光緒三十年　郭大欽　張春陞

陳養　余登龍永春人武生　黃超成南安人光緒三十年

溫啓東本籍武生　李明永春人宣統元年任　蘇品高本籍宣統二年任

蘇蟾宮本籍武生宣統三年任

內洋汛千把總嘉慶間改駐赤水前無考

陳士衡 晉江人行伍同治六年任
許亦欣 晉江人行伍同治七年任倡修營署
林拔才 晉江人行伍
張玉衡 晉江人行伍
陳得福 晉江人行伍
翁得龍 福清人行伍
連學成 晉江人行伍
陳金蓮 晉江人行伍
蘇飛熊 晉江人行伍
吳春華 晉江人行伍
吳日昇 福清人行伍
洪捷高 晉江人行伍
王恩升 晉江人世襲雲騎尉先後三任
周建功 福清人行伍光緒九年二月任
楊祥雲 仙遊人光緒年任
陳國泰 永春武舉光緒年任
林福懋 永春武生光緒年任
黃超成 南安人光緒三十年
郭亮和 光緒三十一年任
柯世泰 光緒三十二年任

論曰名所以覈實也秩官僅志名歟邑之人披牘而議之以爲某也鞠我育我某也虐我讐我後之論今亦猶今之論昔也願與列是篇者敬與愛俱法與戒集

名宦傳

宋

陳靖莆田人開寶中與黄觀請兵于漕版授泉州德化縣尉參議軍事賊平以前資官例赴闕補許州陽翟縣主簿再知泉州累遷江南轉運使江南有李氏横賦於民凡十七事號曰沿納靖極論之詔罷其尤者數事歷事三朝以祕書監致仕著有經國集十卷勸農奏議三卷熙寧元年諫官以勸農奏議上下篇奏聞詔藏中書後復索經國集進呈特進左僕射宋史郡志俱載

明

王巽洪武六年知縣時當兵革後公私凋敝規制草創巽至慨然以興舉廢墜爲任葺學宫修縣署建壇壝役民不勞貨財不傷三年間政平俗化論者謂大統初集極得安靜畫一之體

馮翼山東德平人洪武二十六年知縣倜儻平易留心民隱先是邑以抽軍

故民盡逃移死絕者過半田荒而糧額仍懸百姓賠累不堪翼泣肎廉得其詳嘆曰瘡痍不瘳何以施粱肉哉掾白以軍餉無所給恐獲罪不聽卽以狀奏聞特詔蠲稅額至今民受其惠

古彥輝廣東長樂人洪武三十年爲邑主簿性敏決精吏事識大體盡心勸課不尙苛察凡有令出民咸懽趨三十一年溪漲民居蕩圮公撫之民忘其災視黌宮廨署規制湫隘相地鳩工廣而新之橋梁道路莫不繕理九年秩滿民將赴闕奏留會監司保任擢監察御史

應履平浙江奉化人洪武三十一年知縣廉謹平恕時邑文運未開履平勸獎士類有向學者輒優禮之自是邑之人士多登科第考最遷吏部郎中歷官按察使

余表廣東化州人洪武三十一年縣丞奉職廉愼撫字有方役均訟簡民咸戴之卒於官郡守胡器遣祭以旌其廉

胡惟立江西高安舉人嘉靖三十二年知縣廉介自持常賦外不取加耗勸

慎莅事案無留牘門隸久慣者去之刁建屢訟者懲之均賦役恤困窮邑人懷德卒於官士民共請入祀

論曰令者民之司命也遺愛在民去尙攀轅歿寧不奉祀歟五代以來官此者若令丞若簿尉宦蹟所載盛矣而祀僅七人何其少耶夫時當淸晏君子固無所樹奇功自嘉靖後兵荒洊至繕城池立學校興利除弊捍患禦災功可不謂偉歟而概未舉祀毋亦表章者寡也尙論往古洵有俯仰興懷不能自已者矣

宦績

宋縣尉

黃鐘字器之莆田人乾道中登第待次德化卽以教於其邑於是德化學者頗能涉子史以談鐘所著有筍楊續注杜詩註史要據東越文苑補入

宋主簿

林應龍字翔夫端平乙未進士主餘干簿改知德化丁大全聞其治行欲處

以要官拒不出後理宗擢用不附丁者除監察御史在臺風力甚勁或勸其婉言應龍曰言官可婉耶累提刑江東知紹興府據閩書補入　杜州志林作饒

明知縣

王貞浙江永嘉人洪武九年任謹身正已一清如水涖民如撫嬰孺待士如接賓客一時風化淳穆好娛情山水公餘援琴賦詩悠然自得人謂有子賤遺風

何復河南柘城人宣德十年任邑之令簿自應古後代匪其人百凡廢墜復循序經理之規制煥然一新民不知勞政尚簡易廉平正大爲當道所推重

陳宗全廣東　人宣德十年任明恕廉介爲政有方立紀綱崇教化士民信服未期年境內大治

李森字樸庵安溪人長者之名聞於閩中天順中朝旨旌爲尚義授漳州九龍嶺巡檢永春德化缺令監司署森攝多惠績亦嘗攝本邑事永春安溪

俱有耆民歌送之清康熙間八世孫光地以森賑饑平賊奏聞欽賜急公尙義匾額

李青廣東石城人天順六年任敷政平恕人目爲李佛子公餘襪履巡行郊野有不勤農事者召而諭之朔望入學宫爲諸生講論終日無惰容莅任九年百廢具興民修其業士修其學邑以大治秩滿當去士民丐留三年

任順常熟人弘治十四年任性果斷多才能每編賦稅徭役令下民輒稱便有晉姓者好告訐號鵰兒素爲民患順化之以德久不悛乃置之罪惻然遣之曰爾何不爲嘉禾而爲稂莠乎自是德教蒸被犴獄爲虛

胡濳字孔昭安徽績溪人弘治十七年任居官三年廉潔自持水利橋梁廨署當修葺者恒割俸以助民力訟者常勸化之使自省鞭撲不施老幼四繫不加貧苦以奔喪去民相弔如失父母

許仁字元夫號竹厓浙江仁和人嘉靖七年任毁淫祠創社學設學租築射圃甃壇壝濬丁溪修春波樓繕廨署建名宦鄉賢祠置漏澤園養濟院善

政纍纍不勝書詳見建置學校諸志十年改調同安縣

緒東山號三南廣西馬平人嘉靖二十六年以舉人來任嗜學工詩文訟清政簡公庭無事日與諸生講論建丁溪書院俾習業其中置學田贍之搆駕雲亭復古義社邑士民祠于龍潯山之麓

鄧景武號文齋江西德安人嘉靖三十六年由貢監生來任邑舊無城比年寇警民遭屠戮羣結寨於縣後大龍黃龍二山武乃度地營城正南臨溪東自龍潯山麓以上環山而北包大洋山西抵大旗山之巔下達於溪雄視列邑未幾呂尙四亂後令張大綱憑城爲固賴以破之

張大綱字立卿號衢坡廣東龍川人嘉靖三十八年來任前令鄧景武築城新就慮其低薄遼闊卽改縮增高適永春賊呂尙四合徒萬餘流刼攻城綱身親督戰擒斬無遺自是上杭永福諸盜不敢犯境詳見侍郎黃養蒙記尤惠愛百姓作興人文創建書院於龍潯山之麓

秦霑蘇州崑山人隆慶六年以舉人來任經畫區理洞悉大計以學宮卑陋

遂獨斷遷于城外大洋山之陽費不煩而事集廟貌巍煥人文以起諸生德之爲立去思碑與緒令並祠

黃承譜浙江義烏人萬曆丁丑進士先任武進抗忤權勢爲所中傷調德邑勤修職業以文風未盛集諸生朔望會課面評高下行賞有差一時士類振起後武進事白陞南京刑部主事

丁永祚江西南昌人年十九領鄉薦英韶警敏洞悉物情至則豁鹽稅絕關提抑豪強邑民尚氣涵濡漸化之不怒而威民俗以淳見人才寥落慨然曰邑無南門故也南爲離方文明之位奈何闕焉捐俸築之建樓其上以祀文昌改調福清猶不忘德之士民後令錢某縣試濫收冒籍庠士赴督學鳴其事錢令文致申詳衆懼不測祚聞知即以實馳告督學皆直之錢令因論去冒籍徹清人文蔚起後歷知州府官至湖廣憲副使德與福清並祠之

周佑字命初江西南城人萬曆二十八年任甫下車見化龍橋圯民病涉慨

然捐廉倡建日親程督比舊增高越二年功成更名起龍蓋以斯橋翕受山川之氣文事當興從而易之意在造士不獨濟人利涉已也在任三年興利除奸愛民下士修學宮纂邑乘請祀前代名宦六人鄉賢五人仁恩善政筆不勝書邑先達稱其志書嚴整有法泉郡志多取以爲楷是其經濟文章均堪不朽秩滿以考最遷牁牂獨山刺史

林大儁號惺非廣西隆安人萬曆辛卯亞魁簡易寬厚潔己勤公隆禮待士建獅霄塔於邑之巽方以象文明濬丁溪故道以符古讖兼署永安二篆所至課士口授耳提甄拔名流時譽翕然歸之子光第英年發解人謂禮士之報

桂振宇號蓋我江南石埭人以明經來任慈惠和易勤民藝麥而給以種教民醫療而濟以藥鼎建祝聖寺修學宮鑿泮池創寅賓館築春臺置糾察遺愛二祠葺城隍甃龍津鳴鳳二橋成巽方墖綜理有條百發具舉復重修邑乘釐剔侵沒學田以資膏火庠士王乘乾貧不能婚資金代聘楊經

臨貢而殞貧無以殮爲棺衾而葬之旌孝友崇節義禁炫服戒侈靡飭男女別途之禮令士民習官音捐金給老人使朝夕振鐸於路倡明六訓凡所設施善政不可勝紀尋掛冠去士民攀轅不獲立祠尸祝之

姚遲號若麓浙江秀水人崇禎癸酉由舉人來任風節稜稜胸懷坦白待士民如同體時泉宦勢熾泉屯之在德者屯丁貧困悉免勢宦收租酷剝民不堪命繪圖叩閽事下撫藩臬府按驗遲力爲民剖析寃狀反覆數四痛哭流涕當道感動上其事旨下嚴禁歲省德民額外横索萬餘金遂中忌者以去百姓立祠祀之頌曰姚天

李元龍江西玉山人由舉人來任坦易眞誠不飾邊幅工詩善行草偶寓僧寺道衣繫絲巡廊廡間人莫知其爲縣令也恂恂然與物無忤民咸樂其慈祥

金麗澤字石可江南武進人崇禎十七年以拔貢授邑篆精神烱烱顧盼凜然下筆如飛片言洞人肺腑邑初有疑獄甫至卽牒城隍神決之豪家屛

息適京師告變大綱解紐闔郡勢豪橫恣猾民跳梁德晏如也擢漳州同知旋陞知府躬親撫勦盜賊望風歸化晉階憲副指揮所及秉鈞握符者莫敢與爭時有鄭勢金石之謠明年十月清兵克漳死之

清知縣

王寵受號瀠陸北直寧晉人順治己丑進士事母至孝八年來任節儉慈愛而有威舉止進退有儀寡言笑邑遭兵燹之餘流離未定城市坵墟受下車撫凋敝詢疾苦會土寇充斥設法聯絡山砦親爲訓練鄉勇捐俸犒士悉力禦之常舉行鄉飲酒禮遠近翕然十年以憂去

崔越字肅逸號秋濤山東平度人以歲貢授縣職俊偉豁達不露圭角廉靜慈和不事峻絕聽訟曲直無遁情而不喜鞭杖時征勦海寇徵檄紛馳常匹馬入郡計畫事辦而費省及大兵克復泉州邑之巨寇歸順猶當入于通衢私抽貨稅越力捕置之法尋復叛戰于螺坑王千總遇害親督鄉兵禦之嚴禁交通賊黨懼始決意投誠竟以憂勞致疾實授命下巳捐館矣

貧無以殮適兄布政司經歷崔起遺子來候因經紀其喪道路聞之皆爲流涕

王澤洪北直人泉州通判來署邑篆時遭寇亂後城治蕭條洪按戶籍令民移市入城架屋嚴爲之期而稍聽其自限悉力經營人煙輳集去任猶施餘澤爲邑民雪冤

和鹽鼎字嚴夫陝西城固人順治丙戌舉人寬洪藹吉承前令猛酷之餘故族士類皆蕩産傾家喘悉重足鼎痛革弊政嘗與紳士參酌利病竟日無惰容比聽斷必反覆辨論務得情實不肯輕置之法貴賤咸得歡心陞大理寺評事去之日遮送百里莫不涕零旋擢北城御史溯遺愛者至今嘖嘖焉

王之紀瀋陽人由筆帖式隨征入閩康熙十六年委知德邑耿逆初平泉郡新復瘡痍未起紀簡靜鎮撫不事紛更平訟獄省興作民甚便之二十二年擢行人司行人去之日士民攀轅泣留如和令云

姜立廣泉州通判康熙二十二年署邑篆明敏練達物無遁情莅事未數月民咸思之

撒啓明山陽人以莆田丞署邑篆公正明決下車奉文編審丁苗憫賦役偏枯不避嫌怨詳請均攤由是富者不得詭避差徭貧者不至重派苦累八里稱平

范正輅字載瞻浙江鄞縣人丙午舉人康熙二十五年任禁溺女勸種植舉鄉飲建義學設常平倉葺賓陽北鎮二樓繕堂廡置寅賓館築橋梁纂邑乘類有可紀卒於官

王一導號惕齋湖廣黄岡人康熙丁丑進士四十年任慈惠廉明邑舊例有節禮銀八百兩爲上官交際之資里甲輪供多至蕩產又有屯田硃價銀每甲一兩導惻然曰竭小民之脂膏供一己之周旋爲民父母顧如是乎即出示除之聽斷平允案無留牘履任一年以内艱去

王調元字燮公遼陽義州人正白旗監生康熙四十八年任果毅正直不避

權勢明倫堂久廢鼎建之適外郡奸匪陳五顯抄略鄉村飛報收捕境賴以寧

熊艮輔四川蒼溪人康熙己卯舉人五十七年任和易慈祥待士以禮撫民以恩外邑奸民陳謀嘯聚山谷急請會擒親督鄉兵入山協捕民得不擾捐俸建櫺星門造照牆又倡建雲龍橋工將就緒適以事去

金鼎錫號卜菴浙江仁和人康熙癸巳進士雍正六年自壽寧調任德邑洞悉民情廉平不苛催科折獄有古循吏風方葺治雲龍橋會憲委往外買穀旋以能員調南靖縣

黃南春字硯石號生菴廣東鎮平人監生雍正九年由古田調署德邑十一年引見得實授以屯糧納戶散折徵輸兩難詳請歸社各造的名推收如民糧例民甚便之倡修文廟及東嶽廟造鳴鳳樓又繼前令築雲龍拱橋宏整壯麗乾隆三年委護永春州四年回任移建關帝廟鼎建城內朱子祠再造鳴鳳橋詳見學校祠宇諸志前後涖任九年告終養歸

魯鼎梅字調元號爕堂江西新城人乾隆壬戌會魁抵任卽修圖南書院按月親課生童捐俸獎賞刋刻圖南課選勸課農桑於種麥及油菜最爲致意出示教民十條諄諄如家人父子邑乘殘闕延紳士搜輯編成信史建各鄉橋梁數十處城隍廟鳴鳳橋瑤臺書院皆次第修造詳見建置學校諸志

宋應麟舉人乾隆十八年署邑篆公正明決無事紛更凡躬詣民間檢勘不令差役滋擾民最便之

奇寵格正白旗舉人乾隆十八年任廉恕公平愛民如子獎勸士類出以眞誠後洊歷大郡官至閩省廉使

都鏞浙江寧海人乾隆二十五年以名進士涖邑五載渾厚不露圭角而明達公平書役罔敢舞弊尤見其寬猛相濟云

王右弼山東濟南附貢生乾隆三十一年任爲政廉明規畫悉當而強敎悅安人咸知爲君子城鄉鼠牙雀角不敢至公庭謂帡幪我者卽王彥方毋

自取羞也

劉席豫字建侯山東掖縣舉人乾隆四十一年任遇事果斷每歲科試士悉拔眞才門無弊竇初諸童應試必自備椅棹苦於搬運豫乃捐俸建置士林深受其惠

胡應魁號岳青丹陽人乾隆甲戌會魁六十年任公明廉慎案無滯牘並捐圖南講席以東金分給諸生倡置膏火田若干畝修城隍廟建三門敵樓未期年調彰化邑人思之

趙睿榮號莒畦浙江東陽人乾隆庚戌會魁嘉慶五年任淡邑七年優禮文士勤考課善書工詩所至多題咏建文昌廟造鳴鳳橋倡舉有功

申允繼號巨川貴州舉人樸誠簡易不務操切倡修書院增建考棚皆其力邑人士德之祀試院後堂

艾榮楨號治堂四川拔貢道光元年由前江鹽場調署邑篆英明果斷每決事民聚觀如堵曲直多中嚴緝盜賊不數月而盜悉遁邑俗多誣控一鞫

裂其牘懲之皆畏不敢逞甫下車倡修文廟旣返任猶遣人省視益見留心學校云

區天民字覺生廣東新會人道光二十八年以舉人署任愛民禮士捐俸增置膏火田租每月課藝細加改正奬賞有差由是邑士爭自濯磨有以詩文呈正者面爲指畫公餘樽酒論文不減師之於弟子焉邑人思其德因奉祀於報功祠後陞署督糧道

申逢吉字嵩峰河南林縣人咸豐二年署任次年値匪首林俊攻城被執傷股謂俊曰死吾分也惟願勿殺吾民俊乃釋之後省大吏以逢吉失印奏擬律辦德民輸銀贖之逢吉素性愛民嚴於惡惡其去官出於不幸而其保身則由於得民也

許善器字峴士浙江　人咸豐五年來任時太平軍建國金陵淸廷軍精孔亟諭令各縣有捐輸至一萬兩者加學額一名以次遞升邑遭林匪蹂躪公署倉廒城樓學校俱被燬壞城鄉民舍亦多被焚者善器次第興復

復加賑恤以所費銀十餘萬申請大憲列入捐款准就本邑各項報銷當道以德民當殘破之餘猶能踴躍捐輸爲諸邑冠極爲嘉許文武學額遂得永遠加廣十名士民至今尸祝之

斌敏字子廉　正白旗人姓姚氏同治五年以進士來任實心愛民不自表襮時後宅蕭姓以拒鹽哨致釀巨案大吏令羅中營大春帶隊會縣勦辦斌敏恐玉石之俱焚也爲力言鹽哨恃勢驕橫所以迫而出此法雖難恕情實可原并遣諭鄉民先至赤水攔輿泣訴羅亦憫之因得易重爲輕鄉賴保全永轄有庠生曾某以命案誣控陽春林姓斌敏廉得其實褫其衣衿曾再訴於州牧翁學本斌敏不爲動據理申辯讞遂定在任四年善政甚多秩未滿以虧帑去民思遺愛爲祀於報功祠

白希李字蓮塘直隸舉人同治十二年署邑篆政尚嚴肅吏民畏懷在任多所建設舉其大者如禁溺女則偏設育嬰堂以收養之培士類則廣置膏火租以佽助之又以邑士詩賦欠工月聚生童口講指畫由是邑之韻學

大進嘗手植二柏于庭三年成材卽以庭前建留蔭亭自撰楹聯以留紀念至今邑人過亭撫樹猶深甘棠勿茇之思云

陳步梯字子岳廣東大埔人光緒八年代理邑篆下車後循行郊野詢悉民間疾苦自製勸民歌二十二首徧諭閭閻並令塾師授徒熟讀明白講解旬日後躬蒞各塾考察學徒有能背誦者獎賞有差由是德民化之雖在任祇三月而訟庭花落囹圄草生士民爭歌訟之

陳其煃字貴生浙江歸安人光緒二十二年任善聽斷執法不阿蒞治三年案無留牘先是邑多誣控命案牽累多人煃廉得其實重貲之法耶穌教士每有干預詞訟爲教民關說者煃執而杖之由是頑梗知儆弊絶風淸性喜栽花公餘手植幾無隙地嘗於園中搆亦喜亭花時柬邀僚屬讌賞其中饒有潘令風趣

李凝字凝壹江西新建進士博學能文尤工駢體宣統二年署邑篆愛民禮士悉本眞誠每蒞學校訓士諄諄先德育而重中文以故邑士升學中文

輒冠其偶期年以調補永定去百姓丐留不獲東郊祖餞途爲之塞凝亦
依依不忍舍去賦詩留别有薄植桑麻留後約及行縣潛投飲馬錢句可
想見其志操矣

明教官

饒自成廣昌人由貢士司訓陞邑諭方正淸儉日溫經史月立課程提誨諸
生獎優恤貧復捐俸修理祭器當道重之

張泮東莞人由歲貢司訓持身廉謹課士有方學宮圮壞捐俸葺之詳載吳
從龍記中

張潮羅源人以歲薦司訓泉州陞邑諭勤課督精品題所取士多掇科第時
推冰鑑胸襟洒落沐陶淑者如坐春風焉

王國楨字錦榕閩縣人以恩貢選司訓到齋手不釋卷明于幹濟不露鋒穎
當路器重列薦剡陞爲粵西桂平尹

林茂春浙江靑田人由台州司訓來掌邑教氣慨豪邁分齋曹縉自山西蒲

縣來官甫三月而卒囊橐如洗子女繼歿春爲殯葬于蒔蘿山設租以供祭掃復請于當路護其眷屬使歸眞古道也

黃偉禎字若木莆田舉人學富才高氣節自命教諭德邑諸生勵志力學者愛慕有加紈袴膏粱不稍假以顏色風裁嚴峻學校肅然士習以端

清教官

林潤芝延平人順治間以舉人署教職閎雅博物尤工詩律善書法風度彬雅士林重之

李正標順昌人順治間以歲薦司訓淡泊寧靜風度藹然喜慍不形至有關學校公論者則義形於色侃侃秉正尋鐸龍巖多士矜式不能忘云

王欽祖閩人縣康熙十八年由例貢司邑教慷慨好義在庠寒士多所推解捐俸百餘金修 文廟重建龍津橋造梅上里道中亭士論高之

薛允浩閩縣人康熙三十五年由貢士任教諭倡修學宮煥然一新

程雲鵬莆田拔貢康熙四十五年任教諭師範端方接見諸生雖盛暑必衣

冠淹博著名尤善行楷論文講學亹亹不倦爲所拔者多聯翩去卒於官

力子侗號知菴侯官人康熙五十四年由貢士司鐸德邑見學宮兩廡剝落

捐俸倡修黝堊輝煌置祭器手輯文廟祀典四卷復刋課士錄鼓勵生徒

榜眼鄧啓元進士王必昌舉人林應祖皆其所培成也才識練達凡有關

學校者毅然肩之雍正元年改授兗州嵫陽縣丞

林夢龍字御占古田歲貢雍正十三年任訓導德化初屬泉州學額十二名

後改州屬部文誤減爲八名夢龍力請學使奏復原額士咸德之據通志補入

曾晉邵武縣人乾隆十一年由明通進士來任邑諭品行端方訓迪克勤學

舍傾頹捐俸倡修自爲記

朱仕玠建寧縣拔貢階弟太史仕琇馳譽京師琇以古文著玠以詩名教諭

德邑讀學大進太史官獻瑤稱其著書滿家志潔行廉非虛語也在任倡

修學宮有功

賴余楫永安人以恩貢教諭德邑初蒞任卽捐俸倡修學宮性沈默寡言不

露鋒穎而老成古道士林咸率其教

鄒式程古田人由歲貢司訓日夜好學課士殷勤其氣象渾穆有太古遺風學署湫隘捐俸柘建甚費經營後任賴之

薛銘福清人乾隆三十九年以舉人司訓古道照人淡泊寧靜諸生筲謁如坐春風中亦復嚴肅難犯以敦篤實行爲教士林重之

吳維新號醒廬龍溪人乾隆四十八年以恩貢任邑教諭敦氣節待士以誠寫作俱饒古意年九十四精神矍鑠不假鳩杖己酉應鄉試恩賞舉人致仕歸

江雲蹇號畏菴泰寧舉人乾隆四十八年借補邑訓英敏有才略作興學校最得士心大修文廟建雲龍橋築鳳翥冲霄二文峯監工興役日事經營壬子復總修邑志雖未成書而類聚部居條理畢具其心力交勞如此選授山西靜樂令邑人士攀轅不忍置奉祠祀之

陳烺號東村閩縣舉人學行素重省垣任邑訓導兼掌教圖南勤課士多述

著手校丹黃無虛日學者仰之

柯廷瓚號省堂晉江舉人任邑教諭天性古樸無矜容亢氣善奬勸弟子司鐸七載致仕歸邑士以茂叔春風匾頌之

巫繩咸號佑堂永定進士署邑訓導淵博淳懿實心愛士課藝細加改正雖通籍猶力學不倦午夜書聲徹牆屋邑慶得師未幾補泉州教授選贛榆令

姚大椿字古齡霞浦人道光五年以解元來任教諭學問淵博制義有大家矩矱士以文呈者細爲訂正成就甚多嘗手評庚辰集詩間有辨駁邑士奉爲楷模

清典史

章錫字聖九涿州人由監生考授德化尉工詩學草法亦佳性廉潔俸薪之外毫不苟取妻孥粗衣糲食清况特逾寒士每以事至鄉落襆被隨行人不知其爲官長也緝理奸究有嚴明之法承理案獄曲直平反務期得情

尤善撫獄囚終其任囹圄無嗟痛聲每散衙暇輿文人拈韻唱酬信手揮毫時多佳句在任二十七年倡修雲龍橋建巽峯塔文昌祠具有成績卒於官囊橐蕭然可以知其操守矣

論曰宦以名稱從其績也無績可紀將等諸曠官又何名之有邑自五代置縣秩官姓民闕弗可考固無遑問績矣自宋迄今官斯土者志若列眉而九百餘年中幾經兵燹幾經水旱疾疫非有賢者生聚教訓於其先維持調護於其後其何以漸臻富庶得與大邑爭光歟繙閱舊志因博訪故老按其政績之卓卓者得若而人或以慈祥稱或以廉平著或以才幹顯或以文學彰要皆大有造於斯土者以云名宦庶無愧矣紀錄之餘心焉儀之猶想見當年卓魯諸君子也

德化縣志卷之十三

選舉志 科目 恩賜附 畢業 薦辟 掾吏 授例 武弁 封贈 蔭襲

取士之法首重科名然蒐羅不廣滄海歎遺珠焉春秋兩闈文武並錄厥典皇哉而明經則登成均薦辟以徵獨行重耆儒則有恩賜之典興新學則有奬勵之條途何廣也德邑山川靈淑毓爲人文自宋迄今科名日盛雖巖棲澗處絃誦不輟宜乘時黼黻者後先踵起也循覽題名應深踴躍

志選舉

進士

隋

隋設進士科唐因之

宋

宋史選舉志宋之科目有進士有諸科有武舉常選之外又有制科有童子舉而進士得人爲盛凡進士試詩賦論各一首策五道帖論語十帖對春

秋或禮記墨義十條太平興國八年始分三甲神宗篤志經學改法罷詩賦帖經墨義各專治易詩書周禮禮記一經兼論語孟子每試四場初大經次兼經大義凡十道（後改論語孟子義各三道）次論一首次策三道禮部試即增二道元祐初尚書省請復詩賦與經義兼行四年立經義詩賦兩科凡詩賦進士於易詩書周禮禮記春秋左傳內聽習一經初試本經義二道語孟義各一道次試賦及律詩各一首次論一首末試子史時務策二道凡專經進士須習兩經以詩禮記周禮左氏春秋爲大經書易公羊穀梁儀禮爲中經願習二大經者聽不得偏占兩中經初試本經義三道論語義一道次試本經義一道孟子義一道次論策如詩賦科並以四塲通定高下而取解額中分之各占其半紹聖初詔進士罷詩賦專習經義廷對仍試策徽宗崇寧三年詔天下取士悉由學校升貢其州郡發解及試禮部法並罷大觀四年詔更行科舉一次宣和三年詔罷天下三舍法並以科舉取士高宗紹興二年定詩賦經義取士第一塲詩賦各一首習經義者本經義

三道語孟義各一道第二場並論一道第三場並策三道殿試策亦如之
自紹聖後舉人不習詩賦至是始復
又按宋仍唐舊置進士兼設諸科建隆初皆秋取解春試禮部合格及第者榜於尚書省不第者仍候秋解然諸科賜第後有復應進士舉并有見任官應進士舉者謂之鏁廳（如虞部員外郎知鄭州王矩已爲顯秩猶上書自薦求試進士第）凡諸州以判官試進士錄事參軍試諸科則進士尚矣若殿試之制雖創於唐武后後亦無有行者開元以後始以禮部所取送中書門下詳覆未嘗出題更試別爲去取原無省試殿試之分省元即狀元也至宋太祖開寶八年覆試禮部貢院合格舉人王式等於講武殿出試題得進士三十六人以王嗣宗爲首王式第四始別有升降並有黜落始有省試殿試之分有省元又有狀元矣其與試者有升降免黜落則仁宗嘉祐二年始也一歲間歲無定期三年一開科則英宗治平四年始也賜詩賜宴始於太宗太平興國二年呂蒙正榜唱名及第始於太宗雍熙三年梁灝榜糊名考較始於太宗淳化三年

殿試至眞宗咸平四年方行之禮部謄錄院設於咸平八年則易書之制所自始也神宗中罷諸科併於進士熙寧三年頒制義式（八股取士始此）策分五甲蓋用王安石之議也

徽宗重和元年戊戌科王昂榜（是年嘉王楷考在第一朝廷不欲令宗室魁多士擢次名王昂為首）

林揚休（程子邑登第自揚休始）

高宗宣和六年甲辰科沈晦榜

蘇欽（通志傳見人物祀鄉賢）

孝宗淳熙五年戊戌科姚穎榜

陳廷傑

孝宗淳熙十一年甲辰科衞涇榜

蘇權（欽孫　仙遊縣志洸子傳見文苑　通志闕）

孝宗淳熙十四年丁未科王容榜

林治（揚休孫傳見治行）

寧宗慶元二年丙辰科鄒應龍榜

林　瀛 洽弟傳見治行

寧宗嘉泰二年壬戌科傅行簡榜

黃龜朋 圭姪撫州教授傳見文學

鄭　輪 省志傳見人物祀鄉賢

寧宗嘉定七年甲戌科袁甫榜

黃霆發 通志作震發

理宗寶慶二年丙戌科王會龍榜

徐雷聞

蘇國蘭 欽孫通志作仙遊人仙遊縣志作欽曾孫

理宗紹定二年己丑科黃樸榜 通志樸作朴

陳霆震

理宗淳祐七年丁未科張淵微榜

林汝作內含乳源傳

特奏名

宋史選舉志開寶三年詔禮部閱貢士曾經十五舉以上終塲者試策一道得一百六人皆賜本科出身特奏名恩例自此始咸平三年親試陳堯咨等百四十人特奏名者九百餘人有晉天福中嘗預貢者凡士貢於鄉而屢絀於禮部或廷試所不錄者積前後舉數參其年而差等之遇親策士則别籍其名以奏徑許附御試故曰特奏名景祐以後其法漸恕進士三舉諸科五舉雖試文不合格亦與出身高宗建炎初特奏名第一人附第二甲賜進士及第第二第三人賜同進士出身餘賜同學究出身淳熙六年詔特奏名自今三名取一置第四等餘並入第五等其末等納勅者止許一次其後又許納勅三次爲定制焉

按特奏名者對奏名而言蓋禮部放榜始於開寶五年試到進士安守亮等十一人諸科十七人上召對講武殿始下詔放榜以前但由知貢舉奏

合格人姓名而已可知奏名原爲合格人而設乃以非合格之人而亦奏
名故曰特奏名猶今言特賜特授云爾
徽宗政和二年壬辰科
蘇　祥
高宗紹興二年壬子科
陳師文晉江籍
高宗紹興十二年壬戌科
郭　體江西德化知縣
林　格
高宗紹興三十年庚辰科
章　竑
孝宗淳熙二年乙未科
吳欽若通志闕

孝宗淳熙八年辛丑科

蔣勵

寧宗慶元二年丙辰科

楊要

寧宗慶元五年己未科

黃圭第二人海豐薄

寧宗嘉定元年戊辰科

林鸑

理宗寶慶二年丙戌科

陳言

理宗紹定二年己丑科

陳雷煥泉州府志載安溪人

理宗端平二年乙未科

吴桂

理宗嘉熙二年丁酉科

林棐

理宗淳祐四年甲辰科

郑𡎺 轮弟

释褐

宋史选举志凡学皆隶国子监及三舍法行则太学始定置外舍生内舍生上舍生神宗垂意儒学自京师至郡县既皆有学月各有试程其艺能以差次升其最优者为上舍免发解及礼部试而特赐之第遂专以此取士熙宁四年生员釐为三等始入学为外舍外舍升内舍内舍升上舍县升州州升辟雍辟雍升太学司成率其属稽其籍考其成优等上之中书其正录学谕以上舍生为之学行卓异者复荐之中书奏除官绍圣初凡上等上舍生暨特举孝悌行能之士不待廷试许即引见释褐元丰制内舍

生校定分優平二等優等再赴會試又入優則謂之兩優釋褐中選者即

命以京秩等除學官

高宗紹興二十七年丁丑

吳異

高宗紹興三十二年壬午

蘇總龜欽姪登極恩上舍釋褐傳見文學

童子舉舊志載二人年代訛舛姑存其名以俟考

張可封　蔣明紀舊志載七歲能誦詩說經揲大衍數工五七言詩

太學生

林揚休見進士　蘇總龜紹興十六年上舍優等第一人見釋褐

林瀛見進士　陳文叔上舍優等傳見文學

鄭起東傳見文學

右宋進士一十三人特奏名一十四人補入陳師文一名合一十五人

釋褐二人童子舉二人太學生五人

明

洪武三年五月詔各行省鄉試福建解額四十人洪熙元年增爲四十五人正統六年增爲六十人景泰四年增三十人爲九十人鄉試中式者次年送禮部會試又中式天子親策於廷曰廷試亦曰殿試分一二三甲以爲名第之次一甲止三人曰狀元榜眼探花賜進士及第二甲若干人賜同

進士出身

按洪武三年詔開科初場各經義一道四書義一道二場論一道三場策一道中式後十日以騎射書算律歷五事試之是年鄉試次年會試殿試又詔各省連試三年六年以所舉士每不可用停科舉令察舉賢良十五年復詔設科十七年始定科舉之式令禮部頒行各省鄉試以子午卯酉年八月會試以辰戌丑未年二月第一場試四書義三篇每篇二百字以上經義四篇每篇三百字以上未能者各減一篇第二場試論一道三百

字以上詔誥表內科一道判語五條第三場試經史時務策五道未能者
許減二道俱三百字以上殿試分一二三甲為名第之次傳臚賜宴然後
為進士

進士

成祖永樂十年壬辰科馬鐸榜

淩　輝　江西副使祀鄉賢有傳

神宗萬曆二十年壬辰科翁正春榜

丁啓濬　太僕寺卿晉江籍

神宗萬歷二十六年戊戌科趙秉忠榜

鄭　沛　揚子戶部主事祀鄉賢有傳

熹宗天啓五年乙丑科余煌榜

莊尹辰　徽州知府晉江籍

莊烈帝崇禎元年戊辰科劉若宰榜

賴垓由平湖令召對稱旨擢檢討轉右春坊傳見治行

明通榜

郭維翰萬曆甲辰科第三人傳見治行

舉人

成祖永樂三年乙酉科楊端儀榜

凌輝壬辰進士

成祖永樂十二年甲午科何瓊榜

蔣應傳見隱逸

成祖永樂十八年庚子科吳觀榜

曾灝

宣宗宣德四年己酉科李蒲榜

余英第五人傳見文學

憲宗成化十三年丁酉科蔡清榜

楊　澄通判通志見良吏傳

憲宗成化十六年庚子科吳稜榜

林潤通志闕

孝宗弘治五年壬子科林文迪榜

林　貞

世宗嘉靖四十三年甲子科王大道榜

鄒　絢四會知縣祀鄉賢有傳

神宗萬曆十年壬午科謝綗榜

紀廷譽省志附見安溪林鴻儒文苑傳

神宗萬曆十六年戊子科潘洙榜

丁啓濬壬辰進士

神宗萬曆十九年辛卯科黃志清榜

林際春德慶知州傳見文學

神宗萬曆二十二年甲午科順天榜

鄭沛 第人戊戌進士

神宗萬歷二十五年丁酉科洪承選榜

洪啓哲

李雲堦 以恩貢順天中式吉安同知傳見治行

神宗萬曆二十八年庚子科周起元榜

郭維翰 揚州同知見明通榜

神宗萬曆三十四年丙午科郭應響榜

張鵬翹

神宗萬曆四十六年戊午科戴國章榜

莊尹辰 天啓乙丑進士

熹宗天啓七年丁卯科

賴垓 以恩貢登順天榜見進士

張　穰以歲貢司河南訓導登河南榜

莊烈帝崇禎三年庚午科張能恭榜

鄧孕槐滌子監察御史傳見治行

崇禎六年癸酉科陸希韶榜

涂紹泰

黄中炅

崇禎十五年壬午科何承都榜

林鵬摶武定知州傳見孝友

賴天與以拔貢登順天榜

武舉

明制武舉惟取武弁一途正德初劉忠宣大夏始疏廣其選凡鄉試武塲俱準文塲以十月行之鄉舉必歷中三科方得聽用會舉則高第者即授都司守備把總餘皆授所鎮撫以次遇缺推用

按明自成化十四年始設武科鄉會試悉視文科制弘治六年定武舉六歲一行先策略後弓馬策不中者不許騎射十七年改定三年一試出榜賜宴正德十四年定初塲試馬上箭以三十五步爲則二塲試步下箭以八十步爲則三塲試策一道

神宗萬曆十年壬午科

權用圻第五人

莊烈帝崇禎九年丙子科

李乘龍

郭王倜

貢生

明史選舉志洪武十六年十二月初令天下府州縣學歲貢生員每一人二十一年令府學一歲州學二歲縣學三歲各貢一人二十五年令府學歲二人州學二歲三人縣學歲一人永樂八年定州縣戶不及五里者州歲

一人縣間歲一人十九年令歲貢照洪武二十一年例宣德七年復照洪武二十五年例正統六年更定府學歲一人州學三歲二人縣學間歲一人弘治嘉靖間仍定府學歲二人州學二歲三人縣學歲一人遂爲永制

恩貢者國家有慶典或登極詔書以當貢者充之而其次即爲歲貢

按宋神宗垂意儒學郡縣既皆有學又程其藝能以差次升其最優者爲上舍免發解此即學校貢士之始但無歲貢之名至明洪武十六年始詔天下各學歲貢士於京師二十一年定各學歲貢之制是歲貢始於洪武然尚無選貢也至嘉靖十一年停歲貢行選貢至十七年仍照舊制萬曆三年再停歲貢行選貢七年仍復歲貢至崇禎又行選貢是選貢始於嘉靖然尚無副貢也至天啓元年凡鄉試副榜廩准監監准貢增附准廩是副貢始於天啓然尚未全准也至崇禎己卯副榜則皆准貢矣若恩貢則始於隆慶初年登極特恩而四貢之制以全

恩貢

單　輔隆慶間平樂通判祀鄉賢有傳　　鄭　沛萬曆間見舉人

李雲階萬曆丙申見舉人　　賴　垓天啓間見舉人

拔貢

林　榕嘉靖間縉雲訓導傳見治行　　賴天與崇禎間見舉人

歲貢

陳　榮洪武間衛知事　　蔣德高錦衣衛倉官

鄭　慶教諭　　鄭環慶知縣

莊　進衛經歷　　鄭　肅衛經歷

劉德進　　陳　敏按察司檢校

劉公孫　　蔣　雲

鄭　緣　　陳　福俱洪武間

李　茲永樂間　　林　羲主簿

鄭　昭主簿　　陳公春主簿　永春州志作公壽

張　才　　李　蔭主簿

陳伯昌　　蔣伯起縣丞

張　恂　　蔣　迪

林　盛　　李　禎主簿

歐陽仲俱永樂間　　梁　義

陳　敬縣丞　　賴　福南昌通判

張　善府照磨　　張　源俱宣德間

林　茂正統間儋吉二州知州祀鄉賢有傳　　林　錫高州府照磨

趙　瓊知縣　　李廷憲知縣

劉宗靑　　張　隆

范　傑教諭　　張　懋教諭

林　泉州判　　蔣文保衛經歷

陳　善俱正統間　　李遇春景泰間武定州同

連成 新建主簿　蕭紹 俱景泰間

顏貞 天順間鴻臚序班　賴興 增城主簿

連碧 博羅主簿　陳治 星子主簿俱天順間

林敬 成化間廣州照磨　陳旭

張絢　林洪 新城知縣

留雝　李勝 浙江按察司照磨

林新　陳佐 德慶州州同

留成 曲江知縣　張崇

陳灝 成化二十年貢從化訓導傳見治行　黃廷魁 吉豐訓導俱成化間

張亮 弘治間兩淮運司經歷　陳瑀

林俊　涂福 鄖陽訓導

范克仁 劍州吏目　陳文 江西教諭

劉鴻 陽春訓導署縣篆　陳軒 靖州訓導

張石璘　曾瑞

張進紀仁和主簿 俱弘治間　林文正德間

黃球訓導　林援

林凊泱江教諭 永春州志作郟江　范克智

鄭介石　莊憲

黃天錫會同訓導　楊澄玉訓導通志作登玉 俱正德間

曾光嘉靖間 教諭　陳中立仙居訓導嘗從蔡虛齋 講易 附父灝傳

連艮　林賢封川訓導

王甫政訓導　莊如愚知縣 晉江籍

涂允寬蜀府紀善 傳見治行　郭麟慶遠教授 署府篆

陳衍恭訓導 通志作衍泰　莊守愚晉江籍

陳天彝　陳伯容南豐知縣 傳見治行

黃保訓導　林景春縣丞

陳石 電白訓導傳見治行　王策 教諭

林濟 通志作林齊誤　鄒經 王府教授

李宜居 章邱教諭　林球 增城教諭

莊啓愚 教授　吳天佑 程鄉訓導

蔡克熙 教授晉江籍　紀京華 晉江籍

黃自勉 永福訓導　詹洧 據州志文苑傳及安溪志應是嘉靖間

陳廷表 訓導晉江籍俱嘉靖間　林珀 隆慶間貢羅定州學正署州篆傳見文學

周普觀 從化訓導　陳洪謨 教諭俱隆慶間

林宗勝 萬曆間教諭州志作宗聖　徐思可

葉光中 州同晉江籍　張文浩 通判築鳳翥岩

林棟 濟子樂會知縣傳見治行　周榛 石城訓導

林樞 棟弟南陵知縣傳見治行　賴孔教 全椒訓導祀鄉賢有傳

賴光 瓊州教授署儋州府篆傳見義行　王雍 雲和知縣傳見治行

郭以璣 漳浦教諭陞汀州教授
梁可弘 州志作可宏
章時學 萬曆丁酉年貢徐聞教諭署縣篆傳見治行
董子芳 訓導晉江籍
陳王道 崇安教諭
周　桐 永定教諭
陳一桂
柯應鳳 連江訓導傳見治行
黃龍御 壽寧教諭傳見文學
易象炳 平樂教諭
歐陽煒
朱光山 通州府訓導
林　爟 樞子東安知縣傳見治行
紀廷舉
陳叔揆 訓導
張　穰 河南訓導見舉人
張輔鼎 俱萬曆間
黃拱參 天啓間
黃懋耿
賴　極 俱天啓間
張九垓 崇禎間建陽訓導
賴　燫 孔教子四會知縣見對輿祀鄉賢有傳
周　鼎 松溪訓導
周　墀
李大秀 漳浦教諭
林　檟 棟從弟傳見文學

鄭湜 沛從弟貴溪知縣 傳見文學　鄧濂 見封典 傳見孝友

徐圖南 崇清訓導　周日崇

林滄升　歐陽濬 集賢館 貢士

太學生

明代監生最重太學積分除官至有爲司道者故其時舉人亦入監肄業謂之舉監貢生入監則爲貢監無不入監而爲監生者至景泰時因土木變後國用不足始令生員納粟爲國子生又以胡濙言旋罷及成化時因河南山西旱始令各學廩膳生員納粟入監厥後附生及庶民俱可捐監與初制不同

張紳 按察司照磨陞縣丞　賴琛 恩授訓導

張士賓 涿州州同遷大甯都司斷事舊志缺 據永春州志補入傳見治行　黃天球 陞高縣丞

淩雲彩　陳標 王道子巴州州同

林焌 楓子廩例 傳見文學　蘇僖

李喬霖上林苑丞雲階次子　曾經

林煤廩例縣丞　劉五倫廩例通判傳見文學

郭克明　周任

陳天彝　李景春

歐陽成廩例州判　賴鏕

周獬　馮維禎

涂峻登

俊秀例納

林實卿海鹽主簿陞衛經歷　鄭燿奉化主簿陞衛經歷傳見治行

右明進士五人明通榜一人舉人二十四人武舉三人恩貢四人拔貢二人歲貢百五十一人太學生二十一人俊秀二人

清

清初試士悉如明制順治二年乙酉舉行鄉試丙戌會試福建省于順治五

年戊子始開鄉試康熙三年罷八比裁三塲爲二塲七年復如舊先是會
試皆以二月雍正間以二月尙寒于閏月會試例改三月乾隆十年覆試
新科舉人念到京尙稽遲永改三月十三年罷覆試而三月會試如故間
奉特旨開科則隨時定期乾隆二十一年定鄉試第一塲止試以四書文
三篇第二塲經文四篇第三塲策五道其論表判槪行删省會試則仍加
表文一道卽以明春會試爲始鄉試以乾隆己卯科爲始二十二年復改
會試表文可易以五言八韻唐律一首其卽以本年丁丑科會試爲始嗣
後鄉試亦同第一塲則加論一篇後又詩論互易詩置第一塲而論則置
第二塲乾隆己亥恩科始限四書文以七百字爲式違者貼出光緒二十
七年七月詔本朝沿用前明舊制以八股文取士名臣碩儒多出其中其
時學者潛心經史文藝特其緒餘乃行之二百餘年流弊日深士子但視
爲弋取科名之具勦襲庸濫於經史大義無所發明急宜講求實學挽回
積習况近來各國通商智巧日闢尤貴博通中外儲爲有用之材所有各

項考試不得不因時變通以資造就着自明年爲始嗣後鄉會試頭場試用中國政治史事論五篇二場試各國政治藝學策五道三場試四書義二篇五經義一篇合校三場以定去取不得偏重一場凡四書五經義均不准用八股文程式策論均應切實敷陳不得仍前空衍剽竊

進士

世祖順治十八年辛丑科馬世俊榜

李道泰第六十一人殿試三甲第三十六人開化知府傳見治行

聖祖康熙十二年癸丑科韓菼榜

林　模第六十三人殿試三甲第四人晋寧知縣傳見治行

世宗雍正五年丁未科彭啟豐榜

鄧啓元第九人殿試一甲第二人翰林院編修傳見文學

高宗乾隆十年乙丑科錢維城榜

王必昌第二百四十九人殿試二甲六十二人湖北　西知縣傳見治行

高宗乾隆二十二年丁丑科蔡以臺榜

曾西元第八十六人殿試三甲一百六十七人陝西紫陽知縣傳見治行

仁宗嘉慶二十四年己卯恩科陳沆榜

鄧夢鯉第一百三十五人殿試三甲第　人湖南臨武江南江浦等縣知縣陞江甯府同知傳見治行

郭鳴高第一百八十七人殿試三甲第五十五人監察御史任貴州思南府知府傳見治行

明通進士

溫廷選乾隆二年丁巳恩科古田教諭傳見治行

曾重登乾隆七年壬戌科茂名知縣傳見治行

曾西元乾隆七年壬戌科建寧教諭見進士

恩賜附

蘇發崑乾隆六十年乙卯科會試欽賜翰林院檢討

葉暢同治十三年甲戌科會試欽賜翰林院檢討

葉慶光緒十五年己丑科會試欽賜國子監司業

鄭瑞麟嘉慶十三年戊辰恩科會試欽賜國子監學正

連錦書光緒六年庚辰科會試欽賜翰林院檢討

舉人

世祖順治五年戊子科李惟華榜

鄧爆夏錫孕槐子第　人傳見文學

順治八年辛卯科陳堅泰榜

李道泰藩思治易第一百一人見進士

聖祖康熙五年丙午科蔡奎榜是年以策論二場試士

林模靖若治詩第二十五人見進士

林汪遠涵蒼治詩第二十九人　南部知縣傳見治行

康熙十一年壬子科林牲榜

甘重熙戩臣九疇子治詩第二十八人附父文學傳

謝青鍾斐草治易第三十六人浙江瑞安知縣傳見治行

康熙二十年辛酉科鄭元超榜

徐其璘第　人歷清流教諭福寧學正漳州教授遷池州府石埭縣知縣

康熙二十六年丁卯科蕭弘樑榜

蕭弘樑穆京治易第一人傳見文學

張志學第三人丹陽知縣

王維斗蓼思治易第二十人臨漳知縣傳見治行

康熙三十五年丙子科余正健榜

陳應奎璧東素蘊孫第四十八人直隸南樂知縣傳見治行

康熙三十八年己卯科張遠榜

陳元捷兼三治易第三十一人

顏天球象巖治禮記第　人興寧知縣傳見治行

康熙五十二年癸巳恩科江日昇榜是年三月鄉試八月會試

王繼美貽亭治易第四十人棗陽知縣

曾清漪 景河治詩第　人

世宗雍正二年甲辰科俞荔榜 本科增福建舉人四名從巡撫黃國材請也　是年春鄉試秋會試

黃士招 孝貢治易第　人

鄧啓元 幼季治易以拔貢登順天榜第二十一人見進士

雍正四年丙午科吳士拔榜

林應祖 孟皜治詩第四十六人

雍正七年己酉科陸祖新榜

林　昱 榕邨模子治詩第六十二人山東新城知縣改任龍溪教諭署漳州教授授南靖教諭傳見文學

雍正十年壬子科葉有詞榜

王必昌 後山五經第十三人見進士

鄧其鷗 啓元兄治　第　入晉江籍

高宗乾隆元年丙辰恩科蔡雲從榜

顏　瑛 繩但五經第二十七人原任湖南長安知縣改任長樂教諭陞建寧教授傳見治行

溫廷選 萬侯治易第四十二人見明通進士

曾重登 其岸治春秋第五十三人見明通進士

乾隆三年戊午科出科聯榜

李志昱 就亭五經第八人傳見文學

曾西元 尙軒治春秋第八十二人見明通進士

乾隆十二年丁卯科黃元吉榜

鄭鴻儒 雅文治詩第九人漳平教諭傳見治行

連達 心齋治易第十三人

乾隆十五年庚午科藍彩琳榜

郭震東 基明五經第十一人

鄭秉鈞 維周惠琇子五經第二十五人河南布庫大使傳見治行

乾隆十七年壬申恩科蔡廷芳榜 是年三月鄉試八月會試

李吉 玄亭五經第七十三人任南平漳浦教諭調彰化再任惠安教諭傳見治行

乾隆二十七年壬午科賴濤榜

徐天球 心菴第二十八人崇安教諭傳見文學

溫彥三 理齋第四十五人傳見文學

乾隆三十年乙酉科王國鑒榜

蘇調羹 梅邨第二十六人借補寧化訓導調台江臺灣訓導沙縣教諭署興化教授才貫穎異詩賦俱工

乾隆三十三年戊子科翁霔霖榜

林鼎梅 第八十四人南平教諭嘉慶壬申重遊泮水時年八十八

乾隆三十五年庚寅恩科鍾大受榜

徐騰雲 心雩第三十四人

乾隆四十四年己亥恩科張經邦榜

劉鵬霄 雲程第八十一人傳見文學省志附蘇璉孝義傳

乾隆五十四年己酉科鄭烱榜

蘇文華 濬邨第十七人任清流永福教諭工制藝與博華贈

仁宗嘉慶三年戊午科鄭兼才榜

鄭兼才 六亭第一人歷任閩清安溪建甯臺灣教諭陞泉州教授道光四年祀鄉賢有傳

陳程暉 謙山芳林子第九十四人署甯德教諭借補建寧訓導候官教諭

嘉慶六年辛酉科張翹榜

方以鎮 名山第九人傳見文學

陳祥光 丁浦第四十人傳見文學

郭大來 保齊第四十二人傳見文學

嘉慶十二年丁卯科順天榜

王檢 省庭必昌孫一百八十一人歷署泰甯教諭福州教授借補建安訓導傳見文學

嘉慶十五年庚午科羅葉蓀榜

陳向榮 木齋第五十七人覺羅官學教習傳見文學

郭鳴高 藹士第七十五人見進士

嘉慶十八年癸酉科周濱海榜

鄧夢鯉春塘第三十二人見進士

鄭　品齊貴第五十八人附祖覲生孝友傳

李捷南鴻磐第六十七人

李三山第七十一人臺灣籍

嘉慶二十四年己卯科魏本唐榜

郭秉德逵三第三十一人

鄭　泗魯渠順天榜第一百六十三人建安教諭傳見文學

宣宗道光元年辛巳恩科林文斗榜

賴景祚介亭第十人傳見文學

道光八年戊子科郭禮圖榜

黃鳳儀梧齋第四人署長樂訓導授漳州訓導遷臺灣教諭傳見文學

道光十二年壬辰科吳景禧榜

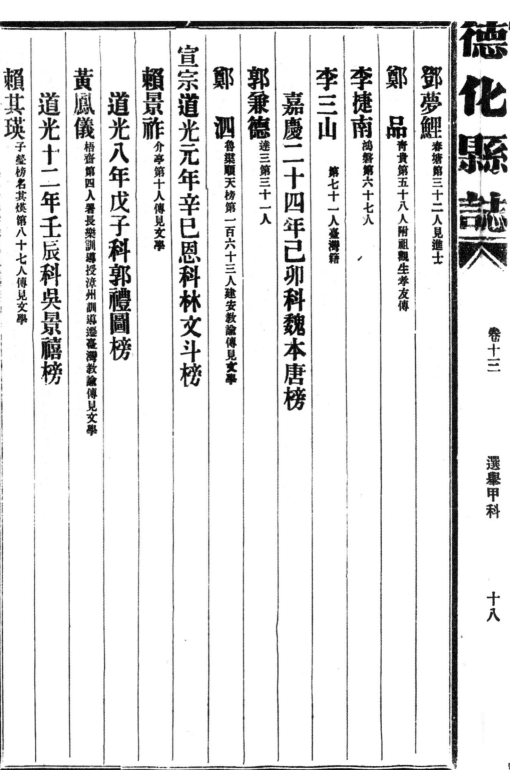

賴其瑛子瑩榜名其烘第八十七人傳見文學

道光十四年甲午科林廷祺榜

蘇新猷 允甫第七十二人任政和福清漳平訓導傳見文學

道光十七年丁酉科劉志搏榜

黃汝翼 伯輔第八十七人歷署閩縣侯官臺灣淡水教諭傳見文學

道光二十年庚子萬壽恩科池劍波榜

鄧遂青 辰田夢鯉弟第二十二人傳見文學

穆宗同治四年乙丑補行甲子科郭尚品榜

郭尚品 蘭溪第一人傳見文學

同治九年庚午科趙啓植榜

郭謙亨 吉六第四十九人

德宗光緒二年丙子科鄧瀛洲榜

蘇允恭 默齋第二十六人傳見文學

光緒八年壬午科鄭孝胥榜

陳文煆硯堂義子第八十六人傳見文學

光緒二十年甲午科伊象昂榜

賴其浚泉甫第一百二十五人宣統二年以民選任福建咨議局議員

光緒二十九年癸卯恩科林志烜榜

王光張石峯第八十人

欽賜舉人

蘇發崑乾隆五十九年甲寅恩科見欽賜翰林院檢討

鄭觀生嘉慶九年甲子恩科以乾隆己亥恩科副榜應鄉試欽賜舉人傳見孝友

鄭瑞麟嘉慶十二年丁卯科見欽賜國子監學正

陳芳林翠亭嘉慶十三年戊辰恩科乾隆壬子續修邑志曾任分纂卒年九十襟期曠達不營家計時以文酒自娛

甘汝和受軒嘉慶十八年癸酉科傳見鄉行

陳祝三應堂同治元年壬戌恩科並補行辛酉正科

李克承同治九年庚午科

葉　暢同治　年　科見恩賜翰林院檢討

連錦書光緒二年丙子科見恩賜翰林院檢討

葉　慶光緒五年己卯科見恩賜國子司業

廖鼎元光緒八年壬午科

鄭明三光緒十五年己丑恩科卒年九十

陳嘉猷光緒二十八年壬寅補庚子辛丑恩正併科

武舉

大清會典順治二年題准子午卯酉年舉行鄉試各省武生在本省布政司

鄉試

順治五年鄉試武科罷歷中三科之例中式則赴京會試

康熙五十一年詔直隸各省綠旗營兵有通曉文義願應鄉試於充伍地方令該營將弁申送巡撫同武生一體鄉試千把總准同武舉一體會試於原額內取中不中者仍令歸伍又以文武考試雖日兩途俱係遴拔人才

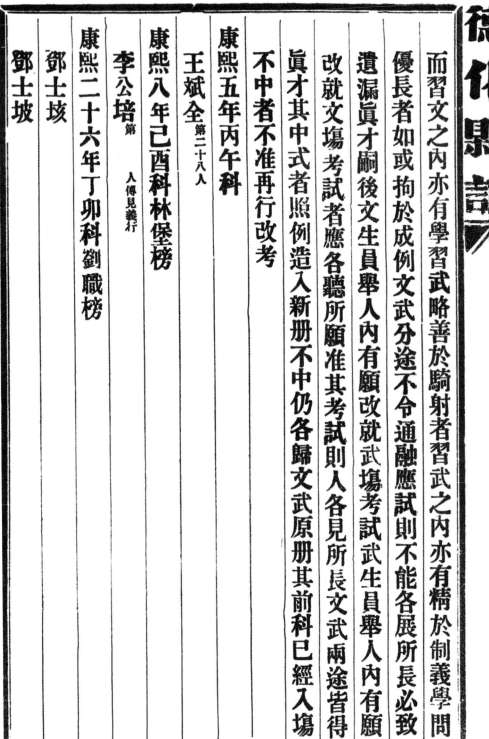

而習文之內亦有學習武略善於騎射者習武之內亦有精於制義學問優長者如或拘於成例文武分途不令通融應試則不能各展所長必致遺漏眞才嗣後文生員舉人內有願改就武塲考試武生員舉人內有願改就文塲考試者應各聽所願准其考試則人各見所長文武兩途皆得眞才其中式者照例造入新册不中仍各歸文武原册其前科已經入塲不中者不准再行改考

康熙五年丙午科

王斌全第二十八人

康熙八年己酉科林堡榜

李公培第　人傳見義行

康熙二十六年丁卯科劉職榜

鄧士垓

鄧士坡

康熙四十一年壬午科黄夢熊榜
林大豐第二十六人
雍正二年甲辰科
許應曜第二十九人
雍正十三年乙卯科
徐天攀第四十九人
乾隆元年丙辰恩科
許寶三第二人
乾隆四十五年庚子科
郭玉成第三十一人
乾隆四十八年癸卯科郭先登榜
蘇振元第四十三人
乾隆五十四年己酉科

林芳名第六人

乾隆五十九年甲寅恩科黃振邦榜

林黃甲

嘉慶三年戊午科袁九皐榜

蘇振登號振文第二十人

嘉慶五年庚申恩科羅雲臺榜

蘇元來石亭第一十七人

嘉慶六年辛酉科翁騰榜

蘇大采岸圖第二十七人

嘉慶九年甲子科王靑階榜

林簪纓文山第十人

嘉慶十三年戊辰恩科王雲龍榜

林利見第二十五人

嘉慶十五年庚午科

鄭吹笙賛亭第十二人同治九年庚午科重宴鹿鳴傳見鄉行

嘉慶十八年癸酉科鄭步衢榜

林尚質郁中第四十四人

嘉慶二十一年丙子科

李日玉長樂第十三人

嘉慶二十四年己卯科周坊榜

蘇安邦學敬第七人

陳祿陞第十一人

葉　芬第二十人

林登第第四十四人

鄭鵬程第四十六人

道光二年壬午科

李一金

李重光

道光五年乙酉科

郭礪金第三十五人

道光八年戊子科何聯上榜

葉宗賢第十五人

道光十一年辛卯科陳六書榜

蘇聯陞三堂第三十一人

連以琮第三十五人

道光十二年壬辰科

林重祿嚮正第四十四人

道光十五年乙未恩科

蔣聯輝

道光十九年己亥科黄康榜

連奏鳴第十七人

道光二十九年己酉科

郭其艮能軒第十五人

咸豐九年己未恩科并補行戊午正科

郭開謨第一百七人

同治元年壬戌恩科並補行辛酉正科

徐廷光第二十九人揀選兵部差官

葉秉鈞第五十四人

賴其睿第一百七人

光緒二年丙子科張逢川榜

李逢元第二十七人善排解人多信服

光緒十四年戊子科

蘇義標第二十七人

張品陞第三十四人任黃坂湖洋汛把總

恩貢

賴　鉞順治間通判傳見鄭行通志作越入歲貢

王爲都舊志入歲貢

林　岱康熙間通志入歲貢

陳錫華康熙間

李獻馥康熙五十二年傳見文學

朱遴選雍正間

王致遠雍正十三年乙卯傳見方技

張應宿乾隆十五年庚午爲文長於說理

許文相乾隆十六年辛未

鄭元學乾隆二十六年辛巳

溫廷遴乾隆三十六年辛卯

陳先疇乾隆四十四年己亥

陳　鵬乾隆五十年乙巳

周象賢乾隆五十六年辛亥

連明遠嘉慶二年丁巳

蘇　璉慎齋嘉慶四年己未署安溪訓導省志見孝義傳

溫高脩嘉慶十四年己巳傳見文學

連　森嘉慶二十四年己卯

鄭金生嘉慶二十五年庚辰

連步墀道光元年辛巳

蘇煥章 繼和道光二十五年乙巳

鄭　祐 丁峯咸豐元年辛亥

蘇霦海 咸豐三年癸丑負才不羈詩筆挺拔

許維嘉 咸豐五年乙卯羅源教諭

蘇增光 益齋咸豐十年庚申

陳　義 信夫同治元年壬戌

賴　梓 同治五年丙寅

陳秉正 薰南錫子同治十一年壬申

郭觀海 景南光緒元年乙亥

郭人龍 雨如光緒五年己卯

張大文 世緯光緒七年辛巳

蘇炳玉 光緒十五年己丑

徐際雲 少會光緒十六年庚寅

周重煥 光緒二十六年庚子

曾德章 翰章宣統元年己酉

郭青雲 厚卿宣統二年庚戌

拔貢

丁　檣 順治間歷任連江永春教諭陞興化教授舊志州志俱作歲貢今據省志改入

林次瑛 康熙間知縣

郭宏猷 康熙己卯貢見副榜

鄧啓元 雍正元年癸卯見舉人

李宸鏗 乾隆五年庚申傳見文學

鄧金文 乾隆四十二年丁酉廣西萬承州州同擢養利知縣陞南丹州知州傳見治行

鄭秉才 乾隆五十四年己酉見舉人

王　檢 嘉慶六年辛酉見舉人

蘇履吉 嘉慶十八年癸酉歷甘肅崇信知縣調敦煌知縣遷安西直隸州知州傳見治行

李維錕 道光五年乙酉

徐玉光 道光十七年丁酉建陽教諭

陳秉珩 秉珪弟道光二十九年己酉

鄭　祥 謹庵咸豐十一年辛酉海澄教諭傳見孝友

李紹祖 維錕子同治十二年癸酉

蘇春元 子溫光緒十一年乙酉署南安教諭宣統二年以民選任福建諮議局議員

陳　善 學賓光緒二十三年丁酉就職州判分發陝西署延安府照磨代理膚施知縣兼理教諭

陳福忠 孝廟宣統元年己酉

曾揚輝 星齋宣統元年己酉

副貢

黃翼蕙 康熙十一年壬子科

李雲文 康熙三十八年己卯科歸化教諭

郭宏猷 康熙四十一壬午科以拔貢中

李淑度 康熙四十七年戊子科趙州州判傳見治行

林聽爟 康熙五十二年癸巳恩科晉州州判省志作淳爟

吳超英 康熙五十三年甲午科瀘州州判

賴　源 坡孫康熙五十六年丁酉科傳見孝友

鄭熊詔 乾隆元年丙辰恩科

蔡文澮 乾隆元年丙辰恩科

徐高明 乾隆三年戊午科以五經中任萬承州州同傳見治行

涂廷覲 乾隆十五年庚午科著漁譜綴珠二卷

王菁枝 乾隆十七年壬申恩科

徐天球 乾隆十八年癸酉科見舉人

徐　昌 乾隆三十五年庚寅科任漳平古田教諭

鄭觀生 乾隆四十四年己亥恩科見恩賜舉人

莊道亨 乾隆五十九年甲寅恩科以歲貢中

顏亮采 嘉慶三年戊午科傳見文學

林　輝 道光五年乙酉科

顏文炳 道光二十年庚子科

陳　煦 咸豐元年辛亥科由歲貢中任崇安龍溪教諭署福甯府教授傳見文學

陳漢章 潛丁同治九年庚午科附叔煦文學傳

林捷成 光緒二十年甲午科

欽賜副貢

鄭瑞麟 嘉慶九年甲子科以監生賜見欽賜舉人

陳芳林 嘉慶十二年丁卯科見欽賜舉人

甘汝和 嘉慶十五年庚午科以監生賜見欽賜舉人

陳瀛皓 嘉慶十五年庚午科

陳世仁 嘉慶十五年庚午科

林夢馨 嘉慶十八年癸酉科

林薰風 嘉慶十八年癸酉科原名攀桂

陳拔尤 道光八年戊子科

許晩芳 道光十二年壬辰科

鄭樹馨 道光十九年己亥科卒年九十有一

鄭夢登 道光二十年庚子科傳見鄉行

鄉南豐 道光二十年庚子科高才博學與兄秉才齊名卒年九十

陳鴻圖 道光二十四年甲辰科

顏金銘 道光二十六年丙午科

江思成 咸豐二年壬子科

鄭光篆 咸豐二年壬子科

陳祝三 謙華同治元年壬戌科

徐重華 明山同治二年癸亥科

鄭黻 同治四年乙丑補甲子科

陳其志 同治四年乙丑補甲子科

李克承 同治四年乙丑補甲子科以監生應鄉試恩賜見欽賜舉人

張成仁 同治六年丁卯科

葉慶 同治九年庚午科見欽賜舉人

鄭彰施 同治九年庚午科

張大年 世仕同治九年庚午科

連錫書 草堂同治九年庚午科

連步雲 占峯同治九年庚午科光緒十九年百歲旌表建坊

李朝陽 迪金同治九年庚午科署教授與殿撰魯啓受業焉

廖鼎元 友千同治九年庚午科見欽賜舉人

陳德和 同治九年庚午科

黃大陞 同治十二年癸酉科

張文炳 光緒元年乙亥恩科

鄭明三 光緒五年己卯科見欽賜舉人

馮峻德 光緒十四年戊子科

陳嘉猷 道南秉正弟光緒十四年戊子科見欽賜舉人

歲貢

陳素蘊 順治間通判傳見文學

徐燮鼎 漳州教授省志作訓導

曾爲履 知縣

方今泰 傳見鄉行

郭孕嶷州判
林鳳翀
甘九疇古田訓導康熙間秉署縣篆傳見文學
鄧孕楷省志闕
溫舜華康熙間崇安教諭傳見治行省志羅源訓導入府學
黃翼鑾康熙四年乙巳汀州訓導
林　勃
呂筠奏省志闕
曾楚材
張　巖
陳　澍康熙三十五年丙子傳見文學
李　翃
張其羽

李其纘
張　佺
李喬鍾雲階子順治庚子傳見孝友
丁　煒湖廣按察使俱順治間
黃中燮省志南靖訓導遷南平教諭入府學
鄭振世傳見文學
林　岳
丁士鰲省志作士鼇
丁　舉康熙二十六年丁卯
鄭生洲
曾　耀
鄧國對
李蘇成

連登瀛康熙四十六年丁亥

陳　栻澍子康熙四十八年己丑

鄭應驥振世子康熙五十年辛卯傳見文學

黃緒昌康熙五十二年癸巳

林　昺康熙五十四年乙未傳見鄉行　通志作炳

呂士銓康熙五十六年丁酉省志光澤訓導

賴　銓康熙五十八年己亥永安訓導傳見治行

陳　檟澍次子康熙六十年辛丑省志作瓆誤

丁奇崑雍正元年癸卯

鄧濟美雍正三年乙巳省志作姓鄭誤

鄭　暹振世孫雍正五年丁未傳見文學

顏嚴艮雍正七年己酉

劉元鐔雍正九年辛亥傳見文學

蘇　灤雍正十一年癸丑

溫玉斗雍正十三年乙卯

林志棟乾隆二年丁巳

賴德宣乾隆四年己未省志闕

連如璋乾隆四年己未建寧教諭傳見治行

徐　灝乾隆六年辛酉傳見文學

鄭惠琇乾隆八年癸亥龍巖訓導傳見治行

陳開材乾隆十年乙丑漳州諸羅訓導

林超鳳乾隆十二年丁卯松溪訓導傳見治行

林天麟玉程乾隆十四年己巳

溫玉衡乾隆十六年辛未浦城訓導傳見治行

許雲騰乾隆十八年癸酉候官訓導

溫廷掄乾隆二十年乙亥羅源訓導傳見治行

連天然號階子乾隆二十二年丁丑甯德訓導見治行

周維新乾隆二十六年辛巳沙縣訓導傳見治行

曾聯魁乾隆三十年乙酉

易文元乾隆三十四年己丑

徐筆金乾隆三十八年癸巳

陳繼美濟亭乾隆四十二年丁酉

蘇寅斗號國弼良英兄乾隆四十六年辛丑

莊道亨乾隆五十年乙巳見副榜

林德遇乾隆五十四年己酉省志作德邁

李濬露溪乾隆五十八年癸丑漳浦訓導傳見文學

郭大來嘉慶二年丁巳見舉人

葉金嘉慶六年辛酉

鄭棟雲嘉慶十年乙丑

顏學憲乾隆二十四年己卯尤溪訓導

鄭英才乾隆二十八年癸未

蘇誕登元氣乾隆三十二年丁亥長樂訓導

陳洪照乾隆三十六年辛卯傳見文學

許登俊乾隆四十年乙未

蘇良英國豪乾隆四十四年己亥邵武府訓導

陳名世濟候乾隆四十八年癸卯

黃維城寧川乾隆五十二年丁未

李麟書乾隆五十六年辛亥

陳光勳號雲龍先疇子乾隆六十年乙卯

方鵬南嘉慶四年己未

顏宗魯嘉慶八年癸亥傳見文學

陳超然嘉慶十二年丁卯傳見文學

郭黃中 理齋嘉慶十四年己巳附父耆壽傳
徐鳴岐 嘉慶十六年辛未
葉　珠 還浦嘉慶十八年癸酉署建安訓導授清流訓導有學行工草書
林日升 恆岡嘉慶二十年乙亥
黃文華 研田嘉慶二十二年丁丑工小楷
徐景雲 慶堂嘉慶二十四年己卯詩多清新
蘇復三 道光元年辛巳
徐　洲 道光三年癸未傳見孝友
曾國華 舒文道光五年乙酉
連　經 緯堂道光七年丁亥
溫尚志 道光九年己丑
蘇大文 茲堂道光十一年辛卯傳見文學
許銘新 警堂道光十三年癸巳武平教諭
鄭宗周 榮盛道光十五年乙未
蘇礪金 磨亭道光十七年丁酉
李鴻章 希文道光二十一年辛丑漳平閩清教諭傳見文學
陳　錫 希三道光二十三年癸卯
蘇大德 道光二十五年乙巳
鄭兼養 道光二十七年丁未
陳　煦 惺齋道光二十九年己酉見副榜
鄭　灉 清渠咸豐元年辛亥
溫承憲 咸豐三年癸丑崇尚程朱出言不苟
陳秉珪 師周咸豐五年乙卯博學尤工詩賦
李登岱 卓宗咸豐七年丁巳附祖濬文學傳
賴景祥 麟徵咸豐九年己未
賴邦輔 咸豐十一年辛酉

林觀瀾泰浦同治二年癸亥
連宗憲同治四年乙丑
賴瑤光斗南同治六年丁卯任福州訓導
賴其祜子受同治八年己巳
黃開瑞渭川同治十年辛未傳見孝友
黃立德魯川同治十二年癸酉有孝行
陳德先禹卿光緒元年乙亥
吳揚帆光緒三年丁丑
張大邦樹門光緒五年己卯邃性理工楷書
許大銘光緒七年辛巳
蘇冠瀛梅友光緒九年癸未
羅蔭槐光緒十一年乙酉
鄭永年棒堂光緒十三年丁亥傳見鄉行
周成裕厥如光緒十五年己丑
陳登泰拔亭光緒十七年辛卯
郭書田硯秋光緒十九年癸巳
許咀華維嘉子光緒二十一年乙未
陳　修光緒二十三年丁酉
涂獻瑞警軒光緒二十五年己亥代理長樂教諭
顏蘊章光緒二十七年辛丑見孝友方正
陳維善傑齋光緒二十九年癸卯署惠安教諭
蘇得程搏南光緒三十一年乙巳
葉　炘印吾光緒三十三年丁未
方雲章光緒三十三年丁未
郭達材希淵宣統元年己酉
王慶元宣統元年己酉

蘇瀛洲 薰吾宣統三年辛亥　周維馨 宣統三年辛亥

畢業生

葉敏 宣統二年全國師範選科畢業

賴雄西 宣統三年全國法政文科中學畢業

賴錦文 宣統三年全國法政文科中學畢業

右清進士七人明通進士三人會試欽賜職銜五人舉人六十四人欽賜舉人一十三人武舉四十二人恩貢三十五人拔貢一十八人副貢二十二人欽賜副貢三十五人歲貢一百三十六人中學以上各校畢業生三人

論曰士之服儒服誦儒言者遍邦域矣書升論秀其得與於選造之數者可按籍稽也登斯版者固足慶其遇之通亦將求其實之副也宜何如自勉歟

薦辟

漢詔舉孝弟力田唐勅州郡每歲察孝廉秀才宋司馬光爲相奏使有位達官各舉所知設十科取士嘉定間猶行之元皇慶二年八月詔天下州郡縣於諸色戶人察舉孝廉賢良方正明洪武六年詔行辟薦其目有經明行修有懷才抱德有賢良方正有人材有孝廉令所屬正官選求名實相副者咨送吏部聽用後雖暫停亦間有舉之者至淸雍正六年十月令內外臣宰相以下知縣以上各舉一人至京引見錄用不中選者罷歸自七年二月至八年二月舉又令各省學臣保舉賢良方正優生咸豐元年以後每遇登極令各郡縣保舉孝廉方正督撫覈實具題其樸實拘謹無他技能者給以六品頂戴有才德兼優逾格保薦者送部考試任用光緒三十二年以科舉既停令各省督撫保送舉貢赴京會考第其高下分別錄用爲舉貢疏通出路三十四年令各省提學使考取選士一等以巡檢用二等以典史用生員亦有出身之路矣

明

陳仁山 洪武五年任湖岳二州魚課提舉司 傳見文學

鄭庸 永樂間以監生知鉛山縣舊志缺今據永春州志補入 傳見治行

李宗厚 以明經舉任麗水縣丞

蔣伯起 歲貢生以孝廉舉新喻縣丞

黃震 以明經舉任新淦知縣

賴以仁 以明經舉任沂水縣丞

涂宗仁 以人材舉任平樂知縣

張賢 以人材舉任澄邁知縣

清

孝廉方正

涂玉光 飛亭附生咸豐元年舉任長樂訓導福安教諭

郭克明 子誠附生咸豐二年舉

江其祥 瑞軒附生咸豐二年舉

蘇邦翰 廷憕附貢生同治元年舉署歸化教諭

顏蘊章 歲貢生宣統元年舉

張玉光 附貢生宣統元年舉

論曰明清專重科而薦辟弗常行蓋上以實求下以名應不疑於私則失於蔽舉人者與舉於人者兩受其責故難之而輒廢之然其法固古鄉舉里選之遺也德邑膺薦者不過十餘人表之以見當時取人之典

掾吏

明

李天敍浙江嘉興典史
凌　高鎮洋衛經歷傳見治行
王國範彭城衛倉大使
李熙卿威遠衛經歷
周　行江西大庾典史
李　茂加納知事
王問臣江西贛縣縣丞永春州志作問仁
周　暠甯波衛經歷
凌雲彬縣丞
凌　永主簿
李茂春山東鄒縣典史
凌　袠營山縣主簿
陳　高吏目
李日英江蘇如皐典史
蘇　鑒典史
李　蕙四川脊神典史
張　鸞江西南昌典史
陳　機四川巫山主簿
蘇　鸞巡檢
林大標廣西崇善典史
陳文卿四川金堂典史陞巡檢
周可久山東單縣主簿
林繼盛清溪巡檢陞翁源縣丞
郭應文梅頭巡檢
劉五經徽州府經歷
連雲冲山西平定州吏目州志作平安誤

周　璽四川府經歷　　劉五雲臨淮典史

清

郭　藎內黃縣丞　　趙奇鼎沿海司巡檢 以上二名舊志闕見州志

論曰明清入仕之路廣矣而銓衡資格牢不可破邑之以掾吏仕者秩皆弗顯績亦無聞豈安小就者畫地而趨耶抑官人者預爲之畛域雖有長才末由表見歟

援例

援例出身者貲算入官昉于西漢唐宋間行多由軍興明景泰三年邊警始令生員納粟馬得充監暦滿一體注選清康熙中以軍興開例後或因水利兵荒而酌舉之如營田東賑江賑川運豫工諸途道咸同光以來內患外憂帑藏支絀則直以名器爲貨利名目尤多德邑俊秀應捐頗衆惟偏考各郡邑志援例一門必已登仕籍選授官地者方得載入今則因清末之濫凡捐職之代理官缺者量爲彙錄於選授之後武職亦如之惟未任

者從闕云

清

蘇文明乾隆間由監生捐縣丞歷署臨桂縣丞賓州州同陞貴縣知縣授順德知縣

蘇邦憲乾隆間由監生授陝西鳳翔縣丞署岐山縣三十五年以軍功議敘委署安塞知縣旋告養歸

陳德潤亭乾隆間由廩貢任永定建寧縣訓導

陳義燦俊軒乾隆間由廩貢任建寧府訓導

陳義熾乾隆間由附貢任宣城主簿好義捐設義塚鄉人德之

許鵬程有木嘉慶間由廩貢歷署興化建寧訓導

陳炳文嘉慶間由廩貢任南靖訓導署竹江教諭

蘇萬青最山道光間由廩貢署漳浦訓導

蘇履至道光間由監生捐縣丞歷署永安河源知縣

蘇壽椿道光間由監生捐府經歷分發廣西署貴縣典史

蘇壽檯道光間由監生捐布政司照磨分發甘肅署西寧州州同

郭鳴遠九皋道光間由廩貢署永福訓導

鄭時章甫咸豐間由附貢署候官縣教諭

周允恭秀謹咸豐間由廩貢署連城縣教諭

蘇有焜咸豐二年由監生捐縣丞分發浙江署烏程知縣

張樹德友元由附貢署尤溪訓導

黃慶熙咸豐九年由附貢任同安訓導

莊克家道亭子同治間由廩貢任尤溪縣教諭

蘇有燗光緒元年由監生任江蘇上元典史

蘇震東少熙光緒間由增貢署嘉義教諭臺灣教授

鄭和邦時子光緒間由廩貢歷署福清同安清流安溪惠安教諭傳見孝友

蘇慶元吉甫光緒二年由廩貢歷署漳化臺灣鳳山教諭授霞浦訓導兼福甯府教授

蘇宗仁　讓甫光緒二年由廩貢任建陽訓導署莆田永福教諭

莊慶元　克家子光緒三十三年由廩貢署侯官教諭

張大章　亦華光緒間由附貢署侯官閩清教諭

查奪錦　汝標廩貢加捐代理泉州府學

徐玉書　宗猷附貢加捐代理仙遊縣學

蘇慶升　佐堂附貢加捐代理福鼎縣學

馮　修　亨保附貢加捐代理同安縣學

鄭和金　揚玉附貢加捐代理平和縣學

林慶瀾　海門增貢加捐代理惠安縣學

曾朝宗　海亭附貢加捐代理光澤縣學

蘇大剛　潛亭附貢加捐代理晉江縣學

蘇其德　學玉附貢加捐代理興化府學

孫廷玉　崐山附貢加捐代理泉州府學

蘇宗海　光緒間由監生捐雜職十四年任湾遠縣廵檢卒于官

林慶雲　霞屏光緒間由增貢以勞績署屏南閩清龍溪教諭

蘇冠英　杰卿光緒間由附貢署建寧安溪教諭

蔡煥章　蘊吾廩貢加捐代理安溪縣學

許式文　雲峯廩貢加捐代理泉州府學

蘇際時　敍齋附貢加捐代理福安縣學

鄭　焜　朗齋附貢加捐代理龍溪縣學

鄭啓勳　弼徐附貢加捐代理霞浦縣學

張振聲　少華附貢加捐代理南安縣學

顏玉麟　璠卿附貢加捐代理建寧府學

徐玉哲　宗賢附貢加捐代理安溪縣學

曾德元　汝士增貢加捐代理泉州府學

林慶揚　秀時廩貢加捐代理泉州府學

鄭福星由監生捐縣丞代理本縣典史

論曰爲政以得人爲先然資格之限古今所慨故廣其途以羅致之務得人也清自康熙中始開捐例其時士重甲科捐者尚少迨道咸間捐例屢開入仕較易光緒以來尤濫士之抱才未遇者咸欲以是進要之策名委贄必思有以樹立仰副國家任用之心不徒以綬若印纍爲宗族交遊光寵焉則得矣

武弁

明

徐友智武生洪武間南京留守左衛

梁國材天啓七年任四川成都府守備

賴謙汝爲崇禎間授台州千戶陞都司

清

江標順治間任江西南昌城守兼管水師游擊終山西大同總鎮

林鉞任江西萬安守備陞信豐岸石寨游擊

李鵬瓏康熙間任河南開封襄城游擊封懷遠將軍

李鵬進康熙間任游擊

以上舊志俱闕

蘇弈楠 乾隆間由行伍任廣東新會左營

蘇弈生 道咸乾隆間由行伍任金門把總

蘇弈文 道咀乾隆間由行伍任廣東守備陞平海參將

蘇尙功 周道乾隆間由行伍授千總隨征臺匪黃教有功陞閩安右營都司

蘇隆鳳 周岐乾隆間由行伍任金門千總

蘇英喜 中心嘉慶間由行伍任金門右協

張安國 咸豐間以隨勦延羅功奬六品軍功授大田把總

陳世恩 光緒初以軍功任臺灣艋舺營守備

賴澄淸 光緒間歷任延平尤溪把總

葉猷 武生光緒二十四年以軍功任大田縣城汛

郭春輝 武生光緒間以軍功任南安店頭汛

蘇有音 光緒間以軍功任永春湖洋汛

郭宗輝 宣統元年以軍功歷任永春大田城汛

章逢成 代理大田桃源汛

蘇澄雲 晉江定光庵汛

顏錦堂 代理晉江五堡汛

賴逢恩 代理大田桃源汛

章逢陞 代理大田縣城汛

章逢高 代理大田縣城汛

蘇辰輝 武生代理黃坂汛

蘇貴陞 武生代理大田縣城汛

林振烈 代理同安下店汛

蘇玉經 代理蚶江汛

蘇如金 武生永春湖洋汛

陳祖德 武生代理永春州城汛傳見懿行

江聯善 代理大田縣城汛

葉廷品 武生永春湖洋汛
温啓東 武生本縣城汛
陳景銘 代理大田桃源汛
張春陞 本縣城汛,永春湖洋同安下店等汛
郭亮和 永春黄坂汛本縣赤水汛
林鳳鳴 大田桃源汛
蘇其章 仙遊縣城汛
蘇品高 本縣城汛
蘇蟾宮 武生本縣城汛
徐允恭 代理本縣城汛
陳養 本縣城汛
梁其章 永春湖洋汛
陳志隆 閩清縣城汛
林仲篪 代理永春湖洋汛
徐嵩高 武生代理永春黄坂汛
張春霖 代理閩清縣城汛
王景洪 代理同安灌口汛
方煥文 代理大田縣城汛
黄祥和 代理閩清縣城汛
王慶昌 代理大田縣城汛
鄭登青 代理竹江五堡汛
鄭建勳 代理永春黄坂汛
鄭澄良 代理泉州城汛
鄭維馨 代理本縣赤水汛
蔡石海 代理永春黄坂汛
郭書升 由軍功任惠安洛陽汛大田桃源汛

郭大欽代理本縣城汛

封廕總論

唐宋皆有廕而無封至明始封廕並舉有清酌明舊制凡一命以上遇覃恩則皆得以己爵顯榮其先而品之崇者子若孫席其餘庇咸得策名清時亟圖建樹教孝教忠典至隆而恩至渥也

封贈

凡生存曰封沒後者曰贈五品以上爲大夫曰誥封誥贈六品以下爲郎曰勅封勅贈一品官得封贈曾祖父母祖父母父母并本身妻室誥命四軸二三品官得封贈祖父母父母并本身妻室誥命三軸四品官至七品得封父母及本身妻室誥勅二軸八品以下止封本身勅命一軸其願以本身應得封典貤封者俱准其貤封并有願貤封其伯叔兄弟及外祖父母岳父母舅父母者亦准其貤封向例一官而遇數次覃恩卽可請封數次今則一官只許請封一次後則不能也

宋

林　程 以子揚休貴贈朝請郎祀鄉賢有傳

明

凌天德 以子輝任監察御史贈文林郎傳見孝友

丁日造 以子啓濬長沙推官贈如其官舊志闕今據州志補入

鄭　楊 以子沛任戶部主事封承德郎傳見鄉行

郭　琛 以子維翰貴封文林郎臨江府推官祀鄉賢有傳

李　繁 以子雲翀貴贈奉政大夫傳見孝友

賴　熑 歲貢生四會知縣以子竣貴封翰林院檢討祀鄉賢有傳

鄧　濂 歲貢生以子孕槐貴封監察御史傳見孝友

清

李廷佐 以子道泰任開化知府贈中憲大夫

林朝薦 以子汪達任南部知縣贈文林郎傳見文學

王嘉賓 以子維斗任臨漳知縣贈文林郎

陳文灼 以子應會任南寧知縣贈文林郎傳見孝友

鄧　熾 以子啓元貴封翰林院編修傳見隱逸

賴　異 以子銓任永安訓導贈修職佐郎傳見孝友

陳高策 以子義熾任宜城主簿贈登仕郎傳見孝友

蘇世宇 以子弈文任平海參將贈武義都尉

溫玉注 以子廷選任古田教諭贈修職郎

王廷儼 以子必昌任鄖西知縣贈文林郎見耆壽

曾中興以子西元任紫陽知縣贈文林郎

陳洪璉以子開材任漳州訓導贈修職佐郎傳見鄉行

顏天駙以子瑛任長樂教諭贈修職郎

李光黨以子吉任南平教諭贈修職郎

陳義煥以子德任永定訓導贈修職佐郎傳見鄉行

蘇際盛以子邦憲任鳳翔縣丞貤贈修職郎見耆壽

鄭振盛以子鴻儒任漳平教諭贈修職郎

溫聖儀以子玉衡任浦城訓導贈修職佐郎

顏天德以子學憲任尤溪訓導贈修職佐郎

溫玉麗以子廷掄任羅源訓導贈修職佐郎

連雲階廩生以子天然任甯德訓導贈修職佐郎傳見文學

周泰三以子維新任沙縣訓導贈修職佐郎

林庠瑞以子超鳳任松溪訓導贈修職佐郎

蘇亦久以孫調羹任沙縣教諭贈修職郎

蘇于魁以子調羹調臺灣訓導贈修職郎

徐必濡以子天球任崇安教諭贈修職郎

林于周以子鼎梅任南平教諭贈修職郎傳見鄉行

鄧師好以孫金文任萬承州州同贈儒林郎傳見孝友

鄧清飈以子金文任萬承州州同贈儒林郎

徐東伯以子昌任古田教諭贈修職郎

蘇明裕以子璉任安溪訓導贈修職佐郎

許和廷以子鵬程任興化府建寧府訓導貤封修職佐郎壽九十有三

蘇二酉庠生以子文華任永福教諭贈修職郎

鄭秉鉉以子兼才任閩清教諭贈修職郎

鄭秉銈庠生以姪兼才任建寧教諭再遇覃恩貤贈修職郎傳見文學

鄭文詩以弟兼才任安溪教諭貤封修職郎

鄭似錦廩貢以弟兼才任臺灣教諭再過覃恩貤贈修職郎傳見文學

郭啓文以孫鳴高任吏部主事贈承德郎晉贈朝議大夫

郭玉輝以子鳴高任恩南知府贈朝議大夫

郭玉章以姪鳴高任監察御史貤封奉直大夫

蘇元掇以孫履吉任崇信知縣贈文林郎

蘇嗣武精醫術診脈能知人壽夭貴賤全活甚多以子履吉任崇信知縣贈文林郎晉贈奉直大夫

王德洪庠生以子儉由教諭任建安訓導贈修職郎傳見孝友

葉有光以子殊任清流訓導贈修職佐郎

陳芳林欽賜舉人以子程暉任侯官教諭贈修職郎

鄧子渟庠生以子夢鯉任江寧同知贈奉政大夫

鄭近光以子泗任建安教諭贈修職郎

蘇明雲以子萬青任漳浦訓導贈修職郎

陳呈雲庠生以子秉珩任閩縣教諭贈修職郎

陳渾以子煦任祖溪教諭贈修職郎

鄭爲章以子祥署海澄教諭貤贈修職郎

蘇振揚以子邦翰署歸化訓導贈修職佐郎傳見鄉行

鄭疇豐以子時署侯官教諭貤贈修職郎

徐連登以孫廷光選兵部差官贈如其官

徐鉅吉以子廷光選兵部差官贈如其官

蘇其章以子震東署嘉義教諭貤贈修職郎

蘇龍青以子慶元任霞浦教諭贈修職郎

蘇捷三武生以孫春元署南安教諭欽加五品銜贈奉直大夫

蘇守義以子春元署南安教諭贈修職郎

廕襲

廕襲古謂之任子自漢迄唐廕者尚少宋則任子之恩數太濫矣明任子始有限制至清復斟酌盡善非二品以上不得濫邀其或沒於王事推恩卹錄者曰難廕則又不拘品格矣廕例先長子長子或仕或故則以次及衆子或并及其孫酬庸報功誠法良而意美哉

宋

蘇洸 以父欽廕知州傳見治行

明

丁樾 以父啓濬廕都察院照磨

丁棨 以父啓濬廕入太學

論曰尚考漢書封典無聞惟傳太尉張酺之父自田里詣京邸郡僚奉觴上壽而已蕭育馮野王席以父廕垂稱唐李德裕亦由任子起家自宋迄明典制昭焉清仍其制是亦策勵有功之一道也

德化縣志卷十四五

人物志一覽表 忠烈隱逸 鄉賢僑寓 治行方技 文學釋道 孝友耆壽 鄉行列女

忠烈七人

五代唐

鄭昭祖

宋

蘇十萬　陳蔚

清

黃琮　王世爵　范作霖　蕭懋杰

鄉賢一十三人

唐

顏仁都

宋

林程 蘇欽 鄭輪

明

淩輝 林茂 鄒絢 單輔 郭琛

鄭沛 賴孔教 賴熑

清

鄭秉才

治行 五十三人

宋

林洽 林瀛 蘇洸

明

鄭庸 陳灝子中立 涂允寬 陳伯容 陳石

林榕 林棟 林樞 淩高 王雍

李雲階子喬楫 喬霖 章時學 郭維翰 柯應鳳 張士賓

鄭燿 林熼 賴垓

清

鄧孕槐 李道泰 丁煒 溫舜華 林汪遠

林模 謝青鍾 王維斗 陳應奎 顏天球

李淑度 徐高明 王必昌 曾西元 曾重登

顏瑛 溫廷選 賴銓 連如璋 鄭惠琇

鄭秉鈞 溫玉衡 林超鳳 周維新 鄭鴻儒

溫廷掄 連天然 鄧金文 李吉 郭鳴高

鄧夢鯉 蘇履吉

文學八十一人

宋

蘇總龜 黃龜朋 張元德 陳文叔 張應辰

鄭起東

明

陳仁山　余英　詹湉　林珀　林際春

黃龍御　林檳　林燦　劉五倫　鄭湜

清

鄧爔　陳素蘊　林朝薦　涂漢登　甘九疇子重綖

鄭振世　李鼐　蕭弘棵　陳澍子檳栻　鄧薰

鄭應驥　李獻馥　鄭暹　劉元鐔　林易

鄧啟元　甘可怡　黃憲文　林昱　鄧楠

李志昱　李宸鏗　徐灝　曾志沂　林德龍

連雲階　李志易　鄭大夏　陳洪照　徐高士

劉世賡　徐天球　徐實穧　連步青　溫彥三

劉鵬霄　鄭秉銈　連光鰲子士荃　李濬孫登佾　郭大來

顏亮采　顏宗魯　陳超然　溫高脩　賴余濟

鄭似錦　方以鎮　陳祥光　王檢　林觀生

陳向榮　鄭泗　賴景祚　黃鳳儀　賴其瑛

蘇大文　蘇新猷　黃汝翼　鄧遂青　李鴻章

陳煦（姪漢章）　郭尚品（子學渭）　蘇允恭　陳文煅　鄭育

孝友（五十二人）

宋

張興渭

明

王三聘　淩天德　徐應昌　周大烈　李繁

鄧濂　林謏　林朝陛

清

徐覲　林鵬搏　曾猶龍　李喬鍾　謝猶龍

劉鈺　黃家焆　連城琯　徐士萬　劉元鍾

陳文灼 賴源 邱孔威 賴異 鄭由吾
陳南金 章文燡 陳高策 劉玉麟 陳天溱
鄧師好 李雲從 鄭元淡 郭殿拔 王德洪
郭殿選 蘇應芹 鄭克幅 郭占葵 鄭觀生弟觀瀾孫品
徐洲 蘇作兌 郭元芳 郭維寬 鄭祥子泰度
黃開瑞 連重華 鄭和邦 郭掄品 張金丙
陳則賢 徐朗 顏邦佐
鄉行八十九人

明

林宗源 張觀盛 涂洪三 歐陽發新 鄭揚
賴光 陳一經 曾滙 周龍珪寇十六 林佳奈

清

王業烘 方今泰 陳端二 賴鉞 鄭振郁

周士極	許雲祥子元鳳	李寅球	連宏揆	李公培
李綠	陳繼賢	賴暑	徐奇勳	徐爲鄰
張隆騰	林昺	賴鼎濬	陳洪圖	陳洪璉
連士僚	陳天從子元慈	周和玉	陳義煥	陳義熾
陳有助	林泗傳	陳元泗	蘇光濤	陳元徽
危元瑤	陳其從	江棟選	許應暄	江棟材
連錫圭	溫雲從	林于周	方斌池祖鵬翥	陳深遠
陳應球	陳志春	賴汝挺	鄭存詩	羅士芳
陳行素	鄭金斗子銘鴻	陳園林弟惟源	孫起梠	陳傳侯
鄭夢登	郭士林	鄭吹笙	廿汝和	林慶雲
陳贊謀	林芳藹	李斌沈子釩	李步奎	許鉅醬許珪光劉承德
劉屏藩林榮唐羅士扣	賴瑤瑞	方宗仁子向春	蘇振揚	甘春魁
林景明	鄧正言	葉邦章	張捷選	郭棗梨子春魁其周

鄭永年 葉靑雲 陳祖德(子信及) 鄭玉堂 蘇開泰

周向榮 張德三 賴景雲 陳福祥

隱逸(十一人)

宋

黃公懋 蘇紹成 陳有仁

明

蔣應 林彝 涂允昭(兄三峯逸山)

清

鄧熾 毛一夔(子恩盛) 徐光世 黃守仁 李宗茂

僑寓(七人)

明

林文俊 俞大猷 詹仰庇 黃克晦 李廷機

何喬遠 邵光胤

方技三十人

宋

陳朗

明

連惟深　紀廷聖

清

李興禹　鄭琪　毛熹　李際雲　涂雲琳

陳洪疇　王致遠　陳原　陳雷　林揚進子良鰲

徐岳子綿卿孫弈軻　謝祈出　陳仕潯　鄭南野　陳精輝

蘇學里　鄭士駝　陳世貞　顏揚善　章垂

郭光筮　黄孚同　顏佳音　鄭迄　鄧想

許艮西　陳盾子滸孫抱

釋道一十七人

唐

僧無比（徒普惠）　祖膞和尚（師慈感）　僧無晦　僧行端

宋

僧了他　僧道徽　道張自觀　僧妙慈　僧圓通（證聖頓悟）

僧自超　僧雲濟　僧普明　道李泗

元

道吳濟川（兄隱山子景陽凱陽）

明

道徐友山　道陳甫一

清

道江士元

德化縣志卷之十四

人物志上 忠烈 鄉賢 治行 文學 孝友 鄉行

山川不改疆域依然而能使過其地者仰焉慕焉低徊不能去焉必其中大有人在也德邑流峙鍾奇代產人物景芳躅溯遺風民獻老成光幽德潛其事其文可以彪炳册書而鼓舞後起者枚舉不一謹光昭厥美類而分之得十有二門志人物

忠烈

五代唐

鄭昭祖字耿明永春志作仁貫碩傑人繼顏仁郁爲歸德場長官遷郡司馬力勸閩王歸順宋興封爲翊順侯知縣事陳居方爲之記並祀顏長官祠

宋

蘇十萬善均里人欽之裔孫宋亡破家募義兵拒元屯駐天平城羅城諸山後戰敗於水府被刺挺立不仆血漬石上朱殷不滅邑人建水府廟祀之

降乩題云不負心頂天做去大丈夫一呼十萬何妨稱兵稱賊稱霸稱王邑進士李道泰爲對云口口口立地便成好男子百鍊千迴自是可鬼可人可仙可佛邑令魯鼎梅弔以詩云十萬橫磨劍氣吞英雄成敗未須論一拳石染生前血幾錄乩遊死後魂

陳蔚清泰龍山人統軍與元兵戰敗於永春龜龍橋旣被害猶奮身馬上馳歸至南關墮其首過東關身滾馬下兀立邑人卽其地各立廟祀之

清

黄琮江南江寧人順治三年由拔貢來任知縣明年九月南寇莊廷書張益率衆萬餘圍困縣城焚獅胥塔雲龍橋燬學宮城中食罄茹草守將棄城遁琮不屈死之

王世爵榆林人提標後營千總順治十四年三月與後投誠總兵林忠戰於螺坑力盡死之瘞南關外接官亭上員山邑令魯鼎梅修其墓

范作霖籍貫失詳長福營都司咸豐三年秋林俊之亂作霖帶兵來剿與俊戰於永春湖洋力竭被執至縣不屈死之與何蕭二令仝祀昭忠祠而作霖塑像焉

蕭懋杰籍貫失詳咸豐三年五月任時林俊亂劇懋杰督官軍並鄉勇與俊

戰於永春桂洋爲倭所敗死焉後祀於昭忠祠

論曰爲臣克忠分也詎以死生論哉而見危授命士之大節立焉邑之以忠烈著者或勸逆効順或尚義勤王生而爲英死而爲靈宜其廟食勿替也若黄令君節比睢陽王千總屍裹馬革其身雖死其氣猶生表而章之與日月爭光矣

鄉賢

唐

顔仁郁字文傑爲歸德塲長號顔長官時政荒民散郁撫之一年襁負至二年田萊闢三年民用足有詩百篇傳於民間至今邑人歌之立祠於石傑鄉歲俎豆水旱疾疫必禱焉

宋

林程楊梅人慷慨尚義廣收圖史延宿儒合族子弟廩而誨之舊傳邑治有水流丁羅簪纓之讖程捐家貲買邑前瀨溪之田數十百畝具畚鍤開濬

一夕天大雷雨溪岸洋溢決流丁方子揚休重和元年成進士贈程爲朝請郎休子興宗爲錢塘令宗子洽瀛皆登第洽子延賞瀛子士英相繼貴顯四世簪纓一時稱盛

蘇欽字伯承善均里人第宣和甲辰進士除江西帥屬值贛卒叛爲帥漕晝策平之擢守巴州高宗諭之曰巴去朝廷甚遠卿務鎮靜存撫百姓欽對曰臣當宣布朝廷寬大之恩上首肯之州舊例有脚乘錢三十緡欽曰未能補公家豈敢費私帑悉封還代民輸賦改知閬州首陳利病六事復却例錢互送錢諸司以治最薦得旨再任未幾除利州路轉運判官時吳璘屯重兵於興元深加敬愛餽遺甚厚又條時政五事上之卒於成都所著有兩漢提要十卷慶元間修高宗實錄索其行狀家集奏疏並御筆進之子洸孫權國蘭從姪總龜熹孫稟相繼登第五世簪纓

鄭輪字景行翊順侯昭祖裔孫也第嘉泰二年進士尉保昌時獲強盜不肯論賞曰人命可易官乎遷龍南令邑上鄉隣山峒舊不輸租一日數十輩

以長鎗挈錢而至吏驚怪詰之曰聞有好長官願爲王民秩終民愛之遮送塞道再知南城縣會盜發諸邑擾動輸悉意拊循無一附賊者甫代去而邑被兵人謂行善之報歷廣東運司主管文字辟知循州卒

明

淩輝字邦輝幼穎悟過人永樂壬辰進士任廣東道監察御史尋以風采改河南道端謹持憲擢江西按察副使儆官邪明法度振飭風紀民安俗正屢從文皇帝征伐與修大明一統志兩膺誥勅復纂修德化縣志明代邑之登第者自輝始

林茂字盛之坊隅彭坑人正統八年由歲薦知廣東儋州民愛戴若父母爲之頌曰茂林無虎豹儋海有鳳鸞丁內艱服闋補廣西吉州知州値己巳之變蒙難輸邊死於王事

鄒絢嘉靖甲子舉人廣東四會縣知縣人稱丁溪先生

單輔號巖泉高洋鄉人少力學從李文節遊由恩貢授廣東合浦知縣淸介

自矢執法不阿履任六年不取合浦一珠陞平樂通判解綬家居無臧獲妻自炊客至使子傳茶飯李文節高之爲舉鄉賢其在合浦也奉文丈量多代田豪家餽金數千請半丈不聽悉丈之朝廷按盜珠事下縣覈祈免者入珠盈斗不受以實報竟誅其黨其志節可概見矣

郭琛字世深號奇園駟高橋人多財好施嘗出遊獲遺金待其人驗實還之如是者二一造龍津橋旋燬於火復傾囊再建道路有傾圮者砌築之以子維翰爲臨江府推官膺封典年九十無疾而逝

鄭沛字原甫號渭初聰敏沉潛垂髫遊泮即恩選入都萬歷甲午魁麟經戊戌成進士選計曹給歸省親見邑先輩及同學謙冲敦摯絕無新貴容初任管崇文稅課兼四門諸差茹冰蘗惠商民清德著聞與當時立名者稱天下六君子焉嗣督昌平糧儲及客主兵餉護陵寢供湯沐時詘極苦心經營志操彌厲年三十二卒於官朝野惜之太常李鳳岳誌其才通敏而心甚虛氣冲粹而骨甚正宮庶黃九石述其胸羅象緯而無上人之心貌

若處女而有擔當之勇在朝則竭誠體國斃而後已在野則敦本勵節歿而愈光皆實錄也入學特舉祀郡鄉賢

賴孔教湯泉人事親言色無忤與兄合爨不忍析以歲薦司訓全椒愛士若子諸生新進有貧者反贄資之喪不能成禮者割俸助之殯於官易簀時囑以宦資公子姓櫬歸號送者二百餘人

賴熑號四表孔教子年少篤學性至孝隨父任全椒父卒於官扶櫬而歸擗踴哀毀行道爲之墮淚食貧教授不倦由歲薦司訓尤溪遷四會知縣出五寃獄不避權貴以子官春坊遂解綬歸

清

鄭兼才號六亭碩傑人二十五補諸生踰壯師事閩縣孟超然於鰲峰己酉陸學使錫熊考選拔貢汪廷珍爲祭酒器之選充正藍旗教習戊午授閩清教諭舉福建鄉試第一嗣歷安溪建寧再任臺灣所至以崇聖興學爲己任凡文廟殿閣明倫堂及名宦鄉賢忠義孝悌祠勷施興作雖勞勩不

憚請奬其好義尤力者祀典所不備則審稽先烈潛德請補之雖爲師儒官常急鄉國利病嘗上巡道慶保書力陳臺城浚濠不可上總督汪志伊論吏治民風械鬥辨誣三書尚書汪廷珍許其志在天下非溢美也方兼才之始至臺灣也値海寇犯鹿耳門全城震動因與當道謀守禦兼才分守郡大西門寇平以軍功擢江西長寧令辭不就在任與侯官謝金鑾修臺灣縣志以備海外文獻辛巳方伯金匱孫爾準舉孝廉方正薦之大府壬午卒於官年六十有五著宜居愈痞等集及粕餘詩集觀察姚瑩爲墓表太史陳壽祺爲墓誌道光甲申閩督趙愼畛以兼才有學行敦崇名節舉祀鄉賢祠所至各縣學亦皆奉其祠位

論曰鄉賢之有祠祀亦隆矣哉生於斯長於斯受尸祝於斯非有功德在人能膺祀典于勿替乎邑自顔公以下十三人居鄉則典型桑梓登仕則霖雨蒼生厚德豐功壽諸彝鼎光於俎豆稱曰鄉先生寧有愧歟

治行

宋

林洽字濟叔事親盡孝有文名淳熙丁未第進士知福州閩縣政尚廉勤通判鎮江府未至卒

林瀛字廣叔洽之弟慶元丙辰以明經第進士初知莞州東莞縣政績最諸邑以薦召除監左藏庫遷國子監簿知汀州卒

蘇洸善均里人以父欽廕補官爲趙汝愚張栻所重歷知雷州百姓歡迎歌曰蘇使君來何晚使我夜不寐朝不飯秩滿尋移封州首請減放丁米及經制無額之徵改辰州致仕

明

鄭庸永樂間以監生知鉛山縣禔躬廉介民信服之有事以手札召無後期者舊志缺今據永春州志仕蹟補入見薦辟

陳灝字達州陳吳人成化二十二年由歲貢司訓曹州丁艱服闋補從化縣

訓肅學校定課程所取士多登第志行廉潔致仕歸囊槖蕭然長子中立學問淵奥嘗從蔡虚齋講易膺嘉靖三年歲薦授仙居訓導師範端嚴人稱喬梓儒宗

涂允寬字畏吾小銘人由歲貢授江西武寧訓導尋陞巴東教諭課士有聲擢四川夔州府教授署大甯知縣兩載愛民如子宦槖風清齋廚供給外惟左右圖書而已陞王府長史卒於官

陳伯容字仁卿尤中里人嘉靖歲貢入南都授潮州府訓以課士最績遷江西南豐教諭捐俸葺學宮造祭器列憲嘉之陞南豐縣令冰蘗自矢年老解綬歸足不履公庭以壽終

陳石字陽東大卿鄉人以歲貢司訓電白練達精敏有匡濟才邑舊無城屢經寇亂民遭荼毒石致仕家居請於邑令鄧景武築城保之培科榮鳳翥二文峯勸教鄉族讀書自是邑多文雅

林榕瑤臺鄉人以拔貢授縉雲訓導性廉介樂周人急時庠士樊應科童年

貧困榕賞識厚待之後樊巡按本省往候之著苧衣公服門不爲通榕俟其出呼之曰樊斗山樊驚喜下輿迎入父事之贈遺俱不受有殞人者餽五千金關節榕叱之曰殺人坐償律也能爲汝免乎樊爲表其坊曰高雅

儒宗

林楝字隆甫邑中夏林人天性篤孝父濟領歲薦入北雍歸卒於邳州楝方童稚匍匐號哭迎喪歸塋煢苦讀書就試屢冠多士邑令延而貧之不私干請以明經得選令時相欲爲營好地笑而謝之竟得樂會縣値粵寇猖獗抗守孤城設奇布伏巨魁殲焉當道妄殺要功楝嚴捍禦手釋平民千餘命全境獲安竟以抗忤被逮得白欽賜金五兩陞荆府審理正不赴歸囊槖蕭然閉戶著書杯樽接客林下二十餘年壽八十

林樞字中星楝胞弟少有氣節多材藝歲薦入都相國王錫爵申時行許國見而奇之咸延教子弟有事咨焉授南陵令置驛傳建橋梁却例金恩威並著上重而下愛之有驪歌集致仕歸杜門課子與親朋唫咏有一嘯篇

子七人嫺焌最知名自有傳

浚高萬曆中以國子生官鎮洋衛經歷時饑饉捐俸賑卹署太倉州篆有善政例當積穀取家貲補之告歸老穉百姓挽車乞留舊志缺今據永春州志仕蹟補入見掾吏

王雍字在雲紹卿人受業李廷機李甚重之以明經宰浙之雲和清慎自矢五載調富沙所首取士悉登第時服得人歸里二十餘年爲鄉祭酒邑有利病輒親别白於令復自置義租數千斤以供宗祀

李雲階字泰堂繁之子也生階晚愛之戒勿苦讀階密置燈幕中終夜不輟又不欲令離膝下竟密負笈從王天策學繼師李廷機成名士萬曆丙申應明經丁酉登順天榜始宰華容至則捐俸建劉忠宣祠恤黎公淳後各爲置祀田若干頃出寃獄按巨憝侃侃不撓歷四藩主爵己署部竟以多口量轉吉安同知鄒蘭皋郭青螺極器重之署府攝邑篆者凡九皆大著聲績盡却例金又出宦俸爲民償逋及代溯關使者復却例金五千餘臺司交薦以忤時不樂仕歸課子立社會文評論不倦有書十種行於世子

喬柑丹陵知縣次子喬霖上林苑丞六子喬鍾最知名順治庚子歲貢自有傳

章時學字爾行萬曆丁酉明經任紹興府訓導端士習正文體尋陞雷州徐聞縣教諭課徐猶課紹興也道憲稱其德量汪涵曾署徐聞縣事有白以用機智者正色曰國家以無事爲福機智何爲後陞教授辭不就職賦詩見志

郭維翰字屏叔號鍾西萬曆甲辰明通進士初任臨江府推官署四縣篆所至皆有聲秩滿課最陞廣西慶遠府同知尋補揚州府同知廉節端謹陞岷府左長史晉階解綬林下締友賦詩懷宗登極詔天下爲魏不仕者超遷三級翰與焉當事趣其行懇辭風疾不起壽七十有三

柯應鳳湯泉人賦性恬淡篤志攻苦與人交渾然不露圭角以歲薦任連江司訓課士衡文郡推冰鑑事上接下咸有矩法諸司道亟稱之卒於官

張士賓字公仕豐厚社人入貲爲國子生就銓涿州州同遷大寧都司斷事

解組歸涿州畿輔重地冠蓋絡繹貂璫據其中最易骫法士賓不茹不吐罪有不麗雖勢如山不爲動州大水漂沒民田士賓乘小舟親行勘視州民百人腰大瓢尾其後懼不虞也士賓視有災傷卽請當道蠲其租之半舊志缺傳今據永泰州志仕蹟補入

鄭耀字華斗敏達廉幹萬曆戊午任浙奉化縣主簿奉瀕海民悍未易爲坒無良輩復竊出海上私勾島夷以發難端耀至以戢奸爲己任設法窮治窟穴廓清案牘盈庭片言立折天旱步禱甘雨浹旬同鄉蘇中丞方撫浙過而異之爲咏喜雨詩有期無慾播穀且喜汔隨車潤麥肥添隴流花快到渠句蓋美之也治最陞高州府經歷解綬林下結廬高陽邑令姚扁曰仁壽卒年八十六賴侍御垓爲墓誌以表之

林爛字伯基樞之長子敏達寛厚德量汪涵試輒冠軍以明經授長州司訓長州故名士淵藪爛所甄別輿論翕然文震孟稱爲天下長者陞東安令矢志中立不阿權貴大著風采罷歸杜門不與外事年七十七卒有茂苑

雜記都荔山房詩集

賴垓字字肩天性孝友九歲能文淹貫經史由恩選捷北闈第南宫以才名爲天下重任浙之平湖縣矢志冰蘗新學宫甄拔寒畯却湖稅溢額銀節省海塘濫費汰冗役五十名峙義廪十四所復修梁庄創儲囷置義塚以革火化陋習釐剔私鹺四十萬覈清軍產百餘畝紓民瞻士吏治文學獨冠兩浙召對稱旨擢翰林院簡討轉右春坊命侍東宫講學給假省親得册藩之役晉階宗伯學士未及還朝値鼎革遂結廬瓊溪徜徉詩酒當事交聘堅以疾辭因自聯山樓以見志云皎月高懸蘿薜夜蒼天長放蕨薇春有文集若干卷子二鈖鉞

清

鄧孕槐號台生前明崇禎庚午舉人清授京李治獄明愼多平反慈惠廉直有古人風擢御史按江南上江利病纖悉皆上言輒得俞旨按畿南督屯田時眞定等十四州縣兵亂之後逋逃者多丁產貽累乃上痛哭一疏得

旨蠲免民獲更生以龍圖稱之內艱歸年甫服官而卒世咸惜之

李道泰字子交號藿思邑東沙堤人博學善古詩文下筆千言立就皆出人意表第順治辛丑進士授建昌令獎孝行振寒素革陋規蒲鞭示儆而民化之康熙甲寅軍政倥傯建昌水陸衝途聯船過馬備極勞勩吳逆倡亂嘯聚迫附泰身率兵壯設法驅逐城賴以完量移郡丞冷署冰廳家人團笑如寒士因闢地結茅于紫霄峰顏曰白厓時論方之白李草堂嘗賫俸過鄱陽逆浪折舵胥役鼓小艇請避却之曰同舟共濟豈吾獨安耶竟不動及擢滇之開化下車即除供應捐金砌路爲夷民建義學時邊徼新拓鎮營火件及里中養卒多湖南孩童掠賣者泰惻然詳請報册放歸仍量給以資斧楚人至今尸祝之卒於官所著有纓溪文集又集古十八卷曰鐸書詩有響草剩園四草南州耳鳴集滇行草諸篇

丁煒字瞻汝一字雁水居晉江祖啓濬明崇禎時刑部左侍郎贈尙書煒幼孤成童喪母順治八年弱冠補縣學生十二年定遠大將軍鄭世子統大

師克復漳州詔得便宜改置郡縣以下官且致閩士就幕下試量授職煒名第一授漳平教諭歲餘改魯山丞遷知獻縣擢戶部主事時議行閩鹽稅煒力陳不可事遂寢遷員外郎除兵部武選司郎中督理通惠河役竣仍補職方出為江西分巡贛南道時亂初定師旅驛騷調撥尠暇日煒親經度單露於郊原咸得其理務與民休息禮賢好士如不及條上所部十弊請禁革總督于成龍善之遷湖廣按察使有死囚二十餘人皆刼盜所誣者煒察其冤悉貸之俄以事謫降居寓邸會武昌兵夏包子作亂闖巡撫府刼帑藏縛命吏糧儲道葉映榴死之賊以煒為愛民官也數十輩逼其邸交刃脅偽巡撫煒皇遽棄家踰垣逸從平湖門水竇出事平補姚安知府尋復按察使赴闕道病目假歸數年卒煒刻意為詩在京師所交皆一時詞伯上下議論詩益工其集皆新城王士禎與宣城施閏章所評定文亦具體有問山詩集十卷文集八卷紫雲詞一卷此篇錄自陳壽祺東越文苑傳謂煒就幕下試名第一授教諭而舊志列歲貢未知是孰

溫舜華字啓姚仙境人學博行修由歲貢司訓羅源署永福學陞崇安教諭苜蓿白甘殫心課士貧乏者賙之所至羣沐其德教卒年七十九著有蓮萊亭集

林汪遠字希士號涵蒼桂陽人與堂弟模同登康熙丙午鄉榜嗜學績文力追古雅尤工聲律國朝詩選多登其作宰浙之雲和政簡刑清每與諸生課藝賦詩嘗繪文廟植檜重榮圖序而頌之遒鬱高古丁內艱服闋補四川南部知縣慈惠明允以老致仕著有大學皃說燕囘閒史詩删各集

林模字靖若號周木年二十一舉于鄉二十八成進士歸値耿逆倡亂賊黨橫行掠殺模集鄉族諭以大義築砦據險約束戒嚴里社以安選授湖廣興寧縣精勤廉敏力爲百姓造福以憂歸士民勒石謳思服闋補廣之普寧庚午鄉闈分校所獲皆知名士羣賀得人模曰藝文末事耳吾儒實用貴澤被蒼生也在任規晝大小必親驗年以勞瘁致疾卒於官年四十六性聰穎工諸書尤精畫事片鱗寸羽人悉珍之著有四書講章詩書易解

義

謝青鍾字宇東號斐草邑東侯池人少穎悟博覽羣籍下筆如有神尤善草書康熙壬子舉於鄉授浙江瑞安知縣革加耗省徭役却苞苴一以清白自持六載卒於官宦囊蕭然士民哀慕立祠祀之著有越山十觀怪齋史誤詩詞文集

王維斗字樞生號蓼思東西團人康熙丁卯領鄉薦任河南臨漳令苞苴悉絕獄訟持平凡有利於民者力請行之加惠孤寡嘗代贖難女數十人捐俸拓學宮基恢其舊制科名振起列憲嘉之考最遂解組歸杜門却掃風節清高

陳應奎字婁先號璧東高卿墨園人工藻翰精歧黄登康熙丙子鄉榜任直隸之南樂邑例有塡宅並菓蔬銀盈千奎至却之悉以鼎新學宮復革濫派所有奉公採買使民自供絲毫不染寒者衣之病者藥之捐俸置漏澤園數十畝歲乙未亢旱請憲緩徵者再明年又苦蝗齋素以禱蝗乃緣稈

盡斃民得有秋嘗運米通州賑濟力爭高槪大斛事聞憲韙之命如議發
賑實惠廣沾洊任七年無死獄士民繪像以祠課最內陞投簪終老年七
十八著有清音文集武夷紀遊等編

顔天球字齣圖號象巖瑤市人康熙己卯舉人忠誠淳慤授湖廣興寧知縣
猺苗雜處素梗化球以誠撫之首革重耗苗民率服旱魃爲虐露宿以禱
甘霖立沛解任之日士庶遮道扳轅

李淑度字延策東漈人康熙戊子副榜授直隸趙州州判公餘與諸生論文
賦詩陶然自得州多盜奉署州篆弭之有方民賴以寧卒于官年五十八

徐高明字恆繼號克之儒山人乾隆戊午以五經登副榜授廣西萬承州同
甫至除九甲濫派禁歛俗男女荅歌者以和姦論親死焚尸及鼓樂者以
不孝論夷民向風知義奉委款安南貢私獻悉謝絕卒於官

王必昌字喬嶽號後山有夙慧十五試入泉州府庠登乾隆乙丑進士知湖
北鄖西縣課農桑立學校至今戶口殷繁儒風丕振皆昌之力昌於吏事

極精敏任郥三載兼署竹谿劇邑不假幕僚而案無塵牘宰竹時嘗因勸農郊行見柳樹掩映溪澗中朽葉叢積因思此地民多瘖啞生癭瘤是汲飲柳毒而然乃令鑿井飲泉此病遂稀丙子分校鄉闈所得皆名下士以病掛冠百姓遮留滿道林居三十年癸亥重遊泮水卒年八十五初昌家貧力學既登賢書猶舌耕自給無力購書時從友人抄讀雖盛暑祁寒丙夜伊唔不輟所作制藝峭刻沉雄而詩詞序記諸體尤窺作家堂奥手輯邑乘又應魯鼎梅徵修臺灣縣志著有甲園內外篇文集若干卷子德洪邑庠生自有傳

曾西元字汝鳴乾隆戊午舉於鄉壬戌以明通選建寧教諭重建風教祠殫心課士手輯藏書樓詩稿四書文稿古學彙編濉山課士錄若干卷大計卓異丁外艱歸服闋應丁丑會試成進士朱邑令延爲圖南書院長日事文教足跡罕到縣門己丑選陝西紫陽知縣抵任值造縣城督率惟謹以積勞卒於官

曾重登字其岸丙辰舉人壬戌列明通榜選武平教諭後調閩縣學倡修學宮規畫盡善班選雲南平彝知縣興利除弊竭蹶奉公原羅平州有鉛廠產黑白鉛重登詳歸平彝管理大便於民地當滇黔要衝值辦勦緬匪軍務時京兵外省兵數萬過站供應無悞後再任廣東茂名知縣茂名爲高州附郭首邑政務繁雜即以治彝者治之茂人愛戴與彝等

顏瑛字繩俚霞井人刻苦力學淡泊明志乾隆丙辰恩科以五經售鄉闈選湖南長安知縣操守清白不忝官方改長樂教諭陞建寧教授所至勤於獎誘每課期自握管搆思爲諸生倡書法古勁年七十九告歸卒於家

溫廷選字萬侯乾隆丙辰恩科舉於鄉丁巳列明通榜授古田教諭考課勤篤衡文精確多士奉爲楷模致仕歸不事干謁恬如也

賴銓字簡臣桂林人以歲貢司訓永安葺學宮置祭器分清俸以濟貧士朔望課諸生拔其尤者加獎之一時成就甚多有搆訟者正言諭解終其任士無見辱於公庭致仕歸尙有擔簦就食於門下者其平生尙義急公通

邑推爲人表夫妻皆享年九十

連如璋別字璞園三舉優行以歲貢秉鐸建寧精心課士捐俸獎勵刻有濉江課藝詩義集成二書所得脩脯分潤寒士行誼載入建寧縣志致仕歸合庠奉其祠位并刋濉江祖道吟繪蘇湖教授圖以垂不朽

鄭惠琇字星望碩傑人三歲孤甫成童失恃以不及事二人爲恨自號陟瞻乾隆癸亥膺歲薦歷任邑令聘掌圖南書院十六年勤課督精品題成就最多邑推師範第一戊寅選龍巖州司訓作興庠序佐州牧舉行鄉飲禮曠典重興上臺嘉賞委攝學正七閱月以夙疾卒於官闔庠議私謚文靜著有學庸直講及恥書若干卷

鄭秉鈞字維周琇之子也登乾隆戊午五經鄉榜戊戌授河南布政司庫大使初之任值儀封一帶黃河大決動帑興大役解運支放靡不躬親其時續奉諭旨督理爲大學士忠勇公阿桂省中大吏俱移駐工塲濬庫派官協守鈞晝司夜宿累月積年敬慎如一日上官嘉其稱職旋以疾歸宦槖

蕭然著有坐言内外編嘉慶辛酉萬載辛侍郎從益爲之傳

溫玉衡字公勤仙境人篤行潛修試輒冠軍由歲貢司訓浦城振興學校培養人材一時多所成就子彥三壬午舉人自有傳

林超鳳字毓台尊美人以歲薦司訓松溪署教諭循循善誘楊道憲許爲多士楷模

周維新字岐瑞小銘人人品端方取與一介不苟刻意攻書至老不倦以歲薦任沙縣訓導講論文章每以敦行相勗沙人化之壽八十四終於官

鄭潟儒字雅文東山人乾隆丁卯以詩經中式第九人授漳平教諭敦行誼勤考課於士習文風大有振作本邑修理學署遠遞淸俸以助工役急所當務過人遠矣

溫廷掄別字允軒曾祖舜華嘗爲羅源司訓掄復以歲貢司訓是邑醇謹老成以品行見重羅之人並奉其祿位謂能不愧祖風卒年八十八

連天然別字知崖甲頭人丰裁嚴毅考古功深由歲貢司訓寧德署教諭兩

載課士敦實行倡建奎光閣首嵆自甘歸隱林下十餘年不事干謁督建鄉之凌霞橋人多重之次子森己卯明經

鄧金文號藝塘塗坂人乾隆丁酉拔貢廷試優等充武英殿四庫館行走尋改外用以州同分發廣西署南丹知州平樂知縣並著政績調補萬承州州同地屬粵西邊徼征收茶馬壯兵貢夫錢糧嚴革陋規民無騷擾講明禮教風俗一新卓異擢陞養利知州未任卒

李吉字爾迪號惠亭塗坂人以舉人歷任南平漳浦彰化惠安仙遊教諭所至勸訓迪得士心在彰化時倡建朱子祠日親督率工役不辭勞瘁尤爲當道所重

郭

鄭鳴高號藹士駟高人幼穎悟喜讀書博涉經史踰冠即以文受知督學錢福祚嘉慶己卯恩科成進士欽點吏部主政累遷員外郎轉補御史克盡言責如奏增臺灣各縣學額粵籍解額嚴禁教官需索選拔士子卷資其尤著也尋授貴州思南府綰篆三載多惠政引疾歸鳴高起家本寒素既

退休念邑士鄉會試盤費維艱乃倣宋范文正義田贍族故事捐鏹置產即以所入爲應試者分潤士林德之爲建崇義祠奉祿位以祀卒年六十有九著有經史印示兒淺說及蟲鳥吟詩稿

鄧夢經字克明別號春塘邑西塗坂人舉嘉慶癸酉鄉試己卯恩科成進士以知縣分發湖南署永順臨武知縣所至廉介自持有古人風丁內艱歸服闋調江蘇時同鄉侯官林則徐汀州楊賓爲省中大吏皆雅知經將畀以優缺經循循退讓願就常調二公益重之尋補江浦令江浦地居衝要爲大府賓使往來所必經陶尙書澍爲兩江制府知經廉令北行者皆出瓜州曰鄧令貧毋以廚傳相累也乞休歸琴鶴相隨仍以教授自給年七十四卒

蘇履吉號九齋雙翰人未弱冠以詩受知學使陳嗣龍補博士弟子員嘉慶癸酉登拔萃科廷試入選以令用籤分甘肅歷任縣州皆有惠政善折寃獄樂育人材尤爲隴西士大夫所競頌大計卓異陞廣東佛山海防廳甫

視事卒著有友竹山房詩集

論曰士當窮居草茅坐誦書史恆恨不見用一行作吏率碌碌無所表見豈盡言易而行難大都以官爲家而不留心民瘼也邑之學古入官者孰古處尙廉介自立朝迄外任風節治績翼翼隆隆嗚呼可謂不負所學矣

文學

宋

蘇總龜字待問欽從姪紹興十六年太學試中上舍優等第一三十二年孝宗登極恩賜釋褐授衡州教授累遷參淮東議幕歷廣東提舉歸再奉祠有論語解及大學儒行篇詩文雜著衍道南正派與黃勉齋陳北溪齊名

黃龜朋字益甫清泰承澤人嘉泰壬戌進士除廣西朝陽縣簿歷梧州推官廉州教授所著有周易解若干卷

張元德精於易以六十四卦再重爲易書彖象大小象爻辭繫辭說卦雜卦皆其自作筮法以土作地盤範爲天體中刻木八面畫八卦初擲得之爲

下卦再撼爲上卦視其爻辭以斷吉凶悉驗

陳文叔字元彬清泰里人博物洽聞文詞豐贍名冠太學中上舍優等後學宗師之未祿而卒著有西笑遺筆

張應辰字紹卿通經史負笈從學者不遠數百里一時名流黃霆發徐雷聞林汝作鄭起東皆受業焉有禮記解雜著若干篇

鄭起東字子震入太學明經鄉校師範肅然時論高之

明

陳仁山楊梅中人洪武壬子由薦舉任湖岳二州魚課提舉司尋致政歸恬淡瀟灑咏歌寄興人稱其有趙子昂之風著湖山野牧行於世

余英靈化里人幼聰穎日記千言輒通大意年十二補邑弟子員督學奇之難以經史隨叩立應領宣德己酉鄉薦第五人典試者賞其詞鋒若夙搆謂必老成之作及赴鹿鳴宴見之方總角耳衆咸嘆異邑先達凌侍御期以大就庚戌公車勸緩其行未幾歿于家聞者惜之

詹洧字仕潤仕高要丞與王愼中講學晚歲造詣有得於天機流動無入不自得之趣著有詩集據州志文苑補入

林珀字伯器新化尊美人幼輒嗜學隆慶中歲貢初任連江訓導庠士吳文華試屢蹶珀首拔之士論譁然吳家貧復賙之竟捷南宮官至兵部尚書人咸服其藻鑑陞龍川教諭尋授羅定州學正署州篆致仕歸巡撫孫琮奬其性資誠篤行檢清修年八十二卒三子遊庠有聲

林際春字字穉朱紫人砥行端莊賦性恬退口不道人過短學有淵源善對偶之文尤精行楷萬曆辛卯登賢書名震都下授崇義令陞德慶知州置祀田數千觔以公子姓族人德之

黃龍御字道孝號新陽邑西關後塲人食貧攻苦勵志下帷有左癖善書法工聲律曠逸清高以歲薦授壽寧訓導陞教諭所著詩若干篇傳於世

林檳字觀甫棟之從弟早歲爲諸生篤志力學不喜嬉遊氣度閒雅雖匆卒無迫遽容不事家人生產萬曆以後士子多背傳註易義尤荒檳精思十

餘年著易經正解折衷本義闡明精蘊有功後學明經歲薦廷試貧不能赴年八十餘卒

林竣字仲謨樞次子容儀修偉顧盼炯然氣節豪邁廣交遊以廩例入南雍就試祭酒溫體仁首拔之名噪一時應選州佐棄不就歸著有南再草松鱗草吹映草諸詩

劉五倫字炳日尤中科山人沈潛篤學甫成童通鑑綱目皆成誦弱冠補弟子員旋食餼好古文詞嘗與太史賴垓武定知州林鵬搏詩酒往還以恩選入太學歷試優等授州判年五十五卒

鄭湜字宇澄沛從弟以明經司訓汀州署永定所至多造就學者咸宗仰之陞貴溪令以內艱歸際鼎革家居三十餘年不入城市屢推貧筵不得已兩應之老益康矍日讀性理嘗語子姪曰聖人暮猶學易況吾儕乎年九十一卒

清

鄧爔字夏鑄孕槐子幼聰穎弱冠入泮順治戊子登賢書爲閩泉開運首舉折節嗜學無貴介氣好苦吟寒暑不輟性靈索盡卒以不壽人謂有長吉之癖云

陳素藴字思泰號賡熙高卿墨園人博學强識寒暑手不停披遇試輒居首社草試牘傳誦海内性廉潔不談阿堵物獎誘後進有片善讚揚不去口一時名士林鵬搏謝靑鍾皆出其門首領熙朝恩薦考授通判退老不仕年七十五卒孫應奎康熙丙子舉人自有傳

林朝薦字受卿謖之六子也垂髫就試邑令林大儁拔冠德軍遊庠敦孝友與兄鵬搏論文考義互相師資喜引掖後進執經問字者輕百里而來自是深山僻壤皆知讀書復與弟朝陛結廬潛山著潛山樓詩文行世年甫三十六相傳得異人授以丹預知死期無疾而逝妻莊氏矢志撫孤次子汪遠康熙丙午舉於鄉自有傳

涂漢登邑北銘山人嗜古力學經子詞賦星曆醫卜皆通習之尤善淡易教

授鄉里耄而不輟舉人林汪遠進士林模曾受業焉

甘九疇字介福龍翰人潛心力學文不加點學使吳謣齋極賞之科試拔置七邑生員第一選刋天下考卷傳播海內江南名士某讀其文欲盡得之不憚千里造訪其令人仰慕如此後以明經司訓古田兼護邑篆學者多師之卒年七十六子重熙善承庭訓康熙壬子舉於鄉著有學庸指掌

鄭振世字崇猷碩傑人有文名在庠兩舉德行物望歸之領歲薦署令張嘉善表爲理學儒宗

李鼒字梅子道泰子幼負別腸肆力於古博極羣書補弟子員屢試奪茅恩選入監肄業三載學益進不就職歸每探奇選勝輒拈韻揮毫立意渺旨大有晉人風致著塵松編燕吳遊草匡廬近草集詩話若干卷行世才華品概時論推之

蕭弘櫟字允瞻號穆亭英山霞卿人幼而穎慧弱冠入泮壓其偶制義力追王唐歲科屢冠全軍庠中推爲領袖康熙丁卯發解閩省庚辰會試首薦

房考俞長城不欲令居第二竟遭抑爲梓其文傳播輦下生平著述極富尤精青烏家言嫺歷學未第而卒士論惜之

陳澍字霖甫在坊大卿人博涉羣書工制義康熙乙亥選明經課子檳棫俱膺歲薦家學淵源時人每以三蘇目之

鄧薰字仲慈馳贈翰林院編修邑廩生孕傑次子博通經史由俊秀入國學湖廣總戎李日煋重其文學延至署課兒手作平海策五條大得機宜總戎編刋四書集註輯錄或問精義等書薰多與修纂以校字列名進呈上嘉曰儒者大學士李光地馳書招入京以繼母年老不就課子姪孫曾老而不倦受業多當代名人其尤者太史李光塽刺史李光型及胞姪榜眼啓元也

鄭應驥字延勸振世子垂髫有文名奇於數逾壯始遊庠試五壓偶康熙辛卯膺歲薦手輯宗祠祭禮善草書老而不厭臨筆精神炯炯壽九十

李獻馥字嗣升英山藍田人善屬文學使汪薇極賞之康熙癸巳領恩薦行

誼端方鄉推祭酒

鄭暹字展咸振世孫幼慧博涉彊記過日輒不忘才贍而敏每拈一題立就數藁不加點試皆前席詩古文辭自成一家言歲薦明經晚精堪輿星歷醫方著有醒集

劉元鐔字幼立小尤中人讀書過目成誦耽載籍遇異本輒倒囊棄畝以購之文規先正見賞于學使汪薇丁酉鄉闈已入彀因原卷不獲置之竟以明經老署令少府康光元扁其齋曰業紹青藜以蚤失怙故每誦哀哀劬勞之言因自號曰慕莪

林易字羲文桂陽人弱冠食餼名噪庠序每一藝出人多傳誦康熙辛卯鄉試幾得而復失遂淡視功名鍵戶著述年三十五晝夢有招遊蓬島者遂無疾而逝既殯顏色如生

鄧啓元字幼季邑西塗坂人慧根夙賦丰儀秀偉李安溪見而奇之曰此子眉如韓元少當大魁天下年十四遊庠家學淵源沈酣古典涉筆淵博奧

衍不可繩覊雍正癸卯拔明經入京上詣雍勸學獻賦欽定第二人甲辰順天鄉闈塡榜唱名宗伯蔡文勤喜謂同考曰此吾閩佳士九歲即能背誦十三經者今日入彀錐囊脫穎矣丁未以南宮第九人應殿試欽點榜眼及第授翰林院編修武英殿纂修奉職維謹壬子典試湖北通經學古之士咸走相慶闈中落卷數千逐加評點曉夜忘疲竟成血疾榜發羣賀得人還朝值將纂輯三禮刻志編摩祕書閣中一燈熒熒視寒窗困學猶將過之卒年纔三十有四都門鉅公皆痛惜而哭弔焉

甘可怡字理夫績學能文弱冠應試日成六藝史學使奇之取冠童軍旋食餼師事舉人陳元捷學益進試三壓偶與仙遊彭帝時名噪一時設教鯉城遊其門者類多上進著有四書標旨貢期甫至未及考而逝士論惜之

黃憲文字簡亭清泰湖山人少孤力學師事仙遊舉人彭帝時弱冠府試冠軍督學汪薇拔入邑庠經史淹博勤于著述工詩善書所遺有西山小草省齋外編選曆科墨萃閩海元燈元明詩雋又著家訓十則居鄉恂恂非

公不至歷任邑令每過訪焉
林昱進士模之子也質極慧日誦數千言精深經學爲文舉筆立就在京咏
接駕南巡詩膾炙人口大學士李光地甚器重之雍正己卯舉於鄉書經
文進呈有南闈第一經義之稱選授山東新城令因老改任龍溪教諭署
漳州教授南靖教諭課士最有法乾隆丁卯分修邑乘
鄧楠字藹軒邑庠生贈翰林院編修廩生孕傑之孫也恬淡寡言淹通經史
尤嗜易義性理諸書與從兄太史啓元論學入耳多會心事親孝遇長敬
循循禮節雖交遊燕見毫無苟簡人謂其視躬似圭璧無瑕良不虛也
李志昱字就亭聰慧異常博覽羣書戊午舉於鄉名列第八周學使學健極
爲賞識有國士之目
李宸鑾字元習號和亭英山人美丰度工詩文整暇雍容澄心鏤刻雋字未
安中夜數起垂髫遊庠與科榮曾志沂相友善沂能對客揮毫鑾常閉門
覓句每歲科互奪前席時稱聯璧乾隆庚申鑾拔明經充內監堂課俱一

等宗伯李淸植御史李淸芳延爲西席太史官獻瑤尤器重之鄹言壽其
母劵以大義癸亥卒于京著有歷試草京行草栖蓂偶吟
徐灝字秉造儒山人領乾隆辛酉歲薦律躬以道績學能文著有諸子片玉
四書備考玉川詩集壽八十
曾志沂字洛文科榮人邑廩生幼穎悟殊倫師事廩生甘可怡得先儒遺藴
下筆千言立就不事思維與英山李宸鏗友善歲科互奪前席時稱二儁
進士曾西元明通榜重登歲貢生聯魁皆其門下生也所著歷試草舉業
家幾於人置一編云
林德龍字龍伯桂陽人少攻舉子業出語戛戛去陳父汪遠鍾愛之期以大
成授例入國雍學益篤博覽載籍叩以疑難其應如嚮工書尤長於詞賦
所著若干首風韻不減晉唐卒年六十八
連雲階字玉徽甲頭人天資醇篤嗜學好古六經諸子皆通習之師事廩生
甘可怡靑藍濟美下帷岱德山房著參漢集子天然乾隆丁丑歲貢自有

傳

李志易字及崇藍田人生有異稟自知力學以幼童見取於李芝麓學使取入郡庠手寫五經尤篤於易嘗自言曰天人性命之學後世罕有知者其志大如此年三十五卒

鄭大夏字星御碩傑人八歲能維誦五經稍長搆藝磊落英多揮毫立就屢以五經義入試奪前茅詩辭律賦尤多見賞書法神似張確庵惜不永年以廩餼終

陳洪照字章成登瀛人賦性沈毅文章高古學使莊培因按試當塲稱爲老友數奇屢困棘圍嘗附商舶至咬嵧吧吧故西南島夷地邏萬丹三寶隴後爲荷蘭所幷照至主黃甲家五閱月與幕僑相友善因得詢悉夷邦掌故凡氣候疆域人物風俗俱孰睹而詳記之歸著吧遊紀略朱學博仕玠取以徵實小琉球諸志後登明經士多仰之

徐高士萬承州州同高明兄也遊庠後敝屣名利敦崇實學潛心經史著有

四書玩註刊行於世

劉世賡字颺之邑廩生少穎悟下筆千言博涉經史文規先正大爲司衡擊節試屢奪茅邑令魯鼎梅奇其文有瞿鄧家法之目丁卯續修邑志徵與分纂

徐天球字心著儒山人生賦異稟積學工文乾隆癸酉應鄉闈誤中副車壬午再舉於鄉十上公車屢躓選授崇安教諭樂育人材多士奉若山斗壬子楊侯奇嶠續修邑志辟爲分纂多所著述雖未成書而後人已得所考鏡矣

徐實穧字弈欽儒山人穎悟異常讀書每得大意文若夙搆品行純懿善誘後進出其門者多有文名

連步青字宣貫甲頭人九歲能文髫齡卽以詩賦見賞司衡旋食餼博覽羣書多所通曉所至皆有題咏享年不永士論惜之

溫彥三字理齋仙境人由廩生登賢書品行端方不事干謁作文援筆立就

設教泉漳造就甚多蔣邑令聞其賢延主圖南講席相勵以實學多士宗之

劉鵬霄字雲程邑舉人家貧不苟取潛心力學融會儒先諸說尤精堪輿家言倡建獅峰書院培植人才以父老不赴選相國朱珪重其品薦主安溪考亭書院講席振興學校以實心實行相勸勉藍邑慶得師焉

鄭秉鉎字直軒惠琇五子初習岐黃術已乃棄而業儒深自刻勵籍於庠晚益精進教士多知名性嚴厲子姪稍乖禮法動輒呵責從學者雖隔十餘年見猶憚之卒年七十六

連兆鰲字滄臣甲頭人邑廩生品望嚴重不苟隨時趨工書畫篆隸行楷水墨丹青所作多入妙然以力學故不輕作也制藝力追先正爲學使汪新恩普所賞識拔兩冠軍始獲食餼闈屢不售而意殊恬如時援琴鼓歌以見志郭侍御鳴高師事之且從學琴焉卒後邑令趙睿榮爲之傳有貽穀堂遺集子士荃廩生長於詩賦亦工書法

李濬字露溪塗坂人世謹厚長者至濬益茂於德家貧苦學通羣經與門弟子講貫諸經註疏旁及子史時有疑義新解隨筆記錄名曰師竹齋筆記以歲貢任霞浦訓導卒年七十六孫登岱歲貢生博學能文尤熟經傳學者多師之

郭大來字保齋屏山鄉人以歲貢登賢書家貧苦學至老不倦舌耕自給嘗節膳以購先儒書籍究心程朱之學尤服膺李光地學說故所爲文皆有根柢立品端方爲縉紳所推重先達鄭兼才以師禮事之著有中庸義疏卒年七十八

顏亮采字英幹天資穎敏爲文獨抒性靈詩歌詞賦秀絕天成嘉慶戊午中副車性豪邁身世周旋無委瑣齷齪態而順正以行士林羣引重焉卒年七十五著有徹古文集

顏宗魯字夏祖歲貢生少穎異八歲能文州縣試皆第一家貧力學不倦善獎勵後進受業多知名者

陳超然字弈德歲貢生九歲能詩天才豪放健筆縱橫州牧鄭一崧重其文學聘爲西席兼校州志著有鼎谷文集

溫高修字誠齋恩貢生爲人謹小慎微讀書勵志通詩古文詞所至多有題咏著撰軒詩集四書典纂

賴余濟字士經邑增生幼喪母事其父以孝聞二兄早歿撫遺孤如己子嗜學不以他冗廢遇奇書典裘購之爲文胎息大家不趨時好閩縣孟超然器之謂曰子當以古文鳴素與鄭兼才友善兼才攜其文質之汪廷珍尙書辛從益侍郎俱稱作家緣其父多病并精素問書訓子弟嚴而有法庭內肅然卒年七十二著有三友軒文集子其瑛舉人自有傳

鄭似錦字淡軒世承家學作文如夙搆以廩貢肄業太學兩遇臨雍盛典與弟兼才同進詩賦時京師有二難之目嘉慶戊午試京兆幾捷以無後塲始置歸而授徒遠邇爭慕著有時文稿若干卷在太學時多錄入成均課士錄後選將樂訓導未任卒

方以鎮字明山雷峯人天性恬淡讀書外無他嗜辛酉闈卷首藝獨得神理爲房考大田令賀祥所擊節首薦之主試姚文田初意似未愜繼檢其援引多性理語亦大加歎賞乃定爲第九人由是文名日噪及祥陞本州牧延掌梅峯書院兼主圖南講席均能以經學教授爲兩邑士林所宗仰論者謂賀之知人與鎮之不負所知並推重焉

陳祥光字丁浦邑舉人性剛直不屑隨俗俯仰慎唯諾嚴取與以志節自高博學工詩文一藝出人爭傳誦成就後進甚多著有溫經隨筆讀左分端寒夜錄讀史錄讀古碎錄等若干卷

王檢字省廬庠生德洪次子十三歲而孤時祖父必昌年七十八矣躬自嚴督徧讀經史文集熟誦後悉以小楷手抄故年未弱冠即以博學工書名嘉慶丁卯以拔貢登順天榜歷署泰寧教諭福州府教授借補建安訓導所至課士有方咸推模楷晚年行書益工詩賦亦典重名貴人謂能世其家學

林觀生字筆山宴林口人邑增生四齡即見奬於塾師弱冠冠州軍入泮益加勵五列超等三薦棘闈著大學標題纂解易經採義書經集要官禮條貫春秋分纂詩經採書各若干卷

陳向榮字木齋幼聰穎讀書過目成誦年十五籍諸生旋食餼嘉慶庚午舉於鄉考充覺羅官學教習留都九載學益純工楷法都中稱爲書家逹郎中麟郭孝廉德先歿於京向榮均爲之經紀其喪人以是高其義

鄭泗字魯溪學稱博雅年十八補弟子員極爲族叔秉才所器重後以廪貢肄業太學登己卯順天榜任建安縣學主講圖南書院課士有方時咸仰之

賴景祚字介亭天性孝友少從胞叔祖余濟學勤於讀工制藝出語戛戛獨造濟目爲不凡辛己魁於鄉闈藝膾炙人口眞不減元作也數赴會試艱於川費因留京主郭考功鳴高家授徒自給庚寅病歿年三十三都中人士咸深惋惜鳴高尤悼之

黃鳳儀字梧齋王春人少有雋才博覽經傳道光戊子舉鄉試第四人壬子授漳州訓導適會匪倡亂與當道協謀抵禦得以軍功賞戴藍翎調臺灣教諭嗣是主講圖南及掌教永春梅峰課士悉以敦品爲先論文亦必規先正永德人士至今慕之儀性喜置書牙籤甚富一經寓目輒能默誦故所爲文饒有韓歐氣骨詩律各體俱工詠史諸作尤極精警著有含暉齋詩稿待梓

賴其瑛字子瑩余濟子五歲讀書能屬對十歲學制藝出筆立就年十六與從姪景祚仝遊庠副憲沈維鐈尙書史致儼先後督閩學雅器重之檄送鰲峯肄業時山長陳太史壽祺閱其所作曰子異日必以古文名會修福建通志命與纂修得交光澤高舍人澍然舍人故以古文名家爲時宗仰瑛因執贄事之古文辭日益工壬辰舉於鄉主試爲大理卿文蔚給諫邵正笏史公聞而賀曰此閩中之佳士今出公門吾爲朝廷得人慶由是名噪京師一時鉅公名士咸樂與遊文酒讌會無虛日然數奇九試禮部屢

薦未售戊戌天主教策場中遍傳觀之竟不遇知交皆爲惋惜瑛安之若素益刻意好古自兩漢六朝三唐以來罔不網羅搜討期自成一家言嘗主永春梅峯書院教士亦以通經學古爲主永士化之委靡之風爲之頓振瑛生平無他嗜好惟喜積書家藏善本數千卷過目成誦久而不忘法書名畫尤所酷愛見有眞蹟不惜重金購置讀書之暇日必臨池小楷之工恍惚歐顔緣是積勞致疾卒年僅四十七著有桂留山館文稿國朝名臣言行錄及手抄新舊唐書各若干卷

蘇大文字玆堂埔美人歲貢生好學工文與陳祥光齊名品行純正訓徒必執規矩不稍寬貸學者稱師範焉親炙日久多能作詩所著詩有五辛編

蘇新猷初名鴻猷字允甫雙翰人性孝友喜讀書制藝力追前明大家甲午爲副考李國紀所取士以甲辰大挑三任教官兼主漳平東山書院士皆信服歸里後掌教圖南十年勤於講解尤善改文邑士每有質正經其删削便成佳作故造就最多林居十三年老而彌康嘗置田以資會課族人

至今德之卒年九十二越遊泮七十載矣著有退園留稿桂嶺雜著子五

遊庠者四

黃汝翼字伯輔葛卿人幼承家學質魯而勤經史熟誦後強識不忘丁酉舉

於鄉掌教圖南以古文義法繩制藝士佩服之以甲辰大挑歷任閩縣侯

官淡水教諭各有聲

鄧遜青字辰田塗坂人邑進士夢鯉弟性曠達有狂名讀書過目成誦構藝

運筆如飛初入臺庠應秋試主司得其文評曰不意海外得此奇才擬列

魁選竟以謄錄訛誤太多見黜後歸本籍補諸生食餼旋舉道光庚子鄉

闈惜享年不永未竟其所學人咸悼之

李鴻章字希文蒲坂人博學工文日可成七八藝授徒四十餘年善於講解

每課期必擬稿示以行文之法遊其門者多知名士郭尚品其尤著也已

未鄉闈已定第十一名卒以微疵見黜後由歲薦署教漳平及司訓閩清

皆有教澤及人士咸思之卒年八十

陳煦字惺齋登瀛人以歲薦登副貢生性曠達學問博洽嘗慨科舉積弊士惟揣摩八比詩賦於諸經大義鮮所講求由是鍵戶讀書究心性命理數及當世要務左文襄宗棠督閩時曾上條陳極蒙嘉許又以俗尚迷信戒諸子姪勿作冥器勿用浮屠至今後人遵守罔違命者秉鐸龍溪福寧皆以經學教授爲諸生所宗仰減輕新生入學規費尤能惠及寒儒著有養正始基郡縣論年九十卒姪漢章庚午副貢有文名從遊者衆拔貢蘇春元嘗師事之

郭尙品號蘭溪世科人幼穎悟善屬文尤工詩賦髫齡入泮試屢冠軍同治甲子舉鄉試弟一詩文傳播海內一時推爲名元三試禮部未遇歸築鳳儀樓讀書課子不預外事主講圖南二十餘年課士有方儒林尊爲泰斗生平砥行礪名動作必準禮法每佩服先哲行不由徑非公事不至室之言終其身未嘗逢迎干謁人亦莫敢以私干者邑令管辰煥扁曰品端學邃蓋定論也年七十四卒著有楹聯偶存子四遊庠者三四子學洧業儒

以孝行聞

蘇允恭字默齋雙翰人髫齡英敏異常甫冠受知學使邵亨豫擢冠邑庠光緒丙子題書舍聯有丙夜書聲連月朗子科文運自天開句族前輩舉人新猷賞其吐屬不凡獎以是科秋闈必捷既而果然兩試禮部薦而未售遂不復就試壬辰大挑人勸其應選亦不赴築室讀書意頗自適掌教邑圖南及大田鳳山書院均精藻鑑士論翕然

陳文煆字硯堂少負奇才父義嚴加課督朝夕讀書不稍懈每作詩文輒有驚人句一時交遊鮮有當其意者獨與堂弟漢章永春鄭尙志相得甚驩光緒壬午舉於鄉三試春闈不售遂絕意進取課子而外惟日以詩酒自娛詩稿頗多歿後惜皆散失

鄭育字少化學有淵源工制藝弱冠馳名黌序月課輒壓其偶邑令張廷枏周廷獻蘇夢蘭山長郭尙品咸賞識之生平教讀循循善誘成就者極衆惜數奇鄉闈屢薦不售辛卯備卷首次皆獲選因溢額以策稍懈三字黜

之貞期將居未及試而殁

論曰文章至西漢作者林立其時如石渠天祿諸英較輯經傳詞學鴻博作爲文章其書滿家故埋學於宋爲多而儒林莫盛於漢丁溪龍濤秀淑所鍾文人學士霞蔚而起訪藏書於名山致宿儒於故里學問淵源老而益明久而愈光約舉其人已見一班矣

孝友

宋

張興渭楊梅上蒲澤人性至孝母楊氏病篤百藥弗治乃籲天割股雜粥以進病立愈淳祐六年里人狀其事於縣立旌孝坊表之祀忠孝祠

鄭師孟字醇沖操履端莊事親教子睦族賙鄰咸爲鄉人法三世同居不求聞達

明

王三聘清泰紹坑人家素貧對親必怡顏溫語母吳氏病瘖醫久罔效乃焚

香祝天割股一臠和藥進之母怪其味娉跪勸使盡母疾頓愈後行徵跋人方知其故僉請於縣旌之曰孝誠能格祀忠孝祠

淩天德楊梅上圖人敦孝友鄉稱長者洪熙元年以子輝貴贈監察御史

涂應昌字肖吾邑庠生四歲失恃隨父夔州長史允寬歷任江西湖廣四川十餘年父卒於官繼母許氏巴東女也懷娠三月有以途遙惑之者昌泣慰曰天祚母德必生弟繞膝有雙兒矣竟與母千里扶櫬歸色養五十餘年弟歿視姪猶兒胞叔壬之嗣以父事之訓子重光孫有洛有泮皆遊庠萬曆二十三年邑令鍾夢寅教諭張潮請加冠帶贈扁曰朢重龍濤

周大烈邑庠生天性孝友色養父母老而彌篤嘉靖間胞叔檀被寇擄祕計出之訓子孫成名享年九十有二

李蘩英山人性仁厚富而能施析箸時讓肥居瘠友于著稱鄉里待以舉火者百數十人有叩門糴粟者蘩方食投箸而起子弟請俟食畢曰人獨待粟而炊吾獨忍飽乎嘉靖間綠林竊發蘩被獲禮而歸之好善不倦淡視

功名李文節嘗目爲義皇上人爲作李公傳以子雲階貴兩膺錫命孫九人彬彬文學壽九十

鄧濂號濟寰塗坂人少英敏移居入郡就學每試冠軍事繼母撫諸弟以孝讓聞交友然諾不苟郡邑以德行推之次子孕梓患疫設饌以祭夜中恍惚若有所見者尋聞聲曰公厚德次君無恙也其行誼信於鬼神如此歲薦後卽杜門以子孕槐貴贈監察御史年七十卒

林謖字泰心桂陽人風度恬如篤志好學食餼後八子皆令讀書不屑治生產尙義樂施節用所餘多推恤家近千指雍穆藹吉無閒言子孫羣列庠序每誡之曰若輩後貴愼無多收僮僕第五子鵬搏膺鄉薦孫汪遠模同登淸丙午鄉榜模成進士模子昱亦登科

林朝陞字僉卿謖第八子孝友無間學博甘天毓扁其居曰孝友堂性仁厚持躬接物恂恂恬退臨大事輒義形於色淸鼎革時刼掠者過其鄉相戒曰此仁人里也毋驚犯適都督蔡調羮來邑鎭撫民多觀望畏縮陞毅然

登堂侃侃言論義爲動容加禮于是遠近聞風歸服甲寅耿變陞以大義曉里族立條約無一人入僞黨者文學淵博嘗輯元墨三十餘卷教子模成進士著有四書詩經蒙述編老嗜易兼通內典及星曆諸書云

清

徐瑾字覲甫在坊儒山人有聲庠序母林氏病篤刲股調羹以進病立愈永春令駱起明以孝友流芳褒之知縣王龍受請於憲奬爲奇孝可風祀忠孝祠

林鵬搏字濳卿敦友于兄弟皆爲庠士搏獨代營家政壯年乃勵志讀書入泮大著文名屢試第一掇科後益懋行誼和易謙沖人號爲菩薩丁亥戊子之亂盜賊不犯其鄉閭里賴以安寧清授武定州以水災去任宦橐蕭然不能爲歸計青齊搢紳爭客之數年霍憲副來閩始擕之歸晚工詩精於理數以客遊碁酒爲適年七十自撰行實高吟五言律一章而逝

曾猶龍字蓋生科榮人邑庠生孝友天植膽識過人清初山賊跳梁父有義

被擄家人謀脫之多躊躇無敢往者龍年甫十二獨奮然曰父辱子死分也何懼爲逕攜金趨賊營與婉商賊大義之得歸同氣三人龍極篤愛人稱有姜被遺風

李喬鍾字彭又幼穎悟父雲階嘗集庠士與子弟校藝文完卽送入閱鍾時方七八歲默記其文與評點出以示人聞者歎異成童入泮就試學使三壓其偶丁戊之亂賊屯瓊山夜取其父柩質金鍾中宵挺身就賊以死求贖賊義之護其柩令歸一時郡邑名士皆樂與遊後多貴者鍾處之若素詩文行誼有古人風膺歲薦第一年甫五十而卒人皆惜之

謝猶龍字颺儒少貧輟讀治陶猗業致素封旋慼憤復學博涉羣書補弟子員天性孝友經紀所得與兄弟共之知縣金麗澤扁其堂曰克敦天顯二兄歿撫諸姪子姓數百指不析箸仲兄子擄於賊拷餉慘虐龍入營泣求身代賊義之得釋知縣王寵受嘉其行誼將請諸學憲拔其子入泮龍曰有伯氏長子在竟以與姪好施濟順治末遷民流離傾貲以賑多所全活

太史賴垓武定守林鵬摶詩酒相過甚重之卒年七十七子青鍾舉於鄉自有傳

劉鈺字式侯上格人順治乙未海氛起隨父自明僑居田邑父爲賊所擄禁於西山頭寨鈺傾家集鄉勇三百餘人將攻賊有以無濟止之者鈺曰吾父命懸賊手不濟卽以身殉耳遂於七月初七夜乘賊聚飲攻之竟出其父於賊禁中人咸稱其孝

黃家焻字愼齋湖山人年十二父廩生遂權應試三山母林氏病焻焚香叩禱衣不解帶者三閱月一夕母病急幾死焻泣抱呼天母頓甦曰適有一女人教以當歸附芎可治遂如方服之果愈迨父母沒售產以辦喪事每風雨輒號哭於墓邑令和鹽鼎贈扁曰山谷遺風

連城瑲字玉楨甲頭人翹機子出繼於其叔翹柱事嗣母鄭色養終身居喪絕葷哀毀壽七十七

徐士萬字咸甫儒山人康熙甲寅海寇據永春派餉以千計者徐姓七人萬

叔姪居其四乃獨往拷掠無完膚僞知縣鄭誘之曰呼爾叔出吾免爾萬伴諸密令諸叔遠遁越日鄭怪其不至萬厲聲曰某已在綱中安可令諸叔同入死地乎某但以身死耳鄭歎其義釋之

劉元鍾字瑾如鄉賓斐子也性至孝康熙甲寅賊匪猖獗斐練鄉勇數百救塗坂寨鍾隨父爲賊所獲賊欲得鍾父貲問鍾捶撻苦楚終不以告後得贖歸問業於李相國光地相國招入京肄業成均三載考選州同將赴選卒於溫陵

陳文灼字貞甫高卿墨園人父素蘊口不言阿堵物每省試及北上灼計所費分釐銖兩大小包裹以供攜取父病侍湯藥衣不解帶者經旬母老喪明日含藥舐之復能視生平居心寬恕而嫉惡甚嚴里有不善者常恐灼聞之人謂其有太邱風年八十四無疾而逝以子應奎貴贈文林郎

賴源字繩其翰林院右春坊垓之孫也動必以禮性尤孝謹事母黃氏朝夕必問安凡膳飲躬治之不假手家人出告反面雖溽暑必盛飾父墓近道

旁過之輒登拜不因風雨懈也以康熙丁酉副榜應順天試卒於京聞者感歎

邱孔威邑南關人家貧服賈孝養雙親父歿日夜哀毁母陳氏老沾蠱脹臥床十載百藥弗效威惟心泣血計無所之密與室李氏持香祝天割股調羹以進脹旋愈復享壽十餘年乃卒誠孝所格蠱亦不能爲害邑人至今稱之

賴異字同人父暑被寇擄挺身請代賊始欲並囚之感其孝放囘乃厚予賊金贖父歸濟人窘迫無所悋惜以子銓貤贈修職郎

鄭由吾字展英石傑人邑廩生少失恃父鍾愛之善事繼母長兄早逝撫孤姪及異母弟愛養有加嘗以厚貲付次兄外賈本蝕盡無問焉雍正丙午赴鄉闈夢家懸靈座痛哭卽欲馳囘同人固止之出闈父凶信至星夜奔歸號慟血下居喪斷葷不入臥内者三年竟以哀毁骨立數載而終

陳南金新化里人篤友于弟妖弟婦繼亡撫三歲姪如己子比長令援例入

雍割腴產與之自居其瘠又充丁銀以廣祀田邑令黃南春延爲鄉賓壽
七十九

章文爔字延明路口人天性純孝盤匜必躬奉親歿哀毀逾節塋祭竭誠墓
近道側往來必拜孺慕獨摯事死如生里人韙之

陳高策字夙苞邑庠生少失恃事繼母鄭終身孺慕與異母弟太學生開楚
式好怡怡溫陵按察使陳高翔嘗與遊甚重之卒年五十一以子義熾封
登仕郎

劉玉麟字景向太學生歲貢元鐔長子也孝事父母出告入面一規於禮遇
有疾必親供湯藥居喪不茹葷足不出門與弟析箸時能居瘠讓肥鄰有
兄弟爭業者畏麟知後遇於途麟諭以大義遂成友愛其爲鄉族畏服類
如此孫鵬霄己亥舉人自有傳

陳天溙字潛軒南樂令應奎季子也性嗜經書事親深愛形於色養備所嗜
其小也親病研醫書徹夜衣不解帶湯藥不假手他人如是者七閱月親

歿寢食柩下無間暑寒歲時奉事如生每展墓瞻顧環繞不忍去病臥在
牀早夜猶念及堂上香火蓋終身孺子意也卒年八十有五

鄧師好塗坂人庠生舌耕爲業少失怙事母鄭氏以孝聞撫幼弟厚士備盡
友愛弟歿吳氏遺腹未卜男女好即以己以子子之後育得男又弱病而
弟婦復歿好撫翼長成愛逾己子鄉黨稱之

李雲從字世見塗坂人邑庠生性至孝能色養親歿哀毁逾節斷葷不除要
經者三年掬土築墳指甲每見血篤愛二弟式好無間教授髫齡不少懈
壽九十有二弟麒壽八十有七麟壽八十有五

鄭元淡字司烈天性敦篤身爲人嗣不忘所自出孝友可風同懷弟廩生天
星有志讀書家貧無以自給淡周恤備至

郭殿拔字茅仲世科人性樸誠足跡不至公庭事親侍養備至兄弟析箸時
能居瘠讓肥邑令都匾贈孝友型家

王德洪字執堂邑庠生進士必昌次子少有至性踰壯補弟子員衣用藍苧

人咸陋之洪曰家君入學時不辨此奚忍獨衣綢衣初昌出宰鄖西洪在家事母氏郭竭力致養甘旨必從後奔父命往任隨侍服勤夙夜弗懈昌謝病歸命築廬於城東名曰遯谷洪以孝悌力田先民所重躬率妻子課僮僕耕畬其中晨夕必歸視父母母歿哭踊欲絕以父在不敢踰禮三日始食粥既葬惟餐鹽飯而已洪既失恃事父益力凡起居出入未嘗頃刻離左右偶不如親志輒自引愆兄湜早亡以三子繼之弟瀚體素羸無問瑣務讓逸取勞衣服財物讓厚取薄弟卒撫姪如子每逢節歲忌日必對几筵涕泣聞者嘆之先昌卒年五十子檢舉人自有傳

郭殿選字泮仲世科人性正直重然諾家庭友愛比於田荆姜被邑侯朱嘉其德舉鄉飲賓

蘇應芹字侯友雙翰人優行增生讀書求主敬之學事親孝母病脚三載侍湯藥濯衣裙不假手婢僕親歿掃墓雖耄年必至不能至必望墳遥拜爲人端謹樸誠視弟姪如己子州牧青浦杜公禮於其廬卒年八十六

鄭克幅字展員碩傑人天性誠樸克敦友于其姪惠琇三歲失怙撫育備至又慮其以家務廢學百凡代爲經理不使聞後琇得歲薦子若孫接踵賢書皆幅友愛之力也邑人至今稱之

郭占葵字有慕山坪鄉人繼嗣胞叔事生母奉養菲祭不敢以出繼異視分荆時讓肥居瘠與物無忤不到公庭閭里稱爲長者卒年八十四

鄭觀生字賓五苦心力學看書必得下落然後發之於文淸朝解經諸家及欽定各經俱所研究乾隆巳亥中副車嘉慶甲子恩賜舉人性極嚴正一言動必軌於禮事親孝居父喪時年七十餘朝夕悲號猶然孺慕素患疝氣疾因此益劇其子或以酒肉進生不忍食或援禮經以勸之曰七十惟縗麻在身飲酒食肉處於內可勿却生曰禮誠有此而吾心終不安晚年候選檄至趙邑侯睿榮素耳其名延見之且贊以將仕生笑曰吾生平所志在學以仕曠學殊非可喜著有日知錄藏於家易簀之夕猶向子孫輩講尙書數章氣微乃止年八十二弟觀瀾邑庠生好聚古書朝夕披吟至

老不倦寒士有告貸者胥愜其意以去孫品九歲能文嘉慶癸酉舉於鄉

徐洲字弈杜歲貢生儒山人孝友性成舌耕奉母終身孺慕不因他事易其念閭里推爲難能治家亦嚴肅可風

蘇作兌雙翰人家貧業農得米只以供母而自與妻啖甘藷以療飢有時米匱以甘藷代亦必先去皮而後進俾母易於下咽一日出耕母造飯命鄰往兌佯受潛反置廚中囑家人仍蒸以奉母母孱病連年隨侍湯藥不少怠以寠人子能盡其孝養如此賢於祿養者遠矣

郭元芳字梅圃貢生山坪社人年十六失怙諸弟尚幼撫之成立事母尤盡厥職母病侍湯藥二十餘年無稍懈一家四百餘指內外無間言外祖無後建置祀租歲令子姪承祭焉

郭維寬字亢亭昇山人邑增生爲人溫厚愼重對同氣克篤友于事母又以孝著每晨興先至寢門問安繼進甘旨嘗赴鄉試至中途夢母死悲不自勝即急欲歸人勸曰夢不足憑果如夢汝兄弟多矣亦何害寬曰名可復

求親難再得遂兼程歸至家家人問之不能答及面其母始能言人謂孝思之眞堪以風世

鄭祥號謹庵咸豐辛酉拔貢性孝友文章氣節動以古人自期同治元年詔舉孝廉方正邑紳以祥名聞辭不應既而司鐸海澄旋告歸再選侯官未赴任均以母在不敢遠離設帳於龍潯山之文昌廟以地爲城市山林最宜講學且與所居近便於晨昏歸省教人先德行而後文藝遠近負笈者踵至副貢陳漢章舉人賴其浚歲貢吳揚帆陳修藥炘皆出其門歷任邑令重其品學三主圖南講席母衰老久病湯藥必親未嘗刻懈每自祝天減算延母壽竟以憂勞致疾彌留之際猶以不及終養爲恨號痛而歿目不稍瞑年六十六門人立社祀之著有禽言讀史撮錄子泰度俱庠生能世其家學

黃開瑞號渭川瑤市西墩人歲貢生有孝行設教鄰鄉日必歸省束脩所入悉供親饌父病侍養十餘年不離左右父歿哀毀骨立宗族鄉黨交稱許

之

連重華字國雲甲頭人由廩貢報捐教職檄調臺灣念母老不忍遠出乃設帳于鄉得以終養未幾母歿喪葬一遵古制哀痛百餘日未嘗見齒兄弟六人怡怡相處過其廬者咸稱爲長者家

鄭和邦字汝調碩傑人性聰穎書法雋秀父時任侯官教諭邦隨任讀書學益進期年父卒於官殯殮盡禮扶柩歸擗踊哀號行道爲之墮淚壯年由廩貢報捐教職值選檄至母已耄年常在牀蓐不敢輕離左右辭不就職及母歿三年服闋始赴省驗看歷任福清同安惠安清流安溪教諭每以祿不逮養爲憾與人言輒淚下

郭掄品邑庠生性純孝篤愛兄弟始終不渝次兄信健夫婦殀亡遲家嚮年纔四歲盡心撫卹俾克成立嚮夫婦又殀遺孤友廉方在幼穉所以撫育而教誨之與所以經理其家事者心力交瘁迨廉成立產業日增己則寒素如故人以此益重之生平敬宗睦族人無間言排難解紛里鮮爭訟卒

年六十　兄尙品爲之傳

張金丙嵩山人性純孝父患小便不通狀慘劇危在旦夕療治多方無效咸謂待斃而已丙憂心如焚以口吸出一血條疾遂愈事傳遐邇王學使錫蕃扁曰行孚里鄰

陳則賢字薦華增貢生東里人圭璧褆躬事親克孝母病乳三年朝夕敷藥必躬任無敢少懈父病每焚香祝天願減己算以延父壽生平安貧樂道財不苟取課子讀書而外惟以古書名畫自娛著大中箚記藏於家

徐朗別字步軒奎斗人性純孝對親必怡顏溫語得其歡心色養天和老而彌篤父性好山水年八旬餘精神矍鑠遊興益豪每出朗必攜饌相隨不離左右歸則令兒孫爲之遍體撫摩以是父得以優游終養鄉里稱之

顏邦佐號鏡堂泗濱人廩貢生早喪父哭踴逾恆事母溫凊定省歷數十年如一日母病篤焚香籲天願捐己壽益母年卒保無恙聞者敬之業師歲貢生鄭永年嘉其孝尤多周恤之

論曰孝悌之道根於至性發爲至情卽孩提能之固庸德也極其至則通神明光四海雖堯舜亦不外是誠爲仁之本哉志乘所紀居常則萊衣姜被和順藹然有故則泣血椎心致死奔救所遇不齊其孝友一也書之於册足以見孝子悌弟之用情矣若夫刲股之行聖人弗尙然憐其愚原其志傳其事亦足以愧夫自私其身而不顧父母之養者

鄉行

明

林宗源在坊瑤臺人幼失怙恃姊長娘承父命撫之遂不字終其身源事姊如母慷慨好義邑雲龍橋圮人苦病涉捐金二百兩倡建詳載雲龍橋記又助建永春東關橋遠近咸嘉其義子球以明經司訓增城

張觀盛字虛谷湯嶺頭人少遊庠不窺城市者三十餘年有江右書客宿其家遺金二十七兩張於曬床時拾之不啓封藏之後二年客復來詢其踪年不至之故以失金對按其封數與所拾同悉還之不受謝客泣拜而去

歷舉鄉賓辭不就至九十有五歲始應之壽九十七

涂洪三尤中寶豐人勇略邁衆嘉靖初汀漳盜流刼各縣到處殺掠賊僅九十三人猖獗莫禦三年冬各縣督兵會勦賊奔邑之小尤中閫官兵追及賊遁入民黃舜大家洪三度其當夜走約衆持短兵伺于要路盡殲之知縣檮春以狀聞授職指揮洪三卒賊祟小尤鄉人迎其柩葬以鎮之祟遂滅今歲時享祀焉

歐陽發新邑治人宅於北門之外知縣張大綱移城時新父監生成請於官厚犒其工彎拱迴抱秦令霑欲以宅爲學宮成猶不忍請於上臺成卒發新以田地十二畝餘並輸學宮今春秋頒胙其家復以舊泮池改田一坵畀歐耕佃示優恤焉

鄭揚碩傑人昭祖裔孫敦孝友勵志節子沛登第之後益矜名義不肯私蔭親族以累鄉里人多德之爲立生祠封戶部主事年八十終

賴光宇　孔教從姪以歲薦司宣城訓遷仙遊教諭尋陞瓊州府教授署

儋州府篆九月不攜一錢所至有聲其在瓊也有府官爲憲斥去不能歸將鬻妾光出俸金二十兩助之家居三十餘年明修煉釋黃庭刋感應篇壽八十無疾而終

陳一經字仰溪彭溪社人勵志節尚名義時賦役繁重里人多逋欠經傾貲支撑鄉閭以安邑令桂振字啟其事以奉公勤王匾獎之

曾滙字鯤海早歲遊庠慷慨有遠識邑民半佃屯以耕時泉郡豪幹收租肆虐百姓流離有革斗栳之說南安鄉民聚衆以爭滙聞之曰是將鄰於亂不如訴以上聞捐貲助佃民周龍珪寇十六等叩閽事下撫按籌奏患由是息各佃歲省浮費數千石乃買地壽明旨於碑建府縣生祠計滙前後費千金矣未幾南安民果不靖邑以寬伸安堵如故人咸稱其革弊之功尤服其有止亂之智

周龍珪邑蘇洋鄉人與霞寮人寇十六義氣相高會郡城宦幹收屯租額外酷剝曾滙議訴於朝當得白衆莫敢往者惟龍珪與十六奮身赴京繪圖

叩閽極陳肆虐流亡之慘朝廷爲之感動下其事於撫按由是屯法一清民害以息當二人之仝赴京也關津萬里潛身微行惟恐懷諜截殺衆寃仍沉追事理龍珪幾死僅免而寇十六遭害屍首無存于今受屯而耕者猶感念二氏之功云

林佳奈尊美鄉人明末萑苻遍地奈與從兄應熙奉諭興辦團練招募義兵隆武朝德城被困奈率兵與賊戰於城東北之馬歸洋中傷大呼曰此我報國之日也遂奮擊歿於陣賴太史以詩弔之

清

王業煐字韜光天崇中海氛肆起自同安高浦所棄家產入德囊攜千金有告貸者悉予之清泰湫口諸鄉咸稱長者高陽義士章毓材見而奇之妻以女鼎革初邑令某廉其殷實勒充庫吏是時縣官諸日用費皆取給于庫若錢糧起運輒借解不必盡償居三日遽呼吏算賬煐叩曰庫無一錢可算吏止現銀百債券千盡則請配徒耳令頷之即日放歸煐持券焚於

雲龍橋之塔岸祝曰非能市義但祈免禍後有來償者却弗受緣是落魄好施不倦賊陷縣城東門磨石嶺屍相枕藉煐密荷畚往埋數日屍腐難近減食募隣同往有告賊使收煐者煐笑曰死者有靈吾知免矣隣不敢俱煐仍獨往賊亦不之罪

方今泰字士亨雷峯人潛心學古弱冠餼於庠試每前茅善行楷喜吟咏所過名勝多留題有倣洛草若干篇膺歲薦部檄銓選辭不就寅卯之亂巨寇嘯聚南埕遠近震慴泰素有譽望恆見禮焉鄉民被掠搒餉有賴其周全者

陳端二實豐社陳庄人生平好賑濟貧窮廣交善士清初天下多故屢助軍餉賊惡其不附己謀傾其家遂遠避大田蚤卿寨凡鄉中應納官餉二獨當之人高其義

賴鉞字　道義自凜足跡罕至公庭由恩貢授別駕董葺學宮煥然一新乙卯邑遭寇亂族衆瀕危捐貲營救室廬墳墓得以無恙焉

鄭振郁字崇斐在坊石傑人仗義輕財甲寅之亂山海嘯聚破貲集鄉勇捍衛村井遠近數社悉賴以安時率義勇防護邑城有劉姓者爲仇人所縛乘亂將殺之郁聞挺身往諭不解自持百金以贖又有泉郡人見擄於賊聞郁好施詭稱有銀寄郁家賊令往取値郁出外郁妻陳如數與之得不死比郁歸知其僞也則曰救人無妨勿問旣淸晏邑令啓當道欲敘以官辭不赴秉性孝友父母安厝後日必省掃墳墓與兄文學振聲弟明經振世篤愛所置產悉均分無入私囊晚年邑令高其行詣請赴賓筵壽八十三

周士極小銘人順治戊子綠林蠭起躬率義兵勦殺鄉閭以靖蔡韓兩鎭以恢復縣城極與有力款宴之當王傳二令時邑有許姓者負重罪賫千金求救極爲營解獲脫却弗受謝人稱其義

許雲祥字弈唐高卿人太學生慷慨好義江南提學邵嘉胤兄弟微時曾泊其家厚款半載康熙甲寅海僞鎭攻塗坂寨四顧無援祥赴僞爲質周旋

輸餉寨賴以完邑令和鼐鼎擢大理寺去值閩變道梗內眷留邑四載祥常供饋芻米丙辰邑遭水患募埋溺屍二百餘義舉足稱三子元鳳太學生慷慨如其父康熙丙辰後邑患初寧凡諸公舉皆竭力贊成人推其能濟美云

李寅球塗坂人有勇略康熙甲寅海僞鎮黃雲率衆二千餘攻塗坂寨時寨內不滿五十家各寨來援者又多觀望球力守孤城砲無虛發雲兵死傷二百餘人攻二十日不下後以各寨援兵潰乃納款以安鄉閭

連宏揆字時敍上林甲頭人沉機善應值閩變山海交訌揆聯絡十一寨指揮有方賊不敢侵諸寨倚之海僞鎮逆派迫逼揆挺身赴賊營請緩賊爲改容施禮尊美有寡婦欠餉賊將梟以威衆揆憐而贖之不問誰氏其義氣如此

李公培字望子縣東沙堤人康熙己酉武舉仗義任俠不矜曲謹乙卯歲海寇索餉遣僞官重刑追呼民不堪命培毅然奮臂大集各鄉義兵分設部

伍密約城中居民爲內應行至中途舊病暴發而卒論者惜之

李綠字儲奎藍田人康熙初與族人遊邵武遂家焉寅卯之亂邵武縣令某爲賊所獲綠力護之致芻米贍其家繼兵樂燦招安有萬年寨堅拒焚之逃出二百七十餘人燦恐復叛將盡殲焉綠與燦有瓜葛聞知奔救得免又嘗救其臨斬部將二員兵丁一人有持金謝者悉却之後挈家歸行李蕭然

陳繼賢字復敬尤中人甲寅耿變集鄉勇拒之大田有林姓者請爲援偶值演砲殞其丁壯林懼以金五十自贖賢正色曰死生命也可取財乎郤之惟令備棺衾以殮人咸服其公正

賴暑字僉佩桂林人邑庠生好施濟湧嶺鍾山之間道路崎嶇捐金築砌康熙寅卯山寇高成才肆虐擄蔣志廷等十數人暑與焉暑啗寇以利且出義不忍獨歸乃代蔣等納金於賊皆得釋人高其誼

徐奇勳儒山人邑庠生布德好義康熙庚申米貴食客到門勳禮款四月餘

無倦意嘗過南洋見餓仆者給棺瘞之又嘗出仲春村粟三百石以周鄉隣之無告者

徐爲鄰字秉書儒山人太學生揀選州同積厚而能施鄉閭待以舉火者數十家康熙丁丑歲饑餓莩載道邑令施粥以賑鄰捐米穀繼其不足累月嶺邊及溪頭林羊腸崎嶇鄰開砌之易險爲平至今往來稱便

張隆騰字麗珍高卿上巖人邑庠生康熙丁丑邑多饑人煮粥賑之丁溪橋水圮無常屢修之築道路以便行人族叔伶丁爲之婚娶他如施棺焚劵義行甚多

林昇字炳文邑明經慷慨好推解有告乏者輒助之子丑歲饑鄉人多菜色昇慨然曰人饑無吾獨飽桑梓安在力賑恤之至不能支復轉貸以濟全活甚衆鄉人德之卒年五十有五

賴鼎濬字幼瞻邑廩生好施與貧乏無告者入其門皆濟之修理橋道施棺木未嘗少靳排難解紛人皆允服鄉評重之

陳洪圖字若龍郡庠生康熙辛卯漳盜陳五顯率黨三千剽掠鄉廬鄉民逃竄有二人爲賊所獲圖傾貲贖歸賊擁攻永鎮寨六晝夜設奇防禦殺賊甚多及賊潰散邑令王調元詳憲咨部給銀一百二十兩旌其功

陳洪璡字若琪尤中里陳吳鄉人敬禮師儒賙貧乏施棺衾無悋惜意和樂溪險出鏹築橋以濟又砌石構亭於太保嶺往來稱便焉壽七十有五無疾而逝

連士僚字隆師上林甲頭人邑庠生邑修文廟建雲龍橋當途每委重焉僚盡心董理罔辭勞瘁不足者捐貲補之閭里貧乏多所周給壽七十七

陳天從字國才太學生鵬都人好義慷慨倡修龍津橋蕉溪支澗拱橋及附郭雲龍鳴鳳兩橋修學宮演武廳皆拮据經營始終不倦又捐建學署後廨種種義舉公論推重季子武生元慈厚重簡默秉正無私經理邑中數大工程勤勞著績雅有父風

周和玉天資穎異讀書有聲州邑冠軍入泮生平慷慨好義排難解紛終日

賓朋過從酬應無虛綽有北海風度

陳義煥字光章陳𡻕人康熙辛卯漳寇陳五顯剽掠多方設禦一時保全甚多有被虜者謀贖之賊潰邑令議詳旌功通衢溪港出資建橋行人頌之年八十四

陳義熾附貢生任宣城縣主簿好義捐置義塚鄉人德之〈舊州志補〉

陳有助字盛周邑庠生李山人仁厚端方有爭競者聞助至皆屛息無言生平不到公庭邑令黃魯諸公屢加奬賞年八十餘尙赴秋闈壽九十有一

林泗傳華溪人性孝友醇厚父遺金百餘助讀傳分與兄弟族人有積欠逋賦出爲墊補凡義舉無慳吝鄉中事有不平者以理諭之人咸心折畏爲所短

陳元泗字卿達東里鄉人端方誠愨居鄉恂恂大義攸關則正色直言康熙初年陳鹿寇掠民間泗倡立保禦里閭賴以輯安

蘇光淸字圭德太學生雙翰來春里人性端直敬禮師儒好周貧乏修雄飛

嶺石獅岐嶺大路十餘里又助修謝公橋捨給獅子岩香燈田凡屬公事皆慷慨勷成人稱尚義孫文華己酉舉人

陳元徽字卿斗太學生東里鄉人植行端方道路橋梁多所修築鄉有貧不能殯者周之未嘗有德色

危元璐字美華鄉飲賓前峯人爲人方正凡有爭競悉爲排解重書香優禮文人尤樂襄義舉不愧一鄉善士

陳其從字爍伯鄉飲賓樂陶人行誼端正不吝施與道路橋梁有傾圮者倡議修築邑中義舉樂助成功邑令朱奬曰一鄉欽式

江棟選字勳勵邑貢生祥光人有才幹樂善好施邑中修學造橋梁多與其事尤雅愛斯文賓朋過從悉以禮款奇臬司前爲邑令稔其行誼甚稱重之

許應[illegible]字濟潤邑庠生高卿人以端直見重和睦鄉隣給賙貧乏樂輸義舉邑移建教場綱紀其事不辭勞瘁

江楝材字勳定邑庠生少負逸才性情軒豁家有餘貲不吝施與居家以義方爲訓不肯令族黨輕赴公庭甚爲鄉所推重

連錫圭邑武生性倜儻德庠弟子員額原定歲科八名後增至十二名乾隆元年詔陞永春爲州割德化爲屬邑時更定章程有旨入學照依原額部核遂誤爲八名之額當事未聲明圭出身籲控上台觸忌譴黜革榜笞繫省獄彌年圭詞不少挫學院周學健廉得其情爲白制撫列奏部吏自行檢舉謬誤得旨復舊十二名並復圭衣頂圭得直歸鄉紳士慰勞亦不自伐

溫雲從邑庠生天性醇謹長於治事之材乾隆四十九年董修雲龍橋工甫竣即大修學宮風雨晨夕亹亹不倦經營措注亦井井有條後以夙病劇未竟其功同人惜之

林于周上林人操尙廉潔嘗於澗泉取飲拾遺金憩坐以俟有頃失者倉皇至叩其數悉符還之不受謝未幾生子命之曰銀即舉人鼎梅也人謂還

金之報

方斌池字嚮鳳武生雷峯人祖鵬奮乾隆丁卯與修縣志又嘗助修貢院立義學築橋路凡公益無不樂爲至池尤好施與嘉慶間歲饑池出粟賑活甚衆且精醫學遇有急病雖昏夜必往風雨弗辭人咸重之

陳深遠字士穆祿城人幼好學阻於貧不遂弱冠後棄學就農率鄉人墾荒數年家稍裕鄉有貧不能耕者資給之由是鄉無不耕之田各自食其力乾隆八年隨婿曾西元宦遊建寧見有田野不治者力爲勸導且教以耕種之法民從之竟得豐收後舉京賓年八十

陳應球字震玉登瀛人孝友天植與弟遜齋式好無尤撫孤姪如己子教養備至衆論翕然有質成者一以直處之無左右袒醫學尤極心得就醫者悉爲診治貧者兼濟以藥人稱善士

陳志春字復軒登瀛人抱道自重品學兼優爲安溪李太史宗文所賞識李督浙學聘其分校童試歸途遇舉人某赴縣任資缺春罄所得脩金與之

人服其慷慨尚義

賴汝挺字春園桂林人國學生生有識度異常兒十歲出就外傅道拾遺金俟其人而返之善治生產而卒自限制曰能積貴於能散吾不以是累兒孫也歲以經費之餘周及三黨或時值饑饉待以舉火者恆數十家嘗自永安學署奉父心庵公命賚三十金歸家省母行宿逆旅聞哭聲叩之則將鬻妻以償逋負者卽罄所有與之而自質衣以返生平義舉如此類者甚多

鄭存詩字璧園碩傑人捐職州同性渾厚樂施與鄉建大小雲二橋捐重資以倡時匠人鑿石獲枯骨於窰詩令人埋之並捐租百斤以祭至今不失其祀凡有義舉每樂助成鄉有貧苦無告者月給粟二十斤臨終猶命其子帥而行之

羅士芳高漈人太學生和平坦易凡事不佔便宜每遇年荒穀貴恨賑濟無力有告糶者恆減價與之卒年七十六

陳行素字道侯登瀛人國學生淳厚寬冲習岐黃術尤精小兒科有病求療者捨藥治之不受酬鄉中橋路傾圮輒輸資修葺卒年七十五

鄭金斗字辰啓露美人天性聰敏事親盡禮邑修文廟城隍廟文昌祠鳴鳳橋雲龍橋及巽峯各城門樓諸役歷任邑侯皆延董其事晨昏無間勞瘁不辭子銘鴻克承父志均以好義稱

陳園林山坪社人與弟惟源俱樂善好義在小橋溝港德田交界處建木橋長二十餘丈慮橋板易壞而大木難求乃就近橋處充置杉木五所一在虎港一在林牛坑金竹仔一在林牛坑横路一在林牛坑後頭壠一在林牛坑蕉坑仔計數百株爲後來造橋之用視功在一時者相去遠矣

孫起梠字宜仲樂陶人父家貧製豆腐爲生梠七歲時父命攜錢入市買豆見有捐資築路者唱父名悉數捐之衆爲詫異比長益慷慨樂施每遇修橋造路創建渡船皆捐資樂助以濟行人乾隆五十年大修文廟因費絀已休役二年矣梠一捐再捐人益聞風慕義竟得告成訓導江雲霆記中

極稱許之

陳傳侯綺陽人博涉羣書肆力於古里有不平事每出任仲連爲之排解人多信服李太史光墺贈匾曰愷悌家聲

鄭夢登字維梯霞山人附貢生鄉有大雲橋者德仙往來孔道也舊爲木橋屢圮嘉慶六年登與族弟存詩捐巨資倡建族衆樂助遂以石易木行人賴之邑建考棚延董其事經營擘畫規模可觀崇義祠圖南書院相繼興作均與有力壽八十

郭士林字文樹穎慧異常年十三即能解父難於公庭及長樂周卹有以貧莫能殮來告者皆買棺與之屢修南門橋築北門大路凡公益事皆捐金爲助歷任邑侯每有興建悉請林董其事其爲人倚重如此

鄭吹笙字賓亭碩傑人嘉慶庚午舉武闈精岐黃術遠近丐醫者咸往治之咸豐癸丑林俊陷縣城笙率鄉兵克復後建縣署修城垣學宮笙俱與有力同治庚午重宴鷹揚壽八十四

甘汝和號受軒欽賜舉人勤學問敦孝友親歿後離兄際會家里許每日問安否供費用終身如一日有幼學友落魄至家留月餘厚饋而去嘉慶間歲饑多所周急鄉隣德之

林慶雲尊美人慷慨好施捨有貧不能婚娶者量力佽助以成其事嘉慶間捐鏹倡建上潦橋亭人尤德之

陳贊謀字開謨李溪人邑庠生道義自凜果於有爲咸豐初林俊寇德四出擄掠謀築金湯隘以捍之佈置周密賊相戒曰此難與爭也遁去鄉以安謐

林芳藹字吉坤久住鄉人性任俠精奪槊技而槍法命中尤神咸豐癸丑永春賊林俊糾黨數千擾邑東北區藹約東鄉人聯絡鄰里力與賊戰敗之東北區由是得以安靖余邑侯林參將深嘉其義請獎軍功辭弗受卒年六十七

李斌沈字允誠龍潦社人林俊搆亂擾邑東北區沈勉鄉人以大義督率子

弟禦賊當戰時其三子釟㲁爲鄉人誤傷臨歿呼曰兒死命也願父除此
暴賊以安閭里無以兒爲念鄉人感其言氣益奮與賊五戰皆捷翌年余
邑侯林參將具報勞績獲獎五品年七十二卒

李步圭藍田人武生咸豐癸丑四月有賊數十白晝刼李德市家圭率鄉人
擒送於官鄉賴以靖

許鉅鐢上翰人咸豐三年七月與鄉人許珪光小尤鄉人劉承德集社中壯
丁數百人拒林俊股匪於雙髻山下之苑香格大戰半日鉅鐢死於陣人
惜咸之

劉屏藩鵬霄子庠生博學能文咸豐間匪亂之後盜賊蠭起到處刼掠藩與
尊美林榮唐仿聯鄉保甲之法互相援助同時蓋雲岐綱羅士扣亦聯絡
十四鄉籍資防禦因之邑中鄉社多相仿効賊不得逞患賴以弭

賴瑤瑞字弈北桂林鄉人天性孝友操履端莊家素豐二弟早歿爲之經理
家政撫其孤以至成立又慷慨好推解有貧乏者輒助之同治乙丑歲饑

人多菜色瑞慨然曰人饑我飽於心何忍即開倉賑恤所救活甚衆至今彭園鐘山等鄉人猶頌其德

方宗仁字篤園太學生雷峯人孝雙親好義舉鄉隣有事爲之排解靡不欽服子向春試用訓導善幹濟咸豐癸丑林俊倡亂春率鄉勇擒獲送官人稱果敢時太平軍聲勢浩大沿江沿海各省連年用兵餉需孔亟諭府州縣凡捐助軍需萬兩者歲科試文武學額得加一名向春董建縣署邑令許善器以所需修建賑恤等費就捐款報銷令春赴省向善後局計算邑所捐十餘萬金出入相抵尚有贏餘因得廣額十名令之功春與有力焉

蘇振揚字振鳴瑤臺人富而能施同治三年出巨貲倡建龍東橋躬總其事橋成復捐充田租二千斤儲息爲修建費利及行人且貽後世子邦翰孫宗仁相繼秉鐸人謂能施之報云

甘春魁號甲堂試用儒學咸豐間邑遭寇亂魁率族人與附城紳民修城練卒不憚勤勞當事重之居鄉教授德化宗族紛魁世無敢爭訟賭博躭鴉

片者壽六十五

林景明字杏齋邑東纓溪人庠生性重厚言動不苟事父盡孝父多病因習醫遂精岐黃術懸壺四十餘載施醫濟藥全活甚衆歷任邑令咸扁奬之年七十二不染疾病一夕夢有持柬者請赴永福城隍任預知死期徧告親戚訣別讌敘十餘日屆時正襟端坐而逝

鄧正言字子闢庠生塗坂人貧而介司里社會計有存貯必封置密室不更動移用子某欲貸以濟急正色曰此錢豈汝所能動用耶不之許性剛方鄉有爭曲直者得一言立解終言世無門訟後生尤畏憚之見輒走避

葉邦章國寶人見義勇爲每當酷暑時憫行人汗流浹背躬荷畚鍤汲器自國寶鄉至漏風格道旁遍植蔭樹以憩行旅人比之道邊松

張捷選字興機嵩山人家富於貲慷慨好義砌深海大路搆雨亭行人頌之厲學使扁曰耆德永垂

郭棗梨字蘭谷庠生屏山人性慷慨好施捨隣有以財爭訟者梨輒出己貲

爲之排解訟得息三子春魁有聲庠序孝行可稱五子其周克承庭訓造橋築路歲費多金兄弟分荆讓肥居瘠光緒庚子歲歉購米散賑救活甚衆

鄭永年字椿堂碩傑人歲貢生幼穎悟嗜學博通經史善誘後進遊其門者如坐春風中朔望喜講善書閭里人被其化終年世鮮越規錯矩者

葉青雲字詩青國寶人邑庠生樂善好施鄉里宗族貧乏假貸者輒隨量給予負之不與較族人某嘗鬻子於洋頭鄭姓雲令其堂弟出資贖回已則解囊相助其輕財重義有如此者

陳祖德字作忠樂陶人以武生任永春城汛父行友業醫工正骨之術德尤精其業人有跌傷骨節者不論遠近昏夜悉急爲往治貧者且濟以藥人或謝以錢物概屏弗受子信及綽有父風

鄭玉堂字光御城南魁庭人性友愛仁慈開口勸人行善自製妙方膏藥濟人丐藥者至雖繁冗必先取與之且告以治法歷久不倦夏則邀樂善者

製藥茶痧藥僱人在五里亭高步嶺煮茶施送董修通嵩大路數十里行人利賴光緒甲辰水災屍積溪岸堂亟募巨資買棺掩埋餘款分給災重窮民人益服其義

蘇開泰號駿齋瑤臺人太學生性和藹見義勇爲光緒壬辰重建雲龍橋泰司會計兼監工程始終不倦迨橋告成而家已中落泰安之若素無稍怨悔歷任邑宰聞而賢之陳侯其熥尤禮敬焉侯在任五年杜絕請謁獨於泰及山長蘇春元不時延見己亥大修城隍廟鼎建報功祠悉委泰總理其事卒年五十有五

周向榮字孫榮許里鄉人邑庠生光緒中有仙遊人結隊來邑東區一帶放債貧民利其免抵押多向貸至期以一母六子索償每至鬻妻賣子有逃避者則縶親族迫使賠榮素有義氣憤不平鳴之邑令陳其熥執而懲之風乃息

張德三碧坑人素樂善充獻碧坑渡船田租一千六百斤以爲篙人工費行

旅德之

賴景雲號糺齋桂林人少習孫吳書勇略絶人以善射入縣學第一雖習武而謹言飭行有儒者氣象天性仁厚好施與鄉黨有貧乏者周之惟恐不至有鄭佃者父子兩世皆雲出貲助其婚娶人尤重之

陳福祥號善甫例貢生登瀛人忠厚孝友樂善尊師謹言慎行鄉里稱之邑令李凝扁曰積厚流光壽八十一妻林氏壽八十

論曰罄囊利物輕生濟人游俠之道也苟行之而當則有無相通患難相濟太平親睦之風於是焉係古道也俠云乎哉邑之尚義者不乏其人或揮千金而不惜或出死力而不辭高誼雅懷桑梓賴焉若夫拾遺而還焚券而却則又矯矯乎廉讓君子也緩急人所時有傳其慷慨之行足砭鄙吝之俗云

德化縣志卷十五

人物志下（隱逸　僑寓　方技　釋道　耆壽　列女）

隱逸

宋

黃公懋靈化里人三舍法行升名于州以不喜王氏三經字說退隱教授所著有和泰隱君詩百篇不娶食於從姪自知死日屆期盥櫛盛服遣僕謝其從姪而逝

蘇紹成委業于泉州天慶觀（今玄妙觀）後隱于北山朱文公重其有德嘗造其廬書廉靖二字與之且銘其琴曰養君中和之正性禁爾忿慾之邪心乾坤無言物有則我獨與子鈎其深（載宋郡志）

陳有仁字有德嘗爲湖北帥機後隱于邑西鵬都黃冠逍遙深明修煉歿而有靈鄉人名其塚曰眞人墓

明

蔣應東西園人登永樂甲午鄉榜與御史凌輝友善屢勸之仕不應隱于傳卿鄉教授窮約終其身

林彝號歌起新化里人篤實謹恪不炫文華不嗜財利故老相傳爲高士云

涂允昭字仕達少聰穎遍覽羣書萬曆間補弟子員試每前列執經請業者甚夥應陪貢督學勉之曰子當以甲科顯及充正貢辭不赴與其兄三峯逸山偕隱于南陽別墅左史顏廷榘題其小照云少小悦詩書逾壯躭泉石瀟灑無俗塵一見如曾識

清

鄧熾字夏明號伏公塗坂人沉毅好學幼卽誦詩書易三經十歲授左氏春秋復業三禮爲文陶鑄經傳杼軸予懷年三十五以科試遊庠學使汪薇評其卷曰似此文品吾再過冀北始解莩衣有愧伯樂矣徙居安溪之湖頭弟在塗坂每歲時輒來言歡累月乃去常曰軒冕之榮孰與提挈襟裾之樂由是賓興不與終老山林年七十餘猶孜孜日課兒孫閲寒暑無廢

三子啓元以誦十三經舉明經雍正丁未榜眼及第膺封與次子其颺壬子舉於鄉

毛一夔字日舞清泰里人和易公正里有不平事請質之咸慰解使去淡於榮利隱處林泉中風晨月夕朗咏高吟騷壇獨擅所著牛吟集一草亭編梅花百咏膾炙人口纂述尤富有名文觀止藝苑彙觀詩學朝宗各若干卷子恩盛字湛若遊庠食餼歲科試聯冠邑庠者三工詩善酒有醉月軒詩集

徐光世字恒高儒山人邑明經嗜書喜酒嘗刳竹搆亭顏曰御風吟嘯其中每陶然獨醉翰林李光墺進士徐霞彩時與遊甚重之

黃守仁字靜山由俊秀入太學通經史工吟咏性躭山水退隱湖山衡泌自樂著有自娛草耐瘦草五峯夢記

李宗茂字德溪祖元碩連江司訓由安溪湖頭遷德之大墘鄉棲遲蓬蓽不務聲華時吟咏自適著有煙餘集卒年九十三

論曰古稱逸民若夷齊者千古莫及矣至如羊裘老子五柳先生希夷之白雲野心和靖之妻梅子鶴又豈多乎哉邑之隱士若蘇蔣諸人其不求聞達亦可謂翛然遠俗抑余嘗聞瓊山之上有秦漢隱君子惜攷其軼行而終不可得也嗚呼所謂隱君子者伊何人伊何人哉

僑寓

明

林文俊字汝英莆田人來遊德化值雪夜投宿尤中里梁散軒家梁款留之以教其二子越兩載歸舉正德丁卯鄉試第一辛未成進士官至南京禮部侍郎轉吏部卒

俞大猷泉州衛百戶少爲諸生工易學乃習武經嘉靖乙未舉京闈第五人擢正千戶以將才薦破海寇擢廣東都司僉書時邑歲貢林珀任廣之羅定州學正署州事與相友善後以平倭屢著奇勳爲閩中名將第一歷官南京右軍都督僉書改福建總兵嘗偕其子過訪林珀于尊美社因館焉

珀姪搆亭爲額之曰花然並爲之序

詹仰庇字汝欽安溪人嘉靖乙丑進士授南海令以卓異徵入爲御史穆宗初仰庇官臺中入閱月而疏四上多指斥中貴爲中貴所齮齕廷杖黜爲民神宗登極復起爲廣東參議抵任閱月乞疾歸徜徉林壑十有三年布衣筍輿流連德化山溪間後遷刑部右侍郎甫數月引疾乞休得請家居與二三同志重訪舊遊邑之名勝多留題晉接恂恂僮僕愼飭兒童走卒皆羨頌焉

黃克晦字孔昭惠安人少從父客永春善畫後發憤學詩遂以詩名愛德化山水奇勝蠟屐數經嘗薄暮乘輿與邑令張大綱左史顏廷榘往遊戴雲夜二鼓方至邑人傳爲佳話

李廷機字爾張號九我晉江人微時遊學至高洋鄉單輔禮款之相得甚懽復至英山李繁命子雲階從之遊後以禮部尚書拜東閣大學士致仕家居聞單輔令合浦歸不携合浦一珠亟來訪之見其淸苦逾常遂薦之入

祀鄉賢又嘗爲纂作傳

何喬遠字穉孝晉江人垂髫即工古文詞萬曆戊戌成進士選比部轉儀部郎以疏救言官降廣西藩幕假歸家居幾三十年嘗至德化覽勝過小銘訪邑庠生周文臺促膝談文久之始去光宗即位甫八日命典試山西歷戶部侍郎告歸後陪推南少司空特旨起用未幾引年致仕學者稱爲鏡山先生

清

邵光胤浙江紹興人順治丙戌偕弟嘉胤友人董其音來閩至德化值寇亂道梗寓監生許雲祥家復入湯嶺夏甸鄉病困里人王熙時款之留兩載歸壬辰同登進士第光胤知古息縣擢知府其音知府嘉胤以兵部主事任江南學道

前志論曰寓者偶也偶爾停駐卜鄰浮家似無足紀然古今流寓而名湮滅者不可勝數惟倜儻非常之人稱焉秦公緒萬松研石朱晦翁一覽題

洲名流寄迹地以人傳往往然也德化山陬僻處僑寓者稀而屈指數之某地某人之所棲託某水某邱某人之所經遊餘韻流風猶可挹也康熙志置弗錄毋乃缺乎

方技

宋

陳朗字子彝楊梅中人宋末遇仙授以草履受而著之行疾如飛百里立至精察地理擇其家之當發積者爲之造葬輒驗邑中稱爲陳朗仙今葛坑山石上有陳仙迹

明

連惟深坊隅人白眉皓齒嘗遇異人授以青烏書遂精陰陽地理之術

紀廷聖西關外人工書法善畫佛寫大士影妙相莊嚴曲肖慈悲三昧遠近爭寶之

清

李興禹字簡軒鑑田人少孤力學以二親未葬往遊江西習地理得錫廖之傳歸遂善相塚

鄭琪字君瑱以畫名山水人物皆一筆書而神致栩栩氣色老蒼所寫大士影達摩折蘆渡江圖人多寶之

毛熹字晦若一夔子隱處清泰之嵩山以山水爲娛每作畫潑墨淋漓了無痕迹備得烟雲罨靄之趣雅自珍惜不輕與人詩亦瀟然脫俗

李松雲小溪人邑庠生生平好畫松尤工坡老書法讀書處有松五株名其軒曰五松朝夕晤對畫松遂日益工氣骨蒼古有霜皮溜雨之概至今其人其地其畫均以松傳云

涂雲琳字程若銘山人喜作畫竹石花卉皆有眞意蘆雁尤神似性修潔衣履不惹纖塵一時稱爲雅人深致

陳洪疇字若錫陳吳鄉人工醫術急於濟人雖寒風晦雨有以病來告者輙往治焉鄉人德之

王致遠字震毅邑治人舉止莊嚴笑言不苟善弈而不自蓄弈邀之則弈不較高下與迭勝負俱一二子不過五莫能窮其技邑令某嘗與對局未終適有公事遠告退越月令偶言彼時當有妙著以不終局爲悵遠取子覆布之不差令大嘆服又善酒斗石如主人之量強之自飲則否或卜夜更代對酌以困之終不醉雍正乙卯以明經膺恩薦卒年八十有三

陳原字振有陳吳鄉人善繪山水禽魚尤工小照有頰上添毫之技自號墨顛

陳雷字汝殷高卿墨園人少聰穎績學明醫奇症異疾治之悉效鳳洋鄉曾某患譫語驀宴間輒自言曰渠要話喉中汩汩然詠謳酬答論古談禪皆其生平所不習者已復如常覆問之則不復記憶如是者半載餘延雷視之雷伺其譫語時與談藥性隨叩隨應及舉雷丸龍膽之方病者忽云渠不敢對矣遂取其方治之立瘥一日謂其子曰吾當爲永春後埔境主以某日行境主者邑俗祈報之神也至期果卒

林揚進艮太前蘇人善圖繪凡山水翎毛鱗介竹樹花卉點染綽有神氣寫照傳眞尤臻工妙子艮鼇能世其業

徐岳秀儒山人制行端莊精易理凡有所卜禍福吉凶輒驗解元蕭宏樑稱其心契乎易之理而年合乎易之數子綿卿孫弈軻世乎易業彷彿君平

謝祈出號重山邑庠生舉人青鍾孫也善讀祖父書工吟咏兼精繪事蘆雁蝦蟹形神躍躍紙上題句亦俊逸古雅寫魁星像尤爲世所重

陳仕濤龍山人承祖父世傳寫眞兼丹青水墨數成景物即以草書題句無不工雅卒年八十六

鄭南野字維出碩傑人工畫能書右腕病恒以左手蘸筆而灑灑有飛動意家貧有潔癖多涉歷名山大川以助其趣晚年技益精遠近爭購門庭若市竟以是終

陳精輝李山人邑貢生善治嬰孩科襁負至者日滿其庭所需藥多自備以濟不受其報居鄉公直德望可風

蘇學里雙翰人太學生母病日夜研方書旋精醫學常貯藥濟貧病德之者多尤重書香斯文接踵

鄭仕鉈碩傑人居羊角溪霞山墩精醫人受虎傷往叩之令傷者先飲楂油一大碗以草藥敷之無不奇驗今子孫世傳其術

陳世貞登瀛人渾厚誠樸精醫方治折傷十不失一有求必應不受其報人多德之卒年九十二

顏揚善碩溪人鄉飲賓業醫精脈理工灸法遇貧乏人診其病兼濟以藥時人稱之

章垂路口人神於醫術與人診脈能知其貴賤壽夭不徒立方之妙也郭光筮受學焉

郭光筮山坪社人善醫神望切有病者垂危請治筮診之曰此無事適有健而無疾者在旁筮望其神氣曰日內必死已而俱驗又有患隔食者示以方令購十三劑連服且告之曰服則必吐吐必復服勿稍間斷否則罔效

病者如其言服之果至十二劑始得下咽再一劑已霍然矣生平療治奇疾不可勝計所著方今尚有傳之者

黄孚同字藎堂湖山人精岐黄名噪一時邑侯趙睿榮贈額云菊泉壽世晚年著神要生機四卷

顏佳音字聰子泗濱人邑廪生祖與父皆以能醫名音承薪傳又益以經驗屢以良方活人有酬報者卻弗受焉

鄭迄字潛野碩傑人工書畫書有趙文敏筆意畫倣米南宫得其神髓山水與雁尤所擅長沒後至今百餘年人見其畫迹神情宛肖多有寶之者卒年七十有四

鄧想字孝思西墩人深於物理繪畫人物山水神情無不逼肖尤工塑像堆畫祖本江西壯歲曾遊其地出所學以餉宗人名噪一時久愈慕之晚年學益工邑中古廟神像今猶有存者後人多不敢輕易其舊更可想見其技之妙

許良西湖前人工塑像善雕刻遐邇知名爭延致之西頗自高聲價不輕應
相傳浙江寧波府福建會館及永春金峯殿偶像咸出其手形神逼肖見
者咸嘆觀止尤足奇者一桃核雕成大士善才龍女十八羅漢以及龍虎
鸚鵡竹石楊柳無不應有盡有惟肖惟妙心力之巧一至於此人疑其有
鬼斧神工云

陳盾儒卿人精國技善接骨求治者踵至施術所及輒效子濟孫抱均善繼
其業方藥膏散尤爲神驗誠良醫也

論曰古人一藝專家遂名當時傳後代非苟而已也莊生云用志不分乃
凝於神僚之丸秋之弈養由基之射梓人削木輪扁斲輪神而明之存乎
其人小道可觀於斯益信

釋道

唐

無比姓鄒氏沙縣人來居九仙山嘗傭力牧牛藝圃開元丙辰與其徒普惠

瓶靈鷲巖欲悉以石爲之普惠曰是使後人無功乃石其半脩眞于天然室其右有石洞中一石貌果老羣仙月夜奏廣樂厭其聒耳改雕彌勒佛樂遂息後坐化于靈鷲山巔普惠見之亦示寂巖中今並祀焉

祖膊和尚名知亮始居泉州開元寺東律巷冬夏常袒一膊行乞於市後與其師慈感（或云祖膊爲正覺智廣法門弟）來結廬于戴雲山累月不火食堆豚而坐有虎馴伏其側人叩之雨暘輒驗陳叔幾舊名則夢亮謂之曰子改名研籍永春當貴顯陳如其言果登第欲再至泉師謂之曰如有急難嚙指我即來救會郡守祈雨亮笑謂當無雨守怒暴之烈日中令祈雨不應即焚之乃嚙指以呼其師忽黑雲起自西北雨隨至大中十二年趺逝于開元之院居其徒泥肉身載歸戴雲慈感亦化去泥其身與並祀邑人禱雨多奇應

無晦姓陸氏蜀人咸通間煉眞于五華山結庵與虎同居號虎蹲巖鑿井數仞得泉語人曰吾化後每歲端午日井水當溢至欄已而果然塑像中藏偈云當年學道白雲邊這點靈光徹後先五朶華開金布地一源泉湧日

中天遺像巖頭卹自遠全眞石上虎知禪古今荒老乾坤在薪火相傳無
晦然

行端陳姓脩眞蒔蘿峯下每于石上坐禪天祐間化身于山後井上邑人程國知捨田建寺像而祀之六月十五日乃其誕晨每歲是日必有霢霂沾洒街衢人謂洗市雨宋紹興十一年贈太師賜號慧慈復加眞濟淳祐丙午夏霖雨溪水漲橋壞幾蕩民廬縣尉孫應鳳東向遙拜遺价持瓣香禱告忽見座東逝輪香几躍出數步俄而寺後山坍積土於空寺宇無恙少頃雨霽水退淸康熙元年大松仆壓龕座俱碎塑像無損

宋

了他號智雲俗姓許邑葛陂人祝髮香林寺持戒律甚嚴三十二年不澡浴人嗤之答曰形骸外物元豐間年九十七趺坐寺前龍潭盤石上將入滅取豬首不割而噉幾盡遂化去肉身不壞其徒奉之如生二十年後爪髮復長可四寸許觀者如市或刺其臂血流三日乃乾今眞身猶存

道徽號慧海邑梓溪鄭氏子了他法門弟也嘗遍歷泉南諸名山有神人告之曰爾福地在鐘山下蔡巖遂還自雕木像置巖中後趺逝于此其姑覓之不獲於嶺上往來哀號今爲姑愊嶺踰旬得之神色不變乃舁歸香林寺泥塑焉今眞身亦存

張自觀閩清人宋南渡後煉性於蕉溪山之石鼓巖見石牛山夜火晶熒知有魑魅因往其處魅方於人家迎婦輿徒甚盛觀出掌令人從指縫窺之魅悉現形乃幻爲女妝坐輿中羣魅舁之入石壺洞輿之門懸崖上下趾踵入石輾轉數十處髮尻鞭劍之迹如刻畫竟奪其洞坐化鎮之至今英靈如生魅常眩匿遊人衣物告於神則立出山頂有劍插石上可搖不可拔又有鐵杖長三尺七寸不假錘鍊以手攝成指痕可數

妙慈姓陳李山人生時香霧濛山淳熙己酉示寂於獅子巖其身不壞遺命六十年一更塑迄今肉軀自如清康熙間巖頂有巨石將墜授夢僧人令先扶像出俄而石墜

僧圓通俗姓黃嘉定間與僧證聖（俗姓徐）頓悟（俗姓鄭）同趺逝于大白巖有虎衞之明嘉靖三年汀漳賊九十三人流刼郡邑官兵不能禦十月二十三日夜宿巖中穢褻其像授夢義士涂洪三持短兵伺于要路二十四日賊夜走盡殲之

自超姓林氏（舊志作張道源又名克勤）遇異人於九籌溪使負之渡乃曰我泰山佛傳汝心印自是靈通嘗夜夢異人導往泰湖山見古木流泉迥非凡境乃登山創龍湖寺居焉時紹定庚寅歲也後示寂

雲濟姓史氏晉江人經領薦棄之祝髮爲僧結庵纓溪後涅槃于荇菜巖囑其徒曰我大刼未盡可懸我骸於椿樹杪須六十年乃永安于此至期椿杪放光因取其骸飾像祀之明嘉靖間邑令緒東山迓以驅蝗有應

普明詹氏子童時牧牛金鷄山每令同牧諸童瞑目隨之入城親劇以竹梢畫界牛不越逸多累小石爲塔任風雨不仆迄今磊磈倒插竹梢輒成林本小末大嘗手刻小像納樟木蠹孔中後荼毘於金鷄巖鄉人取樟雕像

聞木言高下長短如其言取之雕至腋下而小像露今猶存

李泗溹頭人法力奇幻延平府旱召巫祈禱泗至衣衫襤褸羣巫慢之泗乃鳴角角著壁搖之不動羣巫大驚白郡守命禱雨泗取水盥洗畢掀水灑空遂成雨

元

吳濟川九溹人與徐友山相友善至正乙巳歲元末結廬于金鐘山修眞一年丙午十月九日蛻化友山爲塑像搆金液洞以安焉今眞身猶存驅蝗逐疫其應如響所至降靈每有風雨隨之弟隱山亦坐化長子景陽寂于紫雲洞五子凱陽受命持符鎮魅陷于鬼硿

明

徐友山名權行號廣應儒山人生時異香滿室比長自持戒行父爲納室不受一日磕睡遽呼曰偶失足延壽橋圮矣俄而橋壞人咸異之與吳濟川同修眞于金鐘山濟川既逝乃爲塑像搆洞居八年間卜吉凶事若符契

祛災逐疫捷如影响洪武癸丑正月九日飛昇後自詣莆田請匠塑像告曰余德化金液洞徐友山也請塑眞人像汝第先行余亦隨至匠來其徒曰誰相召匠以其名告衆大驚異因刻木塑之今眞容尚在顯應猶昭云

按舊志吳徐先後倒置今據濟川蜕化時縣尹陳壽之金液洞記正之

陳甫一尤中人生不茹葷能于木杪鼾睡家貧負販過永春錦斗鄉値造石橋取巨石數十人不能致者獨力運之將寂告遠近積薪趺坐自焚煙焰中聞號佛聲不絕鄉人收其骨塑像祀之時崇禎十五年也

淸

江士元淸泰長基鄉人幼學吳濟川道法濟川降神其家授以符籙能召役鬼神治妖捉怪康熙丙子夏旱邑令嚴居敬命禱雨元取大碗貯水插柳燒鐵淬之須臾疾雷轟轍黑雲四合甘霖大沛

論曰化色五蒼修習四禪類多遨遊方外曾何補於世哉若其梅子熟後黃粱夢回遂能以入神出化之功利濟人間斯足多耳邑之山水奇奧仙

釋栖靈若慈感祖膊之禱雨雲濟濟川之驅蝗其爲功於邑民者赫赫耳目記曰能禦大災捍大患則祀之歲時崇報宜矣

耆壽

宋

李纂英山人壽一百六歲

明

周瓚銘山人狀貌魁偉睦族恤鄰謙恭好客族黨稱之壽九十有九今呼其宅里爲百歲翁云

涂有源壽八十有八

黃立齋湖山人壽九十

連思慶字可祿甲頭人性寬厚每以貲貸人不計息或盡負之不與校壽百歲郡守孫朝讓邑令姚暹各贈匾額

徐榮孫儒山人壽九十有四

曾茂炳字德彰鳳洋人志行端恪器度寬宏晚歲爲鄉約長公正無私邑令高其行誼舉爲鄉賓賜匾褒奬年九十六以壽終妻蘇氏亦九十六人稱白髮齊眉

清

徐學材儒山人壽九十有三

陳至言字愼卿邑庠生樂陶人壽九十有四

陳天養潘祠人壽九十有五

黄在城榜上人壽九十有八

黄顯敬榜上人壽九十有二

吳炳侯字的甫峯魁人壽九十有三

林作訓諱瑛昇朱紫人壽九十有五

謝永壞古洋人壽九十有五

陳爾安綺陽人壽九十有二

張鳳淶字弈起庠柄人壽九十有九

陳宗煥字允望高洋人邑庠生嗜學好義砥行潔修口不道人過短老而彌康常攜抱其元孫登山舒嘯壽九十有三長子安策邑庠生壽八十有八

郭靜生名載滏騮高橋人慷慨尙義清初邑苦寇嘗集鄉勇請于縣追擊之甲寅閩變里族賴以無恙推爲祭酒壽八十有二子復馨溫和坦直有父風亦爲鄉祭酒壽八十有一

張岳榮西山人樸誠端謹里族矜式百有二歲時目猶能辨蠅頭小字知縣殷式訓詳請具題賜金三十兩建昇平人瑞坊旌之大學士李光地延訪舊聞贈以匾額壽百有五

陳文恰字和甫登瀛人氣量恢宏和睦宗族年九十精神矍鑠行不需杖

李象新英山人壽九十有二

涂禹闢字于思小名人性謹厚絕迹公庭隱處南陽顏所居曰存耕堂取但存方寸地留與子孫耕意也壽九十有三知縣殷式訓贈以匾

鄭賡讃東山人邑庠生治周易康熙間寇亂避居壺陽歸益究心經史自課其弟賡維子夢龍孫應科俱以義經蜚聲庠序生平力學老而不倦壽九十

徐義尾儒山人壽九十有一

林鍛九桂陽人壽九十有五

林鏘五桂陽人壽九十有五

鄭廷麟字延立石傑人邑庠生孝愛雍和早喪母撫教幼弟有成佐父爲保鍊趨義急公壽八十有五

王廷儼字欣望號雅文城西人家貧嗜書見異本輒市以課子年七十猶其十歲兒應試泉郡果成名人謂苦志之報壽八十一

鄭延理名于燮石傑人鄉飲賓行誼醇謹耄而能勤壽九十

童偉登上洋人質直淳慤鄉論所推壽九十有七

林起文上林人樂善好施恩賜八品冠帶壽八十有六

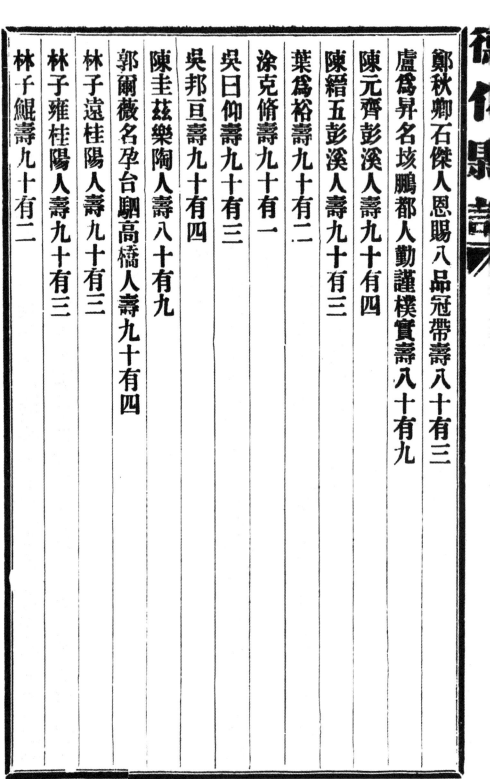

鄭秋卿石傑人恩賜八品冠帶壽八十有三
盧爲昇名垓鵬都人勤謹樸實壽八十有九
陳元齊彭溪人壽九十有四
陳縉五彭溪人壽九十有三
葉爲裕壽九十有二
涂克脩壽九十有一
吳日仰壽九十有三
吳邦亘壽九十有四
陳圭兹樂陶人壽八十有九
郭爾薇名孕台駟高橋人壽九十有四
林子遠桂陽人壽九十有三
林子雍桂陽人壽九十有三
林子緄壽九十有二

涂聖積壽八十有八
陳介玉名應琰登瀛人恩賜八品冠帶天資淳樸未嘗一至公庭壽九十有八自知死日含笑而逝
劉泗字魯侯上格人壽九十有八
劉潛字晉侯泗胞弟壽九十有三
曾寅嵩名嶽科榮人恩賜八品冠帶壽八十有九
陳珍礜新化人性孝友謹慤端方重然諾壽八十有四
黃華璋壽八十有四
連隆祚甲頭人儒修端篤鄉推祭酒壽九十有五
陳玉珩李山人邑庠生壽九十有五
連隆普甲頭人壽九十有五
郭復華名孕棣駟高橋人壽八十有六
陳珍南東里人樂善好施嘗充縣燈室香燈租一千五百觔烈女秀娘即其

女也乾隆元年恩賜八品冠帶帛肉壽□□

江欽安祥光人立身端謹善解紛爭鄉人重之壽八十八歲知縣熊艮輔匾

曰正已正人

林中茂大銘人太學生行誼醇謹年九十

許士求甲鼎人壽九十有一

許和廷字世安甲鼎人壽九十有三見封贈

羅開珠　人壽九十有六

劉魯侯號東山洞口人壽九十有七

連國器字隆謨以庠生貢入成均應選訓導會新例改以簿丞用遂不就生

平精於岐黃製藥廣施活人不可數計壽八十有八妻許氏壽九十有九

五代一堂

陳光瑩鄉飲賓鵬都人老成持重忠厚傳家邑令魯鼎梅額贈喬松百尺時

五代一堂壽八十有六妻謝氏壽九十有三

陳元斌字卿瑞邑庠生品行端方乾隆丁卯邑修志秉魯侯徵與其事壽八十有九子繼美乾隆丁酉歲貢

郭天立鄉飲賓世科人年登九十身其康強邑建教場以田畝捐充公地孫玉成乾隆庚子武闈舉於鄉

王世茂　人壽九十

徐爲鑄字秉陶農家人能知書味酷嗜之壽八十有一孫天球乾隆壬午舉於鄉

鄭惠瑛字升敬石傑人老成持重以太學生爲鄉祭酒壽九十有一五代同堂長子觀生由副貢欽賜舉人年八十二三子榮輝字東向高才力學老而不倦壽八十有九榮輝孫泗以廩貢登順天榜姪孫品舉人

黃承琛湖山人壽九十有二

曾三捷科榮人週歲時爲賊所擄欲子之養之四年一日父過其門捷呼曰阿爺至矣賊怒刃傷其吻後得贖回苦志力學年六十八始入邑庠壽九

十有三

吳光㭘石室人壽九十

吳華國字光宗峯魁人壽九十有三

鄭開習萬古橋人壽九十

黃守仁湖山人壽九十傳見隱逸

孫際可樂陶人鄉賓壽九十有七

顔堯字喬道泗濱人古貌樸誠屢受恩賜壽九十有一

顔淑字廷慎泗濱人性誠慤敬禮師儒壽九十

蘇際盛雙翰人太學生乾隆丙午登八旬以長子貢生清憲之孫得男行令

五代見封贈

顔錫鼎泗濱人性友愛壽九十有三弟錫師壽九十

顔伯秀泗濱人好義急公壽九十

郭雲從字際軒邑庠生屏山人素行不苟命子孫居喪不用浮屠乾隆壬子

重游泮水壽九十子黄中歲貢生品行端方族叔大來稱其善講易壽八十五

顔志偉泗濱人素行端方取與不苟恩賜八品冠帶壽九十

徐光謨字恒明太學生儒山人性情灑落頤養天和古書奇書老而愈嗜壽九十有一

黄天章字玉汝嘗董造雲龍鳴鳳兩橋修理東嶽城隍二廟雅愛書香斯文接踵壽八十有一

陳繼禧字尚晬邑增生讀書敦品樹望老成屢躋文闈以林泉老卒年八十五

楊振宇字方伯恩授老農肖性醇樸課耕有方尤雅愛斯文禮接不倦年八十有四

林宇望年百有三歲受恩賞兩次精於岐黄無衰老態咸謂其得養生之術邑令楊鵠舉匾日期頤人瑞

鄭繼文東山人壽九十

徐月朗耆賓儒山人敦孝行事繼母朝夕必省出入必告每膳必視周濟貧乏無德色壽九十有二五代一堂長子鄉賓魯政事父亦以孝聞晚歲病目失明者六載得三山異人陳策候診治明如故多推解有父風壽九十有二

徐毓珍太學生儒山人和睦鄉里事節母張氏善承厥志壽九十

陳廷鸞登瀛人壽九十有四

張天尚上嚴人壽九十

張光進鄉賓上嚴人壽九十有四

張美盛庠柄人壽九十有三

曾玉楣科榮人安貧守分胸次悠然壽九十有二

曾瑞書監生科榮人明事理嗜書香壽九十

林汝正字居理蒲坂人慷慨有大志精醫術方伯錢琦贈以希文經濟匾壽

九十有二
曾呈鸞科榮人見義勇爲鄉推翹楚壽九十有五
陳德輝鄉賓樂陶人居鄉善息爭壽九十有四
章光塲許坑人壽九十有四
羅博文監生蓋雲岐人壽九十
廖捷南鄉賓碗坑人壽九十有三
陳綿卿碩山人壽九十有三
鄭開璧厲古橋人壽九十有一
江元壯祥光人壽九十有一
孫占快鄉賓樂陶人壽九十有五
林烈明上田人壽九十有四
林廷芝號博義監生宴林口人壽八十有七五代同堂邑令申允繼贈以五
代有兄匾

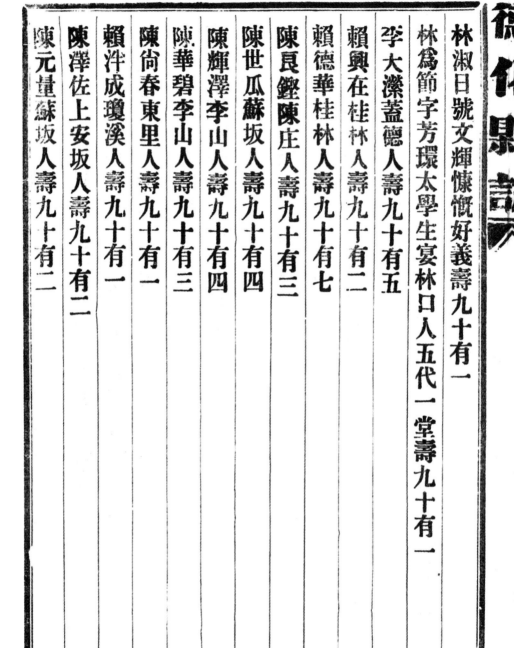

林淑日號文輝慷慨好義壽九十有一
林爲節字芳環太學生宴林口人五代一堂壽九十有一
李大濚蓋德人壽九十有五
賴興在桂林人壽九十有二
賴德華桂林人壽九十有七
陳艮鑾陳庄人壽九十有三
陳世瓜蘇坂人壽九十有四
陳輝澤李山人壽九十有四
陳華碧李山人壽九十有三
陳尚春東里人壽九十有一
賴泮成瓊溪人壽九十有一
陳澤佐上安坂人壽九十有二
陳元量蘇坂人壽九十有二

顏玉珪太學生泗濱人壽九十
張光博庠柄人秉性剛方然諾不苟壽九十
陳世佾字昭成登瀛人性靜神逸泉石自娛福州守葉紹勳匾曰山中人瑞
壽九十有一
謝朝任鄉賓古洋人壽九十有二
涂周東上豐人壽九十有二
顏玉華太學生泗濱人壽九十
顏永德泗濱人壽九十恩賜八品冠帶弟永和舉鄉賓恩榮八品壽九十有
二
徐鳴玉太學生儒山人壽九十有一
章文相鄉賓洞口人五代同堂壽九十有四
危高巖前峯人精岐黃青烏之學嘗出粟百石以恤貧者壽八十有九子聯
標壽八十三次忠榮壽八十八四忠英壽八十六七忠好壽八十二孫成

章有義氣咸豐間童參踞七臺山刼掠鄉民章築長安寨俾民避難鄉賴

以安壽九十有一子永安壽八十有五

周心薦解人壽九十

陳國三龍山人性公正壽九十

陳寬越龍山人壽九十有三

梁榮煥蟠龍人壽九十

梁明道蟠龍人多行善壽九十有六

梁毓孫蟠龍人壽九十有二

梁明文蟠龍人壽九十

阮錢男梓坡人壽九十有三

阮子賢梓坡人壽九十有一

阮維棟梓坡人壽九十

李仲球龍潨人壽九十

王　丑邱坂下光人壽九十

游　米邱坂人壽九十有五

寇存宏儀林人壽九十有七

林祝三字耀封上林人壽百有二歲恩賜八品冠帶

鄭善華字元怡鄉賓石城人壽九十有一次子書香例貢生慷慨好施嘗充祖爲永泰邱堰渡舟子工費行人德之壽八十有四五代同堂後嗣多有聲庠序人爲好善之報

陳國裕字珠成登瀛人壽九十

陳泰一李山人壽九十有五

賴聖量瓊溪人壽九十有八

賴朝福瓊溪人壽九十

陳仲苑綺陽人壽九十有二

郭攀龍屏山人敦樸古處壽九十五代同堂

宼元博下寮人壽九十有一

羅元受高漈人壽九十有四

郭尚賓字國齋屏山人品行端方壽九十有六

鄭世華東山人壽九十有六

陳世貞字昆成登瀛人壽九十有二傳見方技

連周凱甲頭人壽九十有一

連纘興甲頭人壽九十有一

連　茹邑庠生甲頭人壽九十有八

江日銀石梯嶺人壽九十

王振智侍衛人壽一百三歲　年　恩賜建坊

李清光太學生英山人性古樸壽九十有三

郭啓種鄉賓屏山人壽九十二

涂一橦相卿人性孝友壽九十有二

涂成龍監生相卿人臨財不苟尤好施濟壽九十

陳華特奎斗人壽九十

賴捷登桂林人國學生五代同堂壽九十有六

羅懋世　人壽九十

鄭啓文淳湖人職員壽九十五代同堂

王端基紹卿人壽九十

王慶三旺内人壽九十有八子順篤鄉賓壽九十有二親見五代

張青選字元經邑庠生富而好施壽九十有四孫壽熙事祖父母有孝行壽八十有三

陳貴員綺陽人壽九十有四妻林氏壽九十

毛桂隆嵩山人壽九十有三

羅廷坐　人壽九十

張友拱上巖人五代同堂壽一百四歲同治二年恩賜八品冠帶巡撫徐匾

日昇平人瑞

孫振深樂陶人壽九十有一

張克寬號居仁旁坑人壽百有二歲同治三年恩賜昇平人瑞匾准建坊

章元龍南埕泮嶺人壽百有二歲同治三年巡撫徐宗幹贈昇平人瑞匾

張元檀壽九十有一

陳良宗綺陽人壽九十有二

林應魁格口人例貢生五代同堂壽九十一妻李氏壽九十

陳貴寬綺陽人壽九十有四

鄭金銘厚德人壽九十有七

張慶春鄉賓壽九十有二

郭信籌筆石人壽九十有一

顏肇珠鄉賓泗濱人壽九十有二

陳仰高字芥世登瀛人精干支生尅之法雅愛斯文壽九十有一邑令陳步

梯匾曰龍溽人瑞

涂鼓維上豐人力農樸愿能復祖祠壽九十有五

江洛文祥光人壽百有三歲邑令陳步梯匾曰昇平人瑞

鄭榮雅鄉賓厚德人壽九十有三

李德市藍田人存心仁厚好周恤壽九十有一

涂普義上豐人壽九十

涂業維例貢生上豐人五代同堂壽八十有九

李芳尊藍田人壽九十有一

陳亨安綺陽人壽九十有一

黃應選承澤人壽九十有二

黃朝興承澤人壽九十有二

連挺秀鄉賓甲頭人壽九十有三

曾國登號善庵鄉賓鳳洋人性孝友壽一百四歲五代同堂光緒十八年建

坊旌表

張拱北字拱魁鄉賓西門外人樸誠可風生平不染疾病人以張萬福比之壽九十有一

張聯高號升齋上嚴人壽九十有一

陳文茹長林人壽九十有三

方以賢字纓掖鄉賓雷峯人壽九十

林詩壇章鏡人壽九十有五

陳文四興里人著有家訓八條諄誠詳明壽九十有七五代同堂

陳長養陳央人壽九十妻林氏壽九十有二耄耋齊眉洵稱人瑞

陳望元綺陽人壽九十有二

章維屏太學生洞口人壽九十有二

鄭景泰鄉賓湖景人壽百歲五代同堂光緒二十四年總督邊寶泉請旌賜昇平人瑞匾

陳聯陞鄉賓鵬都人壽九十有四
吳長安石室人壽九十有一
徐心敏鄉賓儒山人壽九十
郭篤美屏山人壽九十有五
郭春芳字玉魁屏山人業儒精岐黃年九十猶能辨蠅頭小字
徐培許儒山人壽九十
童輝拔雙鳳人鄉賓壽九十有六
徐世催鄉賓儒山人排難息爭里人畏服壽九十有一
周養源鄉貧銘山人壽百齡
陳文嚴樂陶人鄉賓壽九十有一
李棍英山人壽九十有二
許美十洋坑人壽九十有四
劉積仁小尤人壽九十有二

許慈弼吉嶺人壽九十有二
劉義蒲小尤人壽九十有一
許瑞廸洋坑人壽九十
許伯袞洋坑人壽九十
許性魁洋坑人壽九十
林宗傳尊美人壽九十有三
陳格元綺陽人壽九十有二
徐士插奎斗人壽九十有四
涂慶雲號祥齋太學生生平克敦孝友和睦鄉閭人咸稱之壽八十有一五
代同堂曾孫玉光讀書好義壽八十有七亦親見五代布政使陳　贈
以八葉凝祥匾
余錦標鄉賓白石人壽九十妻賴氏壽百歲邑令李仲謨匾曰百歲流芳
徐捷銳霞碧人忠厚性成鄉推長者壽九十有七

蘇聯元字鳳山例貢生雙翰人壽九十有六、

鄭宗姜鄉賓碩傑人業商建汀老而彌健壽九十有三

蘇啓古雙翰人壽九十有四

蘇玉彩雙翰人壽九十

蘇玉接雙翰人壽九十有二

蘇廷奇雙翰人壽九十有五

蘇篤然雙翰人壽九十有五

李拔宇上儒人壽九十有三

李士奢上儒人壽九十有一

蘇彬冠雙翰人太學生壽九十有三五代同堂

林文瓆坵坂社人壽九十有二

梁成富龜洋人壽九十有一

梁誠忠龜洋人壽九十有二

梁孝助龜洋人壽九十有四

蘇伊舉雙翰人壽九十有三

陳金穀鄉賓李溪人壽九十有一

鄭啓文淳湖人壽九十五代同堂

劉振祥大坋人壽九十有三

曾然雲監生科榮人壽九十有三

徐聯輝鄉賓霞碧人賦性忠厚雅愛書香壽九十有二子鎔金孫育德俱庠生次孫育才廩生

許峻德碩儒翰人性忠厚課子有方壽九十有六子樹椿附貢生

彭掄元鄉賓霞碧人今年九十有四

論曰德化山高雲深處其間者酣泉石而飽煙霞得靜機焉其多壽考也固宜兄累朝重引年之典冠帶有錫帛肉數頒垂白之叟得優游化日以樂天年矣

壽婦附

甘氏李山社東里鄉陳孟最妻年一百八歲建坊　旌表額曰慈幃長暉

朱氏高洋舖李廷玉妻年一百一歲建坊　旌表

陳氏甘爾俊繼室年一百五歲

邱氏庠柄張藩安妻壽百有一歲長子元桃壽八十二次子元㮕壽八十四三子元彬壽七十二四子元概壽七十四五子元榔壽九十三六子元榴壽九十

余氏城內下市王擇敬妻壽百歲道光二十八年建坊　旌表額曰德壽雙美

李氏羅美武生鄭爲章妻秉性貞靜教子有方壽百歲光緒間由知縣張廷榦詳請總督譚鍾麟題准建坊並賜緞二疋額曰貞壽之門

列女

宋

蔣氏九娘耆民三慶之女年十八歸劉惟義越六年惟義死家貧甚蔣忍飢寒日夜紡織奉養舅姑撫二幼兒成立舅姑歿喪葬如禮勤苦三十九年始終一節祀節孝祠

明

張氏珠娘曾阿源妻年二十一生子儀僅數月而夫歿家素饒族人之強者利其嫁而圖之張抱儀泣誓曰天不墜爾宗使爾得長大我之志不堅天地鬼神實鑒臨之後儀爲邑諸生年二十四又歿張乃以夫姪恕爲嗣撫如已出竟以節終祀節孝祠

李氏桂陽林兌一妻歸未期而夫歿年纔十九矢志守節遺腹生男撫之成立孝養舅姑經營家計備極勞勩壽八十一鄉人欽之祀節孝祠

林氏夏林人庠生易象廣妻年二十六而寡鞠養三孤食貧茹蘗舅姑早歿待舅妾樂氏愛敬有加父母既亡弟幼亦賴其撫育年六十六卒三日顏色如生衆咸歎異邑令以貞烈足風獎之祀節孝祠

邱氏大田人歸銘山周位年二十一夫歿哀慟誓以身殉瀕死者屢父諭以撫孤存宗祀復取白綾與之曰是不可湔洗也答曰無能玷汚跪受之遺孤尋殤哀痛服毒數次不死水漿不入口者九日又不死遠近聞之皆爲涕零族長以服姪濂爲之嗣濂克盡孝養年六十餘卒孫曾蕃衍文學彬彬殆天以報苦節也祀節孝祠

郭氏庠生郭載伊女適庠生林寅坼年十八而寅坼歿遺復又生女父母舅姑使人探其意答曰叔生子婦子之則夫猶有後也無異言矣年三十六卒通庠舉報節孝按院批云松筠植操冰櫱爲心十有八而喪所天忍死以待承嗣之子三十六而從所志捐生以隨物化之魂仰縣立祠旌表（祠在縣東門內今廢）江南省元桂伸題其門曰節孝無雙品春秋足萬年祀節孝祠

林長娘在坊耆民德茂女也貞淑孝友天性卓越早失母父死時有弟宗源甫八歲而長娘年十七矣臨盡謂之曰汝能不字爲我撫而弟使成立乎長娘泣誓願守父命父既歿長娘撫宗源成克家子竟不字終其身壽八

十有一猶然處子也宗源倡建邑之化龍橋長娘嘗出儲金二百兩又嘗捨金助建永春東關橋清康熙十五年邑遭洪水林族瀕溪以居祠宇淹沒長娘木主獨存案上流掛壁間卓立不仆可以表其貞正之氣矣祀節孝祠

林氏金娘涂鵬搏妻年十九而夫歿家貧守志荼苦備嘗教子成立事舅姑以孝稱卒年七十有四長孫孟昆妻余氏年二十七亦寡課其二子有成善事舅姑卒年七十三人謂冰玉聯徽云

劉氏湖嶺周舜欽妻年二十八欽歿督二子成立孫曾有聲黌序壽八十六邑令獎爲節堅烈日里人稱以女中丈夫

徐氏許忠宇妻能執婦道年二十五而寡事舅姑以孝課孤子以嚴貞操自守三十五年壽六十

蘇氏銘山周瓏妻年二十九夫歿族人諷令改適答曰吾棄二孤而去是棄所天也不如死之久矣完節六十餘年壽九十孫曾彬濟多文學焉

陳氏章時階妻年二十夫病痘歿遺腹生男冰驍自矢老舅在堂克盡孝養年七十卒

方氏三娘貢生今泰妹年十八歸高洋陳持茲越三年老舅病篤每夜持香籲天願減己算救之不愈乃割左股和粥以進舅病果痊里族狀其事於縣製匾旌焉

任氏夏林林熛妻二十八歲夫歿家從四壁子璽瑩皆幼舅姑在殯耕鋤紡績撫育二子安壄三柩縣詳憲允題旌未上値鼎革二子事之以孝聞享壽八十四人謂節母宜食其報云

涂氏吉嶺庠生許瑞岳妻年十九歸瑞岳纔一歲而孀守舅姑矜其志以夫親姪嗣之値寇亂家橐需條冰玉自持三十餘年雖家宴不肯與妯娌間故曰吾未亡人也何心酒食年五十六卒

嚴氏尤溪人桂林賴普祐妻年二十四守節卒年八十

張氏楊梅人桂林賴克致妻年二十五守節卒年九十三

凌氏田地人桂林賴碧峯妻年二十四守節卒年六十

李氏儒士顏志端妻年二十九夫歿志同潔玉老姑患嗽醫藥外乳養多年始終不懈開族泗濱孫支蕃衍卒年七十八嘉靖間張邑侯贈匾曰巾幗完人

陳氏下湧社郭新興妻興年二十九歿氏撫孤孀守自祖姑張氏姑黃氏三世守節人至今稱之

張氏蓮娘甘仕嘉妻年二十九寡守節撫孤艱辛萬狀人服其堅貞之志

陳氏貴娘朱紫林仁軒妻年二十九夫喪以守節終

顏氏東山鄭皎卿妻早寡事舅姑教孤子俱盡其責寇鄭暢竊掠鄉閭獨能以禮持身家賴以保

徐氏大娘林佳奈妻明末奈殉國難氏撫子事姑以節孝著

賴氏瓊娘尊美林蔭妻早寡歲貢林超鳳爲之贊曰九月夫妻七月遺天長地久七十老嫗二十寡玉潔金堅氏誠節孝可風者

宋氏二娘洋卿許松二妻未壯歲守節

以上節孝

宋

黃氏桃娘清泰里人姿顏淑媛年十六適陳得琛期年琛以服役卒於外訃至慟絕誓無獨生屍既歸葬母憐其年少無子舁歸冀改圖之桃娘度不能免一日托以澣衣出門指溪水嘆曰吾心瑩澈亦如是水豈可爲泥滓所溷今得死所矣遂投之鄉人皆爲流涕祀貞烈祠

明

黃氏陳璿九妻嘉靖辛酉八月流賊突至與璿九抱週歲兒逃匿山中爲賊所獲賊見其姿美乃免其夫而欲辱其身強不可刃其兒黃撫兒痛哭罵賊甚厲遂遇害年二十有五祀貞烈祠

陳氏耆民輝一之女鄭仲妻歸仲兩月而仲病事仲半載而仲亡哀慟七朝慷慨就義而死邑令製匾獎之祀貞烈祠

寇氏朱紫林嘉春妻姿容淑美夫歿柏舟自誓遭寇亂寇捉刀按額曰從欲可免氏以願守正死應之遂遇害

以上貞烈

清

陳氏邑治龍池王起初妻年二十二孀守貞操無玷以耆壽終邑紳士爲之讚曰比桃則年比松則冽紡教所聞淨於冰雪祀節孝祠

林氏上林社人適塗坂李文脩逾年文脩歿遺腹生男孀居慎飭乳姑盡孝斃舅之日躬懷木主跋涉險巇哀聲震野順治九年闔學舉呈知縣王寵受申請按院朱必簡給匾旌之

陳氏甲頭鄉連時質妻年二十二而寡撫二孤當海寇據邑派餉逼迫陳捐己貲以綏里族之徵父被擄盡脫簪珥贖歸舅老患脚疾親奉湯藥二十餘載艱辛萬狀始終不渝壽六十七雍正六年旌表入節孝祠建坊在上林社橋頭坊

陳氏甲頭連宏鍇妻年二十二夫歿遺孤一遺腹五月孤子繼亡遺腹生男又殤陳終以立後存祀爲志堅守二十餘年始得繼嗣宗祧賴以不墜卒年六十七雍正六年旌表入節孝祠建坊在甲頭鄉

潘氏高鄉社陳天桂妻年二十四夫亡忍死撫孤截髮自誓値寇亂百凡艱難勵志彌堅事姑不懈姑歿喪殯盡禮訓子成名壽七十有六雍正七年旌表入節孝祠建坊在丁乾鄉

蘇氏卓地陳存若妻年二十四夫病蘇靜夜爇香致禱求以身代及夫歿誓以身殉老姑慰諭之遂飲泣吞聲忍死奉姑茹茶鞠子卒年六十有五雍正十三年旌表入節孝祠建坊在卓地鄉

賴氏兌娘涂天經妻年二十七孀居遺孤二長甫三歲次未踰月矢志苦守勤紡織以養舅姑訓督二子不少寬貸壽七十有六孫曾濟濟

林氏郭坂葉殿履妻年二十六夫亡孤幼遺腹匝月家貧躬自負薪敬事舅姑奉養無缺善教二子式好無間食指既繁不忍分異壽八十五孫至仁

亦娶於林年二十八至仁歿林矢志撫孤以節老

鄭氏高卿社陳應瓊妻年二十九夫歿勵志守節嘗檢篋中有質劵召其人還之曰幼孤兒不可使責償斂怨也後值兵荒率二子耕鋤力作孝養舅姑朝夕罔懈卒年七十有九乾隆四十八年旌表建坊祀節孝祠

辛氏蓮娘庠生伯穎女歸郭載淇年二十七載淇卒守志撫其三子成立卒年六十有六

王氏七娘儒山庠生徐應聘妻康熙甲寅閩變聘出練鄉勇爲亂兵所害王聞訃昏絕數四以姑老抑哀守節勤紡績丙夜督令三孤端立讀書雖盛暑嚴寒不使少休長動次琳俱爲邑諸生壽九十

連氏岳娘甲頭人許配洋中鄉林振雍未及于歸而姑顏氏病篤恐不起使人請于連欲見之連父母携岳娘往俄而姑痊復携回以俟成禮閲月而振雍死訃至岳娘衰服奔喪入門號慟將與同死林族驚異慰以立後岳娘許諸夫堂兄卽取週歲子嗣之岳娘孝事舅姑終其身衣被幃帳皆用

素寢房自以白紙密裱雖侍婢不敢輒入卒年五十有一

許氏純娘銘山周昭甫妻居宅依山康熙丙辰暴雨山崩舉家壓歿許抱四歲兒伏戶間得不死遂矢志撫孤以延一綫宗祀因之不絕苦守五十六年壽八十有三

陳氏玉舍南樂知縣應奎女歸石傑諸生鄭異事舅姑與大舅備得歡心年二十七姑與夫俱病臥床經年陳侍湯藥衣不解帶每夜露香致禱願捐己壽以救竟不起遂誓斷晚餐撫三歲孤惠琇內夜紡績惟啜杯水事繼姑尤孝謹每節臘輒嗚咽不飲食卒以勞鬱而歿琇乾隆癸亥舉明經

周氏庠生蘇彝妻年二十三夫歿將以身殉脫金珥咽下俄而嘔出家人見之大愕因密防之得不死及遺腹生男乃矢志撫育克成名壽八十有三

徐氏傅娘溫于御妻年二十六孀守孝事舅姑撫教二子壽七十四孫廷選乾隆丙辰登賢書

陳氏麗娘永春人歸霞坑蕭森英事舅姑及大舅姑咸稱其孝夫歿號慟瀕

死者再遺腹生女乃以夫弟次男正選爲嗣苦節不渝卒年六十四

施氏章娘藍田李髦士妻年二十五夫歿遺孤五歲誓死不二久之其父令歸將圖改適即步囘見諸姑潸然淚出嫂氏怪之搜其袖則途中所採斷腸草也因力慰諭護使還家以完節終年五十五家故赤貧事姑鞠子皆取給于紡績云

鄭氏永春仙溪人歸邑東門謝帝美早寡無子夫弟寵侯妻死一子甫三歲鄭抱之哭曰吾夫無兒奈何幼姪復無母也遂辛勤鞠養歷二十餘年得孫爲繼知縣熊良輔教諭力子侗製匾奬之壽八十有八祀節孝祠建坊在東門街

鄭氏甲頭連隆鼎妻事繼姑克孝早寡無子以夫姪玉恬爲嗣娶林氏恬又殀無子復以姪孫爲嗣姑媳孀居兩世立繼宗祀竟賴以延鄭年七十七卒

林氏章元岷妻夫歿遺孤一撫之比長娶涂氏育二子孤復歿姑媳以冰蘗

相勵篘節同堅林氏年六十八卒

方氏冬官螺坑人歸鳳洋監生曾浩漪早寡翁姑在堂二子方襁褓辛勤百務婦道母教藉藉里黨子殿選殿榮俱克成立卒年六十五

嚴氏桂陽林德馨妻德馨死無子嚴年二十二慟哭毀容以舅姑在堂勉爲色養寂守空閨未嘗踰閾經十餘年以夫弟監生德龍之子爲嗣旋殀又十年德龍復以幼子仕家繼之苦志課督孀守五十餘年無笑容至得孫乃稍開顔卒年七十有五

張氏七娘螺坑方爲班妻年二十七守節卒年九十

黃氏亥娘英山寇興龍妻年二十三守節卒年六十三

林氏亥娘儒山徐實甫妻年二十五守節卒年八十二

郭氏章應廣妻年二十四守節卒年八十九

蔡氏黃天添妻年二十六守節卒年六十

林氏末娘涂御伯妻年二十四守節卒年八十三

林氏五娘上翰社許惠迪妻年二十二守節卒年七十
劉氏郭旭在妻年二十四守節卒年五十四
曾氏登龍社陳光受妻年二十三守節卒年六十九
謝氏周子培妻年二十二守節卒年六十
易氏李山社陳元式妻年二十七守節卒年五十七
鄭氏張倫妻年二十三守節卒年七十二
鄧氏勤娘下寮寇紫科妻年二十七守節卒年五十五
林氏端娘鄭舜慕妻年二十七守節卒年六十
陳氏郭坂葉霞騰妻年二十五守節卒年七十二
賴氏田地凌德涵妻年二十二守節卒年五十二
許氏郭坂葉嶷妻年二十五守節卒年六十
林氏承澤黃元玉妻年二十二守節卒年五十四
陳氏登龍社江玄敬妻年二十二守節卒年六十三

謝氏下市邱伯通妻年二十守節卒年四十七
盧氏英山社董瑞猷妻年二十三守節卒年五十
黃氏坤娘南埕社毛咸若妻孀居念夫兄乏嗣以長子繼之次際泰甫四歲勤謹守志撫訓成名鄉人欽其德操時年八十四
涂氏璐市社黃天景妻年二十三寡一子岳甫五歲哀毁骨立誓不獨生姑諭之曰吾老矣若勿以呱呱累我也涂受命孀守勤織紝供姑恒不足則減己食食之訓子有成孫必捷弱冠遊庠著聲時年八十一乾隆二十二年旌表入節孝祠建坊在南關
余氏高卿張寅舉妻夫殁姑老家貧日負孤兒耕鋤樵採以供朝夕苦節五十餘載時年八十
陳氏許德溥妻年二十一守節時年七十七
林氏葛坑社黃樸有妻年二十八守節時年七十七
賴氏李仲滋妻年二十七守節時年七十四

呂氏英山社鄭世取妻年二十七守節時年七十三

賴氏下湧郭子陽妻年二十五守節時年七十二

鄭氏賴斯權妻年二十六守節時年六十九

林氏緞娘瑤市蘇茂日妻年二十八守節時年六十九

林氏許茂士妻年二十四守節時年六十八

林氏郭兆愈妻年二十四守節時年六十七

陳氏蘇啓東妻年二十九守節時年六十六

莊氏李山社陳榮略妻年二十二守節時年六十五

徐氏意娘鄭業文妻年二十四守節時年六十三

林氏葛坑社監生陳朝標妻年二十五守節撫二孤事翁姑克盡婦道卒年五十五長子謙爲邑諸生復殀婦蘇氏年二十四無子立嗣孀守事姑甚謹時年六十三

范氏郭坂葉達仁妻年二十三夫歿煢煢一孤性孝謹舅姑愛之復以堂叔

子益其嗣每朔望齋素禱祝延舅姑壽時年六十二
郭氏劉泓來妻年二十一夫歿祖姑在堂孤兒甫乳奉養鞠育備極勞瘁時年六十二
曾氏僅官良泰徐季耳妻年二十五守節時年六十二
陳氏郭坂葉守仁妻年二十七守節時年六十二
章氏正娘涂文艮妻年二十四守節時年六十二
周氏邑東門謝天岑妻年二十四守節時年六十一
康氏新娘儒山徐春權妻年二十六守節時年六十一
曾氏孫娘石傑鄭起龥妻年二十守節時年六十一
鄭氏明娘永春蓋福洋人歸艮泰謝祈如祈如應童子試三冠邑軍不獲入泮忿鬱而歿鄭年二十三遺腹七月家徒四壁藉織爲活生男天申撫訓之餼於庠時年六十乾隆三十乙年旌表入節孝祠建坊在下市
林氏玉娘文興李延禮妻年十八于歸甫五月而寡夫弟以男嗣之撫育有

成魯邑侯鼎梅詳憲請旌卒年七十五

劉氏山坪社庠生郭之屏妻年二十二夫應試歿於泉州氏痛其不侍湯藥也一慟而絕家人救甦慰以藐孤在抱當撫之使紹書香乃勵志貞守子觀光餼於庠

林氏章亦恕妻年二十六守節時年六十

王氏新化陳珍愷妻年二十八守節時年六十

林氏李山社陳光博妻年二十五守節時年五十八

王氏高卿張天志妻年二十五守節時年五十七

周氏陳　釗妻年二十四守節時年五十二

馮氏麗娘艮泰陳一基妻年二十四守節時年五十一

以上節孝載在乾隆丁卯志

徐氏李克感妻年二十八夫歿未育欲自盡舅姑慰曰克感無嗣若殉之是重吾憂也乃延命苟活取捷登爲嗣又以零丁孤苦復抱彥眩撫養乾隆

二十二年旌表祀節孝祠建坊在蓋德鄉

陳氏庠生張模妻年二十九孀居事祖姑及舅與繼姑咸得歡心冰霜自凜撫養一子成人乾隆二十八年旌表祀節孝祠建坊在南關下田格

徐氏方鵬程妻年二十九守節敬承姑命矢志撫孤乾隆三十三年旌表建坊在螺坑鄉

賴氏林開檜妻年二十四夫歿遺孤三歲忍死守節撫養成立事舅及繼姑咸得歡心居常鉛華不御冰霜自矢日夜勤紡織以贍衣食乾隆三十七年旌表祀節孝祠建坊在橫溪後洋尾

柯氏陳宏詎妻歸陳十一月即分鏡遺胎生男撫養成立常以不及事舅姑爲恨歲時祭祀必誠必敬如將弗勝子芳懷應賓筵孫曾四代壽八十乾隆五十年旌表祀節孝祠建坊在鵬都鄉樓角

黄氏貢生憲文女歸陳育宁年二十三孀居孝事舅姑以堂兄子繩祖爲嗣勤儉成家課兒力學念夫屬庶出特建堂宇以所出侍嫡並祀不替時年

七十餘孫曾四代乾隆五十一年旌表祀節孝祠建坊在丁墘鄉隘門格

顏氏儒士許應檜妻年二十六夫歿撫五歲兒誓死不二晝荻嚴督責望成立舅姑在堂奉養得其歡心卒年五十七子登俊歲貢生

顏氏塗坂庠生李岐鳳妻年二十八而寡冰清自勵奉養老姑備盡孝道教督兒女不事姑息承姑命獨掌家計勤紡績以供不足甘苦備嘗卒年五十五

李氏儒士鄧猶龍妻提督山東學政光塽長女也賦性端懿通曉大義年二十八夫歿茹苦自甘撫孤成立事舅姑早起即燂湯進盥至老不倦舅素患脚疾痾癢時氏輒督孤蹲繞膝前敬爲抑搔寒暑罔間卒年八十有五

陳氏舉人郭震東妻二十七歲寡撫子女孝舅姑克勤克儉內外無間言卒年六十有一

陳氏石傑鄭天桐妻年二十五夫歿子貢生國元纔週歲矢志撫養成人年二十八繼歿與媳陳氏撫幼孫零丁孤苦再以國學生啓元爲次男終身

辛苦節比松筠卒年八十三

鄭氏邑庠生莊嚴肅妻年二十一而寡家貧紡績易食養孀守之老姑得其歡心夫殁時子道脩纔生九日氏撫之教以讀書弱冠遊庠旋夭殁復抱孫撫養守節之艱未有逾於此者卒年五十二

陳氏李子齡妻年十九孀居以叔子爲嗣撫養成人姑失長子哀痛過甚氏吞聲慰解操作奉養以婦道兼子職卒年六十五

李氏陳繼梅妻年十九而寡舅姑亦早殁父母憐其少而無依令他適氏曰吾寧就死誓不二心因取兄子世視爲嗣操凛冰霜刻苦成家鄉里欽之

鄭氏儒士連文晳妻年二十一寡絶飲食欲以身殉家人勸之以叔子爲嗣未幾又殤氏矢志不移茹荼啜泣謹事舅姑後再以伯子繼仁爲嗣卒年五十七

蕭氏解元宏樑妹也歸西山張守朗年二十六守節孝事舅姑撫一子舉進卒年七十

蕭氏陳英試妻年二十六守節冰玉自矢姑亡事舅盡孝時夫弟妹尚幼以嫂撫之恩禮兼備卒年六十三

王氏林應舉妻年二十二孀居家徒壁立矢節無渝刻苦教養其子卒年七十

李氏林憲潔妻年二十五寡子朝宴四歲次朝家二歲氏勵志冰蘗訓育成立卒年七十五

葉氏王廣章妻年二十一守節以夫姪聯登爲嗣勵志撫養成名卒年五十六

張氏劉二宣妻年二十一寡守矢志堅貞撫姪爲嗣能以勤儉成家壽八十三

許氏鄭源詢妻年二十二夫歿矢志孀守撫五歲兒茶苦自甘底於成立卒年六十三

盧氏鄭元勸妻年二十六守節奉事舅姑舅歿而姑老病朝夕甘旨無缺嗣

子幼令其自守淡素俾家道克成年八十餘卒乾隆五十　年旌表建坊
在牛林格

林氏査輝檜妻年二十三夫歿欲投繯殉舅姑勸之免矢志孀守撫孤有成
舅姑在堂孝養盡道其冰心霜操殆可方之陶嬰云卒年八十八

鄭氏耆民黃天章妻姑有脚疾朝夕起居難以如意氏事之二十八年未嘗
稍懈鄉里欽其孝

張氏十八歲歸蔡文源纔娠夫往臺灣杳無音信傳言或存或沒氏曰人言
不信吾自定吾志耳孤燈雙泪苦守貧寒撫養所生成立足不踰閾清潔
以終其身卒年八十嘉慶十四年旌表祀節孝祠建坊在西門內

林氏庠生陳振輝妻年二十五夫歿子一坦甫二歲身勤紡織以奉舅姑撫
其子成人年七十一

徐氏監生賴樹森妻年二十五森歿子天衢甫一週連氏監生樹峻妻年二
十四峻歿子若駒甫六日娌娣共勵冰心撫育孤子教誨成立人稱一門

雙節例請旌表祀節孝祠

曾氏溫文兌妻年二十五寡子必達方四歲氏撫幼孤繩以規矩寓嚴於慈必達乃弱冠遊庠矣八旬老姑在堂氏以婦道供子職數十年如一日家無間言

陳氏江勳渭妻年二十四夫歿無兒息又無妯娌氏奉養老姑克盡婦道後撫嗣子元登督責成名孫曾林立時年八十七

李氏珠娘鳳洋曾旹氣妻秉性貞正不妄笑言孝事舅姑曲盡婦道數年夫歿以舅姑在堂忍泣吞聲不敢顯著詞色而肝摧腸斷幾欲同歸泉壤既而遺腹生男撫養備至卒得成立平居紡織不自暇逸足跡未嘗越閨玉潔冰清始終如一壽九十三猶得見其孫夢元成名人謂苦節之報

郭氏鄭棣妻年二十二寡勵志柏舟孝養其姑克盡婦道時年六十四

林氏盧廷諭妻年二十八寡守孝舅姑和妯娌甘淡薄雅愛書香燈夜以身紡績督孤誦讀時年六十一

黃氏庠生林升高妻年二十五失偶矢志孀守姑在堂承順志意子方襁褓撫養成立時年五十六

鄧氏陳通侯妻年十八夫疾篤艱於醫治氏過門奉侍湯藥及歿誓死靡他以兄子式型爲嗣寂守空閨金玉比潔奉事舅姑克盡婦道時年五十二

陳氏珠娘鳳洋曾晉榜妻于歸後端莊靜一敬執婦道未幾晉榜歿膝下僅獲呱呱一息氏矢志靡他撫育課督至于成名數十年笑貌聲音未嘗達於戶外洵婦德之卓卓者

張氏高卿社霞田鄉郡庠生林泉妻年二十九守節事姑訓子克盡其道卒年六十三

鄭氏惠娘雷峯方作侯妻二十三歲守節善事舅姑卒年六十五

林氏五娘洋卿許惠迪妻年二十九守節王邑令贈節孝流芳匾

陳氏郭大詢妻年二十一守節卒年七十六

劉氏郭衞備妻早歲守節卒年九十餘

陳氏郭衛具妻早寡以啓南爲嗣娶涂氏啓南又殀姑媳孀守宗祀賴以不
墜
陳氏郭瑞成妻于歸一年而夫歿矢志植孤冰清玉潔
姚氏郭瑞發妻年二十三守節奉姑撫子人無間言
陳氏庠生鄭秉鉄妻年二十九夫歿潔白持躬事舅及繼姑咸得歡心壽八
十九子南豐副貢孫時晉孫和邦均教諭
范氏雙翰蘇元撥妻年十八守節好施濟勤督責五代同堂以孫履吉知州
封宜人壽九十五經請旌表祀節孝祠
吳氏氣娘霞碧黃士杰妻年十八未于歸而杰歿氏聞訃哀傷成疾而逝嘉
慶三年請旌表題曰流芳後裔祀節孝祠
鄭氏謝文細妻年二十五守節養二子勤紡績以度衣食壽七十四嘉慶六
年請旌表
顏氏高卿陳仰侯妻歸未十年而夫歿飲泣吞聲事舅姑能盡禮教子孫均

有成守節四十餘載老境堪娛親見長孫祥光舉鄉貢嘉慶八年請旌表祀節孝祠

林氏郭基由妻早寡婦德幽貞嘉慶九年恩學院匾曰潛德幽光

徐氏備娘上林社林弈煥妻二十四歲守節撫子有成嘉慶十年邵學院匾曰閨閫完人

顏氏鈿娘瑤臺蘇榮大妻夫早歿孝事老姑督成子嗣不惟志節可欽而賢慧亦不可及孫安邦宴鷹揚呈請旌表祀節孝祠建坊在程田寺左

陳氏成娘瑤臺蘇榮植妻十九歲孀居心貞金石善事舅姑卒年六十一呈請旌表祀節孝祠建坊在程田寺口

林氏挈娘瑤臺蘇士堅妻年二十六守節男女俱殤抱養呱兒翼而長之事姑撫子勞苦備嘗嘉慶十五年旌表祀節孝祠與娣建坊在程田寺左

林氏壬娘蘇士湟妻夫歿遺一男氏年二十三守節與寡嫂林氏事姑得其歡心坐必自具椅不與人混或詰之氏曰性介非有他故其實防男子氣

也嘉慶十五年旌表祀節孝祠建坊與嫂林氏合

李氏寶娘蘇士塤妻年二十二夫歿子纔一週躬親治圃紡織撫孤數十年艱辛萬狀不見笑容事姑曲意承歡節操可比松筠嘉慶十五年旌表祀節孝祠與二林氏同建一坊

王氏六娘世科郭大鐭妻早歲守節撫三歲孤勤儉經營教督成立嘉慶十六年旌表祀節孝祠建坊在畚箕坵

宋氏高卿武生陳汝起妻年二十守節至耄孫庠生其淦於嘉慶間呈請旌表

王氏賴汝起側室早寡有金玉節操請旌表祀節孝祠

徐氏桂林賴士載妻早寡冰蘖自矢呈請贈匾曰節孝肅慈

吳氏洒娘涂遠美妻年二十二夫歿柏舟自矢撫孤成立見五代壽九十孫玉光訓導呈請彭文宗贈匾曰貞壽餘慶

許氏埋[illegible]屏山郭金康妻二十八歲夫因姪事往福州歿於旅次孤子在抱

氏貞心守節光緒間孫廩生際運增生熙春呈請孫文宗贈匾曰清徽勵

俗

曾氏韋娘塗坂李啓玉妻年二十四守節茹荼啜泣撫子成立室遭回祿延

氏居而火息人稱苦節之報壽九十

陳氏鄧浩妻年二十四守節撫三歲孤成立嗣賴以傳

鄭氏顔楚齋妻年二十七寡家徒壁立孝舅姑訓子嗣克全婦道卒年七十

六

彭氏顔廷茹妻年二十一夫殁奉舅姑督子嗣無間人言卒年四十九

陳氏顔伯環妻年二十五守節卒年七十五

鄭氏顔英至妻年二十三寡矢志堅貞卒年七十六

鄭氏顔英選妻年二十七寡苦節撫孤得孫始開顔卒年四十二

潘氏儒山徐應發妻夫早殁毀容誓志撫養二孤以節老

鄭氏徐林懷妻早寡孝養舅姑以節終

蘇氏徐廷拔妻二十二歲夫歿冰玉自持撫孤成立壽八十八
張氏徐春樺妻二十四歲守節善事舅姑撫子成立壽九十三
賴氏嚴娘湯頭社郭璣若妻早寡勵節撫孤壽九十餘
余氏鄭文善妻年二十二守寡抱嗣撫成以苦節彰
徐氏寇文孫妻年二十九寡節操堪欽孫曾林立卒年七十三
鄭氏心娘樂陶陳大潮妻未于歸而潮逝奔喪守節白璧無瑕
蔡氏竹娘孫登商妻年二十五寡子一歲縫紉養成卒年五十八
孫氏心娘鹿車謝日雕妻十七歲守節卒年五十二
易氏兼娘鹿車徐惟國妻年二十八夫歿子璧章生纔四月冰霜自凛紡織撫養成立後嗣衆多人咸頌之
蔣氏貞娘吉山賴奇宗妻年二十三生子爵纔五月而宗歿冰霜自矢孝敬舅姑孫曾昌熾壽九十
林氏正娘賴得歆妻年十九夫歿子高崍三歲善事舅姑撫子嗣艱辛萬狀

而苦節不渝親見四代壽八旬餘

涂氏庠娘屏山郭有哲妻早寡子甫三歲老姑在堂養老撫幼兼盡其道節守五十七年孫曾俱登庠序

陳氏叩娘郭德峻妻年二十九夫歿苦守不渝壽八十三孫書田歲貢

郭氏鄭允金妻十九歲守節事舅姑教兒嗣均合於道卒年五十六

李氏鄭乃脩妻二十三歲守節撫孤成立晚得多孫卒年五十九

許氏鶯娘龍潯社增生李廷脩妻年二十五守節侍七年之巾櫛撫四歲之孤兒翁見遠而愼送終姑在堂而殷奉事晚見孫枝林立五代一堂壽九十五咸豐八年旌表

蘇氏知州履吉女登瀛增生陳點妻年二十六守節孤纔三歲撫教成立奉事老姑克盡其職子蘊章有聲庠序咸豐九年旌表祀節孝祠

陳氏雙翰蘇綿長妻年二十六寡清操勵節壽六十九子哲士庠生

李氏崇娘世科郭楚玉妻二十五歲守節奉舅姑訓子女俱合於禮家人化

之無詬厲聲是節全而德又備焉

陳氏年十八歸顏龍圖八月而孀居順舅姑養二子長其旋有名於庠次柯言歿臺灣婦林氏二十七歲寡養子成立晚見四代陳氏年七十四林氏壽九十四孫得時武生呈請檀學院贈匾曰松筠節操

曾氏顏永雲妻年二十一孀守善事舅姑抱夫兄三子爲嗣一堂四代壽七十八

徐氏陳統成妻年二十守節撫子森成立

黃氏陳平成妻年二十二守寡含辛茹苦撫子浩然有成

鄭氏陳祖福妻年二十七苦守教子成名卒年七十九

賴氏常山徐昭十妻夫早歿矢志撫孤不渝其節

陳氏常山徐日珊妻夫早歿矢志靡他始終如一

林氏葛坑社黃豐友妻早寡撫二子伯叔欲奪其志氏不知也彩輿臨門急欲自殺家人救之始得以守節終詩云之死靡他氏之謂歟

賴氏黃崑凝妻夫早歿子幼家貧清苦勵節卒年六十餘

林氏研娘幼歸連正印年十七而印歿欲以身殉舅姑抱嗣慰之卒年五十

林氏黃儒弼妻未壯歲夫歿忍艱耐苦外包養孤而其大節皎然可將天日

卒年七十餘

蘇氏黃艮達妻年二十五夫歿矢志撫孤不移素節

陳氏黃步九妻年二十一寡居以節自勵善事舅姑始終如一卒年六十

曾氏玉娘黃維兩妻生二子夫早歿柏舟自誓晝樵蘇而夜紡織艱辛萬狀

卒年六十

鄭氏黃孟嵩妻嵩早亡堅心守節卒年六十餘

章氏上豐鄉涂弄妻年二十五夫歿苦守撫孤卒年六十二

林氏上豐鄉涂悅妻年二十八夫歿矢志守節撫孤成立及壯而卒媳章氏

年亦二十八與姑同心孀守人稱冰玉雙輝林年六十六卒章今年五十

二

李氏錯娘甲頭連道美妻年十六未合巹而夫歿父母令其改適氏曰身已許人連氏子實維我特豈忍以死而異耶抱嗣撫養以繼宗祧壽八十

林氏年十九歸顏廷哲唱隨十閲月而釵分矢志苦守養子克成孫支蕃衍卒年七十六

陳氏月娘湖前許忠爵妻年二十四夫歿家貧苦守賴女紅度活養二子成立光緒間呈請旌表准予建坊入祠

游氏香娘坵坂社林興璋繼室年二十三守節四代一堂卒年六十七

黃氏蕉娘林瑜乾妻二十八歲守節卒年七十四

郭氏親娘陽春林維綸妻二十歲守節卒年六十九

白氏進士鄧夢鯉繼室江浦縣教諭白湘洲三女也年二十三夢鯉歿潔清自矢撫子成立以節終

賴氏聘娘葛坑社黃子玉妻年二十八守節咸豐十一年請旌表建坊在鄉

溫氏圭娘蕉溪吳尚砣妻年十八守節撫子成立五代同堂壽八十三曾孫

寶安庠生

林氏陳元論妻夫早歿家貧守節撫養二子成立

周氏椒娘上林社林廷光妻年二十五守節卒年七十三

李氏幼娘林光再妻早寡奉高堂撫幼孤耐勞忍苦矢志不渝

曾氏湖山黃滙叔妻年十八遺腹三月而滙叔歿生子遂栓撫養成人壽八十

王氏十八歲歸黃可千不數日千遇賊害守節撫嗣卒年五十三

楊氏曾娘利卿黃心侯妻年十八守節卒年七十六

羅氏鸞娘榜上黃寵渠妻翁年七十久病氏奉侍湯藥十六年朝夕勤劬毫無難色以孝彰卒年七十六

曾氏顏濟權妻年二十五守寡撫孤成人壽七十六

鄭氏顏起言妻年二十二寡善事舅姑孫支濟濟卒年四十七

林氏窕娘蕉溪吳尚交妻年二十九守節卒年六十孫印槐呈請知縣趙雲

崧贈匾日節範可風

洪氏顏永寶妻年二十三寡壽八十三

危氏丑娘蕉溪吳興選妻年二十六守寡順事舅姑撫子振昌成立壽八十

連氏明娘湖山黃可先妻年二十九守節撫養三子俱克成

彭氏寃娘雷峯方英指妻年二十二守寡壽八十一

林氏研娘方從紹妻早歲守寡卒年六十九

林氏顏天保妻年二十守寡清操勵節抱嗣撫成壽七十六

童氏國寶葉華容妻二十歲守寡善順舅姑嗣秉鈞宴鷹揚孫曾亦文武相

繼同治　年呈請旌表

林氏東娘吉山賴允鏡妻年二十七夫歿事舅姑得其歡心壽八十七子一

鳴庠生同治五年曹學院贈匾日苦節可貞

孫氏五娘瑶市魁庭監生鄭蒼璧妻年二十六寡冰霜自勵無間人言善事

舅姑撫孤成立子煜庠生同治十年請旌表准予建坊入祠

蘇氏丑娘屏山郭因鳴妻早寡冰心苦守善事舅姑壽七十七子大亨孫青
俱庠生光緒十一年請旌表
李氏西門吳善永妻年二十九寡矢志撫孤足跡不出戶外雖所居在城市
人罕有識面者事姑劉氏五十餘年獨得歡心爲里黨所稱譽卒年七十
一子如金武生
林氏取娘涂其元妻年二十九孀守親見曾孫至七十三終孫彖賢庠生
鄭氏顏永滑妻年二十三寡心淸志潔教子事姑均有可許孫世衡附貢
林氏顏超瑛側室年未三十瑛歿寡守教子有成卒年七十四子教職玉麟
光緒間早請旌表
章氏末娘庠生涂秉珪妻年二十五守節治家勤謹孝事舅姑
羅氏賜娘王文善妻幼讀經書深明大義年二十九夫歿哀毀骨立志凛冰
霜順舅姑和妯娌撫姪觀濂爲嗣教督成名壽七十
鄭氏桂林賴爲浮妻年二十一夫歿守節光緒二十年請旌獎贈以匾

陳氏翠娘拔貢秉珩女歸儒士連炳國年二十九夫歿家貧志潔有向母風督子受益廩於庠

李氏奶娘湖山黃鴻儒妻年二十六寡善事舅姑撫子體仁廩生

許氏庠生蘇應辰妻年二十七守節事舅姑克全婦道卒年五十五子允中庠生

鄭氏顏隱生妻年二十四寡撫子成人卒年七十一

鄭氏武生馮成武妻年二十寡事姑能孝撫子有成卒年四十七

陳氏顏孝爲妻年二十九夫歿撫二子成立卒年五十七

賴氏扳娘庠生許其文妻年二十寡哀痛成疾數年卒

陳氏爾娘儒士甘貴綠妻年二十八寡飲泣事姑過於哀痛年三十二卒

林氏担娘屏山郭烈長妻年二十寡撫族姪爲嗣事舅姑得其歡心以苦節老

林氏進娘祿城陳朝宣妻年二十五苦守善事舅姑撫子成人

張氏硯娘歲貢大邦女歸賴騰受年二十五守節婦道母教均有可稱

葉氏厚德鄉鄭璋山妻夫早歿守節不渝

阮氏好娘祥光江朝碗妻年未三十夫歿苦守孀幃勤女紅節飲食撫三歲五歲孤兒衣食皆出自十指冰清玉潔鄉黨稱之

蘇氏訪娘監生郭大寬妻年二十五夫歿撫孤守節孝養舅姑人無間言

賴氏倠娘湯頭社郭長倉妻年二十七守節現年五十六

危氏謹娘西山張蹉材妻十九歲失偶苦守六十餘年子大章孫振聲俱訓導

賴氏粉娘富地鄉蘇立段妻年二十三段歿子書方甫三歲矢志柏舟撫養成立五代同堂壽八十二

鄭氏顏加隴妻年十九孀居卒年七十二子如錫武生

鄭氏顏孝覺妻年二十三寡孝舅姑和妯娌撫孤成立晚歲孫曹繞膝卒年六十七

孫氏勸娘拔貢鄭祥次子儒士文璞妻十九歲守節冰清玉潔遐邇共欽奉事舅姑克全婦道抱子繼祧親見三代卒年六十二

陳氏偶娘永嘉許英心妻年二十五守寡事姑教子均無缺憾卒年七十

賴氏葱娘永嘉許英敦妻年十九于歸七日而寡孀守五十餘年卒年七十

甘氏簪娘年十九歸世科郭迺程二十餘日而程歿甘心茹苦養子成立卒年五十八

吳氏連娘瑤臺儒士蘇宗泰妻年十九守寡秉性貞靜敬舅姑和妯娌卒年七十二宣統間請旌

張氏椒娘大上地林文錄妻十八歲守節今年八十五

郭氏華娘武生張國瑞妻年二十七守節光緒間王宗師贈匾曰晝荻垂型子玉光舉孝廉方正今年八十二

林氏文娘霞村黄當春妻年二十三寡遺腹纔四月矢志柏舟孝事舅姑和睦妯娌義方課子親見四代民國戊午里黨被匪擄掠氏素以節著匪義

之家賴以全人稱德報今年七十八

盧氏庠生鄧秉淸妻年二十六守節今年七十二

方氏佑娘石城鄭禮啓妻年二十九守節女朝娘適附貢甘震東二十九歲寡以節終姊張氏吉娘鄭禮偶妻年二十八守節人稱母女雙節姒娣聯徽方氏今年六十八張氏六十三

葉氏姜娘厚德鄭寬登妻年二十六守寡今年六十三

鄭氏年十九歸增生顏德鄰四載而夫歿誓不獨生舅爲抱二子慰之今孫已成行現年五十九

鄭氏顏孝振妻年二十四守寡事姑撫子均得其道今年五十六

陳氏顏震東妻年二十四守寡今年五十一

林氏藎德李迪淮妻淮生外洋與氏正式結婚氏年二十三寡子書植四歲矢志隨夫兄歸國守節撫孤家道克振今年　歲

許氏片娘庠生鄭度妻年二十九守寡今年六十二

以上節孝

清

易氏湯頭張鍾毅妻順治丁亥與鍾毅避賊山寨賊入氏匿鍾毅於倉中而自以身當之賊將繫以出乃紿賊入室具飲食遂投繯死賊大駭而去鍾毅竟免於禍知縣和鼎表其廬曰節烈之門祀貞烈祠

黃氏科山庠生劉六龍妻順治甲午賊陷縣城分黨派餉入科山寨男子皆走避黃恐見辱自經死賊入室義之爲解繩以厚紙覆其屍取木片插屍前大書貞婦二字而去

章氏科山庠生劉斐妻賊入其鄉擄掠派餉章走匿山中見賊登山遍索恐不免遂投身絕崖死大田知縣張鳴珂經其地弔以詩有百尺崖頭悲碎玉千秋閫內見純金之句

陳秀娘東厝鄉人年及笄許字族姑子鄭涵委禽有期而涵死訃至秀娘淚涔涔下請于父母欲奔喪父母止之遂自徹簪珥不飲食家人知其不欲

生也防之密久之有冰人詣舍議再婚秀娘謂家人曰吾身已許鄭矣生許之而死背之乎家人不之顧具酒食款冰議者秀娘默然入房迨冰議者將卽席而家人報秀娘雉經死矣解繫顏色如生

章墀娘庠生秉謙妹年十八許配大田張姓婚期伊邇一日蚤起告其祖母曰吾夜夢張病俄而病信至越數日又夢張死果訃至遂易服欲奔喪父母力阻之竟絕粒死聞者歎異蓋其從一之志通于神明矣

林氏寅娘倚洋陳昌妻年二十七夫歿家貧殮葬之費皆出借貸兄謀奪志寅娘盡取衣飾賣以還債娶者方至門寅娘投水死

林氏小尤劉榮樋未婚妻也自少許字榮樋屆婚期而樋死氏聞訃欲奔喪父母阻其行氏志矢靡他請榮樋父至誓以死殉與樋台葬是夜竟死樋父如其言塟之而以兄子爀生爲之嗣

林氏蘇持妻案詳旌表祀貞烈祠

陳氏信娘案詳旌表

張氏聯娘年十八歸碧潭彭仁關五載夫歿哀痛身殉案詳旌表

林氏儒山徐仕蔣妻二十三歲蔣遭寇跌斃居喪三年投繯殉節

張氏葛坑社黃子敬妻美姿容遇賊被擒度不得脫迫臨崖險詭許從欲賊網稍鬆遂騰身投崖死氏誠不減唐之竇女矣

林氏知娘鄧延暄妻咸豐間邑遭寇亂避居他處暄急症歿於家以不及事湯藥為憾殮後殉節子晨輝增生同治間請旌表祀貞烈祠

陳氏顏遜榮妻二十六歲夫歿迫切哀呼匝月殉節

劉氏顏晉言妻二十五歲夫歿居喪週年奠後殉節

鄭氏寶娘魁庭人歸瑤臺庠生蘇雲霖性勤淑年二十九夫歿痛無翁姑子嗣竟以身殉

許氏蘭娘庠生邦佐女舉人蘇允恭子紹勳繼室年二十一勳歿殉節

彭氏曾娘鳳洋曾傳國妻二十九歲夫歿殉節

張氏香娘桂林賴育汝妻年二十一夫歿仰藥殉

以上貞烈

閨秀

謝鳳姝瑞安令靑鍾女自幼讀書穎慧工詩律善丹靑長適揀選州同陳天龍寵父應奎任南樂縣知縣寵以佐理隨任七載氏在家孝事老姑命其稚子往隨官署並貽書勸夫納姬迨翁解組氏每與夫拈毫唱酬大有女士風所著竹窗詩集家藏遺稿晚年作詩經國風圖描寫人物點綴生動惜未竟幅而卒年六十子寅庠生

張淑芳知州蘇履吉妻寡言語工吟咏嘗與吉酬唱詩章不啻千帙多附刊於友竹山房詩集

蘇如蘭雙翰鄉知州履吉妹工於詩詞著有夢香詩稿年十八字田陽某氏子未嫁而卒耳其名者莫不爲之歎惜

以上閨秀

論曰從容就義慷慨赴死自昔難之予觀古來孝女貞婦或徹環瑱而不

嫁或縷飛燕以盟恩以至剪金封髮海可塡石可化蓋志之所至氣亦至焉邑之節烈歷宋明清諸朝凡若而人皆卓卓可表者若邱氏之受白綾長娘之守父命岳娘之聞訃奔喪墀娘之符夢絕粒炳炳彤管足以範閨闈而光星嶽至於謝女士之工詩善畫孝事老姑勸夫納姬毫無嫉妬是其才德兼備尤足爲女界增光故悉表之用以維風化且備輶軒之採焉

德化縣志藝文志目錄

詩

自鼎谷移竹種義學　陳應奎
紀瑞　仝上
龍潯紀勝　王必昌
窰工　鄭兼才
留别燉煌士民　蘇履吉
留别武陽士民　仝上
芝草　黄鳳儀
六月廿九日大風雨　黄鳳儀
往後宅有感　斌敏
自咏　蘇如蘭
讀詩有會而作　仝上

和林伯子天下無山高戴雲歌	張士賓
甕谷觀大小龍湫	李鼒
溫泉	顏克宗
戴雲山頂觀九溪分派而下	陳天寵
瓊山吟	魯鼎梅
長歌示義學諸生	仝上
纂修邑乘告成效柏梁體	
示許徐二生	吉夢熊
遊鼎仙巖歌	連步青
登駕雲亭懷古	郭鳴高
燉煌署中作	蘇履吉
碾麥歌	仝上
種番藷歌	連士荃

黃忠端公孝經墨蹟爲賴子瑩孝廉作　黃鳳儀
去婦詞　黃鳳儀
望戴雲山雲氣　仝上
海氛　仝上
昭忠祠　郭德冲
禽言一 三首　黃鳳儀
禽言二 七首　鄭祥
登金城山六絕句　謝青鍾
閒居　顏仁郁
諭農　仝上
龍潯八景　殷式訓
滙溪卽景 二首　鄭惠琇
雲亭春望　林敏

登鷲雲亭望雨二首 鄭秉鈞
丁水晴波 出夢鯉
繡屏積翠 仝上
績紵謠六首 趙睿榮
龍潯竹枝詞十八首 連士荃
芙蓉蘸筆寫美人 謝鳳姝
潯堤夜坐望鷲雲峯 林汪遠
宿程田寺 鄭暹
攀龍橋初曙 林德龍
九日集西華室 曾晉
九日西華室和韻 蕭國琦
紡綿 蘇如蘭
小春梅信 金麗澤

嘉禾　范正輅
和范明府咏嘉禾一　蕭弘樑
和范明府咏嘉禾二　陳錫華
雨後滻溪曉行　章　錫
龍潯山迴文　王必昌
章公墓　劉世賡
程田寺訪棲蓮上人　曾西元
程田寺步月觀蓮　仝　上
觀東郊迎春　蔡文澧
龍潯春曉　陳鳳鳴
郊行漫興　胡應魁
陪刺史鄭公登翟雲亭　江雲霆
庚子秋感九首　黃鳳儀

和賴子瑩陪王月船州牧郭鴻羽盛州擒藻樓觀稼原韵四首　黃鳳儀
有感二首　仝上
題陳統軍廟二首　仝上
無題　謝鳳姝
織羅咏　蘇如蘭

賦

聖主詣雍勸學賦　鄧啓元
龍濤賦　魯鼎梅
丁溪賦　連步青

序

戴雲山志序　楊文正
九仙山志序　仝上
又　張士賓

贈縣尉晴寰林君遷烏山巡宰敘 郭維翰
巖遊紀咏序 仝上
修城隍廟序 王寵受
倡修學宮序 和鹽鼎
重建儒學公署序 仝上
南郊憩亭序 李道泰
修鳴鳳龍津二橋序 陳應奎
重募建雲龍橋序 金鼎錫
勸助故縣令梁公賻儀序 劉靖
圖南課藝序 劉毓珍
又 魯鼎梅
重建教諭署勸捐序 仝上
嚮草序 李道泰

剩園四草序 李道泰
塵松詩話序 李鼒
半吟集序 鄭超鳳

跋

戴雲山志跋 黃文炤
圖南課藝跋 鄭惠琇
先儒漳浦黃子獄中手書八分孝經跋 賴其瑛

記

重建譙樓記 張紱
惠政有成記 邵經邦
射圃記 許仁
駕雲亭記 王愼中
丁溪書院記 鄭普

築城記　陳石
平寇碑記　黃養蒙
改建學宮記　秦霑
開南門記　莊國貞
半閒亭記　張士賓
始建獅霄塔記　蔣德璟
獅峯書院記　江雲霆
捐鑼置田記　郭鳴高
崇義祠記　陳煦

碑文

郡別駕聞人公署篆德政碑　丁啓濬
丁公生祠碑　何喬遠
姚侯生祠碑　郭維翰

王侯去思碑 賴垓
崔侯德政碑 仝上
范侯德政碑 陳應奎

疏

請除選拔積弊疏 郭鳴高

書

上汪制軍論下游民風吏治書 鄭兼才

雜體

筆說 鄭兼才
墨說 仝上
硯說 仝上
題岳忠武與李忠定手札眞跡 仝上
雜說二則 賴其瑛

重修文廟啓　力子侗
圖南書院勸學箴　鄭惠琇
心慈嶺觀音頌　李道泰
擬司馬君實五規 保業 惜時 遠謀 重微 務實　鄭兼才
草陋規示　王一導
勸種二麥示　魯鼎梅
又　仝上
又　仝上
勸諭十條　仝上
觀風告示　管辰焽
上王邑侯之紀請禁蠶塚賣妻狀　謝靑鍾
上白邑侯希李請禁毒藥取魚稟　郭尙品

德化縣志卷之十六

藝文志上（詩賦序跋）下（記碑文破書雜體）

文以載道言爲心聲古今文人其得之心而筆於書者美則愛愛則傳雖歷千百年而不壞韓文公所謂李杜文章在光燄萬丈長也夫不朽有三立言其一德邑詞人自昔稱盛淸辭麗句已散見山川古蹟巖寺諸志復擇其辭之工而有關名敎者登之志藝文

詩

自鼎谷移竹種義學　　邑舉人　陳應奎

昔人曾有言惟俗不可醫何以醫此俗讀書爲最宜又聞昔人言無竹令人俗欲存此兩說讀書兼種竹奈何讀書人胸中萬斛塵會須先脫俗讀書方有神會須先種竹方不與俗親我家遠城市茆舍絕四鄰與竹結素友莫逆二十春此者多契闊舍舊圖其新面目非本來步趨亦逡巡儼然稱先生垢汗滿衣巾呼僮告此君今日是良辰移來列後圃相對得所因徙石坐咿唔

蕭蕭謝俗賓，何處招王子造門與細論

紀瑞　陳應奎

康熙二十八年邑中禾一莖兩穗或三四穗縣廨中植蘭叢中挺莖幹開花並蒂西園落酥一蒂四實邑侯范公載瞻繪圖紀瑞余亦詠詩以紀之

亭毒鼓太和仁風噓萬類大化契天心植物解其意綠野蔚垂雲黃金瀰平地忽爾見西疇同莖生數穗有似一乳中伯仲相次第貫珠佩瑛珞交鬟復舒臂合穎未爲多兩岐豈足異況以幽谷姿飲德欲清粹雙蝶翅迴翔兩虬尾相比居然紉佩間挺爲王者瑞落蘇紫離離駢合似列駟元苞羅陰陽四象自位置夫子治園蔬淡泊以明志隱寓造物功栽培同所蒔伊昔中牟宰報政稱三異較此孰爲優前後寧殊致聖世協休徵禎祥在撫字入告繪斯圖青史留勝事

龍潯紀勝　邑進士　王必昌

閩邦開土宇宋室盛斯文申畫成天險丁溪辨地垠半山環雉堞三市傍溪濆社以潛巒隔村因絕壑分衣冠崇簡素草木吐清芬嵐鬱晴疑雨嶂高暮

帶曛石泉資灌溉巖阜藉耕耘有路惟通鳥無風不說雲洞幽佛藏蜕林窈鹿爲羣沕穆風猶古确磽力尚勤百年聲教洽八里詠歌聞龍鳳得名勝簪毫紀瑞氛

窰工　　邑解元 鄭豫才

百世無閒人兩間無棄土工習埏埴勞甄陶供器甒俯穿地軸深中自闢巖戶飛墜險臨淵慣若遊洞府大兒手鋤立力鑿身佝僂小兒負畚行貌赤日停午初如金脫鑛地利恣所取繼如金在鎔火氣遂騰鼓巧製象前民河濱不苦窳中膞復中懸考工記可補在昔周陶正神明溯遺軌萬室幸般繁器用利可恃上以當官租下以養妻子豈不知苦辛竭蹶良有以長安有利場三楚更華靡平生用機關智盡利亦燬不妨作勞人食力守故里下嶺如飛騎上嶺如行蟻駢肩集市門堆積羣峯起一朝海舶來順流價倍蓰不怕年計窮但願通潮水

留別燉煌士民　　邑拔貢知州 蘇履吉

古來爲官者患在不自知新官初至日舊官將去時誰與來暮歌誰泐去思碑古人如可作此語非我欺憶我來茲土剛是一年期我民無犯法法在有等差我民有待澤澤及無或遺二者皆吾勉未必無偏私嘉哉我士民古風尙可追士習略淳樸民俗近恬熙輿情視所感責在官所爲顧我一書生十載蒞邊陲循聲非敢望終歲累奔馳春風度玉關夏雨車相隨秋霜及冬日威愛宜並施誰謂一年中不足言撫綏所愧親民官官與民相離未聞爲父母不自愛其兒未聞爲赤子不以母是依但願吾父老持此告庭幃人生重孝弟百行爲首推從此施于政家國無異宜士民聽我語治人先自治耕讀安本分舉動循矩規所戒在多事好訟逞虛詞勿以身試法私冀長官慈新官父母來我去從此辭匪徒爲爾言吾亦凛在茲

留別武陽士民　蘇履吉

爲民父母官視民皆赤子民亦具天良動以父母比顧我此番來撫字情難已知法不知恩此語從何起勸爾讀書人衣冠嚴視履勸爾耕田人手足勤

舉趾勸爾工與商生計莫廢弛爾各有身家修齊爲正始堂上幸逮存朝夕奉甘旨弟兄念同根歡眠姜家被夫妻重齊眉相敬肅綱紀孫子繞庭除儉勤戒奢靡更有姻族親和睦式閭里末俗漸澆漓百端逞奇詭小忿輒鬬爭那管人生死搆訟來公庭曲直憑片紙聽斷雖如神豈敢得情喜矧爾健訟兒出頭雙膝跪刑罰有科條莫以符足恃是爾不愛身非官不愛士縱得邀恩寬終難逃詬指勗哉我士民責人先責己勿自啓衅端勿自甘匪否飲博莫效尤作事貴循理賦稅早輸將追呼免聒耳處世守和平持身顧廉恥咸勉爲良民風俗臻淳美我去從此辭恩不及毛裏父母舊復來（前任王若泉近奉檄回任）當覔歌孔邇爲問父母誰望望慚予企

芝草

邑舉人　黃鳳儀

有客晨叩門手携芝草至云采自山中此物固珍貴靈草聞無根陰陽積和氣君應善鑒別試爲考傳記我聞宋祥符粉飾喜嘉瑞大官廣搜求小臣爭獻媚深巖窮谷中奔走屨顛躓上下相蔽蒙造作雜眞僞芝生於其間不歷

千里致今出荒山陬乃同菅蒯棄草木復何心詎必矜寵異識者竟無人毋乃遇不値豈知古先王菽粟爲眞味重穎頌嘉禾兩岐歌麥穗太平有休徵朝野樂豐歲金玉不足珍矧此又已細眞贋何足辨一笑當棄置

六月廿九日大風雨　黃鳳儀

黑雲如山頹烈風如弩勁草木挾秋聲天地忽晝暝我登百尺樓看此風雨横奮鐵刀鎗鳴城頭笳鼓競如從壁上觀股慄立不正是時大火流蓐收方執柄肅殺抑何嚴帥伯凛號令似懲炎酷威欲以一戰勝中宵怒未休喧豗駭聞聽屋漏何處乾墮瓦破釜甑焂然萬變滅天色復澄淨太空本無迹江水明如鏡回思勢暴時甫覺驚魂定

往後宅有感　知縣斌敏

去時雨迎風歸來風送雨一月風雨中往來劇辛苦辛苦所不辭於政竟何補撫字愧無方不教罹罪罟悍卒很如狼苛政猛於虎烈火焚崑岡頃刻變焦土忘身以救之斯民我爲主昨朝馬首東今茲復西顧秧田春水滿麥隴

黃雲布野鳥時一鳴山花欲全吐牧童坐磐石兀傲睨官府棕衣旣飄然臺笠制甚古見我狼狽狀一笑掌欲舞默默肩輿中憂患迫肺腑何如解組歸還復事農畝

自咏　　　　邑名媛　蘇如蘭

昔余好讀書賦質奈愚魯實惟先生嚴簡編明訓詁往返得從兄齋居肆循矩嘆非男子軀雖誦難終古二七侍慈幃懃懃學織組年來機上忙尺寸不勝數爲作嫁衣裳深閨未出戶養女一何歡僕僕勞恃怙裙褌計終身豈不實艱苦弟昆繞膝前喜看萊衣舞自分薄孤顏那堪費布縷顧我雙親憐□箱任環堵凄怨此雁行難得幾時聚幽恨鎖蛾眉望斷横陽浦春色可人情看花入後圃非敢效停針願繡鴛鴦譜

讀詩有會而作　　　　蘇如蘭

詩首關雎咏令人溯河洲端惟窈窕女足以興姬周鵲巢御百兩欣覩居維鳩摽梅方實七迨吉願我求懷春誰敢誘縱覩泛栢舟怪哉設魚網河測水

自流邱中麻麥李邪堪望彼留鷄鳴弋鳧雁盼佩孰與儔何處風吹籜蔓草應含羞蟲飛甘同夢於堂俟我否縫裳誰與刺束薪早綢繆績麻分內事曾從池上漚淑姬可與語竊願莫效尤懿筐應女執春日采桑柔栗薪繫瓜苦感慨此三秋行野言采蓄新特將爾收誰是酒食議無貽父母憂烏蘿施松栢維鷮慎遠投終朝看采綠歸沐意悠悠鴛鴦戢左翼胡爲雜鳧鶩作合在渭洽嗣徽識來由不作鴟鳩舌未聞蠶織休令妻宜燕喜蘋罷起歌謳

和林伯子天下無山高戴雲歌　邑監生州同張士賓

天下無山高戴雲無橋高龍門古人有語誰能述我在山中今始聞龍門萬丈比天高足跡平生未肯遭石橋搥碎懸崖嘴奔流聲帶風雷起嶄巖突出戴雲尊三島十洲相匹倫時有眞人捧海日騎鶴往來煙霧旋身挾嵯峨下碧天口餐松朮漱流泉壯年我到卒門去猶記山頭九溪處洞天福地逈難遇尺咫蓬萊應可遇吳越風波櫂不停岱恒車馬日鏦錚兩都巖㠣併雲霄紫氣西山看獨饒居庸雁門雄華夏一統憑陵天設者桃源謬作秦人家

武夷不獨閩中誇野性惟躭山水遊屐齒蹁躚經幾秋塵氛相逐鬢髮稀稍厭驅馳昨已非脫巾曳屣山中來雲戴山頭朝暮開傍有九山仙作名鐘鼓猨猴晦朔鳴予家其下隔春水時有杖藜伴我行龍湫獅子列東南雲水蕭條禪可參石牛金雞邱壑存五華金液林木繁環峙龍潯丁水涓老少農桑知四時風俗但傳好紙筆登山涉水携琴瑟偓佺子晉何須求玉壺美酒是丹邱戴雲高兮龍門長聽君歌兮意飛揚山深百歲無炎熱可以供吾之相羊

甕谷觀大小龍湫

邑監生 李騄

入山看雲水看瀑山水有意尋荒宿村叟指拂甕口煙贈我紅蘭供野蔌相引沿流幾曲中攀籐絕壁不可蹴溪陰無逕作橫橋樹深午氣變霢霂忽然破溜鑿空來吹浪怒鱗難注目五色蜿蜒勢莫停冷霧侵人神森肅老蛟迅飛潛魚鼈奔騰遠際動林木往往望霓乞水靈風雲焂然相馳逐大湫險絕小湫奇淩空環抱皆石巖洞底昏黑雷轟轟過鳥驚棲孤猿哭從來空想盤

谷幽何似龍湫泉萬斛請君領取滿甕雲臥聽長松聲謖謖

溫泉　貢士 顏克宗

陰陽炭兮天地爐融液好景人間無木酸火炎兩不用清流自沸跳明珠何當揚波激滄溟大塊不許氛翳生何當翻波澌酷吏羣黎坐使心眼明堯舜君民均一視匹夫匹婦皆使被洗除煩苛不擇地奚止一泓而已矣

戴雲山頂觀九溪分派而下　邑監生 陳天寵

聞說黃河星宿源渟泓沮洳始涓涓萬里奔流入塞來波濤洶湧眞奇哉我從戴雲絕頂遊此地毋乃星宿儔池光蕩漾雲光碧上與天河通潮汐九條分派號九溪或瀉東兮或瀉西或爲清漣激湍勢或如瀑布濺空際誰排長劍劈青山驚走白虹出雲關雲中垂下水晶簾倒注銀瓶玉樓聳嗚呼九河神禹蹟代遠滄桑淤泥塞獨此九溪終古分却訝住山人不識

瓊山吟　知縣 魯鼎梅

瓊山傲兀接雲天上有碧霞鎖洞泉幽咽猿狖啾啾泣古洞捫苔自年年昔

有隱者愛其靜結茅人號道德仙仙人避秦不知漢石矗矗兮山之半至今嶺上白雲多誰與隱者無從按當年入山别有由功業姓名甘雲散穀城石商山芝老人綺李尚可知君不見瓊山雨雨風風歷年久祇餘秦漢君子碑

長歌示義學諸生　魯鼎梅

龍濤精舍山之麓臨溪小搆書連屋印床花落訟庭閒時過齋頭課士讀齋頭多士自魚魚几席丹鉛日與俱屈指三年勤切劘新機可比舊何如我聞昔人欣類聚四時饒有讀書趣九十春光綠滿窗莫將風雨等閒度有時薰風自南來晝永簾垂靜悟開一曲瑤琴初入弄清歌懷抱思悠哉西堂蟋蟀吟四壁趁此讀書更有益聖教無隱木樨香滴露如珠堪點易况復文史足三冬梅花數點影重重雪案分題標好句寒窗剪燭煥詞鋒秋月春風非孟浪滿前飛躍相瀠漾到得忘言更須參何時可使雞犬放文章經濟事茫茫訣聞動衆等虛筐放眼百年三不朽置身須立千仞崗古來志士嗟離索濟濟一堂破寂寞善勸過規蛾術時行見山山皆攻錯祇今珊網已宏施珠貝

琳琅燿陸離但使良工不示璞會看珍聘龍潯湄

纂修邑乘告成效栢梁體

徵文徵獻集羣賢 知縣魯鼎梅 百里歡聲動遠天 教諭曾晉 馬揚班范相後先 訓導蕭國琦 詩禮韶鈐並數宣 駐防把總洪信 訟庭寂靜分宓絃 典史王佐 乙夜辛勤爇鴻篇 浦城舉人李青霞 半璧池頭藜火燃 原任廬州州判吳超英 滿門桃李春鬬妍 原任永安訓導賴銓 花開捧出五雲箋 原任宜城主簿陳羲燨 翰墨香滿丁水漣 進士王必昌 學海文江滙衆川 舉人林應祖 眼貫心髮筆如椽 舉人林昱 綱羅百代任貫穿 舉人顏瑛 疑與厥兮信斯傳 原任武平教諭舉人曾重登 義例分明次第詮 舉人李志昱 準今鑒古破拘牽 舉人許應曜 綜來八百十四年 舉人許寶三 細目宏綱總秩然 舉人徐天捧 拓開生面萬峯巓 副榜貢生蔡文灝 雷封繡錯繪袞延 副榜貢生鄭熊詔 寵錫循良降日邊 歲貢生溫玉斗 藝林鼓舞沐陶甄 貢生連如璋 倬漢爲章奎璧聯 歲貢生鄭惠琇 桑梓光榮繚瑞煙 歲貢生陳開材 陽和靄靄被桑田 貢生連國器 士女謳吟度陌阡 貢生毛際泰 式于仁讓習俗湔 貢生陳時夏 月旦衡評絕陂偏 貢生林煥彩 芳聞冰玉紀金鈿 貢生方鵬奮 勝蹟靈栖訪偓佺 貢生鄭文煌 雲山滿幅供流連 監生黃守仁 蹁躚搘筇句似仙 監生葉乘龍 生花老眼愧丹鉛 九十五歲生員陳玉珩 捃摭舊聞効埃涓 八十九歲生員李實從 殘碑斷簡費鑽研 七十三歲生員蘇廷望 訂補圖經握蕙荃

七十歲生員鄉賓陳 廣搜遺稿選青錢 廩生張應宿 探得驪珠出重淵 生員謝祈出 腹笥籍記尚便便 生員陳元斌 遍採芻蕘不棄捐 生員張天溱 澄心商確共勉旃 生員陳拱璧 毫端垂露思湧泉 廩生周維新 精華朗射牛斗躔 生員賴汝騰 隻字千金國門懸 生員陳其遇 言言世教發蒙顓 廩生涂廷飄 壽之永久金石鐫 廩生劉世賡 銀管題成錦軸鮮 生員許應瑄 縹緗振采鳳岡前 生員陳帽 願借輶軒播八埏 廩生郭觀光 皇猷潤色屬青編 生員曾鵬程

示許徐二生

學院 吉夢熊

乾隆乙未按試永春以背寫十三經洎作經解詩賦來應試者三百人就中童子九歲至十五歲者十二人別置一所嚴加考校錄其文理通順者三人德化縣許元生徐鳴鳳永春州曾鵬程詩以示之

四齡讀賦完三都六歲誦詩日九紙古人早慧傳史書渥洼生駒志千里使者按部來永春山圍水繞民風醇口銜天憲試多士髒辰玉瑛十二人就中許生寫十經童烏應入草元亭徐生寫經簿有七背誦甯數知風丁曾生炌角操鉛槧初學吟詩辨通轉得非騄騎所掄才賦弩賦席並賦犬其餘九人亦迅驟求衣就學希光胄期爾文章老更成自昔書升惟論秀勗哉三子毋矜夸浩如淵海詎有涯詞賦傳者正且葩別材非學流卑哇讀書豈徒記章

句漢儒緒論存雙注能抱遺經究終始始卜文章歸阿士

遊鼎仙巖歌

邑廩生 連步青

我聞仙溪之上有鼎仙乃是飄飄碧落之洞天石骨嵐光鬬秀削丹梯翠棧相鈎連俯視溪流淼瀰僅一綫幾簇人家黑子然在昔仙人踞窟宅直淩巑岏之杪巔招提幽敞檐牙啄鉦鼓硏削天籟宣寺額名從丹鼎錫齋廚泉自石溜濺別繞危磴通寺後峭乎四壁青冥懸邃洞峪岈最絕頂窈而深兮曲蜿蜒規撫紫陽書仙苑湜得逕丈之勢孰磨鐫一洞側身尚易入二洞佝僂步未穿洞外石枰嵌空掛終古乾坤此地偏縹緲霞光川趺坐放開眼界豁大千此時不知此身在何處盧胡笑拍洪崖肩

登鴐雲亭懷古

邑進士知府 郭鳴高

丁流閃閃濯春波曾傳古讖鬱縷羅一夜風雷開地軸果然從此人文多又聞仙語傳此地四橋全三年出榜首將相相比肩我未曾讀青鳥經不諳地理見地形斗大山城勢突屼四圍羅列萬峯青倘得愚公堅立志又有五丁

奮贔屭山羣移去東海邊不必四橋狀元至

燉煌署中作　蘇履吉

古人作吏重愛民今人作吏先患貧愛民患貧不兩立聚斂何如有盜臣官取諸民民取土此中應識民艱苦半絲半粒悉脂膏視此豈容為過取我聞國計關民生民能一心成堅城矧是太平親民吏曷不慎守貽令名

碾麥歌 在隴西作　蘇履吉

南方種麥復種稻一年兩次收成早西北地寒歲一收年豐還賴雨水好今年見說歲豐穰碾麥碾麥處處忙磨牛拖轉他山石滿堆珠粒揚粃糠兒女較量爭持斗老翁曝背蹲門首老嫗補囊細紉鍼對翁附耳強開口兒啼無袴女無衣寒風颯颯透庭幃明日街上趁市集特將升斗換布歸老翁聽說長歎息老嫗老嫗爾不識去年官租半未完今年新賦又催逼城中數日不敢前差未索租先索錢安得年年無逋賦家無餘積亦神仙

種番藷歌　邑廩生 連士荃

男墾山田女績麻，村村掩映幾人家。一宵好雨土脈潤，明天相約種地瓜。地瓜種子費經營，呼童挈畚荷鍤行。山鄉地瘠少活計，一年糧食半資生。日種藷藤能幾許，揮來雨汗忘溽暑。平原水足多禾苗，無水種瓜兼種黍。山畬鋤盡綠成茵，一番用力一番新。捱到秋成取其值，老幼擔負行艱辛。酬爾艱辛兮誇土產，大者如甌細如盞。崎嶇山路蹩躠來，叢莽繁荊窮搜剗。我聞前明甲午歲薦饑，是歲憐凋瘵。金公撫閩蒿目深，丐種外番妙救濟。小人樂利今更多，漫山匝野番藤蘿。易種易收省糧稅，論功差足補山禾。釀酒曬乾亦多術，以果爾腹樂婆娑。採風欲識民艱難，請君試聽番藷歌。

黃忠端公孝經墨蹟爲賴子瑩孝廉作　黃鳳儀

乾坤正氣不可踰，忠孝乃與生性俱。平日讀書學賢聖，臨難安能忘須臾。蹇諤立朝秉大義，無端逮付錦衣吏。欲殺豈專明主心，高名並觸當路忌。陰房鬼火閉深黑，精誠血淚填胸臆。淋漓大筆書孝經，身在獄中心在國。嗚呼思陵嗣立稱英明，元凶手剪羣奸懲。奈何剛愎矜予聖，終以猜忌疏忠貞。是時公卿多唯諾身家念重君國輕元氣摧殘餘碩果大廈一木難支撐有才如公弗早用攀龍終抱鼎湖痛江山南渡風景非慘澹義旗出章貢乃知求忠孝子門時危始識眞樑棟天經地義平生心志士仁人後世慟公騎箕尾歸帝鄉遺墨猶爭日月光百二十本多散落得非雷電下取將賴君寶此豈易得什襲珍藏時拂拭節義千秋長不磨興亡一代供太息陵谷又更二百年此卷常留天地間且擬築室景先哲欲將忠孝爲家傳

去婦詞　黃鳳儀

溝水東西雁南北去婦欲行心惻惻朱顔自古有盛衰舊事分明那堪憶少年結髮爲夫妻君家正値艱難時黽勉虀鹽霜月苦辛勤機杼秋風悲與君嬿婉一心力傾情倒意無猜疑室和常得姑嫜喜恩重難教娣姒知誰道蛾眉共謠諑委棄自緣妾命薄但愁妻道終無成不憂新寵奪歡樂願君有美顔如花錡釜蘋蘩獲終託織縑織素君自量安必新人不故若明星有爛明月光掩涕躊躇出故房錦瑟空陳舊歌舞羅幃猶帶雙鴛鴦留將簪珥置君

側脫簪之語毋相忘請聽雞鳴挾弧矢弋言鳧雁高翱翔

望戴雲山雲氣　黃鳳儀

戴雲山高天尺五元氣鴻濛自呑吐上有池水潛虬龍往往神靈致雲雨天晴萬里纖翳無觸石初看擢煙縷須臾騰涌紛雜沓薈蔚象形成草莽奔突如馬蜿如龍旋舞商羊笑以虎東嶺西峯混接連一氣蒼茫不可覩銀河倒吸瀉翻盆大地雷霆爭吼怒崇朝絕頂露芙蓉奇峯明滅幻難數散爲餘霞作綺飛豈有天孫爲織組山靈有意弄譎奇白雲仍向山凹補雲來雲去總無心惟有青山自終古山中氣候變朝昏人事滄桑成仰俯我家終日對屏幛雲氣縹緲橫村塢祇堪怡悅不可持願與青山長作主

海氛　黃鳳儀

海疆百谷趨東瀛島嶼一髮蒼煙橫自倭底定海波靜縱有小醜旋蕩平儒將風流久不作波濤澒洞夷氛惡長鯨掉尾肆狂妖不據津涯據城郭惟我華夏何堂堂文德暨訖威聲揚九州職貢列方賄萬國共球同享王聖朝原

不寶異物珍奇詎必需遐荒窮髮之南碧眼種番船萬里來汪洋此事吾欲咎鑿空當年誰始謀不臧不見漢家西域開蒲萄天馬東道來疲勞中土事夷狄甘泉烽火連輪臺自從互市二百載至今邊陲急防海樓船幾見楊僕來將帥空思頗牧在江浦連營列鸛鵝豺狼當道誰敢訶壯士豈無請纓志英雄束手無斧柯誰能腰佩饮飛劍手提周處戈掃開窟穴驅蛟鼉眼中之人今亦老嗚呼其奈蒼生何

昭忠祠

郭德沖

久處太平忘劍戟三君在職遭艱厄共懷義憤雖未伸正氣可礪兇人魄蕭君鏖戰誓不回范帥冒危通使驛自非平素抱貞忱臨急烏能無變易何公越境可生全纏綿不去留山僻自念爲人父母官一方塗炭將誰責大軍未到無奈何襁負奔逃禍亂劇惡寇揚威刃相剚老何倔強亦猶昔君門萬里噂相憐溝壑捐軀不自惜身後名望重如山勿謂三君失籌策山縣罕聞詠甘棠今知勁性鍾松柏剿匪立勳止一時三忠以死扶國脈龍潯義勇奮然

興聞官被害皆踊擗如喪考妣慰忠魂討賊義旗皆豎白既平寇亂競軍功孰與三忠光史册

禽言 黃鳳儀

行不得哥哥山有豺虎水有蛟鼉水蜮工射影山鬼喜人過雁驚繒繳雉罹網羅行路之人將奈何

曷不歸去故鄉何處芳草綠縟山花紅細雨斜風春欲暮可憐啼血喚歸來年年只在他鄉住

布穀布穀家數畝田粟百斛羹我芋魁飯饘粥有田可歸意亦足曷不青山抱黃犢

禽言 邑拔貢 鄭祥

蓋聞不平則鳴有懷斯吐是以志切匡時鄭五好爲欲後心存糾繆劉四亦復罵人若僕則一介書生祇知抱守然三思無故未免杞憂爰託禽言聊當龜鑑願聞言而知戒卽罪我有何辭述而未詳聊陳數則

行不得也哥哥行不得也哥哥未聞撫字聞催科本色徵完尙負累五百二四將如何自從井邑兵戈後上戶中戶剩幾多安得如許金戈戈額外徵輸

爲怎麼聖朝本自傷民隱行者無乃太殘苛飽私囊曷不念民和
一百八箇一百八箇捐輸令迫民家破地瘠已難軍費供況復欲令囊橐助
泉貨欲輸室罄懸泉貨未輸賢令怒戴天履地二百年傾家圖報未爲過但
是牂羊首已殯國家元氣須調護六品銜七品誥使我欷歔悲無那
鈎輈格磔鈎輈格磔近日紳衿少顏色儒冠相繼易南冠有罪無罪同縲絏
丈夫可殺不可辱嗟獨何爲刑杖迫縱教俯首受摧殘朝廷大體自須惜君
亦讀書人相摧何太急人言兎死狐尙悲我輩聞之長歎息
不如歸去不如歸去將軍韜略殊無據今年受命典專城卒聞寇至何忙遽
小醜跳梁燬近郊膽寒不敢偏師禦即今四海雖暫平暫平可喜亦可慮胡
乃防守日疏虞部伍縱橫官逸豫吁嗟乎惟有齋醮與閉城此是將軍妙策
處
懊惱澤家懊惱澤家萑苻黨裏雜通儒鄉導不辭爲走狗假威直可比羣狐
義兵阻兄弟呼外何文雅內何愚讀聖賢書學何事大事無乃太糊塗萬年

遺臭莫能洗淸夜思量懊惱無寄語儒林同志者鳴鼓共攻非吾徒

南不北南不北局中機務誰努力外有寇戎內有奸下爲民瘼上爲國胡乃無事日紛紛君不能謀君默默朝而遊夕而息用有錢飢有食意氣揚揚殊自得軍國大計且模糊相率庭前飼鳥雀

鵓鴣鴣鵓鴣鴣優柔養奸計何愚去年豺虎滿郊衢食人骨髓噬人膚愍不畏死凡民懟此輩何須待教誅既知有罪在不赦金作贖刑何爲乎譬如稂莠鋤弗盡嘉禾安望不荒蕪貪姑息曷以靖萑苻

登金城山六絕句乙卯亂中作

邑舉人知縣謝靑鍾

便與人寰隔居然境非秦方知眞榴洞原屬信脚人

登高好問天恨無驚人句學得阮公哭也應掃雲霧

古石耀靈氣至寶祕其中誰爲叩玉戶呼出白猿公

天低如屋覆日月是吾輩願借此長光照灼千山怪

山城夜柝靜千家餘照紅看出人煙火始覺境崆峒

高陽古酒徒生平高山仰今日醉此鄉更在高陽上（山下有高陽鄉）

閒居

唐歸德場長 顏仁郁

柏樹濃陰護竹齋罷燒藥灶縱高懷世間多少閒中景雲繞青松綠滿階

諭農

顏仁郁

夜半呼兒趁曉耕羸牛無力漸艱行時人不識農家苦將謂田中穀自生

龍潯八景

知縣 殷式訓

雲亭峻聳出城隅風景憑睇四望殊最是三春登眺好花開似錦滿城鋪（雲亭春望）

誰畫雙流將字名憑高一望甚分明微波蕩漾新晴日陣陣薰風送水聲（字水晴波）

魚案千松綠未齊月光影裏淡煙迷此中風景宜遙望半夜清樽好對攜（雙魚月色）

巍然鳳翥倚蒼冥麓擁煙嵐展素屏好是雲鋪遮欲盡惟餘天際一峯青（鳳翥朝嵐）

程田松老繞叢林龍幹虬枝幾十尋鐘磬無心禪定處長聞空外起潮音（程田松濤）

宇內聞聲說建窰堅姿素質似瑶瑤乘閒每上峯頭望幾道青煙向暮飄（瑶臺陶煙）

錦屏端拱北城頭遠樹含煙翠欲流有路競趨名利客幾人解放景中游（錦屏積翠）

蕉溪橋下石間泉疑是地中有火然一熱一溫分界限長留奇跡與人傳（蕉溪溫泉）

滻溪即景　邑歲貢訓導　鄭惠琇

滻溪一望水波平誰倩天工畫作丁萬井桑麻分兩岸蒼蒼雲樹盡縱橫
奔來萬派繞堤封一面灣環浴醒龍南浦煙村雞犬靜雙魚山下夜聞鐘

雲亭春望　邑庠生　林敏

雲亭絕頂插天高百里春光入望殊最是河陽花事早成蹊桃李已平鋪

登駕雲亭望雨　邑舉人庫大使　鄭秉鈞

山靄雲空郭外明老身登眺惆春晴不貪摹寫亭前景代唱三農禱雨聲
天心仁愛施蒼生犂插何因嘆久晴若得蘇公名志喜須臾慰滿謳歡聲

丁水晴波　教諭　出夢鯉（惠安人）

縣前溪水愛新晴三折波搖一字明鼈背問誰揮彩筆天荒雷雨寫金聲

繡屏積翠　出夢鯉

西山似繡展屏頭翠積蒼茫滴欲流每看晴雲開幄帳合攜笙鶴共遨遊

續紵謠　　知縣 趙睿榮

黃鸝樹上鳴喈喈村中少婦提筐來磵泉新汲不冰手一痕細颭春雲堆
儂家住山種山紵刈時漚以東門渚絲絲入手心共牽似那千頭復萬緒
千頭萬緒繙無端布穀聲中春已殘爭說羅紈稱體好那知尺寸上機難
山鄉是處憐磽瘠深閨也自生涯窄地不宜桑更不棉祇應纖指拈晨夕
指頭一縷能幾餘女啼索袴兒索襦枯黠然作夜窗炬怪他海畔游蝽蜉
盼到絲成織霜素兒女子兮著何處盈箱滿篋輸向誰昨日販人鄭州去

龍潯竹枝詞　　連士荃

作邑萬山深處中相看德化俗攸同長官撫字淸還簡試聽輿歌一採風
地不宜桑只課農梯田萬級野烟濃番藷多種資糧食兩季無如一季冬
千層嶺路競攀躋疑是上天別有梯一簇人烟一村隔雲中聞犬亦聞雞
僻壤休嫌近草萊北山記訪讀書臺紫陽過化琴銘在廉靜還師兩字來
石室名山說九仙仙來仙去不知年一尊彌勒硆砑洞前輩曾題別有天

戴雲高處近丹霄獅子龍湖一望遥更有虎巖讀書室昔賢曾此避塵囂
一重水郭繞芳郊鐘聽程田古寺敲好向雲亭衣振領丁流水曲字文交
鬱起窰煙素業陶瑤臺一望震松濤白磁聲價通江海誰憫泥塗穴取勞
鑛山寶氣望如何挑運崎嶇躉躉過炭火六爐終夜煽鎔成鉎鐵利人多
連山貓竹亂如麻兕筍成林利有加槽稅輕輸紙稅薄一肩販去海天涯
燈火初教能上元請香連日閙鄉村童身釘血駭觀甚綵閣迎來喝采喧
戲局多緣佛誕辰牲醪花果雜前陳喜無遊寺燒香會廉恥尚存閫閣人
八月多因祭掃行紙錢掛墓似淸明九泉一滴何曾到水木同懷萬古情
多因功果結齋壇冥庫塡還子職安可笑浮圖人易惑天堂昇入有誰看
抱來佛脚此心懸晝鼓鼕鼕盡日聞乞藥降靈人不悟巫醫一道杳難分
不信山形與水形堪輿邪說有眞經欲求福地翻招禍宅墓紛爭到訟庭
羽毛養就快圖南講院還因學舍堪共仰文壇得宗主春風二月又初三
閱來世味別酸鹹隨事維持志不凡操得土風傳里諺留將消話檢詩緘

芙蓉水蘸筆寫美人　邑名媛 謝鳳姝

芙蓉出浦秀臨風一點胭脂竟不同水照奇花花照面春山淡遠最難工

溽堤夜坐望駕雲峯　邑舉人知縣 林汪遠

高峯天際出抱月照清池酒酌於其上詩成在此時平郊煙火靜過岸鐘聲
遲秋色瑩如鏡願持贈所思

宿程田寺　邑歲貢 鄭 暹

出郭過叢林悠然晚趣深雲歸方竹逕月上萬松陰佛默非嫌酒詩遲自苦
吟疏鐘頻點落消盡世塵心

攀龍橋初曙　邑監生 林德龍

龍湫澄曉鏡鳳岫靄春明入眼晴光轉侵衣宿露輕林開鄉鵲喜酒熟報鶯
鳴提屐尋芳去潘花望滿城

九日集西華室　教諭 曾 晉

佳節朋徒會清樽共解顏邈然山水裏乘興叩禪關嶺嶠霜初重寒英遠徑

斑恰能招醉客笑掇一枝還

九日西華室和韻　訓導 蕭國琦

衰鬢經秋短簪萸慰老顔酬詩來菊徑載酒入松關山以凝煙紫樹因結露斑登高開笑口落帽許同還

紡綿　蘇如蘭

冬至怯衣單紡綿到夜闌聲依風樹響光傍雨燈寒催赴機中織忙收席上彈一絲頻積累十指未偷安莫作新花熟因成素幅寬東鄰休取笑相對覺承歡

小春梅信 課士日示諸生　明知縣 金麗澤

岫老雲荒翠色沉一枝聊復見天心非貪日午烘晴暖翻愛霜嚴表節深東閣詩家將有興孤山處士欲微吟莫言春色尚遲我看取清香次第尋

嘉禾　清知縣 范正輅

叨膺簡命涖龍潯憂樂家風撫字心百里漫歌三異政一官惟畏四知金愁

無柏節凌霜翠喜有棠陰帶雨深但頭爾民頻獻頌嘉禾歲歲紀如林

和范明府詠嘉禾　邑解元蕭弘標

閒來山水可幽尋頻憶當塗父母心三異政成誇止火十莖秀滿慶垂金琴堂色笑和風發花縣謳吟香露深卓名方來褒德詔行看策馬入瓊林

和范明府詠嘉禾　邑貢陳錫華

漢臣從昔歌來暮先後還同撫字心丁岸花蔬爭獻瑞濤陽禾黍盡鋪金政誇三異祥風遍化洽雙岐沛澤深自是春風噓暖谷應看桃李滿瓊林

雨後漟溪曉行　典史章錫

雨歇溪頭趁曉行陽春烟景望中生夭桃隔水多含笑翠竹臨風亦向榮遠近山明峯特起高低麥秀隴初平回看宿霧千重掃鳳翥龍濤一派青

龍濤山迴文　邑進士知縣王必昌

鍾靈地角抹雲山勝覽頻來同侶攀封磴古苔滋翠點拂嵐晴岫擁青環峯攢怪石危亭倚郭繞長虹雙水擐鐘外花城春靄靄龍濤起色瑞穹寰

章公墓（諱任小尤鄉舊傳公唐時率兵禦寇至此民賴以安卒葬此鄉人立廟祀之）　邑廩生 劉世賡

戰壘蕭蕭記策勳當年保障賴神君唐書新舊遺名蹟德里春秋愴義魂廟貌猶崇老太尉墓田誰表故將軍寒巖謖謖松風起惆悵啼猿隔斷雲

程田寺訪樓蓮上人　邑進士知縣 曾西元

未到禪林忽幾旬非煙一片送餘春松間有鶴應招我雲外聞鐘漸近人煨芋漫嫌廚火燼試茶欲借佛泉新今朝快覩蓮花相不染纖纖下界塵

程田寺步月觀蓮　曾西元

月到更深照上方偕邀移步向蕖塘蓮心細取禪心靜花氣渾含夜氣香踏鏡淩波無定影擎珠出水有圓光中宵未厭池邊坐管取荷依拂石床

觀東郊迎春　邑庠生 蔡文澧

仗旗簇簇向東迴迓得春光次第來雪眼漸開青展柳霜威欲盡白留梅暖風敲轉茶邊句淑氣行催閣上杯花信促題牋百幅西齋甘自貸松煤

龍潯春曉　邑庠生 陳鳳鳴

山城風物趁春明曙色蒼茫景倍靑柳爲眠雲慵未起花因吸露醉方醒一溪煙染雙橋彩萬壑嵐薰四野晴喜得鄰翁呼載酒日高相約聽流鶯

郊行漫興　知縣 胡應魁

萬山深處闢雲關室宇迴環碧玉灣百丈嶺泉憑行引千聲水碓笑人閒俗醇最便官藏拙意洽退嫌語作蠻何事鼓吹盈巷陌林邊迎得使君還

陪刺史鄭公登駕雲亭　江雲霆

一峯蒼翠落重關煙鎖空亭雉堞環鐘罷龍醒臨澨閣秋高雁近戴雲山風來黃穀青疇繞露綻紅蕉碧水灣幸際鹿輪吟眺處清心氷鏡澹忘還

庚子秋感　黃鳳儀

海邦日月久承平沙島無端伏莽驚五嶺川原燎燧火百蠻天地變秋聲棘門軍或同兒戲僕射人誰託父兄獨有壯猷元老在安危早已繫蒼生

裘帶雍容坐嘯清華夷婦孺共知名臨淮壁壘森旗幟老范胸中有甲兵帷幄已謀擒頡利封疆誰意撤長城中原物望思終賈少小何人更請纓

秋風鼓角肅城樓日日牙旗擁上游諸道舳艫新戰艦重臣節鉞舊通侯養
癰自古多遺患食肉何人有遠謀聞道兵機貴神速誰將前箸借持籌
海潮何日斬蛟鼉城下重圍列鸛鵝吏議徒能繩魏尙將才誰復似廉頗戈
矛且喜稱同澤戎虜還聞已渡河信賞猶堪勗貔虎緡錢那許擲鯨波
浙東未報靖烽塵纔過珠崖又入閩狡兎妄思營窟穴漏卮無計塞關津普
天何處非王土中國如今有聖人肯許島夷相雜處老成持重仗經綸
波濤出沒本無常澎廈咽喉固禁防海口築城環鷺島將軍持節鎭龍驤三
千組甲增犀兕十萬芻茭峙糗糧習戰昆明非一日誰容小醜竟披猖
赤嵌城迥護東藩一望滄溟撼鷺門瘴霧雞籠秋氣肅颶風鹿耳海潮昏帆
檣賈舶魚鹽富戍卒邊營虎豹尊殊錫總戎須愼重異方自昔幾蜂屯
俯仰乾坤幾歎吁中原民困未全蘇千村鴻雁勞安集萬竈貔貅苦挽輸將
怯疑兵驚草木時淸遺盜苦萑苻懷柔震疊功相濟經國從來有遠圖
萬國琛琛供職貢百年民物久恬熙如何干羽敷文日屢遣戈船下瀨師擒

縱攻心原有策揃循革面是良規南塘儒將推名將一鼓平倭績最奇

和賴子瑩陪王月船州牧郭鴻羽監州摛藻樓觀稼原韻

黃鳳儀

川原綺繡畫圖中閒上高樓縱目窮桃李春風陪講席黍苗陰雨課農功醉翁山水賓朋樂海國文章鄒魯同敷教在寬政在簡未妨臥治嘯吟工

連年烽火海濤中杼軸東南民力窮憂國賈生誰畫策和戎魏絳已成功吏寬苛責偏隅樂邑少流亡我稼同行看循良膺課最高車用以表羣工

萬間廣廈庇胸中民困眞憐轍鮒窮今日盤根徵利器當年決獄有陰功農桑犢劍宣風速文學牛刀奏績同好譜絃歌新唱和流傳樂府付伶工

羣英多在絳幃中學海津涯未易窮一代才誰砥柱手幾人筆有補天功鵝湖講道遵模範虎觀談經說異同要共諸生敦白璧刮磨端復藉良工

有感 黃鳳儀

由來盜賊本編氓誰遣採丸變猝生伏莽偶然成蟻聚揭竿原不假狐鳴但

令渤海無留劍豈必終軍更請纓良吏術循眞有道行看革面盡輸誠

誰繪流民鄭俠圖閭閻無計緩追呼天朝蠲賦頒寬詔縣吏催科下急符摧算門多空杼軸逃亡勢竭起萑苻可憐玉石崐岡火黔首紛紛亦太愚

題陳統軍廟　　黃鳳儀

黿龍戰罷陣雲殘匹馬歸來尚據鞍獨有將軍頭可斷能令逆賊膽俱寒伏波氣壯終殉國博浪謀深爲報韓莫把英雄論成敗丹心留與後人看

百年嶺海嘯豺狼一夜龍潭燭火光誰使疑兵驚草木可知正氣挾風霜戰塲日落山河壯古廟春深薇蕨香祇恐高蹤編不盡殘碑何處弔滄桑

無題　　謝鳳姝

簾外東風漸轉移海棠褪盡小春枝眉間有翠山難鬭心內含愁鏡獨知夢弱不堪鶯喚早門深空念燕歸遲晚霞長布南天錦借作迴文寄我思

織羅詠　　蘇如蘭

一自抛書學織羅絲絲都向手中過始知尺寸艱難得莫謂衣裳便易多毋

願有時希斷杼兒懷無日敢停梭倘逢天上偷閑女轉惜秋來未渡河

賦

清

聖主詣雍勸學賦　邑榜眼鄧啓元

惟

元后之亶聰兮作君而兼乎作師有此姱脩以帥天下兮教順時而正規䮂

玉虬以視學兮隱符訪道乎崆峒之湄溯太學所由立兮五帝肇號曰

成均成以成人爲義兮均以調而爲言曰東序曰右學曰東膠同實而

殊名兮義著尚質與尚文既遠望靈臺之巀嵲兮又近環璧水之淸淪

我皇之德包三涵五以立極兮厥教本乎五典與三墳黃帝顓頊之道

敬怠判于毫芒兮唐虞詔之以執中堯放勳而舜重華兮亦揆序而典

從及乎文命九德是庸教冑之語寬栗直溫愿恭擾毅至道所存三聖

儼而致敬兮湯又申之以表正文翼翼而緝熙兮武皇皇而執競緜緜

千載至于素王麟書既出赤紱呈祥祖述憲章曠世獨崇天生我后道統斯在尼山續徽泗水正派尊師重道褒封五代夫惟先後聖之同揆故能錫類而不隘曰道可公兮而不可私咨爾俊民兮登高以自下爲基望宮牆之輪奐兮將釋菜而光乎鼎鼐既卜禘而遊志兮當其可之爲時于焉鳩工庀材丹雘刻劂斲楹礱榱錐扂刮楔宗廟斐亹兮丹穩朱闔廟貌重新兮虔誠以揭惟日在胃兮昏中七星律中姑洗兮辰爲上丁命卜日于宗伯戒習舞乎司成遂乃拚除射宮滌溉贊宗璣篹陳兮郊東梡椇具兮上庠樂人宿懸兮作西異方笙頌兩磬兮其南鏞大昕鼓徵兮夜未央鹵簿前蹕兮庭燎有光載日月兮旂虎熊驂騕褭兮駕蒼龍麾蓋蹀躞兮和鸞鏘鏘天子舍奠兮有飶其香執圭輸誠兮珪璋卬卬笄蕭蘋蘩兮靡不贍夫穆皇大胥掌版以致諸子兮紛羽舞與牘舂已而應鞞籥舉相雅聲喤祭筵既畢天子乃講道于彝倫之堂龍案論道兮講幄徐褰芹藻風舒兮圜橋日覩琅函啓兮師道尊罕譬而

喩兮瑤編展披大學兮隲詞遵雅言兮重謨典溯正心誠意之淵源兮
合治平以歸于至善本精一以立政兮惟危微之必辨綠綸既降兮其
義博衍丹書啓祕兮詔道乃緬爾乃三公九卿大夫羣后闡幽微顯以
至胄子國之俊選來若風行聚若雲塡捧瑤籤兮記所聞簪彩筆兮集
成卷或有操縵之俊博依之子徐徐于于來求聽語聆經義之烺烺兮
若迷行而得歸所于是乘輿下鈞天之座徹繰席之黼乃奏王夏返旆
回羽顧瞻譽髦兮何樂胥命有司兮錫燕醑席位象三辰五星兮淸廟
既歌而合語言父子君臣長幼之道兮合德音之爲主有司告樂闋兮
史臣秉簡紀事以光于萬古　先聖之厚德兮播金聲而播爲惇史其
時觀者如市環者似堵或德進而言揚兮雖郊人亦取上尊以相旅是
知臨雍之典其來舊也歟今天子紹百王千聖之統大寶初登鴻庥是
凝披彼成憲案乎史乘力田是舉孝弟同升親郊以嚴配耕耤而敬興
既漸仁而摩義亦風洊而令行猶以化民成俗必由于學觀時術之蛾

子琢玉而雕璞以董戒爲曲成兮庀良材而不遺乎磽确覆育多士如伏鵠鷇吉士將挺生兮翽翽飛而相颺蓋作人配乎菁莪典胄迫乎韶箾赫赫乎洸洸乎盛德大業至矣哉其於永平橫經貞觀造士猶泰山之視乎古墣耳敢作頌曰皇帝踐祚天地合德壽考作人藏修游息薪之槱之取材樸棫建國君民典重庠黌學禮讀書四術是崇春誦夏絃詔之瞽宗於樂辟雍天子來臨旆旆翀旗嘒嘒鸞音大哉王言一哉王心多士盍聳踴躍雲從親炙聖德爲龍爲光臣拜稽首壽考不忘

龍潯賦

魯鼎梅

緊永州之首邑屬泉郡之舊區接三山之雲海徵一統之車書撫雷封之樂土舒清嘯於公餘粤自仁郁立德化集閩王歸封疆入星野分形勝岌鴻宅既鳩龍潯以邑仙遊東襟大田西蹢永春南連尤溪北甌雖沿革之遞更亘古今而不失則有陴堞環闤隘汛列堠廨舍若鍇闤闠如鱗廟壇肅兮人鬼享禮樂彬兮士女親三十九社民風渾渾近古七十二候時序藹藹如春兵

奚昔驚兮嗟村墟之寂寂唐虞德洽兮慶戸口之溱溱顧乃物產苗民氣馴正供納則壤均麥浪兮吹秀稼雲兮成囷天不愛道澤自媚珍山雞吐錦畬穀薦新歌社酒兮家家扶醉擊土鼓兮處處歙豳覘太平之有象與流峙而方臻蓋其碧水丹山神工鬼斧龍濤千里龍來鳳翥九苞鳳舞戴雲雲髻梳霞如插天花卓筆筆鋒指碧疑書太古堆水百川波瀾丁溪一夜雷雨龍門飛浪兮崖轟虎澗吼穿兮濤怒石穴幽兮古崆峒澄潭黑兮窟蛟龍紛千巖與萬壑羗浪卷而雲封覽山川之奇秀想靈異之毓鍾憶夫川效珍嶽職貢民獻生福星動花縣春深琴堂風送馮姚甦既困之瘡痍和撤起更生於疾痛熊王若軍中之范韓張鄧眞王國之樑棟爲霖多人保赤皆中莫不稱佛稱神如鸞如鳳寇借當年碑留有衆使君來兮桃李栽文學振兮科名開育英才於有用厲風俗而加倍爰有天上書記人間仙才跌宕文史嘯吟巖隈思異水兮泉湧筆非秋兮露來發大業於名山馳清譽於仙班歌鹿鳴而鵲起登鴈塔而龍攀既文章之炳炳亦經濟之斑斑即如政淸兩浙宮庶才豪

節標千載御史風高林隆甫保守孤城千人豁免鄧台生痛哭一奏萬姓舞呼眞好長官兮龍南有頌以死勤事兮儋州忘勞至若統軍救宋十萬勤王血殷頑石魂毅故鄉或贖父棺於賊寨或脫叔命於劍鋋或顱君門以避屯困或散家資以靖豪強還遺金兮風何古賑私橐兮德彌芳洵孝友之獨摯嘆忠義兮難量至若女中丈夫閨內處子人稱未亡志惟自矢名刱問兮骼初陳秀娘經兮墀娘死劉婦身隕絕崖桃娘魂隨流水寧甘賊鋒不受奸滓緬彼松筠礪人廉恥此皆冰玉之精英要與河嶽相終始別有一邑之英百年之皓表以人瑞之坊賓爲天朝之老山似終南兮水若輞川白雲靉靆兮碧澗清漣誰其居此中有人焉少微朗處士堅志高尙情孤鶱依稀五柳彷彿七賢更有六如了悟九轉功圓疑神疑鬼成佛成仙亦自稟夫清淑爰得洞其空玄錯舉人物之蒸蔚相見扶輿之蜿蜒固宜韻士高賢望輿區而棲托騷人遷客景芳躅以流連也若乃探幽訪佚懷古興思琳宮縹緲梵宇參差塔獅菁兮山之麓橋鳴鳳兮水之湄春波樓外波瀲灩雲龍橋下龍委蛇

紫雲藹藹金液離離九仙煙碧五華月遲尋仙女之飛鳳讀隱士之殘碑王龜齡龍池波濤自昔眞西山古蹟霖雨猶滋井逢端午而獨溢樹老百年以長枝湯泉滾滾兮沸如溫谷瑞蓮亭亭兮香滿泮池斯固龍潯之聲名文物詎云巖邑爲僻陋荒夷爰略數其梗概而重綴以歌詩歌曰水湯湯兮山峨峨選勝概兮有且多靈而傑兮大非兮千秋萬世兮天寶物華

丁溪賦

連步青

若天低徊蜀郡有浩淼之二江徙倚宣城見晶瑩之兩水晴波則拍岸浮空遠浦亦拖藍泛紫悟文瀾之滾滾情移荻港蘆洲浮墨氣之溶溶目極鶴汀鷗沚顧未有文成大地宛揮灑於行間波撼孤城類縱橫於筆底爾乃考龍潯之軼事得溎水之舊聞羣山環而聳翠兩澗漾兮成紋源可濫觴發瓊山而遙注泉惟漱玉繞煙郭以平分地留古讖天牖斯文昔年劉令芳蹤來鑿龍形於絕巘此日林家逸軌曾移鯨浪於幽瀆水偏趨北溪乃名丁當疏瀹於原野會鼓盪夫雷霆雨暗沙洲新漲半篙春水雲橫斷岸平連幾曲煙汀

劈就丁方瞥看湧浪決成丁字允合象形爾其文疑魚枕無事臨池勢叶蟲書依然倒薤有時鴨頭綠漲翻經墨瀋淋漓是處蠆尾文呈恍託毫端溯湃丁原須識豈緣後甲先庚水自有源不類一池九派現赤文而蕩漾疑呈大禹之疇瀉綠字以瀠洄欲索義皇之卦顧瀰東澗之流既如聽江而得法而列南方之位亦復繼照以超倫丁於八卦爲離離明可濟夫習坎丁於五行爲火火光偏耀夫水濱溪頭一抹農田畝畫井形而相映壖外幾行村市路開十字以如眞何美乎午橋勝蹟聿啓夫酉穴文人剏乃練積盈盈波迴灩灩亭翟雲而勢峨塔冲霄而光焰翥鳳之晴嵐倒映鳳書疑向淸瀏雙魚之螺黛迤分魚素恍來翠瀲不數巴江之號字跡渾如背教丙穴之奇嘉名獨占宜其文治隆昌期洽通學海兮橫吸百川溯詞源兮倒傾三峽佇看龍津橋近知躍浪以千層縱教鰲頂峯高快矮雲於一霎詎第漁翁釣渚封小甃兮餉紅丁騷客臨流貯醇醪兮漬黃甲哉至如汀蘭芳兮日麗岸蓼長兮風和集鷺鷥兮莎渚浴鸂鶒兮蒲波或濯纓兮豪興或放棹兮高歌須知劈破

鴻濛當午夜而巨靈贔屓畫成蝌蚪傍庚山而詫電摩挱將溯委而尋源允作人文之藪願乘風而破浪共登甲乙之科

序

明

戴雲山志序

知縣 楊文正

禮職方土者境內山川例當虔祀典明有攸屬所司也德化戴雲山亘峙西北隅高岑纍㟧衆山望莫能齊斯固一方巨勝矣然泉南七治獨德化在萬山中石徑阻險溪沙淺勒以故馳驅泛棹皆非適而冠蓋時流覽勝好遊之跡亦不數數過如食土之民鹿居豕遊鑿壞犁塊狉狉獉獉有古風味是山全靈隱鎮歷遡自唐開剎至今永巘一方而德化由來社稷之輿治民並稱鄭重厥有以也間嘗考府縣志又知是山西南行逶邐至清源作泉郡祖龍東北自天馬山起勢入莆仙永福長樂四地今幾郡人文斌斌甲宇內就人物思山靈之重其苞孕閩南發祥宏遠關係豈小小云度處德化望鎮奠雄

創刹肇唐祖膊所以永歸德之塲壯荒城之色又其亞也斯志首繪山圖以著延袤包原固隰之廣次標題詠以表高人墨士讃嘆之奇殿以名公巨卿賢達序記詎小書細說哉所由儲精散彩橐籥靈秀徵表文物者將於是乎在若夫纂輯成書留鎮山門增輝法界則山僧圓朗之功也矣

九仙山志序

楊文正

山以仙靈自昔記之豈凡塊然者是必標勝自神仙豈凡至人者是必以靈秀融結爲窟宅哉而似不盡爾也環閩固多山尤多奇山徒以其巋突聞大塊中一頑質耳就間峭峭削削怪石磷砢插柱罅洞超距羅布巀大小鳴而不得其際巖高下見而莫狀其奇或步武可容數仞旋隱曲不可攀或彭彭出石罅中淵泓照瀉又不可得其上溶溶之自是山現出諸狀貌人亦就其近似可稱者名之石室丹竈丹鼎龍池爛柯處彌勒洞於是山之奇特有加稱仙之異實愈標著矣斯九仙之大概乎說者又謂山何以九仙非八也無以雷轟龍潦黃雞茶潭屹然仙遊九鯉勝事具在德化鄰之則山名九仙何

必顯彼而疑乎此卽謂之九仙似不必窮所以也夫九鯉卓哉閩中勝異而黃粱受枕夢點機械致走四方英杰趨若赴何無泥轍日耶獨德化九仙山藏靈於萬谷間得靜體樸中露奇喧中處寂與雲霞爲朝夕同日月生光輝得靜機有謂惜其僻在一方不集高士之車招逍遊之侶與九鯉等觀緊此政九仙之所以爲山俱天地大觀靈愈嵌愈日永固而不騫也乙卯冬余來宰茲土儼然企慕之丁巳春甫裒糧重繭探奇山間覺有乘雲御風想不揣於筆舌間紀遊愧鄙俚矣忽一日四門張君纂所爲九仙志強余言余言不文何以遠恃有諸君子纚纚大作在又恃有九仙之摩雲鷺嶺諸勝概在余亦索有煙霞企慕與張君悠悠泉石心有同然也聊爲發之且嘉張君臚列是書一閱案頭載籍不待躡踹峯巔遍遊霧岫然後識所謂山靈也者是山固具一化工而張君之志尤化工妙於點綴手矣

九仙山志序

張士賓

吾閩固多山而奇峯絕巘具福地之一體者卽區內亦指不多屈况吾邑乎

邑邁北三十里許有山截立綦置不知其幾千萬狀名曰九仙者是爲最著邑乘云昔有九仙人經遊其處今石室石井石鼎石灶石池石盆石碁子宛然俱存巖故名九仙揪自唐始開元間沙人無比師藏修其上道成鼎建昜爲靈鷲巖所雕石大士彌勒世尊在焉至元末明初兵燹稍蕪嘉靖末雀符鑑起田沒室毀幾成烏有嘗聞一村中人某者年每施箬笠蓋如來而已萬歷中僧智空食力興廢賁山靈使之兹者梵宮寶相踰昔布金幽鑿元亭尤今聚鵷朔日旭而暮雲飛松風吟而禽鳥樂廓然大觀矣惜夫僻致一隅軒蓋罕至獎借寥寥知有九仙者不過十之五予於泉石有癖焉自倦遊以來每入里社卽遲佇其境欲敕斷家事學禽尙遊未皇也然神未嘗不俱往若夫春風習習秋月遲遲泉涓涓石粼粼煙霞變幻猿鹿襍出山間朝夕人境兩忘當不在天台岣嶁亭下矣故邑稱兹山最著焉烏可泯然無一志也或曰志非才謂名位兼有之人任之鮮不見嫉於山靈余乃輯名勝題詠別爲一集藏諸石洞中以俟博採君子時萬歷丁巳端午日

贈縣尉晴寰林君遷烏山巡宰敘

郭維翰

國家張官置吏以子惠元元如大匠之用材然鉅者充樑棟細者備榱桷以至竹頭木屑靡不各盡其所長而各適于用蓋銓選之精也三載大計則又拔其優儁者而升陟之或循資或異等詔祿惟功敘功以勞抑何簡擢之不虛耶郡國大寮自監司牧守外惟令於民最親大者百里次方六七十里夫以百里與方六七十里之衆人人望澤于令令綦繁且重矣窮陬邃谷轍迹難遍則令詘于省方舟車雜遝水陸交馳則令罷于酬應簿書山積錢穀蝟集則令紛于裁決不得不設尉以分理之吾未見尉之事非令事也奈何易視尉德化在萬山中土瘠而民淳事簡易治前後以令與尉來者多厭薄之會虎林俞公以名進士量移茲土喜與斯民休息日出坐堂皇簾靜琴清公事畢即肩輿出玩山水民欣欣然若登春臺未幾林君尉德化尤善體其意而贊其理凡俞公所欲爲林君代爲之也俞公所急欲爲林君先爲之也去歲入覲俞公以才優調海澄而江右徐公至林君之佐徐公猶其佐俞公也

卽其有當於徐公猶其有當於俞公也今年春俞公徵入爲廷尉而林君遷烏山巡宰則朝廷用人之公而酬功之當巨細靡遺者也說者曰俞公之擢固異數哉然十載爲郎疑于淹矣林君宜于尉尉雖濟不猶愈于抱關乎何遽易此而就彼也予曰否否方今宇內寧謐久卽有瑕釁疆圉爲先兒遹商譏觝禦暴察奸任匪細也且不聞鈞天之樂乎律呂相宣有時而停節又不見萬斛之艤乎揚帆縱棹雖可以一日千里而不越程途緩急有序固非尋常所能測度耳林君瑞安名家子優于幹辦氣溫而度雅不類椽吏中人所至無不遇合其自烏山起歟蓋林君向嘗効力于晳初丁天部之門晳初公器賞之夫裴楷淸通山濤識量雅俗所歸有自來矣推轂當無虛士予所謂林君以烏山起者此也

巖游紀咏序

郭維翰

蓋余庚子秋與友人黃道孝爲九仙之遊憇泉林三日亦三日淸福而三日見道士身云因各留題以去紀未遑也繃而山岔闗勝蓋著閩巖花虬木競

獻其巧以媚遊人而騷人墨客探奇穴而捫幽洞者趾相錯顔左史公有詩名在海内所至匡廬點蒼天目之靈爭寅一筆以待題咏謂九仙居里閈中不百里而近可無賡和以酬山靈耶于是孝廉李賡平實挾濟勝具與偕取道龍湖龍湖故名刹景不能當九仙之半而二公已欣賞之題遍藤蘿月宜其至九仙而奚囊爲滿也賡平歸而次巖遊紀咏將付梓問序于余余嘗謂山有顯晦如人遇合五岳在都會之間故其名最著附青雲而聲施後世者也彼僻壤榛莽之區甚然不覩名賢之足即欲以其闃幽之勝爭比數于中原孰左袒之然蓬萊三名山皆海外敻絶人跡不到之處而古今詫爲神靈又何說也毋亦好誕之士託以信其謬悠恢詭之談抑有名相有眼界者世見也無名相無眼界者道見也道則玄同吾烏乎知泰山之加于毫末五嶽之抗于培塿又烏乎知匡廬點蒼天目之勝于九仙環堵而千里閉關而八極是之謂天游道孝曰辯矣子之論游也然以吾九仙而埒于匡廬點蒼天目也實左史公賡平之以也遂書之以付剞劂氏

修城隍廟序 王寵受

邑城隍與令匹治令聽於明神視於晦又能以冥漠視聽贊令行徑直不囘之事故朝廷邑一令即廟一神令治處百里稱侯神爵司百里爲伯比於瀆嶽相視五等班次稱公稱侯稱子稱男之例故賢侯稱神言令與神合也龍潯廟宇昔因宋舊址而新之至紹定廟災復改于治東宣德歲遷返舊址至嘉靖初寢殿廊廡始完今寒煥久更漸就傾圮當草昧之初革陳鼎新予朔望告禱見兩廡傾欹司曹像墜乃捐俸新之夫丁亥兵燹闔城焦土惟此與關壯繆二廟巋然靈光亦可謂民敬賊畏矣昔制立廟如公署几座筆硯無不畢具儼與令同神顧不可畏耶有能醵金共煥新者敬神也亦愛吾令也夫

倡修學宮序 和鹽鼎

學宮之設其來舊矣自宋迄明代有修舉有清奠鼎首重師儒特遣官致祭先師勅諭天下春秋饗祀不忒蓋以敦崇文教也修廢舉墜則尤有司之責

矣丁未仲春叨命莅德德爲泉屬夙號名邦所有學宫宜乎振飭予入晉謁僅見聖殿巍然其餘門廡暨諸規制無一有宫垣圮傾鼓鐘俎豆之塲變爲牧坰愀然者久之能忍而不問乎有復于予曰昔也廟在城中後乃卜築于此壯麗甲郡邑兵燹之後紳士竭蹶營搆惜有志未逮也而予年來日事錢穀不遑寧處今秋適自簾歸益廑創建之思雖簿書鞅掌物料工資維艱惟茲紳士有志慷慨任事必無不可成之功今進士李公明經賴公暨諸庠士合成其議原有前功留存之數而林學師捐金率先予不敏敬捐薄俸佐之其可與慮始矣亦思所以垂成也夫慮始難圖終更難得原始要終能任其事之人尤難且事匪一手足之烈惟望戮力同心矢公矢慎好義樂輸各隨願力共成盛事使廟貌煥然改觀則予與諸君子庶可仰副朝廷崇儒之意于萬一乎異日文運丕振事業有光又豈曰小補哉是不可不亟圖之

重建儒學公署序

和鹽鼎

朝廷因勝國之禮而損益之凡所以化民成俗之方興治設教之具一本乎

前典而德意有加是故五經取士則聖道彰明黌序育才而廟貌巍煥俎豆春秋絃誦朝夕彬彬乎質有其文教化興於上而風俗成於下此唐虞三代之治將可復見於今世者也而董率提命之功則師儒之職爲隆是故左右陪侍有所進退周旋有地函丈著乎禮經而北面尊其瞻視以考古今以肄禮樂而要期于淑其子弟則學齋公署之堂誠講明義理之地而尤風俗教化之所從出也予承乏茲邑甫至謁廟見一殿僅成四顧瓦礫朔望造請先生之廬則儼居民舍囂塵湫隘詢其故居知前朝有署聯在縣堂右近遺基猶在而茂草荆榛莫之顧惜艮用憫然第以廟貌倘有闕略未遑及也今修治數年矣門廡已竣垣牆粗立丁祭禮畢之後有諸生僉呈以復建學署爲請屈指兵燹之後則已廿七年予惻然曰教化不可一日墜絃誦不可一日弛此風俗禮義之本而廢墜一若斯之久獨何哉然吾聞聖人之道與天地日月同其悠久而時運有否塞亦如晦明薄食不能無及其更也則開霽昌明昭回爽朗使人心思耳目倍爲豁然故聖道時小替則有大興此亦氣數

之常也况兹榱桷几席土木器用之具人力之所爲能保其無必廢但廢則復興興則溢美于前蓋亦存乎其人耳予讀縣志知龍潯有書舍丁溪有書院各鄉有社學當其時比戶誦聲詩書之澤藹如也此非賢令長之爲歟今其廢址遺基猶使過者低徊躊躇顧瞻而不能去况學齋公署絳帳之所施而朝廷德意之所先乎且予昔在諸生朝夕執經師長之側豈以一行作吏此事便廢視諸生之落落晨星而無所聚首忍乎哉興建之事固予之責也夫固予之責也夫抑詩有之曰經之營之經營云者籌度拮据一厥心力之謂也今先生既毅然竭其俸修以首厥工而佐助必有人董役必有人獎勸必有人爾諸生毋曰吾安受其成豈緊諸生卽爾後生小子之有志與若耆舊碩德慷慨好義之民樂其子姓兄弟之薰陶於美俗也者皆可以有志於是舉矣仁人心也義人路也此仁義之門而人心之所同然也予也將聆絃歌之聲以自解於莞爾之笑矣

南郊勷亭序

李道泰

距郭𠌫南里許舊有亭臺倚樹浮屠插椒不特稍具游眺之美憩茇之陰而蔥吹竹騎柳折梅逢多望陽館涼榭以爲至止自兵燹以來一炬無遺斷碑猶在明府和公德星初路車雨新田雖百廢未興而一望心動猶念時非三日費幾中人予笑而言曰此地乃歐柳白檜之思今日猶存者況潯水何幸轂綠不羈新瘡痍有起色吾輩不可不醵金經營之使後人見蔽芾興歌也明府亦笑而許之

修鳴鳳龍津二橋序

陳應奎

佛家以橋梁居八福田之一而王政首務必使民無病涉者也邑治舊有四橋兵燹之後繼以陽侯爲災負郭居民晨星落落不能率彼故蹟而在南門者爲鳴鳳橋由永達郡孔道南北必經之地在西門爲龍津橋則西北一帶所歸往者也二橋均不可廢歷任賢牧隨時修治行道稱便夫一水之阻望若蓬瀛雖有方筏需時待濟呼吸緩急之間難登彼岸若長虹亘空往來如意不待濟而已無弗濟今夏霪水溪流漲急二橋波臣攫奪山潦時出略彴

難施往來阻絕咫尺千里原任嚴父母簡翁惻然念之辛逢王二太公祖視篆茲邑下車詢疾苦見民方病涉爰捐廉俸與嚴父母召某商度倡募以興復之某以告同人及邑父老曰凡濟人者與求自濟者孰緩孰急今王公祖之蒞吾邑也未久德之欲留公祖以撫我民也以朞月計若嚴父母方掛冠賦歸飄然事外信宿之藏且不及挽矣而謀濟我民也不啻其急於自濟吾輩求自濟者也顧反緩之乎夫力雖不齊願不可嗇苟人人且勿作濟人想只作自濟想曰吾非此弗濟則隨力所至裒集爲多錙銖之與鈞鎰均之不落虛空又何患二橋之難成若當道大人四方仁人君子憫衆之難濟見王太公祖與嚴父母欲濟我德人之切且急也行且發大願力傾貲施捨吾知天漢雖遙不須烏鵲而長江縱遠無藉黿鼉也獨是橋云爾哉至若取材於山程工于匠力役幾何資費幾何則必有父老諳練者出而董之將俾福田之種預是事者皆有其應尤余之所睠望矣

重募建雲龍橋序

知縣 金鼎錫

雲龍橋踞東郭之要津而德邑形勝之鎖鑰也傾圮歷有年所前令熊君謀重建爾日紳士里民偕四方之樂善者欣然題捐功將半而熊適以事去後六年來正署五易席皆弗煖罔暇經營工匠星散凡木石之購於山工力之施於河者漸次盡矣歲戊申正月余調是邑都人士即以是爲請余與首事諸君子往復商定并集核前所捐簿知聚腋可以成裘而諸君子秉公勷理固無慮鉅工之難集也近奉明詔凡津梁孔道傾圮而不便於民者許所在官司請詳綿造余不敏倘違都人士請勿急與落成恐歷久而瀰艱不獨上負明詔將創始之熊君與首事諸君子暨樂輸之紳士里民一片利濟雅懷不重於余有憾乎爰是召匠興工先橋墩次橋梁次橋宇時以漸而功必底於成凡昔日捐題人士聞斯役也應亦欣然慨然與余有同志焉其有昔日未捐今此欲同善舉者此固不可強而亦固所願也用以告

知州 劉 靖

勸助故縣令梁公賻儀序

聞之國僑之歿家不克葬國人哀之丈夫捐婦人投珠玉以賻之僑之仁而

潔也鄭民之義而善也千古無二焉余鄭人親其流風餘韻常以此意望天下令見故德化令晉陽梁公以南宮名士捧檄走萬里蒞任未匝月而歿笥乏一緡篋無纖纊乃郎孝廉君拮据以殮遂於僑矣顧流離德邸旅櫬無歸此非梁公之畏壘也誰效溱洧遺玦玉者余適牧永春德化爲屬邑抵任時梁公已捐館月餘矣未及一面而但聞其要離難返藐諸告飢及接其郎君雖能厲原涉王戎之節究難楞腹負骸煢煢莫訴悲夫余所爲愴懷倡首更望襄於本地之紳衿耆庶也憶余早歲曾攝德篆知士庶彬雅好善樂施今猶昔也則南陽之賻涼州之贈必不委諸異人任矣夫縗絰叩門貲以舉糈四十萬三喪淺土付以麥舟五百斛古今義概傳誦不衰今梁公首邱未遂遺孤飄零哀亡悼存諒必引手詩云凡民有喪匍匐救之而况本地父母官乎而况斯文共一氣乎邈知捐玦不讓古人貲麥豈輸曩哲或斂浮靡之費可飽若敖或動聲氣之馨共襄資斧俾之輀返故土旅托行糧則義舉可風不辜余望余將偕德令尹岑君同過而崇奬焉倘謂烏巾欄椰據地膝行縱

孝廉能如陳烈亦本地方之薄余亦內慙而閉閤思過矣知諸紳衿父老必不出此也爰濡筆而爲之引

圖南課藝序

知州　劉毓珍

連城之璧毓彩荊山夜光之珠潛輝鬱浦玉無翼而飛珠無脛而走揚聲乎章華之臺炫耀於羅綺之堂者蓋遇托有人而相得益彰也士君子通經學古抉聖賢之精蘊而發爲文章譬若美玉精金良工巧冶砥而鑄之而後知其爲吳鈎辨其爲和寶焉乙丑夏余奉命莅桃源稔知德化素稱才藪後因公抵其地邑長燮堂公出其圖南課士藝請序于余余閱其文有理極大醇氣極磅礴思沉鬱而詞藻采者知都人士之厚自砥礪而燮堂公之振興有方也夫鍾山之玉泗濱之石累圭璧不爲之盈採浮磬不爲之索德邑諸生通經學古者固難更僕數而質以文美實由華見惟燮堂公勤於勸課故瑤篇錦句觸目琳瑯亦惟彬彬向風望經品題者衆故賢父母樂得而鼓舞之也夫制義特士人之羔雁耳其潤身華國傳久行遠者又當進而求之余觀

德邑水秀山奇生其間者更深加淬礪將價重連城燭倍夜光以有體有用之學而相得益彰此爕堂公之所深願亦余之所厚望也夫

又

知縣魯鼎梅

天地有大文章焉怪怪奇奇不一名狀環眺山川忽而雲吐忽而霧垂忽而浮青凝碧忽而披霞走練當前形色簇簇生新文心何莫不然德化稱人才淵藪余初拜篆課士圖南書院中閱其文光怪陸離知其有德有造者多也因董以宿儒月再課之獎其佳者比三年矣課者不以久而弛作者愈因久而熟鞅掌之暇取新舊文裒而錄之得若干首有眞者醇者大者超者古者彝鼎雅若仙珮淡若秋水英若春華簇簇生新與山水爭秀麗焉爰評而錄之蓋深善都人士之績學有得以庶幾不負余望也抑余又有進焉帖括末也經濟本也諸生於通經學古之餘進而求之身爲體焉當有不止於是者鋟版成爲弁數言以告之

重建教諭署勸捐序

魯鼎梅

生民之大經曰教曰養是故聖人慮逸居之無教而董之以師儒之職居之於庠序學校之地所關至鉅也然非其人則政不舉而事且弗具城闕佻達有由然矣德邑學博曾君銘三以鴻才碩彥英年受職甫至即申明先王之教慨然以造士爲己任邑人士靡靡然從之所居講舍不足以蔽風雨曾君念學校之地教所自出不容苟且方具牘請帑以肅冠裳之會而及門諸生謂請業請益之席未可遷延申請重煩案牘弟之於師古人皆有執贄之義願與諸同人醵金而理之或者曰不可吾師式化德邑且期月矣野處之秀聞風者喁喁嚮往則是舉也誰不願以束脩請誨豈其門外麾之歟諸生不能決請于余噫異哉生等之勇于義而曾君之化之有成也由前之說爲義之正由後之說爲見之大正大而天地之情可見矣序其語弁之于簿俾吾德邑之俊秀欲挾贄而來學於曾君者得與名焉將學校振飭而教化彰明養道於是乎有終矣則吾不知善在曾君也夫抑善在德邑也夫

嚮草序

李道泰

樵兒牧豎山深不厭磴絕無人箕松蹲石嘯歌自得上應吟猿下聞流水聲發谷和如相唱酢豈必靑謳雲遏郊彈鐵躍哉然跫然空音則匿聲罷響者按拍徵調未免胡盧也余少好曼歌夏作氷語蚓竅蛣名筆墨不言受塵染耳使有從旁耳目余者復掩口矣敢謂世盡空山哉夫半嶺鶯嘯巖下方聞山水移情海上撫弄是編不可以方或手集囊攜杖履深山苔同顏厚洞可身容芳樹葉下深澗花流開囊翻帙高呼疾唱飛鳥徘徊必無耳目余者當令衆山皆響

剩園四草序

李道泰

凡吟家筆數語則必梨而布之劃數語則必敍而弁之弁之以敍則非縉紳榮達者不傳不潔於面而華于冠人亦豔之予則不敢予既自序響草已與梨仇而不敢華吾冠兄此四草又歌哭之餘兎麋之剩必焚必投尙焉用序世人歌吟欲以序存余歌吟欲使人見敍知不欲存不欲存而時于拭案未火拾蹴未水復筆而成帙如垢面人常思握鏡人嗤吾醜吾亦自嗤吾醜鏡

內見吾醜鏡外亦知吾醜吾醜自知吾醜莫易吾醜必存使唾者嘔者嗔者詈者笑者厭者逐者掩面者揶揄者其動人奔走幾與果投車擲看殺想殺等曰拈草如樵牧山行撚指皆是丱童坐鬬信手無嫌曰咄草如石衞尉擣粥雖欺王公僮傒知爲陳宿如厭人物見必叱咤曰訥草如村火頭強下轉語口結舌僵曰塊草則聲淚之窮筆以代哭者此豈可存此豈可敘不可存自不可敘雖敘亦不存此四草意也庚子秋中書於歆光堂燈次

壘松詩話敘

李鼐

余小築濯纓溪上逍遙滄浪歌中環岸老松數二十八支離傴僂具漢代衣冠鬚眉都非近今俗調其高與峯爭偃隨澗曲瘦比石堅幽晝潭影龍蛇競拏煙霞固宅阿耨塵坋無從着脚焉余謂孤山人妻梅耶雪骨冰姿未免一字之辱若媒芙蓉而婭香草又恐淹入鉛華隊中不撫丈夫氣短余顧呼之以叟親之爲朋似香山洛陽老老各別覺與子猷綠玉君同爭一日知見也以故髯挽春鬢滌我毫素花飛曉露颸以茶煙秋濤在空乃咽落梅皓魄當

頭斯寫綠綺以至午照飾金坐隱消其寂峯嵐曳翠支頤澄其神此蓋匪朝伊夕矣由是諷詠之餘錯綜簡册首三百篇旁及稗官野史百家諸集觸緒陶情斷章取義增删分合以規圓矩方而詩以話顯話以詩傳鑠可書掌股可畫積日累帙遂成卷軸雖曰掇拾糟粕爲嶺雲自怡然意會所發未始不較豐歉之玉穀如楞嚴二十五圓通隨其趣向各入悟門又如月印萬川不因見少不因境多見地既超渣滓可化知擊竹破篋擔夫舞劍覿面當機芥鍼自合就中一字一句有歷劫贊揚所不能盡者勿作圇侖吞棗依樣葫蘆何容此篇徜踏陳跡夫曰節曰性爲能存天地之氣而爭日月之光也曰才與題咏則毓河嶽之精英列商周之彝鼎者也曰曠逸與雅者泥軒冕而浣胃塵曰評與識者舉正變論中晚以寓美刺也紀與證云者乃窮源崑崙而考謬亥豕瞪與知與稱云者乃慰江雲梁月之思懷傾蓋倒屣之風耳若色若情則是蘭蕙生芳鴛鴦譜牒若感若悼則問天哭世無限牢騷薤上棗下曡聲清引矣至若仙釋鬼神亦函三爲一之旨屈伸晝夜之機乎癖者品其

異也狂者裁其歸也命者定其天也音者審其暖谷響山也句者圖其江楓塘草也至由夢而悟則黃粱熟後幻同芭蕉形色俱泯得無礙智矣斯固一臠半斑自貽大嚼廣獵之譏倘推之芥納椰藏豈無過重耶爲分其區類亦等蒼官之目供艾納于几席投輕釵於硯右將折枝豎義時使謖謖蔡簾並垂聲韻於三萬六千塲時有大白下物不滯枕中臥聽矣

半吟集序

鄭鳳超莆田人

曰舞毛丈爲吾鄭館甥洞達淵塞實諸毛之白眉而世隱嚳峯阻修二百餘里無由握敘也壬子冬乃祖錦寰先生以嘯園稿命書始悟曰舞於仙邑蒹葭白水恍如一夜吹來天闕雲龍頓覺半朝有合豈其神仙縮地乎乃出其半吟草就質獨挈冰蟏屏開鑪鞲口中之珠屑能凝腕下之狹硋自泯讀其隨徵感恩秋懷守歲諸作絕無躁進輕出之心秋園田家課豎種蒔諸作別有移茆深入之致夫山水怡情軒裳拘束故善惡眞妄痛痒苦樂之事雖衾帷斛息中不免也獨於一二達人登高搔首內不見有其身外不見有其人

一嘯收之此禪學耳夫一嘯收之獨不可以半吟繼之乎昔譙先善笑爲隱逸之鬚眉而賈島敲推亦詩家之領袖嘯也吟也鼻祖耳孫聚沙成雨豈非於靑藍世界現出百道毫光哉余臥遊已深勝具猶健何日攜雙不借上九座之蛇盤叩石牛之鬼谷撒手嵩山尋林子敬伯與曰舞共作三笑客也書此以竢

跋

明

戴雲山志跋　黃文炤晉江人

吾儒動以自私自利歸之佛氏言釋子生涯則曰閉戶鄰鬭肥瘠秦越人也是大不然佛自利利他兩念並發有時爲法爲人至割截肢體而不顧誰謂空門自私利者龍潯鑪灶雲屯山之童者幾半矣若戴雲靈區三十里旃檀六七邑龍脈蠢爾大駔敢覬羶殖尅日開鑪栐泉失色圓朗師闖而憫焉括衣資糾徒子自同安馹錫此山奮螳臂以當車爲祖師留一圈山爲郡邑培

一脈龍葛藤三載縮造艱囍使師私利便己則一郎一缽一瓢一笠何處非渠袈裟地今鄉先生高師戒行標題詠者墨蹟淋漓師乃集而成戴雲山志是志出燕雀相賀山水生輝於以紹隆佛法未艾也余夙慕龍潯諸大祖師應化道塲庚戌冬偕虛上人作支許遊自普濟歷太白巖覽龍湖九仙荇菜諸勝杖屨幾遍所至林楚蔚然禽鳥親人一泓放生池鱗鯈游泳有鳥獸魚鼈咸若氣象蓋叔季而下助聖世茂對育物之仁者惟諸叢林仁者念此龍池鹿苑之恨庶其有瘳乎是在國王大姓護法人繩生有抵賞贊歎而已用識法喜數言于簡末

清

圖南課藝跋　鄭惠琇

玉逢卞而價重劍遇華而名彰士君子讀書養氣韜光匿采隱隱躍躍非得宗工哲匠爲之裁成拂拭則太璞鈍置芒氣未騰終難底於成器以彪炳宇宙間也德邑水秀山明士生其間類皆厚自砥礪蘄得表見歲癸亥燬堂魯

老夫子以江右名宿魁南宮下涖斯土批郤導窾切中機宜每公餘輒詣義學集諸生而課之理稟程朱法宗化治胎經孕史不詭時不泥古一以諭之雅正淸眞爲棋質焉嗣而捐俸更廣學舍堂宇兩傍增數十間俾生徒講習其中振興歌舞每月兩課手自丹黃捐俸奬勵邑人士彬彬向風爭奉文呈質冀經品題片言隻字如獲異珍是誠千載一時者也夫荆山之璞不沒於石豐城之劍不掩於塵邑人士得賢父母而師之滌染陶新黜澆返醇行見光芒之氣上燭九天連城之寶價增十倍矣琇蘷落無似朱墨莫辨幸濫束郭之竽於茲數載仰觀樂育親炙末光愧不能贊襄高深今夫子裒所課文擇其尤者授諸梓人竊喜諸士附驥而顯而琇亦得與靑雲之榮施也於是贅言

先儒漳浦黃子獄中手書八分孝經跋　賴其瑛

此黃忠端公在刑部詔獄所書百二十本之一其瑛得之安溪李氏證以本傳文集及公年譜皆合乃寶而藏之公沒二百年好事者不惜重價購公書

而眞蹟殊難得况孝經爲公一生學行之根柢此本爲患難中手蹟尤難得而可貴者耶經曰天子有爭臣七人雖無道不失天下又曰身體髮膚受之父母不敢毁傷方公之下獄九鞫四拷體無完膚可謂傷矣顧爲天子爭臣至不能保父母之遺體公屢書此經有深痛焉而思陵不悟指爲沽名嗚呼士大夫皆不愛其名而愛其身天下未有不亡者思陵不知爭臣以失天下而公卒以身殉矣豈不哀哉其瑛既悲公之遇而重公之節每一展卷如對嚴師焉雖然但以難得而寶之其何以求無媿於得是書哉謹按始末繫之別紙以俟觀者

藝文志 記 碑文 疏 書 雜體

記

明

重建譙樓記

泉閩之雄郡德爲泉之屬邑羣山峯崔一溪迤邐小澗會溪爲丁字之形有文明象而德邑爰立然地廣人稀里戶沿革十僅存半縣治儀門之外舊有水門上設譙樓懸鐘鼓以司更暸望尤庫獄捍禦攸關也余乙亥秋蒙授職涖此目其譙樓東西廈瓦壓於上級圮於下旋葺旋頹粵丁丑之夏朝覲歸椽蝕棟倚頹復過半凡出入啓閭司更暸望實維有艱矧鄰封流寇蝟集覬覦啓侮用切戰競而我邑民庶又困於株求之煩不可以纖毫擾也載思之無何乃自捐俸及圉夫之餘者三十兩市杉百株尼於上命弗遂營葺旨復一日而傾圮尤甚乃僉謀請支公帑無礙官銀七十兩再湊市杉傭匠買料

中蒙巡按侍御周命允爰就戊寅季冬交承興工令民之效勸者年者董其事迄已卯孟夏落成焉翬飛高建非藉是誇壯觀實足以捍患而禦侮矣此後保障有道庶幾無虞乎或曰長府可仍奚庸屑屑爲此殊不知惟事事乃有備有備乃無患此古之格言爲政之大要也

惠政有成記

刑部員外郎 邵經邦仁和人

惠政有成者竹厓許公令德化而民書之也見任則不書此何以書以見濟院則書也濟院者何存恤孤老國之憲綱公之有事也夫存恤孤老著於令甲月饟歲稽寒有帛煥有絺此常格也常何以書他邑其常也德化其創始也邑處邃谷間制屬裁減前令以其減也而行之太簡微公百年亦曠典耳烏得而無書且夫減者限銀穀省力役寡里甲薄征藝如何其能改作也當縣郭門之東故屬龍潯山趾曰慈濟廟非祀典也公得而正之所謂仍舊貫也而又何改作焉然則公之作者亦多矣里之塾射之圃肄武之場滙溪之閘與夫鄉賢名宦之祠百廢殆皆興也他則何不書聞諸唐虞爲政史臣贊

之曰困窮無告不廢文王治岐孟子稱之曰鰥寡孤獨必先則小民之情猶然也於是以其言告於庠陳子名伯容周子名瑚因學博黃君名輿以告於仁和邵子邵子曰夫仁者其存之靡其底也其施之靡其涯也由博施濟衆以至匹夫匹婦之所不能盡而必視如已者豈有他哉天之化物也本以並育並行而蠉走蠢動一或息焉天無極功矣地之變形也本以生長收藏而摧殘夭折芥或遺焉地非究德矣司牧者亦猶是也既已求牧與芻而得之而必視其疥癬察其肥瘠俾痒痾疾痛切於吾身然後政事有成而禎祥可致諸福可臻豐年可介庶育可敏教化可成登人材厚風俗明禮義行王政以上企唐虞有周如斯而已矣若是迺吾儒分內事而公何必取於書之哉公名仁字元夫故同里閈且聯姻婭其聞道視余爲先茲任也細而窮閭大而通顯明而臺察親而僚屬合聲同詞可無嫌也乃若學博而行正守繩而執義生平無負顏之心而通貫有契道之旨則鄉評右之所在歸之而茲邑之名宦當不可闕吾胡可遜也遂爲記

射圃記

知縣 許仁

盛世以禮爲治禮備治斯隆矣然禮有重而似輕有緩而實急者禮射其一也曷爲重且急也成德敦化於玆乎繫故虞廷聖謨因侯以明殷學曰序明倫攸賴大射賓射行之於上而鄉射則行之於下君臣父子之鵠異取人別士之權懸蓋於焉觀其德也故懸弧矢於男子始生之日載其說於儀禮戴記之中文義教於小子入學之初古道明於夫子傷時之歎豈不以武備之設惟力是尚德化之崇禮文斯舉雍容揖遜於周旋升降之時不怨勝己者於下而立飲之際庠序之彥依稀乎克讓休風堵牆之觀駸駸乎見聞習熟於尚德之美上而備郊廟執事之選賓興之舉以之下而德教式成以罔不遜之行則燕則譽無窮矣胡可厭忽其煩縟乎由元而後禮制斯隳我高皇帝以武射平之旣而育材則禮射是重命儒學悉建圃以習郁郁乎彬彬乎成周之制宛然復見豈耑以五禮之大著之令甲而已哉聖聖相承內安外攘之盛聲名文物之懿超越百王也固宜德邑射圃久廢士志於材藝者罔

攸於習予莅學宮詢閱其他莽焉荒茅亂篠且缺周垣之界凝眸慨焉乃芟乃薙乃築乃垣乃白大文宗赤城高公獲受成命爰撤淫祠式建觀德堂於其北以間計者三堂之東西各翼以屋其間一堂之前甃以臺臺之南為甬道其廣踰丈其袤直抵横道延至坤隅有門焉其楹則六扁曰射圃門堂與壁黝堊隨宜北塹山麓西削岡崖東築修塘南飭故垣道旁植以杉松檜柏規模整整經始於己丑季冬之望落成於庚寅春正之晦督是役者耆民郭世瑞也又置器物適諸生之游息仁詣焉偕署篆博士蘭江童君璞閱之令遐邇之民入而觀焉諸生陳禮樂之具習禮樂之比志必正體必直弓矢之持必審必固必期其中以成德行以敦禮義之俗德人僻居深山性頗淳厚重力本而輕逐末庶近禮之本矣屢罹兵荒流亡之餘耕商其地者寓民駔儈大半焉俗漸澆漓鬭很健訟禮義之教奚容後乎嘗徵民庶之環侍者拭目節文亨嘉之會傾耳讚誦詩禮之和愛慕於中抵標於外有不自知者何居職夫正直審固之德威儀端肅之容觸其天也否則懸弧剡矢治睽以威

天下世泰時豐奚事此哉然天理非外鑠也天下之道由於性得之於心謂之德體道有得則本然所得之天德全也自然禮儀卒度而安矢發中的而雋成已感人懿德之好夫人天機之自動乎諸生其無忽之其懋進之以仰副聖朝建圖養士之深意斯於身於鄉於天下之治豈曰小補之哉是爲記

駕雲亭記

參政提學 王愼中 晉江人

德化令諸君東山爲政之期年作亭於其縣之龍潯山之頂而名之曰駕雲之亭亭之所以作非君以勞而思自休以爲遊觀娛嘯之地也其說具于縣之人士所爲來請記之書云德化爲邑封域固偸然亦具有司懸令典職貢賦藝不後他縣而人才之生獨爲寥簡或綿都遞井無絃誦聲每三歲比士縣之士闕焉不與登選之數至閱數十歲而不得一焉縣固以爲恥而君猶以是爲病於是乎有言者曰縣之負此恥固云人事抑亦有地理也縣之山磅礴蟠際不知其幾百里峯巒岡巘回互蹬沓殆不可數而龍潯一山巍然膺縣治之東蜿蜒夭矯其來若翔其止若蟄厥名爲龍惟亭於其上以增益

此山之勢如龍之昂然驤首而思奮其於文事之興必有助矣蓋其說習傳已久縣之人力既不能以自爲而爲令者又漫然莫之省也君獨心喜其說而力能斂於事而龍潯之山於是有亭亭之所爲名則君取其意以符所以作亭之本旨蓋雲之於龍類也予既受書而不得辭乃爲之記夫度土相原視景望氣敦琢勝美而會集休祥古之作室建國者蓋多有其法若夫爲亭於山以起龍而致雲謂將有補於舉賢選材之數古無有也豈亦沿前之說支其方術而屢變以巧耶天地之高遠鬼神之幽微質之而無端叩之莫得其朕而卜筮瞽史譏祝之教先王皆存而用之其兆譖於事而占効於物蓋精誠所極非卜筮瞽史譏祝之能爲神然而知之者以爲精誠而愚者以爲神故卜筮瞽史譏祝常行於世而其教爲民之所由而不可廢何也以其亦有益於人之勉功而作事也彼其術雖屢變而巧蓋亦近於卜筮瞽史譏祝之言以其傳之久而信之深距而攻之未足以解惑袪蔽而因而修之使士者悅於耳目之新相率去其有所誘而怠以止之錮興起其志於懽忭鼓舞

之中而亹亹以進雖戶論家誘未有若斯之速也嗟乎孰知夫伐石斬木以營搆於此所以為授經挾册而課督於彼乎或者顧以其鄰於誣與怪而誚之其亦過矣以予所聞德化之士多聰明茂美之材又知向學以自增益人文之興必在於斯時而亭方作蓋士之聰明而好學其材必成而為世之所擇取以施於用當昌碩光顯矣予知此亭之作無與於選材之數而人材之興會逢其時將終有以名此亭也姑記以為俟

丁溪書院記

郎中 鄭普

德化實溫陵西鄙之地嘉靖丁未春天官三南緒公來宰是邑公之為政也肅廉惠和而不倦故未幾而人阜功濟於是葺紫陽書院搆駕雲亭漸復古義社卓卓然欲以天下國家之志盡施於一邑也其復建書院於丁溪之上將群多士而親教之一日邑博方君協邑幕芮君鄉官郭君生員李子輩過余而語焉余歎曰善乎人文其有興乎方公愕然問其故余曰若其未察於地之埊乎夫五星之精照於天發於地而人資之以生也毛黑皙長豐痺之

形莫不隨五行之氣而異矧夫聰明才智之稟乎吉州之東有山斜平如仁字名曰仁山劉氏世居之自文節公而下賢哲輩出皆以仁愿稱德化之有丁溪亦以縱橫似丁字也夫丁於五行屬火律歷志曰明炳於丙火盛於丁也邑乘又曰水流丁羅簪纓則人知其文明之應久矣然自林揚休登第至於今落落不可多數豈地獨弗靈於此耶嘗稽林揚休之興也一夕雷雨水決溪形見當時叶咏曰地脈曰丁派溪之應甚明矣嗣是則荒蕪湮淤比之殘梗卑湫而已烏足鍾淑氣而發淸材哉緖公深明其理於是撥其泥而導其脈彼其蓊使列巘呈高衆流會深從而闢以書堂左右齋房數十齋居學者堂則時講習焉夫一夕雷雨尙能伸汩沒爲溪之光緖公廓其源流復益以道德仁義之澤淸和之漸貞淑所凝將不有以演嫡派之傳而吐龍光之秀者歟君其試觀之哉方君喜語諸從學者咸翩翩然有駕空淩霄之志謂溪之名館之功緖公之德得余一言而赫然於穹宇之內不隨時而興滅是烏可無言以記耶因共謀余記之余乃次其事而附之地理志焉噫後有作

者其尙徵於斯文

築城記

邑歲貢 陳石

天下郡邑莫不有城池之設所以固圉衛民也德化縣治建自五季迄今六百餘年獨不城者以縣夙稱樂土故耳迨嘉靖丁巳邑侯鄧文翁甫蒞茲土奮然以思曰備豫不虞古之善制也一旦召集父老以築城之意告之民皆響應各殫乃力取石於山索磚於陶經之營之幾及一年而功遂告成城垣周圍八百三十七丈石砌於下而磚覆之高一丈有奇形勝東顯西印誠百雉之壯區也歲庚申倭寇倡亂剽掠永春將尅日唾手德化諜知有城乃遁去時邑侯張衢翁思鄧侯築城之功因喟然嘆曰公當其勞我享其逸德化之有城不惟邑人世世戴公余亦陰受公賜矣顧制闊而艱於守可若何乃申改而狹之城之東如其舊西則改從縣後山而下循田中趨西門周圍六百六十八丈高則合東西城皆增之北城及西門建敵樓外鑿濠深丈餘東門城樓視西北高廣過之外築月城登其上屹然金湯次年辛酉夏蓬壺叛

民呂尙四率脅從者三萬人環攻十有餘日勢甚猖獗而我師卒能乘勝直擣巢穴蓋以城完而守固也噫鄧侯固有功於民而張侯能成鄧侯之志是亦有功於鄧侯者也㠯是屢經寇變深山窮谷之民扶老攜幼魚貫而入寇退則反蓋自有此城而人民以安縣治以固二侯之奇勳偉績豈特彪炳一時哉語曰有功德於民則祀之其張鄧二侯之謂歟

平寇碑記

黃養蒙南安人

德化泉之屬邑也依山爲固舊未有城先令鄧君景武始議築之然經始之初草創未備規制失於低薄民守病其曠闊居於中者凡遇警報則危懼之甚己未冬衢坡張侯來涖茲邑作興人文惠愛百姓尤以城郭爲重從而改築焉客歲辛酉春余將命南行道經其邑見其造月城營敵樓崇堞浚濠視向岔堅年來倭寇匪茹六邑咸受其毒而德化獨幸安堵者以侯恩威素著與其城堅而守完也迨夏五月永春蓬壺呂尙四等乘倭倡亂鄰比之民脅從者不可勝計遂刧質其新縣尹及泉衛王千戶假以就撫爲辭而款我師

蟻附日衆聲勢益張行略都鄙私相部署是月癸丑遣兵鹿喬輩率衆數千攻我南安新城戰於九日山賊敗夜遁復保尙四以二十七日丙辰悉衆入圍德化維時張侯飭守備振兵威分命教諭李君華嚴於巡守而自統兵出擊西戰金城寨斬首百餘級東戰窰頭山斬首三百餘級次日賊以竹筏雲梯矢車四面攻城侯以大銃毒矢擊之賊又取草數千束謀爲火攻夜則縋人於城外以炬焚之仍遣兵奪其所據橋斷其餉道俘斬賊數百復出兵東西合戰城上鼓噪賊衆奔潰其黨尤萬化等百餘人棄戈就縛祈不死以報效時六月庚申也侯料賊必退保蓬壺將乘勝追剿又以二質在賊中恐爲不利乃募壯士夜取以出釋尤萬化歸爲內應翌日身先士卒直擣賊巢殲主畫王渠騰呂尙四輩二百餘人生致黨魁趙天麟張時睦等百餘人其餘脅從者並釋歸家完師凱旋則是日壬戌也方尙四倡逆叛者響應其心非止於一方計塞金雞之水截洛陽之流斷山海米穀以坐斃泉州又慮德化之躡其後也故先率所部徇南安而身圖德化于時郡邑震驚莫知所措以

一德城居民不滿三百官兵不滿六百欲求外援則比邑之令與握兵之帥旣已被執當道者意在招撫專城者圖在自保向非侯之決策破滅攻焚巢穴則賊勢蔓延竟莫誰何非侯之威望素隆人心思奮又安能以小爲堅以弱爲强也耶是逆寇之平非特一方之幸實七邑之大幸侯之平寇匪直昭於德邑實七邑永賴之奇功自是永福上杭羣盜纔至其境卽遣兵勦捕靡不聞風逃竄而四郊之民依城爲樂土者又悉區處官地以止居此撫字之仁與干城之勇侯之所以並著而見稱也信宰是邑者而皆侯其人焉又奚賊寇之難平哉方今天子軫念元元薄海郡縣尤加之意撫院諸司咸獎侯之功而上之行將倚侯以長城之寄矣德之鄉先生陳君石林君榕李君景春吳君天祐張君紳暨生員李子珀涂子允昭鄒子絢輩以斯邑士民荷保障之恩而思所以彰侯於不朽乃謀諸耆民鄭元亨等備述其偉績請記於余余既稔知侯之賢又嘉其功而幸吾泉之並受其休也不敢以不文辭而敍錄之云侯諱大綱字立卿號衢坡廣之龍川人由鄉貢進士爲今官新任

典史胡君文章碑亭工力重有賴焉因并書之

改建學宮記

知縣 秦霑

余爲德化之明年壬申十月移建學宮於城西北大洋山之陽又明年癸酉九月成先是縣堂與學適在縣治之東褊隘庳側士亦頻年不振余始至謁廟之日諸生首以爲言余曰理固爾矣而財匱食急時可遽與此乎須之一年養道以理民俗漸舒諸生復以請余曰可矣然羣情未穩於是謀之邑謀之野咸曰願與胥成於是請之府請之司請之院咸曰聽於是相土飭材鳩工慮費地取山麓之繫於官者而市民田以廣其不足爲畝凡一十有二用金一百三十六兩有奇木取巨植之繫於官者而市民之雜植以補其不足公私之數凡三千二百株用金三十九兩有奇工之所需有木工石工金工磚瓦之工塗墍之工設飾之工凡六等累其直用金八百三十一兩有奇而諸所奔走雜辦之供不與此數合其費蓋一千二百一十兩有奇而所出則鄉先生與諸博士諸生與一邑好義之民居其半官因自以地斥賣以山給

佃以他役後期贖免者居其半而其素在於官及小民之各以其所產樂輸者不與此數程其日自營始至落成朞年而畢迨已成而加密之授至予不得而睹其終夫學固有而今遷是舊制之一新也不可以無記則已乞之於大中丞陳公學之尊經閣是昔無而今有也尤不可以無記則已乞之太史黃公制度規模亦既有名公爲之記錄矣而輸財以贊役者衆之力也不可使迹無傳而功不著是余之責也故別爲立石以列其名氏嗟乎學之遷余嘗聞昔之圖之三十年矣而事卒不果今迄底於成諸生其謂夙望已酬乎未也夫學既成之難士誠藉之以勗其業難士匪徒業成之難要以不背聖人之教難彼昔圖之而未能諸生莫不悵焉觖望今幸以成有司者之責塞矣有司不憚勤衆以爲士不將於士有望乎民之方亟於財也常征猶患不時入今莫爲督之舉欣欣焉以自效何也以爲吾邑之才由此而興也則無敢靳焉一邑不靳捐己以爲士不將於士有望乎然則學未克遷望在於士而難在人學既克遷望在於人而難在士今天下稱人文者於濂曰閩於閩

曰泉德邑泉屬也督嘗以遐僻自狃今學之新正諸生術業一新之會也而欲答上下之望何足以難之諸生其自此奮然自新其業以還聖人之教以顯於天下而共成泉南之盛矣乎則非徒爾士昔日之志不虛而余他日亦與有光榮也故記贊役者之功而因述所期以告我多士

開南門記

侍郎 莊國貞 晉江人

德化縣泉郡之西北鄙也由五季創邑治逾六百餘年弗克城城自嘉靖丁巳邑侯鄧君景武始然其時僅爲東西二門迨乙丑侯何君謙復建門於其北而南猶闕焉丁侯始至登陟城垣眺矚方隅俛而若有思也已而歎曰傳有之南門者法門也在昔聖人南面聽政嚮明而治小之郡若邑大之天下於以布法坊民一也卽德化壤地褊小介在萬山中然亦天子附庸國業已周環雉堞矣而門僅三面嚮明之方闕焉弗備其何以示民且也郡於今日人文煥發彬彬才雋每春秋比士列薦書常數十計邑去郡不二百里而寥簡特甚卽比士於鄉鮮有應者斯其故豈盡在士或亦德之地脈未開耳夫

龍潯山若枕而丁溪水匯於其前若帶固勝區也必山澤通氣而後休祥啓焉文明徵焉今者門制有闕南北限艮山澤之氣毋乃猶塞而弗通歟第令更建門於南背接巒嶂面瞰溪流若引諸紆縈之水納之襟裾間用疏達其湮鬱而宣融其文明庶幾有蔚然而起者侯以燕語博士先生諸弟子聞之皆曰侯實將有大造於我奈何愛區區之力而以煩公帑耶遂相率詣於侯侯爲躬度厥址授之而又捐俸倡焉經畫已具畚鍤咸集始於辛卯之二月數旬而工竣

半閒亭記

張士賓

夫山川形勝於造化中遇與不遇猶人也崇山怪石奇巘巃嵸隱叢薄而無自表見者往往皆是豈特茲山乎山去吾邑不滿一由旬余鄉土往來實有夙契年來奔逐名韁至庚戌秋服初衣取道泖水登鷲嶺見積翠列華紺殿白雲大非靈鷲故吾矣乘興坐說法臺飛觴朗咏薄醉且去則森君徐曰石上可一亭乎予曰諾出數金命僧搆焉會予歸自金陵迺扁曰半閒風清月

白宛然浮生半日閒實際也嗣是山亦稍遇人人日至而名藉甚猶夫甕牖經生出一頭角時矣雖無夙契者亦將千里裹糧耳辛亥春復履其巔放歌縱酒忘乎駭俗而山靈副以風月眷眷若與予遇予慨然曰山猶人也惟世態人情實愧於山度形而衣薜蘿量腹而進松朮吾其爲茲山盟矣乃選石而記之

始建獅霄塔記

蔣德璟

朗甯林侯莅德之三年而鳳翥東始有獅霄塔云夫塔佛之所謂窣堵波也稱獅霄者右儒也古嘗有西南兩塔茲稱始者湮久復興故美而始之也志稱龍角鳳光而譽髦繹之曰水流丁羅簪纓以是侯始建塔次濬溪特書塔者塔重也侯捐俸百四十鎰百爲塔四十爲溪而塔力鉅仍募三百佐之若溪則塔之餘力塔落成署諭孝廉王君帥諸生謁璟碑之按嘉靖中邑有緒侯建駕雲亭於龍潯峯巔王道思先生記其勝以地鬟爲人材之幹而璟家大人令江山時嘗築九淸鹿溪二樑及建牙海北亦有起秀塔之役其意與

林侯合然竊以爲人才者士之所自砥山何權焉天有所域人自靡然而受之其間欲以意與之衡又不能移山走水奪胷晒而貸以菁華則其勢不得不拱而望之有司有司之權行而山川之權遂輕然而非眞循吏視其子弟若吾階芝蘭視其山與川若吾几筵間物而必爲桐鄉樹千百年不朽之舉則亦相與晏然坐以聽之而已吾郡文獻甲四海獨德化居萬山中自丁冏卿以秉銓顯鄭計部以淸蔚著他如李郡丞諸右姓人文彬彬鵲起議者謂於方値巽宜筆鋒若戴雲五峯繡屏之秀可攬也若夫丁溪者故脈自在於宋時一夜雷雨篆溪爲丁茲復混壅兩者實待侯而辨侯乃身肩之不煩公私浹歲而告成今試梯鳳翥之巔而望澄藍如練一縱一橫者溪也蜿蜒屬於塔之麓者雲龍橋也與浮屠巋然相峙如龍之燮頭角而出者駕雲亭也寶鐸鳴鳳水雲萬頃若唐人所詠雁塔曲江爲一品白衫題名宴櫻之處而遠近之色交以其秀環而映者九仙諸名山也於戲其不諱與史所稱如辰陽長宋均蒲亭長仇覽率以興起黌序爲務而召父在南陽行視水泉開通

溝洫起水門提淤各數十處林侯有漢循吏風也哉侯潔修嚼然出塵家世令譜稱廉能而長公光第讀書署中歸而發解得作興之報更多余且拭目人士之繼起也塔始于癸亥七月竣于甲子五月高八十餘尺周倍之凡五級翼以扶欄中層爲堂容數十榻查盤肅司李祁公彪佳嘗登覽之甫告成而元式賴君聯登兩榜儘爲茲塔之徵應云侯諱大儁號惺非西粤朗甯人由鄉貢來令德邑

清

獅峯書院記

訓導江雲霆

邑處萬山中其俗纖儉其人質樸治生之外無別經營惟道誼攸關維持風教有所當爲者羣起而爲之無分豐嗇不靳物力焉縣城中固有圖南書院也萃通邑人才培養於斯如百工居肆其心安焉不見異而遷焉然嘗按來學生童附近居多若西北諸鄉則足音不聞於空谷以其距城自三四十里至百里而遙崇山峻嶺彳亍艱辛使之擔簦負笈以從師其裹足無怪也惟

赤水楮垌堂之地實西北交會之區以此建鄉塾則遠邇適中講學會文朝約而夕至而惜乎無十笏可基也歲庚戌孝廉劉君鵬霄蘇君文華得紫陽朱夫子塑像於赤水民舍謂故老相傳文公當日自同安歸尤溪道經於此應立專祠以妥神諮於予爲然否予謂文公之靈如日月經天江河行地雖窮鄉僻壤皆知俎豆先正固不必執當年足跡曾經之說也鵝湖鹿洞諸名勝祀朱子直以書院名之示爲斯文歸宿地也今將剏建第取法乎此上以繼往卽下以開來實源遠而流長亦與縣城之圖南相表裏矣時乃有周姓捐出獅峯片地踞高邱而覽衆有近市肆而避塵囂居然一精舍規模劉蘇二君約同志貢生涂喬青周象賢監生許聯登陳繼志黄繼汪生員盧景新俊秀周龍吟陳華賓蘇熙超等募捐建造期年而棟宇巍峨堂階整飭几榻行廚俱備落成之日顔以獅峯書院就其地識之也計自今一方秀良觀光大賢之宇親師取友道於是乎在誠能歲會月要相與觀摩砥礪使士習益醇文風日盛則爾時締造之力實大有功於名教也已

捐鏹置田記

進士 郭鳴高

昔范文正公於姑蘇近郭置買田數千畝以贍給鄉人謂之義莊寇公恂爲相以所得祿秩施之故舊朋友漢太守文翁在蜀郡減省用度遺諸士數年士皆與有成就予竊羨之慕之有志焉而未逮也余自惟德薄力微不能效范文正諸公之所爲而每念吾邑文人半皆寒素赴會試者自福建抵京師水陸舟車不少跋涉之費即在省鄉試數程道路行李往來亦費措備記曰適百里者宿舂糧適千里者三月聚糧予以官黔南告假還鄉爰自勉力捐白鏹四千餘兩可兌番銀五千餘圓付幹辦紳士購買課田若干畝以歲所入之租爲文武鄉會試盤費此予捐鏹置田之至意也夫德厚者功以溥力大者量以宏予雖未能如范文正諸公大有所濟然於鄉會試之士亦庶幾有小補焉爾

崇義祠紀

副貢 陳煦

藹士郭先生少爲名諸生甫強爲名進士其出而仕也爲良刺史及其宦成

而歸以廉俸之所積節嗇治生事用以濟人既已篤於親先施及宗族矣又念鄉里貧士之苦居平自食其力猶能勉自支勵至於三年大比行李之往來無以資其困乏其退然自阻者多矣乃捐白金四千餘兩付邑紳耆置產用其所入爲邑人士鄉會試行李之資甚矣先生之曲體人情也予觀後世之士富貴而能曲體人情者其先每多歷貧賤之苦以范文正公之賢當其入參大政天下之事何一不關其念慮乃汲汲於義田義莊之舉彼豈不知大體者而苟以私其一鄉一家哉蓋以身之所歷深知貧困之足以累人故祿入稍充即汲汲不遑有如此也且孟子不云乎人人親其親長其長而天下平如范文正公之所爲由一家而推之一鄉由一鄉而推之天下豈不藹然太平盛事哉然則此正風教所繫所謂素富貴行乎富貴君子自盡其中庸之道也予因是有感焉夫富貴之家日積金錢多市美田宅扃鐍閉閥居奇閉糴其視鄉黨鄰里之困苦漠不一動其心士之赴鄉會試者一過其門則避之惟恐不深且竊竊然笑之而親戚骨肉之間計有無爭多寡雖甚飢

寒不收卹焉非其心不仁也大抵爲子孫計長久耳然不旋踵而子孫席其餘蔭不知稼穡之艱難傲慢自將驕奢淫佚又或狙詐益甚貪鄙無厭同室操戈釁起蕭牆而先業忽已蕩盡矣然則不爲子孫市義而爲之計長久吾未見其能長久者也昔新城陳凝齋先生置廣仁莊設盱江書院膏火建甯徐筠亭先生舉興賢會捐資于濰江書院二公雖處富貴衣服飲食儉約過於寒士而一遇義所當爲沛然若決江河矣先生自己卯成進士始主銓曹繼登烏府旋以簡命出守黔中未二年以病歸宦槖所贏不過中人之產而汲汲於義如此以視凝齋筠亭二先生之所爲後先如出一轍皆聞范文正公之風而興起者也夫積之厚者流彌光微特陳氏徐氏爲其邑大家科第仕宦相屬即范文正公去今八百餘年歷宋元明入本朝中間更變亦多故矣而其所置義田雖洊經劫灰之餘屢失屢復而後人猶能追尋其舊而維持之且擴而充之先賢遺澤之長子孫富貴之悠久守家傳於弗替者有如此易曰積善之家必有餘慶詎不信歟今先生非有冀於是而邑人士之仰

盛德者咸以是爲先生期而先建是祠以誌之然則先生與人爲善而恥獨爲君子後之人有能繼是舉而引而伸之是尤先生之所厚望也夫

碑文

明

郡别駕閩人公署篆德政碑　丁啓濬

夫無翼而飛者聲也無根而固者情也然聲不假翼其飛自易情不待根其感斯難况以民仍三代人抱一心而肯胥志讚揚使擊壤之歌步其徽音樂只之詠嗣其清響則非以純赤之心行之以平易之政未有遐邇共邑聲謡交馳如吾德邑人士之鼓舞郡大夫閩公也者清商激而天籟鳴其于禺單仁夷則牧女宣其中悃至情斯感出自然已公以賢能分符來倅吾郡其治郡也申約束覈困糜一以豈弟行之朞年而郡大治當道賢公以公視德邑篆公至迺以其治郡者治德邑吏習而民安之種種善政不能殫述而其大者如簡訟獄卹煢困理寃滯弭盜賊以凞晉謁諸生立課程手次其文而甲

乙之人爭濯磨以爲得師表乃狡胥猾吏咋舌縮手稱神明焉公尤精堪輿家言以邑巽方爲文明之區議造浮圖遂捐俸倡率採石興工士民欣趨樂助一時縉紳咸舉手相賀以千年曠事待公而舉也會公以得代行邑人士攀車臥轍者相塡于道至涕泣欷歔而不能忍其去公來邑可半稔耳而邑之人心如此則公之過化存神所感者深要不徒以聲音笑貌爲矣昔人曰葵藿之傾葉太陽雖不爲之迴光而終向之者誠也公於邑諒不忝三光之明而邑爭自比於葵藿矣魏德深之長貴鄉也史稱其清淨爲政不嚴而治已耳追轉館陶其民至詣闕請留與館陶相爭訟非根於情必不能使闔境之民歡呼謳誦非根於情必不能使所至兩地皆如見其父母乃優詔特聽留則至情感格獲上得民之徵也公居郡爲大父母所造福於邑易易者邑人士思之見有自郡中來者必問閒使君安樂或有以訟往府者則相慰藉曰聞使君在必爲我輩地此其倚賴誠深不徒館陶之民來就居住僅僅數百家而已漢宣帝精核吏治如渤海潁川皆以卓異增秩賜金故漢世得人

於茲爲盛今聖天子垂拱之初精覈政理淹廢遐遜不次超擢海隅顒顒嚮風治行如公行且徵入司農九卿計公是時必且雍容鉉鼎鼓吹休明以光大公家先壟卿先柱史之烈予固日冀之矣適因林煨周閈年賴天輿李王襄等之請而漫敘列之以附擊壤之歌樂只之詠云

丁公生祠碑

戶部侍郎何喬遠晉江人

泉之七屬惟德化爲巖邑六邑之水遠近匯海惟德化水西折而入於閩其嶺水濁川谿者怪石碻磝不可以舟而達於永春自永春至郡城則溪可舟矣是以德化轉徙郡城之難也先是郡令德化民上倉於永寧衛永寧極海德化極山相去幾何民無現穀必挾金入泉市穀而後可以上永寧勞困矣太僕卿丁公告當事者請除之當事曰諸郡政有積穀縣當領郡金積穀於其縣而德化穀僅足支歲持金買穀無所也太僕卿丁公告當事者請除之當事曰諸德化道可走尤溪出而達於上京大都也諸縉紳大夫剌其便往往從德化顧縣無郵置肩任之役皆捉民於田中田中之民孰能堪此皆棄

耕逃太僕卿丁公告當事曰上官之行則不可已其餘請勿應仍勒石以垂永永當事曰諾於是德化民頌丁公德醵資爲公立祠其農人下戶聞之曰吾亦欲祠丁公吾儕小人也丁公登第三十餘年所矣其敭歷以銓部以卿貳官非不尊顯氣勢非不軒然也而未嘗有一蒼頭入而聲色我牧田之成即結芒鞵去矣市井有不平事公未嘗不爲伸理吾儕小人亦欲祠公其邑人士聞之曰吾亦欲祠丁公吾輩書生也處女自命何所求丁公顧公以大比科額儉於十人請學使多之學使者善公意而不敢大戾於令甲則爲公增二人焉苟吾輩能掇科者即所增之人當之是公之教也公之施也公無念其初亦諸生乎卿貳矣而猶念諸生此他日我輩立朝居鄉所宜法式吾亦欲祠丁公則羣相謂曰吾聞丁公所善無如鏡山老叟何裔遠請即而文之則肇詣鏡山夫士與民也僕僕百餘里入鏡山而問文至勤矣德丁公至厚矣予延而問之曰請問古有如公之人爲予舉而實之則曰夫庚桑也而人社稷之夫石奮也不令內史車里門王彥方也鄉人爲不善不敢使知杜

密也陳說郡縣牋記括屬要在拯民薦賢斯古人之行也予曰請進之則曰夫范文正也與其鄉人以絹三百疋曰是諸里人也見吾科第則喜見吾官序日尊則喜吾敢忘諸夫朱文公也爲其鄉人立社倉教小子所執經而問道者孰非其鄉後輩斯儒者之行也予曰請大之則曰孔子居其鄉恂恂如也一以爲父兄一以爲父母齊伐魯也使子貢門徒歛於魯鼓攻焉孟子居鄒懼鄒君忘動以敵楚人語齊王遠諷之斯聖賢之行也予曰大止矣可以頌公矣公名啓濬字亨文號蓼初以仁義禔身以忠厚維家家晉江海上之族以數千人遵公教毋敢一人僻車上公所至莅官殫盡心力知無不爲上三召公爲太僕卿所以用公未艾予知海内之人爲公立祠者將盡公之所至不特德化一縣已也

姚侯生祠碑　　郭維翰

吾邑令君姚侯之被謠諑歸也父老之攀送汯溪津次者至四五百人車爲軔不得行侯揮淚慰遣去而號呼振崖壑之間斯三百年來所未有也歸則

麋謀肖貌而社稷之迺以貞珉請于郭子謂余一廛離琴堂僅咫侯所治德狀睹記最習當無溢言請畀惇史余乃進諸父老而語之曰若曹以規規之俎豆足永侯澤乎抑侯實綏邑蝦而橫中蜚語以歸無所直于天子之前將惟是欒公之社新息之銅聊以託三代之道于千秋謂之德志匪第為翦伐慮茇棠耶父老則泣而相告曰吾儕小人非侯無以生侯非為生我故則無以去侯雖去而聖明終能洞晰其不安厥位之苦而家起之是以九仙五華為吾侯之湯沐也不腆數椽寧敢以淹侯靈寵侯遙聞必怫然不樂疇是辜功而為德府也哉顧吾儕向所式歌且舞者蓋見侯顏如見慈父母焉今卽遠我於膝下而吾衆沙而範之以誕日拜奏長生之酌庶幾猶未離懷于孔邇乎侯卽知之無害耳願先生其勿憚操觚郭子唯唯受命夫景曜過而有餘暉也溝流過而有餘潤也咸願長有之而不可得剜豁幽藹於中宵淪濃膏於涸渚者哉宜其弗能已於思也思乃祝祝乃久今父老輩誠知侯之字若德為不可堙矣則孰有如為民請命俾衽席百餘年之湯火而以爵秩殉

之者乎語曰專利害而身隨之侯今日之謂矣其目蒿神焦寧捩勢直轅令人目爲強項而不忍爲單亦故稍一繞指以保其一同之祿奈驚弓猶奮憊獸難濟至相率扶伏叩關下侯知而戒馭卒迫之不可及已藉令九閽之上而早得覽臺司所論亦將旌侯以狥於國而又無如比讞申覆之未易以一朝也於是考功之洗垢與珍鄰之含沙合而斗大丁溪遂不能久借侯矣所云事勢之流相激使然侯業已知之早第自以上無得罪於天子下無得罪於百姓將返嘯煙雨之樓時泛聖明之艇爲意適也力侯之初入吾境也見野無草室無人問曰是逃軍佃而荒拋者也細詢始末惻然不堪既而允士民僉控冤狀立條之當道咸謂德赤子塗炭如斯胡先茲之默默也遂飭頒四款爲兩利永守之規而慘甦饔檀者遍窮山僻谷之人咸欣欣起色相賀曰侯實生我者也先是邑署後垣有枯樟合數抱萎於侯舉事之頃青苗幾莖荏苒冬春而森披且蔭晦焉遠邇喧集詫爲宇宙間異瑞是山川草木之有情爲德民慶更生也詎知民之枯漸沃而侯之怨彌叢乎斯其故余亦不

敢訟言惟有天日鑒其苦衷鬼神昭其枉狀而已他如葺黌鑄士繕堞恤煢清犴禁汰虎冠竇法月勤保甲日核毒草之戒厲輸耗之弊蠲彬彬芬入齒頰間然非侯所以去國之因若邑人所以祠侯之指故于屯事獨詳焉侯樵李鉅閥諱遲別號若麓萬歷戊午舉于鄉以甲戌初秋涖吾邑玆春述職鐫一級謫用云是役也臺司郡邑諸公僉俞士民之請慮財鳩徒懽躍胥赴堂垣榱棟暐曄聳觀亦三百年來未有之盛構矣董役者爲鄉耆陳全言林樨若而人翰不斂且涓辰集諸紳衿肅奉像設于中而仍爲歌以颺厥美曰丁溪之曲兮石骨稜稜我侯之槪兮與石潔貞滙我黍苗兮露浥龍潯我民食貺兮春臺與登謳吟起兮耋孺同辭直道彰兮胥奮濯沛湛吾酤兮膋吾脂祝侯無窮兮視我幾尺之碑

清

王侯去思碑

賴垓

王侯治德之踰年惠化翔洽百里膏融蠹政除及害馬傾巢遍有歸禽而夫

探丸揭竿在在萑蒲刃相搠蠢蠢思動者無不懷音革心恐干汚赭即時方有事海上急催科如捕亡而民亦徵輸恐後忘其追呼之擾噫磽瘠山城民樂走險官茲者碌碌以奉其官救過不暇何侯之游刃引割恢乎有餘地與闔邑士民方翹首祀曰侯實生我未及期吾儕已欣欣坐衽席中其庶幾及瓜而代以龍潯爲桐鄉且俾吾儕得一覩綵袋歡乎蓋先是侯實奉太夫人偕來德民恃侯因不敢忘侯之恃亦泰山尊配林意也何期天不祚德聖善忽捐侯哀毀悲號聞見掩泣即士民欲援郡縣奪情之例上控當路侯意不少回屢牒求去嗟乎飲冰載石空餘兩袖清風截蹬留鞭難挽一庭明月宜里長鄭世卿等思所以不朽吾侯而持孝廉李君一言爲索予記也雖然仁不遺親義豈後君侯少待祥琴立膺徵璽一日持斧秉鉞重滋閩邦吾邑且得託并州之誼倍深雨露則侯所以布愷流膏寧祇赤縣揚雷吾民所以濡沫侯澤者又豈但枯鱗之脫鶩川而哀鴻之集中野哉故夫淮陽之哭遮荆州之泣擁或于此日一稍紓乎敬勒之石以表今日臥轍之戀并爲他日使

君重來之左券侯諱寵受號濯陸順治己丑進士直隸眞定府趙州寧晉縣人

崔侯德政碑

賴垓

漢世故多能吏然璽書之徵治行之最先飲醇勸化之人後鷙悍毛舉之士故三古以來漢治爲先吾邑處叢山中椎魯稱易理自亥子而更水飛山嘯竄深箐巢峭壁者皆是空城榛莽官道虎狼絳帶紫襴之人牽佩犢銷鋤爲樂令是者間取治亂用重之法而林深徑鋋中鳥驚獸鬪雖牒走於郵騎躪于藪終眼鷹而音鴞幸惠我膠東秋翁崔侯涖是土侯治譜自太翁僉憲公州守有聲節義文章久表于世而珪璐令名專城奐興藉爲次膺之理家聲弈著侯至而神明之譽歸焉夫以赤白紛飛徵派雨急之際裕兵乎裕民乎檄書期期呼應必至之際諛官乎諛民乎大師雲集巧婦難炊之際愛身乎愛民乎乃侯不謀身不謀官請蠲者數上請緩者數上民乎於侯何幸侯乃不等時令所爲輕以身試哉乃侯不以彼易此則有歌雁嗷初回者矣有歌

桁楊菌生者矣有歌剜創新肉者矣有歌南爲斯作者矣侯曰吾慰吾心耳不桔槔吾民吾遴吾民耳不繭絲吾官吾殫吾官耳不艾鋃吾身於是民則羣謀曰鐫吾膈碑吾口不可百世吾永諸貞珉山則淵莓則蝕吾永諸絹楮侯乎贙宮鳥革雲橋蜿蜒縣花桃李農兵地水吾知吾侯欲使子若孫知吾侯異日雲山片石猶得輿歐柳白檜同爲賞荚也民之志也夫侯諱遴字藺逸號秋濤山東萊州府平度州人

范侯德政碑文

陳應奎

龍濤爲邑山則北絡南劍水則東瀉永陽多峯澗壁磴民散巢之雖里不盈十糧不溢萬而力勸崇儉風猶古也寅卯之交海嘯羣飛劫燒遍地越丙辰河伯決城湮宅民之流離瑣尾幾無孑遺丙寅冬幸范侯來涖茲土天固將藉手於侯以大造我德歟侯甬東華胄少掇巍科而鴻才清節留心于民瘼者已久甫下車即疏講上諭勸讀課耕士農蒸蒸咸有起色至其聽斷盡本虛公徵課悉捐耗供禁溺女而掩枯骨繁種植而弭萑苻刋邑乘而設常平

舉鄉飲而興義塾地若築橋梁葺敵樓繕堂廡建賓館皆侯於三年中切固本之慮竭拮据之圖次第舉之不殫民力而畢乃事者也厥功偉哉今邑之嚚者靜勞者康而絳帶者盡犢犂矣執經者盡珠璧矣雲畝煙邱者遍綠疇矣鼠牙犬吠者鸞翔虎渡矣塵封苔蝕者梅樑文礎矣夫且雨暘時若蝝不入境禾穗三岐矣噫侯之爲邑者不遺餘力民將何以報之夫縣花門李庭柏郊棠銘于心碑于山者未足以垂永久其紀之貞珉乎亭亭片石當與戴雲膚寸畫水成丁同其惠澤云侯諱正軫字載瞻浙江鄞縣人康熙丙午科舉人

疏

清

請除選拔積弊疏

郭鳴高

奏爲選拔積弊請旨勅下直省學政嚴禁教官需索認眞考試以拔眞才事

竊拔貢爲我朝廣育人材大典朝考取入一二等者以小京官分部學習及

以知縣教職等官錄用較進士歸班舉人截取尤爲優速爲學政者宜於各學之中廣集學行兼者認眞考察以拔其優臣生長閩省見向來每逢選拔之時殷富之家以重利啗教官册費卷費多至百餘金或數十金寒素之士無力造册雖學行素優不能與試無論大學中學報名赴考者不過數人而又有正拔幫拔名色正拔僱幫拔代作文字而幫拔之人則以草率完卷是一正即有一幫數人之中其實只兩人而皆非有學有行之士學政見與試人少恐其無可充數雖明知有幫手亦不認眞考察所拔非富豪之家即鄉紳子弟殊失國家拔萃選賢至意閩省如是恐他省亦所不免瞬屆科試即值選拔之期相應請旨勅下各直省學政按臨所至嚴禁教官於選拔士子報名造册時毋得需索多金或明定册卷費出示曉諭俾寒畯積學之士咸得就試而又於考試之時嚴查鎗替力除正拔幫拔之弊則搜羅廣考核精而拔取得人矣愚昧之見是否有當伏乞聖鑒謹奏

書

清

上汪制軍論下游民風吏治書　鄭兼才

傳云好而知其惡惡而知其美者鮮治家然治國亦然閩下游之民言語不通動多過舉守令惡之上憲亦惡之守令惟知上憲惡之於是所以治其民者無非非法之法以是聞之上憲咸以爲治下游當如是矣下游之民亦並不知其治以非法惟自作之而自受之而已今略言其大者有二一曰押斃案內候訊之犯有病死者亦有非病死者只票喚領屍喚到時即明知非病亦遵票領回若上游則星夜控於府非委驗得實不止而下游之民不知也前惠安莊三逃案安溪生員謝某爲委員所獲以素善莊三拷問至死後莊三獲罪止徒而謝某衣頂未褫竟枉死私館方死時委員懼夜間遁回省城泉州守聞報慮事發密差人截委員於途卒其妻領屍回無有一字控委員者一曰燬屋無故黨衆抗糧及積案慣盗燬屋可也若因貧負欠與票差串謀責賠於親房殷戶殷戶心既不甘復慫恿本官親至以走避不納燬其屋

可乎使先拘逋戶治其故欠之罪責票差以黨惡串累再勸其至親代賠則理順而人心服而下游之官不爲也械鬬釁成官至按名圍緝恃強不出燬屋可也若因差稟或私索不遂或宿恨謀陷竟輕信移禍以護庇藏匿燬其屋可乎今此風已及永春械鬬時所燬皆久年破屋民自棄者官所燬皆新屋老少失所毫無痛心又以衆犯在逃檄名仕於鄰郡之教諭某回籍佐理夫以斗大州城有同城官吏又有奉委新舊泉州二守及佐雜等皆有威權足以號令在籍紳衿而必越境召回無拳無勇之教諭置之水火不相入之鄉故意挫辱以示威福旋復加禮貌幸其人初歸未爲衆信否則誣託干預其不陰藉爲鷹犬之用者幾何我皇上於林清案內如祝現等又餘干之朱毛裏耍犯只責成疆吏未聞召回本籍遠仕之人爲地方官卸罪分勞今以此施之永春又漳泉械鬬案所未有也近時宦閩下游者多以伎倆自喜曰人言下游百姓蠻不知我輩官更蠻也我自知治跡難掩對衆自解曰此輩皆異類吾以治異類者治之而已張膽明目肆然無忌非如上游之官常懷

惴慄亦由上憲成見在胸故勢有偏重莫知所返周官刑亂國用重典典雖重加刑必當罪非亂及無辜也洪範六三德曰彊弗友剛克言權而得中也過剛則不中而失所謂權子莫執中無權孟子病其猶執一故曰張而不弛文武不能也今之論閩者曰上游刁而不蠻下游蠻而不刁竊謂刁者易制而難服美之惡也蠻者難制而易馴惡之美也國家遴選守令所以撫綏萬民今歷百有餘年顧無一官能奉承德意化蠻爲馴民負官乎抑官負民也故必有循吏而後有頁民風草之喻今昔同情若謂下游有異民使以治下游者治閩之上游其與官不相安又豈僅如下游之民哉是所貴乎調劑以挽回之者冒昧密陳伏冀採擇

雜體文

說

清

筆說　鄭兼才

筆之爲用也最靈且勞而其棄也最速當其用之也高文典册萬言立就而不以爲煩迨才盡而棄也屋角牆頭禿管相望而不以爲惜然則爲筆者不亦難乎筆有知不亦悔乎予謂筆正苦不知耳果其有知當爲不見用之恨不當爲速棄之悔何也筆之在人猶人之在世也筆之以月計猶人之以年計也不善用筆者急暴使之而筆盡善用筆者拂拭之涵濡之筆亦盡卽納之橐中祕不用久且傷於溼而蝕於蟲亦與之俱盡均盡也與其散置不用而盡莫若發其靈効其勞卷舒風雨馳驟雷霆淩古今而上下則形雖以勞盡其靈尙以勞存此所以願見用而不遑他恤也今夫靈於物者莫如人故其樂爲世用也亦莫如人時行則行時止則止此善用其筆者也一發莫遏自挫其鋒此不善用其筆者也懷才欲試脫穎而出此不見用而求用者也若夫韜光匿采逃入空山此則秘橐中不用自謂可以長生不壞者也然而古之聖賢盡矣豪傑志士又盡矣功成者身退人往者風流而隱逸神仙之士終無以長存而見於今不得其故至遁而爲尸解之說然則所謂尸解者

亦僅溼發蟲傷久而自廢得以飾人於所不見安在不棄置於牆頭屋角中也故君子願及時以待用不忍自廢以虛生

墨說

鄭兼才

世傳宣州陸氏世能作筆王右軍嘗求之至唐柳公權亦求筆於宣城先與二管未幾柳以爲不入用還之遂與以常筆陸語人云先與者非右軍不能用然則筆之用固以書工拙異與墨則不然其美內蘊非精鑒者不能知及其既發則菁華應手精彩奪目用於善書者效不得已用於初學而亦効蓋惟積之厚故能發之光可不擇人而用也然墨之最佳者色皆黯然韋仲將李廷珪皆善製墨者也廷珪墨蘇東坡秦少游曾見之不爲文理書於紙間其色迥非餘墨所及何墨之善自藏而又有以自異若是耶予爲譬之名筆古之才人杰士也佳墨古之抱道君子也淮陰侯之英拔露爽可謂奇才然志大氣驕苟非漢高則不入用矣賢人君子蘊釀深厚苟用之而盡其才無不可以自見豈非積之厚發之光有以隨用而得與夫惟隨用而得此墨所

以終爲人用而無復有留餘也古之善鑑墨者謂墨貴乎黯而不浮知言哉

硯說

鄭兼才

筆之用以月計墨之用以歲計硯之用以世計前人言之矣然此非硯之賢於筆與墨也其所從來異也筆之聚也以豪墨之和也以煙此卽不銳不動而欲與硯爭壽吾有以知其必不能矣然則硯之貴不在乎壽而在乎品柳公權評硯以青州石爲上歐陽公硯譜以青州紅絲石爲上邵博謂端石如德人歙石如俊人皆言品也品苟不足貴而欲以沙壤相雜之質置之几席傷筆損墨所謂日殺不辜是文房中之盜跖也又或始而發墨久而燥滑不利於用徒以高古見存所謂名德不昌是文房中之褚彥回也如是雖以壽著而以世計其安用哉然而是說也可以論硯而不可以論世之用硯太陽坑剉墨墨之忌也然性急者多取其易發豔端溪有眼石之病也然無眼者不能入俗眼非阻於好尚則限於識鑑然則硯能以品貴而不能必以品用其遭際固亦有幸有不幸哉然而若子道其常

題岳忠武與李忠定手札眞跡　　鄭兼才

傳云好勇不好學其蔽也亂當檜金牌促召軍中異議相持予最服忠武此乃飛反非檜一語非夫子所謂好學耶按忠武早歲從軍非如伯紀出身進士乃同心報國甘以身殉不知忠武所讀何書嘉慶丁丑放榜後七日方挈伴南旋在梁芷林主事處獲觀此札忠義所動令人不復介意科名此行可謂不虛矣

雜說二則　　賴其瑛

瓦雀小鳥也俗謂之百家鳥蓋其生必在人居殷庶之鄉依乎簷瓦之隙而巢焉求乎粒米之餘而啄焉非是固不能安而飽也然以狎乎人爲人所捕得羅致以死者比比矣而其生息蕃三家村叟悅是鳥籠其雌雄各二歸而放之戒其人毋得捕害焉鳥之初至棲深林蔭茂樹怡然自以爲得也已而東顧西盼無從得食人家絕少益與人遠則餓而死或爲鸇梟所搏而死無留種焉故三家之村無此雀也今夫民之生也亦猶是矣善治民者安其居

而後責其事足其食而後治其慝遂其生而後求其信義禮讓夫如是故教之而不殘急之而不畔勞之而不病苟不如是督責之下無餘地朘削之餘無餘利民無所容矣雖日教以善而不從其能安集以久者無幾矣詩曰三歲貫女莫我肯穀逝將去女適彼樂國樂國樂國爰得我所非猶雀之死於無人之野而蕃於殷庶之區乎哉嗚呼雀之飛不過尋丈力不能離人而求食是所謂愚民也所謂馴民也是王者之所憫而不可無以生之者也而不能以生則必不愚不馴者而後可以生也非鳳凰與鸛梟其孰能以存耶鳳凰世不恆有則其所存者皆鸛梟矣幾見遍地皆鸛梟而可以長其世者哉

柳子傳郭橐駝種樹之法曰其蒔也若子其置也若棄五月遊九仙山攜小松二歸擇樓下善地種之如橐駝法已而久雨絕不復顧意謂當已驟長矣就視之則已爲童子所拔根出於土以枯死喟然歎曰是莊周田開之之說矣如柳子所云爪膚以驗其生枯搖本以驗其疏密者張毅之養其外而病攻其內也種訖不復顧爲人所拔猶不覺如予者單豹之養其內而虎食其

外也特種之得法不計意外之變此松之所以死也夫孟子曰必有事焉而勿正心勿忘勿助長也柳子知勿助長而不知勿忘天下之事敗於忘者豈少乎哉

啓

清

重修文廟啓

力子侗

萬世爲師千秋崇祀學官不振文運聿昭自有宋以來惟國朝爲盛輿由成均而外暨鄉邑以同風大都廟貌巍峨抑且禮儀明備輪奐盡棶松甫柏之美几筵皆夏瑚商璉之珍寶篆中懸天子之銀鈎鐵畫龍帷高擁　聖人之玉相金容朱楹丹檻齊輝碧砌花磚競麗春秋釋菜遐邇歌芹普賢序于兩邦徧儒宗于百代笙簧奏處鳥鵲潛音籥翟飛時雲霞避影試問魯侯作泮何如此日威儀卽令太史登堂不數當年規矩光生俎豆澤及詩書龍潯闔海僻疆溫陵勝邑以一隅之風土當萬疊之雲山水有丁文曾傳符讖居多

甲第不斷簪纓稽學校於初興美文明於極盛載門聳閣高聯碧漢之光泮
水橫橋長駕彩虹之影望亭皐而翬飛鱗次瞻華表而鳳起蛟騰堂室多儀
廳齋備器慨炎岡於一炬野火無情悵澤國於四山溪濤作怒我聞在昔數
百載屢變星霜亦越于今幾十年重開天日爰思復古漸次圖新物力維艱
人心未遂曾鳩金而修殿宇亦捐俸以設樽罍廟儀雖已可觀祭器未嘗不
假雲封深殿惟餘四壁蕭然風入空廊祇見一庭閴若嫌於固陋慮及漂搖
侗上國觀光名都覽勝與斯文於白社坐此地之青氈千里追風有慚冀北
三台呈象詎比關西每行謁廟之儀私切瞻宮之懼欲紹舊制用補遺規設
几幔以肅觀瞻治庭墀以嚴奔走造神龕於兩廡妥侑賢靈奉列主乎儒先
廣明祀事竹籩木豆詳登水土之奇書牖文牕不廢丹青之舊得成富有實
費多金一臂莫勝或恐負山致笑衆毛堪聚何難積土成高因謀之邑侯殷
兼告之同寅鄰既齊聲而許可亦戮力以經營詳請憲臺布知紳士或文或
武同是宮牆在國在鄉無分畛域不乏稱良子弟志切登雲豈無待價英才

情殷觀海山林毓秀人皆玉桂之倫姓字生香簿列金蘭之貴各從所願相與有成重昭日月之觀並誌風雲之會先圖急務敢云此外無遺更問餘規尚冀他時有待使四方制度遍在海濱庶多士文章爛新嶺外從此鯤鵬九萬皆成禮樂三千敬載文箋用刊正幅惟希鼓舞長慶昇平

箴

清

圖南書院勸學箴有引　鄭惠琇

大矣哉七尺形骸今古主一腔心血聖賢關士也念此肩擔匪小程期良遙人各有心八里仰絃歌之化時方聚首同堂擅鼓篋之休所宜陶陰自惜范任共期者也朱門示箴漫云咿唔足了白鹿垂戒爰仿條教相規所有臚陳幸爲佩服

一五教之目　父子有親君臣有義夫婦有別長幼有序朋友有信

人生兩間作述爲大子孝父慈相將以愛委質登朝靖共匪懈黽勉同心不

祖是戒天顯于哀棣蕚和藹麗澤蘭金交道攸賴凡此綱常疇敢自外

二爲學之序　博學之審問之慎思之明辨之篤行之

學先致知研究經史蓄疑敗謀最爲害事爰諮爰諏澄心渺旨析厥毫釐去非求是身體力行慥慥君子

三修身之要　言忠信行篤敬懲忿窒慾遷善改過

樞機之發召榮召辱無貳無虞千里可告德之裕修損益宜易淡泊和平虛焉若谷徙義去非式金式玉

四處事之要　正其誼不謀其利明其道不計其功

義利之界舜蹠攸分有爲無爲判若泥雲闒茸猥鄙終世沉淪學辯古今非達是聞彼君子儒品所爲尊

五接物之要　已所不欲勿施於人行有不得反求諸已

一言惟恕終身可行因人鏡已戒滿持盈橫逆妄施自反持平責已以重責人以輕豚魚可格端在至誠

頌

清

心慈嶺觀音頌　　李道泰

見山不見佛慈心因嶺起見山卽見佛慈悲此心是所以觀世音尋聲不以耳我願嶺中人見佛盡如此過去與未來皆作大歡喜嶺嶺發慈心山山見佛止此山與此心終古不壞矣

規

清

擬司馬君實五規　　鄭兼才

臣光幸得備位諫垣竊以國有本計治有艮規自古賢相輔理莫不思所以自効然求之瑣屑則苛察而不近情泛陳利害則浩漫而不切用臣焦思勞想忘厥寢食唯求簡要之中寓久大之用爰敢敬陳管見上瀆宸聽竊謂恢萬世之業者在乎守祖宗之基故先保業得其時則保易失其時則保難故

次惜時無玩愒之虞者恐其貪淺近之功故次遠謀切遠大之圖者恐其忽細微之事故次重微然徒務虛名而不求實効亦徒勞罔功故終之務實五者事則相因功在各盡愚誠懇摯伏冀採擇

保業

國家相傳久遠在乎能創尤在能守守之道無他在知祖宗創業艱難以盡守成之責而已臣竊見力作之農身習其勞沿及數世得以不廢無他世濟其業也富人之子漸習驕侈不及數傳遂以敗亡無他不知本業也況天下重器得之愈艱尊貴之極驕奢猶易能世濟其業即為守成令主否則亦一富人子所為耳三代以來唯秦及五季傳國最促固由於創業未善若漢高手定大業唐之高祖太宗戡定禍亂幾於聖主所為然自漢武以驕淫行之國遂不可為唐至天寶以後皇綱解紐強藩跋扈所以然者繼體相承去祖日遠不知艱難故也我太祖皇帝受命于天掃除海內太宗皇帝繼之夙夜圖治鴻功偉烈超越千古故臣願陛下思祖宗所以得天下與漢唐之所以

失天下當今日纘緒之初爲思安求治之計春秋傳曰或多難以固其國或無難以喪其邦國家自平河東以來八十餘年內外晏如誠爲無事然天命無常不可忽易陛下能於無事之日出以危懼之心懲驕奢之易生念王業之難守則當承平之日可以立萬世之基矣可不務哉

惜時

天道之有盈虧人事之有治亂二者循環相生其理不易惟智者爲能順時以圖功孟子曰今國家閒暇及是時明其政刑雖大國必畏之又曰及是時般樂怠敖是自求禍此言惜時則興不惜時則亡也書曰吉人爲善惟日不足凶人爲不善亦惟日不足此言時之所爲不同即人之吉凶不同也夫時難得而易失雖愚者亦知之然臣每讀史書見亂多理少豈爲上不欲求理良由繼體守成羣雄已服天下晏如謂幸生無事之時而不知皆坐失事機之會也伏願陛下審治亂之原存兢惕之心立紀綱正法度以公卿爲耳目以百吏爲手足以將帥爲藩蔽以甲兵爲捍衛則陛下者乘時有爲之君公

卿百吏將帥者及時圖事之人紀綱法度甲兵者及時致用之具固百姓之願而宗廟社稷之休以視當既壞之後始欲以安而易危其難易之相去亦云遠矣

遠謀

三代以上之君多憂深慮遠非陰謀秘計之謂蓋皆審乎人情合乎天理如豳風七月之未寒而慮衣爲來春而乘屋鴟鴞之徹彼桑土綢繆牖戶所謂凡事豫則立不豫則廢也竊惟國家本計全在民食之充盈兵卒之精銳蓋內備外禦二者相資然非經理得宜訓練有道籌之於無事策之於平日則二者斷不能立致陛下丕承大業亦既有年然於倉穀之盈虛戰守之良策上無以是謀之下下亦無以此言於上者豈非以隆盛之時無旦夕之急故視爲無益之謀不知當太平日久人不經困苦士不識干戈一旦有急流亡四出戰守無措其害將不可勝言若其有備則年凶不爲災寇發不足乎出於倉卒鎮以安閒其利亦非人所能見及伏願陛下思有備之益不以其利

在後來而目臣言爲迂圖懲不備之患不以其害不切身而輕臣言爲無用則一日之謀數世之利豈不善哉

重微

小者大之漸微者著之萌易曰履霜堅冰至言其始之宜慎也又曰童牛之牿元吉言其始之易防也故涓涓不遏終變桑田燄燄靡除卒燎原野古之治國悉慎於此舜作漆器羣臣固爭咸謂非宜禹飲儀狄酒甘曰後世必有以酒亡其國者周公作周禮於成王燕私之事處置極詳皆防微杜漸也唐太宗於周禮夜誦不倦一日責房玄齡以北門營繕何預君事則非善讀周禮矣夫以太宗底定禍亂理致太平從諫改過爲唐賢主乃不能慮事之微以謹於始况在陛下安可忽而勿念乎竊謂君之治國猶醫之治病扁鵲兄弟三人俱善醫魏文侯以問扁鵲扁鵲曰長兄視色故名不出家次兄視毫毛故名不出門臣鍼人血脈投人毒藥故名聞諸侯扁鵲之兄惟能消患於未萌此所以病不爲害醫不見功至扁鵲雖以名聞然其毒痛已多故與其

受有功之賀莫若作先事之防以臣所見其要有六好勝恥過開諂諛之門好事喜功啓荒淫之漸輕爵濫賞侵陵之患起賤士好財言利之徒進寵內變外權倖得以遂其私黜異崇同朋黨得以煽其禍此六者事不在大釁起於微先事治之則易爲力伏願陛下凜先聖之戒以弭邪於未形如醫者之豫去其疾則貽休海內錫福無疆天下幸甚

務實

古之治天下以實不以名唐虞賡歌終以叢脞湯武爲君本於兢業不假虛名惟求實效此之謂盛治竊惟國家之立上而君身在保先業以示子孫內而朝廷在立紀綱以正百官下而百姓在慎牧守以寄撫綏外而邊竟在勵兵卒以資捍衛自上出之爲實心羣臣奉之爲實政恩及百姓爲實惠威加邊竟爲實功今臣自備位以來竊見陛下所爲勤天求治熟悉人情然好名之弊實所宜戒若喜聞過而深諱所忌則所聞者第小疵之累耳喜接下而過厲威嚴則所陳者第將順之辭耳百官之治事不以盡職爲能而以幹辦

爲忠則課功量材爲虛設諸司之拔擢不以言行爲期而以浮夸相尙則詢事考言爲無用倉廩之貯非不備也然朝下盤察之令而夕爲彌補之謀則空乏皆豐盈之象矣貪污之吏非不懲也然相濟方憂其同惡袒庇或出於上官則不肖皆廉能之類矣養軍之費數以萬計然兵卒之羸弱不汰徒以啓冗食之由守邊之卒數以千計然將帥之調撥不嚴反以生觀望之心凡此數者苟有其名而無其實徒以粉飾太平眩惑耳目則可若欲見諸實事可大可久是猶畫龍致雨畫餅充飢其無益於國事亦已明矣伏望陛下屏粉飾之治而推求於本實則二帝之治可希三代之風復見矣臣不勝企幸之至

告示

清

革陋規示　　王一導

照得德邑土瘠民貧本縣目擊心傷自涖任以來日夜焦勞飢溺由已思欲

起溝中而衽席之查往例有節禮一項爲官斯土者交際之資雖屬爾民急公奉上究難免剜肉醫瘡獨不思竭小民之膏脂供一身之周旋爲民父母顧如是乎況我皇上子惠元元至周至悉各上憲仰體聖意無不以廉潔持躬率屬斷弗介意於區區之交接間也本縣視民如子視官如蹝凡可爲民興除者方將隨覺隨行安忍踵此陋規而坐聽其濫供乎再有屯田硃價每甲一兩更駁聽鬮相應與節禮銀八百兩一并永行禁革爲此示仰閤屬軍民人等知悉嗣後如有指稱節禮硃買名色私行斂取者許爾軍民花納人等即時扭稟以憑重處毋違

諭種二麥示

魯鼎梅

諭百姓人等知悉今年叨　上天福庇收成甚好但爾等要知坐食山空若不更加力作將來正恐三餐難繼現在禾稻收成閑田都可種麥麥熟便可資食即有不宜種麥之田亦可栽種油菜儘足充用本縣爲爾民父母時刻以爾等衣食爲念爾等務宜即日栽種或大麥或小麥或油菜總要地無曠

土將來自然漸漸富足倘有懶惰之民並不栽種翻犂一經本縣查出定行重責三十斷不姑寬各地保務宜督率衆人限本月內盡行栽種如該社拋荒熟田即將該地保一體治罪毋得玩忽

又

諭百姓人等知悉德化山僻小縣田少山多向來平田只種稻穀一遍自冬至春半年之久盡皆閑曠以致本地所出米穀不足供本處食用本縣深念爾百姓艱難舊年曾勸令爾等栽種油菜二麥如高卿瑤市艮泰東西下湧各社收成頗多甚有利益至於遠鄉仍然栽種稀少深爲可惜此皆懶惰之人倡言土冷自甘廢業殊不知北方最寒之地倘廣種二麥賴以足食况此地溫煖有種自然有收何妨用力試種一年可信本縣之言不謬現在將次秋收各社地保即督率百姓務於收割之後三日內即將種稻之田一概翻犂栽種大麥小麥油菜等項隨其所宜種後加工培植明年自然豐收爾農民要知此一番收成國家既不加課田主又不加租一升一合都歸爾自己

何樂不種本縣定於十月内親自往各社巡查如有閑田不種除將惰民重責外并將該社地保重責各宜踴躍毋違

又

諭百姓人等知悉德邑山多田少豐稔之年每慮民食未足本縣重念食爲民天日夜講求是以上年出示曉諭令爾民於收穫之後即將田土翻犂栽種大小二麥間有不能種麥之處即佈種油菜田不加賦儘可資生爾民遵諭栽培者年來已有成效若久而行之自必比戶可封共樂昇平現在冬成爾民當各自爭先佈種二麥油菜務使地無曠土各該地保挨方巡查諄切勸諭倘本縣因公下鄉目覩二麥遍野當必從優獎勵如敢故違定將游惰之民責儆并將勸諭不力之地保懲處本縣爲民食起見故不憚煩言諄諄告誡各宜踴躍毋負本縣一片誠心特諭

勸諭十條

照得本縣來治茲土一年有餘每念爾等百姓種種無知犯法忍辱受刑本

縣爲爾等父母不勝傷心慘目但勢不能遍歷鄉村爲爾等人人指引事事講明今酌取數條明白曉示無非使爾百姓曉得律法森嚴凡事可以情恕理遣爾等通文理的可講解與衆人知道識字的可讀與不識字的聽着務期人人盡知悔悟毋負本縣一片婆心使本縣完全做一個好父母官爾等亦得安享太平父母妻子歡欣聚首不枉爲人之樂凜之

一凡人切不可打架律載鬬毆殺人者絞故殺者斬致篤疾者流廢疾者徒若持兇器及聚毆者充軍爾等百姓不過因一時氣忿忍耐不住動手打人便至後悔無及要免後悔却有一法當氣忿時你就讓人一分他人見你肯讓也就不來打你從此省了多少的事若說你讓了人人將來就欺負你你看那如狠似虎的人有幾個好結果忠厚的人到底有好日子爾等百姓要打架時便把本縣言語思想一遍自然心平氣和不去生事

一不可結會　律載歃血訂盟者絞聚衆生事者斬在爾等百姓不過思量有事大家相幫聯會結盟不知已陷大辟閩省結會成風一經查拿往往

駢首就戮帶鎖披枷深可憐憫自後若有不安本分之人來邀爾等結會便要想此事後來必至喪身破家萬不可去若從前已經結會者速自解散方爲良民

一不可結訟　查律載誣告加三等越訴笞五十爾等愚民不曉法律往往因口角小忿動輒架詞控告結訟連年一經審虛自已受辱受刑盤費用盡賣男賣女妻離子散飲恨吞聲便是爭訟的結果即告狀之初就有訟棍包攬經承原差需索茶酒飯食使費不一而足及至一事完結花費已不知多少況且被告之人做成冤家反覆告害又無已時可勝悔歎要在起初自已肯吃一分虧或田山不明聽公正人分剖口角細故亦聽族鄰講解大家心平氣和事體自然消釋就是讓人些兒也比告到官司還更便宜切不要聽人唆哄害了你自已身家

一不可霸佔他人田產　律載盜買賣及侵佔他人田宅一畝一間以下笞五十多者杖徒強佔者流私揑文契者充軍重複典賣准竊盜價俱入官

乃德邑田產交界動卽互相侵佔或越界濫爭或假契圖佔或重張典賣種種不法一經按律問擬不但田產不可霸佔連自已身家都要破了兄且俗語說得好世界若還糠買得子孫依舊賣糠歸你就百般詭計佔了人的田地有一日天災降臨便從你家起手別人東西如何白佔得自後不但不要做此等事并不可生此等心古人云終身讓路不枉百步終身讓畔不失一段又云但存方寸地留與子孫耕爾等百姓靜夜思之

一不可爭謀風水　發塚掘棺人人都曉得罪重若德邑所云風水動稱斬腦斬足傷屋傷墳此皆一種不堪地師播弄唆哄致人家生事打架甚至折屋平墳深可痛恨查律載術士妄言禍福杖一百平墓杖一百毀房准竊盜爾等愚民一時誤聽唆哄往往陷於刑辟不知禍福無門唯人自召古人云陰地不如心地好你就謀得好風水若自已壞了良心也子孫滅絕况且這幾個地理師他若會看風水他自已早已謀了好的他早已發積了還要來替你看風水換飯吃爾等思之便覺可笑

一不可忤逆父母　從來律法最嚴不孝言語觸撞就要問絞若不能奉養不聽教訓得罪父母便是十惡不赦爾等百姓要曉得身子是父母生的若不是父母艱難養爾你怎得成人你既成人就惰其四肢不顧父母就與兄弟爭財爭産傷父母的心就不做好人壞父母的名連累兩個老人死不得活不得你的心安不安你縱然不犯官刑天地也不容你況不孝不弟之人沒有不犯官事的那時虧體辱親就萬死莫贖了清夜思之急宜猛省

一不可賣妻溺女　律載典僱妻女杖八十娶者及媒妁知情同罪溺女比故殺子孫問徒德邑惡俗家稍窘迫即將髮妻典賣本夫本婦恬然無恥敗壞風俗莫此為甚要知夫婦人倫之首眼前窮急大家勤儉和好將來自然有飯吃斷不至餓死若結髮夫妻倘且忽娶忽賣則良心已喪用完了幾兩銀子依然窮餓而死豈不可哀至於生下女兒俱是自己骨血也是人身乃無良之人動輒淹死訪聞此風不但窮人即生監之家往往有

之要知禽獸尚不忍食其子是溺女之人禽獸都不如了况天生一人自然有一人的衣食女兒何嘗累着父母本縣望爾等培養一點善心先從家裏養起夫婦相守父子相親漸漸和氣致祥便是爾等百姓之福

一不可教唆害人　查律載教唆詞訟與誣告同罪德邑訟師屢經查拿生監坐牢受打受夾爾等百姓務以此等惡人爲戒凡族鄰有事須要秉公勸解田土不清你替他處清口角不合你替他和合大家不避嫌怨使二比心平氣服地方安靜爾族鄰亦不至奔走官司作中作證費工失業豈不受益無窮

一不可重利俾剝　有無相通鄉里常情德邑澆風往往加利四五猶爲不足查違禁取利律有明條况借債之人非親即鄰你有錢在手乘其窮急多索重利你自已一旦有急誰來管你不但不管還大家幸災樂禍暗處害你豈不自失便宜爾等稍有餘錢的百姓若遇族鄰有急須要彼此通融則窮人感你救急之恩自然守望相助共樂太平

一不可習爲賭竊　查律載聚賭枷杖再犯者流窩賭者徒造賣賭具充軍竊盜計贓徒流三犯者絞一有干犯法難稍寬辱及父母妻子爾等百姓務須父戒子兄戒弟尊長戒卑幼嚴行禁止不許賭博不許竊取他人一絲一粟要知財無苟得賭錢的日見流蕩做賊的終受官刑不要墮落小人便是向上君子或勤耕力作爲本分之農民或學習手藝爲有用之工商不要遊手好閑都可成家立計豈不是好

以上十條都就爾等氣習不好處對證下藥爾等若能互相講習有事時便想律法森嚴自然大事化小事有事化無事漸漸心平氣和去惡從善自此安居樂業食足衣豐積善餘慶後來便可發積子孫也就昌大本縣望爾等百姓人人爲善人人受福惟恐負爾百姓父母之稱爾等讀此告示當如聽父母之言切勿違拗切勿違忘遇事即將本縣言語思想一遍遇他人行事不是便將本縣言語告誡一遍務期善行日多惡行日少萬勿忽略看過有負本縣惠愛爾百姓一片誠心本縣於爾百姓有厚望焉

觀風告示

知縣 管辰燮

照得問俗採風太史備輶軒之選書升論秀譽髦具華國之才方今 聖天子廣運璇圖宏開珊網以文章化矛戟以禮義作干城碧海無塵咸思破浪丹梯有路共勉登雲固已鴻敎遐敷狼荒咸被矣況德邑雄環虎嶺秀溢龍潭牛女耀分野之躔獅子聳凌空之勢峯高卓筆代湧文人山列繡屏古稱勝地雖烽狼迭迫石壁破而皆驚而風鶴旋消斗城屹而無恙戶被修文之化經共陳庚里稱知禮之鄉衣皆脫甲下車以後憑軾而觀載考遺編並徵佳勝山迎雪聚鳳燭上騰亭駕雲來龍珠下抱雙塔之神光常燗九峯之仙跡猶留訪丞相之墓田摩挲斷碣紀將軍之巖石憑弔斜陽即此餘韻遺徵已足聞風而興起可想鍾靈毓秀允宜不日以觀摩本縣致承艤歲族衍琴川捧硯硏業紹芸青讀父書而心傷萇碧童軍擢首優等旋膺居然一戰登龍籍題秋試忙向九衢走馬車上春官薦鶚鵾於雲中迭經五度鳴鳳凰於池上未待十年旋從杏苑簪花爰向蓬瀛視草兩行鵠立叨陪晝日之班

一字豕訛慚愧淩雲之賦人呼仙吏身現宰官奉　簡命於蟜坳飛官符於
閩嶠豸峯初試兩袖蕭然駒隙如馳一年瓜及茲蒙憲檄調署斯邦顧徵黃
絹之詞雅有緇衣之好技能中的任憑穿柳而來句可熏香預備盥薇而誦
爰定　月　日舉試觀風爲此示仰闔邑生童知悉先期報名造册是日受
卷命題書院暫借圖南文壇須爭逐北聊當吹笙之讌以永今朝休嫌擊鉢
之催未嘗卜夜惟我朝例嚴功令不容一語雷同而多士業裕藏修定許萬
言日試或耆年名宿杵已磨針或綺歲英才錐方脫穎或精心緯文史典謌
徵狐或妙手鎔經技誇造鳳或賦工研鍊金擲聲高或詩善推敲珠穿語好
所望者紛披腹槀鮮用雲山之色本莫攜藍尤幸者恕放心花疾揮風雨之
毫卷無曳白向風鶱而染翰刻抵如金評月旦而排鱗尺量以玉敢云識曲
漫託知音惟憑直筆品題胸無成竹果得奇文欣賞限詎生花笑廿年夢伴
書魚差信魚珠難混看一棹裝攜琴鶴只漸鶴俸無多捐備花紅酬書蕉綠
非謂蚍膏薄潤勵諸君螢案之功惟期驪領先探證他日龍門之遇待到桂

爭翹秀應共登貝闕以題名卽今榴驗登科勿先向琴堂而卻步酬余鶴跂勉爾蛾修特示

狀

清

上王邑侯之紀請禁鬻塚賣妻狀

邑舉人　謝青鍾

竊以水源木本不離祖宗繼嗣承祧端由夫婦此千古之綱常與天地爲悠久孰意邇日以來世風頹敗祖骨宗骸同羊豕之販賣夫恩婦義等萍水之遭逢目擊耳聞心傷皆裂夫死者以土爲歸雖有路人枯骨暴露稍存良心者猶且盡力掩埋今有一等孽子徑將祖宗墳墓或經四五十年或已百十餘年一旦鑿棺毀屍售之他人懦者或勉收厝荒郊忍者遂徑投之狐鼠祖宗遺骨百無一存又婦人從一而終縱經離亂妻兒散失雖極忍心者亦且多方買贖今有一等愚夫徑將結髮荊妻或尙恩愛未幾或以兒女成羣一旦生離死別賣之他里置兒啼女哭於不問較兵略賊擄而更慘婦人傷心

十常九死嗚呼世道至此仁人君子甯忍聞哉先是德邑荒殘之後卒逢軍興旁午多遇糧派累逼又遭官府酷虐囹圄刑獄與死爲鄰不無一二窮民賣墓典妻雖亦法所難容然尙事出無奈今幸逢老父臺數年撫字百姓樂業糧無累戶野有淸風爲此事者多係一二賭蕩惡少口腹無厭錙銖是嗜不畏刑法不顧廉恥稍貪所得徑行無忌而世間謀死墳奪生妻之人又大半皆有力豪家或債折而勢勒或厚貲而利誘愚者不悟遂入網中此風日甚今不論賤人下輩忍爲此事亦有故家儒族尤而效之以爲固然親朋族黨利人之賄則從而慫恿之約保地方受人之託則從而掩覆之嗚乎不有仁人大加禁遏將恐八里人家稍遇子孫破落則死墓生妻皆有不能自存之勢亦大可悲也鐘雖寒素無力但念風化攸關竊按律例凡卑幼發尊長墳塚者斬無赦凡妻不犯七出之條而輒離異者杖八十況乃賣塚棄屍賣妻棄子四維不張禽獸無異人不論存亡千年尙有餘痛事不論予受一死皆有餘辜爲是效賈生之哭聊以興西伯之仁呈乞大發慈祥力砥頹蠱迅

出明示嚴加禁絶倘恐風頹俗敗面從背違并乞飭各社地方朔望甘結并無挖祖塚賣生妻兩事如有發覺罪與同科庶幾枯骨得以久存人類藉茲長育陰隲與天地無極聲教垂弈禩不朽謹呈

稟

清

上白邑侯希李請禁毒藥取魚稟　邑解元郭尙品

自來天地有好生之德帝王以育物爲心是以賓祭必用聖人釣而不綱數罟入池三代懸爲厲禁近世人心不古魚網之設細密非常已失古人目必四寸之意猶乃貪得無厭於是有養鸕鷀以啄取者有造魚巢以誘取者有作石梁以遮取者種種設施水族幾無生理更有一種取法濃煎毒藥傾入溪澗頭刻之間一二十里內大小魚蝦無有遺類大傷天地好生之德顯悖帝王育物之心其流之弊必將有因毒物至于害人者用敢以區區之忱爲曉曉之瀆懇祈示禁四十社無論溪澗池塘俱不准施毒巧取如敢故遺依

律懲治此法果行不特德邑一年之中可全百萬水族之命且可免食魚者因受毒而生疾病伏念公祖近日徧建育嬰同仁二堂仁民之澤霑濡無窮若再將毒藥取魚一事出示嚴禁則由仁民而推以愛物從此鱗介得遂其生魚鱉不可勝食富庶之休未必不在於此矣

論曰封泰山牒白玉非文不顯非工不傳古今文章莫盛於西漢蓋去古未遠奧衍醇茂居然典謨遺風即有韻之文如蘇李十九首樂府歌行皆上薄風騷而江鮑體裁燕許手筆韓蘇瀚海多跡此成一家言焉德邑文藝若郭維翰李道蓁諸人逸韻鴻章鏗鏘鼓舞直登作者之堂所謂和其聲以鳴盛者非歟

德化縣志卷之十八

祥異志一覽表

禾之祥一 花之祥六	康熙二十八年 順治十七年	康熙二十八年
康熙五十九年 乾隆九年	雍正三年	乾隆五年
木之祥一 天之異十二	崇禎九年 嘉靖四十四年	仝 四十五年二
崇禎十五年 康熙六十年	順治十三年 雍正七年	康熙五十九年 仝 十三年
光緒十年	仝 十九年	仝 二十八年
地之異二 水之災十四	正德十二年 慶元五年	宣統三年 洪武三十一年
嘉靖四十三年 康熙十五年丙辰	萬曆二十五年 乾隆三十五年	仝 四十一年 仝 五十五年
嘉慶十六年 光緒十五年	道光二十九年 仝 十七年	同治七年 仝 三十年甲辰
火之災十 嘉慶十三年	雍正四年 道光六年	乾隆六十年 光緒十一年
光緒十八年 光緒三十年	仝 二十一年 仝 三十四年	仝 二十九年
風之災一 旱之災四	宣統元年	

按邑故多旱田率依山晴即苦旱旱亦不爲害故記少 嘉靖四十五年 乾隆七年 光緒二十六年

光緒二十八年 饑之災十二 嘉靖四十二年 隆慶元年

康熙四年 康熙四十九年 仝十九年 乾隆八年 仝三十五年 仝六十年

道光元年 光緒二十四年 仝五年 仝六年

獸之災五 康熙二十年虎 洪武二十年虎 咸豐九年虎 嘉靖四十一年鼠 光緒十七年虎

疫之災一 年之疊二 光緒二十六年 康熙十九年 光緒三十三年

祥異志

星象明暗不循其常則隨所屬而機先見詩書所載春秋所紀災祥之應歷歷不爽有則必書以志異也邑自雷雨畫丁祥固著焉而水旱災祲之警亦復不少前事不忘勤恤民隱者豈視等齊諧哉志祥異

宋慶元五年大水化龍橋圮即今雲龍

明洪武二十年虎爲災黑虎四出白晝噬人於牖下或夜闖室盡噬緣是死亡轉徙相續戶口耗田野荒

三十一年大水縣前溪水驟漲民廬蕩圮

正德十二年地生白毛石罅木柯皆有之一夜長二三寸或四五寸兩閲月乃沒

嘉靖四十一年田鼠爲災一畝之田多至數千晝食秧冬食穀田畔皆鼠道草爲不生次年米貴

四十二年饑受上年鼠害至是米貴民多餓死

四十三年夏五月大水十九夜暴雨黎明縣前水深丈餘衝激之聲若雷民居漂流過半東城壞

四十四年冬十一月雨木冰初四日寒甚雨洒林木凝而成冰

四十五年春正月大雨雹十六日　秋七月大風雨雹初十日午晝暗如昏雨雹似彈平地盈尺四山盡白須臾而消

同年秋冬大旱無禾

隆慶元年饑受上年大旱至是大饑

萬曆二十五年大水雲龍橋壞橋上溺死者數十人廬舍民畜漂沒不可勝計

四十一年大水復壞雲龍橋民廬物畜漂溺甚多

崇禎九年枯木生縣署後垣有大樟合數抱枯已數年忽生枝葉論者以爲邑令姚邇愛民之祥

十五年雨血雨水如血屋溜皆紅亦有一屋之溜左白而右紅者以盂承空中亦紅白不等

清順治十三年春正月大雪十五日天寒平地雪深五尺許

十七年夏瑞蓮生縣東沙堤齋池遺開五色明年李道泰登第

康熙四年饑邑民多往戴雲山掘取土芮食之賴以全活土芮葉圓藤紫實似芋

十五年夏四月大水十六日晨大雨巳刻溪水暴漲入城平地水復湧出瞬息淹屋白浪滔天邑城自西至東樓垣廬舍盡湮爲墊男女遺溺沿溪百餘里橋梁盡壞民畜田禾漂沒殆盡時海寇據邑進士李道泰任建昌令賦詩以悲之山城高臨谿暴漲猝及趾不謂丙辰夏兵燹更厄水蛟螭鬬郭門狂奔如驚矢一半入浩波哀如去荻蟻父見子狂呼夫看婦沉委亦復戴屍行男女在床第悲哉波退後沉沙或露骴招魂同一聲投祭並日紀更有全家浮誰泛一陌紙頗有望洋嘆報施未盡是豈知冥漠中從無浪生死城東版築興取石吾階砌甦此流亡餘何須念故壘細問故鄉人入城俱非矣沙石積官道總無舊日市百憂生數逢厭亂何時已

十九年春饑米斗銀六錢　冬有年

二十年虎爲災附郭在坊新化等里虎白晝四出聞人聲隨至不匝月呑噬百餘人下寮鄉民盧栄忠等伏銃殺一虎頭似馬項上赤鬣兩垂後左脚獨小是冬又有虎在梅上梅中等里噬人甚多至二十二年患始息

二十八年秋嘉禾生一莖兩穗或三四穗　華實爲瑞縣蘇植蘭葉中挺莖幹開花並蒂爲園落蘇茄也一蒂雙實知縣范正輅繪圖舉人陳嵩奎詠詩紀瑞詩見藝文

三十五年大饑明年又饑知縣嚴居敬煮粥以賑

四十九年饑

五十九年春正月大雪平地深五尺許　夏六月瑞蓮生在程田寺池中

六十年夏五月邑北雨水赤在小銘社着物如染

雍正三年夏五月邑南瑞蓮生石傑鄉陡斗棠池中

四年秋八月塔岸街火（延燒數十間）

七年春正月大雪

十三年春正月大雪（林木盡冰）

乾隆五年夏閏五月瑞蓮生（南塘社植香蓮池中）

春三月旱至于五月（野多石田）

八年饑米貴

九年夏四月學宮瑞蓮生（知縣魯鼎梅植蓮於泮池逾月瑞蓮生次年王必昌登第）

三十五年春三月邑西大水（十九夜洞口鄉蛟洪爲災鄉民章士籍一家男女二十二口淹沒二十人戚屬二人與焉）

五十五年秋七月大水（十七日晝夜大雨溪流暴漲壞城垣百丈）

六十年春邑北赤水街火

同年冬荒（縣中千錢斗米途有餓殍知縣趙鼎新詳請平糶）

嘉慶十三年邑北赤水街又火

十六年秋八月大水（十六夜大雨水暴溢壞城垣十餘丈）

道光元年饑米貴高昂知縣艾榮模詳請平糶穀三千餘石

五年饑知縣王源詳請平糶穀二千餘石

六年塔岸街火雲龍橋上店屋均被焚自是永禁不許復架

同年饑知縣黃梓春詳請平糶穀三千餘石

二十九年秋九月邑北大水初六夜下湧鄉大雨水漲沖壞鄉市二十餘間淹斃鄉民十餘人田園漂沒大瀨坂一帶田地悉成沙石

咸豐九年夏六月邑南虎爲災石傑社溪邊鄉虎出爲患白晝噬人梅嶺窖邊一時噬斃三命牲畜被害甚多人家未昏閉戶至冬患乃息

同治七年秋七月邑南大水初七日石傑社大雨沿溪民居變成澤國廬舍田禾悉被淹沒人畜溺斃甚多八九兩年均大水惟爲害較前稍殺

光緒十年慧星見餘乃沒是年法夷攻我馬關破之民間謠讖驚惶嗣和約成乃靖

按自此以後終清世慧星屢見從路國中大故日多內則各省水旱地震饑疫災祲頻年告警外則列國侵侮割地求和條約屢立喪權弱國漸至衰亡

十一年夏四月岳美街火二十二日離屯由統軍廟前水巷頂起火延燒十餘家

十五年夏溪南大水丁溪水漲入南市坂高至統軍廟邊大路二破止人畜無恙

十七年春三月邑東虎爲災石厝鄉虎起爲患鄉人吳至銘同父及幼弟往山採筍父被虎噬銘哀憤交集執鋤逐之虎棄父噬銘弟幼不能援父子同時斃命畜多被害遠近咸有戒心

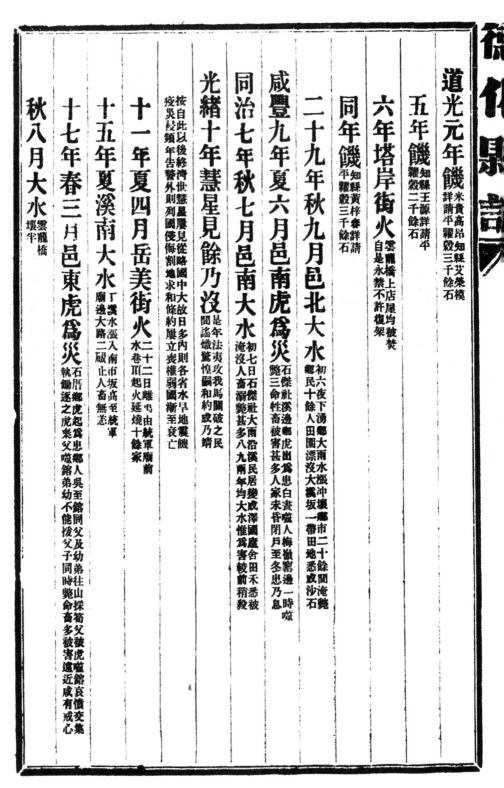

秋八月大水雲龍橋壞半

十八年夏五月岳美街火十五夜由東岳廟下坂頂起火延燒數十家

十九年冬十一月大雪二十六夜先雨後雪簷溜爲冰黎明雪飛愈大平地深數尺

二十一年冬邑北赤水街火

二十四年夏大饑斗米千錢官紳在崇義祠設局平糶民賴以安自是鮮兆豐年饑饉交至米價漸昂屢平糶

二十六年夏五月旱至七月始雨　鼠疫始作室內鼠先死疫旋作壞人倚一晝夜間甚有暴亡者此疫始于十六年廣東之雷瓊間傳染全國通都大邑每年死以萬計稟是由永春傳入年年不絕先以夏至發後以冬至發症候名目反多其實皆鼠疫也

二十八年大雪如飛絮頃間盈尺惟深邃於前　秋七月旱乾甚禾盡赤

二十九年夏四月塔岸街大火十四夜二更下街永春會館右畔第一間火起延燒左至會館斜向水巷止前至崇龍橋頭右至安士廟內計焚店屋百餘迺古蹟石龜燬

三十年春正月塔岸街又火元旦夜半頂街路美巷與當右斜對面火起延燒上至典當火牆下至閭庭頂水巷計焚店屋數十間

附記塔岸原分上下街鱗次櫛比水巷僅可三四尺故一遭回祿動延數十家當是夜下街火起勢燄未甚熾之時使人不自顧已私協力折屋以禦之延燒之廣當不至如上所云頂街所以幸獲無恙者則賴當機立斷折一以全百耳雖次年元旦夜路美巷至閭庭頂一帶終不免祝融之災然天實爲之非人力之不可恃也先是下街火後頂街居民多夢繼火因有移貲重於他處者年終不驗始各攜歸元旦晚飯後永僑劉某戲言曰是街果不免於火莫如今夜事聞人集撲滅當可易易意蓋嘲夢者之無徵也詎料旋作烈火然即劉妻藥爐所遺之星星乎夜半火猝發夫婦僅以身免頃刻延燒又數十家乃歎災禍之來果有先兆劉某亦不幸言而中耳究之劫數雖難逃半屬人事之未盡果能於架店時加以研究多築火牆以防之加闢水巷以隔之廣置水斛以貯之預備水龍以攻之災起倉卒處以鎮定如法施救當不難登時撲滅即或時遇隆冬風力助猛幾於不可嚮邇而爲急則治標計尤莫如折屋隔斷之一法如是則先事既有曲突徙薪之謀臨事又切玉石俱焚之懼盡人事與數爭火之爲害未始不可以思患預防也有心社會者察之

同年夏五月大水邑西雙陽山發蛟（初七日黃昏大雨不止兼上林雙陽山蛟洪暴發溪水驟漲城垣崩塌橋梁盡圮民畜田廬禾稼淹沒不可勝計）

附記是夜大雨兼雙陽山發蛟平地水湧出數十處因之滸溪暴漲流入北城外學洋西門街城內上下市街岸街店後各水深五六尺幸丁溪水不加長故沿溪橋梁雖盡傾圮禾稼湮沒無遺牲畜淹死不可勝數而附城一帶及上下流臨溪各鄉男女遭溺者僅九十餘人民廬倒塌僅數十座城垣崩壞亦只數十丈且知縣孫鵬儀急臚災情上告省憲派委周啓銓籌帑同邑紳王光張鄭玉岡親赴災區分別散賑民得稍安按志比較尚不至如康熙丙辰受災之深也惟查各處室內水湧陷穴者皆有溺人及平視兩岸水勢高下不同爲可異與西門街城內罹劫之後繼以兵燹滿目蕭條十室九空原狀至今未復耳

三十三年冬有年

三十四年邑東南埕鄉市火（全街盡燬）

宣統元年秋八月大風爲災（初一日晨大雨傍午風雨交作發屋拔木瓦片飛墜如落葉倒懸之聲不絕至午夜方止）

三年春正月地大震（初三日晨全地震撼牆左右斜尺有烟搖而不仆人盡出戶立足不定食頃漸止幸尚無塌屋自是每日皆有小動）

論曰先民有言善言人者必有驗於天蓋和氣致祥乖氣致異往往然也堯水湯旱雊雉祥桑盛世所有豈皆嘉瑞而妖不勝德禳却何神歟古稱子產當國鄭不復火平仲相齊慧爲退舍中牟螟不入境九江虎皆渡河則修德弭災又不僅廟堂宜然矣

德化縣志卷之十九

摭佚志

一時聞見千秋之耳目繫焉苟有所佚則悉登之亦多识而識之意也德化紀載兵燹幾經不無挂漏訪諸故老採之殘編有足生人遐想者未可聽其若滅若沒也爰拾其遺彙爲一帙以補前集之未逮志摭佚

德化縣令宋時有題名記紹興十九年知縣事林及記劉文敏以下四十四人淳熙九年重立知縣事吳一鳴記林及以下三十八人自後歷元及明闕不立故歷官年月多無考

宋東西園蔣氏所居門外有異木大十四五圍葉有稜刺莫知其名百鳥不敢栖

文興社夏碧村昔有農夫耕于野婦饁之飯有沙怒欲毆婦值張道人過之爲勸止曰吾爲若去沙一頓足而地震曰沙去矣今環村五里許無沙

宋時有道人遊普光寺戲畫山水於壁間波濤洶湧如眞尋失道人所在

清泰里承澤鄉美山前有巨石高數丈形如龜宋淳熙間鳴三日夜黃龜朋生慶元間鳴黃奎登第嘉泰初復鳴龜朋登第

宋時湯泉下國寶藏寺有洪鐘聲聞數里外先是牧者繫牛其地忽見一人追之須臾不見後掘地得鐘乃建寺以寶藏名今廢宋縣尉孫鵬鳳詩枕畔鏗然寶藏鐘聲從何處入高墉蜀顛衰髩今如許喚起穹廬一臥龍

三漈溪右亂石壘積相傳昔有洞穴為魍魅所居元至正間道人吳濟川書符遣其五男曰凱陽者往鎮之凱陽持符入洞須臾雷雨大作山崩石墜洞口壓塞凱陽死焉今呼其地為鬼硿

明嘉靖癸亥知縣張大綱偕永春顏廷榘惠安黃克晦往遊戴雲夜二鼓方至顏詩云傳呼林外火來度嶺頭天黃詩云鳥移驚樹火僧度過橋人詰旦欲登其巔適山雨作意不果寺西山上有石塚巋然僧云佛塚也寺前後田皆僧自耕張詩云佛寂空留塚僧貧已種田黃素以丹青名復畫須菩提達摩折蘆渡江於壁而去

瓊山上有石堂石灶石鼎相傳秦漢時隱士居此鍊液養形仙去後人建祠祀之號道德仙立石碣大書秦漢隱君子明嘉靖間里人李繁艱於嗣往禱之夢與隱君子會衣帶上書云泰階平旋得男因名雲階字膺平號泰堂萬曆丁酉順天中式任吉安同知九攝邑篆皆著聲績清歲貢李獻馥詩誰來結屋碧雲間秦漢遊蹤邈莫攀高士聲名三尺碣幽人風味幾叢蘭相傳有字酬清夢不盡逢仙醒世頑欲解當年歸隱故苔青石跡任斑斑

龍湧山上有斷碑一片字畫端整蓋萬曆間署知縣德政記也文缺不可讀錄其存者以備好古之賞識云

迨往思曩者之一日而詠歌以志不忘甘棠之詠曰化入人久而愈思至詠其廬井草舍憩息之處而愛化缺以永兼署德化德化之民喜曰眞吾父母也已政不能更僕其最異者愛民禮士鋤強扶弱租稅之日是角而翼也亟除去之惡少忿睢誣譎曰是莠而霜律躬而以痌瘝視赤子以躬脩爲倡導而以蒲鞭

以異南國之詠甘棠也侯治永春大有賢聲而攝南州太守德化着編攀留不能得以吾年伯父鄭封君能一日離侯也心碑心史是宜永思侯之德也侯諱

新化里龍湖寺舊有洪鐘每撞擊聲聞邑治明季時知縣某命移于龍潯山之醒龍樓舁至中途寺僧追及以指彈之三初彈鏗然再彈啞三彈無聲矣既而多方敲擊竟不鳴清康熙間鐘猶存

湧溪下流東固坂沙際有古鐘一枚圓徑尺高二尺不知何代物罅裂爲三旁落一小片如掌取而合之洪水蕩決終不去

湯泉里桂林鄉有古樹幹似椿葉似松圍丈高十餘尋冬夏長青相傳昔有詹姓者嘗爲通判自外省攜歸植於祠宇之旁後以其祠爲英顯廟樹今存翌生楨鱗丹詩扶疏老幹綠紛披來自京華夙道奇楚國冥靈應伯仲許州松柏想倫夷長留蔽芾垂千載未許鱗絕借一枝椿椿憲公今已遠蹈風俯仰有餘思　涂廷觀詩蓊鬱樹色着煙斜誰識當年培植家好是燕山凝雨露直將雲氣結丹花

新化里小尤鄉有大樟圍七丈許年豐則枝葉茂秀荒則枯落因名卜年樹

石傑社泗州溪邊山上蹲一巨石稍下土中產小石其大如豆四方端砥平

正類削成紫黑色掬取不竭雨後尤多

清初時邑西關外泮嶺有紫花藤抱老桐而上大可十圍離奇拗曲如蛇盤龍伸花從樹杪紛披至地蓋數百年物也後桐仆藤被斧邑士李道泰詩綠蔭何處不平鋪踏遍西郊倚樹趺百丈流酥爭沸地春風更布錦氍毹　孤藤托生胡道中千年紫花被枯桐桐枯厄爲百斧攻彌天紫帳失穹隆三月花開曾相憶坐藉落花餐花食停杯花前頻太息惆悵邈抱移不得祇今惟有老根存蜿蜒無力虬龍奔人命草菅此足言笑我對樹空撫捫移根歸山伴松樹洗盡塵華絕惡趣離支今同煙霞病竹時流花隨瀑布

康熙丙辰四月初城內居民聞城隍廟中嘈囔吆喝若唱名查點狀夜深時聲更徹越十六日大雨巳刻溪水暴漲白浪淹城市沿溪一帶百里民畜漂溺以數萬計上市有民家女某氏適縣東磨石村莊姓爲婦值歸寧四月十五夜夢黑面巨人持長竿驅其兄妹赴水氏呼號巨人掌其嘴驚悟痛不可忍質明益甚乃冒雨步歸夫家至半途而母家闔室漂溺矣

周亮工閩小紀載德化磁簫笛色瑩白式亦精好但累百枝無一二合調者合則聲淒朗遠出竹上雲夢柯亭之外又有此異種入李謨手即至入破當不患礄然中裂矣嗟乎前人創造之難若此而後人毫不愛惜保存竟

使展轉遷移不知流落何處今製雖色樣俱佳而音調不合益使吾人深嚮往焉

康熙丁卯福州府有庠士某者夜夢鼓樂導解元扁入其家秋闈已屆意頗自負乃不以屋賃人應試邑士蕭弘樑往求賃詢係小縣學輕之賃以偏房及榜發蕭果得元

乾隆十年乙丑夏村民羅某夫婦忤逆其母母憤出求食至甲頭鄉連家留之織越數日雷入羅某室中狀如炬其聲嗚嗚羅夫婦驚怖哀哭悔罪雷乃騰起因亟尋其母跡至連家母責之曰汝聽妻言母子恩絶羅乃伏地自敍雷警哭拜謝扶其母歸以孝養終

南埕社湖坂村有出米石相傳明萬曆間有鄒大浩者每向石取米以餉客一日客多急欲得米擊而催之米竟止懊悔不已石高廣各八尺下端一孔溜甚殆即其出米處

又湯嶺鄉南某山巖後亦有出米石石中一小穴圓而深相傳巖僧每日

從石得米足以自給有時客至則隨其數而增多厥後歲廢米亦不復出

石龕張道人曾用鐵杖以伏魔杖長三尺七寸大盈指狀若聯珠其凹凸處計四十五節乃道人四十五歲得道時指力緊握而成者清初杖斷屢經鐵匠接而不膠後道人扶乩握之乃如故至今南埕社黃姓珍藏之

邑西陳庄鄉有樹曰一束香大可合抱久雨將晴則煙出樹杪繞樹團團枝葉幾爲之蔽晴久將雨亦然歷驗不爽

典史衙後有樟樹高十餘丈大可數圍相傳元代物也下有小祠崇奉章公香火不知始於何時嘉慶四年縣令李宗澍納涼其間坐而假寐忽有古衣冠老人前而歌曰菜根有味兮無羨魚肉番薯可飽兮無羨米粟讀書期至聖賢兮爲官毋虛糜爵祿進將以有爲兮退固知其不足踽促負轅之駒兮呦呦食苹之鹿能言困籠中之鸚鵡兮高飛慕冥冥之鴻鵠彼紅杏碧桃競豔於三春兮吾寧友長松而師虛竹歌罷飄然竟去醒而異之因紀所夢告諸幕僚未幾衙役張龍張虎奪嫁謀害事發李竟以失察被

參落職

道光九年龍翰鄉民甘文訏見有白馬夜入其家吸水吒而逐之至通駟橋頭而沒意爲藏鏹所化掘至數尺僅一石碑刻通駟橋三大字旁勒秦定甲子仲春詹子定立爲力起而竪之橋右自是馬不復見

光緒甲辰五月初一夜邑士鄭玉岡宿于書齋夢中忽望滻溪汪洋大水漲至東門外對面頂街一帶店下微茫間恍見一人坐水中兩手擎傘隨波上下而去俄而霹靂一聲雲龍僑圮驚醒晨起輒對人道之至七日夜果驗水漲處絲毫不爽浩劫之來冥冥中果有預定耶抑何其夢之徵耶

論曰吉光片羽文約一斑人不以少而置之蓋有可觀者在也德邑佚事微矣而聞閭見見傳之不泯匪誣也顧文宗嘗謂幽蹤遺跡尤當搜錄即蠹簡斷編亦殘珪碎璧視之此摭佚所由志歟

德化縣教育大事記（自民國元年起至民國二十六年止）

元年春季學制更新原有各級學堂奉令改組本縣官立兩等小學堂遂易名爲縣立第一高等小學校公立獅峯小學堂亦易爲縣立第二高等小學校同年成立縣教育會專司地方教育建議機關選舉賴雄西任該會會長同年委王光張任縣視學

二年縣視學王光張去職改委曾佩英接任

三年春季縣署召開推進教育會議分區設立初等小學校先後成立計有蓋德培英羣英敦儒儒林科榮明新高陽雷峯瑞坂養翮魁斗國寶養正大乾雙翰后坪等數校並創辦縣立師範講習所二所以郭俊元蘇得程任所長又設地方自治研究所二所以蘇菁華鄭焜任所長

五年成立縣勸學所所址假舊考棚以蘇世良方清芳負責辦理未幾卽停辦縣視學一職亦同時虛懸

七年夏因地方不靖除縣校繼續維持外各鄉校均停閉

九年春恢復勸學所所址假緒餘小苑以方清芳任所長從事取締私塾倡辦學校同年創辦縣立單級師範講習所由郭俊元顏道周等負責辦理縣教育會亦同時恢復以蘇顯忠任會長

十年春勸學所遷入文廟辦公省教育廳委郭俊元任所長以曾龍飛郭覲光任勸學員成立各鄉國民學校計第一區十三所第三區五所第四區二所私立小學校二所（崇正塔雁）各校經費均缺乏當由縣署調集學界人士郭俊元蘇德馨蘇顯忠等負責整理教款頗收佳効

十一年縣長孟清溪抵縣熱心學務召開教育會議整理縣校寬籌學款修築勸學所（縣署二門左角）於是年夏遷入辦公同年三月省教育廳委任蘇育南爲視學同年全國推行國語教育本縣遂成立國語講習所招收學員講習以郭鵬圖任會長林泉任幹事

十二年一月邑人蔡石溪林泉曾天民蘇育南顏尙論王偉等籌辦縣立初級中學招生開學由省教廳委陳其英任校長同時私立育英初中亦相

繼成立校長由許世照負責同年春季勸學所所長由省教育廳委任蘇育南接充迄九月新學制頒行省令改勸學所教育局仍委任蘇育南爲局長並委林泉曾天民爲視學並由縣署聘郭俊元林慶瀾陳其英曾飛龍蘇加明爲教育董事會董事隸屬縣教育局

十三年春季開始先後增設縣立小學三所（濤北泗濱龍谿）私立小學五所（儒山瑞坂雷峯中頭雙峯）國民學校三十餘所　濤北小學校舍由陳光亮等倡建規模宏昶　濤西小學校舍由林石圃董建落成

十四年春私立濤北初中成立校長由賴雄西担任尋由省教育廳加委同年儒山小學負責人徐學朱徐步雲徐會泉徐慶搏等籌資董建校舍而泗濱小學亦相繼起蓋由校董顏和光董建　龍谿小學亦募捐進行由該校長徐宗椿督理均落成

十五年春縣視學曾天民辭職由省教廳改委賴倚論接充是年碩傑鄉華僑捐建鄉校校舍落成董其事者爲該鄉長輩鄭蘭

十六年一月縣教育局局長蘇育南呈請辭職由省教廳改委方如玉接任並調任縣中校長陳其英任督學所遺校長一職改委林泉接充嗣奉省政委會改爲委員制並委林泉陳其英蘇德馨任委員　邑人黃德三慨捐一千五百元置校田五千斤作中校基金　時黨軍入閩即推行黨化教育並改校名爲縣立培風初中另由省黨部派林聞一鄧豫中任本縣黨化教育指導員推行頗得順利教育爲之一新　能屆小學校舍由賴世金等籌建落成

十七年縣立初級中學奉教廳令復校長制委林泉任校長並添蓋新校舍由邑人涂有情等捐建　私立育英初中停辦同時成立華僑私立育華初中聘蘇育南任校長一翌年辭去易以郭俊元接充先後未及兩年因經費短少停辦

十八年　月省增教育局經費改委郭玉璋爲局長同年縣立初中校長林泉辭職由賴尚論代理旋省教廳改委吳和聲接任　塔雁商民捐建雁

塔校舍由該校長吳天錫董建落成

十九年十一月省防軍第一混成旅委李法元爲教育局長　縣立初中學校得各大盟充獻田租五百餘担經費較前充裕

二十年七月省教廳改委汪廣度爲局長並委林泉任督學

二十一年十一月省改委丘森爲教育局長—越年丘去職由陳明元代理　縣立培風中校吳和聲辭職由王訓接替旋由督學林泉兼任

二十二年省教育廳改委吳和聲任教育科科長　縣立培風初中校長林泉辭去兼職由縣長李特支兼任旋由教廳改委陳慶南接任

二十三年春省教廳改委方如玉接任教育科長遵令改編全縣所屬各校名稱别爲縣區鄉私等性質縣初中校奉令改爲縣立簡易鄉村師範學校校長由陳慶南蟬聯是年冬奉令籌備縣立民衆教育館以王光張任主任

二十四年教科長方如玉呈請辭職省委吳元葵接充是年奉命設立縣

義務教育委員會並創辦各區短期小學｜一年制｜計成立者十九校縣立民衆教育館籌備竣事委陳其焜任館長　秋季省建教兩廳合辦省立陶瓷職業學校及陶瓷改良塲委王世傑爲校長及塲主任

二十五年教科長吳去職省改委羅誠純接充第三科科長鄭國基任督學是年春縣民衆教育館長陳其焜辭職縣委吳元葵兼任旋吳去職由省政府委蘇育南接任尋開辦短小師資訓練班由縣長邢國鸞任主任冬間省改委黃國器接任第三科科長　縣立鄉村師範學校校長改委賴象三接任

二十六年當春季開學之先縣長朱朝亨召集縣政會議關于整理縣校寬籌教費最爲注意除整理原有各校外並增設縣立小學三校｜潯東潯南潯北｜嗣籌辦縣立潯中中心小學　督學鄭國基他調省委張鎮海接充

德化縣建設大事記 自民國十年起至民國二十六年止

十年秋孟清溪攝理縣篆下車之始卽召開公路建設會議當成立公路局以曾佩英張廷昌任正副局長闢城區路坯並改造街坊

十一年城區路坯開闢將竣更劃路綫由程田經蔡徑而達大壠頭與永春轄劇頭舖啣接興工未久遂告停止同年夏改西塲爲公共運動塲由郭俊元等監築

十三年縣派徐慶元負責開闢城南公路改由三班經塔嶺入永並改建塔雁街道

十六年泉永公路局派陳皋張廷昌負責開築永德公路開辦未旬日卽停

十八年省建設廳委徐鵬任永德大支路工程處處長林海柯杰夫黃心田李鳳翺李重遠蘇育南顏和光蘇亦輝涂榮五爲委員開築德赤德泰德永三綫並委陳子明黃子揚林瑤圃爲派出所所長分途進行

二十年成立縣建設局委王信樂任局長開築西南線由南門坂經英山而入永西全線告成並闢體育場｜下市｜建縣立明倫小學校舍

二十一年縣建設委員會成立以陳得榮方如玉蘇友仁鄭玉岡郭希曾陳慶南汪若痴等任委員續開縣境已劃各綫之公路

二十三年建委會改組先後由縣府委用方儒紹柯杰夫郭希曾方如玉蘇育南鄭玉岡陳其英張移風林泉曾揮等任委員並派郭傳昌任赤蕉段派出所所長先後改派王讜王子權等相繼辦理

二十四年縣建委會停辦所有建設事宜拚入縣府第三科辦理對于赤蕉段工程派出所派曾揮爲主任林啓元爲工程員同年縣長邢國鸞蒞任見龍津橋圮行人病涉派王光張鄭玉岡郭信甫林泉王成羣等募捐董建得旅洋僑胞林書情陳節侯涂文柊等爭解義囊橋賴以成

二十五年春省立陶瓷改良場場屋擇架於西較塲規模頗大尚未落成秋縣長朱朝亨蒞任督闢德大公路派張涵夫任派出所所長同年建立縣

倉聘蘇水龍方如玉曾天民黃心田鄭玉岡董其事現已竣工
二十六年縣長朱朝亨以本縣正遭喪亂之餘地方建設尤爲要政先後建親民亭修築民教館苗圃及俱樂部公益社董理龍津橋均已竣工至啓闢公園起蓋醫院現已大興土木因工程浩大尚未全部落成

〔民國〕德化縣志資料（大事記）

鍾國珍修，蘇育南纂
民國三十六年（一九四七年）修纂草稿

［民國］《德化縣志資料（大事記）》提要

民國三十六年（一九四七年），德化縣成立文獻委員會，以縣長鍾國珍爲主任委員，蘇育南爲副主任委員，着手編纂縣志，祇完成《德化縣志資料（大事記）》草稿，修志即告中斷。修纂草稿藏于德化縣檔案館。

鍾國珍（一九〇七年至一九九九年），字佩玉，號官玖，十方鎮來福村人。蘇育南（一八九一年至一九五一年），乳名玉慈，號石甫，德化春美梁春村漈頭人，民國時期德化名儒、廉吏、書法家、詩人，民國初年曾任粵軍中校營長兼晉北指揮官，國民革命軍新一軍司令部政治顧問，後離開軍旅，任德化縣教育局局長、民衆教育館館長，福建省政府專員，福建省參議會第一屆參議員等。

德化縣志資料（大事記）

◎注意◎

大事記僅記載全縣關於重大改革事項而節略備輯之至於各門經過史實則詳載在各該志内

大事記（民國元年至三十六年）

甲、導言

吾國民的革命五千年專制推翻壬子紀元德化衛生知事遵鄭真南京政行全國頒佈約法採用陽曆樹民國之規模立法治之基礎中央分地方之關設立省會置都督府主管全省行政機構於焉設立職權予以措施民元二月派令趙縉任代縣知事設署辦公施行新政一年之間三易其人政績未著弊竇相仍義民府化份子處於委蛇不良之輩乘隙而起險以致越年有奸民陳炮總恩恐徒蘇德籍保安團練之名行擄掠勒贖之實流害四境擾亂廿年始剿滅人民為肉票繼則據城市為匪巢罪惡多端擢髮難數全境暗無天日矣迨二十一年省府為肅清匪亂以蘇民困起見特任全省保安處二區林貢珍率兼閩中剿匪司令揮師入德從事圍剿數月之間渠魁張雄南

授首，羣醜相率均誅滅。廿年，匪亂始告敉寧。當匪亂猖獗中，縣城瀕蹂踐，治、重受影響，致經濟、治安、文化、實業均大被波及，幾成亡縣之局勢，人民待蘇之望切於雲霓，雖屢電請援，終未得其要領。雖於民十一年省府委派孟清漢，十五年委派邢國纘二氏，抵縣主政，努力策進治安，於救流亡，開拓交通，推進文化，而邑民方藉其克收殘局，從事長治久安之境。詎二氏方在順利進行之過程中，孟氏則去調離職，邢氏則亦辭去，以終人亡政息，建樹未著，邑民惜之。他如李化模、孟憲鵬之奉委蒞治，拙於官僚習氣，無關縣政。陳普林起之卿命長縣，忙於協助剿匪，未遑建樹。迨民二十七年匪亂勘平，瘡痍漸復，官斯土者多能奉公守法，導民納稅，政治日見昌明，人民漸臻康樂。茲為本縣三十餘年來各部門之事跡筆之於書，以資後之考鑑，特舉其大者縷陳如下：

乙、縣政沿革概況

本縣於民國元年改遵清季縣堂為縣署置知事一員佐治四員隸屬於閩省
都督府未幾都督府旋改為省長公署縣下設民政所專理縣行政事宜
又變更縣署組織裁撤佐治設立第一第二兩科第一科負責辦理民政第
二科負責辦理財稅知事兼理司法下設承審員一人襄理民刑案件
並設縣視學視導全縣學務迨十年始成立縣勸學所旋取銷勸學所
置教育局以之辦理設立全縣教育行政外此即無其他附屬機關縣之
行政機構斯云簡矣至十五年秋党軍入閩打倒軍閥專積推行党
化政治改省長公署為政務委員會当委賴鴻林為本縣知事奉令督
導教育局推行党化教育及組織各鄉農民協會革命空氣至此始深入
民間全縣人民始知民權之運用十七年奉令改行政公署為縣政府
置縣長一員轄第一（民政）第二（財政）第三（教育）三科使之分掌各
科事務推行政令内部組織至此斯備但自民国十六至二十年之間
地方變亂相尋政治又形停頓迨二十年十一月国軍始配合省防部隊
以兩旅之衆圍攻踞城積匪涂飛龍時隔四旬始告收復縣長李殿泉隨軍
到縣推行象經年行政設施未著廿三年閩省政變本縣地当閩腹軍旅
往來幾無虛日人民畏禍大有不可終日之概事為時尚縣縣長張凌雲
善於應付全境幸未殃及翌年本省劃第四區行政督察專員公署成
立本縣屬之省府令飭查鄉鎮聯合保甲派王漢任編
查主任秋間省府派漢泉為縣長設立第一（秘書）第二（軍事）第三

德化縣志料　大事記

一一

（春水）、第四（大乾）、第五（？）三公所（至二十五年改称区署），每区各置区长一员、
区员三人。全县分为三十九联保（至二十八年併编为十六乡镇），每联保办
公处设主任丁一，下设干事员二人或三人，以之编查户口，推行地方自治。二十
四年秋，师团管区参长本县，下车伊始，勤慎策划，期月之间，对于
保安、社训、教育、建设诸大端，均力推进，卓著成绩。翌年十月，省派朱朝
寅继任，奉令办理国民大会代表选举事宜，与举行扩大社训，组织以壮丁、党
员、公务员、妇女、少年等编组团队，分别按期集训，以为准备抗战之创举。是年
又奉令测量土地，省派高尚志为队长，综县编组测量，而办理人员大都苟且
从事，毫无进步，虽经历年办理复丈复核，仍未旧其八。公先迄至现在，统计
约有田二三八六八五亩，山地二五一一亩，基地一〇一五亩，荡一三亩，其中多浮报漏
报，尚不知其凡几。二十六年五月，本县奉令征送壮丁入伍，共计九十名，此为开始
征兵，而借振效国家民族之前途。是年七月七日，卢沟桥抗战事起，
厉行征兵，本县历年实征兵额，计二十六年三九八人，二十七年四二二人，
二十八年四八二人，二十九年四七三人，三十年八五一人，卅一年八五九人，卅二年五三
一人，卅三年六六二人，卅四年六二九人，卅五年一五九人。至卅四年，知识青年志
愿从军入营，计有九十八名。是役出征人员，实激发其爱国之热诚，而奋
身于疆场之上，其情之壮，其事之烈，洵可占本志最光荣之一页。至
二十八年五月，新县制颁行，县府扩大组织，庶政备举，为推行地方自
治开一新纪元。是年省派陈普接任县长，奉令督饬各乡镇建筑

中山堂及雷臺公園正在推行之中，因同匪退後，縣府派出監督人員趙先得被害，發來並通設立民定年冬改委楊瀚仁繼任，淮縣之一切自縣府大廈將傾之遊憩工廠材建築之以及所重修別館均告竣工。二十九年冬縣長一職另以隸懷濠，因見修建工程未半，遂集料起蓋正門樓屋及公員宿舍，落成之同年奉令征皆賦改征實物，繼續推行甚力，成績尚著。至卅五年調李慶熙接任，奉办全縣各鄉鎮長民選，籌備兩月，第一屆民選鄉鎮長全部選出，集合縣府奉行宣誓典禮，此為本縣基層自治實行民主之萌芽。卅六年省府委任鍾國珍接長本縣，履任初即以經濟文化之推行列為施政之首要，遂集中縣銀行與協助瓷業公司，經以次成立，對於推行國民教育亦已達到一保一校之原則，其他庶政已在分別進行中。

一 民政

縣署組織原極簡單，知事之下置第一第二兩科，第一科設科長一人，以之承辦民政事宜，然所謂承辦民政者只徒空勞案牘，究未見諸政令之實施，故一般民眾不諳法令為何物。殆民二年縣鄉議員之選舉與民十二年國民會議議員之投票，其選民名冊多由宇典編造而成，任少數人包辦，置民意於不顧。至於縣知事履任之初，例為求顯揚名威，條令主辦民政人員循例出示禁煙禁賭，或勸農勸工等等之文告，大吹其法螺，絕未見其令出必行之道。迨廿四年奉令實行編查戶口，以為树立地方自治之初基。自此以后，历年人事抽查、普查并举行户口异动登记。至卅六年七月止，统计全县人口男五〇〇四六丁，女五四三五八口。户政之推行，渐获实际。翔自廿六年七七抗战军兴以降，对于人口管理，经有绩效。凡过往行人必须持有出入口证，方许通行住宿，以防奸伪潜入之活动。迨廿八年举行评定物价，计口售盐，限制物资出口，严禁鸦片传播，均见实施。迨卅二年奉办甲乙种公职候选人资格之检覈，计转呈考试院壹庆高乐山考选委员会申请检覈公职候选人合格者计有甲乙种公职候选人二千人以上，以予竞选省县参议员及乡镇民代表。同年遂筹办全县临时参议员之选举，由各乡镇及各职业团体议员均以次选出。翌年七月遂召开成立会及第一次大会，以奠立民意机构之基础云。卅五年县训练所恢复，该科遂召训乡镇长及乡镇民代表、乡保队附、社会人员、保甲长等，并分期召集，以予各部门专业训练与准备行宪之常识。明年陈勤勳接任，办理核发全县国民身份证，计发出男女五一〇五五人，旋于秋间奉办国代立委选务，计发出选举权证五六六五三以人，以认真核定选民之资格云。

二、财政

民国初年县署设第二科以之办理。全县财政该科专办事项，除沿清例征收地丁钱粮及承包屠宰税捐外，别无他事。迨民七年以后，凡主二科工作者，除征赋征屠以外，将粮量金、印花费、捐租金等均归统征全缴收入统用于民军粮饷，未缴省库。嗣至民十八年秋废复城乡乐时，当暂且并业可稽，财政紊乱，账目不能踏上正轨。迨廿三年县长吴汉章莅任，奉令成立县政府财务委员会，以之协助第二科清理财务，至于改为划分省县库，以别项目。迨廿五年成立县金库，省派李式诚主任财政，收支始归正轨，库存渐见充实。廿七年省保安处调兵入德，勒派勒平之后，奉令没收逆产，计有乾谷壹进一千四百三九担，又谷二千一百八十担，全部归入县库之地方公产。翌年科长陈必璋一度整理，未获端倪。后继此长经历次清查，遗漏则重形多数。地方各界人士屡予质询，均以前任移交不清一言以了之。迨廿九年德化田赋粮食管理处成立，征借当获等宜，则刘为办理。迨卅年四月科长郑培臻接充，本当屡次派员下乡挨正理公产公款，不幸未收成效，适足予经办人之取巧机会。卅三年七月，省派员周……到县接充，对于整理公款公产，极力推行，而筹办国族基金，亦多协助。县长钟国珍……，历任积极开充，谓地方财源起见，特派下乡工作队，予以积极整理。

三 教育

民国成立，学制更新，省之教育行政机关，当先后委派王光张曾佩其二氏为本县视学，改承办教育行政，及视导各级学校事宜，旋告结束。民国五年成立劝学所，旋亦停办。迨九年，劝学所恢复，以方清芳任所长，从事提倡办学，校多……民国十六年，省教育局委派郭仪元接充所长。十八年，并委黄……为视学，从事督促，兴办学工作。迨十二年九月，新学制颁行，县设教育局以之

德化县志料 大事记 日

德化县志料　大事记　四

办理全县教育行政，由省教育厅委派督学兼任本县教育局局长，并委林泉、曾天民为视学，分区督导，两年之间，计成立初级中学三校，完全小学八校，初级小学五十余所。迨十六年，局长苏育南他就，省派方如玉接充，并派林开一为党化教育指导员，以之鼓吹党化教育，推行颇见顺利。二十二年改制，废局改设科，省派吴树智任科长，翌年又易以方如玉接充，奉令改编各小学名称，以县区乡私等以别其性质，嗣由省教育厅改调吴元葵任科长，并派林育南、方如玉为义务教育委员，联同当地委员组织委员会，创办各区短期小学，计成立者十九校。廿五年县长邢国骞兼任，选拔训练小学师资，义务教育之推行为之一振。明年县长易以朱熙章兼科长，任以后即实施经费整理，增设班级。卅年科长改材委，奉令设县训所，召集各校教员，开始第一期暑假小学教师之训练。卅一年奉令办理学务，同时建立基金，各校并发告筹足，但未达到实额。卅四年调派萧拱北为科长，奉令推广国民教育，务达一保一校之原则，推行以来尚著成绩。翌年萧奉令他调，科长易以郭孝星充任，到职后，遂先后呈准县长宋庆熙鉴函，办理小教师资训练班，并派出工作队筹充国校基金，已现实际推行，而小学扩充班级，已于卅六年度下学期实现一保一校之原则。统计全县公私立乡保国民学校计一一二校，编为三三二班，学生总数为一三八六五人。

本县三十余年来教育行政之推行与国民教育之进展，撮其大要已如上述而於中等教育、職業教育及特種教育欲求較詳之紀要，特誌如下：

1、本縣中等教育之推行，始自民國十二年二月由邑人蔡若漢、林君水、曾天民、王偉等籌設縣立初級中學，聘蔡其果任校長，歷經修建，增…年之間規模漸擴，生數驟增，一時譽為…校。迄十六年一月校長易以林泉，接充增籌基金，添蓋新舍，關得各大盟充校田租，經費收入較前為裕。降至二十四年，該校奉令改為鄉村師範，校長以陳慶南充任，翌年改委賴象泰三接充。迄三十七年四月奉令与惠師合辦。先於二十六年七月，縣教育界同仁以各小學之生畢業後升學發生問題，特發起創辦私立培風初中，聘黃其琮為校長，以義務負校租千担，正擬望其克收成果，至三十六年突奉令停辦，邑人惜之。嗣於二十八年有省立德化師範學校開辦，成立同時並有省立晉中內遷來縣，有志升學者方不至向隅之嘆矣。至卅一年秋省府循邑人之請，准設初中，遂假寶美民屋為校舍，招生開學。三十五年春晉江中學復員，縣中乃遷回原校，卅五年校長由賴雄西充任，翌年改委林勤學接充，諸加設置，校務行見其發達日上云。

乙、本縣私立初中計自十二年二月有林王德等倡辦私立育英初中於鳳林，以許世昭任校長；十四年一月陳子明等創辦私立潯北初中於上涌，以賴雄西為校長；十七年一月邑人蔡書紳、羅信泉、湯英杰等等加設私立育華初中於城區，聘蘇肯南為校長。以上三校皆因經費支絀，不數年停辦之。二十四年

德化縣志料 大事記

三月陳慶南因感農業教育為立國之大要，出己資並勸募基金設立尚義農業職校，籌備就緒，並任校長職務，予以策進，旋經教廳准予立案，通于廿六年增設初中班級云。

3. 本縣職業教育之推行，始于民國二十四年三月，省派陳慶南為陶瓷學校籌備員，会赴蘇、鄂、江省考察陶瓷教育，是年八月省府建教兩所督辦省立陶瓷職校於本縣，派協委吳世埰為校長開办，未及二年，因經費未着，奉令停辦。

4. 本縣特殊教育係於民國十二年二月教育界同仁發起創办通俗義務學校，該務經達國柱（時成人相率來學，大有無位可置之概）校長聘顏道周負責，因經費支絀，翌年停止進行。二十九年抗戰時，張難童僑童麕集縣境，無處棲宿，時有本縣僑胞葉乃鏘、商民□由甲等概解義囊，並勸募糧米等，由羅與僑眾捐款為其基金，倡办慈兒院、幼院，予以收容，难童一施以初等教育，院長一職由董事会推選李述賢充任，越二年即易以李亞中負責云。

四 建設

本縣建設工作，原未加以注意，迄民國十年知事孟清溪來任，鑑於交通不便，乃成立公路局，委鄉紳佩英、張廷昌任正副局長，以之開闢城区路坯，並繼開自城区經蓉種而達永春縣之大隴頭一線，因與公未土地方發生糾紛，遂告停止。十八年省建設所委派徐鵬任永德大工程處處

長並派黃公田為路橋委員會第二屆委員以主開築德赤（德城至
赤水）德甯（德城至甯遠）德永（德城至永春）三線之路面旋見殘壞工
惟橋樑涵洞未加建造二十年成立縣建設局由王信渠代理局長更闢
自城區至永春縣之公路（緩與工兩月全段告成二十一年改建設局為建設
委員會以陳得榮充委員長王芬枝仁等為委員二十二年奉令設組以辦
首蘭陳其英林泉等任委員先後修闢縣境各線與赤蕉段工程達
成強半之功翌年建設會併入縣府有建設了人宜併入縣府第三科辦理秋
間縣長鄭國鴻秉承致力地方建設了葉乃別委派曾輝任赤蕉段工
程派出所主任曾揚南董建公共汽車場王光張方如曾天民等董建
龍津橋（水泥鋼架）完成後改設事二十五年省府委朱朝亨接任縣長重
行計劃築路工作派張熙為德大公路派出所所長負責繼續修築二十
六年省令內遷飭多由建設所派出工程師自永安測量至本縣為公
線與本縣交通德永線于廿七年四月二十日通車經本縣以達泉永交通稱
便迨廿八年以抗戰關係全線破壞不無遺憾　廿九年本縣政府增置建設
科以縣長兼洪民浚任科長先後修復雲龍橋增建區鄉倉及協助交
通等工作頗見努力以各年建設之計接長办理工賑工程之計劃修築公
路辦路之督促以後各區鄉之路經由縣府之督導已次第進行云

五、軍事

本縣自民元以降匪氛肆起兵變頻仍地方不靖為患非鮮無

德化縣志料　大事記

德化縣志料　大事記

從據紀即有之以縣署前隸之小警察保隊不足以言組織地方武力而維持治安也迨廿六年七七抗戰事起我縣始奉令加強組織自衛隊予以受格軍事之訓練並辦理民槍登記以充實之民衆自衛之武力二十八年省保安處委派程飛鵬為本縣軍事科之長以之辦理壯丁訓練及協助征兵事宜迨三十二年科長一職易以曾錫齡接充並兼國民兵團副團長從事清理歷年積欠兵額與辦理優待征人家屬諸要務是年德屬戴雲山一帶奸匪出沒擾害人民縣派兵團附林其瑞率隊堵截匪遁氛以息卅六年省派該團陸軍第科之長劉我白誅奸匪黃國璋自永春竄入本縣西地帶縣長鍾國珍飭劉國職派該科長領率十鄉福赤水瑞上等鄉之保五六隊配合省保安第一隊總隊附陳任民部以剿截鄉匪匪部人槍損失過半殘餘聞風潰竄遠颺鄉邑地方賴以安寧云

六　社會

本縣社會行政向未設立機構只於民政科內置社會科員一人以主管全縣各人民團體之活動事宜迨至民國卅五年全省奉行人民團體總檢查本縣原有之商會農會縣總工會與海外華僑公會主事改組維時省府令派劉慶欽充任本縣總工會理事長劉職後即指導各業同業公會改選職員及代表於卅六年三月改選縣商會之理監事並改選各鄉教育會職員嗣離職後由以周心說繼任完先後成立八鄉聯立總德化青年學術研究會去改組海外華僑公會等工作時完成之

七　禁政

禁烟工作为求彻底铲种之先决条件，本县禁烟行政向由县府组织禁烟委员会予以协助推行，历来收效甚少。洎乎民国二十八年设禁烟员一人，隶于民政科，奉令严属禁绝，推行甚力，凡经觉察烟民大都□□限戒，毋敢稍存侥免。迨廿九年科员廖凤翥奉令调赴禁政科长班训练，尚未结训，旋奉电令禁政不另设科，自此以后禁政则仍归民政科办理云。

丙　附属机构

一　警察

本县警察机关之设立，始自民国二十六年县长张唐文新任伊始，向长假以隍庙为局址，内部组织至为简单，局长以下仅置警员二人，分司事务。维时为应实际需要起见，特开办警士训练班，予以警政常识之短期训练，受训者颇能具有心得。迨二十八年剿匪军兴，局长易以林士璋接任，协助剿匪部队负责乡导及侦查工作，颇称得力。三十年局长彭力方莅任，内部更加扩充，加强训练，长警编组各乡义勇警士。迨三十五年局长易以萧倜接充，翌年更委李□□继任，对于内部组织渐见扩充，于局长之下设总务、行政、司法三股，以及侦缉组，李任所筹之设置。全局计有长警四十五人，并于赤水、南埕设立警察所，各乡则设乡警，银行则设行警，城区又设义勇消防队，以之维持社会秩序，颇

德化县志料　大事记

德化縣志料 大事記

其戰云

二 社教

本縣社会教育之推行係自民國二十三年縣長吳漢章未任委派王光張籌備縣立民眾教育館時閲旬年遂告成立当委陳其焜為館長下設總務圖書兩部同年並委曾天民任縣立圖書館館長募購圖書四百多種正在擴展中乃以經費支絀奉令与民眾教育館合併由省府委派蘇文開任館長依法擴大組織内置總務教導生計健康四部以办理識字及公民運動与公民訓練並於廿六年元旦召開第一屆全運会舉行特産展覽並籌建下進館舍等工作迄廿七年改民教館為民眾學校[illegible]卅年会改為圖書館先後以陳世英徐忠玖任館長[illegible]一時[illegible]書冊供人瀏覧閲眾以見擁擠三十一年縣立体育場奉令籌設省派曾春楊任場長当年籌開第二屆全運並協籌第一屆國民体育運動大会參加單位遍及全縣各鄉成績甚佳三十二年奉令恢復民眾教育館委鄭李[illegible]為館長分別接收正在新設置中鄭旋他就繼任林珪瑋久假不歸館務廢弛積欠歲迄三十五年省派蘇文開接充重行登記財產計得遺留及新購掛圖十一組書籍三一五三冊陳列品八二種体育用具（七種）娛樂用品十組餘尚未完實已程請縣參議会審議籌劃社教基金以圖進展云

三　農業

本縣於民國二十五年十二月設立模範苗圃省派苏鸿宾為主任租用農地二十畝以為育苗及造林之用迨二十八年四月奉令改為本省第四林区翌年又改為中心苗圃三十年更改為農林場事業日見擴張成績因以顯著苗圃面積達一七畝農場又達七三畝歷年所播之桐油茶棕榈柳杉桉樹馬尾松及風景樹等苗材推行幾遍全邑各鄉中間屢易人接管尚能支撑旧观三十三年三月改為農業推廣所省派林圃恩為主任負責試驗研究繁殖推廣等工作對於南特秈馬鈴薯推廣成績犹佳云

四　衛生

民國二十八年本縣成立醫務所使之辦理衛生事務迨三十年省派陳幼澄為衛生院院長從事擴充另務時有海外僑胞捐贈藥品內部頗見充实並遴擇地點在赤水[illegible]文兩處分設醫務所並協助縣訓所訓練各鄉衛生員以之推廣醫務奈因辦理欠善收效甚微卅四年鄒礼智接任院長奉辦中醫登記等遵令防疫因工作遲滯病者嘆之卅六年冬以李樹鈒接任適逢行政院善後救濟總署核發外科材料十餘種普通藥品六批種類八十餘項同時巴城僑胞亦贈送多種以之施醫院內設備較前充实業務亦較發達云

五　幹部訓練

德化縣志料 大事記（續）

本縣地方行政幹部訓練所係於卅二年二月成立，以縣長兼任所長，並由省訓團委派王安岩為教育長，下設總務、教務、訓導三股，並置軍訓隊，分司職務，以訓練自治人員。迄三十三年底奉令停業，務併由第九區各縣聯合訓練班巡迴訓練。至卅五年二月奉令恢復訓練所，省派吳廣祥為該所教育長，分期調訓鄉保人員。計自開始以迄於卅六年春季，計有調訓人員一千六百餘人，現多人事於鄉保工作。

六 地方財務

本縣地方財務機關，於民國二十二年奉令成立德化縣地方款產管理委員會，由縣府委派方紹文、王曾輝、江聯珠等任常務委員，以主征收公產公款事務。迨二十三年奉令改組為縣政財務委員會，以江聯珠任委員長，兼稽核組主任，並派王安岩員。廿五年八月奉省令改組，以王任林白水為總務組主任，方紹文為教務委員會主任，稽之征收公產公款，並稽核縣府財政收支。二十五年七月，改為三級制，以經征處負責征收，縣金庫負責保管財產，委員會負責稽核，改推黃心田為委員長，撤併入縣府會計室。至會計、財務委員會遂以取銷。

丁 臨時機關

一、本縣於民國三十七年六月成立國民經濟建設協會德化分會，以縣長朱朝册、書記員方紹文任正副主任，以促進地方生產及彩票運銷等事宜，先後召開大會二次，旋告停頓。

二、本縣抗敵後援分會於二十六年九月成立，以縣府黨部駐軍及各机関首長各團体負責人為委員，並推方如玉為主任委員，縣長兼副主任委員，黃貴南、徐其忠、黃騰為常務委員，以之負責办理後方援助抗敵之工作，內設總務、偵查、宣傳、慰勞、糾察等工作隊，分司其事，至三十一年併入國民總動員委員會。

三、本縣國民兵團於二十八年奉令組織成立，即於兵團之下轄各鄉鎮國民兵隊，使之訓練國民兵與常備兵及办理征召兵役（役齡男子以十八歲至卅五歲為甲級兵丁，卅六歲至四十五歲為乙級壯丁，均為應征役齡）優待征屬等宜。是年秋省派縣長兼團長，並派王志炳為副團長，翌年由又派何俊林繼任副團長，三十年副團長職務另委縣府軍事科長曾錫齡兼任，迄三十四年九月抗戰勝利，明令停止征兵，一年兵團亦遂告結束。期間查本縣歷年奉办兵役政，兵源歷届不足，尚能達到配額，未始非全体民眾富有衛國熱誠之致也。

四、本縣兵役協会成立於二十八年三月，以各机関首長及各界人士為委員，推定方如玉為主任委員，以之協助兵役宣傳與審查免緩役壯丁事宜，迄三十六年四月奉令改組，以黃貴南為主任委員，陳其英任優待会，方如玉任審查会，李西申任監察，陳偉彬任檢查以分担戰務协助推行之。

五、倭寇南侵至民国二十八年日肆加劇，沿海居民大多避难内地，我政府为求安定难民生活起见，特于是年二月由省派员抵德設立第一垦務所，提倡垦荒生產，安輯義民，該所股長曾揮屡曾出發第一、第三两区勘定地段，令之垦植，方在初步進行中，時尚未逾年即告停办，未收效果。

戊、中央直屬机關（附）

財政部德化田賦粮食管理处於廿九年七月奉令設立，由省处委派縣長陈怀讓兼任處長，並委馬順奎為副处長，開始征收實物，統計全年粮額為一六八三一一（要合六分）進行頗見順利。翌年副处長易以羅選平接任。本年行三十年下期、卅一年上期征購（征購頃目則發給儲券三成現金七成）征實及公粮、積穀等項（以元為數）一元征实賦穀三斗，征借二斗五升，公學粮一斗五升，積穀五升（至卅二年該处更名為德化田賦管理处，副处長為黃富晋，卅四年黃棄職，則以陈良銘充任。征收實物一如前期，但三十五度則減半征收，迄第六屆征收卅五年下期與卅六年上期則變更征收，凡賦額一元，征实征借各三斗，公學粮一斗五升，積穀五升。數年以来，納戶甚見踴躍，年約可征收（成以上。至三十六年四月，因縣參議会撤處長陈良銘侵吞舞

鄉倉歲計三萬四零二百、鎮市四區未繳清交還

二、財政部福建區鹽務總局於二十八年設立，由總局先後委派林化民、黃芝蕾為本縣鹽倉主長，至二十九年奉令編組為支局，派曾沂光任局長，以之管制食鹽，並派用民伕及車輛擔運儲倉，工作至為緊張，儲量亦甚多數。自廿八年起由支局分設城區及各鄉保食鹽公賣店，實行計口授鹽，每月每口限購　兩，調節適度，民食無虞匱乏。抗戰勝利後，至卅七年由局長林化民始奉令將各倉存鹽標示出賣，計尚存總量一為三萬五千餘担，全部變價云。

三、財政部福建稅務管理局德化查征所於三十二年設立，由局委派楊佩華為主任，奉令合併原有之煙酒統銷、印花、營業、直接所得利得各稅合一查征。是年十二月主任一職又易杭梯山接任。至三十四年九月該所又行分析，一為財政部閩浙區貨物稅局德化辦公處，主任為廖煥朝，征收統銷及煙酒稅務等稅；一為財政部直接稅局德化稽征所，主任為盧振翩，征收所得利得及印花等稅。稽其稅收頗旺，在卅六年秋計之，貨物稅年可收入國幣三千餘萬元，直接稅年可收入二千餘萬元。

四、軍政部第一零七傷兵醫院於廿八年奉令駐德，以杜劍秋、李如濟任正副主任，下設軍醫、軍需、書記、看護、特務等員兵，內部設備至為完實，收容傷兵亦頗多數。卅一年間同時

德化縣志資料　大事記　十

德化縣志料 大事記

駐院傷兵六計四百餘人）但負責人員工作鬆懈未收佳效迨
卅三年奉令撤銷閉清
五、交通部德化電報局于廿七年架設於程田寺旁為戰
時傳遞命令與收發防空警報之机関兼收發民用電報業
務不甚旺盛
六、第九戰区軍民合作指導處德化站於卅二年來縣設
立並于十八格赤水南埕等处設立分站以办理部隊過境指導
軍民合作之項至卅四年十一月始撤銷
己、省屬機関（附）
省屬机関之在本縣設立者則有司法處於廿七年成立省
之高等法院委王同抵縣開办受理民刑案件廿八年先後設立
驛運站专司託運之項公估局专理購售軍公粮之項
貿易公司掌办专賣事項省銀行則司貸放轉滙及
存款儲蓄等之業務前列驛運站及公估局開辦亦未久撤
停办
庚、同級機関
一、中國國民党福建省德化縣党部於民國十六年一月
奉福建省党部派林海曾天民蘇有南等為
本縣党部籌備員以林海任主任工作開始未及四月

而告停頓。至十七年一月，省派林海、王純仁、許清瑞等抵縣組織指導委員會，舉行党員總登記，計登記合格領得党証者一百零四人。迄至二十年四月，更派張森、張錦江、禹成大、李親起為指導委員，從事於推行民運之工作。至二十二年七月，奉令召開第一屆全縣代表大會，選舉執監委員，當選者如王炳執委會常務委員，蘇育南為監察。十七年舉行党員總報到，計有党員四百餘人。迄至三十一年六月，又奉令召開全縣代表大會，選舉執監委員，由省党部圈定方如玉為書記長，陳石翔為常務監察，以之吸收新党員成績尚佳。迨三十五年八月，舉行改選執監委員，書記長一職仍由省圈定方如玉，蝉併林泉之被選為常務監察。至十二月奉令辦理党員總清查，計有党員二三八九人，多係優秀份子而能為党國努力者。

二、三民主義青年團福建支團德化分團於三十三年由支團部派賴作祿為分團部籌備主任，吸收全縣優秀青年為團員，迄至三十四年十月奉令召開第一屆代表大會，選舉幹事，以陳偉模任幹事長，致力於團員訓練及組織區分隊，卅六年四月舉行團員總甄審，計有團員一〇一二名，工作進行尚屬緊張。

三、本縣參議會之設立，始自民國三十二年，縣府奉上級政府命令辦理各鄉鎮各團體臨時參議員之選舉，依法選出倍數名單，由上級政府圈定曾雄才等二十七名為本縣臨時參議員，並指定蘇克仁、陳甘其為參議正副議長，經于是年六月召開成立會及第一次大會，當場票選蘇育南

德化縣志料　大事記　十一

徐其忠、林昆阁为驻会委员，越至廿四年十一月奉令改选第二届县参议员，由各区域各团体选出苏克仁等十七名为参议员，至翌年一月召开第一届首次大会，票选陈其英、曾天民为正副议长。先是曾由省府先后委派徐宗汉、苏毅会办，负责办理一切会务云。

五十　人民团体

一　县教育会

本县教育会于民国元年成立，选出赖雄西为会长，专司推行地方教育之建议，旋停办。九年恢复后，举苏显忠为会长，商承县署召开全县教育会议，整理教育款产，计得田租三百余担，以充义务教育行政经费。二十年十月奉令变更组织，改为干事制，举行全县第一届会员大会，选举干事，即结束，以苏育南任总务，并推定许子、陈其英、董建明、偏小学新校舍明年落成之卅四年中，该会又改为理事制，选举柯中信为理事长，是年并组教育用品供应社，供应各校应用之课本文具，教育界同仁无不称便云。

二　县农会

本县农会于民十二年七月召开会员大会，选举曾天民、苏其超为正副会长，致力于宣导农民努力生产，倡用土化肥等之宣付。迄廿六年一月，省农民协会成立，派曾天民为教育南部去月才为本县农民协会筹备委员，设立城区、湖上、刚西、隆街、阳等乡农民协会

先後成立，迄卅十年奉令各鄉農會並召開
全縣代表大會選舉方姒錚為董事長以推行農村生產之倡導

三、縣工會

本縣總工会原未籌備組織，至民國二十年六月縣党部委令推行
民運工作，先設有洪琛申請籌組理髮工会，連吳相東請籌組
木匠工会，陳繼申請籌組彩瓷工会，吳長直申請籌組製瓷
工会，經縣党部許可組織並派員指導成立。民國卅年有吳郎鑾
籌組汽車工会，陳錦宗等組石灰工会。上開各職業工会雖先
後成立，迄卅未有均告停止，從未聯合組織總工会。迄卅二年九月奉令併
彩瓷、製瓷兩工会組織陶瓷業職業工会，先後舉蘇健為理事長，以
為辦理各窯村貸款並組織各窯村生產運合作社與瓷業聯合籌
設工司改良出品諸工作

四、縣商会

本縣商会於民國四年遵照部章組織成立，推舉会董以蔡補金礼為
負責人，嗣設公斷處以處理会內糾紛之類。迄十四年三月改組
以蔡加朋、吳玉圖為正副会長，当選董事会所於從事術起至十八年
改為委員制，以蔡加朋、吳天錫、曾華人等任常務委員，蔡建瓶捐校
会全部落成，捐贈橫額大鼓，会長遞至廿五年二月由該会理事長潘杢
題等聯名呈獻為中正小學校会籍表紀念

德化縣志料　大事記　十二

五 縣婦女會

本縣婦女會於民國二十年七月由王碧卿等聯名申請組織，經縣黨部派員指導，并告成立，當選舉理事，華為常務理事，並推定理事郭孫英負責辦理婦女工讀學校，成績頗著。迨二十七年四月改組，選出蘇祖欽為常務理事，協助抗戰宣傳工作，頗見努力。迨三十二年度全改選，以洪瑞秋為理事長，任職以來，關於婦女解放問題，提倡婦女教育諸要務，頗為關心云。

六 華僑公會

本縣歸國華僑組織團体，始自民國十七年三月該會成立，遂選舉羅信爾、蔡貴超、賴溫英、吳恭為常務，並年即創辦德化華僑私立育華初中，招生開學，惜地方多故，經費困乏，越二年停辦。迨三十三年該會名稱改為本縣海外華僑公會，更選張德昌、郭儒協當選人為常務，以之主持聯絡救濟僑眷、慰問僑眷等之工作。三十六年該會奉令改組，常務則易以羅信爾、江聯珠、郭儒協充任，當分函海外救促僑胞投資組團，以公之於襄辦瓷行瓷器公司，與修復德永公路等事業。

七 其他

一、民國元年政府下令剪辮，而一般縣遺清遺老為求辮髮之保全，遂埋頭村舍，絕跡城市矣。

二、本县各市镇筹设国民党统一党自由党等分部，分别征求党员，一时申请入党者至为踊跃，凡属地方正绅与青年学子则多倾向于国民党，加入者数达一百人以上

三、本县公署于二年秋奉令厉禁烟毒，永禁毒良，社奉行禁令，犹有努力致与烟商屡次发生磨擦，冬，该社调查员赖锦标渠其越因缉毒枪与烟商互控省会，连绵数月，结果烟商受处罚锾了结，至是贩烟之风始告稍敛

四、本党先进王梃同志尝参加辛亥革命，迭著战功，擢为陆军第十混成旅第二团三营长，于四年奉令抵县清剿股匪，所到之地纪律严明，民咸爱戴，旋被宇阁李彦存等加以纵兵扰民，于第二革命鼓吹抗力之罪处以极刑，罹难之日居民哀甚，忠烈者为之泪痕

五、邹、范等于四年八月八日子保倡造林南阁一带之山陵，遍植杉松苗，杂树，给合口之间行见满山蔚森葱密（此条）

六、本县裁云同仁为鼓吹文化开通民智起见，特于四年劳捐基金设立共和阅报社于祥市，以涂玉阶为常理员，计订购京沪各报数份之报章杂志五十余种，公开陈列，令人浏览，阅众至为拥挤，文化之输入以斯为盛

七、本县匪乱在民国四年形为猖獗，既启终之全邑人民苦之，第四区素以锑铁之大宗产品，因此锑之盛，惺[匪]威相率停工，远离原

有之五大铁炉，遂先后停业，该区农村经济之破产于斯为甚
八、本县美术力量尚未集中，民众大民团由于四年春总理张
吴曰东陈廷光蔡石泉王润中等组织该县政府革命吸收优秀学员
九、四年闽南匪氛四起，县当局派员交涉，仕安民乃九大罗县办
匪清乡总司令以之实施勤捕保务，冬间在铁宫佛指挥公仰令匪
众相继缴械投诚，翌年司令部分令各处驻军斜捕匪众数达
西百同日拘解到县，先后伏法者数以六余人，判处徒刑予以释放归逃
十、五年本县瓷业完全提倡改良，以求时有许云麟者研雕塑人物
精个个讲求观色彩精均见生动，因以外销激增
十一、本县消防工作尚未举办，于六年冬双十节城市全部被匪焚于二
十一年正月一十二日东门街陡遭兵燹，全街化为瓦砾之场，市民死者
四十余人，又于二十二年十二月廿二日铁街中部又失慎延烧四十余家
二十四年三月七日码头街、码头街白石山起火焚毁店屋尽遭回禄
损失甚钜
十二、七年春总理蒋师入闽与国对李逆维等　蒋公中正任第一
克复同安……即今之国府主席革命军师抵县城后即宣传革命宗
旨，识获人心之深切，信仰同邑人之参加革命工作者都踊跃，本县之
旌年间党徒朱得才亦逃至县，宣传服从革命
十三、八年秋粤军统领朱丕长率三营之众，道经本邑，被民

軍搶掠，所部潰散，山区軍械被擄遺，及民間軍械財物因之損失甚大。

十四、十一年秋季吾清溪、益僑為碍水道交通，特設立河工局於涸滑自縣城淺洪以迄永泰交轄之河道，曾呈請省署派出電雷隊抵縣計劃炸灘工程，討因地方不靖，進行未果。

十五、第二区民眾於十四年倡建呂林寺，規模高相，視為近代本縣鉅大工程之建築物。

十六、本縣倡用統一度量衡新器之推行，始自二十年一月，省檢定所派員前南為永、永区調查，吾江員抵縣調查旧器，倘採用新制一致，商民均表同意，樂於遵用，省於翌年省檢定所遂派員來縣湘將本縣檢定員負責推行調查，用舊鈞器商民均能一律購用云。

十七、本縣礦藏素稱豐富，政府屢曾設立測查，至二十七年省建設廳曾派該廳所第四科科長宋廷璐抵德勘查錳礦、鎢礦，于二十八年二月省府派路礦技正魏于鋁抵德履勘紹陽馬山之鐵礦與青岭山崙之硫鐵礦、魯塘之煤礦，勘查結果，錳礦面積達四華里之廣，藏量頗多，蘊於第三区東康發現銀鉛礦，曾呈請化驗，分析認為鑛質純美，方擬開採，中因抗戰日益緊張，省府以本縣將近海，將仍應鑛工作，應從緩辦。

十八、本縣於二十三年八月十日霪雨為災，戊池変成澤國，傾民房千餘棟，家物牲畜農作物損失甚多。

德化縣志料 大事記

德化縣志料　大事記　十四

十九、省建設廳於二十四年派王世傑抵德創辦瓷業改良場，以指導閩瓷手工業之改良，成績未著，易以黃光傑接任，首築窯模製坯以為示範

二十　本縣合作之組織，始自廿五年三月，省派施祖元王訓華開壽任指導員抵縣，設立省合作委員會德化辦事處，社務進行頗見發達，至廿七年計全縣成立信用社六十二，村貸款達四二五〇八元，重要職員為一百三十七人。迄至現在卅六年，併計則有縣瓷業生產聯合社、紙業（瑞上）生產合作社、農業（生產）生產合作社各一，當村瓷業生產合作社八，各鄉鎮合作社七，各保合作社七十，社務進行尚見蒸蒸日上云

二十一、本縣全境於二十五年秋發生二化螟蟲，田禾受害最烈，秋歉收

二十二、廿五年夏間成立經徵處，省派　為主任，至卅四年一月改為稅捐稽徵處，省派楊元俊為處長，以之稽徵屠宰、契稅、好坊、房捐、筵席、營業、娛樂、婚書、使用牌照、營業牌照、市場管理等捐稅，以三十六年統計，年可收入八萬萬元云

二十三、本縣學生升學高中以上，獎學金之設，籌始自二十七年四月十九日，由全縣各界人士倡議，將鄭翹士先生生前捐助崇義祠祠田每年剩出田租三百二十市担，組織獎學金保管委員會，以保管存

二十四、本縣僻處山陬連年匪乱民不聊生迭經勦办未奏膚功二十
八年省保安處三長黃紹平奉命閩中勦匪迭同各縣兵團繼續勦
頗鉅邑人建紀功坊於濤山之麓以資紀念並由閩中各縣建築勦
匪陣亡將士公墓於北關外接頭為紀念

二十五、抗戰以起敵機濫炸後方不設防區域不一而足即僻處山陬
之本縣竟于二十九年九月十八日起接連三天狂炸城市及赤水区暨
水口鄉等處損失頗重人民死傷達四十餘人

二十六、邑人黃德清卒業於航空學校于二十九年十二月奉
航空委員會委派為空軍第三大隊十一中上尉飛行員旋奉派赴滇
緬線對敵作戰至三十一年五月四日在雲南武定縣墜機殉職盟邦稱
表邑人傷之

二十七、抗戰軍興本縣領空列為航綫敵機往來如織幾無虛日
住民苦之迨三十年十一月敵機冒霧衝撞在九仙山下墜日兵及
司機五人死血肉均見狼藉機之殘骸由縣府拆運來縣展覽旋解
交省府接收自此以後此綫之航道敵軍視為畏途云

二十八、三十年十二月省府建設所地質土壤調查所派員測量
本縣中部戴雲山高度確定為一五七六公尺

二十九、戰時沿海封鎖舶來飲料之來源遂告斷絕本縣慈惠
院院長李述賢遍種可可豆製可可粉產量頗多行銷亦

遂省該院經費收入分六大宗云

三十、本縣產紙向為大宗收入，惜未改良，銷路日見遲滯。迄至

一年，有端上鄉之底隆金生提倡改良，觀趣決永光究紙頗獲劉

造，貴省等處紙質頗佳，其銷路甚暢

三十一、抗戰序幕展開，資流不興，燃料因之缺乏。迨三十二年

七月，隆年司令許國鈞來縣，聯合縣政府、黨部首長及各界人

士，設發電力廠，供應市民用電，以資籌集資金國幣三十萬元，以

為發電經費，並推黃煒東、許某為正副經理，籌備所及三月，遂

于是年十月一日開了，全城燈火輝煌，市民稱為便利云

三十二、自盧溝橋戰事發生，轉入國家總動員，日人甘為破壞世界和平

之禍首，我（中、美、英、蘇四國）聯盟為伸張正義，聯合反抗，盟友往

來甚密。本縣為招待盟友合理食宿起見，特呈請省府指定

城東之詩山為盟友招待所，址於三十四年八月開工，建築成西

式樓房一座，以妥招待云

三十三、葛嶺鄉僻於本縣第三區之隅，對外貿易尚感不便，該

鄉人士於三十四年冬開設墟場一所，以為居民貿易集散地點，嗣

集頗為繁盛

三十四、民國三十六年，縣之西南部各村發生虎患，人民被噬

縣府特派民侍衛所及，為之色變，民耕稼既廢，來往旅途者非成群結

隊無敵出行

三十五、本縣文獻委員會於三十九年四月奉省府政令，遵照重新組織成立，以鍾國珍為主任委員，蕭曾南為副主任委員，鄭李星、方紹宗、曾偉彬、陳其英、曾元、林勳、賴維西、吳延祥、陳慶南、鄭振華、黃友仁、林春水、徐其忠等為委員。下設四組，以賴維西、賴飛英、徐祥為正副組長，陳石瑜、李亞中、陳昌祖、柯中信、吳文侃、黃永範、江聯珠、黃其美、黃其祿、林達元、郭啟明、陳益閣、鄭天道、南徐進經、吳鄧治、黃梅三、曾春榜、方天賜、周允文等為組員；採集組以羅信衆、鄭元發、吳為正副組長，徐宗漢、吳際時、蘇孟常、孫陳昌言、陳漢文、江美石、涂國材、鄭聯遠、蘇長性、王鍵榮、陳子仙、周春榮、賴光、陳鑄龍、陳志光、林賜清等為組員；整理組以鄭士水、賴家三為正副組長，李玉瑞、吳灼鐘、郭漢生、李元奕、郭生樂、鄧双洋、賴思孝、曾雄才、林家鑣、葉振興、徐西斯、陳其璋、郭奔汾、曾獻民、林其祥、鄭致敏、林女璞等為組員；總務組以黃心田、蔡健為正副組長，李崇宗、林徐琇、邱元顯、曾開成、江元禮、危慶[illegible]、林[illegible]、劉文、李世樹、黃其衡、涂存、林蕭三、陳念生、林河清、陳廷鑫、蔡貴翰、蘇維鈞等為組員，以之分擔任務。編輯全縣文獻之資料，並由會聘請葉壽達任總幹事，[illegible]任幹事，從事分別搜集云。

癸、結論

歷昔鐘里而徵獻徵文，稽[illegible]，[illegible]志之為時雖暫，其道乃為上之籌，述不過略予剪彩，而所收之結果，作[illegible]之露布

德化縣志料 大事記

一、本縣志書斷自清[illegible]用完附記甚小大之亦[illegible]專載教育建設寥寥數行不足資以為研究[illegible]初數年宦[illegible]力求政簡而[illegible]至衙[illegible]無事可記無甚可記五年以後連年兵禍人民逃亡或則遷徙於他鄉或則落魄于異地形成十室九空百業俱廢之象民間貧困屢派有[illegible]因[illegible]命未[illegible]亦不[illegible]見[illegible]好官兒亦如地方[illegible]四五十年來十五年秋[illegible]入[illegible]推行[illegible]二[illegible]年[illegible]行[illegible]制樹立法治之精神奠定民主之基礎經八年全面抗戰[illegible]努力後方工作以迄勝利來臨復員尚見迅速凡百設施諸見樂觀此城政府与人民[illegible]深明大義通力合作有以致之於[illegible]其美要[illegible]於書使三十餘年來之大事略呈于紙上之面[illegible]

二、政府[illegible]政令之推行人民為求福利之享受而[illegible]之間[illegible]生行效力量則政治之推行乃能順乎[illegible]孰人民之生活始[illegible]于常規凡文化經濟保安[illegible]業諸要務方得以建設而充收其[illegible]之[illegible]以達成[illegible]勤[illegible]之境[illegible]則[illegible]教[illegible]於合為[illegible]生聚教訓[illegible]其[illegible]矣

[illegible]鑑過去[illegible]久生今之[illegible]承先啓後之功行[illegible]事[illegible]崇一本抗戰[illegible]作[illegible]之成果而廣據其[illegible]種[illegible]發揚而光大德化[illegible]文化[illegible]經濟[illegible]之[illegible]也跂予望之